Kreller

Einkaufsstättenwahl von Konsument

GABLER EDITION WISSENSCHAFT

Schriftenreihe der Handelshochschule Leipzig

Herausgegeben von der Handelshochschule Leipzig, vertreten durch Professor Dr. Arnis Vilks

In dieser Schriftenreihe werden aktuelle Forschungsergebnisse au
dem Bereich Unternehmensführung präsentiert. Die einzelnen Bei
träge spiegeln die wissenschaftliche Ausrichtung der Handelshoch
schule Leipzig in Forschung und Lehre wider. Sie zeichnen sich vo
allem durch eine ganzheitliche, integrative Perspektive aus und sin
durch den Anspruch geprägt, Theorie und Praxis zu verbinden sowi
in besonderem Maße internationale Aspekte einzubeziehen.

Peggy Kreller

Einkaufsstättenwahl von Konsumenten

Ein präferenztheoretischer Erklärungsansatz

Mit einem Geleitwort
von Prof. Dr. Manfred Kirchgeorg

Springer Fachmedien Wiesbaden GmbH

Die Deutsche Bibliothek - CIP-Einheitsaufnahme

Kreller, Peggy:
Einkaufsstättenwahl von Konsumenten : ein präferenztheoretischer Erklärungsansatz / Peggy Kreller. Mit einem Geleitw. von Manfred Kirchgeorg.

(Gabler Edition Wissenschaft : Schriftenreihe der Handelshochschule Leipzig)
Zugl.: Leipzig, Handelshochsch., Diss., 1999
ISBN 978-3-8244-7151-5

Ursprünglich erschienen bei Betriebswirtschaftlicher Verlag Dr. Th. Gabler GmbH, Wiesbaden, und Deutscher Universitäts-Verlag GmbH, Wiesbaden, 2000

Lektorat: Ute Wrasmann / Annegret Eckert

http://www.gabler.de
http://www.duv.de

ISBN 978-3-8244-7151-5 **ISBN 978-3-322-97807-3 (eBook)**

DOI 10.1007/978-3-322-97807-3

Geleitwort

Die Entwicklung des Einzelhandels hat in den vergangenen Jahren zu einer verstärkten Ansiedlung von Einkaufsstätten an peripheren Standorten geführt, die mit ihrem Auftreten die Attraktivität von Innenstädten nachhaltig gefährden. Besonders betroffen sind dabei die neuen Bundesländer, in denen eine geringe Kaufkraft in Verbindung mit einem über dem bundesdeutschen Durchschnitt liegenden Verkaufsflächenanteil pro Einwohner zu Existenzproblemen innerstädtischer Einzelhandelsunternehmen führt. Die betriebswirtschaftliche Forschung hat dieser Problematik bislang wenig Beachtung geschenkt. Bedingt durch die zunehmende Souveränität von Konsumenten bei ihren Kaufentscheidungen erweist es sich für die Analyse des Problems als bedeutsam, den Fokus der Untersuchung auf die Sicht der Nachfrager zu legen. Die vorliegende Arbeit ist als einer der wenigen Beiträge zu verstehen, der sich theoretisch fundiert mit der Einkaufsstättenwahl von Konsumenten als Agglomerationen verschiedener Geschäfte auseinandersetzt. Obwohl in der gegenwärtigen Literatur einerseits eine Reihe von Kaufentscheidungsmodellen existieren, ist deren Bezugsobjekt vorrangig auf der Produkt- oder Geschäftsebene anzusiedeln. Dem stehen andererseits Modelle gegenüber, die sich auf die Standortentscheidung aus Sicht von Einzelhandelsunternehmen beziehen und dem Konsumenten nicht die in der aktuellen Situation notwendige Aufmerksamkeit zuteil werden lassen.

Vor diesem Hintergrund hat sich die Verfasserin der vorliegenden Dissertation zum Ziel gesetzt, die Einkaufsstättenwahl von Konsumenten mit Hilfe eines präferenztheoretischen Ansatzes zu erfassen und zu erklären. Die Überprüfung des Bezugsrahmens der Arbeit erfolgte am Beispiel einer schriftlichen Befragung von Einwohnern der Stadt Leipzig. Dynamische Aspekte, die sich aus den Auswirkungen von Änderungen der Einzelhandelsstruktur ergaben, werden durch den Längsschnittcharakter der Untersuchung berücksichtigt. In der Auseinandersetzung mit dieser Thematik gelingt es der Verfasserin, den in der Praxis sehr emotional geführten Debatten um die Probleme des innerstädtischen Einzelhandels eine theoretisch und empirisch begründete Darstellung der Situation gegenüberzustellen, die gleichzeitig Ansatzpunkte für eine bessere Ausrichtung der Angebote an den Bedürfnissen der Konsumenten liefert.

Die Arbeit baut auf einer begrifflichen Abgrenzung des Untersuchungsgegenstandes auf. Einkaufsstätten werden in Anlehnung an bestehende Klassifikationen und unter dem besonderen Blickwinkel der Problemstellung anhand ihrer räumlichen Zentralität sowie des Agglomerationsgrades differenziert. Dieser theoretischen

Systematisierung wird die mit Hilfe der multidimensionalen Skalierung ermittelte Sichtweise der Konsumenten zur Typologisierung von Einkaufsstätten gegenübergestellt. Aus den empirischen Ergebnissen geht hervor, dass Einkaufsstätten in der Wahrnehmung hinsichtlich der Dimensionen „Funktionalität“ und „Bebauungsentwicklung“ unterschieden werden. Somit weist die Verfasserin mit ihrer Arbeit nach, dass sich die traditionellen Klassifikationen von Einkaufsstätten bislang nicht an wichtigen Unterscheidungsmerkmalen der Nachfrager orientiert.

Die ermittelten Determinanten der Einkaufsstättenwahl stehen dabei in Wechselwirkung zu Determinanten der Geschäfts-, Produkt- bzw. Marken- und Betriebsformenwahl. Die Spezifizierung aller angebotsbezogenen Determinanten verdeutlicht, dass nur einzelne Ausprägungsformen der Faktoren Sortiment, Erreichbarkeit und Atmosphäre gezielt durch Einkaufsstätten beeinflusst werden können. Der Einfluss auf weitere spezifische Determinanten bedingt eine einheitliche Steuerung von Einkaufsstätten. Damit verdeutlicht die Arbeit, dass zentral gelenkte Shopping Center über Wettbewerbsvorteile bei der Implementierung von Maßnahmen zur Attraktivitätssteigerung von Einkaufsstätten verfügen.

Eine weitere Besonderheit der Ergebnisse der vorliegenden Arbeit liegt in der Herausstellung der Bedeutung des Präferenzmodells zur Erklärung des Kaufverhaltens im allgemeinen resp. der Einkaufsstättenwahl im besonderen. Die sich aus der Analyse abzeichnende Differenzierung nach emotionalen und kognitiven Elementen des Präferenzbildungsprozesses, die anschließend durch empirische Befunde bestätigt wurde, stellt ein wichtiges Fundament zur Systematisierung aktueller Tendenzen des Handelsmarketing dar, die sich einerseits auf Erlebnisaspekte, andererseits auf eine zu beobachtende Nutzenorientierung im Handel beziehen. Darüber hinaus dienen die Ausführungen dazu, relevante Entwicklungen des Handels hinsichtlich ihres Potentials bei der Erfüllung von Konsumentenbedürfnissen einzuschätzen, um darauf aufbauend eine gezielte Repositionierung von Einkaufsstätten einleiten zu können. In diesem Zusammenhang verdeutlicht die Arbeit, dass die Ansiedlungen von Shopping Centern an innerstädtischen Standorten hohe Potenziale zur Attraktivitätssteigerung aufweist.

Sowohl vom inhaltlichen Aussagewert als auch von der methodischen Vorgehensweise hat Frau Dr. Kreller mit dieser Schrift eine für Wissenschaft und Praxis gleichermaßen beachtenswerte Analyse vorgelegt.

Prof. Dr. Manfred Kirchgeorg

Vorwort

Die Entwicklung verläuft immer vom Primitiven über das Komplizierte zum Einfachen.
Antoine de Saint-Exupérie

Erstmalig mit dem Problem der Einkaufsstättenwahl konfrontiert wurde ich 1993. In einem Artikel des „Spiegel" beschrieb ein Autor, wie eine Vielzahl von Passanten den Sonntagsspaziergang dazu nutzt, für einen Schaufensterbummel zu einem Einkaufzentrum zu fahren, das abseits jedweder Zivilisation liegt. Zugegebenermaßen sah auch ich in derartigen Verhaltensweisen ein beklagenswertes Zeichen unserer Plastikgötter-Kultur. Aber es lag mir fern, die Dinge zu verurteilen, ohne mir ein Bild über mögliche Ursachen und Hintergründe dieser Entwicklung machen zu können. Wer kann schließlich behaupten, dass die Menschen, die sonntags durch Innenstädte spazieren, kultivierter wären? Und wie zwingend notwendig ist es letztlich, dass in Zeiten umfangreicher globaler Veränderungen die Stadt weiterhin als Zentrum von Handelsaktivitäten fungieren muss?

Als mich einige Jahre später Herr Professor Dr. Dr. h.c. mult. Heribert Meffert, der damalige Rektor und Inhaber des Lehrstuhls für Marketingmanagement der Handelshochschule Leipzig (HHL) auf mögliche Themen für eine Promotion ansprach, hatte ich eigentlich ein größeres Interesse an Problemstellungen, die sich mit Kulturfragen in einem anderen Bereich beschäftigen. Zumal konnte ich in meinem Wesen keine dem weiblichen Geschlecht fälschlicherweise unterstellte Neigung zum Shopping (im übrigen wurde dieser Irrtum in der Arbeit aufgeklärt) feststellen. Andererseits war damit jedoch ein Anreiz geschaffen, eigene und fremde Vorurteile mit Hilfe einer fundierten Analyse abzubauen. Nach einer Phase des Jagens und Sammelns von Literatur begann der komplizierte Teil der Entwicklung, wobei mir die eigentliche Definition des Kernproblems meiner Arbeit das längste Kopfzerbrechen bereitete. Dass sich eine Reduktion auf zwei Elemente als Lösung der vereinfachten Abbildung des Präferenzbildungsprozesses vielleicht banal anhört, lässt sich am Ende hoffentlich mit den Worten von Saint-Exupérie und dem Hinweis auf die langwierige und intensive Auseinandersetzung mit der Thematik entschuldigen.

Geholfen haben mir bei diesem Vorhaben eine Reihe von Personen und Institutionen, denen ich mich auf diese Weise verbunden zeigen möchte. Mein besonderer Dank gebührt zunächst meinem akademischen Lehrer, Herrn Professor Dr. Manfred Kirchgeorg, der jederzeit mit hohem fachlichen und menschlichen Engagement die Entstehung der Arbeit unterstützte. Er hat es mit seinen Anregungen in bester Weise verstanden, mir auf undogmatische Art Wege aus gedanklichen Sackgassen aufzuzeigen, deren Beschreiten mir immer wieder eine enorme Bewunderung seines umfangreichen Wissens abverlangte. Mein Dank gilt darüber hinaus meinen weiteren Gutachtern Herrn Professor Dr. Dr. h.c. mult. Heribert Meffert und Herrn Professor Dr. Thomas M. Fischer. Herrn Professor Meffert danke ich vor allem für seine frühzeitige Anregung der Themenstellung und die trotz seiner vielfältigen Verpflichtungen stetige Bereitschaft zur Diskussion. Bei Herrn Professor Fischer möchte ich mich für seine große Hilfsbereitschaft und die kritischen Anmerkungen bedanken, die der Arbeit den letzten Schliff gegeben haben.

Die Erfüllung des mit meiner Promotion verbundenen Anspruchs, die Ergebnisse der Analyse des Einkaufsstättenwahlverhaltens in praktische Implikationen münden zu lassen, kann nicht ohne einen engen Kontakt zu erfahrenen Einzelhändlern sowie auskunftsbereiten Konsumenten realisiert werden. Aus diesem Grund gilt mein Dank weiterhin denjenigen Einwohnern der Stadt Leipzig, die mir mit der Beantwortung meines Fragebogens die eigentliche Grundlage geliefert haben, theoretisch abgeleitete Hypothesen in Aussagen überführen zu können. Für die Unterstützung danken möchte ich darüber hinaus sehr herzlich dem Center-Manager der Promenaden im Hauptbahnhof Herrn Joseph Schüller und stellvertretend für den Einzelhandelsausschuss der IHK zu Leipzig Frau Rita Sparschuh und Herrn Axel Fischer.

Dank schulde ich ebenso allen Menschen, die mit ihren Anregungen und Hilfestellungen viele Details der Bearbeitung vereinfacht haben. Erwähnt seien an erster Stelle meine Kollegen vom Lehrstuhl Marketingmanagement Herr Dr. Gerd Robertz, Herr Carsten Bartsch, MBA und Herr Dipl.-Kfm. Oliver Klante sowie Frau Annett Ampler. Als hilfreiche Unterstützung sind mir darüber hinaus die Forschungssitzungen mit den Kollegen des IfM und den Kollegen der HHL in sehr guter Erinnerung. Für die sorgfältige Schlussdurchsicht des Manuskripts geht mein Dank an Herrn Dipl.-Kfm. Nico Reiner und Herrn Dipl.-Ing. Robert Krumbach. Danken möchte ich weiterhin meinen Eltern Joachim und Marlene Kreller, die mir mit ihrer Erziehung zwei für eine erfolgreiche Promotion sehr wichtige Eigenschaften mit auf den Weg gegeben haben: Ehrgeiz und Selbstdisziplin. Mein Dank gilt darüber hinaus aber auch all jenen Freunden, Bekannten und Unbekannten, die dazu beigetragen haben, dass ich während der Schreibphase nie den Mut verloren habe und immer wusste, dass es ein buntes Leben außerhalb meines Büros gibt. Insbesondere Kay ist es zu verdanken, dass ich die Promotionszeit mit einem gewissen Abstand zur Arbeit bestens überstanden und nie den Blick für die einfachen Dinge des Lebens aus den Augen verloren habe.

Peggy Kreller

Inhaltsverzeichnis

Abbildungsverzeichnis

Tabellenverzeichnis

Abkürzungsverzeichnis

a.a.O.	am angegebenen Ort
AC	Allee Center
ACR	Association for Consumer Research
a.M.	am Main
AmPsych	American Psychologist
Abb.	Abbildung
APuZ	Aus Politik und Zeitgeschehen
Aufl.	Auflage
BAG	Bundesarbeitsgemeinschaft der Mittel– und Großbetriebe des Einzelhandels e.V.
BauNVO	Baunutzungsverordnung
Bd.	Band
BL	Bundesländer
BME	Bahnhof Management– und Entwicklungsgesellschaft mbH
bspw.	beispielsweise
bzw.	beziehungsweise
ca.	circa
CMDS	Classical Multidimensional Scaling
c.p.	ceteris paribus
DDR	Deutsche Demokratische Republik
d.h.	das heißt
DiH	Dynamik im Handel
DIW	Deutsches Institut für Wirtschaftsforschung
dt.	deutsch
ECR	Efficient Consumer Response
ed., Ed., Eds.	Edition, Editor, Editors
EI	Economic Inquiry
EJoM	European Journal of Marketing
et al.	et alii, et alia, et alteri
etc.	et cetera
f., ff.	folgende, fortfolgende
FAZ	Frankfurter Allgemeine Zeitung
FOC	Factory Outlet Center
FLZ	Familienlebenszyklus
GfK	Gesellschaft für Konsum–, Markt– und Absatzforschung
GMA	Gesellschaft für Markt- und Absatzforschung mbH
HBR	Harvard Business Review
HDE	Hauptverband des Deutschen Einzelhandels
HR	Human Relations
Hrsg.	Herausgeber

IEoUS	International Encyclopedia of Unified Science
Ifo	Institut für Wirtschaftsforschung
IJoRDM	International Journal of Retail and Distribution Management
IM	Institut für Marktforschung
insb.	insbesondere
IRRDCR	The International Review of Retail, Distribution and Consumer Research
IS	Innenstadt
JAVF	Jahrbuch der Absatz– und Verbraucherforschung
Jg.	Jahrgang
JfB	Journal für Betriebswirtschaft
JoA	Journal of Advertising
JoAMS	Journal of the Academy of Marketing Science
JoAR	Journal of Advertising Research
JBR	Journal of Business Research
JoCA	The Journal of Consumer Affairs
JoCP	Journal of Consumer Policy
JoCR	Journal of Consumer Research
JoEP	Journal of Experimental Psychology
JoMR	Journal of Marketing Research
JoR	Journal of Retailing
Kap.	Kapitel
LBS	Large Basket Shopper
LC	Löwencenter
LEH	Lebensmitteleinzelhandel
LVZ	Leipziger Volkszeitung
MDS	Multi-/Mehr- dimensionale Skalierung
Mio.	Millionen
MMDS	Metric Multidimensional Scaling
MR	Marketing Research
Mrd.	Milliarden
MS	Marketing Science
NMDS	Nonmetric Multidimensional Scaling
Nr.	Nummer
o.V.	ohne Verfasser
PC	Paunsdorf Center
PsychR	Psychological Review
qm	Quadratmeter
resp.	respektive
RMDS	Replicated Multidimensional Scaling
ROG	Raumordnungsgesetz

S.	Seite
SB	Selbstbedienung
SBS	Small Basket Shopper
sog.	sogenannte (n, r, s)
SP	Saale Park
SPSS	Statistical Product and Service Solutions
SZ	Süddeutsche Zeitung
u.a.	unter anderem
Vol.	Volume
vs.	versus
WiSt	Wirtschaftswissenschaftliches Studium
wEZ	wohnnahe Einkaufszone
WMDS	Weighted Multidimensional Scaling
z.B.	zum Beispiel
zit.	zitiert
ZfB	Zeitschrift für Betriebswirtschaft
ZfbF	Zeitschrift für betriebswirtschaftliche Forschung
ZFP	Zeitschrift für Forschung und Praxis

A. Die Einkaufsstättenwahl im Fokus wachsender Konsumentensouveränität

1 Die Bedeutung der Einkaufsstättenwahl für den Wettbewerb im Einzelhandel

Die Diskussion zur rezessiven Lage des Einzelhandels in Deutschland hat breite Foren erreicht und ein ebenso breites Band an speziellen Betrachtungsweisen über die Hintergründe dieser Problematik hervorgerufen. Unumstritten bleibt die Tatsache, dass der seit über fünf Jahren zu beobachtende Umsatzrückgang bzw. die Stagnation im Einzelhandel[1] auch an der negativen Stimmung des Einzelhandelsklimas[2] abgelesen werden kann. Gleichwohl aktuelle Daten verhalten einen langsamen Aufschwung prognostizieren,[3] ist die Krise im Einzelhandel noch nicht überwunden.

Da der volkswirtschaftliche Zusammenhang, nach dem die Erhöhung der Nachfrage zur Steigerung von Produktion, Investition und Beschäftigung führt, nicht mehr als Automatismus betrachtet werden kann, sind die Ursachen der Kauf– und Investitionszurückhaltung auf einer anderen Ebene zu suchen.[4] Trotz dieser pessimistischen Tendenzen vermittelt die Einzelhandelssituation in Deutschland im internationalen Vergleich eher einen positiven Eindruck, was sich an vorderen

---

1 Vgl. Linkert, K., Konjunkturelle Entwicklung im Einzelhandel, in: Statistisches Bundesamt (Hrsg.), Wirtschaft und Statistik 3/1995, S. 231; Hauptverband des Deutschen Einzelhandels (HDE) (Hrgs.), 50. Arbeitsbericht 1997, Köln 1998, S. 6 sowie Müller-Hagedorn, L. (Hrgs.), Mitteilungen des Instituts für Handelsforschung an der Universität zu Köln, Jg. 47, Nr. 11, Nov. 1995, S. 153-155. Die vom Statistischen Landesamt vorgelegten Werte, die im August 1996 „positive Umsatzentwicklungen in fast allen Bereichen des Einzelhandels" meldeten, stießen in Handelskreisen auf weite Kritik, die sich auf eine erhebungsbedingte Verzerrung der Daten - hervorgerufen durch Steuerschätzungen und eigentumsrechtliche Veränderungen - bezogen. Aus diesem Grund wird auf den Verweis zu konkreten Zahlenwerten verzichtet. Vgl. Schmelzer, G., Vorzeichenwechsel, in: Der Handel 10/96, S. 28.

2 Das von der Unternehmensberatung BBE erhobene Einzelhandelsklima zeigt seit Beginn des Jahres 1995 einen negativen Indexwert (< 100) für die neuen Bundesländer. Aktuelle Werte für April 1999 des Indizes liegen in den alten Bundesländern bei 104,85; in den neuen Ländern bei 88,35. Vgl. im Internet: http://www.bbeberatung.com vom 03.06.1999. Ähnliche Daten ergeben sich aus den Untersuchungen der Creditreform Wirtschafts- und Konjunkturforschung, die bei über 1.600 Einzelhandelsunternehmen die Geschäftslage und die Einschätzung der Kaufbereitschaft erfragten. Vgl. Creditreform (Hrsg.), Wirtschaftslage Handel, Neuss 1997 und 1998.

3 Vgl. HDE (Hrgs.), 50. Arbeitsbericht 1997, a.a.O., S. 14; Pellengahr, H., (im Gespräch), Plus im Handel nach mehrjähriger Durststrecke, in: LVZ vom 26.07.1999, S. 5.

4 Das Institut der deutschen Wirtschaft zählt dazu in erster Linie die vorhandenen Überkapazitäten der Unternehmen und die Verschlankung der Produktion, sowie die durch wirtschaftspolitisches Fehlverhalten verursachte Verunsicherung von Verbrauchern und Investoren. Vgl. Beyfuss, J., Zwischen Borke und Stamm, in: BAG Handelsmagazin 1-2/98, S. 10f.

Positionen im kaufkraftbereinigten Einzelhandelsumsatz pro Kopf oder dem Anteil des Einzelhandelsumsatzes an den Verbraucherausgaben ablesen lässt.[5]

Die zu beobachtende Wettbewerbsdynamik zeichnet sich insbesondere aus durch

- eine steigende Integration von Produzent und Konsument in Entscheidungsprozesse des Handels,
- die Internationalisierung von Handelsunternehmen,[6]
- zunehmende Handelskonzentrationen[7] sowie
- die Etablierung neuer Betriebstypen.[8]

Dabei sind die Ursachen dieser Veränderungen nicht zuletzt in den Möglichkeiten zu suchen, die sich aus der Entwicklung des technologischen Umfeldes unter den Gegebenheiten des Käufermarktes ableiten lassen:

Der Hintergrund einer gewachsenen Intensität der Beziehungen zwischen Handel und Hersteller, welche mit dem Einsatz von EDI (Electronic Data Interchange) einhergeht, liegt in der Erkenntnis begründet, dass die Bedürfnisse der Konsumenten Ausgangspunkt jeglicher unternehmerischer Entscheidungen sein müssen.[9] Die Umsetzung dieser Erkenntnisse ist jedoch eng an die Entwicklung entsprechender Technologien gekoppelt, die in der Zukunft die weitere Integration

---

5 Beim Einzelhandelsumsatz pro Kopf belegt Deutschland hinter Italien, den USA, der Schweiz, Belgien und Frankreich den 6. Platz, beim Verhältnis zu den Verbraucherausgaben nach Luxemburg, Italien und Portugal den 4. Platz. Vgl. Corporate Intelligence on Retailing (Ed.), Retailing in Europe 1995 und IMF, International Financial Statistics Yearbook 1995, zit. nach European Retail Round Table (ERRT) (Hrsg.), Mehr Wohlstand in Europa, eine Analyse des europäischen Handels, 1996, S. 18f.

6 Aktuelle Beispiele für die zunehmende Internationalisierung des Handels innerhalb Deutschlands belegt die neue Konkurrenz durch Marks & Spencer, Galeries Lafayette, The Gap oder Migros. Vgl. Drosten, M., Mit Handelsmarken zum Global Player, in: Absatzwirtschaft 5/96, S. 20f. Aber auch deutsche Unternehmen wie Metro oder Tengelmann erwirtschaften nach Angaben von Coopers & Lybrand zwischen 24 und 50 Prozent ihres Umsatzes im Ausland. Zur theoretischen Auseinandersetzung mit den Hintergründen der Internationalisierung des Handels vgl. bspw. Meffert, H., Bolz, J., Internationales Marketing-Management, 3. Aufl., Stuttgart 1997; Zentes, J., Swoboda, B. (Hrsg.), Globales Handelsmanagement: Voraussetzungen, Strategien, Beispiele, Frankfurt a.M. 1998.

7 Laut Untersuchungen der Unternehmensberatung M+M Eurodata vereinigen die 10 größten Konzerne im Lebensmittelhandel auf sich einen Marktanteil von 84 Prozent. Vgl. Milde, U., Fusionswelle im Handel killt Kleine, in: LVZ vom 10.3.1998, S. 5.

8 Aktuelles Beispiel für neue Betriebstypen bildet das neue Vertriebskonzept der Deutschen Bank, das mit der Etablierung sogenannter „Bankingshops" gleichzeitig das Schwinden von Markteintrittsbarrieren im Handel verdeutlicht. Vgl. Pauluhn, B., Auf dem Weg zum Supermarkt? In: Absatzwirtschaft 2/97, S. 16.

9 Die Grundlage für die gestiegene Kundenorientierung spiegelt sich bereits in dem die Diskussion beherrschenden Schlagwort „Efficient Consumer Response" wider, mit dem die effiziente Reaktion auf die Bedürfnisse der Konsumenten angestrebt wird.

des Konsumenten in den Produktionsprozess über die Transformation der Wertschöpfungskonfiguration in eine virtuelle Struktur[10] vorantreiben. Damit wird die Existenz des Handels über die verstärkte Nutzung elektronischer Einkaufsangebote in Frage gestellt.

Die mit der Anwendung von elektronischen Medien gestiegene Angebotstransparenz ebnete in Verbindung mit den im Logistikbereich gesunkenen Transaktionskosten den Weg für eine verstärkte Internationalisierung des Handels. Auf den damit einhergehenden Verdrängungswettbewerb sah sich der Handel veranlasst, mit Konzentrationen zu reagieren.

Insbesondere die steigende Freizeitverfügbarkeit der Konsumenten, die im postindustriellen Zeitalter aus der gravierenden Verringerung der Arbeitsintensität beim Einsatz neuer Technologien resultiert, mündete in einen intensiven Konkurrenzkampf des Handels mit Anbietern der sich entwickelnden Freizeitindustrie. Die sich daraus ergebende Notwendigkeit der nachhaltigen Fokussierung auf die Bedürfnisse der Konsumenten führte zur stetigen Einführung neuer Betriebstypen, die sich auf die speziellen Wünsche der Kunden einstellen.

Trotz der durch den Käufermarkt implizierten **Notwendigkeit der angebotsseitigen Kundenorientierung**, die durch Marketingtheoretiker nachgewiesen[11] und auf industrieller Ebene weitgehend erkannt und angewandt wird, entspricht die – insbesondere kleinbetriebliche – Handelspraxis nur selten diesen gesetzten Ansprüchen.[12] Die fehlende Anpassung des Handels bedingt sich dabei durch Unsicherheiten bei der Einschätzung des Verbraucherverhaltens. Änderungen in

---

10 Vgl. Wirtz, B.W., Technologie-Innovationen, Marketingstrategien und Preismanagement im Handel, in: Thexis 4/95, S. 46-51.

11 Kundenorientierung wird nicht nur als Oberziel des Marketing, sondern auch als ein übergeordnetes Managementprinzip betrachtet. Vgl. hierzu Weiber, R., Was ist Marketing? Ein informationsökonomischer Erklärungsansatz, Arbeitspapier zur Marketingtheorie Nr. 1, Universität Trier 1993, S. 18ff. Zur Interpretation von Marketing als Leitkonzept des Management neben seiner traditionellen Rolle als Unternehmensfunktion vgl. Meffert, H., Marketing-Management, Analyse - Strategie - Implementierung, Wiesbaden 1994, S. 4.

12 Zu diesem Ergebnis kommt eine Untersuchung über Zielsetzungen des Facheinzelhandels. Vgl. Kalka, R., Wenig Ziele, die den Kunden berücksichtigen, in: Absatzwirtschaft 10/96, S. 82-85 bzw. ausführlich in: Kalka, R., Marketingerfolgsfaktoren im Einzelhandel, Wiesbaden 1996. Die Autorin stellte fest, dass hauptsächlich Umsatz- und Gewinnziele sowie Ziele, die für das Sicherheitsdenken des Händlers sprechen, verfolgt werden. Kundenorientierte Ziele existieren dagegen selten oder spielen in Entscheidungen eine untergeordnete Rolle. Darüber hinaus wurde hervorgehoben, dass sich die meisten mittelständischen Facheinzelhändler über ihr Unternehmensziel nicht im klaren sind. Diese Daten spiegelten sich insbesondere auch in der ablehnenden Haltung des Einzelhandels bei der Liberalisierung von Ladenöffnungszeiten wider.

den Wertvorstellungen und Konsumpräferenzen lassen sich nicht eindeutig dem beobachteten Kaufverhalten zuordnen. Den Individualisierungsbestrebungen der Gesellschaft, die sich in einer gestiegenen Produkt– und Betriebstypenvielfalt oder höheren Serviceanforderungen äußern, steht andererseits die unreflektierte Übernahme aktueller Modetrends in breiten Schichten der Bevölkerung entgegen. Der Wandel in den Wertvorstellungen findet gleichzeitig seinen Ausdruck in einer kurzfristigen hedonistischen wie auch einer langfristigen ökologischen Orientierung der Verbraucher und dem Kaufspagat zwischen preisgünstiger Ware und Luxusgütern.[13] Diese Entwicklung führt ebenfalls zur Verschlechterung der Prognostizierbarkeit der Bedürfnisse.

Dabei sind die Reaktionsmuster der Konsumenten durchaus nachvollziehbar. Durch die gestiegene Abgaben– und Steuerlast bei steigendem Arbeitslosenniveau und einer teilweisen Verunsicherung durch die Einführung des Euro, wird grundsätzlich weniger oder preisbewusster konsumiert.[14] Innerhalb konsumrelevanter Entscheidungen differenzieren Verbraucher dabei zwischen einem notwendigen Versorgungseinkauf, der vielfach im unteren Preissegment angesiedelt ist und der Investition in langlebige, qualitativ hochwertige Güter und den Konsum von Erlebnissen und Gefühlen.[15] Auf motivationspsychologischer Ebene kann parallel dazu beobachtet werden, dass der Einkauf entweder einen Beitrag zur Selbstverwirklichung von Konsumenten liefern soll, andernfalls möglichst schnell und problemlos erledigt wird. Die daraus abgeleitete Grundsatzfrage des Handels kann als strategische Entscheidung zwischen einer Positionierung hinsichtlich der **Erlebnis–** oder der **Conveniencedimension** formuliert werden und verdeutlicht eine wahrnehmbare Polarisierung von Kaufentscheidungen, die vornehmlich auf Basis von emotionalen bzw. rationalen Entscheidungskriterien angesiedelt sind.

Eine Reihe von Autoren betonen in diesem Zusammenhang, dass die Zukunft des Handels im Erlebnisshopping liegt. Verwiesen wird dabei in erster Linie auf die positiven Wirkungen, die sich aus den Änderungen in der Verteilung der Lebensfreizeit zur Arbeitszeit und steigenden Freizeitaufwendungen ergeben.[16] Ebenso

---

13 Zum Thema des hybriden Konsumenten und den damit verbundenen Implikationen für den Handel vgl. Schmalen, H., Das hybride Kaufverhalten und seine Konsequenzen für den Handel, in: ZfB 10/1994, S. 1221-1240.

14 Vgl. Franzen, H. (im Gespräch), Selbst gut betuchte Bürger schauen aufs Geld, in: Handelsblatt vom 15.1.1997, S. 13.

15 Vgl. Opaschowski, H.W., Deutschland 2010: wie wir morgen leben, Voraussagen der Wissenschaft zur Zukunft unserer Gesellschaft, Hamburg 1997, S. 67f.

16 Nach den jüngsten Erkenntnissen des Hamburger Freizeitforschungsinstitutes BAT gilt für die

kann bei der Umsetzung strategischer Konzepte beobachtet werden, dass der Schwerpunkt vorrangig auf eine Erlebnisorientierung in Form **„emotionalisierter Bedarfsbündelungen“**[17] gelegt wird. Vor einer übereilten Umstellung von Handelsunternehmen auf diese neue strategische Stoßrichtung sollte jedoch in jedem Fall geprüft werden, inwieweit dieses Konzept mit den Präferenzen der Konsumenten korrespondiert.[18] Untersuchungen ergaben, dass eine steigende Anzahl von Konsumenten den Einkauf als Stress empfindet.[19] Im Gegensatz zu diesen angestrebten Zielen hat die rezessive Lage des Einzelhandels dazu geführt, dass Kosteneinsparungen zu Lasten der Personalstruktur gingen. Die damit implizierte Steigerung in den Anforderungen an das bestehende Personal wird über „quantitative“ Erfolgsmaße geprüft, die in ihrem Ergebnis der angestrebten Kundenorientierung durch emotionalisierte Bedarfsbündelung entgegen stehen.[20]

Zusätzlich zur Verschärfung des Wettbewerbs auf der direkten Ebene zwischen Konsument und Händler, sieht sich der Handel im unmittelbaren Kontakt mit dem Hersteller einem Partner gegenüber, der die erworbene Machtposition des Handels[21] gezielt in Frage stellt. Durch Aufbau von direkten Kundenbeziehungen oder

---

Zukunft westlicher Konsumgesellschaften, dass der Erlebniskonsum schneller als der Versorgungskonsum wachsen wird. Insbesondere innerhalb der jungen Generation gewinnt der Einkauf mehr und mehr als Lebenslust oder Langeweileverdrängung an Bedeutung. Bereits in der Gegenwart gehört der Einkaufsbummel mit 30 Prozent aller Nennungen neben „Essen gehen“ zur beliebtesten regelmässigen Beschäftigung. Vgl. Opaschowski, H.W., Deutschland 2010: wie wir morgen leben, a.a.O., S. 60ff.

17 Vgl. Bosch, D., Premieren auf dem Prüfstand, in: BAG Handelsmagazin 11-12/97, S. 14-17. Beispiele für die Implemetierung derartiger Konzepte finden sich innerhalb Deutschlands in dem als „Themenhaus“ konzipierten Warenhaus der Zukunft von Karstadt, in der Galeria von Kaufhof oder dem „Faszinationshaus“ von SinnLeffers.

18 Vgl. hierzu auch SCHMALEN, der in seiner Analyse hybriden Kaufverhaltens zum Schluss kommt, dass der Aspekt des Erlebnishandels im Zusammenhang mit der Handelspolarisierung überbetont wird; Schmalen, H., Das hybride Kaufverhalten und seine Konsequenzen für den Handel, a.a.O., S. 1221.

19 Laut den Ergebnissen einer amerikanischen Konsumentenuntersuchung von 1995 ist eine tiefgreifende Veränderung in der Psyche der Käufer zu beobachten, da für eine wachsende Anzahl an Personen Einkaufen zu einer stressigen Erfahrung wird, in deren Folge mehr Einkäufe von zu Hause aus abgewickelt werden. Vgl. Crain, R., „Shopper-tainment“ solves a craving, in: Advertising Age, Februar 12, 1996, S. 19.

20 Unter quantitativen Erfolgsmaßen sollen die im Handel üblichen Zielvorgaben wie Umsatz pro Mitarbeiter oder Umsatz pro qm verstanden werden. Vgl. Kirchner, J., Beziehungskrise ohne Personal, in: Absatzwirtschaft Sondernummer Oktober 1996, S. 194-197. Unter diesen Voraussetzung muss auf die konsequente Umsetzung von Erlebnis- und Beziehungskonzepten verzichtet werden.

21 Laut einer Studie des Instituts für Handel und Internationales Marketing an der Universität Saarbrücken, die Prof. Zentes für den Markenverband erarbeitete, sehen sich 88,9 Prozent der befragten Industrieunternehmen mehrfach oder regelmäßig konkreten Drohungen des Handels ausgesetzt. Vgl. Stippel, P., Brauchen wir die Preisbindung?, in: Absatzwirtschaft 7/97, S. 18.

die Erhöhung ihres Markenwertes verschafft sich die Herstellerseite einen Vorte in der Verhandlung um Listungen bzw. versucht, die Absatzstufe des Handels z umgehen. Ebenso führen Kooperationsstrategien zwischen Industrie und Hande wie ECR–Maßnahmen versprechen, nicht automatisch zu handelsseitigen Vor teilen, sondern müssen in Abhängigkeit von Branche und Betriebstyp einzel geprüft werden.[22]

Die beschriebene Situation im Einzelhandel hat in den vergangenen 5 Jahren z einer „Explosion“ von Innovationen geführt, „...that is changing the traditiona definitions of store format and location.“[23] Bewirkte die wachsende Menge neue Betriebstypen eine „Store–Erosion“,[24] geht der Trend im Bereich neuer Einzelhan delsstandorte in Richtung der **Ansiedlung außerhalb des Stadtkerns bzw. de Stadtgrenze**. Entstanden in Deutschland zwischen 1964 und 1990 nur 8 Prozen aller Shopping Center auf der Grünen Wiese, stieg ihr Anteil von 1991 bis 199 auf 47 Prozent.[25] Bereits innerhalb der Jahre 1965 bis 1988 konnte in deutsche Innenstädten ein realer Umsatzrückgang je qm Verkaufsfläche von 41 Prozen beobachtet werden.[26]

Neben der wettbewerbsfördernden Wirkung der Konkurrenz zwischen benachbar ten Geschäften und den aus differenzierten Anforderungen heraus entstandene Betriebstypen,[27] stellen verschiedene Einzelhandelsagglomerationen innerhal

---

22 Vgl. Heinemann, G., ECR aus Handelssicht am Beispiel der Drospa Drogeriemärkte Gastvortrag im Rahmen der Vorlesung „Marketing und Produktion“ am 13. Juni 1997 an de Handelshochschule Leipzig (HHL).

23 Field, C., Trouble in store? in: Esomar Newsbrief, Vol. 5, Number 8, Sept. 1997, S. 31.

24 Vgl. Meffert, H., Marketingforschung und Käuferverhalten, 2. Aufl., Wiesbaden 1992, S. 12 Heinemann, G., Betriebstypenprofilierung und Erlebnishandel, Wiesbaden 1989, S. 4f.

25 Vgl. Groner, B., Innenstadt-Center im Aufwind in: DiH 3/99, S. 7. Der Anteil innerstädtische Shopping Center sank in den Jahren 1991 bis 1995 auf 23 Prozent gegenüber 51 Prozent, di im Durchschnitt bis 1990 ihren Standort in der Innenstadt hatten. Aus den Angaben z aktuellen Eröffnungen und Planungen geht demgegenüber hervor, dass sich der Ante suburbaner Center zu Gunsten der Innenstadt verringern wird.

26 Vgl. Tietz, B., Einzelhandelsperspektiven für die Bundesrepublik Deutschland bis zum Jah 2010, Frankfurt a. M. 1992, S. 529. Der reale Umsatzrückgang je qm Verkaufsfläche erga sich aus einer sinkenden Verkaufsflächenfrequenz von 25 Prozent bei einem realem Umsat rückgang je Besucher von 21 Prozent.

27 Vielfach wird der Begriff des Betriebstypes in der Fachliteratur mit der Betriebsform synonyr verwendet. Vgl. z.B. Ausschuss für Begriffsdefinitionen aus der Handels- und Absatzwirtscha (Hrsg.), Katalog E - Begriffsdefinitionen aus der Handels- und Absatzwirtschaft, 4. Ausgabe Köln 1995, S. 29f. Um diese Dopplung zu vermeiden, soll in der vorliegenden Arbeit unter eine Betriebsform die Klassifikation von Angebotsformen des Handels anhand konstitutive Merkmale verstanden werden, die es Marktteilnehmern ermöglicht, Handelsbetriebe z spezifischen Betriebsformen zuzuordnen (z.B. Fachgeschäft, SB-Warenhaus, etc.). Demge genüber sind Betriebstypen als Unterordnung der Betriebsform zu verstehen, die sich durc eine unterschiedlich starke Ausprägung der konstitutiven Betriebsformenmerkmale auszeich

einer Stadt bzw. in regionaler Nähe die Hauptakteure öffentlicher Auseinandersetzungen dar.[28] Während die Auswirkungen des Betriebstypenwandels nur noch selten thematisiert werden,[29] fehlt die Beschäftigung mit den Schwierigkeiten der Innenstadt als Unterlegene im Strukturwandel gegenüber Shopping Centern auf der Grünen Wiese[30] in keiner Diskussion über die Problemfelder der Einzelhandelsentwicklung. Die Zukunftsszenarien, die dabei für die Innenstadt aufgezeigt werden, sprechen von einer Verödung oder führen amerikanische Stadtkerne als Negativbeispiele der zu beobachtenden Entwicklung an.[31]

Besonders betroffen von dieser Entwicklung ist die **Situation in den neuen Bundesländern**. Zahlenbeispiele belegen, dass sich die Wachstumsdynamik des Einzelhandels in den neuen Bundesländern deutlich von Westdeutschland abhebt. Betrug das verfügbare monatliche Realeinkommen pro Person in Ostdeutschland im Jahre 1994 nur knapp 60 Prozent des westdeutschen Niveaus,[32] überstieg die

---

nen. Vgl. Heinemann, G., Betriebstypenprofilierung und Erlebnishandel, a.a.O., S. 13f. Zu den Grundlagen der Problematik vgl. Nieschlag, R., Die Dynamik der Betriebsformen im Handel, Essen 1954.

28 Mit Schlagzeilen wie „Handel auf der Grünen Wiese macht Innenstädte kaputt“, Durch Handel auf Grüner Wiese Großstadtzentren im Abstieg“, „Innenstädte drohen durch Einkaufszentren auf der Grünen Wiese zu veröden“ sorgen regionale wie überregionale Zeitungen dafür, dass die Interpretation von Aussagen des HDE oder Instituts für Wirtschaftsforschung Halle (IWH) ein Bild ergibt, nach dem Einzelhändler als Schurken gelten, „... die an den ostdeutschen Stadträndern in riesigen Einkaufszentren ihre Waren anbieten, während die guten Händler ihre Kunden in Läden in der Innenstadt bedienen.“ o.V., Die Stadtzentren beleben, aber die Einkaufsparks nicht verteufeln, in: FAZ, 15.11.1996, S. 18.

29 Hervorzuheben ist hier beispielsweise der Rollenkonflikt von Tankstellen, die einerseits einem Preiskampf mit den an Discount-Supermärkten in Shopping Centern angegliederten Tankstellen ausgesetzt sind, andererseits als neuer Vorreiter der Convenience-Stores im Wettbewerb gegenüber kleinbetrieblichem Einzelhandel Marktanteile gewinnen. Vgl. o.V., Markentankstellen droht Ruin durch Einkaufszentren, in LVZ, 26.6.1996, S. 1; o.V., Tankstellen als Einkaufsmekka, in: Horizont 24 / 96, S. 18.

30 Die Abgrenzung der einkaufsstättenspezifischen Begriffe Shopping Center, Einkaufszentrum, Innenstadt, etc. erfolgt in Kap. A 2.

31 Als starke „Amerikanisierungstendenz“, die durch die Kunstwelt der Shopping Center ausgelöst werde, bezeichnete der Hauptverband des Deutschen Einzelhandels (HDE) die Situation in den neuen Bundesländern, vgl. Mauder U., Innenstadt-Handel geht die Luft aus, in: LVZ, 6./7.9.1997, S. 5. Mit „verödende Innenstädte und prosperierende Ränder“ bezeichnet das Institut für Wirtschaftsforschung Halle (IWH) das vorliegende Problem, vgl. Junkernheinrich, M., Lammers, K., Innenstadt oder „Grüne Wiese“? - Standortkonkurrenz in ostdeutschen Stadtregionen, Arbeitspapier des IWH Nr. 53, Halle 1996.

32 Vgl. Sächsisches Staatsministerium für Wirtschaft und Arbeit (Hrsg.), Wirtschaft und Arbeit in Sachsen 1996, Dresden 1996, S. 22. Die den Prozentangaben zugrunde liegenden Werte (DM 1268 vs. DM 2130) entstammen Berechnungen des DIW, die das verfügbare Pro-Kopf-Einkommen von Preissteigerungen bereinigte. Angaben zur Kaufkraft je Einwohner weisen für die Stadt Leipzig 1996 einen Index von 86,8 zum Bundesdurchschnitt von 100 aus. Dagegen liegt der Index für das Bundesland Sachsen auch 1998 bei gerade 76,4. Vgl. Guratzsch, D., Dilemma der Großprojekte, in: Die Welt, 25.9.1996, S. WR 10. Zur Berechnung der Kaufkraftkennzahlen durch die GfK zugrunde liegenden Formel vgl. Tietz, B., Der Handelsbetrieb, 2.

Einzelhandelsverkaufsfläche im selben Jahr mit 1,3 qm pro Einwohner im Bundesland Sachsen bereits den Durchschnitt im alten Bundesgebiet.[33] Die Ursachen hierfür sind in gravierenden Unterschieden in Realeinkommen und Sparvolumen im Vergleich der alten und neuen Bundesländer bei gleichzeitig unkoordinierter Angleichung des Handelsangebotes in den neuen Ländern zu suchen. Die Verkaufsflächenexpansion, die dem durch sprunghafte Nachfragesteigerung entstandenen Einkaufstourismus entgegenwirken sollte, ging zu Lasten des innerstädtischen Handels. Auf Grund der bis in die Gegenwart existenten offenen Eigentumsfragen für Grundstücke und Immobilien und entsprechend hohen Mieten bzw. Kaufpreisen, breiteten sich neue Handelsansiedlungen vorrangig außerhalb der Stadtgrenzen aus.[34] Die im bundesdeutschen Bauplanungsrecht[35] verankerten Regelungen wurden in dieser Phase durch die fehlende Erfahrung der Behörden umgangen, Unklarheiten zu Gunsten der Ansiedlungspoltik der Umlandgemeinden ausgenutzt.[36] Im Ergebnis dieser Entwicklung befinden sich 75 Prozent aller bundesdeutschen „Einkaufszentren auf der Grünen Wiese" in den neuen Bundesländern,[37] was sich in entsprechenden Verkaufsflächenzahlen im Verhältnis zwischen Innenstadt und Grüner Wiese[38] widerspiegelt. Obwohl für die neuen Bun-

---

Aufl., München 1993, S. 217.

33 Vgl. Eli, M., Batzer, E., Vögtle, C., Lage und Perspektiven des kleinbetrieblichen Einzelhandels im Freistaat Sachsen, Ifo Dresden–Studien, Nr. 8, Dresden 1996, S. 24, auf Grundlage der Berechnungen des Handelsverbandes Sachsen. In der Untersuchung des ifo Instituts für Wirtschaftsforschung Dresden konnte darüber hinaus festgestellt werden, dass einige Kommunen bereits über Verkaufsflächen von bis zu 1,8 qm je Einwohner verfügen. Vgl. ebenda, S. 95. Der Wert von 1,3 qm pro Einwohner muss im Verhältnis zur Ausgangslage des Handels in der DDR im Jahr 1989 betrachtet werden. Zum damaligen Zeitpunkt entfielen auf einen Einwohner 0,3 qm Einzelhandelsverkaufsfläche. Vgl. Spannagel, R., Entwicklung der Verkaufsflächen im Einzelhandel, in: ifo Studien zu Handels- und Dienstleistungsfragen Nr. 47, München 1995, S. 222ff.

34 Vgl. dazu auch die Darstellungen bei Jürgens, U., Einzelhandel in den Neuen Bundesländern – die Konkurrenzsituation zwischen Innenstadt und „Grüner Wiese", dargestellt anhand der Entwicklungen in Leipzig, Rostock und Cottbus, Kiel 1998, S. 128f.

35 Hierzu zählen insbesondere die Baunutzungsverordnung (BauNVO) und das Baugesetzbuch (BauGB) auf bundesrechtlicher Ebene sowie Einzelhandelserlasse und Landesentwicklungsprogramme auf Länderebene. Vgl. Beck, G., Neue Strategien für Stadtplanung und Wirtschaftsförderung zur Einzelhandelsentwicklung, in: Maier, J. (Hrsg.), Arbeitsmaterialien zur Raumordnung und Raumplanung, H. 144, Bayreuth 1995, S. 10-25. Für die angesprochene Problematik ist in erster Linie § 11 Abs. 3 der BauNVO relevant, der die Ansiedlung von Einzelhandelsbetrieben mit einer Geschossfläche von über 1.200 qm außer in Kerngebieten nur in den für sie ausgewiesenen Sondergebieten zulässt.

36 Vgl. Gormsen, N., Was tut die Stadt für die Stärkung des innerstädtischen Handels?, in: Innenstadt trotz Grüner Wiese? Chancen des Handels an städtebaulich integrierten Standorten, XVIII. Urbanicom-Studientagung, Leipzig 1995, S. 53f. Hinzu kommt, dass seitens des Bundes oder der Länder häufig sehr günstig Flächen zur Verfügung gestellt wurden und große Bauvorhaben steuerlich bezuschusst wurden.

37 Vgl. Staudte, W., Der Tag wird kommen, in: Der Handel 6/96, S. 24f.

38 Das Symposium des Handelsverbandes Sachsen und des HDE von 1997 verkündete Werte

desländer inzwischen ein Trend zur Neuansiedlung von Shopping Centern in der Innenstadt bzw. in Stadtteilen zu vermerken ist,[39] kann ein grundlegender Ausgleich der entstandenen Verhältnisse erst langfristig erwartet werden, wenn sich neue Shopping Center gegenüber etablierten Standorten bei Annahme einer relativen Kaufkraftkonstanz durchsetzen.

Hinzu kommt, dass die Auswirkungen von Konzentrationsprozessen im Handel,[40] in deren Folge ein immer höherer Umsatzanteil von wenigen Handelsunternehmen vereinnahmt wird, in den neuen Bundesländern besonders schnell festzustellen waren. Bedingt durch ein nahezu völliges Fehlen privater Einzelhändler,[41] das dem Grundanliegen des zentralgesteuerten Planwirtschaftsdenkens zuwider lief, fehlten zu Beginn der Privatisierung 1990 jegliche strukturelle Voraussetzungen. Trotz einer einsetzenden Welle von Existenzgründungen, fanden sich größere und lukrative Objekte nur selten in den Händen ortsansässiger klein– und mittelständischer Händler wieder, da die Übernahme von Geschäftsausstattung, Warenbeständen und Arbeitskräften sowie die Zahlung eines Bietpreises in den meisten Fällen die finanziellen Möglichkeiten überstieg.[42] Die mit der Konzentration westdeutscher Filialunternehmen einhergehende Uniformität im Stadtbild machte damit die Chance einer Neukonzeption der innerstädtischen Einkaufslandschaft zunichte.

Die in den vergangenen Jahren zu verfolgende Diskussion aus Sicht des Einzelhandels als auch der Regionalplanung richtet sich in erster Linie gegen Agglomerationen in Form von Shopping–Centern. In diesem Zusammenhang ist die Verallgemeinerung zu beobachten, dass Shopping–Center in erster Linie an

---

für die neuen Bundesländer, nach denen sich 30 Prozent der Verkaufsflächen in den Stadtzentren und 70 Prozent an den Peripherien befinde. Vgl. Mauder, U., Innenstadt-Handel geht Luft aus, a.a.O., S. 5.

39 Vgl. Gebauer, E., Rückkehr in die City, in: DiH 8/96, S. 16-21 oder Pitroff, R., Innenstadt-Center im Aufwind, DiH, 5/98, S. 60-64 sowie Groner, B., Innenstadt-Center im Aufwind, a.a.O., S. 7. Zum aktuellen Stand sind von den 1999 und 2000 geplanten Eröffnungen von Shopping Centern nur noch 6 Prozent auf der Grünen Wiese angesiedelt, 63 Prozent sind demgegenüber in der Innenstadt lokalisiert.

40 Vgl. Meffert, H., Marketing-Management, Analyse - Strategie - Implementierung, Wiesbaden 1994, S. 164.

41 10,9 Prozent des gesamten Einzelhandelsumsatzes war 1988 in der DDR auf private Einzelhändler zurückzuführen. Dabei handelte es sich vielfach um Kommissionshändler, die Ware im Auftrag staatlicher Handelsorganisationen vertrieben. Vgl. Kribben, M., Entwicklung des Konsumentenverhaltens in den neuen Bundesländern. Ein entscheidungsorientierter Ansatz im Lichte des Bernoulli-Kriteriums, Frankfurt a.M. 1992, S. 80f.

42 Vgl. Sparschuh, R., Das hartnäckige Ringen um innerstädtische Handelsstandorte trägt langsam Früchte, in: Innenstadt trotz Grüner Wiese? Chancen des Handels an städtebaulich integrierten Standorten, XVIII. Urbanicom-Studientagung, Leipzig 1995, S. 97.

außerörtlichen Standorten angesiedelt sind, was zumindest in der Betrachtung des gesamten Bundesgebietes unzutreffend ist.[43] Es bleibt jedoch ein unwiderlegbarer Fakt, dass Shopping Center in den neuen Bundesländern auf eine deutlich höhere Akzeptanz als in den alten Bundesländern stoßen.[44]

Ein weiterer Kritikpunkt an der Einseitigkeit der Diskussion, die vordergründig die Existenz von Shopping Centern auf der Grünen Wiese für die derzeitig zu beobachtende rezessive Lage des Einzelhandels verantwortlich macht, ist im Bereich des angelegten Bewertungsmaßstabes zu suchen. Der in den neuen Bundesländern durch Überkapazitäten entstandene Verdrängungswettbewerb wird über den Grad der Anpassung einzelner Händler und Agglomerationen an die Bedürfnisse der Konsumenten entschieden. Dass in diesem Prozess der Marktbereinigung auch Shopping–Center von der Schließung betroffen sein werden, steht außer Zweifel.[45]

Das Argument, mit dem vielfach die Angst vor einer Verödung der Innenstadt geschürt wird, ist die Forderung nach einer notwendigen **Multifunktionalität von Stadtzentren.**[46] Soll auch an dieser Stelle die Unerlässlichkeit innerstädtischen Handels nicht in Zweifel gezogen werden, so muss die Frage über das Erfordernis der Multifunktionalität jedoch hinsichtlich Quantität und Qualität der angebotenen Leistungen spezifiziert werden. Shopping–Center erfüllen demgegenüber bereits eine Reihe von Funktionen (insbesondere Handel, Kultur und Dienstleistung), so dass sich diese Agglomerationen zum Substitut bzw. Komplement der Innenstadt entwickeln.[47] Die Entscheidung darüber, welcher Standort zukünftig welche Aufgabe zu erfüllen hat, darf dabei nicht emotionsgeladen und einseitig durch

---

43 Nur 27 Prozent der einheitlich geplanten Einkaufszentren befinden sich laut einer Studie des EHI vom Stand 1. Januar 1996 auf der „Grünen Wiese“, hingegen 38 Prozent in der Innenstadt und 35 Prozent in Stadtteilzentren. Vgl. Groner, B., Vom quantitativen zum qualitativen Wachstum? in: DiH 1/96, S. 41. Die Werte wurden als Durchschnitt zwischen den alten und neuen Bundesländern gebildet.

44 Nach einer Untersuchung der Zeitschrift Textilwirtschaft empfinden 80 Prozent der Ostdeutschen im Vergleich zu 62 Prozent der Westdeutschen die Shoppingatmosphäre in Shopping Centern als gut, während nur 69 Prozent im Osten gegenüber 82 Prozent im Westen das City-Angebot für breitgefächert halten. Vgl. im Internet: HDE-Chefsache Juni 1997, Nr. 6 in: http://www.einzelhandel.de/hde05.htm vom 06.07.1999, nach Angaben einer Kundenstudie der Textil Wirtschaft 6/97.

45 Vgl. Staudte, W., Der Tag wird kommen, a.a.O., S. 24f.

46 Unter dem Begriff der Multifunktionalität versteht man die Innenstadt als zentralen Ort für Funktionen des Arbeitens, Wohnens und Handelns, der Kultur, Freizeit, Dienstleistungen, etc. Vgl. Junkernheinrich, M., Lammers, K., Innenstadt oder „Grüne Wiese“?, a.a.O., S. 5.

47 Vgl. dazu auch die Übersicht über Ähnlichkeiten zwischen Grüner Wiese, innerstädtischem Einkaufszentrum und Innenstadt bei Jürgens, U., Einzelhandel in den Neuen Bundesländern – die Konkurrenzsituation zwischen Innenstadt und „Grüner Wiese“, a.a.O., S. 324.

benachteiligte Händler getroffen werden, sondern kann nur auf Basis von Präferenzentscheidungen der Kunden erfolgen. Bisher wird diesem Ziel allerdings noch nicht genügend Rechnung getragen. Politische Eingriffe versuchen, den Erfolgen der außerörtlichen Shopping Center Einhalt zu gebieten, indem beispielsweise in einigen Gemeinden Sortimentsbeschränkungen für Verbrauchermärkte auf der Grünen Wiese erlassen werden.[48] In diesem Zusammenhang wäre es im Gegensatz zu regionalpolitischen Machtkämpfen von entscheidender Bedeutung, die Zukunft des Handels als Bestandteil der weiteren Stadtentwicklung zu betrachten. Werden den derzeit zu beobachtenden Tendenzen von Siedlungsdispersion, Funktionstrennung und Entmischung, zunehmender Freiraumbeanspruchung sowie den damit verbundenen steigenden Transportaufwendungen[49] keine zukunftsfähigen Konzepte entgegengestellt, erwachsen daraus langfristig ökonomische, ökologische und soziale Instabilitäten, die den Anforderungen globalen Wirtschaftens nicht mehr gerecht werden.

Beim Vorwurf gegen die Konzentration im Handel sollten die für die Konsumenten existenten Vorteile nicht außer acht gelassen werden. Ebenso wie bei Shopping–Centern die Angebotsvielfalt in eine Verkürzung der Einkaufszeit mündet, sind es Preisvorteile[50] und damit ein direkter Kundennutzen, der durch Handelskonzentrationen erzielt werden kann. Uniformität im Handelsnetz hat nicht zuletzt den Effekt geringerer Informationskosten für den Käufer, der seine Unsicherheit über das Handelsangebot durch eine Treue zu bestimmten Filialunternehmen reduziert.

Im **internationalen Vergleich** kann festgestellt werden, dass die zu beobachtende Form der Dezentralisierung des Handels kein spezifisch deutsches bzw. ostdeutsches Phänomen ist, sondern seinen Ausgangspunkt in der amerikanischen suburbanen Einzelhandelsansiedlung hat. In der anglo–amerikanischen Literatur

---

48 Diese Sortimentsbeschränkungen entstehen aus der Definition innenstadtrelevanter Warensortimente. Vgl. Schmalen, H., Wandel im Handel - Ist der Käufer Opfer oder Täter?, in: WiSt H. 8, August 1997, S. 405. In der Formulierung der XX. Studientagung von Urbanicom wird explizit eine Politik gegenüber nicht innenstadtorientiertem großflächigem Einzelhandel gefordert. Vgl. o.V., Schweriner Resümee in sechs Thesen, in: Stadt und Handel in Kooperation - brauchen wir Innenstadt-Konzepte?, XX. Urbanicom-Studientagung, Schwerin 1997, S. 6.

49 Vgl. Beckmann, K. J., Städte sind die Zukunft der Menschheit - Wie gehen wir mit dieser Zukunft um? - Habitat II in der Realisierung - Vortrag im Rahmen der Jahrestagung Urbanicom 1997, in: Stadt und Handel in Kooperation - brauchen wir Innenstadt-Konzepte?, XX. Urbanicom-Studientagung, Schwerin 1997, S. 37.

50 Vgl. Schmalen, H., Wandel im Handel - Ist der Käufer Opfer oder Täter?, a.a.O., S. 410f. Schmalen führt gleichzeitig an, dass Vorwürfe der Marktbeherrschung einzelner Unternehmen bisher erfolglos von der Monopolkommission untersucht worden sind.

wird längst von einer vierten zu beobachtenden Welle des Out–of–town Shopping gesprochen,[51] die sich in Power Centers,[52] Warehouse Clubs, Factory Outlet Centers (FOC)[53] und Off–price–Ketten äußert. Gleichzeitig konstatieren amerikanische Forscher sinkende Umsatzzahlen bei steigenden Verkaufsflächen, deren Ursachen in der gewachsenen Uniformität des Angebots, der Tendenz zum „Multipurpose Shopping" sowie einem nachlassenden Vergnügen am Kauferlebnis vermutet wird.[54] Im europäischen Vergleich weist Deutschland relativ wenige Shopping Center aus,[55] wobei die Diskrepanz zwischen Ost– und Westdeutschland in dieser Betrachtung unberücksichtigt bleibt. Parallel dazu sind Tendenzen zu beobachten, dass sich traditionell auf der Grünen Wiese ansässige Unternehmen (wie bspw. Kmart) auf Grund rückläufiger Kundenzahlen neue Standorte in der Innenstadt sucht.[56] Gleichzeitig erkennen amerikanische Managementexperten wie PORTER die wachsenden Chancen, die sich aus den bislang vernachlässigten Potentialen der Innenstadt ergeben.[57]

---

51 Vgl. Fernie, J., The coming of the fourth wave: new forms of retail out-of-town development, in: IJoRDM, Vol. 23, No. 1/95, S. 4-11.

52 Vgl. Solomon, B., Power Centers: The new face of Retailing, in: Management Review, April 1993, S. 50-53 oder Donahue, D., Power Shift, in: Stores, May 1994, S. 45.

53 In der aktuellen Diskussion in Deutschland regt sich insbesondere gegen die ersten geplanten FOCs in Hunsrück und Zweibrücken heftiger Protest von Seiten des traditionellen Einzelhandels bzw. der Regierung des angrenzenden Bundeslandes. Vgl. o.V. „Wenn wir uns nicht verändern, werden wir verändert", in FAZ v. 16.7.1997, S. 14 und Kahlweit, C., „Handelskrieg" um ein Einkaufszentrum neuer Art, in: SZ 19.6.1997, S. 9. Dabei stellen FOCs weder raumordnungs-, handels- noch technologiepolitisch eine ernsthafte Bedrohung für den Einzelhandel dar. Vgl. Hallier, B., Umorientierung: immer unbequem, in: DiH 7/98, S. 6f.

54 Obwohl sich diese Angaben auf die Angebotsform von Malls beziehen, sind sie insofern mit der deutschen Situation vergleichbar, als dass amerikanische Einkaufsstättenentscheidungen fast ausschließlich zwischen suburbanen und regionalen Malls zu treffen sind. Vgl. Wakefield, K.L., Baker, J., Excitement at the Mall: Determinants and Effects an Shopping Response, in: JoR, Vol. 70 (4), 1998, S. 515f. Multipurpose Shopping ist zu beobachten, wenn Konsumenten für einen Einkauf mehrere Kaufziele miteinander verbinden. Eine Sonderform dessen ist das One-Stop Shopping, das Multipurpose Shopping innerhalb einer räumlichen Umgebung betrachtet. Vgl. Messinger, P.R., Narasimhan, C., A Model of Retail Formats Based on Consumers' Economizing on Shopping Time, in: MS, Vol. 16, Nr. 1/1997, S. 3.

55 Zu diesen Ergebnissen gelangt eine Studie von Healey & Baker Research London über den europäischen Markt für Shopping Center. Vgl. o.V., Immer mehr Einkaufszentren in Europa, in FAZ, 8.12.95, S. 49.

56 Vgl. Leo, A., Kmart zieht in die City, in: Horizont 42/1996 v. 18. Okt. 1996, S. 34; Miller C. Rediscovering the inner City, in: Marketing News, Jan. 17, 1994, S. 1f.

57 Vgl. Porter, M., The competitive Advantage of the Inner City, in: HBR, May-June 1995, S. 55-71. Auf ca. 30 Prozent bzw. auf über 25 Mrd. US$ wird die unbefriedigte Nachfrage innerhalb US-amerikanischer Innenstädte geschätzt. Vgl. Porter, M.E., Blaxill, M., Inner Cities are the next Retailing Frontier, in: The Wall Street Journal, Monday, Nov. 24, 1997, im Internet http://www.dobbscapital.com/manager.htm vom 13.09.1998.

An Hand der allgemeinen Entwicklung der **Standortstruktur im Handel** kann damit nachvollzogen werden, dass diese als Spiegelbild der Verbraucherwünsche fungiert.[58] Weder die gesamtwirtschaftliche, regionalpolitische noch stadtökonomische Perspektive belegt die Notwendigkeit staatlicher Eingriffe zur Verhinderung der Abwanderung des Einzelhandels aus der Innenstadt, um eine grundsätzlich optimale Lösung zu erzielen.[59] Nur über die inhaltliche Auseinandersetzung mit den verbraucherseitigen Hintergründen für die Präferenz neuer Betriebsformen und Standorte kann die Situation des Einzelhandels insgesamt bzw. einzelner Einzelhandelsunternehmen verbessert werden. Die Steigerung der Umsatzrentabilität von Einkaufsstätten kann langfristig nur in Verbindung mit einer Erhöhung der Kundenzufriedenheit erfolgen. Die damit einhergehende Dynamik des Standortwettbewerbs darf durch die Errichtung von Marktzugangsschranken, die lokalpolitische Probleme über rechtliche Eingriffe zu lösen versucht,[60] nicht verhindert werden. Es entspricht den Anforderungen des Handelsmarketing, dem hybriden Einkaufsverhalten über eine verstärkte und intelligentere Kundensegmentierung zu begegnen, die beispielhaft über eine Differenzierung von Einkaufsstätten erreicht werden kann[61]. In der Summe muss die Antizipation zukünftiger Tendenzen des Einzelhandels zur Ableitung von Profilierungsstrategien bei der Analyse des Konsumentenverhaltens ansetzen,[62] was sich – bezogen auf das vorgestellte Problem des zunehmenden Standortwettbewerbs im Einzelhandel – über die Auseinandersetzung mit den Hintergründen der Einkaufsstättenwahl lösen lässt.

2 Begriffliche Abgrenzung und Gegenstand der Einkaufsstättenwahl

Die begriffliche Auseinandersetzung mit der Thematik der Einkaufsstättenwahl ist durch eine Vielzahl möglicher Betrachtungsebenen gekennzeichnet. In der grundlegendsten Beschäftigung stellt sie ein Bestandteil des von MEFFERT aufgestellten

---

58 Vgl. Schmalen, H., Wandel im Handel, a.a.O., S. 405ff.

59 Vgl. Junkernheinrich, M., Lammers, K., Innenstadt oder „Grüne Wiese"?, a.a.O., S. 5ff.

60 Vgl. Potucek, V., Strukturelle Problematik von Zugangsbarrieren in lokalen Einzelhandelsmärkten, in: Trommsdorff, V. (Hrsg.), Handelsforschung 1987, Heidelberg 1987, S. 139-159.

61 Eine andere erfolgversprechende Möglichkeit der dauerhaften Differenzierung von Einzelhandelsunternehmen sieht FASSNACHT z.B. über das Angebot von Dienstleistungen, vgl. Fassnacht, M., Management von Dienstleistungen im Einzelhandel, Management Know-how Reihe des Zentrums für Marktorientierte Unternehmensführung (ZMU), Koblenz 1997, S. 16f.

62 Vgl. Meffert, H., Burmann, C., Polarisierung des Käuferverhaltens, in: BAG-Handelsmagazin 12/96, S. 44.

Paradigmas des Kaufverhaltens[63] dar, das neben Fragestellungen zum Kaufakteur, Kaufentscheidungsträger, Kaufobjekt, –motiv, –menge, etc. die Einkaufsstättenwahl behandelt. Entgegen dieser nachfragerorientierten Sichtweise beinhaltet die angebotsseitige Betrachtung der Einkaufsstättenwahl die standortbezogene Entscheidung von Einzelhandelsunternehmen, die auf Tatbeständen der Standorttheorie[64] bzw. der institutionellen Handelsbetriebslehre[65] basiert und nicht zum Gegenstand der Arbeit gewählt wurde.

Unter **Einkaufsstätten** sollen nachfolgend „solche Organisationen bezeichnet werden, bei denen die Konsumenten Güter und Dienstleistungen zur Deckung ihres persönlichen bzw. hauswirtschaftlichen Bedarfs kaufen können."[66] Einkaufsstätten sollen also in Abgrenzung zu der in der Literatur verwendeten Form der Gleichsetzung eines einzelnen Geschäfts mit dem Begriff der Einkaufsstätte Agglomerationen von Geschäften darstellen. Auf der am stärksten disaggregierten Stufe können Einkaufsstätten auch als einzelne Einzelhandelsgeschäfte auftreten. Für die Auseinandersetzung mit dem Problem der Einkaufsstättenwahl als Standortentscheidung für Konsumenten stellt dies eine Ausnahme dar, die im weiteren Verlauf der Arbeit vernachlässigt wird.[67]

Die Beschäftigung mit der Thematik der Einkaufsstättenwahl aus dem Blickwinkel von Konsumenten setzt in einem ersten Schritt die **Klassifikation von Einkaufsstätten** voraus, die auf Kriterien beruht, die für Nachfrager relevante Entscheidungstatbestände darstellen. Bislang verwendete Klassifikationen unterscheiden bspw. nach Netzstufen des Einzelhandels,[68] nach der Größe des Marktgebietes,[69]

---

63 Vgl. Meffert, H., Marketing, in: Management-Enzyklopädie, Bd. 4, München 1971, S. 392; Meffert, H., Die Beurteilung und Nutzung von Informationsquellen beim Kauf von Konsumgütern, Empirische Ergebnisse und Prüfung ausgewählter Hypothesen, in: Meffert, H., Steffenhagen, H., Freter, H. (Hrsg.), Konsumentenverhalten und Information, Wiesbaden 1979, S. 39.

64 Mit Hilfe der Standorttheorie werden Standortentscheidungen über ökonomische und außerökonomische Standortfaktoren, Standortanforderungen und das Zielsystem des Unternehmens erklärt. Vgl. Müller, S., Beeskow, W., Einkaufsstättenimage und Einkaufsstättenwahl, in: JAVF 4/82, S. 400.

65 Vgl. ebenda, S. 400. Innerhalb der institutionellen Handelsbetriebslehre dienen Aspekte der Absatzträchtigkeit von Standorten, der Raumordnung sowie kosten- und finanzwirtschaftliche Kriterien als Determinanten der Standortentscheidung.

66 Heinemann, M., Einkaufsstättenwahl und Firmentreue des Konsumenten, Wiesbaden 1976, S. 27.

67 Die Einkaufsstätte ist demnach immer als Verbindung von mindestens zwei Geschäften durch ihre räumliche Nähe zu verstehen. Die Geschäftswahl beschäftigt sich demnach mit einzelnen Geschäften (auch innerhalb einer Einkaufsstätte), während die Einkaufsstättenwahl die Gesamtheit der Ansiedlung betrachtet.

68 Unter den von TIETZ vorgestellten Handelsnetzen sind das innerörtliche sowie außerörtliche

nach Betriebsformen oder Branchen.[70] Für die in der vorliegenden Arbeit zu untersuchende Problemstellung, die Ursachen der Einkaufsstättenwahl für Alternativen verschiedener Standorte aufdecken will, bleibt es unumgänglich, die räumliche Komponente zum vorherrschenden Typisierungsmaßstab von Einkaufsstätten heranzuziehen. Empirische Studien bestätigen darüber hinaus, dass die Erreichbarkeit, die unter anderem durch die räumliche Entfernung von Einkaufsstätten zum Wohnort abgebildet wird, als ein Bestimmungsfaktor der Attraktivität von Einzelhandelszentren anzusehen ist.[71] Aus diesem Grund bildet das von CHRISTALLER entwickelte[72] und in § 2 des ROG verankerte[73] Konzept der zentralen Orte die Basis der Einkaufsstätten–Kategorisierung, wonach in Abhängigkeit von Ortsgröße und Verflechtungsbereich nach Klein–, Unter–, Mittel– und Oberzentren differenziert wird. In Fortsetzung dieses Konzeptes auf kommunaler Ebene entstand das stadtspezifische hierarchische Zentrenmodell, deren Kategorien über die Kriterien Bedeutungszuwachs, Zentralität und Einzugsbereich definiert werden.[74] Dabei verdeutlichen der Stadtkern als A–Zentrum, Stadtteilzentren als B–Zentrum und Nahversorgungszentren als C–Zentrum eine absteigende regionale Bedeutung bei abnehmender Zentralität und einem sinkenden Einzugsbereich.

Zentren- und Streulagennetz, das Versand- und Direktvertriebsnetz und das Automobil- und Tankstellennetz zu verstehen. Vgl. Tietz, B., Einzelhandelsperspektiven für die Bundesrepublik Deutschland bis zum Jahre 2010, a.a.O., S. 509.

69 Dabei wird zwischen Nachbarschafts-, Gemeinde- und Regionalzentrum unterschieden. Vgl. Beck, R.H., Der Konsument zwischen Shopping-Center und innerstädtischem Geschäftszentrum, Ein Vergleich zwischen Einkaufszentrum Glatt und Züricher Bahnhofstraße, Zürich 1978, S. 23ff.

70 Weitere Klassifikationsmöglichkeiten von Standorten finden sich bei Müller-Hagedorn, L., Der Handel, Stuttgart 1998, S. 295.

71 Vgl. Ziehe, N., Einzelhandel und Verkehrspolitik, Eine empirische Analyse der Bedeutung von Erreichbarkeit und Attraktivität für die Zentrenwahl der Verbraucher, Stuttgart 1998, S. 32ff.

72 Vgl. Beck, G., Neue Strategien für Stadtplanung und Wirtschaftsförderung zur Einzelhandelsentwicklung, a.a.O., S. 24. Im Original siehe Christaller, W., Die zentralen Orte in Süddeutschland. Eine ökonomisch-geographische Untersuchung der Gesetzmäßigkeit der Verbreitung und Entwicklung der Siedlungen mit städtischen Funktionen, Jena 1993. Die ideale ökonomische Marktgebietsform nach CHRISTALLER bestand in einem gleichseitigen Sechseck. Die Ineinanderschachtelung hexagonaler Strukturen verschiedener Wertigkeit verdeutlicht die von ihm entwickelte Hierarchie zentraler Orte.

73 Vgl. Noltze, K., Die Perspektiven des Systems der Zentralen Orte - das wirksamste marktkonforme Mittel zur Förderung der Attraktivität der städtebaulich integrierten Handelszentren, in: Innenstadt trotz grüner Wiese? Chancen des Handels an städtebaulich integrierten Standorten, XVIII. Urbanicom-Studientagung, Leipzig 1995, S. 78.

74 Vgl. Sparschuh, R., Lebendige Stadtzentren, unveröffentlichtes Manuskript, Leipzig 1996, S. 11.

In Erweiterung des Modells werden für die Argumentation der Arbeit nachfolgende Kategorien gebildet, die sich an die Ansätze von DINTER,[75] DEPENBROCK-NAUMANN,[76] OEHME[77] oder ZIEHE[78] anlehnen (vgl. Abb. 1). Neben dem räumlichen Kriterium der Zentralität, das sowohl bezüglich der Stadt als auch einzelner Stadtteile unterschieden werden soll, kann der Agglomerationsgrad in multifunktionaler sowie handelsspezifischer Weise als ein für Konsumenten wichtiges und wahrnehmbares Unterscheidungsmerkmal für die Kategorisierung herangezogen werden.[79] Unter dem **Begriff der Einkaufsstättenwahl** soll entsprechend dieser Typisierung die Kaufentscheidung von Konsumenten zwischen den gebildeten Zentren verstanden werden. Der Prozess der Kaufentscheidung wiederum umfasst alle „mentalen und beobachtbaren Aktivitäten, die mittel- und unmittelbar zur Auswahl“[80] zum Kauf bei einer Einkaufsstätte führen. Dabei ist es an dieser Stelle für das Verständnis der Thematik nicht relevant, ob der Besuch einer Einkaufsstätte durch einen Konsumenten zum Kauf führt oder nicht.[81]

---

75 DINTER verwendete bereits auf Basis einer Erweiterung der Kategorisierung von KOCH, die in ähnlicher Form vom Deutschen Städtetag (DST) vorgeschlagen wurde, die Begriffe des D- und E-Zentrums. Nach seiner Argumentation entsprechen D-Zentren Nahbereichszentren mit reichhaltigerem, qualitativ höherwertigen Angeboten, das durch mindestens 3 verschiedene Fachgeschäfte oder einem Supermarkt mit weiteren Lebensmittelgeschäften gekennzeichnet ist. E-Zentren hingegen sind Nahversorgungszentren zur Deckung des Grundbedarfs und besitzen 3 Lebensmittelgeschäfte oder einen Supermarkt. Auf Grund von Differenzen in der Fragestellung zu dieser Untersuchung sollen die von ihm bezeichneten Kategorien D und E in dieser Betrachtung jedoch zum C-Zentrum zugeordnet werden. Vgl. Dinter, H., Versorgungslücken in einem Oberzentrum? Eine vergleichende Untersuchung zwischen der Versorgung mit Gütern des täglichen Bedarfs aus der Sicht der Verbraucher und der Angebotsstruktur des Lebensmittel-Einzelhandels am Beispiel der Stadt Nürnberg, Frankfurt a.M. 1996, S. 88ff.

76 DEPENBROCK-NAUMANN unterscheidet zwischen zentraler Lage (entsprechend dem hier bezeichneten A-Zentrum), Streulage (B- oder C- Zentrum) und isolierter Lage (E-Zentrum). Vgl. Depenbrock-Naumann, E.-M., Einzelhandel und Stadtentwicklung, Eine Marketing-Konzeption für den City-Einzelhandel zur Förderung der Urbanität, München 1982, S. 76ff.

77 Ähnlich differenziert OEHME verschiedene Standortlagen in City-Standorte, integrierte Standorte und verkehrsorientierte Standorte. Vgl. Oehme, W., Handelsmarketing, 2. Aufl., München 1992, S. 100f.

78 Bei ZIEHE finden sich ebenso 3 Kategorien: Innenstadt, integrierte Lage, periphere Lage. Vgl. Ziehe, N., Einzelhandel und Verkehrspolitik, a.a.O., S. 24f.

79 Die Bedeutung des Agglomerationsgrades im Sinne der Breite und Tiefe des angebotenen Sortiments im Handel, der Zahl der Geschäfte sowie die Verbindung zu Angeboten aus den Bereichen Dienstleistung, Gastronomie, Kultur und Bildung wurde wie die Zentralität ebenso in verschiedenen Studien untersucht. Vgl. dazu z.B. Tietz, B., Rothhaar, P., City-Studie, Marktbearbeitung und Management für die Stadt, Landsberg/Lech 1991, S. 9 sowie die Ausführungen in Kap. B 2.12.

80 Mathes, H.D., Produktentscheidung in komplexen Kaufsituationen, München 1978, S. 17.

81 Für die anschließende empirische Untersuchung bestand jedoch die Notwendigkeit der Abgrenzung, nur diejenigen Fälle zu betrachten, bei denen der Einkaufsstättenbesuch mit dem Kauf eines oder mehrerer Produkte verbunden war.

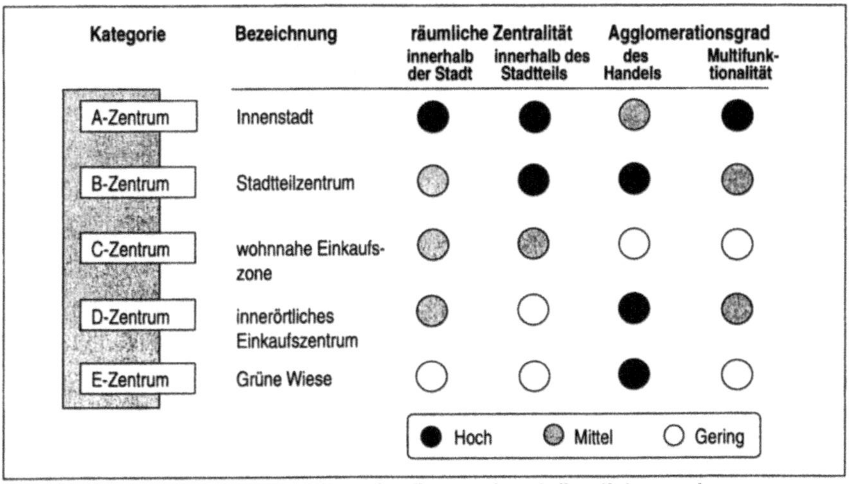

Abb. 1: Kategorisierung von Einkaufsstätten anhand räumlicher und agglomerativer Merkmale

Unter der **Innenstadt** ist in Entsprechung zum hierarchischen Zentrenmodell der Stadtkern, das Hauptgeschäftszentrum bzw. die City zu verstehen, die in einer historisch gewachsenen Funktion das natürliche Handelszentrum von Städten darstellt und regional wie überregional die Versorgungsfunktion eines Oberzentrums übernimmt. Die Einkaufsstätte der A–Kategorie vereinigt demgemäss sämtliche Einzelhandelsunternehmen, die sich innerhalb der Innenstadt befinden. Dies verdeutlicht neben dem räumlichen ebenso den agglomerativen Charakter, den die vorgestellte Klärung des Einkaufsstätten–Begriffs anzeigt, wobei für die Innenstadt trotz hoher Zentralität im städtischen wie stadtteilbezogenen[82] Sinne auf Grund der innenstadttypischen Durchmischung aus handelsbezogener Sicht nur ein mittlerer Agglomerationsgrad konstatiert werden muss. Betrachtet man hingegen neben der Versorgungs– ebenso die Arbeits–, Kultur– und Wohnungsfunktion der Innenstadt (Multifunktionalität), weist sie im quantitativen wie qualitativen Sinne den höchsten Agglomerationsgrad im Verhältnis zu den anderen Kategorien auf.

Die Abgrenzung der Innenstadt in der Literatur erfolgt bspw. über die von SPETH aufgestellten primären und sekundären Kriterien[83] bzw. die Vor– und Nachrangig-

---

82 Im Vergleich zu dem in der Arbeit benutzen Begriff des Stadtbezirks stellen Stadtteile Untereinheiten von Stadtbezirken dar und besitzen somit ein geringeres Einzugsgebiet.

83 Vgl. Speth, G., Innerstädtische Standortprobleme von Einzelhandelsbetrieben: Situationsanalyse und wirtschaftspolitischer Handlungsbedarf, Mainz 1994, S. 8. Als primäres Kriterium fungiert die Nutzung der Gebäude durch Geschäftseinrichtungen. Bedingt durch die häufig

keitsmerkmale für Hauptgeschäftszentren[84] von TIETZ. Neben dem Problem der Zuordnung, die sich insbesondere bei Randgebieten zwischen der Innenstadt und angrenzenden Einkaufsstätten als schwierig erweist, muss als entscheidender Mangel für die Lösung des bearbeiteten Problems der fehlende Bezug zur Sichtweise des Konsumenten hervorgehoben werden.

Stadtteilzentren sind Ansammlungen von Einzelhandels– und Dienstleistungsbetrieben, die vorrangig auf die Versorgung der Bevölkerung eines Stadtteils bzw. –bezirks[85] ausgerichtet sind, darüber hinaus jedoch ebenso eine überörtliche Versorgungsfunktion wahrnehmen können. Sie zeichnen sich durch eine mittlere Zentralität innerhalb der Stadt aus, besitzen jedoch eine hohe Zentralität innerhalb von Stadtteilen. Der hohe Agglomerationsgrad des Handels lässt sich bereits anhand der Definition ableiten. Diese Einkaufsstätten der B–Kategorie können einerseits natürlich gewachsen oder als Einheit geplant und errichtet worden sein. Natürlich entstandene Zentren werden nachfolgend als Geschäftszentrum bezeichnet, geplante Agglomerationen als Shopping Center.[86] Damit wird mit dieser Abgrenzung der handelsüblichen Definition dahingehend gefolgt, dass natürliche als auch geplante Zentren unter dem Oberbegriff der Einkaufszentren zusammengefasst werden.[87] Während in Deutschland sprachlich nicht zwischen über-

---

fehlende Eindeutigkeit der Zuordnung kann zusätzlich der Ausweis anhand des Flächennutzungsplans zur konkreten Bestimmung hinzugezogen werden. Die Höhe der Bodenpreise, Umsatz oder Ladenmiete pro Fassadenmeter bzw. Flächeneinheit stellen Beispiele für sekundäre Kriterien dar.

84 Vgl. Tietz, B., Der Handelsbetrieb, a.a.O., S. 205. Als vorrangige Merkmale für Hauptgeschäftszentren gelten die Zahl der Berufstätigen und der sonstigen Ortsanwesenden, die auf Verwaltungsfunktionen und kulturellen Funktionen beruhende Zentralität, die Verkehrsbedienung sowie die Konsumgewohnheiten, die an der steigenden Mobilität für Einkäufe gemessen werden. Die Auflockerung der Siedlungsstruktur im Zentrenumland und die Wohnbevölkerung sind als nachrangige Merkmale benannt.

85 Stadtbezirke stellen eine Obergruppe von Stadtteilen dar. In Abhängigkeit des Einzugsgebietes können somit Stadtteilzentren ebenfalls auf die Versorgung der Bevölkerung eines Stadtbezirkes ausgerichtet sein. Dies trifft insbesondere auf geplante Einheiten in Form von Shopping Centern zu.

86 Über dieses Merkmal der einheitlichen Planung und Errichtung hinaus, arbeitete FALK in Anlehnung an die grundlegende Definition des Urban Land Institute (ULI) von 1968 die Kriterien der räumlichen Konzentration, der gemeinschaftlichen Verwaltung und Betreibung, die ausgewogene Dimensionierung (d.h. ein Streben nach optimaler Shopping-Center-Größe die an der Grundstücksgröße, der Geschäfts- und Verkaufsflächengröße gemessen wird), das umfangreiche Parkflächenangebot und die Versorgungsfunktion zur Abgrenzung von Shopping Centern heraus. Grundlegend kann in der Arbeit dieser Definition gefolgt werden. Vgl. Falk B.R., Methodische Ansätze und empirische Ergebnisse der Kundenforschung in Einkaufszentren (shopping-center) unter besonderer Berücksichtigung der Beobachtungsmethode, Berlin 1975, S. 30-40.

87 Nach Definition des Katalogs E kann ebenso die natürlich gewachsene Innenstadt ebenso wie das Shopping Center auf der Grünen Wiese als Einkaufszentrum bezeichnet werden. Vgl. Ausschuss für Begriffsdefinitionen aus der Handels- und Absatzwirtschaft (Hrsg.), Katalog E

dachten und teilüberdachten Einkaufszentren unterschieden wird, ist unter der für amerikanische Verhältnisse typischen „Mall" die abgeschlossene Variante zu verstehen. Das erste Shopping Center hat seinen Ursprung in den Vereinigten Staaten und entstand dort 1923 im Ergebnis der mit einer Massenautomobilisierung verbundenen Stadtflucht.[88] Innerhalb Deutschlands stieg die Zahl von zwei Shopping–Centern im Jahre 1964 auf über 200 im Jahr 1996, wobei sich innerhalb der letzten sechs Jahre Anzahl und Fläche der Center verdoppelte.[89] Bezogen auf den multifunktionalen Agglomerationscharakter weist das B–Zentrum ebenso wie das D–Zentrum eine mittlere Ausprägung – insbesondere im Vergleich zum A–Zentrum – auf.

Das C–Zentrum **wohnnahe Einkaufszone** versteht sich als eine Agglomeration kleinflächiger Geschäfte am wohnungsnahen Standort, d.h. in fußnaher Entfernung, das vorrangig aus Lebensmittel– und Gemischtwarenläden besteht.[90] Das oberste Ziel dieser Kategorie besteht in der Nahversorgung der ansässigen Wohnbevölkerung des Stadtteils mit Waren des täglichen Bedarfs. Die Zentralität der wohnnahen Einkaufszone nimmt sowohl innerhalb der Stadt als auch des Stadtteils mittlere Ausmaße an, da das Einzugsgebiet dieser Einkaufsstätte unterhalb derer eines Stadtteils anzusiedeln ist. Auf Grund der starken Durchmischung mit Wohnstätten und relativ wenigen Funktionen bzgl. Kultur, Gastronomie, etc. entspricht diese Zusammensetzung einem geringen einzelhandelsspezifischen als auch multifunktionalem Agglomerationsgrad.

---

a.a.O., S. 50f. Für den Fall, dass sich innerhalb der Innenstadt ein Shopping Center befindet, wird dies in der Arbeit gesondert ausgewiesen. Andere Autoren wie bspw. GASSER unterscheiden Einkaufszentren und Shopping Center dahingehend, dass es sich bei ersteren um behördlich geplante integrierte Zentren, Shopping Center dagegen auf private Initiative entstehen und nicht integriert sind. Vgl. Gasser, T.P., Das Shopping Center in Nordamerika - Einkaufszentren in Europa, Bern 1960, S. 14f., zit. nach Beck, R.H., Der Konsument zwischen Shopping-Center und innerstädtischem Geschäftszentrum, a.a.O., S. 20.

88 Vgl. Beck, R.H., Der Konsument zwischen Shopping-Center und innerstädtischem Geschäftszentrum, a.a.O., S. 48f. Das erste Shopping Center „Country Club Plaza Center" befand sich in der Nähe von Kansas City.

89 Interessanterweise handelt es sich dabei mit wachsender Anzahl um eine Entwicklung von Shopping-Centern aus Fachmarkt-Zentren, die sich mit ihrem Markenauftritt und Angebotsmix dem Center-Konzept anpassen. Vgl. Pitroff, R., 1994 weiteres Rekordjahr für Shopping-Center, in: DiH 5/95, S. 2 sowie Gebauer, E., Hohe Eigendynamik von Fachmärkten und Shopping-Centern, in: DiH 7/96, S. 8.

90 Nach den Definitionen des Katalogs E weist die an dieser Stelle verwendete Einkaufsstätte die stärkste Ähnlichkeit zur Betriebsform des Nachbarschaftsladens bzw. Convenience Stores auf. Vgl. Ausschuss für Begriffsdefinitionen aus der Handels- und Absatzwirtschaft (Hrsg.), Katalog E, a.a.O., S. 48. Um Ähnlichkeiten in der Abgrenzung zwischen Convenience Stores und anderen Formen des Convenience Shoppings zu vermeiden (Zustell- und Abholdienste, Tankstellen, Kioske), wird zukünftig ausschließlich von Nachbarschaftsläden gesprochen.

Das **innerörtliche Einkaufszentrum** weist inhaltlich starke Parallelen zum B–Zentrum auf. Als grundsätzlicher Unterschied zum Stadtteilzentrum ist dabei die geringe Zentralität innerhalb des bewohnten Stadtteils hervorzuheben. Das D–Zentrum entspricht demgemäss einem Einkaufszentrum, das außerhalb des Stadtteils, aber innerhalb des Stadtgebietes liegt. Die Notwendigkeit der Einführung dieser Kategorie ergab sich aus der zu beobachtenden Konkurrenz zwischen Stadtteilzentren, die in eine Abwanderung von Konsumenten in Einkaufsstätten mündete, die weder dem historischen Handelszentrum „Innenstadt" noch den Einkaufsstätten der näheren Wohnumgebung entsprechen. Die Auseinandersetzung mit dieser Einkaufsstätte dient insofern der Qualifizierung und Quantifizierung des vorliegenden Kannibalisierungseffektes zwischen städtischen Einkaufsstätten, der gleichzeitig dem übergeordneten Ziel der Stadtteilzentrenstrategie (Verringerung der Kaufkraftverluste durch die Grüne Wiese) entgegenkommt.

Unter dem in der einschlägigen Fachliteratur nicht spezifizierten Begriff der **Grünen Wiese** sind ausschließlich geplante Einkaufszentren (d.h. Shopping Center) an peripheren bzw. suburbanen Standorten zu verstehen. Hinsichtlich der räumlichen Abgrenzung wird damit einer Sichtweise gefolgt, die nicht ausschließlich Einkaufsstätten als Grüne Wiese bezeichnen, die außerhalb der Stadtgrenze liegen.[91] Als Unterscheidungsmerkmal zwischen innerörtlichen Shopping Centern und peripheren Einkaufsstätten innerhalb des Stadtgebietes dient die lokale Einbindung in Wohngebiete, die auf der Grünen Wiese nicht oder nur in äußerst geringem Ausmaß vorhanden ist. Die Zentralität bleibt sowohl auf städtischen wie stadtteilbezogenem Niveau gering. Damit erzeugen E–Zentren auf Grund ihres Angebotes eine eigene Kundenfrequenz, die sich bedingt durch die räumliche Lage vorrangig an Konsumenten mit PKW richtet. Der handelsbezogene Agglomerationsgrad der Grünen Wiese ist auf Basis der Einkaufszentrenform als hoch einzustufen. Demgegenüber ist der multifunktionale Charakter eher gering, obwohl generell versucht wird, die Attraktivität von Shopping Centern durch die

---

91 Die häufige Verwendung des Begriffs hat in der Literatur keineswegs dazu geführt, dass eine eindeutige Abgrenzung erfolgte. Aus der impliziten Unterscheidung zwischen Stadtrand und Grüner Wiese bei der Beschreibung des sekundären Einzelhandelsnetzes von TIETZ kann lediglich abgeleitet werden, dass Standorte auf der Grünen Wiese außerhalb der Stadtgrenze angesiedelt sind. Vgl. Tietz, B., Der Handelsbetrieb, a.a.O., S. 206. Andere Autoren hingegen bezeichnen die Grüne Wiese als Einkaufsort, der in Stadtrandlagen oder im stadtnahen Umland angesiedelt ist. Vgl. Krafft, M., Albers, S., Verbund von Produkt- und Betriebsformenwahl beim Einkaufen in der City, in Subzentren und auf der „grünen Wiese", in: Forschungsstelle für den Handel Berlin (FfH) e.V., Trommsdorff, V. (Hrsg.), Handelsforschung 1996/97. Positionierung des Handels, Wiesbaden 1996, S. 128.

– allerdings einseitig orientierte – Einbindung von Kultur (Kinos) und Gastronomie (Restaurantketten) zu erhöhen.

Mit Hilfe der vorgestellten Kategorisierung von Einkaufsstätten[92] soll im folgenden versucht werden, Grundmuster der Einkaufsstättenwahl zu identifizieren. Vorab erweist es sich dabei als notwendig, den theoretischen Hintergrund zu beschreiben, der diesem Ziel am besten gerecht werden kann.

3 Theoretische Einordnung des Forschungsansatzes

In den folgenden Ausführungen zur theoretischen Einordnung des Forschungsansatzes sollen für die Analyse der Einkaufsstättenwahl relevante Theorieansätze identifiziert und in ihrer Eignung zur Erklärung der vorliegenden Situation diskutiert werden.[93] Grundsätzlich können in dieser Hinsicht drei übergeordnete

---

92 Vergleicht man die vorgestellte Klassifikation von Einkaufsstätten mit möglichen weiteren Klassifikationskriterien, unterscheidet sie sich von den von TIETZ vorgestellten Netzstufen des Handels dahingehend, dass das tertiäre und quartäre Netz unberücksichtigt bleiben, während die Zentren A bis D eine weitere Differenzierung des primären Netzes darstellen und das sekundäre Netz dem E-Zentrum entspricht. Vgl. Tietz, B., Einzelhandelsperspektiven für die Bundesrepublik Deutschland bis zum Jahre 2010, a.a.O., S. 509 Die Größe des Marktgebietes ist wie auch die Branchendurchmischung für A-Zentren am höchsten, für C-Zentren am geringsten. B-/D- und E-Zentren sind zwischen beiden Formen einzuordnen, wobei genaue Abstufungen sowohl zeitlich als auch örtlich variieren. Komplexer gestaltet sich dagegen der Zusammenhang zu Betriebsformen, da in der Regel alle Einkaufsstätten eine Mischung verschiedener Betriebsformen aufweisen. Dieses Problem soll daher genauer im Kapitel B der Arbeit untersucht werden.

93 Auf metatheoretischer Ebene verfolgt das erkenntnistheoretische Ziel der Arbeit nicht den Anspruch der Wahrheitsfindung im wissenschaftstheoretischen Sinne. Mit der Negation der Existenz einer absoluten Wahrheit wird die Bedeutung der relativen Wahrheit in den Vordergrund gerückt. Darunter soll verstanden werden, dass sich Erkenntnisgewinn neben rationalen Elementen gleichsam auf „okkasionale Bestandteile", die etablierte Regeln transzendieren, stützen kann. Vgl. Spinner, H., Max Weber, Carl Schmitt, Bert Brecht als Wegweiser zum ganzen Rationalismus der Doppelvernunft. Über die beiden äußersten Möglichkeiten, sich in einer irrationalen Welt rational zu orientieren, in: Merkur 11(1986), S. 932ff., zit. nach Kirsch, W., Die Handhabung von Entscheidungsproblemen, Einführung in die Theorie der Entscheidungsprozesse, 4. Aufl., München 1994, S. 118f. Denn ein grundlegendes Problem wissenschaftlicher Methodik besteht darin, dass Erkenntnisse nur dann als wahr anerkannt werden, wenn sie vorab aufgestellten Regeln entsprechen (z.B. den Regeln der Logik). Die Konsistenzbedingung der Wissenschaftstheorie, die besagt, dass eine neue Hypothese mit anerkannten Theorien übereinstimmen muss, wirkt sich letzten Endes fortschrittshemmend aus, da mit dieser Prämisse Theorien ihre Fortführung erfahren, die möglicherweise im historischen Sinne an Aussagekraft verloren haben. Es erweist sich im Gegenteil für den erkenntnistheoretischen Fortschritt als notwendig, bekannte Regeln zu verletzen, um über den vorgegebenen Rahmen hinausgehenden Gedanken Platz zu schaffen, die einen Beitrag zur Entwicklung des Wissens liefern können. Vgl. Feyerabend, P., Wider den Methodenzwang, Frankfurt a.M. 1986, S. 33ff. Diese These wird dabei als theoretischer Anarchismus bezeichnet, der dem Grundsatz „anything goes" folgt.

Betrachtungsebenen identifiziert werden: die Sicht des Handels, der Regionalpolitik und des Konsumenten selbst.

- Aus der Sicht des **Handels**, stellt sich die Einkaufsstättenwahl als ein Entscheidungsproblem der Standortplanung oder –optimierung dar, das einerseits mit Hilfe standorttheoretischer Überlegungen oder über institutionelle Ansätze der Handelsbetriebslehre erklärt werden kann. In ihrem Ursprung diente die Standorttheorie der Untersuchung landwirtschaftlicher Fragestellungen.[94] Neuere Standorttheorien ab WEBER (1922) versuchen, die räumliche Verteilung der Industrie zu erklären bzw. optimale Standorte für Betriebe zu finden.[95] Die der Standortentscheidung zugrunde liegenden Faktoren, die in den vergangenen Jahrzehnten weiter spezifiziert wurden,[96] weisen dabei einen hohen Allgemeingültigkeitsgrad auf, der ohne Bedenken auf Unternehmungen des Einzelhandels übertragen werden kann. Die Auseinandersetzung mit der Einkaufsstättenwahl auf der Ebene der institutionellen Handelsbetriebslehre beschäftigt sich neben dem regionalen Marktpotential mit kosten– und finanzwirtschaftlichen Kriterien (z.B. in Form reiner Investitionsmodelle) sowie Aspekten der Raumordnung.[97]

- Auf **regionalpolitischer Ebene** wird versucht, über die Schaffung und Interpretation gesetzlicher Rahmenbedingungen Einfluss auf eine ausgeglichene und angemessene Entwicklung der Versorgungslage innerhalb räumlicher Einheiten zu nehmen. Als Grundlage der für die regionalpolitische Einkaufsstättenentscheidung herangezogenen Gesetze und Verordnungen[98] dienen ne-

---

94 Vgl. dazu v. Thünen, J.H., Der isolierte Staat in Beziehung auf Landwirtschaft und Nationalökonomie, Aalen 1990, Neudruck der Ausgabe letzter Hand, 5. Aufl., Rostock 1842.

95 Ein Standort ist nach Weber dann günstig, wenn er eine kostengünstige Produktion zulässt. Wesentliche Standortfaktoren sind nach ihm Transportkosten, Arbeitskosten und Agglomerationsvorteile (Ersparnisse durch räumliche Verbundeffekte). Vgl. Weber, A., Über den Standort der Industrien, 1.Teil: Reine Theorie des Standorts, 2. Aufl., Tübingen 1922.

96 Für eine Standortentscheidung von Bedeutung sind Orientierungsgrößen in Bezug auf Material, Arbeit, Abgaben und Subventionen, Energie, Verkehr und Absatz. Dabei kann zwischen limitationalen und substitutionalen Standortfaktoren unterschieden werden. Vgl. Schierenbeck, H., Grundzüge der Betriebswirtschaftslehre, 12. Aufl., Giessen 1996, S. 48. Neben diesen ökonomischen und außerökonomischen Faktoren muss die Notwendigkeit der Anpassung an das Zielsystem des Unternehmens und der Standortanforderungen betont werden. Vgl. Müller, S., Beeskow, W., Einkaufsstättenimage und Einkaufsstättenwahl, a.a.O., S. 400.

97 Vgl. ebenda, S. 400 sowie Müller-Hagedorn, L., Handelsmarketing, 2. Aufl., Stuttgart 1993, S. 114ff. Zu den Investitionsmodellen vgl. beispielhaft Tietz, B., Der Handelsbetrieb, a.a.O., S. 220ff.

98 Auf Bundesebene entscheidet das Raumordnungsgesetz, das Baugesetzbuch und die Baunutzungsverordnung über die Ansiedlung der Einzelhandelsunternehmen, auf Landesebene nehmen Landesentwicklungsprogramme und Instrumente der Bauleitplanung (Flächen-

ben juristischen Vorbedingungen insbesondere wirtschaftsgeografische Theorieansätze, die sich vorrangig mit der ebenfalls in der Handelsbetriebslehre aufgenommenen Problematik der Raumordnung auseinandersetzen. Wirtschaftsgeografische Ansätze, die einen Bezug zur Einkaufsstättenwahl beinhalten, lassen sich dabei in Erklärungsmodelle des Verbraucherverhaltens sowie Ansätze zum Wandel der Standorte und Strukturen des Einzelhandels unterscheiden.[99] Zu nennen sind hierfür exemplarisch die Theorie der Spiralbewegung von AGERGARD und die Wachstumstheorie der zentralen Orte von LANGE für Ansätze zum Standortwandel[100] sowie das Gravitationsmodell oder die Aktionsraumforschung für verbraucherorientierte Erklärungsmodelle. Nach der Theorie der Spiralbewegung passt sich die Einzelhandelsstruktur – d.h. die Einzelhandelsunternehmen über die Auswahl unternehmensinterner Parameter – externen Rahmenbedingungen an, die maßgeblich durch das Einkommen bestimmt und als Nachfrage wirksam werden.[101] Bei der Wachstumstheorie zentraler Orte stellt die Kopplung von Tätigkeiten die Hauptursache für die Entstehung zentraler Orte dar.[102] Beide Theorien gehen davon aus, dass die Entwicklung der Nachfragerseite als Ursprung von Veränderungen im Einzelhandel zu verstehen ist. Diese Ansicht wird von KULKE[103] (1992) relativiert, nach dessen Auffassung die standortbestimmende Bedeutung von Konsumenten seit den 60er Jahren abnimmt und zukünftig eine untergeordnete

---

nutzungsplan, Bebauungsplan, Vorhaben- und Erschließungsplan) sowie in einigen Bundesländern auch Einzelhandelserlasse auf die Entscheidung Einfluss. Vgl. Müller-Hagedorn, L., Handelsmarketing, a.a.O., S. 113; Beck, G., Neue Strategien für Stadtplanung und Wirtschaftsförderung zur Einzelhandelsentwicklung, a.a.O., S. 10ff.

99 Vgl. Dinter, H., Versorgungslücken in einem Oberzentrum?, a.a.O., S. 16ff.

100 Vgl. Agergard, E., Olsen, P., Allpass, J., Die Beziehung zwischen Einzelhandel und städtischer Raumstruktur: Die Theorie der Zentralbewegung, in: Heinritz, G. (Hrsg.), Standorte und Einzugsbereiche tertiärer Einrichtungen: Beiträge zu einer Geographie des tertiären Sektors, Darmstadt 1985, S. 55-85 sowie Lange, S., Wachstumstheorie zentralörtlicher Systeme: eine Analyse der räumlichen Verteilung von Geschäftszentren, Münster 1973.

101 Vgl hierzu und zu den folgenden Ausführungen Dinter, H., Versorgungslücken in einem Oberzentrum?, a.a.O., S. 43ff. Die Orientierung des Angebots an der Nachfrage führt zu einer parallelen Entwicklung von beiden bis zu dem Punkt, an dem Konsumenten in alte Kaufgewohnheiten „zurückfallen", die allerdings im Vergleich zur Vergangenheit nur ähnliche Verhaltensstrukturen darstellen. Die entstehende Lücke wird durch neue Betriebstypen ausgefüllt, die im Vergleich zu ehemaligen Angebotsformen eine ähnliche Funktion und Strategie jedoch auf höherem Niveau aufweisen.

102 Vgl. ebenda, S. 49ff. Die Notwendigkeit der Kopplung ergibt sich daraus, dass bei steigendem Einkommen die Verbrauchshäufigkeit von Gütern wächst, so dass die Zeit, die pro Besorgung zur Verfügung steht, verkürzt wird. Durch die gleichzeitig gestiegene Mobilität der Konsumenten wächst der Anspruch an die Ausstattung der Einkaufsstätte, auf die der Einzelhandel durch Sortimentsveränderungen bzw. Standortverlagerung reagiert.

103 Vgl. Kulke, E., Veränderungen in der Standortstruktur des Einzelhandels: untersucht am Beispiel Niedersachsens, Münster 1992.

Rolle spielt.[104] Das in Anlehnung an das Newton'sche Schwerkraftgesetz entwickelte Gravitationsmodell beschreibt, dass die Interaktionen von Personen aus den Gebieten i und j proportional zum Produkt der Bevölkerung (i.S. der Masse zweier Körper) und umgekehrt proportional zur Entfernung der beiden Gebiete voneinander ist.[105] Die Weiterentwicklung des Gravitationsmodells führte zu deterministischen (z.B. REILLY, CONVERSE[106]) und aktuelleren probabilistischen Modellen (z.B. HUFF, FICKEL[107]).[108] Neuere Ansätze der Wirtschaftsgeografpie beschäftigen sich auf dem Gebiet der Aktionsraumforschung damit, räumliche Strukturen mit den von der Bedürfnisbefriedigung gelenkten Verhaltensweisen der Bevölkerung in Verbindung zu bringen, um deren Ergebnisse für die Gestaltung von Stadtstrukturen zu nutzen.[109]

- Grundsätzlich finden sich auf der Betrachtungsebene der Einkaufsstättenwahl aus **Konsumentensicht** zwei Ansätze: die stärker aggregierte Betrachtungsweise der Mikroökonomie und die individuelle der Konsumentenverhaltenstheorie, wobei letztere unter anderem aus der mikroökonomischen Haushalttheorie hervorgegangen ist, die sie durch Erkenntnisse der Psychologie, Soziologie und Physiologie erweitert hat.[110] Mikroökonomische Modelle[111] können

---

104 Vgl. Dinter, H., Versorgungslücken in einem Oberzentrum?, a.a.O., S. 52.

105 Vgl. Tietz, B., Der Handelsbetrieb, a.a.O., S. 217ff. sowie Müller-Hagedorn, L., Handelsmarketing, a.a.O., S. 130ff.

106 Das Gravitationsmodell wurde zuerst von REILLY mit seinem „Law of Retail Gravitation" (1931) auf das Kaufverhalten von Konsumenten zurückgeführt und später von CONVERSE im „New Law of Retail Gravitation" (1949) erweitert. Deterministische Modelle beziehen sich dabei auf den Umsatz, den zwei zentrale Orte von einem zwischen ihnen liegenden Ort auf sich ziehen. Vgl. Reilly, W.J., The Law of Retail Gravitation, New York, 1931 und Converse, P.D., New Laws of Retail Gravitation, in: JoM, Vol. 14 (1949), S. 379-390.

107 Der probabilistische Potentialansatz von HUFF berechnet die Wahrscheinlichkeit des Besuchs von Einkaufsorten in Abhängigkeit der Distanz zwischen Zentrum und Wohngebiet und einem Transferaufwand. Vgl. Huff, D.L., Defining and Estimating a Trading Area, in: JoM, Vol. 28 (1964), S. 34-38 und Fickel, F.W., Die ökonometrische Methode zur Marktgebietsabgrenzung von Einkaufszentren, in: JAVF 3/1979, S. 204-225.

108 Zur Systematik dieser Ansätze als Teilgebiete makroanalytischer Modelle vgl. Müller-Hagedorn, L., Schuckel, M., Die Prognose des Umsatzes neuer Einkaufszentren mit Hilfe des Modells von Huff - Theorie und Fallbeispiel, in: WISU 6/95, S. 516 oder auch Löffler, G., Marktgebiet und Einzugsbereich – mathematisch-statistische Modellansätze zu ihrer Abgrenzung, in: Heinritz, G. (Hrgs.), Die Analyse von Standorten und Einzugsbereichen. Methodische Grundfragen der geografischen Handelsforschung, Passau 1999, S. 45-63.

109 Vgl. Dinter, H., Versorgungslücken in einem Oberzentrum?, a.a.O., S. 16.

110 Zwei andere Möglichkeiten der Typologisierung (von Produktwahlmodellen) bietet HERRMANN an. Einerseits unterscheidet er zwischen Black-Box- und verhaltenswissenschaftlichen Modellen, andererseits können die Ansätze auf ihrer theoretischen Tradition basierend der Mikroökonomie bzw. der mathematischen Psychologie zugeordnet werden. Überschneidungen ergeben sich in dieser Betrachtungsweise dahingehend, als dass einige Modelle der mathematischen Psychologie (vollstochastische Ansätze) den Black-Box-, andere den verhaltenswissenschaftlichen Modellen zugerechnet werden können. Vgl. Herrmann, A., Produktwahl-

jedoch nur begrenzt zur Erklärung individuellen Kaufverhaltens herangezogen werden und sollen aus diesem Grund für die Basisüberlegungen der weiteren Arbeit vernachlässigt werden, da der Ausschluss von Problemen auf der Individualebene und die damit verbundene fehlende Berücksichtigung von innerhalb der Entscheidungsfindung ablaufenden Prozessen des Einzelnen einen fundamentalen Aspekt der Einkaufsstättenwahl außer Acht lässt.[112] Demgegenüber stellen die Ansätze des Konsumentenverhaltens die geeignete theoretische Grundlage für die Auseinandersetzung mit der Einkaufsstättenwahl von Konsumenten dar.

Erst auf Basis der Erkenntnisse über den Nachfrager erscheint es zielführend, eine Planung des Angebots durch Industrie und Handel unter Beachtung betriebs- und volkswirtschaftlicher Prämissen i.S. der Sicherung längerfristigen Überlebens durchzuführen. Ebenso sollten sich regionalpolitische Entscheidungen an den Wünschen der Konsumenten orientieren, gleichwohl in diese Überlegungen Aspekte der langfristigen Stadtentwicklung einbezogen werden müssen, da der Konsument in seinem Kaufverhalten nur eine für ihn individuell optimale und kurzfristige Entscheidung trifft. Darüber hinaus ist kritisch anzumerken, dass in der isolierten Betrachtung der räumlichen Komponente bei Theorieansätzen der Raumordnung ohne die Einbindung der Verhaltenstheorie – ähnlich der Kritik an mikroökonomischen Modellen – ein essentieller Erklärungsbaustein vernachlässigt wird.[113] Der Nachteil fehlender Quantifizierbarkeit der meisten Modelle des Konsumentenverhaltens ist insofern ohne Bedeutung, als dass die Angabe über die Wahrscheinlichkeit des Einkaufsstätten–Besuchs von Konsumenten ähnlich viel

---

verhalten: Erläuterung und Weiterentwicklung von Modellen zur Analyse des Produktwahlverhaltens aus marketingtheoretischer Sicht, Stuttgart 1991, S. 75ff. sowie die dort angegebenen Quellen.

111 Eine Übersicht über mikroökonomische Modelle zum räumlichen Wahlverhalten von Konsumenten, die allerdings keinen Bezug zur Einkaufsstättenwahl sondern zur Problematik der Migration bzw. des Tourismus aufweist, findet sich bei Eymann, A., Consumers' Spatial Choice Behavior, Heidelberg 1995.

112 Damit soll sich den Basisüberlegungen dieses Theoriezweigs jedoch nicht grundlegend verschlossen werden.

113 Während deterministische Gravitationsmodelle den Umsatz in Abhängigkeit von Einwohnerzahl und Entfernung betrachten, errechnen probabilistische Modelle die Einkaufswahrscheinlichkeit über einen Transferaufwand, der sich aus der Entfernung und einem räumlichen Widerstandskoeffizienten berechnet, und der Größe des Einkaufszentrums. Obwohl der Widerstandskoeffizient eine konsumentenbezogene Determinante darstellt, berücksichtigt er doch keine individuellen Unterschiede, die darüber hinaus situationsbezogen variieren können (z.B. bereitet die Fahrt mit dem Auto verschiedenen Personen unterschiedlich viel Vergnügen; in Abhängigkeit der Verkehrsdichte kann dies wiederum andere Ergebnisse hervorbringen).

Aussagekraft für die Ableitung strategischer Massnahmen von Einzelhandelsunternehmen besitzt wie qualitative Ergebnisse.

Trotz dieser nicht erst in der Gegenwart entstandenen Notwendigkeit der nachfrageorientierten Herangehensweise an Problemlösungen zur Überbrückung von Diskrepanzen zwischen Einzelhandel und Konsument wird in der wissenschaftlichen Diskussion die Analyse der Marktvorgänge aus Sicht der Konsumenten wenig Aufmerksamkeit geschenkt.[114] Theorien des Haushalts in der Mikroökonomie bzw. des Konsumentenverhaltens im Marketing reduzieren nach LEITHERER den Nachfrager auf die Dimension des „Datenlieferanten".[115] Damit übersieht er jedoch die Wirkung, die die erhobenen Daten auf die wirtschaftlichen Vorgänge innerhalb von als auch zwischen Unternehmen ausüben. Neben dem internen kosten– bzw. ressourcenorientierten Vorgehen von Unternehmen führt erst deren Abstimmung mit der marktorientierten Outside–in Perspektive zum wirtschaftlichen Erfolg. Die Bedeutung wissenschaftlicher Erkenntnisse über das Verhalten von Konsumenten geht somit in eine Inside–out–gerichtete Managementtheorie ein und kann in der vorliegenden Situation des Käufermarktes in den Vordergrund rücken.

Die Erklärung des zu beobachtenden Konsumverhaltens durch die gesamte klassische und neoklassische ökonomische Theorie unterstellte einen Kausalzusammenhang zwischen Konsum und Einkommen.[116] Auf aggregierter Ebene wirken neben dem Einkommen Nutzenänderungen, Preisänderungen anderer Güter und das Erfassen neuer Kundengruppen bzw. der Verlust von Kunden auf die Gesamtnachfrage ein.[117] Empirische Untersuchungen konnten diese Modellannah-

---

114 Vgl. Leitherer, E., Betriebliche Marktlehre, 3. Aufl., Stuttgart 1989, S. 11. LEITHERER begründet die seiner Auffassung nach gerechtfertigte Vernachlässigung dieser Sichtweise mit der Doppelrolle des Konsumenten als Nachfrager und Arbeitnehmer und dem daraus entstehenden Konflikt.

115 Vgl. ebenda, S. 11.

116 Vgl. Weinberg, H., Wertewandel im Spiegel der Konsumklima-Forschung, in: Szallies, R., Wiswede, G., Wertewandel und Konsum: Fakten, Perspektiven und Szenarien für Markt und Marketing, Landsberg/Lech 1990, S. 63. Nach der absoluten Einkommenshypothese von KEYNES (1936) steigt der Konsum unterproportional zum steigenden Einkommen. Die relative Einkommenshypothese von DUESENBERRY (1949) berücksichtigt in der Konsumentscheidung der privaten Haushalte die soziale Position sowie den bisher erreichten Lebensstandard. In der Lebenszeit-Einkommenshypothese von MODIGLIANI/BRUMBERG (1954) hängen die Konsumausgaben vom erwarteten Lebenseinkommen ab; demgegenüber stellte FRIEDMAN (1957) die Hypothese des permanenten Einkommens auf, nach der sich das Konsumverhalten der Haushalte danach richtet, mit welchem Einkommen auf Dauer sicher gerechnet werden kann. Vgl. Bender D. (Hrsg.), Vahlens Kompendium der Wirtschaftstheorie und Wirtschaftspolitik, München 1995, Bd. 1, S. 95-97, S. 108-110, Bd. 2, S. 27-29.

117 Vgl. Dahl, D., Volkswirtschaftslehre, 6. Aufl., 1988, S. 156.

men, nach denen rational nachvollziehbare Ziel–Mittel–Entscheidungen zum Tauschprozess führen, nicht bestätigen.[118] KATONA (1951)[119] begründete die „neue" Denkweise der Konsumverhaltensforschung, nach der Einstellungen und Erwartungen in hohem Maße auf die Erscheinungsformen menschlichen Verhaltens einwirken.[120]

In der Betrachtung der Theorie des Kaufverhaltens existieren eine Reihe von Typologien zur Systematisierung bekannter Modelle.[121] Für die vorliegende Fragestellung soll auf die grundlegende Unterscheidung zwischen **behavioristischen und neobehavioristischen Erklärungsansätzen** zurückgegriffen werden, die um kognitive und emotive Forschungsansätze ergänzt werden können.[122] Behavioristische Ansätze (sog. Stimulus–Response–Modelle, auch S–R– oder Black–Box–Modelle genannt) verzichten auf die Einbeziehung psychischer Prozesse in die Erklärung des Verhaltens und beschränken sich auf rein beobachtbare und messbare Variablen. Dazu gehört die Gruppe der stochastischen und der regressionsanalytischen Modelle, wobei nur vollstochastische im Gegensatz zu teilstochastischen Ansätzen eindeutig den Black–Box–Modellen zugerechnet werden können.[123] Die neobehavioristische Anschauung (sog. Stimulus–Organismus–Response– bzw. S–O–R–Modelle) bezieht in ihre Betrachtung des Konsumentenver-

---

118 Vgl. Busse von Colbe, W., Hammann, P., Lassmann, G., Betriebswirtschaftstheorie, 4. Aufl., Bd. 2, Absatztheorie, Berlin 1992, S. 36.

119 Vgl. Katona, G., Psychological Analysis of Economic Behavior, New York 1951.

120 Dabei bestritt KATONA keineswegs den Zusammenhang zwischen Einkommen und Konsum. Nach seiner Auffassung stieg jedoch die Verhaltensrelevanz von Einstellungen und Erwartungen mit der Zunahme der frei verfügbaren Einkommensbestandteile am Gesamteinkommen der Haushalte. Vgl. Weinberg, H., Wertewandel im Spiegel der Konsumklima-Forschung, a.a.O., S. 63.

121 Vgl. z.B. Corsten, H., Meier, B., Konsumentenverhalten in unterschiedlichen Kaufsituationen: Entwurf eines Modells auf verhaltenswissenschaftlicher Grundlage, in: JAVF 2/1982, S. 116ff; Topritzhofer, E., Absatzwirtschaftliche Modelle des Kaufentscheidungsprozesses unter besonderer Berücksichtigung des Markenwahlaspektes, Wien 1974, S. 15ff.; Herrmann, A., Produktwahlverhalten, a.a.O., S. 75ff; Corstjens, M.L., Gautschi, D.A., Formal Choice Models in Marketing, a.a.O., S. 19-56. HARLAM und LODISH unterscheiden demgegenüber Modelle des Kaufverhaltens nach „choice for consumption"- und „choice for purchase"-Modelle, wobei letztere ihren Fokus auf die direkten Kaufumstände innerhalb einzelner Geschäfte legen. Vgl. Harlam, B.A., Lodish, L.M., Modeling Consumers' Choices of Multiple Items, in: JoMR, Vol. 32, Nov. 1995, S. 404.

122 Vgl. Behrens, G., Konsumentenverhalten: Entwicklung, Abhängigkeiten, Möglichkeiten, 2. Aufl., Heidelberg 1991, S. 6, zit. nach Meffert, H., Marketingforschung und Käuferverhalten, a.a.O., S. 24f. sowie Weinberg, P., Konsumentenforschung; Erklärungsansätze und aktuelle Trends, in: Marketing ZFP, H. 3, 1991, S. 187ff.

123 Vgl. Herrmann, A., Produktwahlverhalten, a.a.O., S. 82ff. Teilstochastische Modelle unterscheiden sich zu vollstochastischen Ansätzen dahingehend, dass sie das Ergebnis des Kaufprozesses regressionsanalytisch mit Hilfe der Inputvariablen sowie einer Störgröße analysieren und nicht den gesamten Prozess als zufällig ansehen.

haltens intervenierende Variablen, die nicht beobachtbar und nur indirekt über Indikatoren messbar sind, ein. Damit wird versucht, im Organismus des Menschen ablaufende psychische Prozesse zur Verknüpfung zwischen Stimuli und Reaktion bzw. der sie verbindenden Zusammenhänge heranzuziehen. Zu den S–O–R–Modellen sind Strukturmodelle zu zählen, die sich in Systemmodelle (partielle und totale[124]) sowie Entscheidungsnetzmodelle unterscheiden lassen. Partielle Modelle unterscheiden sich von Totalmodellen in der Hinsicht, als dass sie nur einzelne Konstrukte (wie z.B. Motive, Einstellungen oder Werthaltungen) zur Erklärung des Verhaltens heranziehen und damit nur Ausschnitte darstellen; während Totalmodelle beabsichtigen, alle relevanten Variablen simultan in ihrem Zusammenhang zu berücksichtigen. Kognitive und emotive Forschungsansätze sind aus S–O–R–Modellen hervorgegangen und unterscheiden sich hinsichtlich ihrer Orientierung auf Prozesse der Informationsverarbeitung (kognitive Modelle) bzw. Prozesse der Aktivierung, Emotion, Motivation und Einstellung (emotive Modelle).

In der bisherigen Analyse der Einkaufsstättenwahl aus Sicht der Theorie des Konsumentenverhaltens hat HEINEMANN[125] (1976) einen umfangreichen Beitrag zur Strukturierung vorhandener Modellansätze geliefert, die sowohl Black–Box–Modellen als auch S–O–R–Modellen zugeordnet werden können. Dabei ist allerdings grundsätzlich festzustellen, dass in der Auseinandersetzung des Konsumentenverhaltens mit einzelnen Aspekten der Kaufentscheidung die Wahl der Einkaufsstätte eine untergeordnete Rolle spielt. Die Mehrzahl wissenschaftlicher Veröffentlichungen setzt sich mit Ursachen und Determinanten der Markenwahl von Konsumenten auseinander. Darüber hinaus ist die Definition der Einkaufsstätte in der verhaltenswissenschaftlichen Betrachtung i.d.R. als einzelnes Geschäft im Vergleich zu der hier verwandten Agglomeration von Geschäften zu verstehen.[126] Gleichwohl liefern die vorliegenden Untersuchungen zur Einkaufsstättenwahl eine Basis, die auf das Problem der Arbeit übertragen werden könnte.

---

[124] Untersuchungen über die Anwendbarkeit totaler Systemmodelle finden sich bei Tostmann, T.M., Konsument und Kaufentscheidung, Untersuchung zur praktischen Brauchbarkeit von Kaufprozessmodellen, Bielefeld 1982 sowie Berndt, R., Strukturmodelle des Käuferverhaltens, in: Der Betriebswirt 1/92, S. 24-29.

[125] Vgl. Heinemann, M., Einkaufsstättenwahl und Firmentreue des Konsumenten, Wiesbaden 1976. Unter einer Einkaufsstätte versteht Heinemann hierbei das einzelne Geschäft.

[126] Das Problem mangelnder theoretischer Auseinandersetzung mit Einkaufsstätten als Einheit von Geschäften beklagen ebenso amerikanische Forscher, für die sich das Thema der Einkaufsstättenwahl jedoch vordergründig auf suburbane Shopping Center bezieht. „Even within the field of retail research, the emphasis has primarily been upon the store rather than the mall as the unit of analysis.“ Bloch, P.H., Ridgway, N.M., Dawson, S.A., The Shopping Mall as Consumer Habitat, in: JoR, Vol. 70, Nr.1/1994, S. 24.

Auf Grund seiner Erkenntnisse und vorgebrachten Kritikpunkte an vorhandenen Ansätzen entwickelte HEINEMANN in Anlehnung an das allgemeine Strukturmodell des individuellen Kaufentscheidungsprozesses (Consumer Decision–Process Behavior) von ENGEL, KOLLAT UND BLACKWELL,[127] ein **Prozessmodell der Einkaufsstättenwahl**, das fünf Phasen der Einkaufsstättenentscheidung differenziert: Erkennen des Einkaufsanlasses, Suche nach geeigneten Einkaufsstätten, Bewertung der Alternativen, Auswahl und Kontaktieren der Einkaufsstätte sowie nachträgliche Bewertung der Einkaufsstätte.[128] Die Intensität, mit der diese Phasen auf die Wahl der Einkaufsstätte Einfluss ausüben, hängt von der Bedeutung, Neuheit und Komplexität des Problems ab, das insofern durch die Art der Kaufentscheidung (habitualisierter, limitierter oder extensiver Problemlösungsprozess)[129] determiniert wird.

Die empirische Überprüfung derartiger Totalmodelle erweist sich allerdings als ein entscheidendes Hindernis, da die Vielzahl der theoretischen Konstrukte, die durch die Integration verschiedener Theorien des Konsumentenverhaltens in das Modell möglich werden, die Verifizierung bzw. Falsifikation erschwert.[130] Es ist ebenso i.d.R. davon auszugehen, dass eine Neuheit der Einkaufsstättenwahlsituation nur in wenigen Ausnahmefällen vorliegt, wenn einerseits die Person durch Umzug oder starke Unzufriedenheit mit der bekannten Einkaufsstätte dazu gezwungen ist, sich neue Einkaufsstätten auszuwählen oder andererseits durch eine neu in Erscheinung getretene Alternative einer Einkaufsstätte der Entscheidungsprozess nochmals durchlaufen wird. Demgegenüber wird der Konsument während seines Einkaufs wie auch über Kommunikationsmaßnahmen der Anbieter permanent mit neuen Produktalternativen konfrontiert, mit denen er sich zur Entscheidungsfindung über Kauf oder Nichtkauf auseinandersetzen muss. Aus einer geringeren Menge von alternativen Einkaufsstätten ist darüber hinaus direkt ableitbar, dass die Komplexität des Problems schwindet. Gleichzeitig vermindert die Anzahl möglicher Kriterien, nach denen sich Einkaufsstätten unterscheiden und die demzufolge als entscheidungsrelevant zu betrachten sind die Komplexität. Daher kann im Gegensatz zur Produktwahl davon ausgegangen werden, dass die Wahl der Einkaufsstätte eine geringere kognitive Beteiligung erfordert, da Neuheit

---

127 Vgl. Engel, J.F., Kollat, D.T., Blackwell, R.D., Consumer Behavior, New York 1968. Die Weiterführung dieses Modells stellten Engel und Blackwell zusammen mit Miniard vor. Vgl. Engel, J.F., Blackwell, R.D., Miniard, P.W., Consumer Behavior, 8th ed., Forth Worth 1995, S. 154.

128 Vgl. Heinemann, M., Einkaufsstättenwahl und Firmentreue des Konsumenten, a.a.O., S. 110ff.

129 Vgl. hierzu die Ausführungen in Kap. 2.41 im Teil B der Arbeit.

130 Vgl. Heinemann, M., Einkaufsstättenwahl und Firmentreue des Konsumenten, a.a.O., S. 130.

als auch Komplexität des Problems als relativ gering einzustufen sind. In Folge dieser Erscheinungen können einzelne Phasen des Prozessmodells direkt vernachlässigt werden, so dass bei der sich daraus ergebenden Arbeit mit Fragmenten des Modells das gesamte Modell in sich nicht mehr angewandt wird, da es nicht mehr die speziellen Fragestellungen dieses Problems löst.

Neben dem abgebildeten Prozessmodell von HEINEMANN existieren eine Reihe **partieller Ansätze** zur Erklärung des Wahlverhaltens von Konsumenten bei Einkaufsstätten, die aus verschiedenen theoretischen Basisüberlegungen hervorgingen. Hervorzuheben sind hierbei im Bereich emotiver Ansätze insbesondere multiattributive Einstellungsmodelle[131] sowie bei kognitiven Ansätzen das gedächtnispsychologische Modell[132] von THELEN/WOODSIDE. Multiattributive Einstellungsmodelle, deren bekannteste modelltheoretische Messansätze von FISHBEIN bzw. TROMMSDORFF stammen, erfragen mit Hilfe von Ratingskalen Merkmalsausprägungen vorgegebener Objekte (z.B. Produkte oder Einkaufsstätten), die mit der Bedeutung dieses Merkmals für den Befragten bzw. seiner Idealausprägung verknüpft werden.[133] Neben den diskussionswürdigen grundlegenden Annahmen[134]

---

131 Als einkaufsstättenbezogene Beispiele der Anwendung multiattributiver Einstellungsmodelle vgl. Müller, S., Beeskow, M., Einkaufsstättenimage und Einkaufsstättenwahl, a.a.O., S. 400-426 sowie Bühler, T., City-Center: Erfolgsfaktoren innerstädtischer Einkaufszentren, Wiesbaden 1991.

132 Die Begründung gedächtnispsychologischer Ansätze geht auf die Schulen von EBBINGHAUS (1885) und BARTLETT ((1932) zurück, die zwei gegensätzliche Positionen in der Gedächtnispsychologie vertraten. In der neueren Literatur war es GRUNERT, der diese Grundlagen aufgriff und in Form eines Netzwerkmodells präsentierte. Vgl. Grunert, K.G., Informationsverarbeitungsprozesse bei der Kaufentscheidung: ein gedächtnispsychologischer Ansatz. Frankfurt a. M. 1982. Thelen und Woodside hingegen beziehen den gedächtnispsychologischen Ansatz konkret auf Fragen der Geschäftswahl. Vgl. Thelen, E.M., Woodside, A.G., Ein gedächtnispsychologischer Ansatz zur Erklärung des Geschäftswahlverhaltens des Konsumenten, in: Forschungsstelle für den Handel Berlin (FfH) e.V., Trommsdorff, V. (Hrsg.), Handelsforschung 1996/97. Positionierung des Handels, Wiesbaden 1996, S. 339-355 sowie Woodside, A.G., Trappey, R.J. III, Findung out why customers shop your store and buy your Brand. Automatic cognitive Processing Models of primary Choice, in: JoAR, Nov./Dec. 1992, S. 59-78.

133 Zum Modell von FISHBEIN, das er mit AJZEN weiterentwickelte vgl. Fishbein, M., An Investigation of the Relationships between Beliefs about an Object and the Attitude toward That Object, in: HR 16/1963, S. 233-240 bzw. Ajzen, I., Fishbein, M., Belief, Attitude, Intention, and Behavior: An Introduction to Theory and Research, Reading 1975. Das Modell von TROMMSDORFF wird erstmals erwähnt in Trommsdorff, V., Die Messung von Produktimages für das Marketing, Köln 1975.

134 Trotz der Bedeutung des Einstellungskonstrukts für die Erklärung des Konsumentenverhaltens ergeben sich neben inhaltlichen und prognostischen Problemen auf der operativen Ebene Angriffspunkte des Modells, die aus den Modellannahmen resultieren. Vgl. Meffert, H., Marketingforschung und Käuferverhalten, a.a.O., S. 59. Diese basieren in erster Linie darauf, dass davon ausgegangen wird, dass sich Konsumenten gedanklich mit der Einkaufsstätte und den für die Einstellungserhebung notwendigen Kriterien zur Beurteilung der Einkaufsstätte auseinandersetzen. Darüber hinaus setzen unterschiedliche Modelle für die Ermittlung de

dieser Modelle wies darüber hinaus die empirische Überprüfung des unterstellten Zusammenhangs häufig nur geringe positive sowie gegebenenfalls negative Korrelationen[135] zwischen Einstellung und Einkaufsstättenwahl auf. Das gedächtnispsychologische Modell begründet seine Vorgehensweise in der Kritik an Einstellungsmodellen, nach der die kognitiven Prozesse in der Erhebungssituation nicht den Prozessen entsprechen, die in der tatsächlichen Entscheidungssituation vorliegen. Unter der Annahme, dass kognitive Prozesse bei der Mehrzahl der mit dem Kauf verbundenen Entscheidungen automatisch und somit unbewusst ablaufen, erheben die Verfasser der Studie diejenigen mit bestimmten Merkmalen zuerst assoziierten Einkaufsstätten (i.S. von Geschäften), wobei situativ zwischen dem täglichen Einkauf und dem Vorratseinkauf von Lebensmittel unterschieden wurde. Die aus der Erhebung gewonnenen Erkenntnisse zeigen in erster Linie, dass Einkaufsstätten jeweils eine einzigartige Konfiguration dominanter Merkmalsassoziationen in Abhängigkeit der Situation aufweisen. Mit dem durch dieses Modell hervorgerufenem hohen Niveau der Disaggregation gestaltet sich die Ableitung genereller Aussagen über die Wahl von Einkaufsstätten als nahezu unmöglich. Darüber hinaus spielen Ursachen, die für das Zustandekommen dieser Geschäftsassoziationen verantwortlich sind, im Modell keine Rolle, so dass auf rein deskriptiver Basis vermutet werden muss, dass die den Geschäften zugeordneten signifikant korrelierenden Kriterien der Realität entsprechen. Die Hintergründe eines Einkaufsstättenwechsels werden ebenfalls vernachlässigt, so dass das Modell keine dynamische Erklärungskomponente integriert. Die Ergebnisse beider Ansätze zeigen damit exemplarisch, dass die Aussagekraft partieller Modelle für die Erklärung eines derart komplexen Problems wie der Einkaufsstättenwahl als unzureichend betrachtet werden muss.[136]

Die Suche nach einem geeigneten Theorieansatz, der einerseits den Prozess der Einkaufsstättenwahl in seiner Gesamtheit abbildet, andererseits in seiner Komplexität empirisch zu beherrschen ist, fand beim einfachen Prozessmodell der Kauf-

---

Einstellungswerte jeweils eine Entscheidungsroutine voraus, die in der Realität nicht zwingend eingehalten werden muss. Vgl. Thelen, E.M., Woodside, A.G., Ein gedächtnispsychologischer Ansatz zur Erklärung des Geschäftswahlverhaltens des Konsumenten, a.a.O., S. 339.

135 Niedrige Korrelationen zwischen Einstellung und Verhalten konstatierte GRUNERT in einer Metaanalyse über 26 Studien zur Einstellungsforschung mit multiattributiven Modellen. Vgl. Grunert, K.G., Research in consumer behavior: beyond attitudes and decision-making, European research: marketing, opinion, advertising, 16 (1988), No. 5, S. 172-183.

136 Vgl. dazu ebenso Tostmann, T.M., Konsument und Kaufentscheidung, a.a.O., S. 15ff., der als Minimalanforderungen an Modelle des Kaufverhaltens die Integration aller Stufen eines Entscheidungsprozesses, die Interdisziplinarität des Ansatzes sowie den möglichst hohen Allgemeingültigkeitsgrad definierte.

entscheidung von Individuen von BÖCKER, das im folgenden als **Präferenzmodell** bezeichnet wird, einen passenden Ansatz (vgl. Abb. 2).[137] Diese auf dem Linsen-Modell von BRUNSWIK[138] basierende Darstellung ist Ausdruck der „Social Judgement Theory", die von verschiedenen Autoren zur Analyse des Produktwahlverhaltens als besonders geeignet angesehen wird.[139]

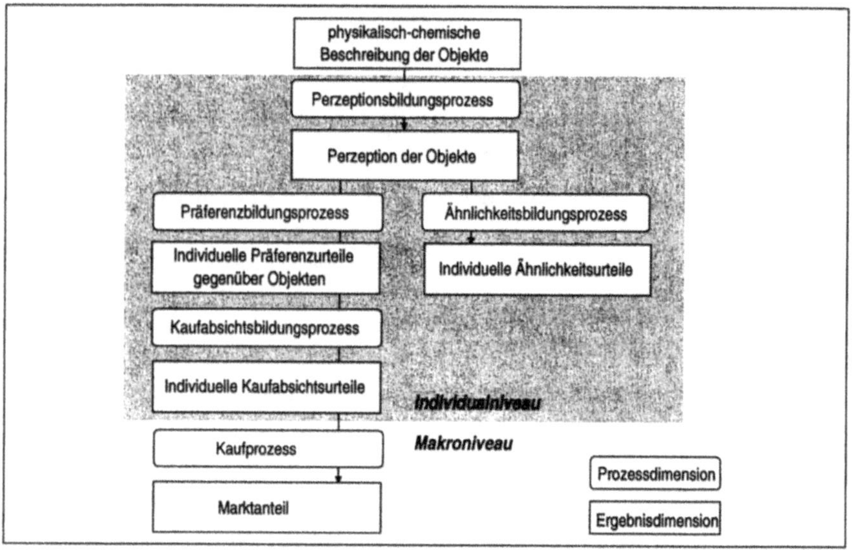

Abb. 2: Präferenzmodell der Kaufentscheidung von Individuen
(Quelle: in Anlehnung an Böcker, F., Präferenzforschung als Mittel marktorientierter Unternehmensführung, a.a.O., S. 552)

Dieses Modell gliedert den Kaufprozess in Teilprozesse, die unabhängig vom Typ der Kaufentscheidung und der damit einhergehenden kognitiven Beteiligung auf jede Kaufsituation übertragen werden können. Es schließt nicht aus, dass das Ergebnis des Prozesses automatisch generiert wurde (wie im gedächtnispsychologischen Modell), kann jedoch gleichzeitig extensive Kaufentscheidungen erklären. Der Grad der Komplexität, der für die empirische Validierung des Modells bedeutend ist, kann über die Einbindung der die Teilprozesse erklärenden einzelnen Konstrukte ebenso wie der Grad der Datenaggregation selbst beeinflusst

---

137 Vgl. Böcker, F., Präferenzforschung als Mittel marktorientierter Unternehmensführung, in: zfbf 38 (7/8/1986), S. 543-574.

138 Vgl. Brunswik, E., The conceptual framework of psychology, in: IEoUS, 1952, S. 674-696, zit. nach Böcker, F., Präferenzforschung als Mittel marktorientierter Unternehmensführung, a.a.O., S. 552.

139 Vgl. Herrmann, A., Produktwahlverhalten, a.a.O., S. 72ff. sowie die dort angegebenen Quellen.

werden. Dynamische Aspekte sind einerseits durch den intratemporalen Vergleich zwischen einzelnen Prozessstufen bereits im Modell integriert, und können darüber hinaus auf intertemporaler Ebene wiederholt werden.[140] Der Problemstellung der Arbeit entgegenkommend kann ebenfalls die theoretische Basis des Modells verstanden werden. Die Präferenztheorie, die mit dem Bezug auf Präferenzen[141] bereits eine wertende Komponente beinhaltet und somit die für Einstellungen zu bemängelnde Notwendigkeit der Vorgabe einer Entscheidungsroutine überwindet, kann darüber hinaus als Verbindung mikroökonomischer und marketingbezogener Aspekte des Konsumentenverhaltens interessante Ansätze beider Disziplinen vereinigen. Die Übertragung des Präferenzmodells auf die Einkaufsstättenwahl sowie die Integration relevanter Konstrukte wird detailliert im Kap. B der Arbeit vorgenommen.

4 Zielsetzung und Gang der Untersuchung

Ausgehend von dem dargestellten Problemhintergrund und in Verbindung mit einem zu konstatierenden Mangel bisheriger theoretischer Auseinandersetzung mit der Thematik der Einkaufsstättenwahl auf aggregierter Ebene besteht die **generelle Zielsetzung** der Arbeit darin, einen wesentlichen Beitrag zur Erfassung und Erklärung des Einkaufsstättenwahlverhaltens von Konsumenten zu erarbeiten. Im Mittelpunkt der Untersuchung stehen Fragen, die sich auf den einkaufsstättenspezifischen Präferenzbildungsprozess von Konsumenten und die mit der Einkaufsstättenwahl verbundenen Determinanten beziehen. Anhand dieser theoriegeleiteten Grundlage, die mit Hilfe empirischer Daten zu überprüfen ist, sollen Schlussfolgerungen für eine einkaufsstättenbezogene Standortoptimierung hergeleitet werden. Dabei gilt es zu überprüfen, inwiefern sich aktuelle Konzepte des

---

140 Unter dem intertemporalen Vergleich ist die Analyse des Prozesses an zwei zeitlich aufeinanderfolgenden Terminen zu verstehen. Das in diesem Zusammenhang wichtige Konstrukt der Zufriedenheit, das zukünftige Entscheidungen beeinflusst, findet in dem Falle nur implizit Anwendung. Da i.d.R. jedoch davon ausgegangen wird, dass die untersuchten Prozesse bereits auf Zufriedenheitsurteile zurückgreifen und nicht den Erstbesuch einer Einkaufsstätte widerspiegeln, kann dieser Gedanke vernachlässigt werden.

141 Darüber hinaus zeichnet sich das Präferenzkonstrukt durch einen direkten Bezug zur Kaufentscheidung und die Berücksichtigung aller für das Individuum relevanten Objektmerkmale aus. Vgl. Schneider, C., Präferenzbildung bei Qualitätsunsicherheit, das Beispiel Wein, Berlin 1997, S. 17; Gutsche, J., Produktpräferenzanalyse, ein modelltheoretisches und methodisches Konzept zur Marktsimulation mittels Präferenzerfassungsmodellen, Berlin 1995, S. 41.

Handelsmarketing, die auf der Ebene des Convenience– bzw. Erlebnisshopping diskutiert werden, Bestandteile des Präferenzbildungsprozesses darstellen.

Folgende **Forschungsschwerpunkte** liegen der Arbeit ausgehend von der generellen Zielsetzung zu Grunde:

- Anhand der theoriegestützten Entwicklung einer Grundkonzeption für die Erfassung von Einkaufsstättenpräferenzen soll die detaillierte Untersuchung einzelner Teilprozesse der Präferenzbildung Aufschluss über das Zustandekommen von Präferenzen und die diesen Prozess determinierenden Faktoren bzw. Stimuli ermöglichen. Zentrale Fragestellungen beziehen sich dabei auf individuelle Differenzen gegenüber Einkaufsstätten hinsichtlich Perzeption, Präferenzbildung und dem beobachtbaren Kaufverhalten. Neben der Systematisierung von Teilprozessen erfolgt die Operationalisierung relevanter Konstrukte, die als Grundlage der empirischen Untersuchung dienen. Über die Analyse von Diskrepanzen innerhalb des Prozesses sowie in der zeitlichen Veränderung einzelner Phasen soll der Einfluss situativer und damit bedingt beeinflussbarer Gegebenheiten ermittelt werden.

- Die empirische Überprüfung des entwickelten Bezugsrahmens dient zur Ableitung von Aussagen über zentrale Bestimmungsfaktoren der Einkaufsstättenwahl. Dabei muss die sich aus den wirtschaftspolitischen Veränderungen ergebenden Besonderheiten der neuen Bundesländer in die Betrachtung aufgenommen werden, da mit dem durch zunehmende Bedürfnisbefriedigung einsetzenden Wandel vom Verkäufer– zum Käufermarkt die Frage differenzierter Präferenzensysteme eine zunehmende Bedeutung gewinnt. In diesem Zusammenhang muss geklärt werden, in welchem Ausmaß die vorhandenen Disproportionen struktureller Natur im Einzelhandel von den Konsumenten bereits adaptiert worden sind, so dass der von TIETZ beschriebene Weg der Koexistenz von Innenstadt und Grüner Wiese[142] als Bestandteil des ostdeutschen Handelsnetzes die Bedürfnisse seiner Konsumenten widerspiegelt.

- Ähnlich der in der Betriebstypenbildung zu beobachtenden Polarisierung zwischen kostenorientierten Versorgungskäufen und serviceorientierten Erlebniskäufen soll der Ansatz auf mögliche Positionierungsdimensionen von Einkaufsstätten übertragen werden. Diese Differenzierung ist auf Basis theoretischer

---

142 Vgl. Tietz, B., Warum die City und die grüne Wiese nicht ohneeinander existieren können, in: Marketing ZFP, H. 2, II. Qu. 1989, S. 77-85.

Überlegungen zur (begrenzten) Rationalität von Entscheidungen abzuleiten, die das Zustandekommen von Einkaufsstättenpräferenzen anhand eines sich entgegenstehenden rationalen bzw. emotionalen Grundverständnisses der Entscheidungsfindung erklärt. Damit soll ein Beitrag zur Systematisierung der bislang vorliegenden deskriptiven Aussagen über emotionalisierte Handelskonzepte des Erlebnis– bzw. des Convenienceshopping geliefert werden, der die Relevanz aktueller Thesen zur Zukunft des Handels fundiert überprüft.

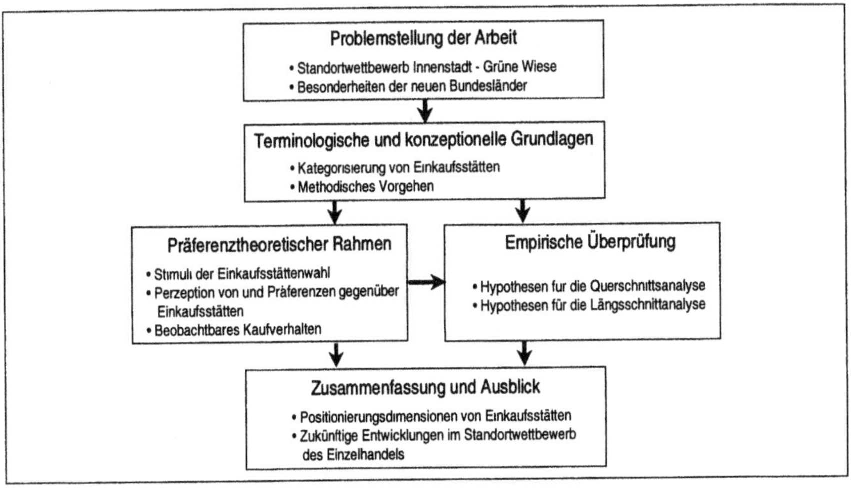

Abb. 3: Aufbau der Arbeit

Die vorliegende Problemstruktur und die dabei gewählte Betrachtungsebene aus Sicht der Konsumenten beeinflussen das **theoretisch–methodische Vorgehen** der Arbeit. Die Strukturierung des Präferenzbildungsprozesses zur Analyse der die Wahl beeinflussenden Determinanten sowie zur Ableitung von Implikationen für das Handelsmarketing basiert auf Erkenntnissen verhaltenswissenschaftlicher Ansätze. Methodisch ist die Arbeit als konzeptionell–literaturgestützt einzuordnen, wobei die konzeptionellen Überlegungen mit den Ergebnissen einer empirischen Untersuchung unterlegt werden.

Mit den beschriebenen Zielsetzungen ist der Gang der Untersuchung bereits vorgezeichnet, der gleichzeitig die zentralen Aufgaben der Kaufverhaltensforschung (Beschreibung und Erklärung des Verhaltens der Käufer sowie Lieferung von Vorschlägen zur Beeinflussung des Käuferverhaltens[143]) abdeckt:

143 Vgl. Tostmann, T.M., Konsument und Kaufentscheidung, a.a.O., S. 5ff.

Im nachstehenden **Teil B** der Arbeit erfolgt eine Erörterung der konzeptionellen Grundlagen zur Analyse der Einkaufsstättenwahl. Zunächst wird dabei die Einkaufsstättenwahl in ihrem Zusammenhang zur Betriebsformen–, Produkt–, Marken– und Geschäftswahl untersucht, um allgemeine und spezifische Determinanten der Einkaufsstättenwahl zu bestimmen. Zentrales Element der anschließenden theoretischen Auseinandersetzung bildet das Präferenzmodell als Erklärungsansatz der Einkaufsstättenwahl von Konsumenten, welches in seine relevanten Teilprozesse zerlegt wird. Anhand der Prozesstufen werden die sie determinierenden Konstrukte an sich sowie in ihren Beziehungen zueinander aufgezeigt und Möglichkeiten der Operationalisierung vorgestellt und bewertet. Die Divergenzen, die personenbezogen innerhalb der Prozessstufen als auch in der zeitlichen Entwicklung auftreten können, bilden den Ausgangspunkt zu Überlegungen über Ursachen und Einflussmöglichkeiten auf den Präferenzbildungsprozess. Eine Systematisierung von Entscheidungsalternativen, die sich auf das Vorhandensein rationaler und emotionaler Entscheidungsbestandteile und der durch diese Bestandteile aufgezeigten Ausprägungsformen stützt, verbindet verhaltens– und entscheidungstheoretische Ansätze der Arbeit. Die aus der Theorie gewonnenen Erkenntnisse werden im abschliessenden Bezugsrahmen integriert und durch Untersuchungshypothesen spezifiziert.

Gegenstand der empirischen Analyse des **Teils C** dieser Arbeit bildet zunächst die Beschreibung des Untersuchungsdesigns inklusive der Stichprobenstruktur, an die sich die Darstellung der Einzelhandelsstruktur des für die empirische Analyse ausgewählten Beispiels der Stadt Leipzig anschließt. Auf Basis des Bezugsrahmens und der aus den theoretischen Vorüberlegungen abgeleiteten Hypothesen erfolgt die empirische Überprüfung entlang der im Bezugsrahmen aufgezeigten Beziehungsstruktur.

Im abschließenden **Teil D** erfolgt eine zusammenfassende Würdigung der Ergebnisse der vorliegenden Arbeit, die der Ableitung von Positionierungsalternativen für das Handelsmarketing dienen. Aufbauend auf diesen Erkenntnissen sollen determinierende Segmente und Einflussfaktoren einzelner Einkaufsstättenkategorien sowie die damit verbundenen Marketingimplikationen beschrieben werden. Nach einem Ausblick auf künftige Entwicklungstendenzen im Einzelhandel werden offene Forschungsfelder und die damit verbundenen Implikationen der weiteren Forschungsarbeit aufgezeigt.

B. Theoretische Grundlagen zur Analyse der Einkaufsstättenwahl

1 Das Präferenzmodell als Erklärungsansatz für die Einkaufsstättenwahl von Konsumenten

Aus der Vielzahl möglicher Modellansätze, die zur Erklärung des Konsumentenverhaltens herangezogen werden können, erscheint das Präferenzmodell der Kaufentscheidung von Individuen als theoretische Basis zur Untersuchung der Einkaufsstättenwahl auf Grund seiner Allgemeingültigkeit und überschaubaren Komplexität als besonders geeignet.[1] In den folgenden Ausführung soll daher der Präferenzbildungsprozess auf die spezielle Fragestellung der Einkaufsstättenwahl adaptiert werden, wobei die Schematik von Stimulus, Organismus und Response des neobehavioristischen Modells in der weiteren Gliederung Berücksichtigung findet. Von vorerst untergeordneter Bedeutung für die weitere Vertiefung der Modelldarstellung erweisen sich die in Abb. 2 dargestellten Prozessdimensionen, die als implizite Voraussetzungen zur Erreichung der jeweiligen Ergebnisdimension angenommen werden können.

Als **Stimuli** gelten beobachtbare Reize, die Konsumenten zu jeglicher Art von Reaktionen veranlassen. Damit gilt auch der Nichtkauf als eine Form der Reaktion, die als Weigerung der Person, unter gegebenen Bedingungen einen Kauf zu tätigen, verstanden werden kann. Die gegebenen Bedingungen werden wie von Bocker dargestellt durch die „physikalisch–chemische Beschreibung der Objekte" charakterisiert.[2] Diese Merkmale der Einkaufsstätten, die in der vorliegenden Arbeit als ökonomisches Umfeld interpretiert werden, wirken sich direkt auf die nachfolgende Perzeption der Einkaufsstätte beim Konsumenten aus. Neben den Merkmalen von Einkaufsstätten beeinflussen darüber hinaus Faktoren des soziodemografischen Umfelds sowie der situative Kontext als Stimulusvariablen den Einkaufsstättenwahlprozess.[3]

---

1 Vgl. dazu die Ausführungen in Kap. A 3.

2 Vgl. Böcker, F., Präferenzforschung als Mittel marktorientierter Unternehmensführung, a.a.O., S. 552.

3 Vgl. zur Einbindungvon von ökonomischen wie soziodemografischen Variablen Bänsch, A., Käuferverhalten, 7. Aufl., München 1996, S. 4. Unter dem soziodemografischen Umfeld werden die bei Bänsch genannten demografischen und sozioökonomischen Merkmale von Personen sowie sein soziales Umfeld zusammengefasst. Nicht vernachlässigt werden darf an dieser Stelle jedoch bereits der situative Kontext, der alle Reize zusammenfasst, die außerhalb soziodemografischer und ökonomischer Gegebenheiten liegen. Dabei ist der situative Kontext

In neueren Ansätzen der Verhaltenswissenschaft ist zu beobachten, dass über die Begrenzung von Stimuli auf die objektiven Merkmale von Produkten bzw. Einkaufsstätten hinaus das Bewusstsein von Konsumenten als Reizauslöser diskutiert wird.[4] In diesem Zusammenhang sprechen MARKUS und ZAJONC sogar von einer notwendigen Modifikation des neobehavioristischen Modells in ein O–S–O–R–Schema.[5] Dem Gedanken HERRMANNS folgend erscheint es daher zweckmäßig, in das S–O–R–Schema Faktoren einzubauen, die diesem Bewusstsein von Konsumenten entsprechen.[6] Die Integration des Bewusstseins in den Prozess der Einkaufsstättenwahl soll anhand des Bedürfniskonstrukts in seiner Wechselwirkung mit der psychografischen Prädisposition von Konsumenten erfolgen. Denn die Auseinandersetzung mit Stimuli müsste als unvollständig beschrieben werden, wenn in diesem Zusammenhang nicht die Bedeutung von Bedürfnissen erläutert würde, da als direkte Ursache des Einkaufsstättenwahlprozesses die durch Stimuli (soziodemografisches und ökonomisches Umfeld sowie situativer Kontext) ausgelöste Aktivierung eines Bedürfnisses anzusehen ist.[7] Unter der psychografischen Prädisposition soll die generelle Einstellung von Konsumenten gegenüber dem Einkauf (Shopping Value)[8] verstanden werden, die einerseits auf die Ausbildung von Bedürfnissen einwirkt (eine eher ablehnende Haltung gegenüber Kaufaktivitäten vermindert die Entstehung von Bedürfnissen), andererseits ebenso von Bedürfnissen beeinflusst wird (die Entstehung neuer Bedürfnisse kann sich positiv auf die generelle Einstellung gegenüber Einkäufen auswirken).

Werden Bedürfnisse bewusst, stimulieren sie einen innerhalb des **Organismus**

---

als eine Einflussgröße einzuordnen, die neben der Stimulierung des Einkaufsstättenwahlprozesses ebenfalls intervenierend auf die Bildung von Präferenzen, Kaufabsichtsurteilen und das beobachtbare Verhalten einwirkt. Vgl. Monhemius, K.C., Umweltbewusstes Kaufverhalten von Konsumenten, ein Beitrag zur Operationalisierung, Erklärung und Typologie des Verhaltens in der Kaufsituation, Frankfurt a.M., 1992, S. 91ff.

4 Vgl. Herrmann, A., Produktwahlverhalten, a.a.O., S. 193f. Hintergrund dieser Überlegungen ist die Erkenntnis, dass Individuen nicht auf ihre Fähigkeit der Reizaufnahme und -verarbeitung beschränkt sind, sondern dass sie ihre Reaktionen selbst steuern und darüber hinaus die Umwelt beeinflussen können.

5 Vgl. Markus, H., Zajonc, R.B., The Cognitive Perspective in Social Psychology, in: Lindzey, G., Aronson, E. (Eds.), Handbook of Social Psychology, Vol. 1, 3. Aufl., Hillsdale 1985, S. 138, zit. nach Herrmann, A., Produktwahlverhalten, a.a.O., S. 194.

6 Vgl. Herrmann, A., Produktwahlverhalten, a.a.O., S. 194.

7 Vgl. Gutsche, J., Produktpräferenzanalyse, a.a.O., S. 42 sowie Perrey, J., Nutzenorientierte Marktsegmentierung, ein integrativer Ansatz zum Zielgruppenmarketing im Verkehsdienstleistungsbereich, Wiesbaden 1998, S. 16f.

8 Zur Vermeidung von Unklarheiten, die aus der Übersetzung des „Shopping Value" resultieren, soll die anglo-amerikanische Bezeichnung fortan beibehalten werden. Inhaltlich bezieht sich der Shopping Value auf den subjektiven Erlebniswert, den ein Einkauf generiert. Vgl. dazu die Ausführungen in Kap. B 2.42.

ablaufenden Prozess, der sich an wahrgenommenen Merkmalen orientiert. Als Perzeptionen gehen dabei sowohl bereits bekannte Wahrnehmungen als auch die Ergebnisse aus der durch Stimuli ausgelösten Informationssuche in den weiteren Prozess der Präferenzbildung ein. Den zentralen Bestandteil des im Organismus ablaufenden nicht beobachtbaren Prozesses, bei dem eingehende Stimuli zu Reaktionen führen, bildet beim vorgestellten Präferenzmodell das theoretische Konstrukt Präferenz. Es findet insbesondere in der Kaufverhaltensforschung, der Mikroökonomie und der Ökonometrie Anwendung.[9] Während ökonometrische Präferenzanalysen ausschließlich das Verhalten auf aggregierter Ebene und unter der Annahme stochastischen Verhaltens modellieren,[10] stellen verhaltensorientierte und mikroökonomische Modelle geeignete Ansätze für die Individualanalyse des Kaufverhaltens dar. Innerhalb der Verhaltenstheorie basierte die präferenztheoretische Auseinandersetzung stark auf mehrdimensionalen Einstellungsmodellen.[11] Erst in der jüngeren Vergangenheit sind Versuche zu verzeichnen, mikroökonomische Erkenntnisse in die Verhaltenswissenschaften zu integrieren, was speziell auf dem Gebiet der Präferenzforschung sehr vielversprechend erscheint.[12] Dabei spielen in der Mikroökonomie in Bezug auf die Präferenzforschung Ansätze der Nutzentheorie eine ähnlich zentrale Rolle wie die Einstellungstheorie bei verhaltenswissenschaftlichen Analysen. Parallel zu nutzen- und einstellungstheoretischen Ansätzen ist als aktuellere Konzeption die Means–End–Theorie zu erwähnen, die den Produktbeurteilungsprozess über die Beziehungen zwischen den Produkteigenschaften, ihren Konsequenzen für den Konsumenten und seinen persönlichen Werten zu lösen versucht.[13]

---

9 Vgl. Böcker, F., Präferenzforschung als Mittel marktorientierter Unternehmensführung, a.a.O., S. 550f.

10 Ökonometrische Analysen stützen sich auf Logit- und Probit-Modelle. Vgl. ebenda, S. 551. Diese Modelle dienen der Schätzung von Wahrscheinlichkeiten, mit denen einzelne qualitative Ausprägungen des Regressanden bei vorgegebenen Werten der Regressoren auftreten. Sie unterscheiden sich hinsichtlich der Annahme einer logistischen bzw. standardnormalverteilten Verteilungsfunktion. Vgl. Hartung, J., Elpelt, B., Multivariate Statistik, Lehr- und Handbuch der angewandten Statistik, 5. Aufl., München 1995, S. 80 sowie 130ff.

11 Vgl. Böcker, F., Präferenzforschung als Mittel marktorientierter Unternehmensführung, a.a.O., S. 550f.

12 Vgl. Schneider, C., Präferenzbildung bei Qualitätsunsicherheit, a.a.O., S. 17. Der Autor bezieht sich dabei auf verschiedene Arbeiten, die vorrangig informationsökonomische Aspekte betrachten. Dabei vertiefen informationsökonomische Ansätze die Informations- und Unsicherheitsprobleme, die bereits in der Verhaltenswissenschaft und Entscheidungstheorie Berücksichtigung finden, so dass sie als Ergänzung dieser beiden Bereiche angesehen werden können. Vgl. Meffert, H., Marketing, Grundlagen marktorientierter Unternehmensführung: Konzepte - Instrumente - Praxisbeispiele, 8. Aufl., Wiesbaden 1998, S. 23. Damit wird gleichzeitig der integrative Charakter der Informationsökonomie deutlich.

13 Die Anwendbarkeit dieser Theorie, für die die spezielle Befragungstechnik des Laddering

Aus der Vielfalt der Ansätze resultierend wird der Präferenzbegriff dementsprechend häufig definiert bzw. relativ offen gegenüber anderen Konstrukten abgegrenzt. In der mikroökonomischen Nationalökonomie ersetzte SAMUELSON mit seiner Revealed Preference–Theorie den bislang verwendeten Nutzenbegriff durch den Präferenzbegriff (Präferenzen als Nutzenempfindungen), der später von LANCASTER dahingehend erweitert wurde, dass Güter anhand relevanter Merkmalsausprägungen hinsichtlich ihres auf Präferenzen basierenden Nutzens beurteilt werden.[14] Die deskriptive Entscheidungstheorie, die sich entgegen den in der präskriptiven (d.h. normativen) Entscheidungstheorie angestrebten Entscheidungsempfehlungen anhand von Präferenzurteilen der Erklärung tatsächlichen Entscheidungsverhaltens verpflichtet sieht, berücksichtigt interne und externe Rahmenfaktoren zur Begründung von Inkonsistenzen und Intransitivitäten von Präferenzurteilen.[15]

Diese Sichtweise, nach der Rahmenfaktoren zur Erklärung von Präferenzen herangezogen werden, weist große Gemeinsamkeiten zu einer in der Verhaltenswissenschaft angesiedelten Präferenzdefinition auf. In der Verhaltenswissenschaft muss dabei grundlegend zwischen zwei Strömungen unterschieden werden, die durch ihre unterschiedliche Auffassung zur Berücksichtigung restriktiver Kauffaktoren (ökonomische, soziale, kulturelle und situative Umweltbedingungen) begründet sind.[16] Die sog. „unconstrained preference" stellt im Gegensatz zur „constrained preference" den Präferenzbegriff ohne Berücksichtigung restriktiver Kauffaktoren dar.[17] Bei der unconstrained preference wird davon ausgegangen, dass Präferenzen in einem ersten Schritt restriktionsunabhängig gebildet werden. Die Beachtung vorliegender Zwänge führt zur Bewertung der Alternativen, die das Ergebnis der constrained preference bilden. Bezogen auf die Einkaufsstättenwahl könnte als unconstrained preference z.B. der Berliner Kurfürstendamm als erste

---

entwickelt wurde, beschränkt sich jedoch durch eine hohe Komplexität der Datenbeschaffung sowie die mangelnde Implementierungseignung der qualitativen Daten. Andererseits vermag die Means-End-Theorie bislang unbeachtete Fragestellungen der Präferenzforschung zu analysieren, wie bspw. die Entscheidung zwischen unterschiedlichen Produktkategorien. Vgl. Gutsche, J., Produktpräferenzanalyse, a.a.O., S. 35ff. Zur originären Entwicklung der Means-End-Theorie vgl. Tolman, E.C., Purposive Behavior in Animals and Men, New York 1967, S. 5ff.

14 Vgl. Trommsdorff, V., Bleicker, U., Hildebrandt, L., Nutzen und Einstellung, in: WiSt, H. 6, Juni 1980, S. 272.

15 Vgl. ebenda, S. 272f.

16 Vgl. Balderjahn, I., Marktreaktionen von Konsumenten: ein theoretisch-methodisches Konzept zur Analyse der Wirkung marketingpolitischer Instrumente, Berlin 1993, S. 23.

17 Vgl. Zeithaml, V., Consumer Perceptions of Price, Quality, and Value: A Means-End Modell and Synthesis of Evidence, in: JoM, Vol. 52 (1988), S. 2-22, zit. nach Schneider, C., Präferenzbildung bei Qualitätsunsicherheit, a.a.O., S. 21.

Präferenz gewählt werden. Befindet sich der Entscheider jedoch in Leipzig und hat dementsprechend zeitliche Restiktionen zur Distanzüberwindung, wird sich seine constrained preference auf eine ähnliche Einkaufsmöglichkeit der Stadt Leipzig übertragen.

Unabhängig dieser Unterscheidung stellen Präferenzen in jedem Falle Rangfolgen dar. Dabei wird angenommen, dass Präferenzen transitiv sind (aus A > B – d.h. A wird gegenüber B vorgezogen – und B > C folgt A > C). Intransitive Präferenzen gelten jedoch erst dann als irrational, wenn unter der Voraussetzung von A > B und B > C Objekt C gegenüber Objekt A präferiert wird, obwohl gezeigt werden kann, dass Objekt A „... is better in all respects and all times and on all occasions".[18] Damit wird gleichzeitig deutlich, dass Präferenzen nicht nur über Personen sondern auch parallel über die Zeit ebenso wie zwischen unterschiedlichen situativen Gegebenheiten[19] (z.B. der Vertrautheit mit der gewünschten Produktkategorie[20]) variieren.

Abgrenzend zur der Präferenzbildung vorgelagerten Einstellungsbildung ist die Präferenz erst als Ergebnis einer relativierten Einstellung zu verstehen.[21] Die Einstellung gegenüber einem Objekt wird hierbei in Relation zu anderen Objekten gebracht und anhand eines Kosten–/Nutzenvergleichs in eine Rangordnung überführt.[22] GIERL konkretisiert diesen Zusammenhang sogar so weit, als dass nach

---

18 O'Shaughnessy, J., Explaining Buyer Behavior, Central Concepts and Philosophy of Science Issues, Oxford, 1992, S. 229. Die Irrationalität von Präferenzen stellt keine Wertung der Präferenzstruktur dar, sondern widerspricht allein der Logik des Schließens.

19 Vgl. dazu insbesondere die Arbeiten von BELK, siehe bspw. Belk, R.W., Entwicklung produktspezifischer Klassifikationen von Verbrauchssituationen, in: Meffert, H., Steffenhagen, H., Freter, H., (Hrsg.), Konsumentenverhalten und Information, Wiesbaden 1979, S. 333-351.

20 Vgl. Coupey, E., Irwin, J.R., Payne, J.W., Product Category Familarity and Preference Construction, in: JoCR, Vol. 24, March 1998, S. 459-468.

21 Vgl. Trommsdorff, V., Konsumentenverhalten, 3. Aufl., Stuttgart 1998, S. 143. Aus der Entscheidungstheorie entstammt eine Definition, nach der Präferenzen als „Einstellungen des Entscheiders zu Konsequenzen oder zu Handlungsalternativen" aufzufassen sind. Eisenführ, F., Weber, M., Rationales Entscheiden, 2. Aufl., Berlin 1994, S. 325. Einstellung kann als „Zustand einer gelernten und relativ dauerhaften Bereitschaft, in einer entsprechenden Situation gegenüber dem betreffenden Objekt regelmäßig mehr oder weniger stark positiv bzw. negativ zu reagieren" definiert werden. Trommsdorff, V., Konsumentenverhalten, a.a.O., S. 143. Diese Einbindung der Einstellung in den Präferenzprozess wurde von BÖCKER bereits implizit erwähnt, indem er auf die Wiedergabe von Wahrnehmungen in einem subjekt-spezifischen Objektraum sprach, der die kognitive Realität (Image) zum Ausdruck bringt. Vgl. Böcker, F., Präferenzforschung als Mittel marktorientierter Unternehmensführung, a.a.O., S. 553.

22 Der Kostengedanke findet sich in der Informationsökonomik wieder, wobei in diesem Ansatz vorrangig Informationskosten zur Risikoreduktion auf die Präferenzstruktur Einfluss nehmen. Der nationalökonomische Ansatz, der Präferenzen als Nutzenempfindungen definiert, schließt dabei ebenso Kostenaspekte i.S. eines Negativnutzens mit ein.

seiner Definition Präferenzen die Stärke einer positiven Einstellung darstellen.[23] In einer erweiterten Fassung des Präferenzbegriffs ist der Vergleich von objektspezifischen Kosten– (Preis) und Nutzenbestandteilen um informationsökonomische Aspekte zu ergänzen.[24] Demnach verursachen Unsicherheiten des Konsumenten sowohl Transaktionskosten als auch –nutzen, deren Höhe die Präferenzbildung beeinflusst.[25] Dieser Sichtweise soll in der weiteren Betrachtung gefolgt werden. In ihrem Zusammenhang zum vorgelagerten Perzeptionsbildungsprozess ist der Vollständigkeit halber zu erwähnen, dass Einstellungen gegenüber einzelnen Einkaufsstätten die Wahrnehmung beeinträchtigen können (Subjektivität und Selektivität von Perzeptionen).[26]

Demgegenüber entsteht die Kaufabsicht[27] in Folge der Präferenzen unter Berücksichtigung restriktiver Kauffaktoren (constrained preference) sowie der gedanklichen Antizipation von Wirkungen situativer Variablen.[28] Situative Variablen, die nicht antizipiert werden können, beschränken andererseits die Kaufabsicht derge-

---

23 Vgl. Gierl, H., Marketing, Stuttgart 1995, S. 34.

24 Vgl. Schneider, C., Präferenzbildung bei Qualitätsunsicherheit, a.a.O., S. 93ff. Zu den theoretischen Grundlagen der Informationsökonomik, die sich aus ersten Ausführungen von HAYEK zur Problematik unvollkommener Information innerhalb der neoklassischen Tradition zu einem eigenständigen Forschungsgebiet entwickelte vgl. Hayek, F. A., The use of knowledge in society, in: American Economic Review, Vol. 35, Nr. 4/1945, S. 519-530. Mit Bezug auf aktuelle Fragestellungen der Kaufentscheidung vgl. Weiber, R., Adler, J., Informationsökonomisch begründete Typologisierung von Kaufprozessen, in: ZfbF, H. 1/1995, S. 43-65.

25 Bezogen auf die Einkaufsstättenwahl sind unter Transaktionskosten bspw. Kosten zu verstehen, die dadurch verursacht werden, dass sich der Konsument vorab informiert, welche Geschäfte in einer Einkaufsstätte vorhanden sind. Darüber hinaus können auch Opportunitätskosten zu den Kosten von Transaktionen gezählt werden. Zum Nutzen von Transaktionen gehören neben Erfahrungen z.B. auch emotionale Erlebnisse, die durch eine besonders ansprechende Atmosphäre ausgelöst werden.

26 Vgl. dazu die Ausführungen in Kap. B 3.11.

27 Die Kaufabsicht bringt das Ausmaß der Kaufneigung einer bestimmten Person für das Beurteilungsobjekt zu einem bestimmten Zeitpunkt zum Ausdruck. Vgl. Böcker, F., Präferenzforschung als Mittel marktorientierter Unternehmensführung, a.a.O., S. 556; Nieschlag, R., Dichtl, E., Hörschgen, H., Marketing, a.a.O., S. 1050. Häufig zitierte Modelle, die der Erklärung der Kaufabsicht dienen, sind die „Theory of Resasoned Action" und die „Theory of Planned Behavior". Vgl. Ajzen, I., Fishbein, M., Belief, Attitude, Intention, and Behavior: An Introduction to Theory and Research, Reading 1975 sowie Ajzen, I., From Intentions to Actions: A Theory of Planned Behavior, in: J. Kuhl, J., Beckman, J. (Hrsg.), Action control: From Cognition tc Behavior, Berlin 1985, S. 11-39.

28 Vgl. hierzu und zu der folgenden Ausführung Schneider, C., Präferenzbildung bei Qualitätsun sicherheit, a.a.O., S. 22. Die moderne Psychologie unterscheidet in Bezug auf die Kaufabsich motiviertes und gewolltes Verhalten, wobei dem gewollten Verhalten als Selbst–Versprecher eine höhere Marketingbedeutung zugesprochen wird als dem Kaufabsichts–Konstrukt. Vgl O'Shaughnessy, J., Explaining Buyer Behavior, a.a.O., S. 229. O'SHAUGHNESSY weis gleichzeitig darauf hin, dass die Einseitigkeit des Kausalzusammenhangs zwischen Präferen und Kaufabsicht nicht zwingend ist, wenn die Betrachtungsebene variiert. So kann die Absicht in einer bestimmten Einkaufsstätte einzukaufen, der Präferenz für ein Produkt oder Geschä vorausgehen.

stalt, dass das letztendlich gezeigte Verhalten beeinflusst wird. Anhand dieser Abgrenzungen wird deutlich, dass die ausschließliche Analyse der Präferenz als Konstrukt wenig sinnvoll erscheint, sondern das gewählte Prozessmodell wesentlich besser die tatsächliche Kaufentscheidung abbildet. Im bereits beschriebenen Beispiel der Einkaufsstättenwahl könnte der Konsument über die als constrained preference gewählte Einkaufsstätte innerhalb seines Wohnortes unzureichende Informationen bzgl. der Ladenöffnungszeiten besitzen, so dass sich seine Kaufabsicht letztlich dahingehend ändern würde, dass er eine andere Einkaufsstätte auswählt, über deren Öffnungszeiten er bessere Kenntnis verfügt.

Die innerhalb dieses Prozesses zu beobachtende **Reaktion** äußert sich in Form des Einkaufs in der vorab bestimmten Einkaufsstätte. Für die Problematik der Einkaufsstättenwahl eignet sich allerdings die von BÖCKER vorgeschlagene Ergebnisdimension des Marktanteils nur bedingt.[29] Der Marktanteil bezieht sich laut Definition auf das mengen– oder wertmäßige Verhältnis von Absatzvolumen zum Marktvolumen, welche produkt– bzw. produktgattungsspezifisch ermittelt werden.[30] Da Einkaufsstätten jedoch als Konglomerate verschiedenster Produkte und Produktgattungen zu verstehen sind, kann der Marktanteil zum Vergleich von Einkaufsstätten nicht herangezogen werden. Ebenso dienen Umsatzkennziffern (z.B. Umsatz pro qm Verkaufsfläche), die zudem nur dann in vertretbarem empirischem Aufwand zu ermitteln sind, wenn es sich bei der Einkaufsstätte um ein zentral geleitetes Shopping Center handelt, nicht als Vergleichsmaßstab, da derartige Kennzahlen in Abhängigkeit von der angebotenen Produktpalette stark variieren. Zur Lösung dieses Problems ist die Frage nach der Reaktion des Konsumenten auf die dichotome Entscheidung für bzw. gegen eine Einkaufsstätte zu beschränken. Weder eingekaufte Menge noch Wert der Produkte oder Zeitpunkt des Kaufs spielen demnach für den Prozess der Einkaufsstättenwahl eine Rolle, sondern ausschließlich die Tatsache, ob Konsument A Einkaufsstätte B besucht.[31]

Mit dieser differenzierteren Betrachtung von Input und Output der Entscheidung sowie dem innerhalb des Organismus ablaufenden Präferenzbildungsprozess

---

29 Vgl. Böcker, F., Präferenzforschung als Mittel marktorientierter Unternehmensführung, a.a.O., S. 552.

30 Vgl. Meffert, H., Marketing, a.a.O., S. 74 und S. 165.

31 Dabei bleibt die Frage darüber, ob der Besuch einer Einkaufsstätte zum Kauf führte, für das Verständnis der Einkaufsstättenwahl ohne Bedeutung. Unwichtig sind darüber hinaus Aussagen über Zusammenhänge zwischen Kauf und Konsum von Produkten.

kann das bereits in Abb. 2 vorgestellte Präferenzmodell der Kaufentscheidung bezogen auf den Einkaufsstättenwahlprozess wie folgt vertiefend dargestellt werden (vgl. Abb. 4):

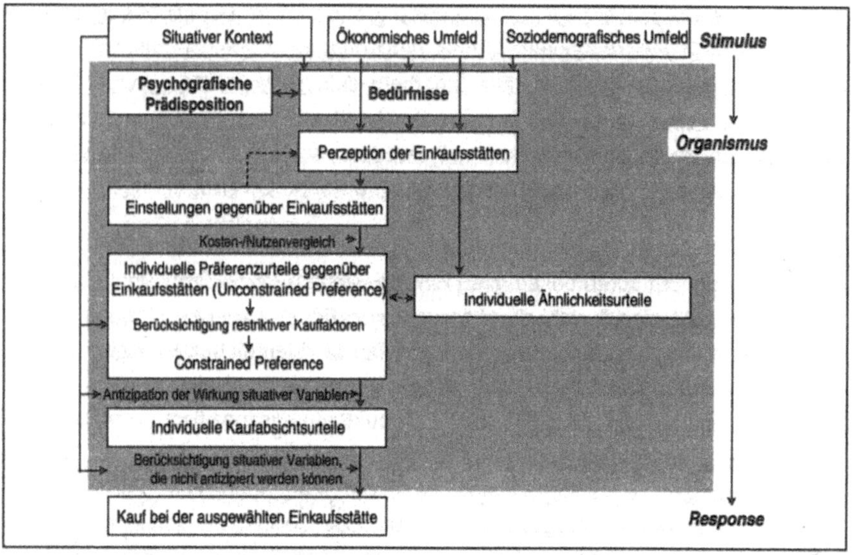

Abb. 4: Modifiziertes Präferenzmodell der Kaufentscheidung

Der damit verfolgte Ansatz stellt einen Ausschnitt aus dem gesamten, mit dem Kauf verbundenen Entscheidungsprozess dar, der neben der Einkaufsstättenwahl gleichwohl interdependent zu Entscheidungen über Produkt bzw. Marke, Geschäft oder Betriebsform aber auch Kriterien wie Kaufzeitpunkt oder Kaufmenge ist. Darüber hinaus muss betont werden, dass trotz der Instabilität des Präferenzkonstruktes der gesamte Prozess als ein relativ konstanter Baustein von Kaufentscheidungen betrachtet werden kann.[32] Unterschiede in der Bedeutung der einzelnen Teilprozesse können z.B. wie beim Prozessmodell der Einkaufsstättenwahl von HEINEMANN auf Unterschiede in der Art der Kaufentscheidung[33] zurückgeführt

[32] Damit soll nicht der Anspruch der Allgemeingültigkeit erhoben werden, da andere Ansätze ebenso nachvollziehbar das Wahlverhalten bei Produkten oder Einkaufsstätten aufzeigen.

[33] Ohne die einzelnen in der Literatur diskutierten Ansätze kritisch zu würdigen, soll in der weiteren Argumentation die von WEINBERG vorgestellten Arten der Kaufentscheidung auf die Einkaufsstättenwahl übertragen werden. Vgl. Weinberg, P., Das Entscheidungsverhalten der Konsumenten, Paderborn 1981. WEINBERG erweitert mit seinen Kategorien die von KATONA initiierten und von HOWARD/SHETH erweiterten Kaufentscheidungstypen. Vgl. Meffert, H., Marketingforschung und Käuferverhalten, a.a.O., S. 39ff. sowie Harich, K., Preis und Kaufentscheidung, a.a.O., S. 23ff. Bei der Anwendung dieser Typologie auf das Präferenzmodell wird deutlich, dass auch impulsive Entscheidungen die temporäre Wahrnehmung der Einkaufs-

werden, wobei im Gegensatz zum Modell von HEINEMANN auch Entscheidungen mit geringer kognitiver Beteiligung nicht zur fragmentarischen Beschränkung des Gesamtmodells führen.[34]

Eine weitere Modifikation zum zugrunde liegenden Präferenzmodell von BÖCKER stellt die Integration der Ähnlichkeitsurteile in den linearen Präferenzbildungsprozess dar. BÖCKER verweist in seinen Ausführungen nur auf die analoge Struktur zwischen Ähnlichkeits– und Präferenzbildungsprozess, die dadurch zu erklären ist, dass Präferenzen als Ähnlichkeiten zwischen dem zu beurteilenden Objekt und einem nach Produktverwendung und Umweltbedingung variierenden Idealobjekt aufgefasst werden können.[35] Der sich daraus ergebende Zusammenhang ist daher in das Prozessmodell zu integrieren. Die Präferenzbeurteilung neuer Objekte erfolgt auf Grund ihrer wahrgenommenen Ähnlichkeit zu bekannten Objekten und der damit verbundenen Präferenz.[36] Durch die Permanenz der Wahrnehmung können sich Präferenzen ändern, die daraufhin die Ähnlichkeit des Objekts in Bezug zu anderen Objekten relativieren. Allerdings stellt die Ähnlichkeit von Objekten keine notwendige Bedingung für eine entsprechende Präferenzstellung gegenüber anderen Objekten dar. Da sich Ähnlichkeitsurteile einzelner Individuen gegenüber Objekten auf Basis (i.d.R. unbewusst) ausgewählter Merkmale konstituieren,[37] und für diesen Prozess die Vielzahl der ein Objekt beschreibenden Merkmale reduziert werden muss, ist es möglich, dass sich die ebenso der Präferenzbildung zugrunde liegenden auszuwählenden Merkmale von denjenigen der Ähnlichkeitsbildung unterscheiden. Zusätzlich ist davon auszugehen, dass Idealobjekte nicht in jedem Fall als Bezugsobjekt der Ähnlichkeitsaussagen genutzt werden. Aus diesem Grund soll die Parallelität der Darstellung von Ähnlichkeitsurteilen und Präferenzurteilen beibehalten werden.

Bei der Übertragung des skizzierten Präferenzmodells soll jedoch auf eine explizite Auseinandersetzung mit Einstellungen und Kaufabsichten von Konsumenten

---

stätte voraussetzen. Habitualisierte Kaufentscheidungen, die auf die Suche neuer Alternativen verzichten, stellen demgegenüber den einmal durchlaufenen Prozess der Präferenzbildung nur in Ausnahmefällen in Frage.

[34] Vgl. dazu die Ausführungen in Kap. A 3.

[35] Vgl. Böcker, F., Präferenzforschung als Mittel marktorientierter Unternehmensführung, a.a.O., S. 553f.

[36] Da Objektbeurteilungen bei der Neuartigkeit von Objektkategorien (z.B. Einkaufsstätte) auf den Vergleich zu ähnlichen Kategorien (z.B. Haus) ausweichen, kann das erstmalige Durchlaufen des Prozesses für die weitere Betrachtung vernachlässigt werden.

[37] Vgl. Böcker, F., Präferenzforschung als Mittel marktorientierter Unternehmensführung, a.a.O., S. 553. Der Autor stellt den Zusammenhang zwischen Objekt, Merkmal und Person in Form einer Ähnlichkeitsfunktion (parallel zur Präferenzfunktion) dar.

gegenüber Einkaufsstätten verzichtet werden. Das Konstrukt der Kaufabsicht kann auf Grund seiner Aussagekraft im Verhältnis zu Präferenz und tatsächlichem Kauf vernachlässigt werden kann. Unter Berücksichtigung der Wirkung derjenigen situativen Variablen, die antizipiert werden können, steht die Kaufabsicht zwar in einem engeren Zusammenhang zum Verhalten als Präferenzen bzw. Einstellungen,[38] allerdings ist die Vorwegnahme möglicher situativer Einflussfaktoren nicht jederzeit gegeben, so dass auf die Differenzierung nach Antizipation verzichtet werden soll.

Das Einstellungskonstrukt erweist sich zwar von zentraler Bedeutung zur Erklärung des Kaufverhaltens, allerdings beeinflusst seine Divergenz zum tatsächlichen Kaufverhalten die Aussagekraft gewonnener Ergebnisse negativ.[39] Als Ursachen dieser Divergenz gelten vordergründig wahrgenommenene Normen sowie situative Einflussfaktoren.[40] Innerhalb einer Voruntersuchung wurde daher die Relevanz von Einstellungen gegenüber Einkaufsstätten in ihrem Zusammenhang zum Verhalten überprüft.[41] Die Vergleichsobjekte „Innenstadt" und „Shopping Center" wurden anhand ausgewählter Merkmale[42] zusätzlich zur allgemeinen Beurteilung der Wichtigkeit dieser Faktoren evaluiert. Der Prüfung des Zusammenhangs zwischen den ermittelten Einstellungswerten, die vorab in 4 Kategorien transformiert wurden, und dem Verhalten[43] erfolgte über einen χ^2–Test. Aus den Ergebnissen nachfolgender Tabelle ist ersichtlich, dass sich das Einstellungs-

---

38 Vgl. z.B. Nieschlag, R., Dichtl, E, Hörschgen, H., Marketing, a.a.O., S. 225.

39 Einstellungen gelten als die bisher am häufigsten zur Verhaltenserklärung herangezogene Variable. Vgl. Meffert, H., Marketingforschung und Konsumentenverhalten, a.a.O., S. 55ff. Vgl. zur Hypothese eines positiven Zusammenhangs zwischen der Stärke der positiven Einstellung und der Kaufwahrscheinlichkeit sowie zur Kritik Kroeber-Riel, W., Konsumentenverhalten, 5. Aufl., München 1992, S. 164ff.

40 Vgl. z.B. Trommsdorff, V., Konsumentenverhalten, a.a.O., S. 145; Meffert, H., Marketingforschung und Konsumentenverhalten, a.a.O., S. 58. Situative Variablen werden im der Arbeit zugrunde liegenden Präferenzmodell innerhalb der eigentlichen Präferenzbildung berücksichtigt, Normen können als Bestandteil des sozioökonomischen Umfeldes (Kultur) der Einkaufsstättenwahl-Stimuli interpretiert werden.

41 Mittels des Adequacy–Importance–Modells wurden Einstellungen über die multiplikative Verknüpfung der Bewertung eines Objektes bzgl. eines vorgegebenen Merkmales mit der generellen Wichtigkeit dieses Merkmales und der anschließenden Summation über alle abgefragten Merkmale berechnet. Vgl. Bass, F.M., Talarzcyk, W.W., An Attitude Model for the Study of Brand Preferences, in: JoMR 1972, S. 93-96 zit. nach Böcker, F., Präferenzforschung als Mittel marktorientierter Unternehmensführung, a.a.O., S. 550. Nach BÖCKER stellt dieses Modell unter befragungstaktischen Aspekten eine optimale Kombination aus den Modellen von FISHBEIN und ROSENBERG dar.

42 Vgl. dazu auch die Ausführungen in Kap. B 2.127.

43 Die Verhaltensaussagen entstammen den Antwortmöglichkeiten zur Frage „Wohin gehen Sie meistens einkaufen?" mit den Antwortmöglichkeiten Innenstadt, Einkaufszentrum sowie Sonstiges/Unentschieden.

konstrukt im Falle der Einkaufsstättenwahl nur bedingt eignet, um Aussagen über die Wahrscheinlichkeit des Einkaufs abzuleiten.[44]

Einstellung Verhalten	Shopping Center* ++	 +	 -	 --	 Σ	Innenstadt** ++	 +	 -	 --
Innenstadt	24	12	24	**40**	100 %	24	24	23	**29**
Shopping Center	**54**	19	19	8	100 %	**34**	23	20	23

* p = 0,000; ** p = 0,379 n = 227
++: stark positiv, +: positiv, -: negativ, --: stark negativ

Tab. 1: Zusammenhang zwischen Einstellung und Verhalten

Vor einer Verallgemeinerung von Aussagen über die Eignung des Einstellungskonstruktes zur Einkaufsstättenwahl bleibt jedoch anzumerken, dass diese Beziehung einerseits ein zu geringes Signifikanzniveau besitzt, andererseits Messmethodik und Auswahl der zu bewertenden Merkmale hinreichend Anlass zur kritischen Auseinandersetzung liefern.[45] Auf eine weitere Vertiefung der theoretischen Hintergründe sowie der empirischen Validierung des Einstellungskonstruktes soll jedoch mit Verweis auf ähnliche Ergebnisse anderer Imagestudien[46] verzichtet werden.

Der damit skizzierte Prozess wird in den folgenden Ausführungen anhand der Konkretisierung von Stimuli (Kap. B 2), den im Organismus ablaufenden Prozessen zur Präferenzbildung (Kap. B 3) sowie der Kaufreaktion von Konsumenten (Kap. B 4) mit Bezug auf die Besonderheiten der Einkaufsstättenwahl näher ana-

---

44 Handelt es sich bei dem zu beurteilenden Objekt um ein Shopping Center, korrelieren Einstellung und Verhalten dergestalt, dass der vorrangige Besuch von Centern in der Mehrzahl der Fälle mit einer positiven Einschätzung demgegenüber verbunden ist (54 Prozent) und vice versa. Für die Innenstadt kehrt sich dieser Zusammenhang jedoch um: die Mehrheit der Personen, die hauptsächlich in der Innenstadt einkaufen, haben eine stark negative Einstellung (29 Prozent) zum Objekt, wohingegen die Mehrzahl der Besucher von Shopping Centern trotzdem die Innenstadt positiv bewerten. Ähnliche Werte sind zu beobachten, wenn von der Gesamtheit der Einstellungsangaben im Vergleich zu den hier beschriebenen Verhaltensangaben ausgegangen wird. 73 Prozent alle Personen mit positiver Einstellung gegenüber Shopping Centern bevorzugen diese, 46 Prozent mit stark negativer Einstellung kaufen meist in der Innenstadt ein. Allerdings sind es ebenso 65 Prozent mit positiver Einstellung gegenüber der Innenstadt, die vermehrt in Shopping Centern einkaufen.

45 Vgl. zu speziellen Problemen bei der Verwendung von Einstellungen zur Erklärung der Einkaufsstättenwahl, die zusätzlich zu den generellen Nachteilen kompositioneller Verfahren zu nennen sind, Müller-Hagedorn, L., Handelsmarketing, a.a.O., S. 99f. Heinemann beschreibt bspw. in seinen Ausführungen die Bewertung von Einkaufsstätten ausschließlich auf Basis von Vergleichen zwischen Ideal- und Real-Image. Vgl. Heinemann, M., Einkaufsstättenwahl und Firmentreue des Konsumenten, a.a.O., S. 153ff.

46 Obwohl über die Berücksichtigung von Imagekomponenten ihr Einfluss auf Kaufabsicht und -verhalten nachgewiesen werden konnte, verbesserte sich die Vorhersagekraft vorhandener nutzenorientierter Standortmodelle (z.B. Gravitationsmodelle) nicht. Vgl. Shim, S., Eastlick, M.A., The Hierarchical Influence of Personal Values on Mall Shopping Attitude and Behavior, in: JoR, Vol. 74 (1), 1998, S. 141.

lysiert. Nach der Auseinandersetzung mit möglichen Divergenzen und ihren Ursachen im Kap. B 5, die innerhalb eines Entscheidungsprozesses sowie im zeitlichen Ablauf zu beobachten sind, erfolgt abschließend die Zusammenfassung aller theoretisch erarbeiteten Grundlagen der Einkaufsstättenwahl (Kap. B 6).

2 Reizauslösende Stimuli als beobachtbare Inputfaktoren im Prozess der Einkaufsstättenwahl

In den behavioristischer Grundannahmen wird davon ausgegangen, dass beobachtbare, meist außerhalb des Körpers gelegene Reize Ursachen des menschlichen Verhaltens sind.[47] Wichtigste Stimuli, die den Prozess der Einkaufsstättenwahl auslösen und steuern sind dabei objektspezifische Determinanten, da sie einer möglichst objektiven Unterscheidung von Einkaufsstätten dienen. Damit steht das ökonomische Umfeld, das alle Merkmale von Einkaufsstätten umfasst, im Mittelpunkt der Stimuli–Darstellung.

Allerdings muss betont werden, dass die Gestaltung der angebotenen Produkte und Leistungen von Einkaufsstätten als Reaktion von Industrie und Handel auf die Bedürfnisse der Konsumenten verstanden werden sollte. Daher dürfen konsumentenspezifische Angaben in der Betrachtung reizauslösender Stimuli nicht vernachlässigt werden, wobei deren Stimuluscharakter vordergründig als indirekt anzusehen ist. Hierzu zählen einfach zu beobachtende Merkmale im soziodemografischen Bereich. Ähnlich indirekt ist der situative Kontext, da als reizauslösende Stimuli eine Vielzahl situativer Einflüsse für die nachfolgende Reaktion von Bedeutung sein können. Beide Einflussfaktoren wirken sich hingegen ebenso wie das ökonomische Umfeld direkt auf die Herausbildung von Bedürfnissen aus.[48]

---

47 Vgl. Herrmann, A., Produktwahlverhalten, a.a.O., S. 192f.

48 Bspw. steigen oder fallen mit der Veränderung der Soziodemografie (z.B. Erhöhung/Verringerung des Einkommens) die Ansprüche bzw. Bedürfnisse; andererseits kann die Situation des Einkaufs mit einer als wichtig eingeschätzten Person plötzliche Bedürfnisse wachrufen, die als prestigeorientierte Konsummotive interpretiert werden können. Zu Konsummotiven vgl. Trommsdorff, V., Konsumentenverhalten, a.a.O., S. 114ff.

2.1 Ökonomisches Umfeld

Ungeachtet der bereits aufgezeigten Problemvielfalt, die mit der theoretischen Analyse der Einkaufsstättenwahl verbunden ist, muss bei der Betrachtung des ökonomischen Umfelds als Stimulus der Einkaufsstättenwahl die Frage der Interdependenzen zu anderen Kaufentscheidungsaspekten angesprochen werden. Gleichwohl der Entscheidungsprozess bei Einkaufsstätten als solcher bereits ein hohes Maß an Komplexität aufweist, potenzieren sich Einflussmöglichkeiten bei der Betrachtung weiterer kaufrelevanter Zusammenhänge. Den Anspruch der Einbeziehung aller mit dem Kauf verbundener Faktoren zur umfassenden Darstellung und Erklärung jeglicher Kaufentscheidung vermag diese Arbeit jedoch nicht zu erfüllen. Es soll sich aus diesem Grund darauf beschränkt werden, wichtige Beziehungen der Einkaufsstättenwahl zu anderen Entscheidungstatbeständen aufzuzeigen, um auf bereits fundierte Erkenntnisse aus angrenzenden Bereichen des Kaufverhaltens zurückgreifen sowie die speziellen Fragestellungen der Einkaufsstättenwahl darstellen zu können. Ausgehend von diesen Zusammenhängen sind die allgemeinen Merkmale von Einkaufsstätten als Entscheidungsdeterminanten zu beschreiben. Der Vernachlässigung der Wechselwirkungen dieser Merkmale zu anderen Kaufentscheidungsaspekten im Kap. B 2.12 folgt abschließend in Kap. B 2.13 die Darstellung der einkaufsstättenspezifischen Determinanten der Einkaufsstättenwahl.

2.11 Die Einkaufsstättenwahl als Sonderform der Geschäfts–, Produkt– , Betriebsformen– und Markenwahl von Konsumenten

Bedingt durch die bereits auf der Ebene begrifflicher Abgrenzungen vorgestellte Definition können Einkaufsstätten auf der am stärksten disaggregierten Stufe als einzelne Einzelhandelsgeschäfte betrachtet werden. Obwohl dieser Extremfall für die vorliegende Untersuchung nicht behandelt werden soll, zeigt er die enge Verbindung zwischen **Einkaufsstättenwahl und Geschäftswahl** auf, da jede Einkaufsstätte als Agglomeration einer mehr oder weniger großen Anzahl von Geschäften zu verstehen ist. Insofern setzen sich alle mit der Einkaufsstättenwahl verbundenen Entscheidungen implizit mit den an der Einkaufsstätte lokalisierten Geschäften auseinander.[49] Die einzelnen Geschäfte wiederum werden durch ihr

---

49 BOCKER und BRINK wiesen in einer Studie den Zusammenhang zwischen Einkaufsstättenwahl (im Bsp. Einkaufszentren) und Geschäftswahl nach, den sie auf Imageausstrahlungen von

spezielles Produktangebot determiniert. D.h. dass die Entscheidung für ein Geschäft i.d.R. damit verbunden ist, dass das Vorhandensein bestimmter Produkte bzw. Produktkategorien zur Kaufentscheidung in diesem Geschäft führt, was einen engen Zusammenhang zwischen Produkt- und Einkaufsstättenwahl verdeutlicht. Ausnahmen bilden hierbei Angebotsformen mit breitem Sortiment wie Warenhäuser oder Verbrauchermärkte. Es kann daher ebenfalls vermutet werden, dass Entscheidungen zur Einkaufsstättenwahl mit dem Vorhandensein einer gewünschten Betriebsform korrespondieren, wenn bspw. das für Warenhäuser typische breite Angebot mehrerer Branchen für den Konsumenten entscheidungsrelevant ist und ihm somit den Kauf am Standort Innenstadt vorgibt.

Dieser Zusammenhang zwischen **Betriebsform und Einkaufsstätten** lässt sich sehr gut dadurch verdeutlichen, dass aufgezeigt wird, inwiefern das Vorhandensein bestimmter Betriebsformen bei den gebildeten Einkaufsstätten–Kategorien typisch ist (vgl. Tab. 2).[50] Dabei bilden Fach– und Spezialgeschäfte neben Boutiquen die typische Basis aller Einkaufsstätten ausschließlich der C–Zentren. Kauf- und Warenhäuser finden sich vorrangig in der Innenstadt, SB–Warenhäuser bedingen autokundenorientierte Standorte wie die Grüne Wiese. Zur Deckung der Nachfrage nach Waren des täglichen Bedarfs sind Supermärkte in B– und D–Zentren und Nachbarschaftsläden in C–Zentren typische Angebotsvoraussetzungen. Das Vorliegen weiterer Betriebsformen in den behandelten Zentren zeigt sich in Abhängigkeit spezifischer Sortimente oder infrastuktureller Gegebenheiten. Für den Fall, dass es sich bei Einkaufsstätten um Shopping Center handelt, was für B– und D–Zentren zutreffen kann, für E–Zentren zwingend ist, sowie komplementär bei A–Zentren auftritt, stellt das Center einen konzentrierten Zustand innenstadtähnlicher Betriebsformen dar. Während Stadtteilzentren und innerörtliche Einkaufszentren ebenso wie A–Zentren auf großflächige ebenerdige Einzelhandelsunternehmen auf Grund begrenzter Flächenkapazitäten weitgehend verzichten müssen, bilden Betriebsformen wie Fach– und Verbrauchermärkte bzw. SB–Warenhäuser häufig den Leitbetrieb i.S. eines Ankerstores innerhalb von E–

Präferenzen oder Images zurückführten. Vgl. Böcker, F., Brink, M., Images und Präferenzen für Einkaufszentren und einzelne Einzelhandelsgeschäfte im Wechselspiel, in: Forschungsstelle für den Handel Berlin (FfH) e.V., Trommsdorff, V. (Hrsg.), Handelsforschung 1987, Heidelberg 1987, S. 161-179.

50 Die Angaben in der Tabelle basieren auf einer sekundärstatistischen Analyse. Vgl. Krafft, M., Albers, S., Verbund von Produkt- und Betriebsformenwahl beim Einkaufen in der City, in Subzentren und auf der „grünen Wiese“, a.a.O., S. 128f.; Tietz, B., Der Handelsbetrieb, a.a.O., S. 539; Ausschuss für Begriffsdefinitionen aus der Handels- und Absatzwirtschaft (Hrsg.), Katalog E, a.a.O., S. 43ff. Einzelne Eintragungen, bei denen keine oder widersprüchliche Zusammenhänge in der Literatur beschrieben wurden, stützen sich auf Erfahrungen der Autorin.

Zentren. Es zeigt sich in der Summe, dass die wohnnahe Einkaufszone in stärksten Maße für das Auftreten bestimmter Betriebsformen prädisponiert ist, hingegen B– und D–Zentren einen umfangreichen Gestaltungsspielraum besitzen, die keine Angebotsform ausschließt.

Legende: + : besonders typisch O : bedingt typisch – : untypisch	A–Zentrum	B–Zentrum/ D–Zentrum	C–Zentrum	E–Zentrum
Fachgeschäft	+	+	O	+
Fachmarkt	O	O	-	+
Fachdisconter	O	O	O	O
Spezialgeschäft	+	+	O	+
Boutique	+	+	O	+
Warenhaus	+	O	-	O
Kaufhaus	+	O	-	O
Verbrauchermarkt	O	O	O	+
SB–Warenhaus	-	O	-	+
Supermarkt	O	+	O	O
Nachbarschaftsladen	O	O	+	-

Tab. 2: Zusammenhang zwischen Betriebsformen und Einkaufsstättenkategorien

Von besonderer Bedeutung erweist sich ebenso der Zusammenhang zwischen **Einkaufsstätten– und Markenwahl**. Ausgehend von neueren Definitionen des Markenbegriffs, nach denen „ein in der Psyche des Konsumenten verankertes, unverwechselbares Vorstellungsbild von einem Produkt oder einer Dienstleistung“[51] über die begriffliche Einordnung als Marke entscheidet, kann sowohl ein einzelnes Produkt, ein Geschäft als auch eine Einkaufsstätte als Marke verstanden werden.[52] Diese spezielle Betrachtungsweise von Einkaufsstätten soll an späterer Stelle im Zusammenhang mit strategischen Implikationen wieder aufgegriffen werden, für die folgende weitere Bearbeitung beschränkt sich der Markenbegriff auf die Produktebene. Da das Güterangebot in Einzelhandelsgeschäften auf der einen Seite mehrheitlich einer Marke (Hersteller–, klassische Handels–

---

[51] Meffert, H., Marketing, Grundlagen marktorientierter Unternehmensführung, a.a.O., S. 785. Entgegen dieser wirkungsbezogenen Sichtweise definierten erste Ansätze der theoretischen Auseinandersetzung mit Marken diese ausschließlich als Fertigwaren (DOMIZLAFF, 1939) bzw. stellten einen Katalog konstitutiver Anforderungen an Marken auf (MELLEROWICZ, 1963). Vgl. ebenda, S. 784f.

[52] In der Literatur finden sich ebenfalls Ansätze, die Betriebsformen als Marken interpretieren. Vgl. dazu Brauer, W., Die Betriebsform im stationären Einzelhandel als Marke, München 1997.

oder Gattungsmarke)[53] zugeordnet werden kann, andererseits die Entscheidung über ein Produkt der Markenwahl mit zu vernachlässigenden Ausnahmen direkt vorgelagert ist, soll die Produkt- und Markenwahl an dieser Stelle als ein gemeinsamer Problembereich gehandhabt werden.

Zur Systematisierung dieser Zusammenhänge soll eine **Typisierung möglicher Entscheidungsabläufe** vorgestellt werden. Unter der Vorgabe, dass die vom Konsumenten vorgenommene subjektive Definition eines Problems und der damit verbundenen Situation kontextspezifisch variiert,[54] soll die Differenzierung problembasiert erfolgen. Mit dieser am Entscheidungsablauf orientierten Sichtweise wird die in der Literatur häufig verwendete Form der Kategorisierung von Käufertypen nach unterschiedlichen sozio-ökonomischen, psychografischen oder verhaltensorientierten Segmentierungskriterien[55] vermieden, die mit diesem Vorgehen das zu beobachtende hybride Kaufverhalten häufig nicht erklären kann.[56]

Grundsätzlich lassen sich aus den beschriebenen Zusammenhängen vier übergeordnete Entscheidungsabläufe auf Basis der möglichen Problemauslöser bzw. Kaufsituation herausarbeiten: der produkt- bzw. markeninduzierte, der geschäftsinduzierte, der betriebstypeninduzierte und der einkaufsstätteninduzierte Kauf.

In der Literatur des Kaufverhaltens gilt das besondere Interesse der Thematik der **Produkt- bzw. Markenwahl**. Damit wird implizit vorausgesetzt, dass das Entscheidungsverhalten der Konsumenten vorrangig produktinduziert ist.[57] Ähnlich

---

53 Vgl. Meffert, H., Marketing, a.a.O., S. 808.

54 Vgl. Kirsch, W., Die Handhabung von Entscheidungsproblemen, a.a.O., S. 75. Ähnlich formulierte es KROEBER-RIEL, der den Anteil kognitiver Steuerung beim Wahlverhalten auf die Einflussgrößen Person, Situation und Produkt zurückführt. Vgl. Kroeber-Riel, W., Konsumentenverhalten, a.a.O., S. 374f.

55 Vgl. zur Übersicht über Kriterien der Marktsegmentierung Freter, H., Marktsegmentierung, Stuttgart 1983, S. 46.

56 Damit soll nicht die Aussagekraft oder Verhaltensrelevanz dieser Segmentierungsansätze bestritten werden. Allerdings konnte durch STEGMÜLLER/HEMPEL empirisch nachgewiesen werden, dass unterschiedliche Segmentierungsansätze verschiedene Lösungen liefern. Vgl. Stegmüller, B., Hempel, P., Empirischer Vergleich unterschiedlicher Marktsegmentierungsansätze über die Segmentpopulationen, in: Marketing ZFP, H. 1, 1. Quartal 1996, S. 25-31. Zur kritischen Würdigung der Segmentierung vgl. auch Kirchgeorg, M., Zielgruppenmarketing, in: Thexis, Nr. 3/1995, S. 20-26.

57 Aufsätze zum Produktwahlverhalten begründen ihre einseitige Vorgehensweise damit, dass der Erfolg eines Unternehmens in erster Linie vom Absatz des produzierten Gutes abhängt. Vgl. Herrmann, A., Produktwahlverhalten, a.a.O. Stuttgart 1992, S. 3. Ebenso hat eine dem Marketingkonzept folgende Grundeinstellung von Unternehmen bei KOTLER/BLIEMEL, nach der eine Orientierung auf Bedürfnisse des Zielmarktes den Schlüssel zur Erreichung unternehmerischer Ziele darstellt, die Konzentration auf das Produkt als Bedürfnis zur Folge. Vgl. Kotler, P., Bliemel, F., Marketing-Management, Analyse, Planung, Umsetzung und

zielt die Unterscheidung von Kaufprozessen in habitualisierte, limitierte und extensive Kaufentscheidungen und deren Korrespondenz mit den Produktkategorien Convenience Goods, Shopping Goods und Specialty Goods auf den Produktwunsch als Basis weiterer Entscheidungssituationen ab.[58] Als Ursache eines entstandenen Produktwunsches wiederum sehen ENGEL, KOLLAT und BLACKWELL folgende vier Situationen:[59]

- Verschlechterung der bestehenden Produktlösung (z.B. durch Verbrauch),
- Unzufriedenheit mit der bestehenden Produktlösung,
- Erhöhung des Anspruchsniveaus und
- Auftreten eines neuen Bedürfnisses.

Eine weitere Vertiefung nachfolgender Entscheidungsmöglichkeiten findet i.d.R. nicht statt, erst in jüngeren Aufsätzen werden wieder Zusammenhänge zwischen Produkten und Marken,[60] Marken und Geschäften[61] bzw. Produkten, Betriebsformen und Einkaufsstätten berücksichtigt.[62] Während RAO (1969)[63] anhand einer empirischen Studie ermittelte, dass die Betriebsform auf die Kaufwahrschein-

---

Steuerung, 8. Aufl., Stuttgart 1995, S. 25ff.

58 Die Typisierung in Convenience, Shopping und Specialty Goods stammt von COPELAND. Vgl. Copeland, M.T., Relation of Consumers' Buying Habits to Marketing Methods, in: HBR April 1923, S. 282-289 zit. nach Depenbrock-Naumann, E.-M., Einzelhandel und Stadtentwicklung, a.a.O., S. 118. Allerdings zeigt die Diskussion bei DEPENBROCK-NAUMANN über die Merkmale und zugeordneten typischen Waren der Produktkategorien, dass unter verschiedenen Autoren keine Einheitlichkeit der Produktdefinitionen vorherrscht. Für die weitere Arbeit ist daher für Convenience Goods das Merkmal der geringen Beschaffungsmühe relevant, das insbesondere für Verbrauchsgüter wie Waren des kurzperiodischen laufenden Bedarfs (z.B. Lebensmittel) gilt. Shopping Goods sind Gebrauchsgüter und Waren mit erheblichem technischen oder modischen Gestaltungswandel (z.B. Bekleidung). Vor allem Specialty Goods weisen die in ihrer Bestimmung die größten Unterschiede zwischen den Autoren auf. Im folgenden sind darunter Produkte zu verstehen, die mit einem besonderen Kaufaufwand verbunden sind (z.B. größere Elektrogeräte). Vgl. Depenbrock-Naumann, E.-M., Einzelhandel und Stadtentwicklung, a.a.O., S. 118-125 und die dort angegebenen Quellen sowie die Ausführungen in Kap. B 2.41.

59 Vgl. Engel, J.F., Kollat, D.T., Blackwell, R.D., Consumer Behavior, a.a.O., S. 365ff. In aktuellen Ausführungen von ENGEL, BLACKWELL und MINIARD gehen die Verfasser dagegen von Auslösern genereller Bedürfnisse anstelle von Produktwünschen aus. Vgl. Engel, J.F., Blackwell, R.D., Miniard, P.W., Consumer Behavior, a.a.O., S. 177ff.

60 Vgl. Kamakura, W.A., Kim, B.-D., Lee, J., Modeling Prefernce and Structural Heterogenity in Consumer Choice, in: Marketing Science, Vol. 15, Nr. 2/1996, S. 152-172.

61 Vgl. Diller, H., Goerdt, T., Geis, G., Marken- und Einkaufsstättentreue bei Konsumgütern, Empirische Analyse anhand von Haushaltpaneldaten, Arbeitspapier Nr. 58 des Lehrstuhls für Marketing der Universität Erlangen-Nürnberg, 1997.

62 Auf diesen Mangel an Studien weisen ebenfalls NIESCHLAG ET AL. hin, die sich in ihren Ausführungen auf die Erkenntnisse von MEYER (1965) beziehen, der die Stärke der „Markenpersönlichkeit" des gesuchten Produktes für die Bedeutung der Geschäftswahl verantwortlich macht. Vgl. Nieschlag, H., et al., Marketing, a.a.O., S. 458.

63 Vgl. Rao, T.R., Consumer's Purchase Decision Process: Stochastic Models, in: JoMR, Vol. VI, August 1969, S. 321-329.

lichkeit einen stärkeren Einfluss als das individuelle Geschäft ausübt, forderte er in der abschließenden Würdigung seiner Ergebnisse nur die Berücksichtigung des Geschäfts in zukünftige realistischere Modelle der Markenwahl. Erst KRAFFT und ALBERS gelingt 1996[64] der empirische Nachweis, dass präferierte Betriebsformen das Einkaufsverhalten besser erklären als Einkaufsstätten. Die Ergebnisse postulieren, dass Convenience Goods vorrangig in Verbrauchermärkten und im Ladenhandwerk, Shopping Goods in Fachgeschäften sowie Kauf–/Warenhäusern und Specialty Goods in Fachgeschäften gekauft werden. Mit geringerer Erklärungskraft zeigte die Untersuchung, dass Convenience Goods in Subzentren (i.S. historisch gewachsener Einkaufsbereiche in Stadtteilen, die dem hier definierten C–Zentrum entsprechen), Shopping Goods in Form von Bekleidung und Sport– bzw. Hobbyartikeln in der City (A–Zentrum), Shopping Goods als Möbel, Heimwerker– und Gartenbedarf auf der Grünen Wiese (E–Zentrum) und Specialty Goods in der City gekauft werden. Vor einer Ableitung verallgemeinernder Aussagen muss jedoch hervorgehoben werden, dass die in die Untersuchung einbezogenen Betriebsformen auf fünf sowie die Einkaufsstätten auf drei Ausprägungen beschränkt blieb. Da zusätzlich ein Zusammenhang zwischen Einkaufsstätten und den für sie typischen Betriebsformen besteht (vgl. Tab. 2), der wiederum nach der für eine Untersuchung ausgewählten Beispielstadt variieren kann, ist eine eindeutige Aussage, nach der produktinduzierte Einkäufe als nächsten Entscheidungsparameter die Wahl der Betriebsform oder der Einkaufsstätte folgen lassen, nicht ableitbar. Die Einbeziehung der Wirkung, die darüber hinaus von einzelnen Geschäften auf die Entscheidungsfindung ausgeht, erhöht die Komplexität des Problems um ein weiteres. Werden innerhalb eines Einkaufs mehrere Kaufziele miteinander kombiniert („Multipurpose Shopping"), was nach empirischen Studien für 30-50 Prozent aller Einkäufe zutrifft,[65] erfolgt i.d.R. die Entscheidung unweigerlich auf Basis von Einkaufsstätten.[66] Als Lösung dieser

---

64 Vgl. Krafft, M., Albers, S., Verbund von Produkt- und Betriebsformenwahl beim Einkaufen in der City, in Subzentren und auf der „grünen Wiese", a.a.O., S. 125-143. Die Bedeutung einzelner Geschäfte für die Kaufentscheidung wurde in dieser Untersuchung nicht berücksichtigt.

65 Vgl. Ghosh, A., The Value of a Mall and Other Insights from a Revised Central Place Model, in: JoR, Vol. 62 (1), Spring 1986, S. 81 und O'Kelly, M., A Model of Demand for Retail Facilities Incorporating Multistop, Multipurpose Trips, Geographical Analysis, 13 (1981), S. 134-148. Zur Tendenz von Konsumenten, den Einkauf über verschiedene Produktkategorien an verschiedenen Standorten miteinander zu kombinieren vgl. Dellaert, B.G.C., Arentze, T.A., Bierlaire, M., et al., Investigating Consumers' Tendency to Combine Multiple Purposes and Destinations, in: JoMR, Vol. 35, May 1998, S. 177-188.

66 Diese Ableitung kann insofern getroffen werden, als dass sich das One-Stop Shopping als Sonderform des Multipurpose Shopping auf einzelne Geschäfte bezieht; Multipurpose Shopping dagegen vielfach in mehreren Geschäfte eines Standortes, d.h. einer Einkaufsstätte

Fragestellung ist es daher angebrachter, das Vorliegen aller drei Varianten der produktinduzierten Entscheidung als Tatsache anzunehmen und mögliche Entscheidungsabläufe dahingehend zu unterscheiden, welche Kriterien für die jeweilige Wahlhandlung von besonderer Bedeutung sind (vgl. Kap. B 2.12).

Aus Sicht des Handels ist jedoch neben der Änderung der Abverkaufsmenge von Gütern, die über die Untersuchung des produktinduzierten Kaufs analysiert wird, die Anzahl der das Geschäft besuchenden Kunden und somit die Geschäfts– bzw. Einkaufsstättenwahl ein entscheidender Einflussfaktor des Gewinns, der in der Analyse des Kaufverhaltens stärkere Beachtung finden sollte.[67] Der **geschäftsinduzierte** wie auch der **einkaufsstätteninduzierte Einkauf** kann dadurch ausgelöst werden, dass Unzufriedenheit mit der gegenwärtigen Einkaufssituation, ein neues Geschäfts– oder Einkaufsstättenangebot oder ein besonderes Interesse am Angebot des Geschäfts bzw. der Einkaufsstätte (z.B. hervorgerufen durch Sonderangebote oder ein neues Bedürfnis) vorliegt.[68] Da mit der Entscheidung für ein bestimmtes Geschäft bereits die damit verbundene Betriebsform determiniert ist, kann auf der nachfolgenden Ebene das gewünschte Produkt oder die besuchte Einkaufsstätte festgelegt werden, wobei letztere Entscheidung nur dann möglich ist, wenn das Geschäft an verschiedenen Einkaufsstätten lokalisiert ist. Erfolgt der Einkauf hingegen einkaufsstätteninduziert, kann auf der zweiten Ebene zwischen der Wahl des Geschäfts, des Produkts oder der Betriebsform unterschieden werden. Der Spielraum an Alternativen und damit die Vielfalt der Einflussmöglichkeiten zur Steuerung der Einkaufsstättenwahl ist damit so breit wie beim produktinduzierten Kauf.

Bedingt durch die geringe Anzahl der Entscheidungen, die **betriebsformeninduziert** sind, kann dieser Entscheidungsablauf in der Praxis vernachlässigt werden. Trotzdem soll der Vollständigkeit halber auch diese Form Erwähnung finden. Auslöser dieses Vorgehens liegen in den Besonderheiten bestimmter Betriebsformen begründet. Bei unklarem Produktwunsch und fehlender Präferenz für vorhandene Geschäfte oder Einkaufsstätten, den der betriebsformeninduzierte Kauf bedingt, können nur diejenigen Betriebsformen entscheidungsrelevant werden, die über

---

stattfindet.

67 Vgl. Schmitz, C.A., Kölzer, B., Einkaufsverhalten im Handel, Ansätze zu einer kundenorientierten Handelsmarketingplanung, München 1996, S. 22.

68 Vgl. Heinemann, M., Einkaufsstättenwahl und Firmentreue des Konsumenten, a.a.O., S. 135. HEINEMANN unterscheidet neben den von ihm als „firmenbezogen" bezeichneten Einkaufsanlässen ebenfalls produktbezogene Anlässe und vernachlässigt damit betriebsformen- als auch einkaufsstättenbezogene Einkaufsanlässe.

ein breites Sortiment verfügen, wie Warenhaus oder Shopping Center. Mit diesen speziellen Angebotsformen wird die Nähe zum einkaufsstätteninduzierten Kauf deutlich, so dass auf weitere Ausführungen verzichtet werden kann.

Auf Grund des breiteren wissenschaftlichen Erkenntnisstandes, der das Hauptaugenmerk auf die Produktwahl legt und somit implizit den produktinduzierten Einkauf verfolgt, wird daher in erster Linie dieser Annahme in der weiteren Arbeit gefolgt. Damit kann jedoch nicht die Notwendigkeit bestritten werden, nach der diese Auffassung einer empirischen Prüfung (z.B. über Entscheidungsnetze) bedarf, um den Anteil derjenigen Entscheidungen herauszufinden, die geschäfts–, einkaufsstätten– oder betriebsformeninduziert sind. Diese Unterscheidung ist insofern von Bedeutung, als dass den die Wahlhandlung determinierenden Faktoren in Abhängigkeit vom Typ des Entscheidungsablaufs eine unterschiedliche Wichtigkeit beigemessen wird.

2.12 Allgemeine ökonomische Determinanten der Einkaufsstättenwahl

Die eigentliche Bedeutung der Auseinandersetzung mit der Thematik der Einkaufsstättenwahl liegt in der Ermittlung derjenigen Faktoren, die für den Konsumenten kaufentscheidend sind. Über die Kenntnis dieser Determinanten gelingt es dem Handel mit dem gezielten Einsatz seines Instrumentariums, Einfluss auf den Entscheidungsprozess zu nehmen. Auch wenn zuweilen bedauert wird, dass der „gläserne Konsument" nicht existiert, kann nur der Wissensvorsprung über die Hintergründe des Kaufverhaltens in Wettbewerbsvorteile überführt werden. Als hinderlich erweist sich hierbei der Umstand, dass Determinanten sowohl konsumentenspezifisch als auch in Bezug auf den Einkaufsanlass variieren.[69] Aus diesem Grund soll im Vorfeld der theoretischen Betrachtung zu ökonomischen Determinanten eine Übersicht die häufigsten in der Literatur benannten Kriterien der Einkaufsstättenwahl darstellen, bevor Ansätze zur Strukturierung diskutiert werden können, wobei auf die beobachteten Zusammenhänge der Einkaufsstättenwahl zur Geschäfts– und Betriebsformenwahl zurückzugreifen ist.

Es lässt sich grundsätzlich zwischen angebotsbezogenen[70] und persönlich–situativen Determinanten unterscheiden. In Abgrenzung zu den höherentwickelten

---

69 Vgl. ebenda, S. 154.

70 Angebotsbezogene Determinanten werden in der Literatur auch als „intermediate criteria"

Modellen, die sich mit der Produktwahl auseinandersetzen und die Merkmalskategorien von Produkten bspw. nach „characteristics, benefits und imageries"[71] oder „attributes, consequences und values"[72] unterscheiden, beziehen sich die angebotsbezogenen Determinanten der Einkaufsstättenwahl ausschließlich auf produktbezogene Eigenschaften (wie characteristics bzw. attributes). Auf Grund der kaufverhaltenstheoretischen Herangehensweise dieser Arbeit sind persönlich–situative Faktoren Determinanten des Einkaufsstättenentscheidungsprozesses und werden daher im Rahmen der folgenden Kapitel vorgestellt.[73]

Aus dem Vergleich einer Vielzahl von Studien, die sich mit **angebotsbezogenen Determinanten** der Geschäfts– bzw. Einkaufsstättenwahl[74] auseinandergesetzt haben, entstand die folgende Tabelle zu Faktoren und zuordenbaren Einzelausprägungen, die sich sowohl auf einzelne Geschäfte als auch die Einkaufsstätte in ihrer Gesamtheit beziehen können.[75]

---

bezeichnet, wobei der intermediäre Charakter durch die Verbindung zwischen den Aktivitäten des Anbieters und dem Kaufverhalten der Konsumenten hergestellt wird. Vgl. Axelrod, J.N., Attitude Measures that Predict Purchase, in: JoAR 8, 1 (1968), S. 3-17.

71 Vgl. dazu das Produktmodell von MYERS/SHOCKER, das in die characteristics neben physikalischen Merkmalen (z.B. Preis) auch pseudo-physikalische Merkmale (z.B. Atmosphäre) mit einbezieht. Vgl. Myers, J., Shocker, A., The Nature of Product-Related Attributes, in: Research in Marketing, Vol. 5 (1981), S. 211-236.

72 Diese Unterscheidung entstammt dem Laddering als Operationalisierungsansatz des Means-End-Modells und stellt eine Weiterentwicklung des Modells von MYERS/SHOCKER dar. Vgl. Reynolds, T., Gutman, J., Laddering Theory, Method, Analysis, and Interpretation, in: JoAR 28, January (1988), S. 11-31.

73 Vgl. dazu die Ausführungen der Kap. B 2.2 bis B 2.4.

74 Da sich Einkaufsstätten aus einer Reihe von Geschäften zusammensetzen und im Vorfeld der Zusammenhang zwischen Geschäfts- und Einkaufsstättenwahl aufgezeigt wurde, können Kriterien der Geschäftswahl nicht vernachlässigt werden.

75 Die Zusammenstellung der Kriterien erfolgte dabei nach dem Ausschlussprinzip, so dass nur Studien hinzugefügt wurden, die neue Elemente der Wahl einbezogen. In diesem Sinne fassen die Faktoren nicht auf empirische Grundlagen begründete hochkorrelierende Variablen zusammen.

Faktor	Einzelausprägungen
Sortiment	Breite und Tiefe des Sortiments, Vielfalt (Breite und Tiefe) an Geschäften und Dienstleistungsbetrieben, Markenware, Preis–Leistungs–Verhältnis, Preismix, Qualität, Garantie, Neuigkeit
Personal	Freundlichkeit, Beratungskompetenz
Service	Kundendienst, Andienungsform, Warenrückgabe, Warenzustellung, Kundenkredit, alternative Bestellformen, Schnelligkeit der Bedienung
Erreichbarkeit	Nähe zur Wohnung oder Arbeitsstätte, Parkplätze, Anbindung öffentlicher Verkehrsmittel, Öffnungszeiten, Geschäftsdichte, Zentralität
Atmosphäre	Einkaufsstättenverbindende Außengestaltung (Sauberkeit, Sicherheit, Fußgängerzonen, Ruhezonen, Aktionen), Außengestaltung des Geschäfts, Einrichtung, Präsentation, Atmosphärisches Umfeld
Institutionelle Gegebenheiten	Modernität, Seriosität, Kundenkreis, Kommunikationsmaßnahmen (Verkaufsförderung, Werbung, Information, Kundenbindungsprogramme)

Tab. 3: Allgemeine angebotsbezogene Determinanten der Einkaufsstättenwahl

Als Grundlage der Faktoren als auch Einzelausprägungen diente eine Meta–Analyse von LINDQUIST von 1974 über Images von Einzelhandelsgeschäften, die 19 nordamerikanische Studien zusammenfasst.[76] Images beziehen neben der Gesamtheit an (objektiven) Einstellungen gegenüber einem Objekt gleichzeitig die subjektive Komponente der Relevanz in die Vorstellung über dieses Objekt ein. Damit wird einer von MARTINEAU begründeten Sichtweise gefolgt, die Geschäfte unter psychologischen anstelle von funktionalen Aspekten betrachtet.[77] Sämtliche Anforderungen an ein Geschäft durch einen Konsumenten bilden das Ideal–Image.[78] Untersuchungen, die sich mit den Ursachen der Einkaufsstättenwahl als Entscheidung zwischen städtischen und regionalen Angeboten (Inshopping vs. Outshopping)[79] auseinandersetzen, bestätigen, dass das Image lokaler Einzelhandelsangebote den höchsten Einfluss auf das Verhalten der Konsumenten ausübt.[80]

---

76 Vgl. Lindquist, J.D., Meaning of Image, JoR, 1974, 50 (4), S. 33ff., zit. nach Müller, S., Beeskow, W., Einkaufsstättenimage und Einkaufsstätenwahl, a.a.O., S. 409.

77 Vgl. Martineau, P., The Personality of the Retail Store, in: HBR, Vol. 36 (1958), No. 1, S. 47-55, zit. nach Nieschlag, R., et al., Marketing, a.a.O., S. 456.

78 Vgl. Heinemann, M., Einkaufsstättenwahl und Firmentreue des Konsumenten, a.a.O., S. 157f. Die Bewertung von Einkaufsstätten kann wiederum als ein Vergleich zwischen Ideal- und Real-Images verstanden werden, wobei unter Real-Images sämtliche wahrgenommenen Merkmale von Objekten zu verstehen sind.

79 Unter Outshopping ist das Verhalten von Konsumenten zu verstehen, ihre Käufe auf Grund einer gewachsenen Mobilität und attraktiven Angeboten regionaler Shopping Center außerhalb ihres Wohnortes durchzuführen. Inshopping bezeichnet den Einkaufs innerhalb des Wohnortes.

80 Vgl. Miller, N.J., Kean, R.C., Factors Contributing to Inshopping Behavior in Rural Trade Areas: Implcations for Local Retailers, in: JoSBM, Vol. 35, Nr. 2/1997, S. 80-94. Die regressionsanalytische Berechnung ergab einen hoch signifikanten Koeffizienten von 0,77 mit einem Bestimmtheitsmaß R^2 von 0,307.

Tab. 4 a und b verdeutlichen, inwiefern einzelne Studien zur Untersuchung der Attraktivität von Einkaufsstätten die jeweiligen hier evaluierten Faktoren bzw. einzelne Teilausprägungen davon innerhalb empirischer oder konzeptioneller Analysen berücksichtigen.

Legende: + : erklärende Variable - : nicht berücksichtigt	Sortiment	Personal	Service	Erreichbarkeit	Atmosphäre	Institut. Gegebenheiten
Heinemann (1976)[81]	+	+	+	+	+	+
Bearden (1977)[82]	+	+	-	+	+	-
Beeskow/Finck (1979)[83]	+	-	-	+	+	-
Böcker/Brink (1987)[84]	+	+	-	+	+	+
Hauser/Koob/Lehmeier (1988)[85]	+	-	-	+	+	-
Apel/Lehmrock (1990)[86]	+	-	-	+	+	-

Tab. 4a: Untersuchungen zu Determinanten der Einkaufsstättenwahl

---

81 Vgl. Heinemann, M., Einkaufsstättenwahl und Firmentreue des Konsumenten, a.a.O., S. 158ff. Die von ihm evaluierten Determinanten in der Reihenfolge der beschriebenen Faktoren sind: Breite, Tiefe und Qualität des Sortiments, Preis, Bedienungspersonal, Kundendienst, Lage des Geschäftes, Schaufenstergestaltung und Inneneinrichtung, Werbung, erwarteter Kundenkreis.

82 Vgl. Bearden, W.O., Determinant Attributes of Store Partonage: Downtown Versus Outlaying Shopping Centers, in: JoR, Vol. 53, 2/1977, S. 17: Price Level, Quality of Merchandise, Selection, Friendliness of Salespeople, Location, Parking Facilities, Atmosphere.

83 Vgl. Beeskow, W., Finck, G., Ein empfängerorientierter Ansatz zur Bestimmung der Versorgungsqualität - dargestellt für den Bereich der Waren des täglichen Bedarfs, Mannheim 1979, S. 30: Preisniveau, Qualitätsniveau, Umfang des Angebots, Betriebsformenvielfalt, Zahl der Geschäfte, Entfernung zu den Geschäften, Agglomeration der Geschäfte, Erscheinungsbild der Geschäfte.

84 Vgl. Böcker, F., Brink, M., Images und Präferenzen für Einkaufszentren und einzelne Einzelhandelsgeschäfte im Wechselspiel, a.a.O., S. 171ff.: große Auswahl, Preiswürdigkeit, Geschäftsvielfalt, Neuigkeit des Angebots, freundliche Bedienung, bequeme Erreichbarkeit des Geschäfts, Erreichbarkeit mit dem Bus, angenehme Atmosphäre, stets Aktivitäten, Bewegungsfreiheit, Übersichtlichkeit, unkomplizierter Einkauf, gute Angebotsinformationen.

85 Vgl. Hauser, R., Koob, F., Lehmeier, P.J., Wie man die Attraktivität von Einkaufsstätten misst, in: BAG-Nachrichten, 28. Jg., Nr. 3 (1988), S. 25: Ladenvielfalt, Warenangebot des Handels, abwechslungsreiche Gastronomie, Möglichkeiten zum Einkaufsbummel, Angemessenheit der Preise, Parkmöglichkeiten, Länge der Einkaufswege, städtebauliches Ambiente/Einkaufsatmosphäre.

86 Vgl. Apel, D., Lehmbrock, M., Stadtverträgliche Verkehrsplanung, Chancen zur Steuerung des Autoverkehrs durch Parkraumkonzepte und -bewirtschaftung, Berlin 1990, S. 60: Nutzungsvielfalt, Erreichbarkeit, Stadtimage, Stadtindividualität, Aufenthaltsqualität.

Legende:

+ : erklärende Variable
- : nicht berücksichtigt

	Sortiment	Personal	Service	Erreichbarkeit	Atmosphäre	Institut. Gegebenheiten
Jacobs (1991)[87]	+	-	-	-	+	-
Kagermeier (1991)[88]	+	+	-	+	+	-
Klein (1991)[89]	+	-	-	+	-	-
Parker (1991)[90]	+	+	+	+	+	-
Woodside/ Trappey (1992)[91]	+	+	+	+	-	-
Benkenstein/ Bastian (1997)[92]	+	+	-	+	+	+
Boots/South (1997)[93]	+	-	-	+	-	-

Tab. 4b: Untersuchungen zu Determinanten der Einkaufsstättenwahl

---

87 Vgl. Jacobs, S., City-Marketing, in: Marketing ZFP, 13. Jg., 2/1991, S. 121-126: Multifunktionalität von Städten (Handel, Erwerbsmöglichkeiten, Erholung, Kultur, Gastronomie, Bildung), Stadtgestaltung, Umweltqualität.

88 Vgl. Kagermeier, A., Versorgungsorientierung und Einkaufsattraktivität, Empirische Untersuchungen zum Konsumentenverhalten im Umland von Passau, Passau 1991, S. 68: Preisniveau, Qualität der Waren, Auswahlmöglichkeit, Verkaufspersonal, Zufahrtsmöglichkeiten, Parkmöglichkeiten, Einkaufsatmosphäre.

89 Vgl. Klein, K.E., Potential for retail location: theoretical estimation and empirical evidence, in: Heinritz, G. (Ed.), The Attraction of Retail Locations, a.a.O., S. 91-110: Density, Interaction, Mix of Goods.

90 Vgl. Parker, A.J., Consumer Attitudes to the Retail Environment: A Case Study of the City Centre, in: Heinritz, G. (Ed.), The Attraction of Retail Locations, Kallmünz/Regensburg 1991, S. 164: Variety/Range of Shops, Quality of Shops, Variety/Quality of Goods, competitive Prices, friendly Staff, Service Facility, late Opening, Pedestrianisation, Accessible, easy Parking, Atmosphere, Window Display, less crowded, Security.

91 Vgl. Woodside, A.G., Trappey, R.J. III, Findung out why customers shop your store and buy your Brand, a.a.O., S. 65: Price, Quality, Selection, friendly Personnel, fast Checkout convenient Location.

92 Vgl. Benkenstein, M., Bastian, A., Ansätze zur Profilierung von Einkaufszentren, Konzeptionelle Grundlagen und empirische Analysen, in: Forschungsstelle für den Handel Berlin (FfH e.V., Trommsdorff, V. (Hrsg.), Handelsforschung 1997/98. Kundenorientierung im Handel Wiesbaden 1997, S. 209-231: Wahlmöglichkeiten zwischen Geschäften mit ähnlichem Sortiment, Branchenmix preiswert/teuer, Erhältlichkeit von Markenware, freundliche Bedienung gute Beratung, Anfahrt, Parken, alles unter einem Dach, gute Erreichbarkeit, Einkaufsatmosphäre, Struktur lädt zum Bummeln ein, Modernität des Zentrums.

93 Vgl. Boots, B., South, R., Modeling Retail Trade Areas using higher-order, multiplicativel weighted Voroni Diagrams, in: JoR, Vol. 73 (4), S. 532: Size, Age of Stores, Number of Stores Number of Anchorstores, Number of ancillary features, Number of Features related to Grocer Shopping, Opening Hours.

Allerdings muss an dieser Stelle betont werden, dass eine Reihe von Untersuchungen die Geschäftswahl in den Mittelpunkt ihrer Betrachtung stellt (z.B. HEINEMANN) bzw. die Attraktivität ausschließlich aus Sicht der Innenstadt (z.B. JACOBS) oder bezogen auf einzelne Branchen (z.B. WOODSIDE/TRAPPEY) analysiert. Fasst man die Untersuchungen zusammen, die sich mit den Ursachen der hier definierten Einkaufsstättenwahl auseinandersetzen, sind die **Vielfalt des Mietermixes** (jeweils unterschiedlich bezeichnet als Nutzungsvielfalt, Betriebsformenvielfalt und Zahl der Geschäfte, Ladenvielfalt, Auswahlmöglichkeit bzw. breites und tiefes Einzelhandels- und Dienstleistungsangebot), die **Shopping Center-Umgebung** (d.h. Aufenthaltsqualität, Erscheinungsbild der Geschäfte, städtebauliches Ambiente, Umweltqualität bzw. Einkaufsatmosphäre) sowie Faktoren der **Erreichbarkeit** (Parkmöglichkeiten, Entfernung zu den Geschäften, Länge der Einkaufswege) wichtigste Einflussgrößen bei der Entscheidung, welche Einkaufsstätte aufgesucht wird.[94] Als spezielle Ursache des Einkaufs in regionalen Shopping Centern, d.h. den hier untersuchten Einkaufsstätten der E-Kategorie, arbeiteten BURNS und WARREN ein individuelles Bedürfnis nach Einmaligkeit heraus.[95] Diese Aussage muss jedoch in Relation zu den gegebenen Umfeldbedingungen und dabei insbesondere der notwendigen Entfernung im Vergleich zu den Angebotsbesonderheiten dieser Einkaufsstätten betrachtet werden, so dass davon auszugehen ist, dass regionale Shopping Center nur dann besucht werden, wenn die Attraktivität, die hier durch ein einmaliges Angebot verdeutlicht wird, im Verhältnis zur zurückzulegenden Entfernung akzeptabel erscheint.[96]

---

94 Darüber hinaus existieren Untersuchungen, die angebotsbezogene Faktoren mit persönlich situativen Variablen verbinden, wie bspw. WAKEFIELD und BAKER, die Mietermix, Umgebung der Einkaufsstätte und das Shopping Involvement als wichtige Kriterien der Einkaufsstättenwahl herausarbeiten. Vgl. Wakefield, K.L., Baker, J., Excitement at the Mall, a.a.O., S. 515-539. Weitere Untersuchungen, die sich mit den Kaufhintergründen auf aggregierter Basis von Geschäften auseinandersetzen (d.h. konkret mit Malls), stützen sich nur auf einzelne demografische oder psychografische Details des Einkaufsstättenbesuchs, z.B. Bloch, P.H., Ridgway, N.M., Dawson, S.A., The Shopping Mall as Consumer Habitat, a.a.O., S. 23-42; Roy, A., Correlates of Mall Visit Frequency, in: JoR, Vol. 70, 2/1994, S. 139-161.

95 Vgl. Burns, D.J., Warren, H.B., Need for Uniqueness: Shopping Mall Preference and Choice Activity, in: IJoRDM, Vol. 23 (12) 1995, S. 4-12.

96 Siehe hierzu die Ausführungen zum probabilistischen Potentialansatz von HUFF. Vgl. Müller-Hagedorn, L., Schuckel, M., Die Prognose des Umsatzes neuer Einkaufszentren mit Hilfe des Modells von Huff, a.a.O., S. 517f.

2.121 Sortiment

Unter dem Faktor **Sortiment** sind alle in verschiedenen Studien genannten Ausprägungen angebotener Waren zusammengefasst. Das Sortiment stellt das Kernstück der von Einzelhandel erbrachten Leistung dar und generiert demzufolge den Grundnutzen eines Einkaufs für den Konsumenten. Innerhalb der individuellen Nutzenmaximierung nimmt der Preis als Sortimentsmerkmal beim Kauf und demzufolge bei der Einkaufsstättenwahl eine Schlüsselrolle ein, der für das gewünschte Gut minimiert werden soll.[97] Eine Ausnahme dieses Strebens nach Kostenminimierung stellen hierbei einzelne Effekte der nicht–funktionalen Nachfrage dar, die auf Grund von sozialen Interdependenzen und nicht aus der Funktion des Gutes heraus entstehen.[98] Damit wird deutlich, dass die Beschränkung des Konsumenten auf den nutzen– bzw. gewinnmaximierenden, rational handelnden „homo oeconomicus" der klassischen ökonomischen Theorie nicht den Gegebenheiten der Realität entspricht, sondern in seiner Betrachtung parallel verhaltenswissenschaftliche Erkenntnisse berücksichtigt werden müssen. Unterschiede in der Preisbedeutung bei der Einkaufsstättenwahl konnten insbesondere über einen Zusammenhang zur Betriebsform nachgewiesen werden. Demnach spielt der Preis bei Convenience Stores oder Fachgeschäften eine untergeordnete Rolle, während er im Lebensmitteldiscounter zum dominierenden Entscheidungsfaktor wird.[99] Gleichzeitig wurden Zusammenhänge zwischen dem angebotenen

---

97 Das Ausmaß der Bedeutung der Preisdimension schwankt zwischen den einzelnen Studien, die auf Grund der Unterschiede im Untersuchungsdesign nicht miteinander verglichen werden können. Grundsätzlich kann jedoch davon ausgegangen werden, dass die Bedeutung des Preises für die Wahl der Einkaufsstätte hoch ist. DILLER ermittelte 1982 in einer Untersuchung, dass die subjektive Wichtigkeit des Preises bei der Geschäftswahl im Vergleich zur Wahl von Marke, Packungsgröße oder Einkaufszeitpunkt am höchsten ist. Vgl. Diller, H., Das Preisinteresse von Konsumenten in: ZfbF, 34. Jg., H. 4 (1982), S. 326.

98 Beispiele hierfür sind der Brandwagon-, der Veblen- oder der Snob-Effekt. Beim Snob-Effekt bspw. führt das Sinken des Preises dazu, dass die Nachfrage nach diesem Gut nicht in dem Maße steigt, wie es ohne dem Auftreten dieses Effektes der Fall wäre, da ein Teil der Konsumenten dieses Gut kauft, um sich von anderen abzuheben. Preissenkungen führen in dem Fall zum individuellen Nachfragerückgang, da das Gut nicht mehr die gewünschte Wirkung erzielt. Vgl. Koch, T., Externe Effekte bei der Ermittlung der Haushaltsnachfrage: Mitläufer-, Snob- und Veblen-Effekt in der mikroökonomischen Theorie, in: WiSt 20 (1991), S. 133-136; im Original vgl. Leibenstein, H. (1950): Bandwagon, Snob, and Veblen Effects in the Theory of Consumers' Demand, in: Quarterly Journal of Economics 64 (1950), S. 183-207.

99 Vgl. Harich, K., Preis und Kaufentscheidung, Entwicklung eines theoretischen Modells zur Erklärung und Vorhersage von Kaufentscheidungen unter besonderer Berücksichtigung des Preises, Bonn 1985, S. 79.

Preisformat von Geschäften und den Kaufgewohnheiten von Konsumenten nachgewiesen.[100]

Entgegen dem gewünschten möglichst geringen Preis steht die Maximierung der Leistungsparameter des Produktes, die sich über die Qualität zusammenfassen lassen.[101] Qualität kann auf objektive (technische) und subjektive (anwenderbezogene) Weise interpretiert werden.[102] Als Determinante der Einkaufsstättenwahl wird somit auf den subjektiven Aspekt der Beurteilung zurückgegriffen. Bisherige Untersuchungen zur Qualitätswahrnehmung beziehen sich jedoch auf die Produktebene, so dass keine Aussagen zum Zusammenhang zwischen Qualitätsanspruch und Einkaufsstättenwahl vorliegen. Das ist insofern verständlich, als dass Einkaufsstätten in ihrem Auftreten stark inhomogen und letztlich als Konzentration verschiedener Produktqualitäten zu verstehen sind. Allerdings ist zu vermuten, dass auf Basis der eine Einkaufsstätten–Kategorie determinierenden Betriebsformenzusammensetzung die empfundene Qualität zwischen verschiedenen Zentren–Typen variiert.[103] Die Auslegung des Qualitätsbegriffs erfolgt i.d.R. relativ zum Preis, so dass die gewünschte Kaufqualität häufig durch den Preis limitiert wird.[104] Auf Grund eines sog. Assimilations–Kontrast–Effektes werden dabei Preisdifferenzen in der Nähe des individuellen Ankerpreises unterschätzt und für die Kaufentscheidung irrelevant, stark abweichende Preise hingegen überschätzt

---

100 Demnach bevorzugen sog. „Large Basket Shopper", d.h. Konsumenten mit niedriger Einkaufshäufigkeit bei hoher Einkaufsmenge Geschäfte, die für die Strategie von Dauertiefpreisen bekannt sind, während „Small Basket Shopper" (hohe Häufigkeit, niedrige Menge) häufiger in Läden mit zeitlich begrenzten Sonderpreisaktionen einkaufen. Vgl. Bell, D.R., Lattin, J.M., Shopping Behavior and Consumer Preference for Store Price Format: Why „Large Basket" Shoppers Prefer EDLP, in: MS, Vol. 17, Nr. 1, 1998, S. 66-88.

101 Unter Qualität ist dabei die Gesamtheit der Ausstattungselemente und Eigenschaften eines Produktes zu verstehen, die sich auf seine Eignung zur Befriedigung von Kundenbedürfnissen auswirken. Vgl. Kotler, P., Bliemel, F., Marketing-Management, a.a.O., S. 70. Damit sind die bei LINDQUIST genannten Ausprägungen des Faktors „Sortiment" Garantie bzw. Neuigkeit implizit Bestandteil der Produktqualität.

102 Vgl. Meffert, H., Marketing, a.a.O., S. 265. In der neueren Marketinglehre wird der Qualitätsbegriff dahingehend erweitert, dass er als Erfüllungsgrad eines individuellen Abnehmerbedürfnisses definiert wird. Darüber hinaus unterscheidet KOPPELMANN noch den teleologischen Qualitätsbegriff, nach dem die Produktbewertung unabhängig von Person und Verwendungszweck anhand von Ansprüchen der Verwender erfolgt. Vgl. Koppelmann, U., Produktmarketing, Entscheidungsgrundlage für Produktmanager, 4. Aufl., Heidelberg 1993, S. 336.

103 Es kann vermutet werden, dass mit dem A-Zentrum Innenstadt auf Grund des typischen Vorhandenseins von Fachgeschäften im Gegensatz zum C-Zentrum (Nachbarschaftsladen) eine höhere Qualität verbunden wird.

104 Vgl. Heinemann, M., Einkaufsstättenwahl und Firmentreue des Konsumenten, a.a.O., S. 159. Dabei handelt es sich nicht um einen feststehenden Preis, sondern um einen Akzeptanzbereich um einen Ankerpreis, der durch absolute Preisober- und Preisuntergrenzen beschränkt wird und nach Produktkategorie und Qualitätsniveau variiert. Vgl. Harich, K., Preis und Kaufentscheidung, a.a.O., S. 31.

(d.h. als zu teuer eingestuft) oder unterschätzt (d.h. Vermutung einer zu geringen Qualität).[105] Dieser Zusammenhang des preisabhängigen Qualitätsurteils wird häufig darüber erklärt, dass Konsumenten ihr subjektiv empfundenes Kaufrisiko minimieren wollen.[106]

Unsicherheitsprobleme über die zu erwartende Qualität können neben der Wahl eines hohen Preises ebenso durch den Kauf von Markenprodukten gelöst werden; darüber hinaus leistet die generelle Erhältlichkeit von Markenware einen nicht zu vernachlässigenden Beitrag zur Einschätzung der Versorgungsdimension von Einkaufsstätten.[107] Werden Marken mit hohem Bindungspotential nicht im Sortiment geführt, kann dies negative Auswirkungen auf die Attraktivität einzelner Geschäfte haben.[108] Allerdings steht dem die mit dem Markenbegriff nach MELLEROWICZ verbundene Forderung nach Ubiquität von Marken entgegen,[109] die insbesondere durch Einkaufsstätten mit hohem Agglomerationsgrad erfüllt werden kann. Daher verschiebt sich die Bedeutung der Markenpolitik auf die Geschäftsebene, so dass bei der Einkaufsstättenwahl das Vorhandensein bestimmter „Marken“ von Geschäften, die wiederum das Angebot eines speziellen Sortiments an Produktmarken gewährleisten, positiven Einfluss auf die Wahl ausübt.

Sind beim Konsumenten noch keine genauen Vorstellungen über die gewünschte Produktkategorie vorhanden oder handelt es sich um eine Form des Multipurpose Shoppings, ist die Breite des Sortiments von hoher Bedeutung; liegen demgegenüber genaue Produktvorstellungen aber noch kein konkreter Produkt–/ Markenwunsch vor, sollte die angebotene Tiefe des Sortiments möglichst groß sein, damit aus einer Vielfalt von Angeboten innerhalb einer Kategorie ausgewählt werden kann. Dabei ist jedoch zu beachten, dass es nicht nur auf Seiten des Handels sondern auch der Konsumenten ein Optimum an Vielfalt existiert, nach dessen Erreichen der weitere Ausbau des Sortiments negative Auswirkungen auf das Kosten–Nutzen–Verhältnis ausübt.[110] Ähnlich verhält es sich auf der Ebene

---

105 Vgl. Harich, K., Preis und Kaufentscheidung, a.a.O., S. 31ff.

106 Zu weiteren Ursachen der preisabhängigen Qualitätsbeurteilung vgl. Meffert, H., Marketing, a.a.O., S. 486 sowie Harich, K., Preis und Kaufentscheidung, a.a.O., S. 49ff.

107 Vgl. Benkenstein, M., Bastian, A., Ansätze zur Profilierung von Einkaufszentren, a.a.O., S. 209-231. Die Versorgungsdimension ergibt sich nach dieser Erhebung daneben aus den Kriterien Branchenmix (preiswert/teuer) und Vielfalt an Geschäften mit ähnlichem Sortiment.

108 Vgl. Kaas, K.P., Gegenmantel, R., Ökonomische Determinanten der Macht auf dem Lebensmittelmarkt, in: ZfB, 65. Jg., Nr. 8 (1995), S. 888.

109 Vgl. Meffert, H., Marketing, a.a.O., S. 784.

110 Vgl. Baumol, W., Ide, E., Variety in retailing, in: Bass, F.M. (Ed.), Mathematical models and methods in marketing, Homewood, 1961, S. 128-138. Die zu erwartenden Kosten des

der Einkaufsstätten. Ist der Anlass des Einkaufs z.B. die Versorgung mit Lebensmitteln, muss die gewählte Einkaufsstätte kein breites, sondern ein tiefes Sortiment im Bereich Lebensmittel aufweisen; beim Kauf von Geschenken wiederum werden Einkaufsstätten gewählt, die einen hohen Agglomerationsgrad vielfältiger Sortimente besitzen. Mit der Verschiedenartigkeit des Warenangebots eng verbunden ist die Suche nach einer hohen preislichen Schwankungsbreite, die der zu beobachtenden Hybridität im Kaufverhalten entgegenkommt.[111] Somit steht der Preiswürdigkeit einzelner Geschäfte die Preisvielfalt auf Einkaufsstättenebene gegenüber. Der Faktor Sortiment kann daher auf die grundlegenden Dimensionen Preis, Qualität, Vielfalt und Markierung beschränkt werden, die sämtliche anderen in Studien genannten Ausprägungen des Sortiments implizit berücksichtigen.

2.122 Personal

Mit dem Faktor Personal werden diejenigen Ausprägungen zusammengefasst, die sich auf das Auftreten des Geschäfts– bzw. Einkaufsstättenpersonals beziehen, wobei der Einkaufsstätte zuordenbares Personal nur in Shopping Centern (z.B. Personal am Informationsstand oder Ordnungskräfte) anzutreffen ist. Es kann grundsätzlich davon ausgegangen werden, dass in erster Linie das Personal einzelner Geschäfte als Kriterium der Einkaufsstättenwahl gewertet wird, wobei die Frage des Imagetransfers einzelner Geschäfte auf die Einkaufsstätte auch auf der Ebene personeller Kriterien bislang kein Thema einer intensiven wissenschaftlichen Auseinandersetzung darstellt. Das Auftreten des Personals wird vom Konsumenten über die subjektive Einschätzung der Kompetenz beurteilt, wobei neben der Fachkompetenz ebenso kommunikative und soziale Kompetenzkomponenten, die sich in der Freundlichkeit des Auftretens widerspiegeln, von Bedeutung sind. Wesentlich für die Beurteilung des Personals ist dabei das

Konsumenten bei steigender Vielfalt sind neben den Transportkosten insbesondere Wege-, Zeit- und Informationskosten. Im Modell wird gezeigt, dass die notwendige Anzahl der Produkte mit der zurückzulegenden Distanz steigen muss. Aktuelle Arbeiten, die sich mit dieser Thematik beschäftigen, untersuchen die negativen Auswirkungen der Sortimentsvielfalt anhand der Komplexität des Informationsprozesses. Vgl. dazu Huffman, C., Kahn, B.E., Variety for Sale: Mass Customization or Mass Confusion? in: JoR Vol. 74 (4), 1998, S. 491-513.

111 Der sog. „hybride Konsument“ zeichnet sich dadurch aus, dass er für bei bestimmten Produkten sehr genau auf den Preis achtet, wohingegen er anderweitig bereit ist, sehr viel Geld für andere Produkte auszugeben. Vgl. hierzu z.B. Schmalen, H., Das hybride Kaufverhalten und seine Konsequenzen für den Handel, a.a.O., S. 1221-1240.

gekonnte Tarieren zwischen Aufdringlichkeit und Zurückhaltung,[112] die nur über eine gezielte Personalauswahl von Verkäuferpersönlichkeiten gelöst werden kann. Als problematisch erkannte darüber hinaus KIRCHNER die vorherrschende quantitative Zielorientierung im Handel, die sich durch Vorgaben der Umsatzmaximierung pro Mitarbeiter äußern.[113] Gleichzeitige Einsparungen im Personalbereich haben dazu geführt, dass die verfügbare Zeit und der damit verbundene Anteil für Beratung und Bedienung eines Verkäufers pro Kunde erheblich gesunken ist und damit der propagierten Kundenorientierung entgegensteht.[114]

2.123 Service

Eng mit der Personalpolitik des Handels ist der Faktor Service verbunden. Die Abgrenzung verschiedener Dimensionen des Service erweist sich allerdings als schwierig, da eine Vielzahl unterschiedlichster Leistungen vor, während und nach dem Kauf in Abhängigkeit des angebotenen Sortiments als Service zusammengefasst werden können,[115] von denen nur einige zum Bestandteil bisheriger Untersuchungen wurden. Die Serviceorientierung eines Einzelhandelsunternehmens ist dabei eng mit der Betriebsform verbunden, die sich hierbei insbesondere in der Andienungsform (Selbstbedienung, persönliche sowie mediale Bedienung)[116] äußert. Bei diesem Faktor kann ein ähnlicher Zusammenhang zum Preis beobachtet werden wie bei der Warenqualität. In Abhängigkeit des gewünschten Serviceniveaus ist der Konsument für bestimmte Produkte bereit, Preisaufschläge von Seiten des Geschäfts zu akzeptieren. Auf der Einkaufsstättenebene hingegen verliert diese Beziehung ihre Bedeutung. Die höheren Kosten begleitender Zusatzleistungen einzelner Zentren–Kategorien (z.B. das Angebot kostenloser Park-

---

112 Vgl. Heinemann, M., Einkaufsstättenwahl und Firmentreue des Konsumenten, a.a.O., S. 160. Untersuchungen ergaben, dass Konsumenten einerseits aggressive Verkäufer ablehnen, andererseits jedoch ein gewissen Maß an Überzeugungskraft - insbesondere bei eigener Unsicherheit - als angenehm empfunden wird.

113 Vgl. Kirchner, J.D., Beziehungskrise ohne Personal, a.a.O., S. 194-197. Zur Beseitigung des Problems dient die Vereinbarung qualitativer Ziele, die neben der qualitativen Bedarfsbefriedigung der gezielten Bedarfsweckung dienen.

114 Vgl. zu der Thematik ebenso Burmann, C., Fläche und Personalintensität als Erfolgsfaktoren im Einzelhandel, Wiesbaden 1995.

115 Vgl. Kotler, P., Bliemel, F., Marketing-Management, a.a.O., S. 876. Die Autoren beschreiben den Faktor Service hierbei neben dem Warenangebot und der Geschäftsatmosphäre als ein Element der Produktleistung.

116 Vgl. dazu Meyer, P.W., Mattmüller, R., Ein Ansatz zur Systematik des Handels, in: Trommsdorff, V. (Hrsg.), Handelsforschung 1987, Heidelberg 1987, S. 130f.

plätze in der Innenstadt, Kundentoiletten oder Einrichtungen der Kinderbetreuung während des Einkaufs) dürfen sich nicht im Gesamtpreisniveau niederschlagen, da ansonsten die Attraktivität der gesamten Einkaufsstätte beeinträchtigt werden kann. Andererseits zeigt eine US-amerikanische Untersuchung im Lebensmittelbereich von SIROHI ET AL., dass die Qualität des Services eine der wichtigsten Determinanten der wahrgenommenen Warenqualität darstellt,[117] so dass insgesamt auf starke Interdependenzen zwischen Preis, Qualität und Service geschlossen werden kann.

Ein Kriterium innerhalb des Service verdient im Zuge steigender Beachtung der Convenience–Dimension des Einkaufs hervorgehoben zu werden: die Schnelligkeit beim Einkauf, die im Servicebereich über die Schnelligkeit der Bedienung realisiert wird.[118] Trotz einer steigenden Freizeitverfügbarkeit der Bevölkerung in den letzten Jahrzehnten hat die Bedeutung der Zeit stark zugenommen.[119] In Abhängigkeit des Einkaufsanlasses und des Konsumententyps sind Konsumenten nur unter gewissen Voraussetzungen bereit, Wartezeiten an Kassen oder auf Verkaufspersonal zu tolerieren. LECLERC ET AL. zeigen auf, dass der Wert der Zeit (und damit die Unzufriedenheit) bei Wartezeiten zum Kauf teurer Produkte höher als bei Produkten mit geringem Wert war.[120] In einer Untersuchung zum Lebensmittelkauf über Top–of–Mind–Assoziationen von Geschäften bei bestimmten vorgegebenen Determinanten korrelierte die „kürzeste Wartezeit an der Kasse" signifikant mit einem Koeffiizienten zwischen 0.17 und 0.47 bei verschiedenen primär aufgesuchten Geschäften.[121] Damit wird deutlich, dass die zeitliche Dimension des Einkaufs ein nicht zu vernachlässigender Faktor bei der Bestimmung der Determinanten der Einkaufsstättenwahl ist.

---

117 Vgl. Sirohi, N., McLaughlin, E.W., Wittink, D.R., A Model of Consumer Perceptions and Store Intentions for a Supermarket Retailer, in: JoR Vol. 74 (2) 1998, S. 223-245.

118 Eine andere Erscheinung, die sich auf die steigende Bedeutung von Convenience zurückführen lässt, ist z.B. das One-shop (bzw. auch One-stop) Shopping.

119 Dies äußert sich unter anderem darin, dass in der zur Verfügung stehenden Zeit immer stärker das Erlebnis in den Vordergrund gerückt wird. Vgl. von Pogrell, H., Lebenslust und Langeweile, in: BAG Handelsmagazin 3-4/98, S. 10-12.

120 Vgl. Leclerc, F., Schmitt, B., Dubé, L., Waiting time and Decision Making: Is Time like Money? in: JoCR, Vol. 22, June 1995, S. 110-119. In ihrer Studie, die sich mit dem Zusammenhang von Zeit und Geld auseinandersetzt, kommen die Autoren zu folgendem Schluss: „... time, like money, is a scarce resource; it is also a very precious one because, unlike money, time savings and time losses cannot easily transferred and exchanged."

121 Vgl. Thelen, E.M., Woodside, A.G., Ein gedächtnispsychologischer Ansatz zur Erklärung des Geschäftswahlverhaltens des Konsumenten, a.a.O., S. 348f.

2.124 Erreichbarkeit

Die Zeit spielt über die Wartezeit als Servicekomponente hinaus eine wesentliche Rolle bei der Erreichbarkeit von Einkaufsstätten. Die Vielzahl von Beiträgen, die sich mit den Auswirkungen der Erreichbarkeit auseinandersetzen, zeigen die grundlegende Bedeutung dieses Faktors.[122] Interessant ist dabei die Arbeit von RUST ET AL., die empirisch und per Simulation nachweist, dass die notwendige Vernachlässigung einzelner Variablen in Einkaufsstätten–Wahlmodellen mit dem geographischen Standort korreliert.[123] Neben den Transportaufwendungen bedingt der zeitliche Aufwand zur Erreichung der Einkaufsstätte die Höhe der Transaktionskosten, die über den Einkauf in der Nähe der Wohn– oder Arbeitsstätte minimiert werden können. Dieser Gedanke wird insbesondere durch Gravitationsmodelle untersucht, die Umsatzprognosen mit Hilfe von Distanzen berechnen.[124] Allerdings kann die subjektiv empfundene Erreichbarkeit nicht mit objektiven Entfernungsangaben gleichgesetzt werden.[125] Daher beeinflusst parallel die Verfügbarkeit von Parkplätzen bzw. die Anbindung an öffentliche Verkehrsmittel die Entscheidung. Untersuchungen aus wirtschaftsgeografischer Sicht, die sich mit der Zentralität oder Geschäftsdichte von Einkaufsstätten beschäftigen, sprechen mit diesen Kriterien ebenfalls die Erreichbarkeit an.[126]

Gleichzeitig gehört die Ladenöffnungszeit zu jenen Parametern, die die generelle Erreichbarkeit von Einkaufsstätten bedingen, jedoch nicht überscheidungsfrei zum

---

122 Vgl. u.a. Monheim, R., The Importance of Accessibility for downtown Retail and its Perception by Retailers and Customers, in: Heinritz, G. (Ed.), The Attraction of Retail Locations, a.a.O., S. 19-46; Heinemann, M., Einkaufsstättenwahl und Firmentreue des Konsumenten, a.a.O., S. 158; Müller, S., Beeskow, W., Einkaufsstättenimage und Einkaufsstätenwahl, a.a.O., S. 416; Pratt, R., Convenience and habit guide shoppers, in: Retail World, Vol. 47, Nr. 18/1994, S. 14.

123 Vgl. Rust, R.T., Donthu, N., Capturing Geographically Localized Misspecification Error in Retail Store Choice Models, in: JoMR, Vol. 32, Feb. 1995, S. 103-110. Die Autoren gehen davon aus, dass bei der Vielzahl möglicher einzubindender Variablen alle derartigen Wahlmodelle einzelne Variablen vernachlässigen müssen. Über die Integration dieses standortbezogenen Fehlers, der die Spezifikation des Modells beeinträchtigt, kann die Aussagekraft der Modelle wesentlich verbessert werden.

124 Vgl. Tietz, B., Der Handelsbetrieb, a.a.O., S. 217ff. sowie Müller-Hagedorn, L., Handelsmarketing, a.a.O., S. 130ff. Dabei wird ein negativer Zusammenhang zwischen der Entfernung und der Einkaufswahrscheinlichkeit konstatiert.

125 Vgl. Müller, S., Beeskow, W., Einkaufsstättenimage und Einkaufsstätenwahl, a.a.O., S. 416.

126 Untersuchungen von KLEIN zur Attraktivität von Einzelhandelsstandorten konnten folgende Aussagen empirisch bestätigen: „The attractivity of a retail location depends on the degree of centrality possessed by itself and its adjacent locations, which are stored in the consumer perception image of the centre. The number and density of consumer-perceived retail outlets within the neighbourhood of a store increase its attractivity." Klein, K.E., Potential for retail location, a.a.O., S. 106f.

Faktor Service oder zum angebotenen Preisniveau[127] einzuordnen ist. Durch die Verlängerung der Ladenöffnungszeiten in Deutschland ab November 1996 beschäftigen sich zahlreiche Untersuchungen mit den Auswirkungen dieser Regelung. Der HDE konnte in seinen Erhebungen zeigen, dass negative Umsatzentwicklungen überwiegen, wobei größere Betriebe und Einkaufszentren davon weniger betroffen sind. Allerdings zeigt sich ebenso, dass von 75 Prozent der Einzelhandelsbetriebe in der Innenstadt, die ihre Öffnungszeiten 1996 verlängert hatten, ein Jahr später dies nur noch 57 Prozent beibehielten. Die mangelnde Einheitlichkeit in den Öffnungszeiten der Innenstadt wiederum führt dazu, dass Konsumenten Shopping Center präferieren, die nur mit sehr wenigen Ausnahmen die einmal verlängerten Öffnungszeiten rückgängig machten.[128]

2.125 Atmosphäre

Der Begriff der Einkaufsatmosphäre wird zwar vielfach genutzt und in Imageuntersuchungen von Einkaufsstätten erhoben, jedoch finden sich selten Aussagen zu seiner Operationalisierung.[129] BOST ist als einer der Autoren zu nennen, der den Atmosphärebegriff als „spezifische Eigenschaft von Verkaufsräumen, angenehme Gefühle hervorzurufen"[130] strukturiert aufarbeitet.[131] Ladenatmosphäre lässt sich demnach gestalten durch:

- Außengestaltungselemente (Umgebung, Architekturstil, Signet, etc.),
- Ladenstrukturelemente im Inneren (Wege, Warenanordnung, etc.),
- Warenpräsentationstechniken (Dekoration, Warenaufbau, etc.) und
- Atmosphärische Umfeldelemente (Musik, Farben, Düfte, Aktionen, Sauberkeit, Sicherheit, etc.).[132]

---

127 Eine Studie von TANGUAY ET AL. am Beispiel der Stadt Quebec zeigt, dass das Preisniveau in größeren Geschäften nach der Deregulierung der Öffnungszeiten gestiegen ist. Vgl. Tanguay, G.A., Vallée, L., Lanoie, P., Shopping Hours and Price Levels in the Retailing Industry: A Theoretical and Empirical Analysis, in: EI, Vol. 33/1995, S. 516-524.

128 Vgl. im Internet: HDE (Hrsg.), Ladenschluß-Umfrage Oktober 1997, http://www.einzelhandel.de/stichwort/LADENUDV.htm vom 20.04.1998.

129 Vgl. bspw. Böcker, F., Präferenzforschung als Mittel marktorientierter Unternehmensführung, a.a.O., S. 543-574; Müller, S., Beeskow, W., Einkaufsstättenimage und Einkaufsstätenwahl, a.a.O., S. 400-426.

130 Kotler, P., Atmospherics as a Marketing Tool, JoR, 49/1973, S. 50.

131 Vgl. Bost, E., Ladenatmosphäre und Konsumentenverhalten, Heidelberg 1987.

132 Vgl. ebenda, S. 11.

In Anlehnung an diese Unterteilung können eine Reihe von Kriterien, die im Zusammenhang mit der Einkaufsstättenwahl als wichtig erachtet werden, dem Faktor Atmosphäre zugeordnet werden.[133] Die Bündelung von Außengestaltungselementen spielen neben atmosphärischen Umfeldelementen auf der Ebene der Einkaufsstättenwahl dabei im Gegensatz zu den übrigen geschäftsbezogenen Kriterien, deren Wirkung vor allem das „In–Store"–Verhalten beeinflusst,[134] eine besondere Rolle. Hervorzuheben sind hierbei Sauberkeit, Aktivitäten von Einkaufsstätten (insbesondere in Innenstädten oder Shopping Centern zu finden), Fußgängerzonen, Ruhezonen und Maßnahmen, die der empfundenen Sicherheit der Konsumenten dienen. Den Ladenstrukturelementen im Inneren sind alle Kriterien zuzurechnen, die sich auf die Einrichtung des Geschäfts beziehen.[135] Die Innenarchitektur sollte so gestaltet sein, dass in Abhängigkeit der Größe des Geschäfts bzw. der Einkaufsstätte die Anordnung der Waren übersichtlich erfolgt und ausreichend Bewegungsfreiheit lässt, andererseits die Einkaufsbequemlichkeit durch kurze Wege optimiert wird.

Eine Studie von WAKEFIELD und BAKER, die u.a. den Einfluss von Umfeldelementen auf die Wiederwahlintension einer Einkaufsstätte untersuchte, zeigte mit Hilfe einer Regressionsanalyse folgende Zusammenhänge (vgl. Tab. 5):[136]

		Dependent Variable	
Independent Variable		**Excitement**	**Desire to Stay**
Design		0,317*	0,109
Music		0,160*	0,126*
Layout		0,167*	0,134*
Light/Temperature		- 0,141*	0,001
Decor		0,086	0,318*
	R^2	0,269	0,331

* Significant at p < 0,01 n = 438

Tab. 5: Erklärende Umfeldeffekte der Einkaufsstättenwahl
(Quelle: Wakefield, K.L., Baker, J., Excitement at the Mall, a.a.O., S. 528.)

---

133 Darüber hinaus muss betont werden, dass die von BOST genannten Kriterien als ebenso relevant in ihrer Bedeutung für die Einkaufsstättenwahl betrachtet werden müssen, unabhängig davon, ob eine bisherige Untersuchung diese Determinanten explizit hervorgehoben hat oder nicht.

134 Vgl. Donovan, R.J., Rossiter, J.R., Store Atmosphere: An Environmental Psychology Approach, JoR, 58/1982, S. 35, zit. nach Bost, E., Ladenatmosphäre und Konsumentenverhalten, a.a.O., S. 10.

135 Vgl. dazu auch Kullmann, P., Ladengestaltung als Instrument des Einzelhandelsmarketing, Marburg 1996. Dabei betrachtet der Autor sehr anschaulich neben Ladenstrukturelementen gleichfalls die Warenpräsentation und Außengestaltung von Geschäften.

Die beiden abhängigen Variablen bedingen wiederum nach kausalanalytischen Ergebnissen die „Wiederwahlintension" mit einem Koeffizienten von 0,428 (Excitement) bzw. 0,204 (Desire to Stay), wobei sich das „Excitement" positiv (mit einem Koeffizienten von 0,121) auf den Wunsch nach einem längerem Aufenthalt auswirkt.[137] Die unterschiedlichen Wirkungen von Kriterien wie Layout, Design und Dekor – die im deutschen Sprachgebrauch häufig synonym Verwendung finden – auf die abhängigen Variablen lässt sich sowohl anhand der Befragungsinhalte als auch einer vorgeschalteten Faktorenanalyse, die die hier beschriebenen Statements zu Design und Dekor zum Faktor Layout zusammenfasst, allerdings nicht nachvollziehen.[138] Mit dem spezifischen Einfluss von Düften auf die Bewertung von Geschäften durch Konsumenten und ihrem Kaufverhalten beschäftigte sich eine Untersuchung von SPANGENBERG ET AL.[139] Die Ergebnisse verdeutlichen insbesondere eine signifikant bessere Wahrnehmung des Geschäfts sowie eine höhere Wiederbesuchsabsicht bei der Verwendung olfaktorischer Einflüsse im Gegensatz zu geruchsfreien Vergleichsgeschäften, wobei die Art des Dufts als auch seine Intensität von geringer Bedeutung war.

Von Bedeutung erscheinen diese Ergebnisse jedoch dann, wenn die emotionale Wirkung, die von der Einkaufsatmoshäre ausgeht, ins Interesse der Betrachtung rückt. Wie auch BABIN und DARDEN in ihrer Untersuchung nachweisen, beeinflusst die durch die Geschäftsatmosphäre hervorgerufene positive Stimmung neben der Kundenzufriedenheit auch das Ausgabeverhalten positiv, andererseits beeinträchtigen negative Stimmungen die Zufriedenheit von Konsumenten mit größerer (negativer) Wirksamkeit.[140]

---

136 Vgl. Wakefield, K.L., Baker, J., Excitement at the Mall, a.a.O., S. 528f.

137 Vgl. ebenda, S. 527f.

138 Zur Unterscheidung von Kategorien sei auf die von BAUMGARTNER vorgeschlagene Systematik zu Problembereichen der Ladengestaltung hingewiesen. Unter dem Layout ist einerseits die Raumaufteilung in verschiedenen Funktionszonen sowie deren Anordnung zu verstehen; das (Interior) Design konzentriert sich auf die Gestaltung der Raumelemente im Verkaufsraum; die Raumzuteilung differenziert sich sowohl in qualitativer (Anordnung der Warengruppen im Raum) wie quantitativer Hinsicht (Aufteilung der Verkaufsfläche nach Warengruppen). Vgl. Baumgartner, R., Ladenerneuerung (Store modernization), St. Gallen 1981, S. 26 zit. nach Berekoven, L., Erfolgreiches Einzelhandelsmarketing, 2. Aufl., München 1995, S. 285.

139 Vgl. Spangenberg, E.R., Crowley, A.E., Henderson, P.W., Improving the Store Environment: Do Olfactory Cues Affect Evaluations and Behaviors?, in: JoM, Vol. 60, April 1996, S. 67-80.

140 Vgl. Babin, B.J., Darden, W.R., Good and Bad Shopping Vibes: Spending and Patronage Satisfaction, in: JBR Vol. 35 (3) March 1996, S. 201-206.

Durch den hohen Anteil an Gemeinsamkeiten, den die Einkaufsatmosphäre mit der Erlebnisorientierung im Handel verbindet,[141] wird häufig davon ausgegangen, dass ein Mehr an Erlebnissen (z.B. Aktionen, Düfte, anregende Farben) das Gefühl des Wohlfühlens i.S. der Definition von Atmosphäre verbessern. Die Ergebnisse einer amerikanischen Konsumentenuntersuchung von 1995 weisen hingegen darauf hin, dass der Einkauf von einer wachsenden Personenzahl als Stress empfunden wird.[142] Dieser Negativeffekt kann auch in Folge des „Crowding" auftreten, das normalerweise die positiven Auswirkungen hoher Besucherfrequenzen beschreibt.[143] Ein subjektiv empfundener Platzmangel in Einkaufsstätten kann ebenso zu einer zukünftigen Meidung dieser Umgebung führen. Daher muss als entscheidende Schwierigkeit bei der Umsetzung atmosphärischer Ziele die Angemessenheit aller Maßnahmen betont werden. Nicht zuletzt kann darüber hinaus der Produktzusammenhang als Ursache dieser auf den ersten Blick widersprüchlichen Aussagen fungieren, wenn der Kauf lebensnotwendiger Güter als Pflicht empfunden wird, während Erlebniskonsum das Schöne am Leben signalisiert.[144]

2.126 Institutionelle Gegebenheiten

Unter dem Faktor **institutionelle Gegebenheiten** sind Kriterien wie Modernität, Reputation, Bekanntheit und Seriosität von Einzelhandelsunternehmen zusammengefasst. Die von HANSEN erwähnten, aus den Anforderungen gesellschaftlicher Gruppen entstehenden, gesellschaftlichen Qualitäten von Einkaufsstätten sind ebenfalls dieser Kategorie zuzuordnen.[145] Diese Kriterien entstehen durch

---

141 BENKENSTEIN und BASTIAN zeigen in einer Faktorenanalyse, dass die Einkaufsatmosphäre einen starken Erklärungsbeitrag zum Faktor Erlebnis liefert. Vgl. Benkenstein, M., Bastian, A., Ansätze zur Profilierung von Einkaufszentren, a.a.O., S. 209-231. HEINEMANN wies ebenso in seiner Studie zur Betriebstypenprofilierung einen engen Zusammenhang zwischen der Erlebnisorientierung und einem mit atmosphärischen Variablen korrespondierendem Anmutungsindex nach. Vgl. Heinemann, G., Betriebstypenprofilierung und Erlebnishandel, a.a.O., S. 196f.

142 Vgl. Crain, R., „Shopper-tainment" solves a craving, a.a.O., S. 19. Ebenso weisen WAKEFIELD und BAKER darauf hin, dass Faktoren wie Helligkeit oder Temperatur in einer Einkaufsstätte innerhalb des Komfortbereichs von Konsumenten liegen müssen. Vgl. Wakefield, K.L., Baker J., Excitement at the Mall, a.a.O., S. 532.

143 Vgl. Esch, F.-R., Thelen, E., Zum Suchverhalten von Kunden in Läden - theoretische Grundlagen und empirische Ergebnisse, in: Der Markt, 36. Jg., 3+4/1997, S. 115.

144 Vgl. Opaschowski, H.W., Deutschland 2010: wie wir morgen leben, a.a.O., S. 62.

145 Vgl. Hansen, U., Absatz- und Beschaffungsmarketing des Einzelhandels, 2.Aufl., Göttingen 1990, S. 110. Dabei kritisiert die Autorin die bisherige gänzliche Vernachlässigung dieser Thematik im Zusammenhang mit der Einkaufsstättenwahl.

den Auftritt des Einzelhandelsunternehmens am Markt, mit dem es bewusst oder unbewusst einen spezifischen Kundenkreis anspricht. Der Kunde reagiert entsprechend, indem er seine Einkaufsstätte unter anderem danach auswählt, welchen Kreis an Personen er in der Einkaufsstätte erwartet. Mit der bewussten Ansprache können demnach sämtliche Kommunikationsmaßnahmen (Verkaufsförderung, Werbung, Kundenbindungsprogramme, Information, etc.) in den Faktor Institution integriert werden.[146] MARTINEAU beschreibt die wichtigste Rolle der Werbung im Einzelhandel damit, Konsumenten die Identifikation mit einer sozialen Klasse zu erlauben.[147] Diese Aussage verdeutlicht den Zusammenhang zwischen dem Image, mit dem sich das Unternehmen identifiziert und dessen Wahrnehmung es anstrebt und dem Selbstimage des Konsumenten.[148] Eine geringe Attraktivität von Einkaufsstätten hat ihre Ursachen dementsprechend darin, dass sich entweder ein zu geringer Personenkreis mit dem dargestellten Image identifiziert (Mengenproblem), dass die Wahrnehmung des Konsumenten nicht mit dem angestrebten Auftritt des Unternehmens übereinstimmt (Darstellungsproblem), dass das kommunizierte Image zwar richtig wahrgenommen wird, aber nicht dem realen Auftritt des Unternehmens entspricht (Erfüllungsproblem) oder der Kombination mehrerer Problembereiche.

2.127 Empirische Relevanz der Faktoren

Auf Basis einer Voruntersuchung des Lehrstuhls Marketingmanagement der Handelshochschule Leipzig im Wintersemester 1996/97 wurde die Bedeutung verschiedener Determinanten der Einkaufsstättenwahl in einem Sample von 225 mündlichen Interviews von Konsumenten an drei Einkaufsstandorten der Stadt Leipzig erhoben. Innerhalb dieser Untersuchung wurden die Kriterien Warenqualität, freundliche Bedienung, Angebotsvielfalt und Sauberkeit als wichtigste

---

[146] Während einzelne Geschäfte ihren Außenauftritt jedoch weitgehend steuern können, gelingt dies auf der Einkaufsstättenebene nur den zentral geleiteten Shopping Centern. Die Auswirkungen der Heterogenität im Einkaufsstättenimage auf die Attraktivität des Standortes, die auch von Shopping Centern bewusst angestrebt werden kann, wurden bislang noch nicht untersucht.

[147] Vgl. Martineau, P., The Personality of the Retail Store, a.a.O., S. 47-55, zit. nach Heinemann, M., Einkaufsstättenwahl und Firmentreue des Konsumenten, a.a.O., S. 163.

[148] Untersuchungen über den Zusammenhang zwischen Selbstimage und Kaufverhalten unterscheiden dabei zusätzlich zwischen tatsächlichem und angestrebtem Selbstimage. Das angestrebte ideale Image, das eine Person mit der Vorstellung der anderen von sich verbindet, ist vorrangig bei Prestigekäufen anzutreffen. Vgl. Heinemann, M., Einkaufsstättenwahl und Firmentreue des Konsumenten, a.a.O., S. 166f.

Determinanten eingeschätzt (vgl. Abb. 5). Die hohe Bedeutung der Sauberkeit von Einkaufsstätten erstaunt insofern, als dass dieses Kriterium wie auch die Sicherheit (Mittelwert 2,48) in Untersuchungen zur Einkaufsstättenwahl wenig Berücksichtigung finden.

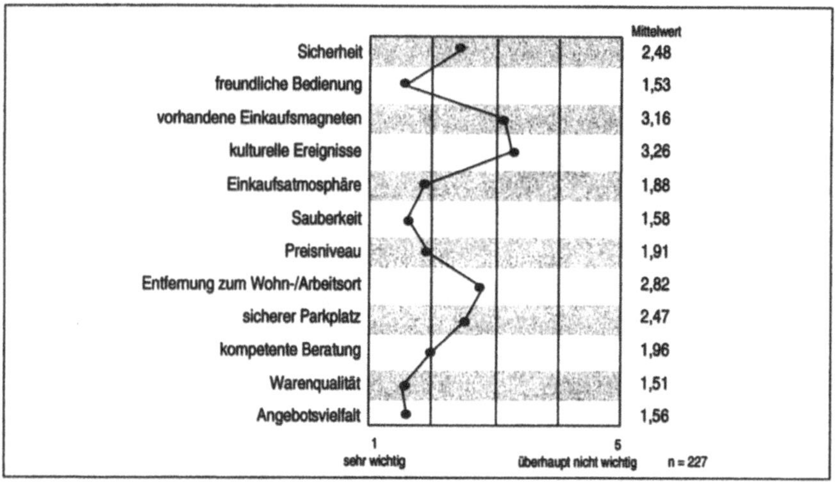

Abb. 5: Bedeutung verschiedener Determinanten der Einkaufsstättenwahl

Sehr große Varianz zwischen den drei Einkaufsstättenkategorien Innenstadt, Stadtteilzentrum und Grüne Wiese zeigte sich bei der Wichtigkeitsbeurteilung der Kriterien Sicherheit und sicherer Parkplatz; mittlere Varianzen konnten bei Preisniveau, Sauberkeit und vorhandene Einkaufsmagneten beobachtet werden. Damit wird klar, dass Unterschiede in der Gewichtung von Kriterien zu Unterschieden im Präferenzgefüge von Einkaufsstätten führen, so dass die Differenzierung von Einkaufsstätten über Determinanten sinnvoll erscheint, wobei bestimmte K.O.-Kriterien wie bspw. Vielfalt, Qualität und Freundlichkeit von allen Einkaufsstätten eingehalten werden müssen, um erfolgreich zu sein.

2.13 Ansätze zur Strukturierung spezifischer ökonomischer Determinanten der Einkaufsstättenwahl

Eine ähnliche Vielzahl wie die möglicher relevanter Determinanten der Einkaufsstättenwahl lässt sich bei den Ansätzen zu ihrer Strukturierung beobachten.[149]

---

[149] Ausgenommen sind hierbei bereits Ansätze, die Kriterien ausschließlich aus Angebotssicht

HEINEMANN entschied sich nach einer kritischen Würdigung der Ansätze von WALTERS und PAUL, die Kosten–, Leistungs–, Eignungs– und Annehmlichkeitskriterien unterschieden sowie der Trennung nach Anreizen und Beiträgen von SPROWLS und ASIMOW für die Kategorisierung nach internen Prämissen und externen Restriktionen.[150] Dabei entspricht die interne Sichtweise den in dieser Arbeit verwendeten persönlich–situativen Determinanten, während die angestrebte weitere Strukturierung der bereits vorgestellten angebotsbezogenen Determinanten sich ausschließlich externen Kriterien widmen soll. In den Überlegungen von KLINGBEIL (1978), die der Aktionsraumforschung entstammen, wird der Handlungsspielraum von Konsumenten neben der (persönlich–situativen) privaten Mittelausstattung mit Geld, Zeit und Verkehrsmitteln von (angebotsbezogenen) Fähigkeitsbeschränkungen (capability constraints, wie die Lage innerhalb des öffentlichen Verkehrsnetzes), Kopplungszwängen (coupling constraints, wie Ladenöffnungszeiten) und sozialökonomischen Restriktionen (autority constraints) beschränkt.[151] Auch dieser Strukturierungsansatz nach „constraints" kann für das Ziel der **Darstellung spezifischer Determinanten der Einkaufsstättenwahl** nicht herangezogen werden.

Daher soll anhand der Besonderheiten der Einkaufsstättenwahl und ihrer Zusammenhänge zur Produkt– bzw. Marken–, Geschäfts– und Betriebsformenwahl eine eigene Systematik erarbeitet werden.[152] Ausgangspunkt der weiteren Überlegungen bildet die Frage, welche Kriterien für die einzelnen miteinander korrespondierenden Wahlentscheidungen jeweils typisch sind. Aufbauend auf der am weitesten verbreiteten Sichtweise, nach der Einkäufe produktinduziert sind,[153] sollen

---

gruppieren. Vgl. bspw. Heinemann, G., Betriebstypenprofilierung und Erlebnishandel, a.a.O., S. 60ff. Vom informationsökonomischen Standpunkt aus lassen sich andererseits Such-, Erfahrungs- und Vertrauenseigenschaften unterscheiden. Vgl. dazu Weiber, R., Was ist Marketing?, a.a.O., S. 61ff.

150 Vgl. Heinemann, M., Einkaufsstättenwahl und Firmentreue des Konsumenten, a.a.O., S. 154ff. sowie die dort angeführten Quellen. Als kritisch merkte HEINEMANN bei der Kriterienunterscheidung von WALTERS/PAUL die fehlende Erkennbarkeit des Unterteilungsmaßstabes sowie eine mangelnde Überschneidungsfreiheit und bei SPROWLS/ASIMOW das Problem der Abgrenzung von Anreizen und Beiträgen an.

151 Vgl. Klingbeil, D., Aktionsräume im Verdichtungsraum - Zeitpotentiale und ihre räumliche Nutzung, in: Münchner Geographische Hefte, Nr. 41, Kallmünz/Regensburg 1978, S. 60.

152 Eine weitere Möglichkeit der Systematisierung von spezifischen Determinanten der Einkaufsstättenwahl findet sich bei ZIEHE, die Kriterien danach unterscheidet, ob sie dem Einzelhandelsangebot (quantitativ vs. qualitativ) oder dem Umfeld der Geschäfte (Erlebnis vs. Nutzungsvielfalt) zuordenbar sind. Vgl. Ziehe, N., Einzelhandel und Verkehrspolitik, a.a.O., S. 35.

153 Vgl. dazu die Ausführungen in Kap. B 2.11 der Arbeit.

Überlegungen angestellt werden, wodurch die Geschäfts–, Betriebsformen– und Einkaufsstättenwahl vorrangig bestimmt werden.

Die produktinduzierte Betriebsformenwahl liegt dann vor, wenn bestimmte, für spezifische Betriebsformen typische Eigenschaften für die Kaufentscheidung von Relevanz sind. Betriebsformen unterscheiden sich insbesondere auf Basis der Breite und Tiefe ihres Sortiments, ihres Preisniveaus und ihrer Andienungsform.[154] Im Vergleich dazu spielen bei der produktinduzierten Geschäftswahl Besonderheiten einzelner Geschäfte eine Rolle, die sich neben den mit der Betriebsform des Geschäfts einhergehenden Charakteristika in einem Angebot spezieller Markenartikel und der damit implizierten Qualität der Produkte,[155] der ladenbezogenen Einkaufsatmosphäre, dem Serviceangebot, der Länge der Öffnungszeiten, institutionellen Kriterien sowie der Freundlichkeit und Kompetenz des Verkaufspersonals äußert. Erfolgt die Entscheidung auf Basis eines bestimmten Produktwunsches hingegen anhand von Einkaufsstätten, werden neben der mit der Einkaufsstätte verbundenen Betriebsformen– und Geschäftsvielfalt die Erreichbarkeit der Einkaufsstätte (ausschließlich der Öffnungzeiten) und die einkaufsstättenverbindende Außengestaltung für die Entscheidung wichtig (vgl. Abb. 6).

---

154 Für die Systematisierung der Betriebsformen existieren keine einheitlichen Merkmale. Die vorliegende Arbeit soll daher am Erscheinungsbild des Handelsbetriebes im Absatzmarkt orientieren, wobei auch in dem Fall die Spanne der zugrunde gelegten Merkmale variiert. Eine sehr enge Sichtweise findet sich bei MEYER/MATTMÜLLER, die Betriebsformen anhand von Sortiment, Preis und Andienung systematisieren. Vgl. dazu Meyer, P.W., Mattmüller, R., Ein Ansatz zur Systematik des Handels, a.a.O., S. 123-137. Andere Autoren beziehen zusätzlich dazu Betriebsgröße, Art des Inkasso, Distanzüberwindung, Art des Kundenkreises und Integration des Betriebes in eine Agglomeration in die Systematik ein. Vgl. Müller-Hagedorn, L., Der Handel, a.a.O., S. 41ff. Diese Variablen korrelieren allerdings in hohem Maße mit Sortiment, Preis oder Andienung (z.B. bedingt die Tiefe und Breite des Sortiments die Betriebsgröße und damit indirekt den Standort bzw. die Distanzüberwindung), so dass der engen Sichtweise von MEYER/MATTÜLLER gefolgt wird.

155 Trotz des beobachteten Zusammenhangs zwischen Qualitäts- und Preiswahrnehmung durch Konsumenten ist angebotsseitig zwischen diesen beiden Determinanten hinsichtlich ihrer Geschäfts- bzw. Betriebsformenspezifik zu unterscheiden. Die preisliche Differenzierung von Betriebsformen steht in keinem direkten Zusammenhang zur angebotenen Qualität, sondern wird durch Kostenvorteile realisiert, die sich z.B. aus geringeren Personal- oder Raumkosten ergeben.

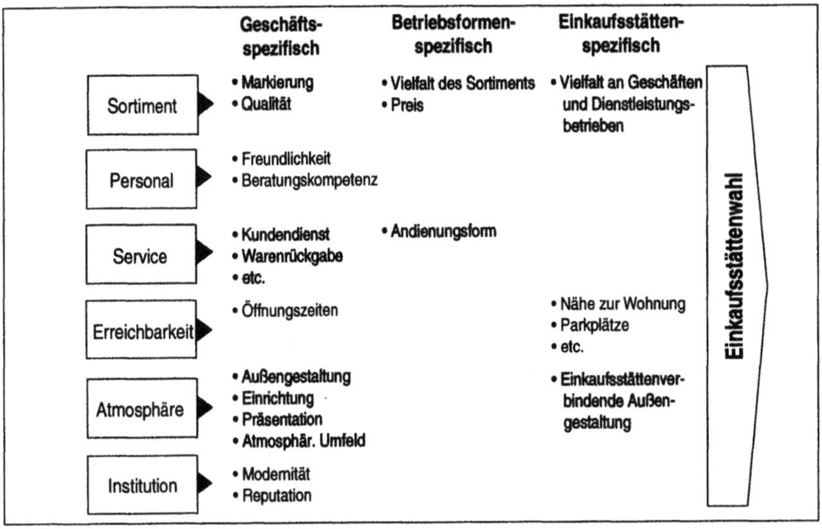

Abb. 6: Spezifische angebotsbezogene Determinanten der Einkaufsstättenwahl

Einkaufsstätten, die nicht einer einheitlichen Steuerung und demzufolge einer geringen Einflussnahme auf betriebsformen– oder geschäftsspezifische Determinanten unterliegen, können nur begrenzt auf die Qualität ihres Standortes i.S. einer Anpassung an Verbraucherwünsche einwirken. Zentral geleiteten Shopping Centern eröffnet sich daher die Möglichkeit, aus diesem Umstand einen entscheidenden Wettbewerbsvorteil gegenüber anderen Einkaufsstätten zu generieren. Das Vorhandensein einkaufsstättenspezifischer Determinanten vermindert jedoch nicht die Problemvielfalt, die sich aus der gezielten Bearbeitung dieser Kriterien ergibt. Die Sortimentsvielfalt, die sich in einem Mix unterschiedlicher Betriebsformen und Geschäfte äußert, kann i.d.R. von Einkaufsstätten selbst wenig beeinflusst werden, da die Entscheidung über die Mietstruktur von Immobilienbesitzern getroffen wird. Allerdings können von Immobilienmaklern[156] und anderen Interessengruppen Initiativen entwickelt bzw. von Stadtplanungsämtern Maßnahmen forciert und unterstützt werden,[157] die über die individuelle Kurzsichtigkeit der

---

156 Ein Beispiel für die gezielte Entwicklung der Innenstadt durch Immobilienbüros ist „Kemper's", die sich in ihrer Tätigkeit ausschließlich auf die Vermittlung von Ladenlokalen und Geschäftshäusern in ersten Citylagen großer Städte konzentrieren. Durch die Berücksichtigung von Wechselwirkungen, die sich aus dem Angebotsmix der Geschäfte ergeben, können sie die Zusammensetzung des Mieterbestandes bewusst beeinflussen. Gemeinsam mit Econ-Consult gründeten Kemper's 1992 mit dem Ziel der Aufwertung des Handels- und Dienstleistungsstandortes Innenstadt das „Standortforum lebendige Innenstadt". Vgl. im Internet: http://www.kempers.de vom 4.12.1998.

157 Im Gegensatz zu den stärker innenstadtorientierten Konzepten von Maklern und anderen

Mietpreismaximierung hinausgehen und langfristige Strategien der Stadtentwicklung anstreben. Ähnliche Einschränkungen sind für den Faktor Erreichbarkeit zu beobachten, der mit der Entscheidung für einen Standort durch das Einzelhandelsunternehmen ex ante vorgegeben wird. Als wichtigste Möglichkeit der eigenständigen Standortoptimierung durch Einkaufsstätten erweist sich damit die Einkaufsatmosphäre, die durch gemeinsame Aktivitäten der einzelnen Geschäfte zur Attraktivitätssteigerung der gesamten Agglomeration beitragen kann. Voraussetzung dafür ist jedoch ein Grundkonsens zwischen den Geschäften über einheitliche Ziele, deren Umsetzung koordiniert und kontrolliert werden muss. Ohne die ansatzweise Lösung dieser fundamentalen Konsens–, Koordinations– und Kontrollprobleme innerhalb einer Einkaufsstätte kann wiederum die Zusammenarbeit mit einkaufsstättenexternen Vertretern langfristig nicht zum Erfolg führen.

Jegliche Einflussnahme auf die spezifischen wie allgemeinen Determinanten der Einkaufsstättenwahl erfordert eine Analyse der erzielten Wirkung, um Aussagen über die Effektivität der getroffenen Maßnahmen ableiten zu können. Durch Differenzen in der Bedeutung der Determinanten, die bspw. in Abhängigkeit von der Einkaufsstätte, dem Konsumenten oder der Situation variieren kann, ist allerdings die eindeutige Erstellung eines Prioritätenkatalogs ohne eine Eingrenzung der sie beeinflussenden Variablen nicht möglich. Aus diesem Grund soll in Kap. B 3 untersucht werden, auf welchem Wege die Evaluation von Einkaufsstätten durch Konsumenten erfolgt und wodurch Unterschiede in der Wichtigkeit von Kriterien zu erklären sind.

2.2 Soziodemografisches Umfeld

Unter dem soziodemografischen Umfeld sind einerseits demografische und sozioökonomische Gegebenheiten von Individuen, andererseits sein soziales Umfeld zu verstehen, das die Wechselwirkungen des Einzelnen zu anderen Individuen umfasst.

Interessengruppen nutzen Stadtplanungsämter ihre raumordnerischen und planungsrechtlichen Instrumentarien im Kontext der gesamten Stadt, so dass eine gezielte Förderung von Einkaufsstätten auf der Ebene von B- und C-Zentren stattfinden kann.

2.21 Demografische und sozioökonomische Determinanten

Als gebräuchlichste Merkmale zur demografischen Beschreibung der Bevölkerung werden Alter, Geschlecht, Familienstand, Haushaltgröße und Anzahl der Kinder, aber auch geografische Kriterien wie Wohnortgröße oder Region herangezogen. Typische sozioökonomische Charakterisierungsmerkmale stellen Einkommen, Bildungsstand und Beruf dar.[158] Da einzelne Kriterien gewöhnlich nur einen geringen Erklärungsbeitrag für das Kaufverhalten und entsprechend die Einkaufsstättenwahl von Konsumenten liefern, ist die Kombination von Merkmalen ein geeignetes Mittel zur Berücksichtigung dieser Determinanten.[159] Die Stellung von Personen im Familienlebenszyklus sowie ihre Zugehörigkeit zu einer sozialen Schicht nehmen die Mehrzahl der vorgestellten Merkmale bereits in ihrer Bildung auf,[160] während geografische Determinanten im Zusammenhang mit der Beschreibung des ökonomischen Umfelds am empirischen Beispiel erläutert werden können.[161]

Das Konzept des **Familienlebenszyklus** (FLZ) beruht auf Erkenntnissen des Konsumverhaltens, die erstmalig im Jahre 1954 vorgestellt wurden.[162] Während bis in die Gegenwart unumstritten bleibt, dass verschiedene Lebensabschnitte Unterschiede im Kaufverhalten hervorrufen, variiert seitdem die Definition der Kriterien zur Abgrenzung von Lebensphasen in quantitativer und qualitativer Hinsicht.[163] Als kleinster gemeinsamer Nenner aller Ansätze kann das Alter, der Familienstand und die Anzahl der Kinder zur Bestimmung der Lebenszyklusphase herangezogen werden. Unter den aktuellen Bedingungen, in denen auf Grund des

---

158 Vgl. Freter, H., Marktsegmentierung, a.a.O., S. 46. Zur Abgrenzung demografischer Angaben von der Sozioökonomie sind darunter Aussagen zu Struktur und Bewegung der Bevölkerung auf Grund der Bevölkerungsstatistik zu verstehen. Vgl. Bertelsmann Universal Lexikon Fremdwörter, Gütersloh 1990, S. 144.

159 Vgl. Meffert, H., Marketing, a.a.O., S. 186. Gleichwohl bleibt anzumerken, dass neben Mess- und Abgrenzungsproblemen die prognostische Relevanz des Kaufverhaltens auf Basis dieser Merkmale als gering einzustufen ist.

160 Vgl. Stegmüller, B., Internationale Marktsegmentierung als Grundlage für internationale Marketing-Konzepztionen, Bergisch-Gladbach, 1995, S. 164; Freter, H., Marktsegmentierung, a.a.O., S. 46.

161 Die Segmentierung auf Basis geografischer Merkmale wurde durch den Ansatz der mikrogeografischen Marktsegmentierung weiterentwickelt, der kleine räumlich zusammenhängende Regionen mit der soziodemografischen oder psychografischen Bevölkerungsstruktur bzw. dem äußeren Erscheinungsbild des Wohngebietes verbindet. Vgl. hierzu Martin, M., Mikrogeografische Marktsegmentierung, Ein Ansatz zur Segmentidentifikation und zur integrierten Zielgruppenbearbeitung, in: Marketing ZFP, H. 3/1993, S. 164-180; Froböse, M., Mikrogeografische Segmentierung von Einzelhandelsmärkten, Wiesbaden 1995.

162 Vgl. Müller-Hagedorn, L., Die Erklärung von Käuferverhalten mit Hilfe des Lebenszykluskonzeptes, in: WiSt 11/84, S. 561.

163 Eine übersichtliche Darstellung findet sich bei MÜLLER-HAGEDORN. Vgl. ebenda, S. 564.

gesellschaftlichen Wandels die Lebenspartnerschaft ohne Trauschein in den letzten Jahren an Bedeutung gewonnen hat,[164] kann der Familienstand nur noch bedingt als Kriterium für die Bestimmung der Lebenszyklusphase standhalten. Daher stellt die Haushaltgröße, d.h. die Anzahl der im Haushalt lebenden Personen, einen geeigneten Ersatz dar.[165]

Die Anwendung des FLZ–Konzeptes im Marketing basiert auf Überlegungen, nach denen Konsumenten in verschiedenen Phasen des FLZ unterschiedliche Kaufverhaltensmuster aufweisen, die durch unterschiedliche finanzielle Spielräume, mit der Phase fixierte Lebensumstände (z.B. Familen) sowie einem möglichen Bedürfniswandel bedingt sind.[166] MÜLLER–HAGEDORN konnte anhand einer empirischen Untersuchung nachweisen, dass die Stellung von Konsumenten im FLZ in engem **Zusammenhang zur bevorzugten Betriebsform** sowie einzelnen Geschäften steht.[167] Anhand der beschriebenen Verbindungen zwischen Betriebsform und Einkaufsstättenkategorie (vgl. Tab. 2, Kap. B 2.11) sowie den in einer Reihe von Studien belegten Beziehungen zwischen demografischen und lebensstilbezogenen Variablen mit dem Outshopping–Verhalten von Konsumenten[168] lässt sich daher vermuten, dass Konsumenten niedriger Phasen im FLZ das A–Zentrum präferieren und mittlere Phasen verstärkt in B– sowie E–Zentren

---

164 Diese Entwicklung geht einher mit einer steigenden Anzahl an Single-und Zweipersonen-Haushalten, deren Anteil an allen bundesdeutschen Haushalten im Jahr 2000 ca. zwei Drittel ausmachen wird. Vgl. GfK Nürnberg (Hrsg.), Spezialausgabe „Konsumtrends“: Dem Verbraucher auf der Spur, quantitative und qualitative Konsumtrends, JAVF 3/1995, S. 226f.

165 Bei der Verwendung dieser Größe ist zu beachten, dass Mehrpersonenhaushalte in Form von Wohngemeinschaften keiner der vorgestellten Phase des FLZ entsprechen. Allerdings erscheint die eindeutige Identifikation und Elimination dieser Gruppe als schwierig und ist auf Grund geringer Relevanz zu vernachlässigen.

166 Vgl. Müller-Hagedorn, L., Die Erklärung von Käuferverhalten mit Hilfe des Lebenszykluskonzeptes, a.a.O., S. 564.

167 Vgl. Müller-Hagedorn, L., Bevorzugte Betriebsformen des Einzelhandels und das Lebenszykluskonzepz, in: ZfbF, 30. Jg. (1978), S. 106-124. Die Untersuchung zeigte bspw., dass Konsumenten in niedrigen Phasen des FLZ über verschiednen Produktgruppen hinweg Warenhäuser präferieren, während in mittleren Phasen bevorzugt Verbrauchermärkte und in hohen Phasen Fachgeschäfte aufgesucht werden. Zur Zuordnung von Sortimentsbereichen zu Lebenszyklusphasen vgl. Schmitz, C.A., Kölzer, B., Einkaufsverhalten im Handel, a.a.O., S. 148.

168 Unter Outshopping ist das Verhalten von Konsumenten zu verstehen, ihre Käufe auf Grund einer gewachsenen Mobilität und attraktiven Angeboten regionaler Shopping Center außerhalb ihres Wohnortes durchzuführen. Vgl. Darden, W.R., Perreault, W.D., Identifying Interurban Shoppers: Multiproduct Purchase Patterns and Segmenting Profiles, in: JoMR, Vol. 17, February 1976, S. 51-60; Reynolds, F.D., Darden, W.R., Intermarket Patronage: A Psychographic Study of Consumer Outshoppers, in: JoM, October 1972, S. 50-54; Thompson, J.R., Characteristics and Behavior of Outshopping Consumers, in: JoR, Vol. 47, Nr. 1/1971, S. 70-80.

anzutreffen sind. Ältere Konsumenten werden auf Grund geringerer Mobilität hingegen C–Zentren bevorzugen.

Unter der **sozialen Schicht** werden „... relativ dauerhafte, wesentliche, homogene Gesellschaftsgruppen mit ähnlichen Wertvorstellungen, Interessen, Lebensstilen und Verhaltensmustern...“[169] verstanden, die in Ober–, Mittel– und Unterschicht und einer jeweiligen Differenzierung nach einer oberen und unteren Gruppe unterteilt werden. Zur einfacheren Zuordnung von Konsumenten zu sozialen Schichten werden häufig die Kriterien Ausbildung, Beruf und Einkommen zur Abgrenzung verwandt.[170] Da diese Vielstufigkeit der sozialen Schicht eine starke Undeutlichkeit von Aussagen bzgl. einzelner Schichten provoziert, soll die weitere Untersuchung auf Basis von Gegenpolen (Unterschicht vs. Oberschicht) erfolgen. Die Identifikation von Unterschieden zwischen beiden Gruppen dient der Aufdeckung von Widersprüchen zwischen den Extrempunkten, die wiederum zur Ableitung von Implementierungvorschlägen heranzuziehen sind. Untersuchungen zu kaufverhaltensrelevanten Unterscheidungsmerkmalen belegen der Oberschicht im Vergleich zur Unterschicht eine höhere Mobilität, Selektivität, Risikofreude und Informiertheit und vice versa.[171] In Bezug auf die Einkaufsstättenwahl lassen sich nur begrenzt Zusammenhänge zwischen sozialer Schicht und dem Kaufverhalten herstellen. Insbesondere die höhere Selektivität der Oberschicht könnte dazu führen, dass diese Gruppe verstärkt in A–Zentren anzutreffen ist, während die untere Schicht auf Grund damit verbundener niedriger Preiswahrnehmungen eher Shopping Center präferiert.

2.22 Soziales Umfeld

Zur Systematisierung des sozialen Umfeldes von Konsumenten differenziert Kroeber-Riel in eine nähere und eine weitere Umwelt.[172] Die nähere Umwelt umfasst Personen und Gruppen, zu denen ein regelmäßiger persönlicher Kontakt besteht, wie insbesondere die Familie oder andere Bezugsgruppen (z.B. Freunde

---

169 Freter, H., Marktsegmentierung, a.a.O., S. 52f.

170 Vgl. Meffert, H., Marketing, a.a.O., S. 185.

171 Vgl. Wiswede, G., Soziologie des Verbraucherverhaltens, Stuttgart 1972, S. 147.

172 Vgl. Kroeber-Riel, W., Konsumentenverhalten, a.a.O., S. 443ff. Während die nähere Umwelt mittels persönlicher Kommunikation das individuelle Verhalten beeinflusst, spricht die weitere Umwelt auf Maßnahmen der Massenkommunikation an.

und Kollegen); die weitere Umwelt entspricht Hintergrundsystemen wie Kultur[173] und Subkultur, großen sozialen Systemen wie Großstadt, Kirche, Partei sowie einzelnen Personen, die als Leitbilder in Erscheinung treten.

Bezogen auf die Einkaufsstättenwahl passte sich aus gesamtwirtschaftlicher Perspektive betrachtet innerhalb kürzester Zeit der ostdeutsche Markt, der die Bedürfnisse seiner Nachfrager bis zu diesem Zeitpunkt systematisch ignoriert hatte, an marktwirtschaftliche Strukturen an. Die notwendige Angebotsanpassung des Einzelhandels an die bis dahin latent vorhandenen, gestiegenen Bedürfnisse der Konsumenten musste – unter anderem bedingt durch diesen Umstand – vorrangig durch Übertragung westdeutscher Handelssysteme auf die neuen Bundesländer erfolgen.[174] Obwohl diese Veränderung des Einzelhandelsangebots mit deutlichen Eingriffen in grundlegende Werthaltungen der Konsumenten einher ging, ist zu beobachten, dass der westdeutsche Einzelhandel die Präferenzen der Nachfrager nur in sehr geringem Maße beachtete.[175] Unterschiede ostdeutscher Konsumenten zu ihren westlichen Nachbarn, die sich im Konsumverhalten[176] wie auch bei den Denkstilen[177] nachweisen lassen, wurden somit weitgehend vernachlässigt und auch innerhalb des inzwischen stattgefundenen Wandels zum Käufermarkt nur ansatzweise berücksichtigt.

Unter Berücksichtigung des Erhebungsumfangs, der sich aus der Analyse des sozialen Umfeldes und seiner möglichen Auswirkungen auf die Einkaufsstättenwahl ergibt, soll daher die Familie, trotz ihrer sinkenden Bedeutung bei indivi-

---

173 Die Kultur als Indikator des weiteren sozialen Umfelds wirkt sich ohne Zweifel auf den Präferenzbildungsprozess aus. Da die empirische Untersuchung jedoch nicht zum Vergleich verschiedener Kulturgruppen angelegt ist, sollen an entsprechender Stelle des Kapitels C nur kurz die kulturellen Besonderheiten ostdeutscher Verbraucher erwähnt werden. Zur Operationalisierung kultureller Dimensionen vgl. insbesondere Hofstede, G., Interkulturelle Zusammenarbeit, Wiesbaden 1993.

174 Weiterführende Hintergründe dieser Entwicklung wurden bereits in Kap. A 1 genannt.

175 Dies lässt sich damit begründen, dass der Anpassungszwang des Einzelhandels durch die hohe Anpassungsneigung der Konsumenten extrem gering war. Vgl. Nassua, T., Die Rolle des Einzelhandels bei der Entwicklung des Konsumentenverhaltens in den neuen Bundesländern, Frankfurt a.M. 1998, S. 18.

176 Vgl. ebenda wie auch Kribben, M., Entwicklung des Konsumentenverhaltens in den neuen Bundesländern, a.a.O.; Hansen, J. (im Interview), Deutliche Unterschiede, in: W&V Special, 41/94, S. 42.

177 Vgl. Strohhschneider, S. (Hrsg.), Denken in Deutschland: vergleichende Untersuchungen in Ost und West, Bern, 1996.

duellen und gemeinsamen Kaufentscheidungen,[178] in den Mittelpunkt der Betrachtung des sozialen Umfeldes rücken.[179]

Neben der bereits besprochenen phasenspezifischen Herangehensweise des FLZ konzentriert sich die Analyse des Einflusses **familiärer Beziehungen** auf Kaufentscheidungen vorrangig auf die unterschiedlichen Rollen, die einzelne Familienmitglieder bei dieser Entscheidung einnehmen.[180] Neben dem generellen Rollenverhalten von Mann und Frau sowie dem Einfluss von Kindern bzw. Jugendlichen werden insbesondere deren Wechselwirkung zu unterschiedlichen Produktkategorien und der dabei zu beobachtende Rollenwandel innerhalb einzelner Entscheidungsphasen analysiert.[181]

Im Zusammenhang mit der Einkaufsstättenwahl sind dabei grundlegend zwei Erkenntnisse von besonderer Bedeutung:

- Einerseits spiegelt sich das unterschiedliche Rollenverständnis in der **Entscheidung über den Kauf in Abhängigkeit der Produktkategorie** wider. Dabei dominieren Männer Entscheidungen über außerhalb des Hauses benutzte sowie technisch komplexe Gebrauchsgüter; Frauen haben einen größeren Einfluss auf Güter, die im Haus benutzt werden.[182]

- Zum anderen kann in Bezug auf die Durchführung des Kaufs ein genereller **Wandel in der Rolle der Frau** als traditionell Verantwortliche für den Familieneinkauf konstatiert werden. Während die Mehrzahl anglo–amerikanischer Veröffentlichungen zum Kaufverhalten prinzipiell von der weiblichen Form des Konsumenten ausgehen,[183] führen steigende Beschäftigungsquoten von Frauen

---

178 Vgl. Kroeber-Riel, W., Konsumentenverhalten, a.a.O., S. 452. Die Fokussierung auf die Familie als Determinante des sozialen Umfeldes ist insbesondere auf erhebungstechnische Überlegungen zurückzuführen.

179 Auf die traditionell bedingten Besonderheiten von Konsumenten der neuen Bundesländer wird im Rahmen des Kap. B 2.122 eingegangen.

180 Vgl. allgemein zu kollektiven Kaufentscheidungen Meffert, H., Dahlhoff, H.-D., Kollektive Kaufentscheidungsprozesse von Konsumenten, in: Handelsforschung heute, Festschrift zum 50jährigen Bestehen der Forschungsstelle für den Handel, Berlin 1979, S. 193-205.

181 Vgl. z.B. Hubel, W., Der Einfluss der Familienmitglieder auf gemeinsame Kaufentscheidungen, Berlin 1986; Thomas, L., Der Einfluss von Kindern auf Produktpräferenzen ihrer Mütter, Berlin 1983; sowie als Übersicht Meffert, H., Marketingforschung und Käuferverhalten, a.a.O., S. 84ff.; Kroeber-Riel, Konsumentenverhalten, a.a.O., S. 469ff. und die jeweils dort angegebenen Quellen.

182 Vgl. Kroeber-Riel, Konsumentenverhalten, a.a.O., S. 472. Entscheidungen über gemeinsam genutzte Produkte werden zunehmend von beiden Partnern getroffen, wobei die Frage die Frage der Dominanz bei Meinungsverschiedenheiten wohl in die beschriebenen Zuständigkeiten mündet.

183 Dies ist u.a. daran erkennbar, dass bei der Verwendung der 3. Person zumeist von „she“ als „the shopper“ gesprochen wird und die empirische Analyse in der Mehrzahl der Fälle auf weiblicher Basis erfolgt.

sowie die Zunahme von Single–Haushalten zur Notwendigkeit, die Rolle von Männern innerhalb des Kaufprozesses neu zu definieren.[184]

Insofern kann vermutet werden, dass der Entschluss über den Besuch von bestimmten Einkaufsstätten geschlechtsspezifisch über Produktkategorien variiert, wobei Männer neben ihrer Rolle als Entscheider zunehmend als Käufer in Erscheinung treten.

2.3 Situativer Kontext

Der situative Kontext von Entscheidungssituationen nimmt in seiner Bedeutung zur Erklärung des Kaufverhaltens von Individuen eine „Zwitterrolle" ein. Einerseits werden situative Einflüsse i.d.R. in die Mehrzahl der Modelle nur als Störgröße aufgenommen, so dass dadurch ihre Rolle als erklärende Variable vollkommen vernachlässigt wird.[185] Andererseits ist die gegenläufige Tendenz nachvollziehbar, nach der Einflussfaktoren der Situation herangezogen werden, um sämtliche Divergenzen zwischen theoretisch abgeleiteten Prozesskonstrukten und empirischen Daten zu begründen. Welche Bedeutung dem situativen Kontext in der vorliegenden Problemstellung beizumessen ist, kann jedoch erst nach einer Systematisierung möglicher Situationsdimensionen spezifiziert werden. Zur grundlegenden Definition des situativen Kontextes soll sich an BELK orientiert werden, der unter situativen Einflüssen diejenigen Faktoren versteht, „which do not follow from knowledge of personal and stimulus attribute and which have a demonstrable and systematic effect on current behavior".[186]

Aus der im Zusammenhang mit dem Präferenzmodell der Kaufentscheidung vorgenommenen Unterscheidung zwischen unconstrained preference und constrained preference resultiert die Differenzierung nach restriktiven Kauffaktoren und situativen Variablen, wobei restriktive Kauffaktoren ökonomische, soziale, kulturelle und situative Umweltbedingungen zusammenfasst.[187] Die uneindeutige

---

184 Erste Ansätze zur empirischen Validierung dieser Entwicklung zeigen wichtige Unterschiede in Demografie wie Kaufverhalten zwischen Männern, arbeitenden Frauen und Hausfrauen. Vgl. Evans, K.R., Christiansen, T., Dill, J.D., The Impact of Social Influence and Role Expectations on Shopping Center Patronage Intentions, in: JoAMS, Vol. 24, Nr. 3/1996, S. 208-218.

185 Vgl. Herrmann, A., Gutsche, J., Situative Einflüsse bei Kaufentscheidungen, in: Marketing ZFP H. 2, II. Quartal 1993, S. 95.

186 Belk, R.W., An Explanantory Assessment of Situational Effects in Buyer Behavior, in: JoMR 5/1974, S. 156.

187 Vgl. Schneider, C., Präferenzbildung bei Qualitätsunsicherheit, a.a.O., S. 21. sowie die en

Einbindung situativer Einflüsse an dieser Stelle ist nur dadurch zu lösen, indem generelle, **langfristig orientierte Rahmenbedingungen** von der **kurzfristigen Entscheidungssituation** getrennt betrachtet werden. Wie einerseits die Stellung einer Person im Familienlebenszyklus mit bestimmten Bedürfnissen korrespondiert, übt andererseits in der Situation der Entscheidung über die Wahl einer Einkaufsstätte die Anwesenheit eines Kindes einen anderweitigen Einfluss aus. Behindert eine große absolute Entfernung zu einer Einkaufsstätte, dass diese in den Entscheidungsprozess einbezogen wird, so kann sich im Falle der momentanen Nähe zur Einkaufsstätte doch dafür entschieden werden.

MONHEMIUS unterscheidet kaufsituationsbezogene Einflussfaktoren bspw. danach, ob sie konsumenteninhärent sind (Motive, Involvement, Risiko) oder direkt am Verkaufsort vorliegen (Verfügbarkeit, Produktmerkmale, Beratung).[188] Dieser Ansatz ist insofern interessant, als dass er gute Ansatzpunkte zur Beeinflussung situativer Variablen liefert, indem sich Anbieter an interne Faktoren von Konsumenten anpassen, externe Faktoren jedoch gezielt beeinflussen können. Allerdings werden eine Reihe von Einflüssen wie Zeitdruck oder die Wirkung sozialer Kontakte in der Kaufsituation vernachlässigt. Eine umfassendere **Typologie** findet sich hingegen bei BELK, die in ähnlicher Form auch bei PEPELS anzutreffen ist.[189] Diese Systematik, die auf die Gegebenheiten der Einkaufsstättenwahl anzuwenden ist,[190] birgt gleichzeitig den Vorteil, dass sie mit einer Differenzierung nach Rahmenbedingungen und Entscheidungssituation verknüpft werden kann (vgl. Abb. 7).[191]

---

sprechenden Aufzeichnungen im Kap. B 1.

188 Vgl. Monhemius, K.C., Umweltbewusstes Kaufverhalten von Konsumenten, a.a.O., S. 91ff.

189 Vgl. Belk, R.W., Situational Variables and Consumer Behavior, in: JoCR, 4/1975, S. 159f; Pepels, W., Käuferverhalten und Marktforschung, eine praxisorientierte Einführung, Stuttgart 1995, S. 95ff. Diese Systematik integriert in anderen Modellen beschriebene situative Einflüsse wie bspw. die exogenen Variablen des Prozessmodells von HOWARD und SHETH. Vgl. Tostmann, T.M., Konsument und Kaufentscheidung, a.a.O., S. 42.

190 In einem späteren Aufsatz argumentierte BELK selbst allerdings gegen allgemeingültige situative Taxonomien, da sie kaum zur Erforschung des Konsumentenverhaltens geeignet sind. An Stelle allgemeingültiger Taxonomien plädiert er dagegen für die Klassifizierung situativer Variablen, die nur auf einen bestimmten Bereich menschlichen Verhaltens Bezug nehmen. Vgl. Belk, R.W., Entwicklung produktspezifischer Klassifikationen von Verbrauchssituationen, a.a.O., S. 335ff.

191 Zum Einfluss situativer Variablen auf Entscheidungen innerhalb von Geschäften, die im Zusammenhang mit dem Prozess der Einkaufsstättenwahl unberücksichtigt bleiben müssen, vgl. z.B. Park, C.W., Iyer, E.S., Smith, D.C., The Effects of Situational Factors on In-Store Grocery Shopping Behavior: The Role of Store Environment and Time Available for Shopping, in. JoCR, Vol. 15, March 1989, S. 422-433.

	längerfristige Rahmenbedingungen	kurzfristige Entscheidungssituation
Physische Einflüsse	stabile stoffliche Gegenstandswelt: Angebotsstruktur, absolute Entfernung ➔ ökonomisches Umfeld	labile stoffliche Gegenstandswelt: Sonderangebote, momentane Entfernung
Soziale Einflüsse	Familie, Bezugsgruppen, soziale Schicht, Kultur ➔ soziodemografisches Umfeld	Gegenwart und Interaktionen mit anderen Personen
Zeitliche Einflüsse	generelles Zeitbudget, Ladenöffnungszeiten	Wochentag, Tageszeit, Zeitdruck
Art der Aufgabe		Einkaufsanlass, Produktart, Kaufrisiko, Menge ➔ Bedürfnis (Kaufmotiv)
Psychische Einflüsse	Charaktereigenschaften ➔ psychografische Prädisposition	momentane Stimmung, Müdigkeit, Hunger, etc.

Abb. 7: Systematisierung situativer Kontextfaktoren der Einkaufsstättenwahl

Betrachtet man nun die Inhalte der gebildeten Situationsklassen, so wird deutlich, dass ein Teil der Rahmenbedingungen bereits beschriebenen Stimulusvariablen entspricht. Bedürfnisse bzw. die daraus abgeleiteten Kaufmotive und die psychografische Prädisposition sind schon als Bestandtteile der im Organismus ablaufenden individuellen Vorgänge im Präferenzbildungsprozess integriert. Langfristige zeitliche Einflüsse finden damit indirekt in den Stimuli Berücksichtigung.[192] In Verfolgung der eingangs zugrunde gelegten Definition des situativen Kontextes wird außerdem klar, dass diese Bedingungen im Widerspruch zu den begrifflichen Inhalten situativer Einflüsse stehen.

Längerfristige Rahmenbedingungen, die als restriktive Kauffaktoren in den Prozess der Einkaufsstättenwahl eingreifen, beinhalten demnach keine situativen Faktoren i.e.S., sondern wirken implizit als Stimulus auf die Entwicklung grundlegender Bedürfnisse ein, die entsprechend bei der Bildung der constrained preference von Konsumenten explizit herangezogen werden können. Die kurzfristige Entscheidungssituation subsumiert die als situativer Kontext bezeichneten

---

[192] Ladenöffnungszeiten werden innerhalb ökonomischer Umfelddeterminanten besprochen, das vom Konsumenten generell verfügbare Zeitbudget kann aus sozioökonomischen (Beruf, Ausbildungsstand) und demografischen Faktoren (Haushaltgröße) abgeleitet werden. Zur detaillierten Auseinandersetzung mit den Zusammenhängen zwischen der für den Einkauf genutzten Zeit sowie der Zeitwahrnehmung und soziodemografischen wie psychografischen Determinanten vgl. z.B. McDonald, W., Time Use in Shopping: The Role of Personal Characteristics, in: JoR, Vol. 50, Nr. 4/1994, S. 345-365 sowie die dort angegebenen Quellen.

Einflüsse, die speziell Kaufabsicht und Kauf nachhaltig determinieren.[193] Ihre Integration in den Präferenzbildungsprozess erfolgt daher in erster Linie über die Analyse von Divergenzen zwischen Präferenzangaben und Kaufverhalten. Parallel zu Variablen des ökonomischen und soziodemografischen Umfeldes stimulieren sie darüber hinaus die Entstehung von Bedürfnissen (z.B. durch Sonderangebote) und wirken auf die Perzepzion von Einkaufsstätten (z.B. durch die Interaktion mit einer andern Person) ein.

2.4 Systematisierung der durch Stimuli ausgelösten Bedürfnisse

Die beschriebenen Stimuli können in separater als auch kombinierter Weise unterschiedliche Bedürfnisse auslösen. Erst die Verarbeitung der Bedürfnisse bewirkt jedoch, dass innerhalb des Individuums Prozesse wie der der Einkaufsstättenwahl veranlasst wird, indem Bedürfnisse als Mangelzustand erkannt werden und in Verbindung mit einem entsprechenden **Motiv** zur Handlung führen (vgl. Abb. 8, die den zirkularen Prozess des Wirtschaftens und seiner psychischen Elemente abbildet). Motive sind insofern von Bedürfnissen zu unterscheiden, als dass sie auf Ziele gerichtet sind, während Bedürfnisse erst als Mangelzustände konkretisiert werden müssen.[194] In Bezug zum Anteil an kognitiver Kontrolle sind Motive auch auf einem Kontinuum zwischen rein emotional gesteuerten Trieben und rational gesteuerten Zielen darstellbar.[195]

---

193 Die Unterscheidung nach antizipierbaren und nicht vorweg einzuschätzenden situativen Variablen soll dabei auf Grund mangelnder Eindeutigkeit und fehlender Relevanz für die Ergebnisse des Präferenzbildungsprozesses vernachlässigt werden.

194 Vgl. Trommsdorff, V., Konsumentenverhalten, a.a.O., S. 108 bzw. Kroeber-Riel, W., Konsumentenverhalten, a.a.O., S. 137, der Motivation als Ergebnis einer grundlegenden Antriebskraft (entsprechend dem hier verwendeten Bedürfnis) und einer kognitiven Zielorientierung definiert. In der wissenschaftlichen Diskussion finden sich darüber hinaus Ansätze, die die Begriffe Bedürfnis und Motivation synonym verwenden. Vgl. z.B. Meffert, H., Käuferverhalten und Marktforschung, a.a.O., S. 52 oder Nieschlag, R., Dichtl, E., Hörschgen, H., Marketing, a.a.O., S. 165.

195 Vgl. Trommsdorff, V., Konsumentenverhalten, a.a.O., S. 108.

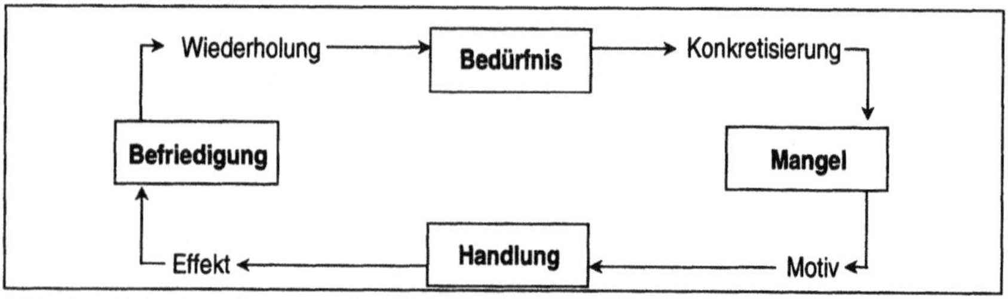

Abb. 8: Zirkularer Prozess der Wirtschaftens
(Quelle: Jaeck, H.-J., Konsum– und Absatzprognose, Berlin 1978, S. 28)

Die Beschreibung aktivierender Prozesse bezieht sich neben dem Motivkonstrukt ebenso auf Emotionen und Einstellungen.[196] Dieser Sichtweise soll jedoch nur teilweise gefolgt werden. Emotionale bzw. affektive Bestandteile finden sich bereits innerhalb motivationaler als auch einstellungsgenerierender Prozesse wieder[197] und sollen aus diesem Grund nicht gesondert vorgestellt werden. Hinsichtlich der Einstellung ist mit dem **Shopping Value** die psychische Prädisposition von Konsumenten als generelle Einstellung zum Kaufprozess an sich, der die Einkaufsstättenwahl beinhaltet, zu analysieren. Dieses Konstrukt löst im Gegensatz zu den über Motive konkretisierten Bedürfnissen den Prozess der Einkaufsstättenwahl nicht direkt aus, sondern steht in Wechselwirkung mit den Bedürfnissen und beeinflusst darüber weitere Prozessbestandteile.

2.41 Motive des Kaufs

Aus der Vielfalt vorhandener Motivklassifikationen[198] sind für die vorliegende Fragestellung jedoch nur diejenigen von Interesse, die in direktem Zusammenhang zur Einkaufsstättenwahl stehen. Basierend auf der in der anglo–amerikanischen Literatur zu findenden Unterscheidung zwischen nutzenorientierten und hedonistischen Bedürfnissen,[199] sollen entsprechend abgeleitet diese beiden

---

[196] Vgl. Meffert, H., Käuferverhalten und Marktforschung, a.a.O., S. 48ff.; Kroeber-Riel, W., Konsumentenverhalten, a.a.O., S. 45ff.

[197] Vgl. hierzu die Ausführungen zur Drei-Komponenten-Theorie bei Meffert, H., Käuferverhalten und Marktforschung, a.a.O., S. 56 bzw. Kroeber-Riel, W., Konsumentenverhalten, a.a.O., S. 163, wobei KROEBER-RIEL die affektive Komponente von Einstellungen als emotionale, motivationale Elemente spezifiziert.

[198] Vgl. hierzu bspw. die Hierarchiestufen menschlicher Bedürfnisse nach MASLOW oder die Unterscheidung nach intrinsischen und extrinsichen bzw. bewussten und unbewussten Motiven bei MEFFERT. Vgl. Maslow, A.H., A Theory of Motivation, in: PsychR Vol. 50/1943, S. 370-396; Meffert, H., Käuferverhalten und Marktforschung, a.a.O., S. 52f.

[199] Vgl. Engel, J.F., Blackwell, R.D., Miniard, P.W., Consumer Behavior, a.a.O., S. 405.

Kategorien von Motiven vorgestellt werden. Dazu kann auf die von ALDERSON vorgeschlagene Unterscheidung in konsumtive und instrumentelle Motive zurückgegriffen werden.[200]

Instrumentelle Motive verfolgen mit dem Kauf eine extrinsische Belohnung. Sie berücksichtigen dabei stärker objektive, funktionale Merkmale von Objekten. **Konsumtive Motive** hingegen streben die Verwirklichung intrinsischer Ziele an und stellen damit eine eher gefühlsbasierte Erfahrung in den Mittelpunkt der Handlung. Dabei dominieren subjektive, emotionale Aspekte diese Kauforientierung.[201] Entsprechend liegen instrumentelle Motive, die den Prozess der Einkaufsstättenwahl auslösen, in dem Fall vor, in dem ein konkreter Konsumwunsch von Produkten oder Services als Ursache des Einkaufs bekannt ist. Konsumtive Motive beziehen sich andererseits auf das Kauferlebnis an sich und nicht auf den Kaufgegenstand. Diese Möglichkeit der Unterscheidung von Motiven findet sich ebenfalls in den Ergebnissen einer Studie von BLOCH ET AL., der Aktivitäten von Besuchern von Malls, in denen in Amerika die meiste Zeit außer bei der Arbeit und zu Haus verbracht wird, analysierte.[202] Die faktoranalytische Verdichtung der Daten ergab neben der Konsumtion von Produkten und der Konsumtion von Services den „Konsum der Mall" sowie Zeitvertreib als dritten und vierten Faktor. Die beiden erstgenannten Aktivitäten sind instrumentellen Motiven zuzurechnen und klar verständlich, letztgenannte beschreiben mit konsumtiven Motiven einen wenig systematisierten Bereich.

In BLOCHS Untersuchung wurden folgende Items mit den beiden konsumtiven Faktoren verbunden:

---

200 Vgl. Alderson, W., Marketing Behavior and Executive Action, Homewood, 1957, zit. nach Pham, M.T., Representativeness, Relevance, and the Use of Feelings in Decision Making, a.a.O., S. 146.

201 Vgl. ebenda, S. 405; Hirschman, E.C., Holbrook, M.B., Hedonic Consumption: Emerging Concepts, Methods, and Propositions, JoM 46/1982, S. 92. Probleme, die sich aus der weniger einfachen Konzeptualisierung und Operationalisierung konsumptiver Motive ergeben, lassen sich über qualitative Techniken lösen. Den Nachteil subjektiver Interpretationen wiederum vermeidet das sog. Implizit-Modell von HEYLEN. Vgl. Raffel, C.B., Vague Notions, New Techniques Shed Light on Repressed Motives, in: MR Vol. 8, Nr. 6, Summer 1996, S. 21-23.

202 Vgl. Bloch, P.H., Ridgway, N.M., Dawson, S.A., The Shopping Mall as Consumer Habitat, a.a.O., S. 23-42.

Factor	Item	% of Respondents*
Consumption of the Mall	Walked in the mall for the exercise.	23,2
	Looked at the mall exhibits or shows	36,5
	Talked with other shoppers met today the mall.	22,7
	Socialized with friends or familiy in the mall.	41,7
Passing Time	Browsed in a mall store without planning to buy.	61,2
	Bought a snack in the mall.	46,9
	Had a lunch or dinner in the mall.	29,9

* Mehrfachantworten möglich (Anm. d.Verf.) n = 600

Tab. 6: Konsumtive Aktivitäten von Mallbesuchern
(Quelle: Bloch, P.H., Ridgway, N.M., Dawson, S.A., The Shopping Mall as Consumer Habitat, a.a.O., S. 29.)

Die bislang geringe Auseinandersetzung mit konsumtiven Kaufanlässen bestätigt ebenso die häufige Zitation der Ergebnisse einer explorativen Studie von TAUBER, die Kaufmotive nach persönlicher und sozialer Natur unterscheidet:[203]

- Personale Motive: Rollenspiel, Zerstreuung, Selbstbelohnung, Lernen neuer Trends, körperliche Aktivität, Stimulierung der Sinne

- Soziale Motive: soziale Außer–Haus–Erfahrungen, Kommunikation mit ähnlich interessierten Personen, Zugehörigkeit zu Referenzgruppen, Ansehen und Status, Freude an Schnäppchenkäufen

Der Vergleich beider Untersuchungen lässt erkennen, dass die von TAUBER 1972 erhobenen Motive immer noch hohe Allgemeingültigkeit besitzen und sämtliche Aktivitäten aktueller Mallbesucher (vgl. die Untersuchung von BLOCH ET AL. 1994) abbilden.

Auch instrumentelle Motive können eine weitere Spezifizierung erfahren. Allerdings soll dabei die Konsumtion von Services auf Grund ihrer eher geringen Relevanz zum Einkaufsstättenbesuch wie auch in der gesamten Arbeit vernachlässigt werden.[204] Die Unterscheidung instrumenteller Motive ist bspw. dahingehend möglich, als dass Entscheidungen nach dem Anteil kognitiver Beteiligung

---

203 Vgl. z.B. Tauber, E.M., Why do People shop? in: Marketing Management, Fall 1995, Vol. 4, No. 2, S. 58-60, erstmalig 1972 im JoM veröffentlicht.

204 Nach den Ergebnissen von BLOCH ET AL. vereinigen sich nur 6 Prozent aller Antworten auf den Faktor „Konsum von Services", gegenüber 28 Prozent auf den Konsum von Produkten bzw der Mall sowie 38 Prozent auf den Faktor „Zeitvertreib" (eigenen Berechnungen auf Basis der Angaben). Vgl. Bloch, P.H., Ridgway, N.M., Dawson, S.A., The Shopping Mall as Consumer Habitat, a.a.O., S. 29.

am Kaufprozess differenziert werden.[205] Aus den verschiedenartigen Ansätzen zur Typologisierung derartiger Entscheidungen[206] soll auf das von KATONA 1960 initiierte, im späteren Verlauf durch KROEBER-RIEL und WEINBERG spezifizierte und in der gegenwärtigen Diskussion häufig zitierte Konzept der impulsiven, habitualisierten, limitierten und extensiven Entscheidung Bezug genommen werden, deren Unterschiede im Informationsbedarf auf Unterschiede im Einkaufsstättenwahlverhalten schliessen lassen.[207]

- Extensive Entscheidungen sind mit dem größten kognitiven Aufwand verbunden. Diese Form des Verhaltens korrespondiert mit hohem Involvement und starkem Risikoempfinden, so dass der Konsument vor der endgültigen Entscheidung eine umfangreiche Informationssammlung und –verarbeitung betreibt. Extensive Entscheidungen stehen in engem Zusammenhang zu hochwertigen, langlebigen Gebrauchsgütern (Specialty Goods).

- Limitierte Entscheidungen liegen vor, wenn Konsumenten über vorhandene Lösungsmuster und Entscheidungskriterien für den entsprechenden Problembereich verfügen, die sie zur Vereinfachung der Entscheidung heranziehen. Limitierte Entscheidungen kommen in Situationen zur Anwendung, in denen nur ein geringes Risiko empfunden wird, das mit einem eher niedrigen Involvement einhergeht (Shopping Goods). Dementsprechend ist der benötigte Informationsbedarf als gering einzustufen. Im Zusammenhang mit diesem Entscheidungstypus ist das **Evoked Set–Modell**[208] zu erwähnen, mit dessen Hilfe die

---

205 In Abgrenzung zur Differenzierung nach konsumptiven und instrumentellen Kaufmotiven sei erwähnt, dass diese Kategorien keineswegs mit unterschiedlicher kognitiver Beteiligung verbunden sein müssen. So kann das soziale Ziel der Freude an Schnäppchenjagden als Auslöser des Einkaufsstättenwahlprozesses mit einem erheblichen Informationsaufwand verknüpft sein.

206 Ein sehr guter Überblick findet sich bei KUSS; vgl. Kuss, A., Information und Kaufentscheidung, Methoden und Ergebnisse empirischer Konsumentenforschung, Berlin 1987, S. 17ff. In Ergänzung neuerer Ansätze soll an dieser Stelle auf die informationsökonomische Typologie bei WEIBER verwiesen werden, die Güter nach ihren Anteilen an Such-, Erfahrungs- und Vertrauenseigenschaften unterscheidet und auf NELSON sowie DARBY und KARNI zurückgeht. Vgl. Weiber, R., Was ist Marketing?, a.a.O., S. 61ff. Auf Grund vorhandener Schwierigkeiten einer eindeutigen a priori vorzunehmenden Zuordnung von Objekten in diese Kategorien soll dieser Ansatz im Zusammenhang mit der Einkaufsstättenwahl jedoch vernachlässigt werden.

207 Vgl. hierzu und zu den folgenden Ausführungen Kroeber-Riel, W., Konsumentenverhalten, a.a.O., S. 371ff.; Weinberg, P., Das Entscheidungsverhalten der Konsumenten, a.a.O., S. 12ff. sowie Meffert, H., Käuferverhalten und Marketingforschung, a.a.O., S. 39ff.; Hansen, U., Absatz- und Beschaffungsmarketing des Einzelhandels, a.a.O., S. 111ff. KROEBER-RIEL stellt als Typus mit geringer kognitiver Kontrolle neben impulsivem und habitualisiertem Verhalten ebenfalls die zufallsgesteuerte, gleichgültige Entscheidung vor. Unter der Annahme, dass dieses Verhalten beim Prozess der Einkaufsstättenwahl keinerlei Bedeutung beizumessen ist, wird die zufällige Entscheidung vernachlässigt bzw. unter impulsivem Verhalten subsumiert.

208 Dieses Modell dient der Erklärung der selektiven Markenauswahl von Konsumenten innerhalb einer Produktkategorie. Vgl. Brisoux, J.E., Laroche, M., A Proposed Consumer Strategy of Simplification for Categorizing Brands, in: Summey, J.D., Taylor, R.D. (Eds.), Evolving Marketing Tought for 1980. Proceedings of the Annual Meeting of the Southern Marketing Association, Carbandale, 1980, S. 112-114, zit. nach Meffert, H., Marketingforschung und

durch Konsumenten vorgenommene Begrenzung auf eine Teilmenge aller möglichen Alternativen erklärt wird. Die Entscheidung über das auszuwählende Produkt basiert letztendlich auf diesem vorab als relevant evaluierten Set von Objekten.

- Habitualisierte Entscheidungen bedingen nur eine sehr geringe kognitive Beteiligung, da verselbständigte Automatismen das Handeln von Konsumenten steuern und eine einmal getroffene Präferenzentscheidung bezüglich bestimmter Objekte wiederholen. Diese Form der Entscheidung ist dann gegeben, wenn die Situation als risikolos und unbedeutend eingeschätzt wird. Entsprechend findet vor der Entscheidung keine explizite Informationssuche und –verarbeitung statt. Im Zusammenhang mit Produktkategorien sind habitualisierte Entscheidungen insbesondere bei Gütern des täglichen Bedarfs anzutreffen (Convenience Goods).

- Impulsives Kaufverhalten unterscheidet sich von den vorab beschriebenen Kategorien insofern, als dass die Entscheidung über den Kauf unmittelbar reaktiv im Affekt als Folge bestimmter situativer Reize getroffen wird. Sie ist nicht zwingend an Situationen mit gering wahrgenommenem Risiko und niedrigem Involvement verknüpft, allerdings gelten geringwertige und lebensverfeinernde Produkte sowie Kleinobjekte als besonders geeignet, wobei jedoch ein stärkerer Zusammenhang zu Konsumentenmerkmalen (Impulsivität und Extrovertiertheit) unterstellt wird. Bei Hinterfragung übergeordneter Motive, die Impulskäufe veranlassen, stellt sich heraus, dass produktbezogene Bedürfnisse erst bei der Konfrontation mit entsprechenden Objekten entstehen. Das dem Kaufvorgang vorausgegangene Bedürfnis bezieht sich somit auf andere Bereiche wie dem Streben nach affektivem Genuss oder Entlastung, die wiederum den beschriebenen konsumtiven Motiven zuzuordnen sind.

Eine Übersicht über Zusammenhänge dieser Entscheidungstypen zu Produkt, Reizkonstellation bei der Auswahl und die persönliche Prädisposition bietet folgende Übersicht:

Käuferverhalten, a.a.O., S. 40f. In seiner Anwendung wird das Evoked Set-Modell zur Abgrenzung der relevanten Ausgangsmenge für Präferenzentscheidungen bei unterschiedlichen Produktarten allerdings als nicht unproblematisch diskutiert, da die Variabilität der Bedarfssituation unberücksichtigt bleibt. Vgl. Herrmann, A., Produktwahlverhalten, a.a.O., S. 41. Für weitere Modelle der Produktmarktabgrenzung vgl. Gutsche, J., Produktpräferenzanalyse, a.a.O., S. 58ff.

Kaufentscheidungstypen	extensiv	limitiert	habitualisiert	impulsiv
auszuwählendes Produkt				
subjektive Neuheit	●	◉	○	◉
subjektive Bedeutung	●	◉	○	●
Bedarfshäufigkeit	○	◉	●	○
relative Preishöhe	●	◉	◉	○
Reizkonstellation				
Zeitdruck	○	◉	●	●
emotionaler Reizwert	○	○	○	●
Neuartigkeit der Situation	●	◉	○	●
Persönliche Prädisposition				
kognitive Steuerung	●	◉	○	○
Informationsbedarf	●	◉	○	○
Risikoneigung	○	○	○	●
Involvement	●	◉	○	○

● tendenziell groß ○ tendenziell gering ◉ situationsabhängig

Abb. 9: Determinanten instrumenteller Entscheidungsmotive
(Quelle: Corsten, H., Meier, B., Konsumentenverhalten in unterschiedlichen Kaufsituationen, Entwurf eines Modells auf verhaltenswissenschaftlicher Grundlage, in: JAVF 2/1982, S. 119.)

Da impulsive Entscheidungen demnach stärker durch konsumtive Kaufmotive widergespiegelt werden, sollen sich die weiteren Überlegungen auf extensive, limitierte und habitualisierte Entscheidungen beschränken.[209] Dafür spricht ebenfalls die relativ geringe Bedeutung von Impulskäufen im Verhältnis zu den drei anderen Entscheidungstypen.[210] Obwohl diese Typisierung neben Produkten ebenso Einkaufsstätten zum Gegenstand ihrer Überlegungen haben kann,[211] soll im folgenden davon ausgegangen werden, dass Ziele, die sich auf den „Konsum von Einkaufsstätten" beziehen, ebenfalls unter konsumtiven Motiven zusammengefasst werden.

---

209 Ein enger Zusammenhang zwischen den beschriebenen Kategorien instrumenteller Kaufmotive besteht zu einer Typologie von Kaufentscheidungen, die nach Convenience Goods mit vorhandenem Kaufprogramm bei geringer Kollektivität der Entscheidungsfindung (in Parallelität zu habitualisierten Entscheidungen), Shopping Goods als Mischtypus und Specialty Goods als Gegenpol zu Convenience Goods (parallel zu extensiven Entscheidungen) differenziert. Vgl. Ruhfus, R., Kaufentscheidungen von Familien, Ansätze zur Analyse des kollektiven Entscheidungsverhaltens im privaten Haushalt, Wiesbaden 1976, S. 22ff. zit. nach Meffert, H., Käuferverhalten und Marketingforschung, a.a.O., S. 43f.

210 Laut Ergebnissen einer empirischen Untersuchung von DAHLHOFF tragen nur ca. 7,7 Prozent aller Käufe den Charakter impulsiver Entscheidungen. Vgl. Dahlhoff, H.-D., Ungeplantes und impulsives Kaufverhalten, in: Meffert, H., Steffenhagen, H., Freter, H. (Hrsg.), Konsumentenverhalten und Information, Wiesbaden 1979, S. 311-331.

211 Vgl. Hansen, U., Absatz- und Beschaffungsmarketing des Einzelhandels, a.a.O., S. 113.

2.42 Psychografische Prädisposition: Shopping Value

Unabhängig der mit dem konkreten Einkauf verbundenen Ziele und Erwartungen sowie generierten Einstellungen gegenüber einzelnen Einkaufsstätten besitzt jedes Individuum ein generelles Wertesystem, dessen Analyse in neueren Ansätzen der Kaufverhaltenstheorie an Bedeutung gewonnen hat.[212] Dieses nur in geringem Maße von der Situation abhängige Konstrukt kennzeichnet „ein konsistentes System von Einstellungen (‚Über–Einstellung') mit normativer Verbindlichkeit.„[213] Bisherige Untersuchungen, die sich mit der Wirkung von grundlegenden persönlichen Werten auf das Kaufverhalten auseinandersetzten, zeigten signifikante Zusammenhänge zur Einstellung gegenüber Einkaufsstättenmerkmalen, die wiederum in direkter Beziehung zum beobachtbaren Kaufverhalten stehen.[214] Eine situationsbezogene Interpretation von Werten ist insofern möglich, indem derartig generalisierte Einstellungen auf Handlungen oder Objekte bezogen werden, wie im vorliegenden Fall auf den Einkauf. Für die weitere Betrachtung sollen daher unter dem Shopping Value bzw. unter Kaufeinstellungen „all factors, both qualitative and quantitative, subjective and objective, that make up the complete shopping experience"[215] verstanden werden.[216]

---

212 Vgl. Meffert, H., Marketingforschung und Käuferverhalten, a.a.O., S. 71.

213 Trommsdorff, V., Konsumentenverhalten, a.a.O., S. 175. Zum Wertekonstrukt allgemein vgl. auch ROKEACH, der Werte als „an enduring belief that a specific mode of conduct or end-state of existence is personally or socially preferable to an opposite or converse mode of conduct or end-state of existence" definiert. Vgl. Rokeach, M., The Nature of Human Values, New York, 1973, S. 5.

214 Vgl. Shim, S., Eastlick, M.A., The Hierarchical Influence of Personal Values on Mall Shopping Attitude and Behavior, a.a.O., S. 139-160. Persönliche Werte wurden über die List of Value-Skala (LOV) von KAHLE (1983) faktorenanalytisch in „Selbstverwirklichung" und „Soziale Anbindung" verdichtet. Die Ergebnisse der Untersuchung verdeutlichten, dass Konsumenten, die beide Werte stärker betonen, mit größerer Wahrscheinlichkeit günstige Einstellungen gegenüber regionalen Malls besitzen. Interessant scheint die dabei getroffene Vermutung, dass die Betonung der „sozialen Anbindung" mit der Präferenz großer, umbauter Shopping Malls einhergeht. Um daraus Schlüsse zum Marketing von Einkaufsstätten ableiten zu können, fehlt jedoch die Vergleichbasis zu anderen Einkaufsstätten-Kategorien.

215 Schechter, L., A Normative Conception of Value, Progressive Grocer, Executive Report, 1984, S. 12-14, zit. nach Babin, B.J., Darden, W.R., Griffin, M., Work and/or Fun: Measuring Hedonic and Utilitarian Shopping Value, in: JoCR, Vol. 20, March 1994, S. 645.

216 ZEITHAML ermittelte in Bezug auf den wahrgenommenen Wert von Serviceleistungen vier verschiedene Bedeutungen des Wertekonstrukts. Die hier vorgeschlagene Interpretation stellt dabei die umfassendste und übergeordnete Version gegenüber bspw. einer Reduktion des Wertes auf Preisdimensionen dar. Vgl. Zeithaml, V.A., Bitner, M.J., Services Marketing, New York 1996, S. 496ff. An dieser Stelle muss jedoch auf die Doppeldeutigkeit von „Values", die i.S. von Geldwerten bzw. Nutzenbeiträgen als auch von normativen Wertemustern gedeutet werden können, hingewiesen werden. Obwohl sich die ursprüngliche Absicht ZEITHAMLS auf die erste Auslegung bezieht, stellt die letztlich verwendete Definition im angestrebten Sinne eine „Über-Einstellung" dar.

Als zwei grundlegende Typen des Shopping Value lassen sich ähnlich der gleichlautenden Differenzierung von Bedürfnissen bzw. Motiven[217] **nutzenorientierte und hedonistische Kaufeinstellungen** unterscheiden.[218] Der nutzenorientierte („utilitarian") Wert bezieht sich auf objektive, funktionale Merkmale, ist stärker extrinsisch motiviert und somit eher rationalen Grundsätzen verhaftet; im Gegensatz dazu sind hedonistische Wertorientierungen subjektiv und erlebnisbezogen, instrinsisch motiviert und daher eher mit einem emotionalen Charakter verbunden.[219] Auf dieser theoretischen Basis entwickelten BABIN ET AL. eine Skala zur Unterscheidung hedonistischer und nutzenorientierter Wertefaktoren.[220] Mittels Fokusgruppeninterviews generierte Einstellungsitems zum Einkauf wurden in der betrachteten Untersuchung von 125 Studenten auf einer 5–stufigen Likert–Skala bewertet und faktoranalytisch verdichtet. Dabei reduzierte sich die Anzahl der aussagekräftigen Items für die beiden Wertefaktoren „hedonistisch" und „nutzenorientiert" von 53 auf 20. Im nächsten Schritt erfolgte die Validierung der Skala zur Messung der beiden Faktoren an einer repräsentativen Stichprobe von 440 Einwohnern einer größeren Gemeinde im Mittelwesten der USA. Die Auswertung der Ergebnisse verminderte die Itemanzahl auf 15 Statements mit entsprechenden Faktorladungen (vgl. Tab. 7).

---

217 Vgl. Engel, J.F., Blackwell, R.D., Miniard, P.W., Consumer Behavior, a.a.O., S. 405.

218 Vgl. Babin, B.J., Darden, W.R., Griffin, M., Work and/or Fun, a.a.O., S. 645ff. Die Autoren weisen in ihren Ausführungen allerdings darauf hin, dass es sich bei diesen beiden Wertorientierungen nicht um sich ausschließende Polaritäten handeln muss, sondern dass Erlebnisse durchaus nutzenorientierte und hedonistische Charakterzüge aufweisen können. Die Unterscheidung dieser beiden Grundprinzipien korrespondiert mit den Ergebnissen von Untersuchungen, die sich speziell mit dem Kaufverhalten in Shopping Malls beschäftigen und Konsumenten nach ihren Kaufmotivationen in „Erholung" bzw. „Ökonomie/Convenience" segmentieren. Vgl. Bellenger, D.N., Robertson, D.H., Greenberg, B.A., Shopping Center Patronage Motives, JoR 53 (Summer) 1977, S. 29-38; Roy, A., Correlates of Mall Visit Frequency, in: JoR, Vol. 70, 2/1994, S. 139-161. In Abgrenzung zur hier beschriebenen Kaufeinstellungen stellt die Kaufmotivation allerdings ein kurzfristiges, auf den konkreten Einkauf bezogenes Konstrukt dar. Ähnlich den hier erhobenen Shopping Values wird von anderen Autoren die hedonistische Kaufeinstellung mit einem hohen Involvement gleichgesetzt. Vgl. Wakefield, K.L., Baker, J., Excitement at the Mall, a.a.O., S. 521f. Die Unterscheidung des Involvement in eine situative sowie eine beständige Form eröffnet die Möglichkeit, das andauernde Involvement ähnlich der hier formulierten generellen Einstellungen bzw. Werten zu interpretieren. Wird Involvement jedoch wie in der vorliegenden Arbeit als Aktivierungsgrad definiert, muss die beschriebene psychische Prädisposition mit anderen Konstrukten als dem Involvement erklärt werden, da sowohl nutzenorientierte als auch hedonistische Kaufeinstellungen ein hohes Maß an Aktiviertheit erzeugen können. Zur Definition des Involvement vgl. Trommsdorff, V., Konsumentenverhalten, a.a.O., S. 50.

219 Vgl. ebenda, S. 645ff.; Hirschman, E.C., Holbrook, M.B., Hedonic Consumption, a.a.O, S. 92; Batra, R., Ahtola, O.T., Measuring the Hedonic and Utilitarian Sources of Consumer Attitudes, Marketing Letters, 2/1991, S. 159-170.

220 Vgl. Babin, B.J., Darden, W.R., Griffin, M., Work and/or Fun, a.a.O., S. 644-656.

Bezüglich anderer mit dem Kauf verbundener Variablen korrelieren die erhobenen Wertefaktoren in unterschiedlichem Maße. Höhere signifikant positive Korrelationen sind bei hedonistischer im Vergleich zu nutzenbasierter Wertorientierung bzgl. der Erlebnismotivation beim Kauf (0,56 vs. -0,02), Kaufzwang (0,34 vs. -0,08), Freude (0,47 vs. ,031), Erregung (0,61 vs. 0,26) sowie ungeplanten Käufen (0,18 vs. 0,09) zu beobachten; allerdings besteht zur Ausgabenhöhe bei hedonistischem Shopping Value ein geringerer Zusammenhang (0,16 vs. 0,24).[221]

	Faktorladung	
Statement	Hedonistisch	Nutzenorientiert
This shopping trip was truly a joy.	,81	
I continued to shop, not because I had to, but because I wanted to.	,69	
This shopping trip truly felt like an escape.	,76	
Compared to other things I could have done, the time spent shopping was truly enjoyable.	,83	
I enjoyed being immersed in exciting new products.	,77	
I enjoyed this shopping trip for its own sake, not just for the items I may have purchased.	,71	
I had a good time because I was able to act on the „spur-of-the moment".	,69	
During the trip, I felt the excitement of the hunt.	,76	
While shopping, I was able to forget my problems.	,71	
While shopping, I felt a sense of adventure.	,73	
This shopping trip was not a very nice time out.	-,72	
I accomplished just what I wanted to on this shopping trip.		,80
I couldn't buy what I really needed.		-,66
While shopping, I found just the items(s) I was looking for.		,78
I was dissappointed because I had to go to another store(s) to complete my shopping.		-,56

n = 440

Tab. 7: Faktorladungen des Shopping Value
(Quelle: Babin, B.J., Darden, W.R., Griffin, M., Work and/or Fun, a.a.O., S. 651.

Die Differenzen zwischen beiden grundlegenden Wertorientierungen lassen darauf schließen, dass im Zusammenhang mit der **Einkaufsstättenwahl** Unterschiede in der Gewichtung von Merkmalen auftreten, die – zusätzlich bedingt durch die Varianz im Auftreten von Einkaufsstätten – zu Unterschieden in der Einkaufsstättenwahl führen. Achten hedonistische Konsumenten stärker auf Determinanten, die Ausdruck des Erlebnischarakters sind (wie bspw. die Einkaufsatmosphäre) und präferieren dementsprechend Einkaufsstätten, bei denen diese Merkmale gut wahrgenommen und positiv beurteilt werden, fühlen sich nutzenorien

[221] Vgl. ebenda, S. 651. Andere Variablen, wie Zeitdruck oder Gesamtzufriedenheit wiesen hingegen keine Unterschiede in ihrer Korrelation mit dem Shopping Value auf.

tierte Konsumenten zu Einkaufsstätten hingezogen, die günstige Ausprägungen in funktionalen, d.h. sog. „harten“ Faktoren wie Preis oder Vielfalt aufweisen.

3 Ansätze zur Erklärung von Präferenzen

In den folgenden Ausführungen des 3. Kapitels werden die Prozesse, die innerhalb des Organismus als Reaktion auf Stimuli ablaufen, näher beschrieben. Zentrale Konstrukte in diesem Prozess stellen dabei **Perzeption** und **Präferenz** dar. Die Arbeit von HERRMANN, die als wichtiger Beitrag in der theoretischen Auseinandersetzung mit bedeutsamen Modellen des Produktwahlverhaltens einzuordnen ist, zeigt, dass der Prozess der Reizaufnahme und –verarbeitung im Kern aus den Konstrukten „Wahrnehmung von Stimuli“ und „Herausbildung von Präferenzen“ sowie den Wirkungszusammenhängen zwischen diesen Konstrukten besteht.[222]

3.1 Perzeption von Einkaufsstätten als zentrale Komponente der Stimulusverarbeitung

Die Perzeption[223] stellt den ersten zentralen Bestandteil einer intervenierenden und damit nicht direkt beobachtbaren oder messbaren Variable im Präferenzbildungsprozess dar. Aus diesem Grund beschäftigen sich die beiden folgenden Kapitel mit den theoretischen Hintergründen dieses Konstruktes sowie Ansätzen zu seiner Messung.

3.11 Entstehung und Determinanten von Perzeptionen

Die intensivste Beschäftigung mit dem Thema der Perzeption entstammt der psychologischen Forschungstradition. Erwähnenswert sind in diesem Zusammenhang vor allem die Schulen des Strukturalismus und Konstruktivismus, die Gestaltpsychologie, die direkte Perzeption und die neurophysiologische Schule.[224]

---

222 Vgl. Herrmann, A., Produktwahlverhalten, a.a.O., S. 179ff.

223 Die Begriffe Perzeption und Wahrnehmung stellen identische Sachverhalte dar und sollen daher im folgenden synonym verwendet werden.

224 Vgl. dazu detaillierter Schiffman, H.R., Sensation and Perception: An integrated Approach, 4.

Darüber hinaus gehörte jedoch die Auseinandersetzung mit der Wahrnehmung seit Aristoteles in den Bereich philosophischer Fragestellungen.[225] Einheitlichkeit besteht in der fachlichen Auseinandersetzung darüber, dass der Perzeptionsprozess als Bestandteil des menschlichen Informationsverhaltens einzuordnen ist.[226] Der kognitive Charakter von Perzeptionen als Ergebnis dieses Informationsprozesses steht für den Mechanismus der Verhaltenssteuerung, der gegenüber der auslösenden Funktion von gedanklichen Vorgängen durch aktivierende Prozesse die Organisation von Individuen innerhalb der Umwelt übernimmt. Das Ergebnis kognitiver Prozesse, die der gedanklichen Kontrolle und bewussten Steuerung des Verhaltens dienen, bilden (Er–)Kenntnisse, die sowohl auf die Umwelt als auch auf die eigene Person bezogen sein können.[227]

Unterschiede ergeben sich hinsichtlich der Einordnung der Perzeption innerhalb der Informationsverhaltensstruktur. Die Mehrzahl der Autoren sehen den Perzeptionsprozess als Bestandteil der Informationsverarbeitung und grenzen ihn somit von der Informationsaufnahme und Informationsspeicherung ab.[228] Gleichzeitig beziehen sie den Prozess der Aufnahme von Informationen neben Selektion, Organisation und Interpretation in die definitorische Abgrenzung des Begriffs mit ein.[229] Nicht eindeutig geregelt ist ebenfalls, inwiefern die Interpretation von Informationen in den Wahrnehmungsprozess aufzunehmen ist, da sie einer Beurtei-

---

ed., New York 1996, S. 5ff. In der deutschen Forschungslandschaft werden neben der Gestaltpsychologie die Elementenpsychologie, Ganzheits-, Assoziations-, Motivations- und Sozialpsychologie erwähnt. Vgl. Pepels, W., Käuferverhalten und Marktforschung, a.a.O., S. 83f. Als Theorien, die aus diesen Forschungsrichtungen hervorgegangen sind, sollen beispielhaft die Adaptionsniveautheorie (HELSON), die Assimilations-Kontrast-Theorie (SHERIF ET AL.) oder die Theorie des „Mere Exposure" (ZAJONC) erwähnt werden. Weitere wahrnehmungstheoretische Erkärungsansätze finden sich bei Höser, H., Kontextabhängige Präferenzen, die Relativität von Präferenzurteilen und ihre Bedeutung für Kaufentscheidungen von Konsumenten, Frankfurt a.M., 1998, S. 63ff.

225 Aristoteles als Begründer des Empirismus glaubte, dass alles Wissen über die Umwelt der Erfahrung entstammt, die erst mit Hilfe der Sinne generiert werden kann, d.h. dass nichts im Geiste sein konnte, was vorher nicht in den Sinnen war.

226 Vgl. bspw. Nieschlag, R., Dichtl, E, Hörschgen, H., Marketing, a.a.O., S. 175ff.; Kroeber-Riel, W., Konsumentenverhalten, a.a.O., S. 266ff.; Meffert, H., Marketingforschung und Käuferverhalten, a.a.O., S. 60ff.

227 Vgl. Kroeber-Riel, W., Konsumentenverhalten, a.a.O., S. 266.

228 Vgl. Nieschlag, R., Dichtl, E, Hörschgen, H., Marketing, a.a.O., S. 175; Kroeber-Riel, W., Konsumentenverhalten, a.a.O., S. 266; Schneider, C., Präferenzbildung bei Qualitätsunsicherheit, a.a.O., S. 42.

229 Die über verschiedene Autoren sehr ähnliche Definition lautet: *„Wahrnehmung umfasst den Prozess der Aufnahme und Selektion von Informationen sowie deren Organisation (Gliederung und Strukturierung) und Interpretation durch das Individuum."* Meffert, H., Marketingforschung und Käuferverhalten, a.a.O., S. 61 oder Bänsch, A., Käuferverhalten, a.a.O., S. 71.

lung gleichkommt und im Ergebnis Einstellungen, Ähnlichkeiten oder Präferenzen erzeugt.

Zur Lösung dieses Problems wurde der Begriff der Perzeption im engeren sowie weiteren Sinne definiert (vgl. Abb. 10). Die **Perzeption i.e.S.** beschränkt sich auf die Selektion und Organisation von Informationen, die sich vorrangig hinsichtlich Art, Anzahl, Abstraktionsgrad und Art der Ausprägung der wahrgenommenen Eigenschaften unterscheiden.[230] Sie versteht sich als mehrdimensionales Abbild eines Objektes anhand bestimmter, für die Beurteilung relevanter Merkmale.[231] Eng verbunden mit dem Perzeptionsprozess i.e.S. ist der kognitive Prozess des Lernens bzw. Denkens sowie die Speicherung der aufgenommenen Informationen im Gedächtnis.[232] Zur Beschreibung der **Perzeption i.w.S.** sollte sich an dem in der Literatur gebräuchlichen Ablauf des Informationsprozesses, der die Phasen Informationssuche, –aufnahme und –verarbeitung unterscheidet, aus dem Grund nicht orientiert werden, da einerseits eine Suche nach Informationen die Bewusstheit des Prozesses voraussetzt, die in der Realität nur bei extensiven und limitierten Kaufentscheidungen gegeben ist. Andererseits stellt für den Prozess der Präferenzbildung das Ergebnis der Informationsverarbeitung eine wichtige Basis dar, das aus diesem Grund in den Perzeptionsprozess einbezogen wurde.

---

230 Die letztgenannten drei Dimensionen arbeitete HERRMANN als wichtigste Spezifikationsmerkmale der Wahrnehmung heraus, die in ihren Ausprägungen die Güte von Entscheidungen beeinflussen. Der Abstraktionsgrad unterscheidet zwischen abstrakten und konkreten Merkmalen (z.B. Convenience einer Einkaufsstätte vs. Anzahl der Geschäfte innerhalb einer Einkaufsstätte). Ausprägungen von Eigenschaften können in kontinuierlicher, kategorialer oder dichotomer Art wahrgenommen werden. Vgl. Herrmann, A., Produktwahlverhalten, a.a.O., S. 198ff. Die zusätzlich eingefügte Art der wahrgenommenen Eigenschaften soll zum Ausdruck bringen, dass nur ein Teil der von einem Objekt ausgesandten Stimuli in den Wahrnehmungsprozess einfließen.

231 Vgl. Böcker, F., Präferenzforschung als Mittel marktorientierter Unternehmensführung, a.a.O., S. 554ff.

232 Vgl. Kroeber-Riel, W., Konsumentenverhalten, a.a.O., S. 269. Aus diesem Grund bezeichnet es der Autor als unmöglich, Wahrnehmung als einen eigenständigen Vorgang abzugrenzen und zu untersuchen. Dieses Hindernis soll jedoch ansatzweise durch die beiden begrifflichen Abgrenzungen der Perzeption überwunden werden.

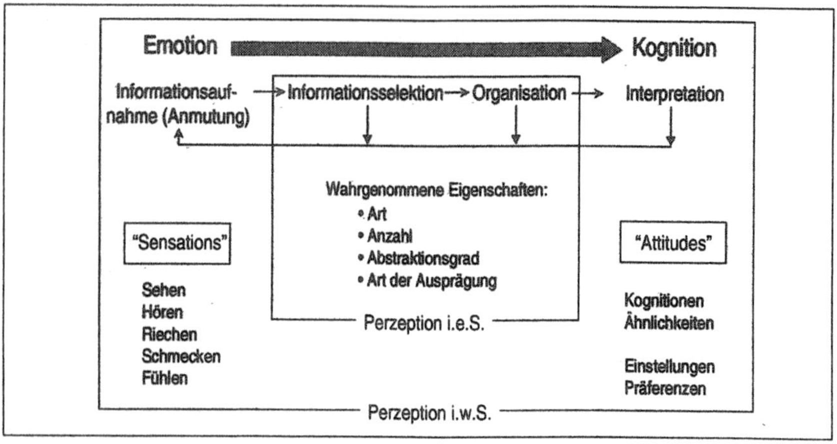

Abb. 10: Abgrenzung des Perzeptionsbegriffs im engeren und weiteren Sinne

In diesem Verständnis der Unterscheidung zwischen engerer und weiterer Sichtweise stellt die Phase der Informationsaufnahme Stimuli für den Wahrnehmungsprozess i.e.S. bereit, die als Sinneseindrücke bzw. „Sensations"[233] vom Individuum aufgenommen werden. Unter Sensations ist der Kontakt zwischen Personen und ihrer Umwelt zu verstehen, durch den deren Sinne mit Reizen konfrontiert werden.[234] Perzeptionen sind demgegenüber „the result of the organization and integration of sensations into an awareness of objects and environmental events."[235] In Abhängigkeit des Involvement[236] und der mit dem Einkauf verbundenen Emotionen und Motive[237] werden im nächsten Schritt aus der Menge der Sinneseindrücke die als wichtig erachteten Informationen ausgewählt und organisiert.[238]

---

[233] Die anglo-amerikanische Bezeichnung, die in der Literatur zu finden ist, wurde aus dem Grund beibehalten, weil sie den aktivierenden Charakter besser verdeutlicht. Vgl. Schiffman, H.R., Sensation and Perception, a.a.O., S. 2ff.

[234] Unter den Sinnen werden üblicherweise die fünf Sinne Sehen, Hören, Riechen, Schmecken und Fühlen verstanden. In der neueren Auseinandersetzung wird allerdings darauf hingewiesen, dass diese Sinne nur eine Vereinfachung darstellen und diese somit um Körperbewegung und Balance ergänzt. Vgl. Statt, D.A., Understanding the consumer, a psychological approach, Houndmills 1997, S. 42.

[235] Ebenda, S. 3.

[236] Involvement bezeichnet den Aktivierungsgrad zur objektgerichteten Informationssuche, -aufnahme, -verarbeitung und -speicherung. Vgl. Trommsdorff, V., Konsumentenverhalten, a.a.O., S. 49ff. TROMMSDORFF unterscheidet dabei neben stimulusspezifischen Faktoren, die die Stärke des Involvement beeinflussen (Produkt, Medium und Botschaft) personen- und situationsspezifisches Involvement.

[237] Vgl. Kroeber-Riel, W., Konsumentenverhalten, a.a.O., S. 271; Höser, H., Kontextabhängige Präferenzen, a.a.O., S. 64.

[238] Die Nennung dieser im Wahrnehmungsprozess intervenierenden Variablen erhebt keinen Anspruch auf Ausschließlichkeit. Andere Autoren beziehen z.B. Umwelteinflüsse, Persönlich-

Durch den Übergang der im Gedächtnis organisierten Informationen in eine an dieser Stelle als „Attitudes“ bezeichneten Interpretation, die in einem ersten Urteil Kognitionen oder Ähnlichkeiten als auch Einstellungen bzw. Präferenzen widerspiegeln kann, tritt die Wahrnehmung in ihre Ergebnisphase ein. Die Art und Weise der Interpretation wird geprägt durch Erfahrungen. Bei der Überführung von Sensations in Perzeptionen wiederum begrenzen die bereits vorhandenen Wahrnehmungsmuster und Attitudes die Auswahl der wahrgenommenen Eigenschaften. Die Beobachtung, dass subjektive Vorurteile immer wieder bestätigt werden können, basiert auf diesem nachfolgend näher beschriebenen Phänomen der selektiven Wahrnehmung.

Die Einbindung von „Sensations“ und „Attitudes“ korrespondiert mit den Erkenntnissen der Aktualgenese.[239] Demnach erfolgt die Perzeption über zwei Stufen, die allerdings innerhalb des Wahrnehmungsvorganges zeitlich so schnell aufeinanderfolgen, dass sie nicht bewusst gesteuert werden können:[240]

- In der ersten Phase der **Anmutung** ahnt das Individuum das wahrzunehmende Objekt nur gefühlsmäßig, wobei sich positive oder negative Stimmungen gegenüber dem Objekt herausbilden.
- Mit zunehmender Bewusstheit werden diese Gefühle von der Vernuft überlagert und korrigiert. Dieser zweite Schritt ist somit als kognitiv gestützte **Interpretation** der Stimuli zu verstehen.

Mit der Unterscheidung dieser beiden Phasen wird deutlich, dass der Perzeptionsprozess auf emotionaler Basis startet; das Ergebnis dieses Prozesses – nämlich die Perzeption – jedoch kognitiver Natur ist.

---

keitsmerkmale, sozio-kulturelle Besonderheiten, etc. als beeinflussende Größen des Wahrnehmungsprozesses ein. Vgl. Schneider, C., Präferenzbildung bei Qualitätsunsicherheit, a.a.O., S. 46. Diese Konstrukte spielen neben der Wahrnehmung innerhalb der Präferenzbildung eine wichtige Rolle und sollen daher an dieser Stelle der Arbeit (Kap. B 2.3) aufgegriffen werden. GIERL geht davon aus, dass vor der eigentlichen Wahrnehmung von Objekten die Bildung von Zielorientierungen notwendig ist, in deren Ergebnis Idealausprägungen und Anspruchsniveaus entstehen. Vgl. Gierl, H., Marketing, a.a.O., S. 36f. Da Ziele stark kognitiv gesteuert sind, wurde die Verwendung des Motivbegriffs präferiert, da Motive gleichzeitig kognitive und affektive Komponenten beinhalten.

239 Als Begründer der Theorie der Aktualgenese gilt SANDER. Vgl. Sander, F., Funktionale Struktur, Erlebensganzheit und Gestalt, in: Archiv für die gesamte Psychologie, 85. Jg./1932, S. 237-260 zit. nach Nieschlag, R., Dichtl, E, Hörschgen, H., Marketing, a.a.O., S. 553. Dieser theoretische Ansatz ist in die Tradition der Ganzheitspsychologie einzuordnen und fokussierte sich innerhalb seiner Untersuchungen insbesondere auf die Rolle von Gefühlen.

240 Vgl. ebenda, S. 178.

Ebenso unumstritten wie die Einordnung der Perzeption in das Informationsverhalten ist die Frage nach dem Unterschied zwischen dem intersubjektiv einheitlichen Stimulus (im Beispiel die physikalisch–chemische Realität von Einkaufsstätten) und der subjekt–spezifischen Interpretation des Stimulus im Ergebnis der Perzeption, die von der Realität erheblich abweichen kann.[241] Die darauf Bezug nehmende Subjektivität von Wahrnehmungen stellt neben den Merkmalen Aktivität, Kontextualität und Selektivität[242] die am häufigsten im Zusammenhang mit Perzeptionen betonte Eigenschaft dar. Sie ist damit zu erklären, dass neben der notwendigen Selektion von Informationen Ausstrahlungseffekte[243] bspw. in Form von Irridationen[244] oder Halo–Effekten[245] sowie Wahrnehmungsverzerrungen Unterschiede in Vollständigkeit und Wahrheitsgehalt zwischen Realität und Wahrnehmung hervorrufen. Wahrnehmungsverzerrungen können durch die Abwehr bzw. Verdrängung von Informationen sowie Fehlleistungen oder auch „Falsch"-Nehmungen[246] auftreten.[247] Diese Fehlleistungen sind jedoch nicht nur bei der Informationsaufnahme, sondern gleichzeitig in Form von Denk– oder Erinnerungsfehlern anzutreffen, mit dem sich das Forschungsgebiet der kognitiven Täuschung beschäftigt.[248]

Die Selektivität der Perzeptionen erklärt sich einerseits aus der intern begrenzten Kapazität des sensorischen Systems sowie der Speichersysteme des mensch-

---

241 Vgl. Böcker, F., Präferenzforschung als Mittel marktorientierter Unternehmensführung, a.a.O., S. 552f.

242 Vgl. Pepels, W., Käuferverhalten und Marktforschung, a.a.O., S. 78f.

243 Eine Reihe weiterer wahrnehmungsverzerrender Effekte findet sich bei Pepels, W., Käuferverhalten und Marktforschung, a.a.O., S. 81f.

244 Unter Irridationen sind Ausstrahlungseffekte von einem Attribut oder Wahrnehmungselement auf andere Elemente zu verstehen. Vgl. Pelzer, K., Irridation, in: Arnold, W., Eysenck, H.J., Meili, R: (Hrsg.), Lexikon der Psychologie, 6. Aufl., Freiburg 1988, S. 232-245. Bei der Einkaufsstättenwahl liegt bspw. eine Irridation vor, wenn von einer ästhetischen Außengestaltung auf ein hohes Preisniveau geschlossen wird.

245 Halo-Effekte treten auf, wenn ein bereits gebildetes (Qualitäts-)Urteil über ein Produkt die Wahrnehmung anderer Attribute beeinflusst. Vgl. Beckwirth, N.E., Lehmann, D.R., The Importance of Halo-Effects in Multi-Attribute Attitude Models, in: JoMR, Vol. 12 (1975), S. 265-275. Von der Innenstadt begeisterte Konsumenten werden in dem Zusammenhang versuchen andere Wahrnehmungselemente in Einklang mit dem bestehenden Urteil zu bringen und auch negative Wahrnehmungen positiv interpretieren (z.B. Baustellen als Zeichen der ständigen Verschönerung).

246 Vgl. Bänsch, A., Käuferverhalten, a.a.O., S. 73.

247 Vgl. Gierl, H., Marketing, a.a.O., S. 38.

248 Vgl. Hell, W., Fiedler, K., Gigerenzer, G. (Hrsg.), Kognitive Täuschungen, Fehl-Leistungen un Mechanismen des Urteilens, Denkens und Erinnerns, Heidelberg 1993. Ein Beispiel solche Fehler ist der sog. Frequency-Validity-Effect, nach dem eine Aussage umso mehr als wah erscheint, je häufiger sie wiederholt wird.

lichen Organismus,[249] andererseits können externe Einflüsse die Auswahl wahrgenommener Effekte steuern.[250] Diese Unterscheidung korrespondiert mit den von KAHNEMAN vorgestellten zwei Typen von Aufmerksamkeit: der freiwilligen und der unfreiwilligen Aufmerksamkeit.[251] Während die freiwillige Informationsaufnahme durch interne Restriktionen beschränkt wird, kann die unfreiwillige Aufnahme erst durch externe Faktoren ausgelöst werden.

Der aktive Charakter von Perzeptionen bezieht sich darauf, dass der Konsument um wahrzunehmen selbst tätig werden muss. Dabei ist die Wahrnehmung ein Prozess, bei der Wahrnehmungsobjekt, Umgebung und Individuum miteinander interagieren und somit das Prozessergebnis beeinflussen.[252] Im Zusammenhang mit der Annahme der Aktivität von Perzeptionen sind Studien zu subsumieren, die sich mit dem Suchverhalten von Konsumenten auseinandersetzen.[253] Der aktive Charakter von Perzeptionen erscheint jedoch insofern als fraglich, als dass die Intensität sog. sublimaler Wahrnehmung unterhalb der Bewusstseinsschwelle liegt,[254] so dass das Merkmal der Aktivität nicht als notwendige Voraussetzung der Perzeption betrachtet werden kann.

Die Kontextualität von Perzeptionen bezieht sich auf die Beobachtung, dass gleiche Objekte von der selben Person in Abhängigkeit der Kontextsituation unterschiedlich wahrgenommen werden. Eng damit verbunden ist der selektive Charakter von Perzeptionen, der besagt, dass in Folge der unüberschaubaren Menge der auf unsere Sinnesorgane einwirkenden Reize nur ein ausgewählter (kontextabhängiger) Anteil an Stimuli wahrgenommen wird.[255] Die Einschätzung der Rele-

---

249 Vgl. Franke, J., Kühlmann, T.M., Psychologie für Wirtschaftswissenschaftler, Landsberg/Lech 1990, S. 70f.

250 Diese externen Faktoren sind bspw. Kontraste, Bewegungen, die Wiederholung von Stimuli, Größe und Intensität, die im Marketing gezielt zur Steigerung der Aufmerksamkeit eingesetzt werden. Vgl. Statt, D.A., Understanding the consumer, a.a.O., S. 48f.

251 Vgl. Kahneman, D., Attention and Effort, Englewood Cliffs, 1973, zit. nach Bettman, J.R., Luce, M.F., Payne, J.W., Constructive Consumer Choice Processes, in: JoCR, Vol. 25, Dec. 1998, S. 193.

252 Vgl. Franke, J., Kühlmann, T.M., Psychologie für Wirtschaftswissenschaftler, a.a.O., S. 70.

253 Vgl. z.B. Meffert, H., Die Beurteilung und Nutzung von Informationsquellen beim Kauf von Konsumgütern, a.a.O., S.39-65 sowie speziell zum Lebensmittelkauf Putrevu, S., Ratchford, B.T., A Model of Search Behavior with an Application to Grocery Shopping, in: JoR, Vol. 73 (4), 1997, S. 463-486. PUTREVU und RATCHFORD konnten regressionsanalytisch nachweisen, dass die Intensität des Suchverhaltens in positivem Zusammenhang zu realisierbaren Benefits steht und schlossen daraus, dass die angebotsseitige Bereitstellung von ökonomischen Anreizen eine Verstärkung im Suchverhalten der Nachfrager auslösen würde.

254 Vgl. Trommsdorff, V., Konsumentenverhalten, a.a.O., S. 287; Statt, D.A., Understanding the consumer, a.a.O., S. 56f.

255 Vgl. Kroeber-Riel, W., Konsumentenverhalten, a.a.O., S. 267. Perzeption ist somit ein System

vanz wird beeinflusst durch die emotionale und motivationale Bedeutung des Reizes, d.h., dass Stimuli, die keine vorhandenen Gefühle oder Bedürfnisse ansprechen, nur begrenzt wahrgenommen werden.[256] Während sich also Emotionen und Motive auf die Art der auszuwählenden Stimuli von Einkaufsstätten auswirken, spielt die Höhe des Involvement bei Anzahl und Abstraktionsgrad eine Rolle.

Bei der Übertragung der erarbeiteten Strukturierung des Perzeptionsprozesses auf die **Einkaufsstättenwahl** ist davon auszugehen, dass insbesondere Sinnesmodalitäten des Sehens (z.B. ästhetische Einkaufsstättengestaltung vs. Baustelle), Hörens (angenehme leise Musik vs. Lärm) und Riechens bei der Informationsaufnahme angesprochen werden.[257] Inbegriffen ist hierbei neben der direkten Informationsaufnahme vor Ort ebenfalls der unpersönliche Kontakt zu einer Einkaufsstätte über die Kommunikation im Bekanntenkreis oder Werbeanzeigen. Die Stärke des Involvement, mit dem diese Sensations selektiert und organisiert werden, variiert dabei über Person, Produkt und Situation. Diese Einflussfaktoren des Involvement spiegeln sich gleichzeitig in den mit dem Kauf verbundenen Emotionen und Motiven wider.

Von hohem Interesse ist in dem Zusammenhang die Frage der Selektivität, die mögliche mit der Einkaufsstätte verbundenen Reize betrachtet, so dass im Ergebnis des Perzeptionsprozesses nur ein subjektiv beschränkter und teilweise von den realen Gegebenheiten abweichender Anteil der realen Eigenschaften von Einkaufsstätten als Basis der weiteren Informationsverarbeitung zur Verfügung steht. Da die Relevanz der Reize in Abhängigkeit ihrer emotionalen und motivationalen Bedeutung schwankt, muss das Ziel des Handelsmanagement darin bestehen, diese Gefühle oder Bedürfnisse von Konsumenten zu erkennen, um ihr Reizangebot darauf auszurichten. Damit wird deutlich, dass die Untersuchung der Einkaufsstättenwahl in engem Zusammenhang zu Emotionen und Motiven des

---

der Informationsbewältigung, mit dem Individuen auf Grund ihrer Wahrnehmungsbeschränkung nur die von ihnen als relevant erachteten Reize aufnehmen. Dies erfolgt vielfach in Form von information chunks, die in Form von Schlüsselinformationen als Einheit viele Einzelkognitionen zusammenfassen. Vgl. Trommsdorff, V., Konsumentenverhalten, a.a.O., S. 82. Die Anzahl der von Individuen gleichzeitig im Gedächtnis verfügbaren Informationen liegt nach Untersuchungen bei ca. sieben Einheiten. Vgl. Miller, G.A., The Magical Number Seven Plus or Minus Two: Some Limits on our Capacity for Processing Information, in: PsychR, Bd. 63 (1956), S. 81ff.

256 Vgl. Kroeber-Riel, W., Konsumentenverhalten, a.a.O., S. 271.

257 Diese drei Sinne in dieser Reihenfolge gelten grundsätzlich als wichtigste Sinne des Menschen bei der Navigation durch seine Umwelt, wobei der Geruchssinn den am stärksten unterschätzten Sinn darstellt. Vgl. Statt, D.A., Understanding the consumer, a.a.O., S. 42ff.

Einkaufs steht, die in ihren Ausprägungen den Wahrnehmungsprozess beeinflussen.

Bezogen auf das Involvement der Einkaufsstättenwahl ist zu erwarten, dass Personen, die grundsätzlich ein geringes Aktivierungspotential besitzen, beim wenig involvementbehafteten Versorgungskauf nur eine geringe Anzahl von Eigenschaften der Einkaufsstätte auf niedrigem Abstraktionsniveau wahrnehmen. Die Interpretation führt demzufolge zu sehr gering ausgeprägten Attitudes (d.h. zu einer kleinen Streuung zwischen verschiedenen Einkaufsstätten), so dass die Bewertung im Vergleich zu anderen Einkaufsstätten als schwierig anzunehmen ist. Ein insgesamt geringes Wahrnehmungsniveau könnte daher in diesem Fall eine Ursache für eine geringe Wechselbereitschaft darstellen, die als Voraussetzung eine Auseinandersetzung mit Vergleichsobjekten beinhalten würde. Demgegenüber implizieren bestimmte Produkte oder Situationen mit hohem Involvement die intensive Aufnahme von Reizen, aus denen zur Komplexitätsreduktion gezielt Eigenschaften zur anschließenden Bewertung ausgewählt werden.[258] Die Spezifität dieses Urteils verglichen mit dem vorab beschriebenen Versorgungskauf ist deutlich höher.

Die Beschreibung des Vorgangs der Organisation von Informationen über die Einkaufsstätte mit Hilfe von Lernprozessen weist keine erwähnenswerten Besonderheiten im Vergleich zu anderen Fragestellungen der Informationsorganisation auf. Bei der Interpretation der Informationen spielt demgegenüber der Einfluss vorhandener Erfahrungen eine wichtige Rolle, der auf Grund der Besonderheit der ostdeutschen Situation einen wichtigen Stellenwert einnimmt. Es ist davon auszugehen, dass die ersten Erfahrungen, die durch den Wandel vom Verkäufer– zum Käufermarkt getätigt wurden, und die damit geprägte Wahrnehmungsstruktur einen sehr starken Einfluss auf das Einkaufsstättenwahlverhalten ausüben.

---

[258] Der Käufer eines Computers bspw. wählt eine Vielzahl der für ihn wichtigen und teilweise abstrakten Eigenschaften aus, die sich neben dem Produkt ebenso auf die Einkaufsstätte beziehen können (z.B. Verlademöglichkeit, Serviceangebot, Markenimage), mit deren Hilfe er sich ein Urteil über verschiedene Angebote erlaubt.

3.12 Problematik der Perzeptionsmessung

Bedingt durch den Prozesscharakter von Perzeptionen, gestaltet sich die Messung des Wahrnehmungskonstruktes als schwierig.[259] Aus diesem Grund setzt die Operationalisierung an den ein Konstrukt bestimmenden Dimensionen bzw. den daraus abzuleitenden Indikatoren an.[260]

3.121 Kognitive Perzeptionsdimensionen

Für den Prozess der Einkaufsstättenwahl erweist es sich als zielführend, die Konzeptualisierung der Perzeption auf die Ergebnisphase zu beschränken, die den Ausgangspunkt für anschliessende Präferenzurteile bildet, da sich die Operationalisierung von Anmutungen als schwierig erweist. Eine im Zusammenhang mit dem Perzeptionsergebnis eng verbundene Dimension stellt die **Kognition** dar. Dieser Zustand beschreibt das subjektive Wissen, das als intern gespeicherte Information durch Erinnern oder als externe Information durch Wahrnehmung zur Verfügung steht.[261] Da der Wahrnehmungsprozess eng mit bereits getätigten Erfahrungen verbunden ist, spielt es für die weiteren Überlegungen keine Rolle, ob Kognitionen auf internen oder externen Informationen beruhen.

Kognitionen können auf vielfältige Weise operationalisiert werden. Da die Auswahl eines Verfahrens vordergründig von den jeweiligen Anforderungskriterien zur Operationalisierung abhängt, muss in einem ersten Schritt geklärt werden, welchen gesonderten Ansprüchen über die grundsätzlichen Gütekriterien von Untersuchungen hinaus (wie Validität, Reliabilität, Objektivität, etc.)[262] das letztlich anzuwendende Verfahren genügen soll. Bezogen auf die Problematik der Ein-

---

259 In der angewandten Forschung werden zu diesem Zweck vorrangig apparative Verfahren (Blickregistrierung, Tachistoskop), interaktive Befragungsmethoden oder Protokolle lauten Denkens eingesetzt.

260 Vgl. zu diesem Thema Homburg, C., Giering, A., Konzeptualisierung und Operationalisierung komplexer Konstrukte, in: Marketing ZFP, H. 1, 1. Quartal 1996, S. 5-23.

261 Vgl. Trommsdorff, V., Konsumentenverhalten, a.a.O., S. 79.

262 Im Hinblick auf die Gültigkeit einer Messung unterscheidet man zwischen Konvergenz- und Diskriminanzvalidität; die Reliabilität bezieht sich auf die formale Genauigkeit der Merkmalserfassung; Objektivität wird in Bezug auf die Durchführung, die Auswertung und die Interpretation gefordert. Vgl. Berekoven, L., Eckert, W., Ellenrieder, P., Marktforschung, methodische Grundlagen und praktische Anwendung, 6. Aufl., Wiesbaden 1993, S. 84ff. Andere Autoren nennen weitere Anforderungskriterien wie bspw. Relevanz und Vollständigkeit, Kosten-Nutzen-Aspekte oder Aktualität. Vgl. Meffert, H., Marketingforschung und Käuferverhalten, a.a.O., S. 180f.

kaufsstättenwahl konnten folgende Anforderungskriterien herausgearbeitet werden:

- Zur Aufdeckung unbewusster Kognitionen kann die Erhebung auf direktem Wege (wie bspw. eine Befragung über Eigenschaften von Einkaufsstätten) keine ausreichenden Angaben über die Hintergründe der Perzeption liefern. Allerdings sind gerade die unbewussten Kognitionen von hoher Bedeutung, da sie die Individualität in der letztlichen Kaufentscheidung viel stärker zu erklären vermögen.[263] Im Falle einer strukturierten Befragung zeigen diese Ergebnisse mit den für die Analyse ausgewählten Eigenschaften nur subjektiv vom Untersuchenden für wichtig erachtete Auszüge des Wahrnehmungsspektrums. Unstrukturierte Erhebungen wiederum liefern nur die temporär präsenten Bestandteile der Kognitionen. Eine Forderung an die Methodik muss daher in dem **indirekten Charakter** der Erhebung bestehen.

- Wichtig ist dabei der Anspruch, dass die durch die Erhebung getroffenen Aussagen durch die Latenz von Kognitionen nicht an Bedeutung verlieren und einen längerfristigen kognitiven Zustand widerspiegeln. Aus diesem Grund ist es notwendig, dass sich in dem mit indirekter Methodik zu erfassendem Untersuchungsgegenstand eine **intertemporär relativ stabile Fragestellung** verdeutlicht.

In Abhängigkeit der Fragestellung finden Befragungen bzgl. der Bekanntheit des Objektes bzw. der das Objekt betreffenden Eigenschaften die häufigste Anwendung. Ersteres kann gestützt durch Recognition–Tests oder ungestützt mit Hilfe von Recall–Tests erfolgen. Nachteilig beim Recall–Test erweist sich das Problem, dass Wissen nur abgefragt werden kann, wenn es präsent und bewusst ist.[264] Obwohl dieser Umstand bei Recognition–Tests vermieden werden soll, ist bei diesem Verfahren ein erhöhter Bias zu beobachten, der sich damit erklären lässt, dass die Befragten sich i.d.R. selbst als Personen mit hohem Wissensstand darstellen wollen. Ähnliche Probleme treten bei der Merkmalsbefragung auf. Da Kognitionen als bildliches Wissen gespeichert werden können, versucht die Imagery–Forschung diese inneren Bilder zu veranschaulichen.[265] Nachteilig hierbei gestaltet sich allerdings der Umstand, dass die Erhebung innerer Bilder auf zwei wesentliche Barrieren stößt, die darüber hinaus als grundlegende Probleme der

---

263 Auf diese Kritik begründet sich ebenso das gedächtnispsychologische Modell. Vgl. Thelen, E.M., Woodside, A.G., Ein gedächtnispsychologischer Ansatz zur Erklärung des Geschäftswahlverhaltens des Konsumenten, a.a.O., S. 339-355. Dieses Modell bezieht sich in seiner Anwendung jedoch nur auf einen begrenzten Katalog von Eigenschaften, denen Einkaufsstätten in Form von Primärassoziationen zugeordnet werden müssen.

264 Vgl. ebenda, S. 107.

265 Vgl. zur Imagery-Forschung insbesondere Kroeber-Riel, W., Bildkommunikation: Imagerystrategien für die Werbung, 2. Aufl., München 1996.

Messung von Wissen aufzufassen sind: das Bewusstseins– sowie das Modalitätsproblem.[266] Eine andere Methode der Darstellung von Kognitionen bilden kognitive Netzwerke, die gedankliche Zusammenhänge zwischen verschiedenen Begriffen aufzeigen und damit Hintergründe über die Aneignung von Wissen analysieren.[267] Diese kognitiven Schemata unterliegen einer so großen personenabhängigen Streuung, dass der Erhebungsaufwand zur Abbildung einer der Realität nahekommenden Darstellung sehr hoch anzusetzen wäre. Darüber hinaus ist das damit generierte Wissen in Bezug auf die vorliegende Fragestellung der Einkaufsstättenwahl nur bedingt von Relevanz, da bspw. Assoziationen zu besuchten Einkaufsstätten nur ansatzweise Ursachen dieser Entscheidung offenlegen.

Die Auseinandersetzung mit vorhandenen Methoden und der für die Operationalisierung als notwendig erachteten Charakteristika führt zu der Überlegung, nicht Kognitionen, sondern **Ähnlichkeiten von Objekten** zur Darstellung von Perzeptionen zu Hilfe zu nehmen, da sie den vorangestellten Anforderungskriterien in befriedigender Weise Genüge tragen.

3.122 Ähnlichkeiten als Basisdimension des Perzeptionskonstrukts

Ähnlichkeiten beruhen auf subjektiven Einschätzungen, bei denen die für die Ableitung von Ähnlichkeitsurteilen herangezogenen, individuell variierenden Determinanten unbewusst bleiben. Ähnlichkeiten sind zeitlich stabil und einfach zu erheben. Als schwierig gestaltet sich jedoch weiterhin die Lösung des Problems, das die Modalitätsbarriere aufwirft. Da Ähnlichkeiten in visueller und sprachlicher Vorstellung im Bewusstsein existieren, muss die Operationalisierung von Ähnlichkeiten bei validen Messungen sowohl über visuelle als auch über sprachliche Verfahren erfolgen. Der Erhebungsaufwand beim Einsatz bildlicher Instrumente

---

[266] Vgl. Kroeber-Riel, W., Konsumentenverhalten, a.a.O., S. 353 im Zusammenhang zu inneren Bildern sowie S. 229 zur Messung von Wissen. Die Bewusstseinsbarriere ist durch den Umstand zu erklären, dass nicht alle im Langzeitgedächtnis gespeicherten Informationen ins Bewusstsein gebracht werden können. Sie wird bereits durch den geforderten indirekten Charakter der Untersuchung umgangen. Die Modalitätsbarriere wiederum basiert auf der indirekten Bewusstheit von Kognitionen, die individuell in sprachliche und bildliche Vorstellungen übersetzt werden. Diese unterschiedlichen Modalitäten erfordern spezifische Methoden, die vor allem bei der visuellen Erhebung bildlicher Informationen auf Probleme stößt.

[267] Vgl. dazu bes. Grunert, K.G., Kognitive Strukturen in der Konsumforschung: Entwicklung und Erprobung eines Verfahrens zur offenen Erhebung assoziativer Netzwerke, Heidelberg 1990.

steht allerdings im Widerspruch zur geforderten Kostengünstigkeit der Untersuchung, so dass vielfach in der Realität auf sprachliche Verfahren zurückgegriffen wird.[268]

Die **Erhebung von Ähnlichkeitsinformationen** erfolgt am häufigsten über „Maps" oder „Trees".[269] Der grundlegende Unterschied dieser beiden Ansätze besteht in der Kategorisierung von Ähnlichkeitsinformationen. Während Maps Ähnlichkeiten von Ausprägungen der Objekte durch Distanzen repräsentieren, die in einem kontinuierlichen Spektrum darstellbar sind, verwenden Trees Informationen über das Vorliegen von Ausprägungen als dichotome Variable.[270] Die Begründung für die unterschiedlichen Vorgehensweisen ist die Vorstellung, dass Konsumenten bspw. Einkaufsstätten einerseits danach unterscheiden und auswählen, in welchem Ausmaß einzelne für sie wichtige Determinanten wie Angebotsvielfalt oder Preisniveau vorliegen. Dies kann mit dem Ansatz des Mapping dargestellt werden. Bei Trees hingegen, die mit dem in der deutschen Literatur verwandten Ansatz der Entscheidungsnetze korrespondieren, wird davon ausgegangen, dass das Vorhandensein bzw. Fehlen von Kriterien wie kostenfreie Parkmöglichkeiten auf Wahrnehmungs– und Entscheidungsverhalten Einfluss nehmen. Abb. 11 verdeutlicht vereinfacht die Unterschiede von Maps und Trees unter Zuhilfenahme verschiedenartiger Distanzmessverfahren in visueller Form.

---

268 Vgl. ebenda, S. 229f. Beispiele visueller Verfahren sind Bildrecall und -recognition oder Bildzuordnungsverfahren.

269 Vgl. Ghose, S., Visually Representing Consumer Perceptions, Issues and Managerial Insights, in: EJoM, Vol. 28, Nr. 10, 1994, S. 6.

270 Vgl. ebenda, S. 6.

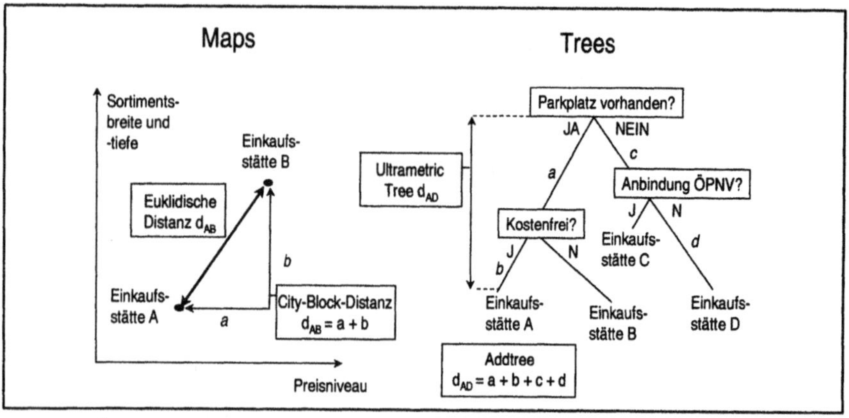

Abb. 11: Ähnlichkeitsmessung mit Hilfe von Maps und Trees
(Quelle: in Anlehnung an Ghose, S., Visually Representing Consumer Perceptions, Issues and Managerial Insights, in: EJoM, Vol. 28, Nr. 10, 1994, S. 7f.)

In der Realität dürfte sich die Wahrnehmung von Einkaufsstätten und die Entscheidung zur Einkaufsstättenwahl als eine Verbindung beider Ansätze beschreiben lassen. Die Operationalisierung von Ähnlichkeiten hingegen soll sich im folgenden auf die Annahme einer kontinuierlichen Distanz zwischen Ausprägungen stützen.

Die Erhebung dieser Ähnlichkeitswerte durch **Mapping** erfolgt direkt mit Hilfe von Rangreihungs–, Ankerpunkt– oder Ratingverfahren,[271] auf indirektem Wege können Ähnlichkeitsdaten aus dem beobachteten Urteilsverhalten abgeleitet werden.[272] Bei der Rangreihung ist der Vergleich von Objektpaaren neben Tripelvergleichen am gebräuchlichsten. Dabei wird die Versuchsperson aufgefordert, eine Rangreihe von Paaren zu bilden, wobei vorab festzulegen ist, ob mit der ersten Nennung das ähnlichste oder unähnlichste Paar beginnt. Beim Ankerpunktverfahren dient jedes Objekt ein Mal als Vergleichsmaßstab zu allen anderen Objekten, die wiederum in eine Rangfolge ihrer (Un–)Ähnlichkeit zum Vergleichsobjekt zu bringen sind. Mit Hilfe des Ratingverfahrens können Objektpaare auf einer Skala nach dem Grad ihrer Ähnlichkeit oder Unähnlichkeit eingestuft werden. Bei einer

---

271 Darüber hinaus ist die „Methode der gleich erscheinenden Intervalle" zu nennen, bei der Objektpaare nach dem Grad ihrer Ähnlichkeit in Kategorien eingeteilt werden. Auf Grund der damit verbundenen Validitätsprobleme hat dieses Vorgehen als Erhebungsmethode für Ähnlichkeitsdaten an Bedeutung verloren. Vgl. Gutsche, J., Produktpräferenzanalyse, a.a.O., S. 118f.

272 Vgl. Backhaus, K., Erichson, B., Plinke, W., Weiber, R., Multivariate Analysemethoden - eine anwendungsorientierte Einführung, 7. Aufl., Berlin 1994, S. 439-442; Nieschlag, R., Dichtl, E, Hörschgen, H., Marketing, a.a.O., S. 824.

Anzahl von K Objekten ergeben sich bei der Rangreihung wie auch beim Ratingverfahren K (K-1)/2 Paare, die miteinander zu vergleichen sind; das Ankerpunktverfahren benötigt hingegen K (K-1) Paarvergleiche.[273] Auf Grund der geringsten kognitiven Beanspruchung bei der Erhebung von Ähnlichkeiten mittels Ratingverfahren, ist diesem Instrument in der praktischen Anwendung der Vorzug zu geben. Nachteilig erscheint allerdings zum einen, dass die Konsistenz der Daten nicht mehr gewährleistet ist, wobei umstritten bleibt, inwiefern Inkonsistenzen im realen Wahrnehmungsverhalten auszuschließen sind. Andererseits verschlechtert sich bei dieser Methode die Eindeutigkeit einer Gesamtaussage, da zu mehreren Paaren identische Aussagen über ihre Ähnlichkeit (sog. ties) getroffen werden.

Die Instrumente zur Erfassung von Ähnlichkeiten mit Hilfe des Mapping unterscheiden sich einerseits hinsichtlich ihrer Zielsetzung nach individuellen oder aggregierten Lösungen. Die durch das Auftreten von „ties" verursachte geringere Stabilität von Lösungen (insbesondere bei Ankerpunkt– und Ratingverfahren) wird über die Aggregation der Daten verringert, indem Mittelwerte bzw. Mediane über alle Personen gebildet werden.[274] Neben einer externen Aggregation der Ergebnisse einzelner Befragungspersonen über den Mittelwert (bzw. Median) können Computer–Programme Einzelaussagen vor einer weiteren Bearbeitung zusammenfassen.[275] In der Regel wird daher auf Grund des geringsten Erhebungsaufwandes für aggregierte Daten die Bildung von Mittelwerten im Ergebnis des Ratingverfahrens als Information über die Ähnlichkeit der Objekte priorisiert.

Andererseits können die Verfahren in kompositioneller oder dekompositioneller Form angewandt werden. Während kompositionelle Verfahren ex ante ein Kriterienset für die Beurteilung der Ähnlichkeiten von Objekten vorgeben, beziehen sich dekompositionelle Verfahren auf das Objekt in seiner Gesamtheit und versuchen ex post die für die Beurteilung herangezogenen Kriterien aus den Ergebnissen heraus zu interpretieren. In der Praxis finden kompositionelle Verfahren auf

---

273 Vgl. Backhaus, K., Erichson, B., Plinke, W., Weiber, R., Multivariate Analysemethoden, a.a.O., S. 440ff.

274 Backhaus, K., Erichson, B., Plinke, W., Weiber, R., Multivariate Analysemethoden a.a.O., S. 443. Entsprechend ist die Methode der Rangreihung bei der individuellen Analyse zu bevorzugen.

275 Dieses Verfahren wird als replikative Multidimensionale Skalierung (RMDS) bezeichnet. Dabei ist unter der Annahme, dass alle Ähnlichkeitsmatrizen der zu betrachtenden Fälle gleich und demzufolge Kopien voneinander sind, simultan das selbe Modell über alle Matrizen anzuwenden. Vgl. Young, F.W., Harris, D.F., Multidimensional Scaling Examples, in: Noruschis, M.J., SPSS Professional Statistics 7.5, Chicago 1997, S. 134-137; Backhaus, K., Erichson, B., Plinke, W., Weiber, R., Multivariate Analysemethoden, a.a.O., S. 460f.

Grund ihrer einfachen Handhabbarkeit bei der Interpretation der resultierenden Dimensionen und einer vorhersehbaren Validität der Ergebnisse vorrangig Anwendung.[276] Dem stehen jedoch eine Reihe von Nachteilen gegenüber, die generell und auch im Falle der zu untersuchenden Fragestellung die Arbeit mit dekompositionellen Verfahren in einem besseren Licht erscheinen lässt[277]:

- Kompositionelle Verfahren können nur diejenigen Dimensionen identifizieren, die bekannt und anhand eines Kriteriums sprachlich darstellbar sind. Damit besteht insbesondere auf den Gebieten mit wenig intensiver wissenschaftlicher Auseinandersetzung eine hohe Wahrscheinlichkeit, relevante Kriterien zu vernachlässigen.

- Die ex post–Formulierung von Kriterien setzt einerseits voraus, dass alle in die Erhebung einbezogenen Eigenschaften für alle Befragungspersonen bei der Beurteilung von Objekten von Relevanz sind und keine weiteren Beurteilungskriterien von einzelnen Gruppen innerhalb der Stichprobe herangezogen werden. Darüber hinaus impliziert dieses Vorgehen, dass die Kriterien von allen Personen einheitlich im selben Sinne interpretiert werden.

Das bei kompositionellen Verfahren geforderte metrische Skalenniveau wird bei dekompositioneller Parametrisierung nicht vorausgesetzt, so dass die notwendige ordinale Bewertung (self–explicated–approach) sowohl einfacher als auch realitätsnaher ist.[278] Aus den genannten Gründen ist die Operationalisierung der Wahrnehmung von Einkaufsstätten mit Hilfe des dekompositionellen Verfahrens der Multidimensionalen Skalierung (MDS)[279] anzustreben, das die erhobenen Ähnlichkeitsdaten anschaulich aufbereitet.

---

276 Vgl. Hauser, J.R., Koppelman, F.S., Alternative Perceptual Mapping Techniques: Relative Accuracy and Usefulness, in: JoMR, Vol. 16, November 1979, S. 495-506.

277 Vgl. Steenkamp, J.-B. E.M., Van Trijp, H.C.M., Ten Berge, J.M.F., Perceptual Mapping Based on Idiosyncratic Sets of Attributes, in: JoMR, Vol. 31, February 1994, S. 15f. Die Autoren stellen mit diesem Artikel einen Ansatz des unrestricted attribute-elicitation mapping (UAM) vor, der trotz seines kompositionellen Vorgehens die Beschränkungen dieser Methode umgeht und gegenüber traditionellen kompositionellen Verfahren bessere Ergebnisse erzielt.

278 Vgl. Gutsche, J., Produktpräferenzanalyse, a.a.O., S. 128.

279 Die Methode der MSD ist auf einen Artikel von Young und Householder aus dem Jahre 1938 zurückzuführen, fand jedoch erst durch Shepard 1962 Eingang in die Anwendung im Marketing. Vgl. Young, G., Householder, A.S., Discussion of a Set of Point Terms of their Mutual Distances, in: Psychometrika, Vol. 3, 1938, S. 19-22; Shepard, R.N., The Analysis of Proximities: Multidimensional Sclaing with an unknown Distance Function, Part I and II, in: Psychometrika, Vol. 27, 1962, S. 125-139 sowie S. 219-246, zit. nach Carroll, J.D., Green, P.E., Psychometric Methods in Marketing Research: Part II, Multidimensional Scaling, in: JoMR, Vol. 34 (May 1997), S. 193-204.

3.13 Erfassung von Perzeptionen mit Hilfe der Multidimensionalen Skalierung

Die Methode der Multidimensionalen Skalierung dient der Untersuchung von Wahrnehmungs– und Präferenzstrukturen, die Personen gegenüber Objekten empfinden.[280] Perzeptionen oder Präferenzen werden dabei über Ähnlichkeits– oder Präferenzurteile erfasst und im mehrdimensionalen Raum dargestellt. Dieses Vorgehen ermöglicht eine indirekte Messung der Wahrnehmungsdimension „Ähnlichkeit" ohne Vorgabe der zu beurteilenden Kriterien, die eine Präjudizierung der Ergebnisse nach sich zieht.[281] Die Anwendung der MDS empfiehlt sich insbesondere dann, wenn die für den Vergleich wichtigen Merkmale der Objekte nicht bekannt sind oder vermieden werden soll, durch Vorgabe von Kriterien das Urteilsspektrum zu begrenzen oder fehlzuleiten.[282] Das Ziel der MDS besteht letztlich darin, Objekte durch eine q-dimensionale Datenmatrix zu beschreiben.[283] Dies beschränkt jedoch die Methode in der grafischen Darstellung des Raumes auf $q \leq 3$ Dimensionen, die in der Regel schwierig zu interpretieren sind, wenn davon ausgegangen wird, dass die Anzahl der Dimensionen eines Wahrnehmungsraumes der Menge der zur Beurteilung herangezogenen Kriterien entspricht.

Der Überwindung der genannten Kritikpunkte kompositioneller Verfahren stehen jedoch auch eine Reihe von Problemen gegenüber:[284]

- Einer der wichtigsten Schwachpunkte besteht in der Ungenauigkeit und Unvollständigkeit bei der Bestimmung der für die Wahrnehmung relevanten Dimensionen. Das eigentliche Ziel der Dekomposition, das im Aufdecken unbekannter Wahrnehmungs– oder Präferenzdimensionen besteht, wird vielfach nicht erreicht.

---

280 Zur Methodik der Analyse vgl. insbesondere Backhaus, K., Erichson, B., Plinke, W., Weiber, R., Multivariate Analysemethoden, a.a.O., S. 433-497 sowie Hartung, J., Elpelt, B., Multivariate Statistik, a.a.O., S. 377-442. Eine Auseinandersetzung mit aktuellen konzeptionellen und algorithmischen Modifikationen der MDS findet sich bei Carroll, J.D., Green, P.E., Psychometric Methods in Marketing Research, a.a.O., S. 193-204. Für weitere Hinweise bzgl. der Anwendung der MDS als Präferenzskalierung vgl. Gutsche, J., Produktpräferenzanalyse, a.a.O., S. 105ff.

281 Vgl. dazu die Ausführungen zu den Anforderungskriterien der Wahrnehmungsoperationalisierung im vorangegangenen Kapitel.

282 Vgl. Nieschlag, R., Dichtl, E, Hörschgen, H., Marketing, a.a.O., S. 825.

283 Vgl. Hartung, J., Elpelt, B., Multivariate Statistik, a.a.O., S. 377.

284 Vgl. Böcker, F., Präferenzforschung als Mittel marktorientierter Unternehmensführung, a.a.O., S. 563; Gutsche, J., Produktpräferenzanalyse, a.a.O., S. 129f. Weitere spezifische Nachteile der MDS ergeben sich u.a. aus dem unabdingbaren Kompromiss zwischen Informationsverlust und Interpretierbarkeit, einer mangelnden Berücksichtigung individueller Besonderheiten (Annahme der Homogenität von Perzeptionen) sowie einer bedingten Übertragbarkeit auf nutzenspezifische Fragestellungen.

- Die Annahme, nach der die im Objektraum ermittelten Dimensionen bzgl. Anzahl und Gewichtung dem tatsächlichen Wahrnehmungsraum entsprechen, ist bislang verhaltenswissenschaftlich nicht begründet worden.
- Trotz hoher Anschaulichkeit der Ergebnisse ist die direkte Übertragung der ermittelten Dimensionen auf objektive und beeinflussbare Instrumentarien von Unternehmen nur schwerlich möglich, so dass die Anwendung der Verfahren auf explorative Fragestellungen beschränkt bleiben sollte.

In der Literatur finden sich insbesondere Ansätze, die die MDS nach **Anzahl der verwendeten Matrizen** und **Art des zugrunde gelegten Modells** sowie nach dem gemessenen **Skalenniveau** unterscheiden (vgl. Abb. 12).[285]

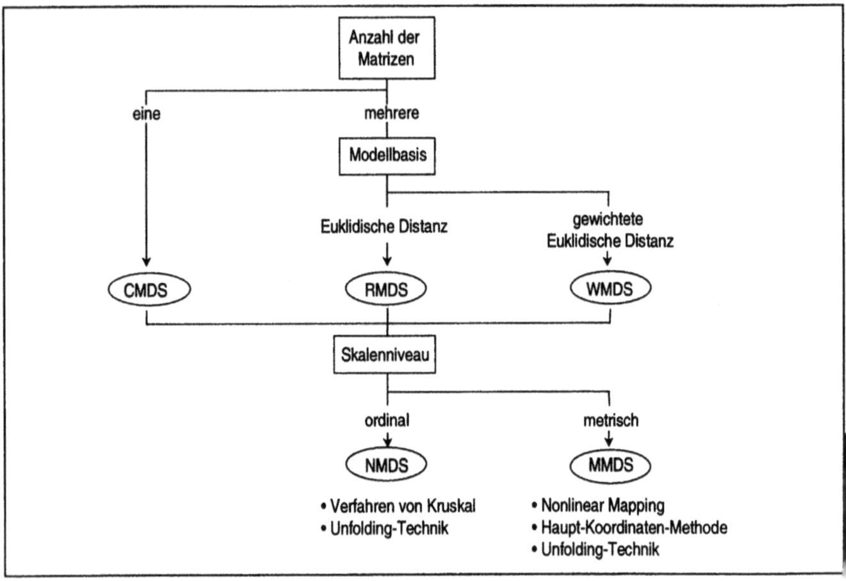

Abb. 12: Arten der Multidimensionalen Skalierung

Liegen die Ähnlichkeitsdaten nur in Form einer Matrix vor (z.B. bei der Befragung einer einzelnen Person oder die Ex–post–Aggregation verschiedener Individualmatrizen durch Mittelwerte), kommt die klassische MDS (classical MDS bzw.

---

285 Vgl. Young, F.W., Harris, D.F., Multidimensional Scaling Examples, in: Noruschis, M.J., SPSS Professional Statistics 7.5, a.a.O., S. 115; Hartung, J., Elpelt, B., Multivariate Statistik, a.a.O., S. 380f.; Lilien, G.L., Kotler, P., Moorthy, K.S., Marketing Models, Englewood Cliffs 1992, S. 74f. Eine weitere weniger gebräuchliche Differenzierungsmöglichkeit basiert auf der Form der Datenmatrix. Hierbei kann zwischen quadratischen und rechtwinkligen Matrizen unterschieden werden, wobei quadratische Matrizen wiederum in symmetrischer oder asymmetrischer Form auftreten können. Vgl. zu Modellen für asymmetrische Matrizen Carroll, J.D., Green, P.E., Psychometric Methods in Marketing Research, a.a.O., S. 195f.

CMDS) zur Anwendung. Erfolgt demgegenüber die Aggregation der Daten mehrerer Befragungspersonen erst innerhalb des Verfahrens, ist von einer replikativen MDS (replicated MDS bzw. RMDS) zu sprechen.[286] Beide Verfahren wenden zur Distanzberechnung das Euklidische Distanzmodell an. Während die RMDS nur individuelle Differenzen im Antwortverhalten zu erklären vermag, kann die gewichtete MDS (weighted MDS bzw. WMDS) ebenso Unterschiede im Wahrnehmungsprozess zwischen Personen offenlegen.[287] Bei diesem Verfahren findet das Modell der gewichteten Euklidischen Distanz Anwendung.

Bei der Unterscheidung der Verfahren anhand des **Skalenniveaus** der erhobenen Ähnlichkeitsdaten treten metrische (MMDS) und nichtmetrische Formen (NMDS) der MDS auf. Die bereits beschriebenen Verfahren können dabei sowohl metrische als auch nichtmetrische Daten verarbeiten. Das Verfahren von Kruskal versucht, diese Werte durch Approximation in eine q–dimensionale Datenmatrix dergestalt zu überführen, dass die Distanzen der Objektpaare möglichst genau der angegebenen Reihenfolge der Ähnlichkeit von Objektpaaren entsprechen.[288] Die metrischen Verfahren der MDS Nonlinear Mapping und die Haupt–Koordinaten–Methode unterscheiden sich in ihrer Berücksichtigung von Strukturen der Distanzmatrix bei der Ermittlung der Konfiguration der Objekte.[289] Die Haupt–Koordinaten–Methode benötigt daher gegenüber dem Nonlinear Mapping keine Startkonfiguration der Objekte im q–dimensionalen Raum. Der Vollständigkeit halber sei an dieser Stelle ebenso das Unfolding–Verfahren erwähnt, das lediglich Präferenzdaten zur Auswertung heranzieht. Im Ergebnis des von COOMBS entwickelten Unfolding werden individuelle Präferenzwerte (Individual Scales) mit Idealobjektwerten (Joint Scales) so im Raum abgebildet, dass die Nähe eines Individuums zum Ideal die Höhe der Präferenz dafür anzeigt.[290] Das Unfolding–Verfahren

---

[286] Das Verfahren der RMDS geht zurück auf MCGEE (1968). Vgl. McGee, V.C., Multidimensional Scaling of N Sets of Similarity Measures: A Nonmetric Individual Differences Approach, in: Multivariate Behavioral Research, Vol. 3, 1968, S. 233-248.

[287] Vgl. Young, F.W., Harris, D.F., Multidimensional Scaling Examples, in: Noruschis, M.J., SPSS Professional Statistics 7.5, a.a.O., S. 144. Der erste Ansatz zur WMDS findet sich bei Caroll, J.D., Chang, J.-J., Analysis of Individual Differences in Multidimensional Scaling Via an N-Way Generalization of „Eckardt-Young" Decomposition, in: Psychometrika, Vol. 35, 1970, S. 283-319.

[288] Vgl. Hartung, J., Elpelt, B., Multivariate Statistik, a.a.O., S. 380 sowie 405ff.

[289] Vgl. ebenda, S. 380, 384ff. und 393ff.

[290] Vgl. ebenda, S. 381, 420ff.; im Original bei Coombs, C.H., Psychological Scaling Without a Unit of Measurement, in: Psychological Review, Nr. 57, 1950, S. 148-158. Unfolding-Modelle, die im deutschen Sprachgebrauch auch als „Entfaltungsmodelle" bezeichnet werden, stellen neben Vektormodellen die wichtigsten Verfahren zur Analyse von Präferenzdaten dar. Vgl. DeSarbo, W.S., Young, M.R., Rangaswamy, A., A Parametric Multidimensional Unfolding

beruht wegen seiner Annahme einer idealen Ausprägung von Objekteigenschaften auf einem Idealpunkt–Modell.[291]

In Abhängigkeit der geplanten Erhebung von Ähnlichkeitswerten mit Hilfe von Ratingskalen kann von einem quasi–metrischen Niveau der Daten ausgegangen werden,[292] so dass in der vorliegenden Untersuchung ein Verfahren der MMDS angewandt wird. Die bei der Datenerhebung angestrebte möglichst geringe Irrtumswahrscheinlichkeit und Fehlertoleranz für die aus den Ergebnissen abzuleitenden Aussagen erhöhte die Anzahl der Befragungspersonen so weit, dass die Eingabe aller Ähnlichkeitswerte in Form einzelner Matrizen mit einem sehr hohen Aufwand verbunden wäre. Aus diesem Grunde wurden die Daten ex post zu Mittelwerten aggregiert und auf Basis einer Matrix (d.h. CMDS) ausgewertet.

Die folgenden Ausführungen erläutern in komprimierter Form das allgemeine Vorgehen der MDS, ohne Besonderheiten der einzelnen Verfahren im einzelnen zu berücksichtigen. Informationen über die Ähnlichkeiten von Objekten bilden dabei den Ausgangspunkt weiterer Berechnungen. In einem nächsten Schritt müssen die Ähnlichkeitswerte in Distanzmaße überführt und mit Hilfe dieser Maße eine geeignete Konfiguration der Objekte im Raum gefunden werden, bevor die ermittelten Dimensionen des Wahrnehmungsraumes interpretiert werden können.

3.131 Berechnung von Distanzmaßen auf Basis von Ähnlichkeiten

Zur Bestimmung der Abstände zwischen den Objekten ist nach der Erhebung von Ähnlichkeitsdaten die **Wahl eines geeigneten Distanzmodells** notwendig. Dabei wird in einem ersten Schritt die erhobene Datenmatrix in eine aus Distanzmaßen d_{ij} bestehende Distanzmatrix überführt, wobei das Distanzmaß um so kleiner ist, je

---

Procedure for Incomplete Nonmetric Preference/Choice Set Data in Marketing Research, in: JoMR, Vol. 34, November 1997, S. 499-516; Wedel, M., DeSarbo, W.S., An Exponential-Family Multidimensional Scaling Mixture Methology, in: JoBaES, Vol. 14, Nr. 4, Oktober 1996, S. 447-459 sowie Gutsche, J., Produktpräferenzanalyse, a.a.O., S. 106ff.

291 Die Weiterentwicklung der Unfoldingmodelle in sog. stochastische Unfolding-MDS-Präferenzmodelle erlauben sowohl die Darstellung von Idealpunkten als auch Vektoren. Vgl. Wedel, M., DeSarbo, W.S., An Exponential-Family Multidimensional Scaling Mixture Methology, a.a.O., S. 447f.

292 Da Ratingskalen, die von ihrer Struktur als ordinale Skalen einzustufen sind, die mathematischen Anforderungen metrischer Skalen erfüllen, werden sie auch als quasi-metrisch bezeichnet. Sie können daher zu Auswertungsverfahren, die metrisches Niveau voraussetzen, benutzt werden. Vgl. Meffert, H., Marketingforschung und Käuferverhalten, a.a.O., S. 185.

ähnlicher sich 2 Objekte i und j sind.[293] Grundsätzlich kann zwischen Ähnlichkeits- und Unähnlichkeitsmaßen unterschieden werden, wobei Distanzmaße i.d.R. als Unähnlichkeitsmaße bezeichnet werden.[294]

Die Art des zu verwendenden Maßes wird durch den Typ der erhobenen Daten (Intervallskalierung, binäre Daten oder Häufigkeiten) determiniert.[295] Da die Intervallskalierung im Vergleich zu Häufigkeitswerten und binären Daten die meisten statistischen Auswertungsmethoden unterstützt sowie Ergebnisse höchster Qualität liefert, findet dieses Niveau häufig Anwendung.

Als gebräuchlichstes Distanzmaß bei intervallskalierten Daten gilt die Euklidische Distanz[296], welche die kürzeste Entfernung zwischen den beobachteten Werten berechnet (vgl. auch Abb. 13). Die quadrierte euklidische Distanz berechnet sich aus der Summe der quadrierten Differenz der jeweiligen Wertepaare. Hohe Distanzmaße entsprechen einem hohen Grad der Unähnlichkeit zwischen den betrachteten Objekten. Der sog. Tschebyscheffsche Abstand beruht auf der größten absoluten Differenz, die sich für eines der Wertepaare ergibt. Demgegenüber ergibt sich die City–Block– oder auch Manhattan–Distanz aus der Summe der absoluten Differenzen zwischen den Wertepaaren. Die Minkowski–Metrik entspricht einer Verallgemeinerung dieser drei Distanzmaße und ergibt für den Wert der Konstante von $p = 1$ die City–Block–Distanz, für $p = 2$ die Euklidische Distanz sowie für $p = \infty$ den Tschebyscheffschen Abstand.[297] Die Mahalanobis Distanz kann demgegenüber als gewichteter Euklidischer Abstand bezeichnet werden, der die Kovarianzen (d.h. Abhängigkeiten) der beobachteten Merkmale berücksichtigt.[298]

Neben den Distanzmaßen beschreibt die Abb. 13 ebenso Ähnlichkeitsmaße für intervallskalierte Daten. Bei der Pearson–Korrelation werden die Werte vorab standardisiert, um Unterschiede in der Dimensionierung auszugleichen. Grundsätzlich empfiehlt sich für jede Anwendung von (Un–)Ähnlichkeitsmaßen eine

---

293 Vgl. Hartung, J., Elpelt, B., Multivariate Statistik, a.a.O., S. 71f. Das Distanzmaß gibt dabei die (Un-)Ähnlichkeit zweier Objekte i und j an.

294 Vgl. Brosius, G., Brosius, F., SPSS Base System und Professional Statistics, Bonn 1995, S. 847. Da Distanzen Abweichungen zwischen Objekten darstellen, gelten sie als Unähnlichkeiten, wohingegen sich Ähnlichkeitsmaße auf die Übereinstimmung von Objekten beziehen.

295 Vgl. ebenda, S. 851-858 sowie Hartung, J., Elpelt, B., Multivariate Statistik, a.a.O., S. 73.

296 Vgl. Brosius, G., Brosius, F., SPSS Base System und Professional Statistics, a.a.O., S. 848.

297 Vgl. Backhaus, K., Erichson, B., Plinke, W., Weiber, R., Multivariate Analysemethoden, a.a.O., S. 446; Hartung, J., Elpelt, B., Multivariate Statistik, a.a.O., S. 72.

298 Vgl. Hartung, J., Elpelt, B., Multivariate Statistik, a.a.O., S. 74.

Standardisierung, wenn die der Messung zugrunde liegenden Daten unterschiedliche Ausprägungsmöglichkeiten aufweisen, wie bspw. beim Vergleich von Alter und Einkommen.[299] Die Standardisierung erfolgt gewöhnlich über die Bildung von Z–Werten, die alle Daten dahingehend transformiert, dass der Mittelwert der Stichprobe bei Null und die Standardabweichung bei Eins liegt. Bei Anwendung des Kosinus ergeben sich Maße, die zwischen -1 und +1 liegen, wobei die Ähnlichkeit umso größer ist, je näher die berechneten Werte nahe Null liegen.

Unähnlichkeitsmaße

- (Quadrierte) Euklidische Distanz

  $D = \sqrt{\Sigma (X_q - Y_q)^2} = 7{,}211$ bzw. $D = \Sigma (X_q - Y_q)^2 = 52$

- Tschebyscheffscher Abstand

  $D = \text{Max}(|X_q - Y_q|) = 6$

- City-Block-/Manhattan- Distanz

  $D = \Sigma(|X_q - Y_q|) = 10$

- Minkowski-Metrik

  $D = \sqrt[p]{\Sigma (X_q - Y_q)^p}$ wobei p = Minkowski-Konstante,

- Mahalanobis Distanz

  $D = (X_q - Y_q)^T S^{-1} (X_q - Y_q)$ wobei S^{-1} = Inverse der Kovarianzmatrix der beobachteten Merkmale

Ähnlichkeitsmaße

- Pearson-Korrelation

  $Ä = \frac{\Sigma Z_{X_q} Z_{Y_q}}{N - 1}$ wobei Z = standardisierte Werte

- Kosinus

  $Ä = \frac{\Sigma (X_q Y_q)}{\sqrt{\Sigma X_q^2 \Sigma Y_q^2}} = 0{,}989$

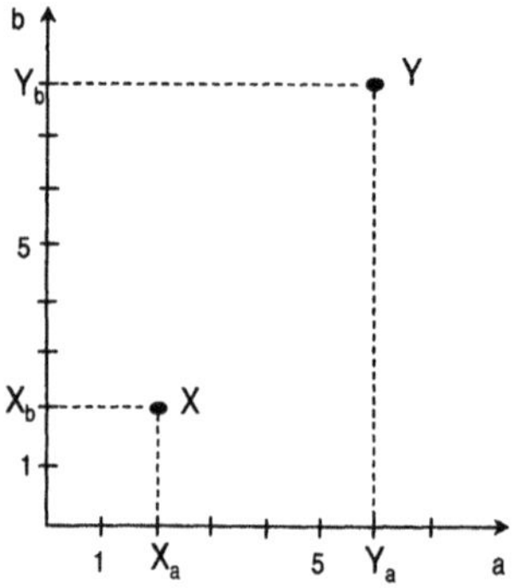

q = Anzahl der Dimensionen

Abb. 13: (Un–)Ähnlichkeitsmaße bei intervallskalierten Daten
(Quelle: in Anlehnung an Brosius, G., Brosius, F., SPSS Base System und Professional Statistics, a.a.O., S. 851-853; Hartung, J., Elpelt, B., Multivariate Statistik: a.a.O., S. 73f.)

Die Entscheidung, welches der vorgestellten Maße in bestimmten Ausgangslagen heranzuziehen ist, wird in der Literatur wenig diskutiert.[300] Hohe Priorität bei der

---

[299] Vgl. Brosius, G., Brosius, F., SPSS Base System und Professional Statistics, a.a.O., S. 849. Gravierende Unterschiede in den Ausprägungen bei Alter und Einkommen würden ansonsten bei der Berechnung dazu führen, dass das Alter mit eher geringen Differenzen (25 Jahre vs. 80 Jahre) im Vergleich zum Einkommen (2.000 DM vs. 6.000 DM) einen extrem unterdurchschnittlichen Einfluss auf das Ergebnis ausüben würde.

[300] Grundlegend ist jedoch anzustreben, dass die benutzte Distanzmetrik der im Beurteilungsprozess der Erhebung zugrunde liegenden Metrik entspricht. Bei der Anwendung der Minkowski-Metrik spricht die Höhe der Schwierigkeit bei der Wahrnemung von verschiedenen Dimensionen für eine Erhöhung der Minkowski-Konstante p. Vgl. Gutsche, J., Produktpräferenzanalyse, a.a.O., S. 122.

Anwendung findet das in der Minkowski–Metrik enthaltene Euklidische Distanzmodell, dessen Genauigkeit bei der Berechnung der Distanzen im abgebildeten Beispiel überzeugend wirkt. Die Anwendung einer gewichteten MDS (WMDS) basiert demgegenüber auf dem gewichteten Euklidischen Modell,[301] das mit Hilfe der Mahalanobis–Distanz berechnet wird.

Die Übertragung dieser Erkenntnisse auf den Untersuchungsgegenstand der **Einkaufsstättenwahl** wird durch die Entscheidung der Verwendung von Ratingskalen a priori beschränkt, die eine Aggregation der Daten über den Mittelwert notwendig macht. Da die mit Ratingskalen erhobenen Daten sich auf die relative Ähnlichkeiten zwischen den untersuchten Objekten beziehen und nicht aus vorbestimmten Kriterien abgeleitet sind, stellen die ermittelten Werte bereits eindimensionale Distanzen[302] zwischen jeweils zwei Objekten dar. In der vorliegenden Untersuchung sind demnach die Mittelwerte der Ähnlichkeitsangaben von jeweils zwei miteinander zu vergleichenden Einkaufsstätten zu berechnen und in eine gesonderte Matrix einzutragen, anhand derer das Verfahren der MDS durchgeführt wird.

3.132 Konfiguration der Objekte im Raum

Die Entscheidung für eines der Distanzmaße dient als Ausgangspunkt für die Ermittlung einer **Konfiguration der Objekte** im Raum, deren Distanzen die subjektiv festgestellte Ähnlichkeit bzw. Unähnlichkeit möglichst gut widerspiegeln sollen. Dieses Ziel wurde mathematisch in Form einer Monotoniebedingung formuliert:[303]

$$\text{Wenn } u_{ij} > u_{kl}, \text{ dann } d_{ij} > d_{kl}. \qquad (1)$$

Dabei stellen u_{ij} (Un–)Ähnlichkeiten der Objekte i und j sowie d_{ij} Distanzen von i und j im Raum dar. Liegen bereits Distanzen anstelle von Ähnlichkeitsdaten vor, spielt die Wahl eines Distanzmaßes i.d.R. eine untergeordnete Rolle, da die

---

301 Vgl. Young, F.W., Harris, D.F., Multidimensional Scaling Examples, in: Noruschis, M.J., SPSS Professional Statistics 7.5, a.a.O., S. 145.

302 Die Werte können dann als Distanzen interpretiert werden, wenn niedrige Skalenwerte eine hohe Ähnlichkeit symbolisieren.

303 Vgl. Backhaus, K., Erichson, B., Plinke, W., Weiber, R., Multivariate Analysemethoden, a.a.O., S. 447.

Entscheidung für ein MDS–Verfahren die Anwendung eines bestimmten Modells prädisponiert.[304]

Die Anordnung der Objekte im Raum wird so lange iterativ verbessert, bis die Monotoniebedingung in einem möglichst niedrig dimensionierten Raum[305] bestmöglich erfüllt wird. Ausgangspunkt der Iterationen kann dabei einerseits wie beim Nonlinear Mapping eine Startkonfiguration sein, die die Objekte vorab im Raum positioniert.[306] Andererseits geht die Haupt–Koordinaten–Methode von einer euklidischen Distanzmatrix aus, anhand derer sich eine r-dimensionale Konfiguration bestimmen lässt, die sich aus Eigenvektoren ergibt.[307] Die in der Startkonfiguration angenommenen Distanzwerte sollen als d_{ij}^* bezeichnet werden. Die Iterationen sind als Vergleich zwischen der Rangfolge der Objekte der auf Basis eines Distanzmodells (bzw. –maßes) berechneten Distanzmatrix mit der in den Ausgangsdaten aufgezeigten Rangfolge zu verstehen. Von der geforderten Monotonie im Sinne des Kleinstquadratekriteriums abweichende Distanzen, die zustande kommen, wenn die Distanzränge nicht mehr den Ähnlichkeitsrängen entsprechen, werden als Disparitäten δ bezeichnet.[308]

Für die Beurteilung der Wiedergabe der tatsächlich wahrgenommenen Ähnlichkeiten im Modellraum, d.h. die Erfüllung der Monotoniebedingung, dienen in erster Linie Stress–Maße. Dieses **Gütekriterium** ist von verschiedenen Autoren definiert worden, wobei das am häufigsten vorgestellte Maß dem Stress 1 von KRUSKAL entspricht:[309]

---

304 Dabei handelt es sich vorrangig um die (gewichtete) Euklidische Metrik. Vgl. dazu auch Abb. 11, Kap. B 3.122. Es muss bei der Betrachtung der Distanzmaße demzufolge zwischen der Überführung von Ähnlichkeitsdaten in Distanzen anhand eines Distanzmaßes sowie das für die Ermittlung der Konfiguration zugrunde gelegte Distanzmaß unterschieden werden.

305 Das Streben nach einer möglichst geringen Dimensionalität des Raumes lässt sich aus einer einfacheren Interpretierbarkeit von wenigen Dimensionen erklären. Kritisch bleibt jedoch anzumerken, dass die damit erreichte Komplexitätsreduktion die Ergebnisse so weit vereinfachen kann, dass sie deutlich an Aussagekraft im Hinblick auf marketingstrategische Anwendungen der Positionierung verlieren.

306 Vgl. Hartung, J., Elpelt, B., Multivariate Statistik, a.a.O., S. 385.

307 Vgl. ebenda, S. 394f.

308 Vgl. Backhaus, K., Erichson, B., Plinke, W., Weiber, R., Multivariate Analysemethoden, a.a.O., S. 450.

309 Vgl. dazu Kruskal, J.B., Nonmetric Multidimensional Scaling: A Numerical Method, in: Psychometrika, Vol. 29, 1964, S. 115-129. Gemeinsam mit SHEPARD führte er 1974 eine Modifikation in Form des „Stress 2" ein. Vgl. Kruskal, J.B., Shepard, R.N., A Nonmetric Variety of Linear Factor Analysis, in: Psychometrika, Vol. 39, 1974, S. 123-157.

$$\text{Stress 1} = \sqrt{\frac{\sum_{i<j}^{n} (d_{ij}^{*} - \delta_{ij})^2}{\sum_{i<j}^{n} (d_{ij}^{*})^2}} \qquad (2)$$

Ein weiteres Stress–Maß, das TAKANE, YOUNG und DE LEEUW 1977 entwickelten, ist der sogenannte S–Stress.[310] Dieses Maß unterscheidet sich vom Stress 1 dadurch, dass es anstelle der einfachen Distanzwerte quadrierte Distanzen verwendet. Ähnlich strukturiert wie der Stress 1 ist der „Mapping Error", der beim Nonlinear Mapping Anwendung findet:[311]

$$\text{Mapping Error} = \sum_{i<j}^{n} \frac{(d_{ij} - d_{ij}^{*})^2}{d_{ij}} \Big/ \sum_{i<j}^{n} d_{ij} \qquad (3)$$

Die Anwendung dieser einzelnen Stress–Maße bei der Iteration ist i.d.R. an die vorliegenden Software–Programme zur Datenauswertung geknüpft. Das im folgenden genutzte Programmpaket SPSS verwendet für die MDS einen Algorithmus (ALSCAL), der bei den Iterationen versucht, den S–Stress zu optimieren.[312] Unter der Optimierung der Gütekriterien ist ihre Minimierung in dem Sinne zu verstehen, als dass eine weitere Iteration nur noch zu geringfügigen Verbesserungen des Stress–Wertes führt.[313] Der Stress der endgültigen Konfiguration der Objekte im Raum sollte möglichst nahe bei Null liegen, für Kruskals Stress 1 kann bereits ein Wert von 0,2 durch seine geringe Anpassungsgüte als nicht mehr zufriedenstellend betrachtet werden.[314]

Ein zusätzliches Maß der Anpassungsgüte ist der quadrierte Korrelationskoeffizient zwischen den Distanzen und Disparitäten RSQ, der einen Wert nahe Eins

---

310 Vgl. Takane, Y., Young, F.W., de Leeuw, J., Nonmetric Individual Differences Multidimensional Scaling: An Alternating Least Squares Method with Optimal Scaling Features, in: Psychometrika, Vol. 42, 1977, S. 7-67.

311 Vgl. Hartung, J., Elpelt, B., Multivariate Statistik, a.a.O., S. 385.

312 Vgl. Young, F.W., Harris, D.F., Multidimensional Scaling Examples, in: Noruschis, M.J., SPSS Professional Statistics 7.5, a.a.O., S. 128. Demgegenüber finden die Stressmaße von Kruskal in Programmen wie MDSCAL, KYST oder POLYCON Anwendung. Vgl. Backhaus, K., Erichson, B., Plinke, W., Weiber, R., Multivariate Analysemethoden, a.a.O., S. 452f.

313 Die Höhe dieser Verbesserungen bzw. die Anzahl maximaler Iterationsschritte ist bspw. beim Programm SPSS vom Benutzer selbst zu definieren.

314 Vgl. Kruskal, J.B., Nonmetric Multidimensional Scaling, a.a.O., S. 115-129. Liegt der Stress genau bei Null, existieren über die gefundene Anordnung hinaus weitere Konfigurationen, die die Monotoniebedingung erfüllen, so dass nicht mehr von einer eindeutigen Lösung gesprochen werden kann. Vgl. Backhaus, K., Erichson, B., Plinke, W., Weiber, R., Multivariate Analysemethoden, a.a.O., S. 456.

angestrebt.[315] Visuell lassen sich darüber hinaus mit Hilfe des Shepard–Diagramms[316] Aussagen zum Grad der Übereinstimmung treffen, indem Distanzen mit Disparitäten bzw. Distanzen mit den Angaben zur Unähnlichkeiten in der Ausgangsmatrix im Koordinatensystem dargestellt werden. Eine durchgängig monoton steigende Lage der Punkte in der Abbildung kann demgemäß mit der Erfüllung der Monotoniebedingung interpretiert werden.

3.133 Anzahl und Interpretation der Dimensionen

Ein Ziel der MDS besteht insbesondere darin, mit Hilfe dieses Verfahrens die für die Wahrnehmung relevanten Dimensionen zu bestimmen. Im Ergebnis des Iterationsprozesses der MDS entsteht ein Wahrnehmungsraum, in dem die untersuchten Objekte auf Basis ihrer Ähnlichkeit zueinander angeordnet sind. Die Anzahl der Dimensionen ist jedoch durch die Anzahl der beurteilten Objekte determiniert, so dass sich daraus hinsichtlich dieses Ziels eine Einschränkung ergibt.[317] Mit Erhöhung der Objektzahl und Verringerung der Dimensionalität steigt die Stabilität des Modells, die mittels des Datenverdichtungskoeffizienten Q gemessen wird, wobei K die Anzahl der Objekte und R[318] die Anzahl der Dimensionen kennzeichnet:[319]

$$Q = \frac{K\,(K-1)\,/\,2}{K^*R} = \frac{\text{Zahl der Ähnlichkeiten}}{\text{Zahl der Koordinaten}} \qquad (4)$$

Der Datenverdichtungskoeffizient sollte für die Ableitung einer Lösung wenigstens größer als Eins sein, von einer stabilen Lösung kann jedoch erst bei einem Wert von $Q \geq 2$ gesprochen werden.[320] Wird davon ausgegangen, dass die Objekte im

---

315 Vgl. Bühl, A., Zöfel, P., SPSS für Windows Version 6.1: Praxisorientierte Einführung in die moderne Datenanalyse, 2. Aufl., Bonn 1995, S. 475f.

316 Vgl. Backhaus, K., Erichson, B., Plinke, W., Weiber, R., Multivariate Analysemethoden, a.a.O., S. 449ff.

317 Vgl. Lilien, G.L., Kotler, P., Moorthy, K.S., Marketing Models, a.a.O., S. 79.

318 Die Anzahl der Dimensionen R entspricht dem ab Seite 120 verwendeten q. Zur Vermeidung von Überchneidungen mit dem Datenverdichtungskoeffizienten Q wurde an dieser Stelle auf eine andere Bezeichnung zurückgegriffen.

319 Vgl. Backhaus, K., Erichson, B., Plinke, W., Weiber, R., Multivariate Analysemethoden, a.a.O., S. 459.

320 Vgl. ebenda., S. 459. Andere Autoren wie KLAHR bzw. GREEN/WIND sprechen von 8 Objekten für 2 Dimensionen bzw. schlagen vor, dass die Anzahl der Dimensionen kleiner als ein Drittel der Objektgröße ist. Vgl. Lilien, G.L., Kotler, P., Moorthy, K.S., Marketing Models, a.a.O., S.

Raum, d.h. mindestens zweidimensional dargestellt werden sollen, ergibt sich aus dieser Formel eine Mindestanzahl von sechs Objekten bei zwei Dimensionen. Eine stabile Lösung setzt mindestens neun Objekte voraus.

Die größte Schwierigkeit der MDS erwächst aus der Interpretation der Dimensionen des entstandenen Wahrnehmungsraums.[321] Bei der Lösung dieses Problems können folgende Vorgehensweisen unterschieden werden:[322]

- Bestimmung der Dimensionen auf Basis von Expertenbeurteilungen,
- Einbeziehung von Eigenschaftsvektoren und
- Einbeziehung von Präferenzvektoren oder Idealpunkten.

Vorab wird vielfach versucht, durch eine Rotation der Achsen des Koordinatensystems, die eine Verteilung der Objekte entlang der Achsen anstrebt, die Interpretierbarkeit der Dimensionen zu verbessern.[323] Zu Gunsten einer objektiven Einschätzung sollte jedoch den beiden letzteren Vorschlägen gegenüber möglichen Fehlinterpretationen von Experten – die häufig stärker unter ihrer „Fach–Myopia“ zu leiden haben – der Vorrang gegeben werden.

Um Eigenschaftsvektoren in den Wahrnehmungsraum zu applizieren, ist parallel zur Erhebung von Ähnlichkeiten eine Bewertung der Objekte hinsichtlich ausgewählter Kriterien notwendig.[324] Die Übertragung dieser Erkenntnisse in sog. „property vectors“[325] ermöglichen spezielle Software–Programme wie bspw. PROFIT (Property Fitting).[326] Als kritischer Punkt dieses Vorgehens bleibt anzumerken, dass die Auswahl der zu erhebenden Eigenschaften aus einer Vielzahl möglicher Kriterien durch den Forscher subjektiv geprägt ist und damit der mit dem Verfahren der MDS angestrebten Aufdeckung unbewusster Wahrnehmungsdimensionen zuwider läuft. Die Einbeziehung von Präferenzurteilen kann diese

---

79f.

321 Eine andere Ursache des Interpretationsproblems ist darauf zurückzuführen, dass sich die Skalierung auf Distanzen und nicht Dimensionen bezieht. Vgl. Gutsche, J., Produktpräferenzanalyse, a.a.O., S. 122.

322 Vgl. Meffert, H., Marketingforschung und Käuferverhalten, a.a.O., S. 319-324.

323 Vgl. Backhaus, K., Erichson, B., Plinke, W., Weiber, R., Multivariate Analysemethoden, a.a.O., S. 458.

324 Dieses Vorgehen ist nur in den Fällen anzuwenden, in denen sich die Erhebung auf Globalähnlichkeiten beschränkte und nicht die Beurteilung von Objekten anhand vorgegebener Eigenschaften verfolgte.

325 Vgl. Nieschlag, R., Dichtl, E, Hörschgen, H., Marketing, a.a.O., S. 828.

326 Vgl. dazu ausführlicher Meffert, H., Marketingforschung und Käuferverhalten, a.a.O., S. 319ff.

Problematik vermeiden, wenn sie vorab keine Selektion aus möglichen Präferenzdeterminanten vornimmt, sondern allgemeine Präferenzrangfolgen nutzt. Sie soll daher im folgenden näher vorgestellt werden.

3.14 Verknüpfung von Ähnlichkeits- und Präferenzdaten

Die Verbindung von Ergebnissen der Wahrnehmungsanalyse von Einkaufsstätten mit Angaben über deren Präferenzrangfolge stellt ein geeignetes Mittel zur Untersuchung des Zusammenhangs zwischen beiden Teilprozessen des Kaufgeschehens dar. Durch das Einfügen von Präferenzvektoren oder Idealpunkten von Einkaufsstätten in den Wahrnehmungsraum kann einerseits die Interpretation der Dimensionen erleichtert, andererseits die Aussagekraft des gesamten Modells verbessert werden.

Im Zusammenhang mit der Einbeziehung von Präferenurteilen wird eine Unterscheidung in interne und externe Präferenzanalyse vorgenommen. Während bei der internen (direkten) Analyse Objekte parallel zu einem fiktiven Ideal beurteilt werden, erfordert die externe (indirekte) Analyse die Erhebung von zwei Datenmengen (Koordinaten der Objekte, Präferenzen der Personen).[327] Trotz der mit der internen Analyse verbundenen Verringerung des Gesamtbefragungsaufwandes steigt mit der Einführung eines zu beurteilenden Ideals die Menge der erforderlichen Paarvergleiche exponentiell; außerdem beschränkt sich die der Beurteilung zugrunde gelegte Nutzenvorstellung auf ein Idealpunkt-Modell.[328]

Die Unterscheidung von Präferenzangaben in Vektoren und Punkte hängt mit dem Umstand zusammen, dass sich Präferenzen auf Basis verschiedener Nutzenmodelle herausbilden können.[329] Das **Idealpunkt-Modell** beruht auf der Vorstellung, dass die der Präferenzbildung zugrunde liegenden Eigenschaften in einer

---

327 Vgl. Backhaus, K., Erichson, B., Plinke, W., Weiber, R., Multivariate Analysemethoden, a.a.O., S. 468ff.; Böcker, F., Präferenzforschung als Mittel marktorientierter Unternehmensführung, a.a.O., S. 480f.

328 Vgl. ebenda, S. 481. Schwierigkeiten können darüber hinaus aus der Beurteilung eines fiktiven Ideals erwachsen.

329 Vgl. dazu auch die Ausführungen und Abb. 15 in Kap. B 3.2211. Grundsätzlich ist für die am häufigsten verwendeten Modelle neben dem Idealpunkt-Modell und dem Vektormodell auf das Teilnutzenwertmodell hinzuweisen, das keine Einschränkungen bzgl. des Funktionsverlaufs trifft und die beiden erstgenannten als Sonderfälle integriert. Vgl. Schneider, C., Präferenzbildung bei Qualitätsunsicherheit, a.a.O., S. 56; Perrey, J., Nutzenorientierte Marktsegmentierung, a.a.O., S. 68f.

optimalen Ausprägung kulminieren, d.h., dass eine Ausprägung existiert, die der Person maximalen Nutzen generiert. Eine weitere Steigerung der Ausprägung nach Erreichen des Optimums führt daher zur Verringerung des Nutzens und daher zur Abnahme der Präferenz. Die absolute Nähe eines Objekts zum Idealpunkt i.S. der euklidischen Distanz im Vergleich zur Nähe eines anderen Objekts zum Ideal entspricht daher ihrer Präferenzrangfolge.

Demgegenüber erhöht sich beim **Vektormodell** die Präferenz mit Zunahme der Eigenschaftsausprägung, so dass die Nutzenmaximierung der Maximierung der jeweils relevanten Ausprägung entspricht. Das Modell geht mit dieser Argumentation davon aus, dass kein quantifizierbares Optimum existiert, sondern in jedem Falle die Maximalausprägung angestrebt wird. Ein Objekt wird im Vergleich zu anderen dann am stärksten präferiert, wenn sein Lot zum Präferenzvektor am weitesten vom Koordinatenursprung entfernt ist.[330]

Die Anwendung eines der beiden Modelle erfolgt in Abhängigkeit des untersuchten Eigenschaftstyps bzw. der ein Objekt repräsentierenden Dimensionen.[331] Bezogen auf die **Einkaufsstättenwahl** kann i.d.R. davon ausgegangen werden, dass die Mehrzahl der vorgestellten Determinanten mit dem Vektormodell korrespondieren: je umfangreicher das angebotene Sortiment einer Einkaufsstätte zum möglichst geringen Preis, bei maximaler Erreichbarkeit und hohem Serviceangebot, desto stärker präferieren Konsumenten diese Agglomeration. Zu beachten wären bei Annahme von Vektoren allerdings folgende Einschränkungen:

- Einzelne der zu maximierenden Eigenschaftsvektoren besitzen ein quantifizierbares Optimum nach beiden Richtungen der Eigenschaftsausprägung (minimale vs. maximale Ausprägung). Bspw. kann die Determinante „Ladenöffnungszeit" die tägliche Anzahl von Null bzw. 24 Stunden oder nicht unter– bzw. überschreiten. Darüber hinaus ist für einige Determinanten absehbar, in welche Richtung sich das Optimum bewegt. Wenn für diese Richtung ebenso ein quantifizierbares Optimum existiert, beschreibt das Idealpunktmodell diese Präferenzen besser.

- Darüber hinaus sind einzelne Determinanten nicht eindeutig dem Vektormodell zuordenbar. Eine Maximierung von Breite und Tiefe des Sortiments korreliert mit der Zunahme von Transport–, Wege–, Zeit– und Informationskosten des

---

330 Vgl. Gierl, H., Marketing, a.a.O., S. 134f.

331 Vgl. Backhaus, K., Erichson, B., Plinke, W., Weiber, R., Multivariate Analysemethoden, a.a.O., S. 468. Dabei ist das Zuordnungsproblem in der Realität oft nicht eindeutig zu beantworten. Vgl. Gierl, H., Marketing, a.a.O., S. 136.

Konsumenten.[332] Vernachlässigt man also die realitätsferne Annahme der Eigenschaftsunabhängigkeit, kommt im Falle der Sortimentsvielfalt das Idealpunkt–Modell stärker zur Anwendung.

Da Vektormodelle als mathematisches Äquivalent von Idealpunkt–Modellen mit Idealpunkt in der Unendlichkeit interpretiert werden können,[333] ist das beschriebene Zuordnungsproblem insofern zu vernachlässigen. Allerdings muss bei der Analyse von Präferenzrangfolgen auf Unterschiede zwischen beiden Modellen hinsichtlich der Interpretation von Isopräferenzlinien[334] geachtet werden.

An dieser Stelle sei betont, dass bei der Integration von Präferenzurteilen durch die externe Analyse keine Eigenschaftsvektoren erhoben werden. Es wird jedoch davon ausgegangen, dass die Dimensionen des Wahrnehmungsraumes den für die Präferenzbildung relevanten Eigenschaften entsprechen.[335] Bedingt durch die Mehrdimensionalität von Präferenzen und die damit verbundenen Interdependenzen zwischen den Dimensionen bzw. Eigenschaften ist der Ideal–Vektor einer Einkaufsstätte somit als Summe aller für die Präferenz bedeutsamen Eigenschaftsausprägungen zu verstehen, die in Abhängigkeit von Person und Situation variieren können.

Die für die externe Analyse notwendige Ermittlung von Präferenzen kann mit Hilfe einfacher Ratings oder Rankings erfolgen, die mittels der **Präferenzregression** in den vorhandenen Objektraum eingepasst werden. Zur Berechnung der Vektoren bzw. Idealpunkte stehen Programmpakete wie bspw. PREFMAP zur Verfügung, die auf einer Regression der Präferenzangaben auf die Dimensionen des Wahrnehmungsraumes beruhen.[336] Auf Basis der mit Hilfe der MDS berechneten Koordinaten der Einkaufsstätten im Raum sowie deren Präferenzrängen schätzt die Regression für das Vektormodell die Parameter a und b der Gleichung

$$y_k = a + \sum_{r=1}^{R} b_r x_{rk}, \text{ bei r Dimensionen und k Objekten} \qquad (5).$$

---

332 Vgl. Baumol, W., Ide, E., Variety in retailing, a.a.O., S. 128-138.

333 Vgl. Wedel, M., DeSarbo, W.S., An Exponential-Family Multidimensional Scaling Mixture Methology, a.a.O., S. 447; Backhaus, K., Erichson, B., Plinke, W., Weiber, R., Multivariate Analysemethoden, a.a.O., S. 470.

334 Unter Isopräferenzlinien ist die Gesamtheit aller geometrischen Orte zu verstehen, die einen identischen Präferenzwert entsprechen. Im Falle von Idealpunkten sind Isopräferenzlinien kreisförmig um den Idealpunkt angeordnet; bei Idealvektoren liegen die Geraden der Isopräferenzlinien rechtwinklig zum Vektor (Lot).

335 Vgl. Backhaus, K., Erichson, B., Plinke, W., Weiber, R., Multivariate Analysemethoden, a.a.O., S. 468.

336 Vgl. ebenda, S. 471f.

Dabei ist zu beachten, dass die Vorzeichen der Koordinaten b_r umzukehren und mit dem Ursprung zu verbinden sind, um den Präferenzvektor einzuzeichnen.[337]

Die Anschaulichkeit derartiger Methoden zur Abbildung von Konstrukten des einkaufsstättenbezogenen Kaufentscheidungsprozesses muss jedoch im theoriegeleiteten Zusammenhang interpretiert werden. Aus diesem Grund soll in einem nächsten Schritt das Präferenzkonstrukt näher analysiert werden.

3.2 Ableitung von Präferenzurteilen über Einkaufsstätten

„Will man Kaufentscheidungen erklären, muss man (...) einen Schritt über die Erforschung des Wahrnehmungsprozesses hinausgehen und sich auch der Präferenzbildung, dem eigentlichen Auswahlprozess zuwenden."[338] Diese Aussage kennzeichnet die grundlegende Bedeutung, die vom Verständnis des Präferenzbildungsprozesses für die Erklärung des Kaufverhaltens im allgemeinen und der Einkaufsstättenwahl im besonderen ausgeht. Denn erst die weitere Verarbeitung von Wahrnehmungen und ihre Transformation in Präferenzen erlaubt es Konsumenten, Entscheidungen über Alternativen zu treffen.

BÖCKER unterscheidet ebenso wie Vertreter der Entscheidungstheorie[339] in seinen Ausführungen zum eigentlichen Prozess der Präferenzbildung nach einer Vorauswahl- und Entscheidungsphase.[340] Während im Ergebnis der Vorauswahl aus der Menge der wahrgenommenen Alternativen diejenigen herauszufiltern sind, die

---

337 Vgl. ebenda, S. 472. Die Umkehrung der Vorzeichen erklärt sich aus der gegensätzlichen Struktur von Präferenzdaten und Vektoren, da bei Präferenzdaten die höchste Präferenz den niedrigsten Wert erhält, bei Vektoren demgegenüber die höchste Präferenz höchste Werte generiert. Der zu schätzende Parameter a der Regressionsgleichung ist für die Abbildung der Vektoren im Raum ohne Bedeutung.

338 Nieschlag, R., Dichtl, E, Hörschgen, H., Marketing, a.a.O., S. 179.

339 Allerdings bezeichnet er die von ihm beschriebene Präferenztheorie als deskriptive Variante der normativ orientierten Entscheidungstheorie; andererseits ist die Prospect Theory, die diese Phasenaufteilung vornimmt, der deskriptiven Entscheidungstheorie zuzuordnen. Damit lassen sich die beschriebenen Parallelen darauf zurückführen, dass sich dem gleichen Thema aus zwei unterschiedlichen Richtungen angenährt wird. Vgl. Böcker, F., Präferenzforschung als Mittel marktorientierter Unternehmensführung, a.a.O., S. 568ff. sowie Kahneman, D., Tversky, A., Prospect Theory: An Analysis of Decision under Risk, in: Econometrica, Vol. 47, March 1979, Nr. 2, S. 274.

340 Andere Vertreter der Verhaltenswissenschaften wie bspw. GIERL differenzieren den Prozesscharakter der Präferenzbildung noch stärker in Vorauswahl, Bewertung, Zwischenauswahl und Endauswahl. Er vermerkt jedoch gleichzeitig, dass dieser Phasenverlauf nicht zur Erklärung von habitualisiertem oder affektgesteuerten Verhalten dient. Vgl. Gierl, H., Marketing, a.a.O., S. 35f.

prinzipiell als akzeptabel erachtet werden, werden in der Entscheidungsphase die Alternativen durch das Abwägen von merkmalsbezogenen relativen Vor– und Nachteilen durch den Entscheidungsträger bewertet. Dieser Einteilung folgend widmet sich Kap. B 3.21 der Vorauswahl der Alternativen durch das Evoked Set; die eigentliche Ableitung von Präferenzurteilen ist Thema des Kap. B 3.22. Den Abschluss des Kapitels bildet die Darstellung möglicher Operationalisierungsverfahren von Präferenzen (Kap. B 3.23).

3.21 Vorauswahl eines Evoked Set

Das im Zusammenhang mit der Kategorisierung instrumenteller Kaufmotive bei limitierten Entscheidungen vorgestellte **Evoked Set–Modell** kann als Basis der Überlegungen Böckers zur Übertragung auf den Präferenzbildungsprozess angeführt werden. Demnach wird innerhalb der Vorauswahl aus der Menge aller verfügbaren Einkaufsstätten, die das „Available Set" bilden, ein Evoked Set generiert. Bereits im Ergebnis des Wahrnehmungsprozesses spaltet sich aus der Menge aller vorhandenen Einkaufsstätten ein „Awareness Set" ab, das diejenigen Objekte beinhaltet, die vom Konsumenten überhaupt wahrgenommen werden.[341] Aus dieser Gruppe heraus erfolgt im weiteren Verlauf des Präferenzbildungsprozesses eine Zuordnung der wahrgenommenen Objekte in das „Evoked" oder auch „Relevant"/„Consideration", das „Inert" sowie das „Inept" Set (vgl. Abb. 14).[342]

- Das Evoked Set beinhaltet diejenigen Objekte, die für die letztendliche Kaufentscheidung von Relevanz sind. Im weiteren Verlauf der Präferenzbildung setzt sich der Konsument intensiver mit den Alternativen des Evoked Set auseinander, um anhand der von ihm wahrgenommenen Informationen über diese Objekte die Entscheidungsfindung zu erleichtern. Das im Ergebnis des Prozesses gewählte Objekt (bzw. die besuchte Einkaufsstätte) kann als ein Element dieser Teilmenge bezeichnet werden, das nach der Bildung einer Präferenzrangfolge als das am meisten vorziehenswürdige Objekt evaluiert

---

341 Vgl. Böcker, F., Präferenzforschung als Mittel marktorientierter Unternehmensführung, a.a.O., S. 568. Darunter sind sowohl direkt als auch indirekt über Werbemittel oder die Erzählung von Bekannten wahrgenommene Objekte zu verstehen.

342 Vgl. ebenda, S. 568f.; Engel, J.F., Blackwell, R.D., Miniard, P.W., Consumer Behavior, a.a.O., S. 215. In der originären Fassung des Modells bei Brisoux und Laroche unterscheiden die Autoren das Awareness Set vorab in Processed und Foggy Set, wobei letzteres in der Bedeutung am stärksten dem Inert Set bei Böcker ähnelt. Das Processed Set wiederum teilt sich in das Evoked, Hold und Reject Set. Vgl. Brisoux, J.E., Laroche, M., A Proposed Consumer Strategy of Simplification for Categorizing Brands, a.a.O., S. 112-114 zit. nach Meffert, H., Marketingforschung und Käuferverhalten, a.a.O., S. 40f.

wird. Dabei ist zu beachten, dass auf Grund restriktiver Kauffaktoren und situativer Variablen nicht logischerweise das Objekt mit der höchsten Präferenz die Ergebnisalternative darstellt.

- Im Inept Set finden sich die Alternativen, die auf Grund ihrer Eigenschaften von vornherein bei der Entscheidung nicht in Betracht gezogen und damit abgelehnt werden.
- Diejenigen Objekte, die zwar vom Konsumenten bewusst wahrgenommen wurden, aber weder in positiver noch negativer Weise für die Entscheidung von Relevanz sind, fasst das Inert Set zusammen.

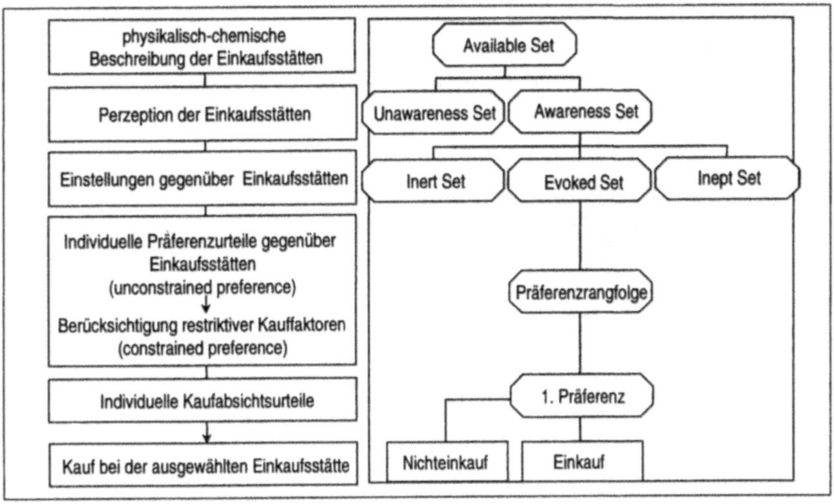

Abb. 14: Selektion relevanter Alternativen im Prozessmodell der Kaufentscheidung

Die Annahme einer Vorauswahl eines Evoked Set korrespondiert mit der Einbindung von **Einstellungen** in das Präferenzmodell der Kaufentscheidung insofern, als dass eine allgemeine Definition von Einstellungen die konsistente Bereitschaft einer mehr oder weniger stark positiven oder negativen Reaktion gegenüber einem Objekt beschreibt.[343] Einstellungen sind demzufolge wertfrei i.S. einer Rangreihung und geben lediglich Aussagen zur Richtung der Reaktion (positiv oder negativ) an. Ähnlich verhält es sich mit den Alternativen des Evoked–Set–Modells: das Inept Set beinhaltet alle mit einer negativen Einstellung verbundenen Objekte, während das Evoked Set Einkaufsstätten zusammenfasst, denen eine positive Einstellung entgegengebracht wird. Diejenigen Objekte, die weder mit

343 Vgl. Trommsdorff, V., Konsumentenverhalten, a.a.O., S. 143.

besonders positiven noch negativen Einstellungen belegt sind, finden sich im Inert Set des Konsumenten wieder.

Von besonderer Bedeutung bei der Beschäftigung mit diesem Modell ist aus Sicht der Anbieter das **Evoked Set**. Die Kaufentscheidung basiert vorrangig auf dieser kognitiv positiv verankerten Teilmenge aller dem Konsumenten zur Verfügung stehenden Alternativen, so dass ein Ziel der Anbieter darin besteht, zum Bestandteil des Evoked Set zu gehören.[344]

Untersuchungen zur Größe des Evoked Set beziehen sich nahezu ausschließlich auf die Produktauswahl.[345] Unter Zuhilfenahme der durch Panelanalysen einfach zu erhebenden Größe aller pro Jahr aufgesuchten Einkaufsstätten kann ein ungefährer Eindruck über das Evoked Set vermittelt werden: Demnach stieg die Anzahl der durchschnittlich besuchten Einkaufsstätten für Güter des täglichen Bedarfs pro Haushalt von 9,8 im Jahre 1982 auf 10,8 im Jahr 1996.[346] Werden demgegenüber die Angaben zusätzlich kategorienspezifisch analysiert, ist zu erkennen, dass die Anzahl der für eine Produktkategorie relevanten Einkaufsstätten deutlich geringer ist (vgl. Tab. 8).

---

344 Es kann nicht ausgeschlossen werden, dass in Ausnahmefällen auf Objekte des Inert Set zurückgegriffen wird, um diese bislang uneindeutige Zuordnung zu revidieren und entweder ins Evoked bzw. ins Inept Set zu überführen.

345 Eine amerikanische Untersuchung zur Größe von Evoked Sets verschiedener Produktkategorien ergab Mittelwerte zwischen 2,2 bei Raumsprays und 6,9 bei Bier. Vgl. Hauser, J.R., Wernerfelt, B., An Evaluation Cost Model of Consideration Sets, in: JoCR, Nr. 16, March 1990, S. 393-408. In der Regel wird davon ausgegangen, dass das Evoked Set ein Drittel der von Konsumenten wahrgenommenen Produkte umfasst. Vgl. Schneider, C., Präferenzbildung bei Qualitätsunsicherheit, a.a.O., S. 52 sowie die dort angegebenen Quellen.

346 Vgl. Diller, H., Goerdt, T., Geis, G., Marken- und Einkaufsstättentreue bei Konsumgütern, a.a.O., S. 21ff. Die Ursache dieses Anstiegs ist vorrangig auf Seiten eines veränderten Nachfragerverhaltens zu suchen, da die Anzahl der Geschäfte des Lebensmitteleinzelhandels (LEH) bei gleichzeitigem Anstieg der Anzahl besuchter Geschäfte des LEH in diesem Zeitraum um 35 Prozent sank. Die Untersuchung, die parallel für Marken und Einkaufsstätten durchgeführt wurde, zeigt ähnliche Werte für die Anzahl der gekauften Marken und die Anzahl besuchter Einkaufsstätten, die darüber hinaus bei einem Korrelationskoeffizienten von $r = 0,6383$ relativ stark miteinander korrelieren.

Kategorie	Anzahl	Kategorie	Anzahl
Kaffee	3,6	Waschmittel	2,6
Konfitüre	2,8	Spülmittel	2,3
Zahnpasta	2,8	Eis	2,3
Sekt	2,7	Sauerkraut	2,2

Tab. 8: Durchschnittliche Anzahl besuchter Einkaufsstätten im Jahr pro Haushalt nach Produktkategorien bei Gütern des täglichen Bedarfs
(Quelle: Diller, H., Goerdt, T., Geis, G., Marken– und Einkaufsstättentreue bei Konsumgütern, a.a.O., S. 27.)

In der Summe werden durchschnittlich weniger als 11 Einkaufsstätten im Jahr besucht, was erkennen lässt, dass besonders innerhalb des Bereichs von Gütern des täglichen Bedarfs trotz der Vielfalt der Produktkategorien ein hoher Anteil an Verbundkäufen anzunehmen ist. Unter Berücksichtigung des Unterschieds, der durch die nichtagglomerative Definition des Einkaufsstätten–Begriffs[347] in der vorgestellten Untersuchung hervorgerufen wird, kann abgeleitet werden, dass die Anzahl besuchter Einkaufsstätten i.S. der hier verwendeten Ansammlung mehrerer Geschäfte und demzufolge die Menge aller für die Präferenzbildung relevanten Einkaufsstätten noch geringer anzusetzen ist.

3.22 Präferenzbildung

Anhand der wahrgenommenen und als relevant für die jeweilige Problemlösung empfundenen Objekte gilt es für den Konsumenten, eine seinen Anforderungen entsprechende Auswahl zu treffen. Das Wissen um den Ablauf der Präferenzbildung erlaubt der Angebotsseite einerseits eine den Präferenzen entsprechende Zusammenstellung des Güterangebots, andererseits kann mittels dieser Erfahrung auf Präferenzen in die vom Produzenten gewünschte Richtung eingewirkt werden. Die Analyse dieses Entscheidungsprozesses ist daher seit Beginn der Forschungstradition des Konsumentenverhaltens von grundlegendem Interesse. Die Auseinandersetzung mit den Mechanismen der Präferenzbildung lässt eine Vielzahl möglicher Erklärungsansätze zu. Grundlegend zu unterscheiden sind jedoch zwei Denkrichtungen: die nutzentheoretische Interpretation auf entschei-

---

347 Als Einkaufsstätten wurden in der betrachteten Studie sämtliche Geschäfte einer Handelskette zusammengefasst. Vgl. ebenda, S. 23. Der Verringerung der Anzahl besuchter Geschäftsagglomerationen wirkt daher der Effekt entgegen, der durch den Einkauf bei einer Handelskette an verschiedenen Orten entsteht.

dungstheoretischer Basis und die verhaltenstheoretische Interpretation, die ebenfalls Elemente der Entscheidungstheorie aufgreift.

Als ein Grundbegriff der Entscheidungstheorie aus **nutzentheoretischer Sicht** wird die Präferenz über Axiome eingegrenzt.[348] Neben sicheren Entscheidungen, bei denen der Entscheider im Vorfeld die Konsequenzen aller zur Wahl stehenden Alternativen kennt und somit die Präferenz dem Nutzen gleichgesetzt werden kann, werden Entscheidungen unter Ungewissheit und unter Risiko unterschieden. Während für Entscheidungen unter Risiko Wahrscheinlichkeiten für das Eintreten aller entscheidungsrelevanter Konsequenzen angegeben werden können, ist dies für Entscheidungen unter Ungewissheit nicht möglich.[349] Entgegen dem deterministischen Charakter sicherer Entscheidungen muss die Nutzenfunktion bei unsicheren Entscheidungen die Intensität zum Ausdruck bringen, mit der das jeweilige Ergebnis anderen vorgezogen wird, um daraus eine Präferenzfunktion ableiten zu können. Das bedeutet, dass die mit einer Alternative verbundenen Vor– und Nachteile gegeneinander abgewogen werden müssen.[350]

Auch in der **verhaltenstheoretischen Interpretation** ist die Präferenzbildung insofern mit nutzenbasierten Überlegungen verbunden, als dass Präferenzen durch Kosten–/Nutzenvergleiche entstehen. Dieser Tradition entstammen eine Reihe von spezifischen Modellen, die Präferenzen aus unterschiedlichen Blickwinkeln betrachten. In Folge lerntheoretischer Überlegungen sind Präferenzen bspw. auf Stärke und Stabilität von Hypothesen des Forschers über den Zusammenhang zwischen einem bestimmten Verhalten und zu erwartenden Konsequenzen zurückzuführen.[351] Motivationstheoretisch erklärt sich die Präferenzbildung aus dem bewussten Vorhandensein von Bedürfnissen, die durch ihren hierarchischen Charakter die Bildung von Präferenzrangfolgen ermöglichen.

Gemeinsam ist nutzen– und verhaltenstheoretischen Ansätzen, dass bei der Bil-

---

[348] Das Ordnungs- und das Transitivitätsaxiom stellen zwei zentrale Annahmen der Entscheidungstheorie dar, die bei zunehmender Spezifizierung des Entscheidungsproblems um weitere Annahmen ergänzt werden. Vgl. Laux, H., Entscheidungstheorie, 4. Aufl., Berlin 1998, S. 31ff.

[349] Vgl. zu den Grundlagen der Entscheidungstheorie z.B. Laux, H., Entscheidungstheorie, a.a.O. Bitz, M., Entscheidungstheorie, München 1981. Für reale Situationen wird davon ausgegangen, dass Eintrittswahrscheinlichkeiten angegeben werden können, so dass Entscheidungen unter Ungewissheit zu vernachlässigen sind.

[350] Vgl. Laux, H., Entscheidungstheorie, a.a.O., S. 27.

[351] Vgl. dazu und zur folgenden Ausführung Höser, H., Kontextabhängige Präferenzen, a.a.O., S. 38ff. sowie die dort angegebenen Quellen. Interessanterweise spiegeln diese Theorien die bereits herausgearbeiteten, den Wahrnehmungsprozess beeinflussenden Konstrukte wider (vgl. Abb. 4, Kap. B1).

dung von Präferenzurteilen die verschiedenen Eigenschaftsausprägungen für ein Objekt bewertet und zu Teilurteilen zusammengefasst werden, die anschließend mit Hilfe bestimmter Entscheidungsheuristiken bzw. Entscheidungsstrategien[352] zu einem Gesamturteil verknüpft werden.[353] Die Unterscheidung in der Herangehensweise beider Theorieorientierungen liegt in ihrer Betrachtung der Rationalität menschlichen Verhaltens. Unter **Rationalität** soll im folgenden das Streben von Individuen nach einem optimalen Handlungsresultat i.S. einer Erwartungsnutzenmaximierung verstanden werden.[354] Während die Entscheidungstheorie in ihrer Grundannahme von einer rationalen, nutzenmaximierenden Entscheidung des Konsumenten ausgeht, beziehen Verhaltenstheoretiker rationales Handeln von Beginn aller Überlegungen an nur eingeschränkt in die Erklärung des Verhaltens ein und orientieren sich in ihrem Vorgehen stärker an nicht bzw. beschränkt rational bezeichneten Entscheidungsprozessen.

Das Problem der Präferenzbildung bei der Einkaufsstättenwahl von Konsumenten soll sich daher an den beiden Schritten der Bewertung von Alternativen und der Verknüpfung von Informationen unter rationalen und beschränkt rationalen Betrachtungsweisen orientieren. Mit diesem Vorgehen, das den Präferenzbildungsprozess auf einer übergeordneten Ebene diskutiert, wird gleichzeitig vermieden, einzelne subjektiv oder stochastisch ausgewählte Denkansätze aus dem umfangreichen Pool vorhandener Modelle, die die Kaufentscheidung im allgemeinen, nicht jedoch die Spezifik der Einkaufsstättenwahl im besonderen analysieren, zu selektieren und somit den forscherischen Erkenntnisprozess zu beschränken.

---

352 Vgl. dazu die Ausführungen in Kap. B 3.222. Heuristiken sind nichtmathematische Methoden zur Gewinnung neuer Erkenntnisse, die im hier verwendeten Zusammenhang effiziente Lösungen für schwierige Probleme liefern. Einmal erlernte Heuristiken werden vom Individuum mittels trial-and-error-Verfahren permanent verbessert und an die sich ändernden Umweltbedingungen angepasst. Vgl. Aschenbrenner, K.M., Komplexes Wahlverhalten, Entscheidungen zwischen multiattributiven Alternativen, in: Hartmann, K.D., Koeppler, K. (Hrsg.), Fortschritte der Marktpsychologie, Bd. 1, Frankfurt a.M., 1977, S. 23f.

353 Im Ergebnis des Bewertungsprozesses der wahrgenommenen Merkmalsausprägungen entstehen merkmalsspezifische Nutzenwerte, die anschließend zu einem Gesamtnutzen verküpft werden. Vgl. Gierl, H., Marketing, a.a.O., S. 39f. Für die Kombination der Bewertungsmodelle mit den Verknüpfungsregeln (Entscheidungsheuristiken) gelten dabei grundsätzlich keine Einschränkungen. Vgl. Böcker, F. Präferenzforschung als Mittel marktorientierter Unternehmensführung, a.a.O., S. 559.

354 Vgl. Höser, H., Kontextabhängige Präferenzen, a.a.O., S. 51. Ein rational handelnder Konsument versucht demnach, seine Entscheidungen so zu treffen, dass für ihn ein maximaler Nutzen entsteht. Vgl. Kirsch, W., Die Handhabung von Entscheidungsproblemen, a.a.O., S. 2. Die Entscheidungstheorie weiß jedoch um die Tatsache, dass bereits die Definition von Kennzeichen rationellen Verhaltens von den subjektiven Vorstellungen einzelner Wissenschaftler abhängt. Vgl. Bitz, M., Entscheidungstheorie, a.a.O., S. 74.

3.221 Bewertung von Alternativen

3.2211 Rationalität von Entscheidungen und Entscheidungsanomalien aus nutzentheoretischer Sicht

Der Präferenzbegriff kann unter der Annahme rationalen Entscheidungsverhaltens nicht unabhängig vom Nutzenbegriff betrachtet werden, da Präferenzen auf Basis von Nutzenvergleichen entstehen.[355] Der Nutzen verkörpert ein „nach subjektiven Maßstäben bewertbares und deshalb intersubjektiv nur schwer überprüfbares Maß an Bedürfnisbefriedigung."[356] Vertreter der Forschungsrichtung, die Entscheidungen mit Hilfe logisch–rationaler Regeln erklären, gehen davon aus, dass Individuen nutzenmaximierend handeln. Diesem ökonomischen Grundprinzip zufolge entscheiden sich Konsumenten für diejenige Alternative, die den größten Nutzen verspricht, wobei positive und negative Nutzenaspekte gegeneinander abgewogen werden.[357]

Die Theorie der rationalen Entscheidung setzt voraus, dass Konsumenten ihre Präferenzen klar definieren, wobei jede Alternative mit einem bestimmten Nutzen bzw. subjektivem Wert verbunden ist und Konsumenten darüber hinaus über die zur Entscheidung notwendigen Informationen sowie Fähigkeiten der Berechnung und Auswahl der nutzenmaximalen Alternative verfügen.[358] Diese Voraussetzungen sollen es ermöglichen, Entscheidungsprozesse objektiv nachvollziehbar

---

355 Vgl. Krelle, W., Präferenz- und Entscheidungstheorie, Tübingen 1968, S. 3. Demnach stellen Nutzen und Präferenz nur verschiedene Messmethoden desselben Konstruktes dar. Vgl. Trommsdorff, V., Bleicker, U., Hildebrandt, L., Nutzen und Einstellung, a.a.O., S. 270ff. In der Literatur wird häufig auch Nutzen als rationales Bewertungskriterium gegenüber Einstellungen als gefühlsmäßiger Bewertungsmaßstab abgegrenzt. Diesem Sprachgebrauch soll jedoch nicht gefolgt werden, da einerseits Einstellungen durch rationale Nutzenabwägungen zustande kommen können, andererseits im Nutzen ebenso emotionale Aspekte integriert sein können.

356 Herrmann, A., Bauer, H.H., Huber, F., Eine entscheidungstheoretische Interpretation der Nutzenlehre von Wilhem Vershofen, in: WiSt, H. 6, Juni 1997, S. 279. Zur Systematisierung von Nutzenerwartungen wird häufig die von VERHOFEN entwickelte Nutzenleiter herangezogen, die jedem Produkt einen stofflich-technischen Grundnutzen und einen seelisch-geistigen Zusatznutzen zuordnet, wobei der Zusatznutzen einer vielfältigen weiteren Unterscheidung unterliegt. Vgl. im Original Vershofen, W., Die Marktentnahme als Kernstück der Wirtschaftsforschung, Berlin 1959, S. 81ff.

357 Vgl. Höser, H., Kontextabhängige Präferenzen, a.a.O., S. 51f.

358 Vgl. Carsky, M.L., Dickinson, R., Smith, M.F., Toward Consumer Efficiency: A Model for Improved Buymanship, in: JoCA, Vol. 29, Nr. 2/1995, S. 443; Bettman, J.R., Luce, M.F., Payne, J.W., Constructive Consumer Choice Processes, a.a.O., S. 187.

zu machen. Im Falle der Sicherheit über die Merkmalsausprägungen der Objekte sind Präferenzen mit dem mit dem Objekt verbundenen Nutzen identisch.[359]

Die Bewertungen der Eigenschaftsausprägungen erfolgt – wie bereits in Kap. B 3.14 beschrieben – anhand von **Nutzenmodellen**, die jeweils unterschiedliche Beziehungen zwischen Merkmalsausprägungen und den von ihnen gestifteten Nutzenbeiträgen unterstellen. Am häufigsten finden in dem Zusammenhang Idealpunkt–, Vektor– und Teilnutzenwert–Modelle Anwendung.[360] Während beim Verlauf der Idealpunkt–Funktion ein Optimum existiert, deren Ausprägung der zu bewertenden Eigenschaft einem maximalen Nutzenbeitrag entspricht, ändert sich beim Vektor–Modell der Nutzen proportional im positiven oder negativen Sinne zur Änderung der Ausprägung (vgl. Abb. 15). Beim Teilnutzenwert–Modell hingegen, das neben stetigen auch für dichotome und kategoriale Ausprägungen geeignet ist, kann jeder Eigenschaftsausprägung ein anderer Teilnutzen zugeordnet werden.

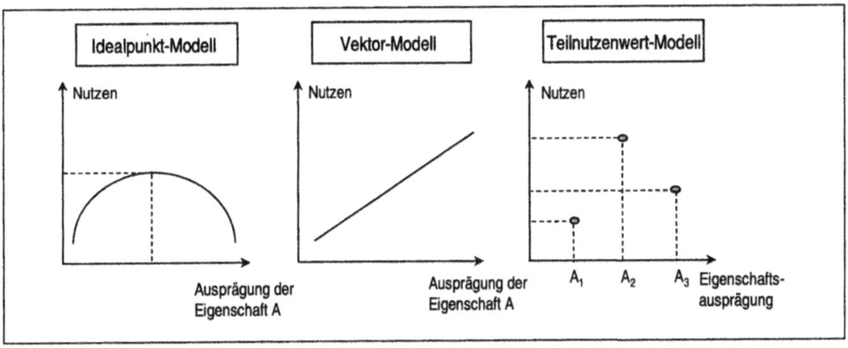

Abb. 15: Alternative Modelle zur Bewertung von Eigenschaftsausprägungen
(Quelle: in Anlehung an Perrey, J., Nutzenorientierte Marktsegmentierung, a.a.O., S. 69)

Die Aussagekraft derartiger Modelle wird in der Realität jedoch dadurch negativ beeinflusst, dass die Annahme eines der Modelle bereits dem subjektiven Empfinden des Forschers unterliegt.[361] Gegen ihre Anwendung spricht weiterhin,

359 Vgl. Backhaus, K., Erichson, B., Plinke, W., Weiber, R., Multivariate Analysemethoden, a.a.O., S. 466.

360 Der Begriff der Vektormodelle wird synonym zu Ideal-Vektormodellen verwendet, ebenso häufig finden Teilnutzenwertmodelle in der Literatur als Teilnutzenmodell Erwähnung. Vgl. Schneider, C., Präferenzbildung bei Qualitätsunsicherheit, a.a.O., S. 54ff; Perrey, J., Nutzenorientierte Marktsegmentierung, a.a.O., S. 68f.

361 Da das Teilnutzenwert-Modell die beiden anderen Funktionsverläufe als Spezialfälle integriert, eignet sich dieses Modell besonders gut für die Anwendung in der Marketingpraxis. Allerdings erfordern stetige Merkmale die Spezifikation weiterer Ausprägungen zwischen Extremwerten,

dass intersubjektive Differenzen sowohl bzgl. des zugrunde gelegten Modells als auch im Hinblick auf den Idealpunkt oder weitere Parameter der Funktion auftreten.[362] Insofern betont BÖCKER in Anlehnung an RATCHFORD, dass die Anwendung der Präferenzmodelle in der empirischen Forschung als Datenverarbeitungs–, nicht aber als Informationsverarbeitungsregel zu verstehen sei.[363]

Bereits in der Diskussion der Nutzenmodelle zeigt sich, dass die Annahmen des Rationalitätspostulats nicht zweifelsfrei dem tatsächlichen Entscheidungsverhalten entsprechen. Die Abweichungen zwischen dem rationalen Verhalten und den zu beobachtenden „Fehl"–Entscheidungen werden als **Entscheidungsanomalien** bezeichnet.[364] In Studien wird dargelegt, dass in Abhängigkeit der zugrunde gelegten Fragestellung bei der Entscheidung zwischen Alternativen systematische Diskrepanzen zwischen den Ergebnissen auftreten; je nachdem, ob Präferenzen als Wahlentscheidung oder Wertvergleich erhoben wurden.[365] Die Erklärung dieses von LICHTENSTEIN und SLOVIC[366] erstmals beschriebenen Phänomens der Präferenzumkehrung (Preference Reversal) unterliegt der fachspezifischen Sichtweise von Ökonomen oder Psychologen.[367] In Abhängigkeit davon, welcher der beiden Forschungsrichtungen der Entscheidungstheoretiker eine größere Bedeutung beimisst, unterscheiden sich die Erklärungsansätze in eine eher nutzentheoretische und eine verhaltenstheoretische Betrachtungsweise. Ein weiterer Kritikpunkt am Rationalitätspostulat bezieht sich neben dem Nachweis der Präferenzumkehrung auf sog. Framing–Effekte, die eine Entscheidungsanomalie bei komplexen Situatuationen durch die unterschiedliche Darstellung einer identischen Situation beschreibt.[368] Weitere in der Literatur genannte Anomalien, die

---

welche mit Hilfe der Interpolation ermittelt werden können. Vgl. Schneider, C., Präferenzbildung bei Qualitätsunsicherheit, a.a.O., S. 56.

362 Vgl. Böcker, F., Präferenzforschung als Mittel marktorientierter Unternehmensführung, a.a.O., S. 566.

363 Vgl. ebenda, S. 559.

364 Vgl. Klose, W., Ökonomische Analyse von Entscheidungsanomalien, Frankfurt, 1994; Höser, H., Kontextabhängige Präferenzen, a.a.O., S. 52f. Ein weiterer Kritikpunkt an mirkoökonomischen Nutzenkonzepten beruft sich auf die Tautologie der Aussagen und die dadurch fehlende empirische Überprüfbarkeit.

365 Vgl. Nowlis, S.M., Simonson, I., Attribute-Task Compatibility as a Determinant of Consumer Preference Reversals, in: JoMR, Vol. 34, May 1997, S. 205.

366 Vgl. Lichtenstein, S., Slovic, P., Reversals of Preference Between Bids and Choices in Gambling Decisions, in: JoEP, July 1971, S. 46-55; zit. nach Machina, M.J., Choice Under Uncertainty: Problems Solved and Unsolved, in: Economic Perspectives, Vol. 1, Nr. 1/1987, (Summer), S. 136

367 Vgl. dazu Machina, M.J., Choice Under Uncertainty, a.a.O., S. 137ff.

368 Vgl. Slovic, P., Manipulating the Attractiveness of a Gamble Without Changing its Expected Value, in: JoEP, January 1969, S. 139-145; zit. nach Machina, M.J., Choice Under Uncertainty,

sich aus Divergenzen zwischen intuitiven und durch die Nutzentheorie beschriebenen Präferenzen ergeben sind bspw. der Besitztumseffekt, das Allais– und das Ellsberg–Paradoxon.[369]

Auf besonderes wissenschaftliches Interesse ist im Zusammenhang mit nutzentheoretischen Konzepten die **Prospect Theorie** gestoßen.[370] Diese von KAHNEMAN und TVERSKY 1979 deduktiv auf Basis experimenteller Untersuchungen entwickelte Theorie zeigt auf, dass Individuen Alternativen bezüglich eines Referenzpunktes[371] bewerten und dabei Verluste stärker als Gewinne gewichten.[372] Dabei wird die Wertfunktion, die jedem möglichen Ergebnis einen subjektiven Wert zuordnet, als konkav für Gewinne und konvex sowie steiler für Verluste beschrieben.[373] Die Verfasser zeigen vorab eine Reihe von Entscheidungsanomalien auf, die Annahmen der Erwartungsnutzentheorie verletzen, wie bspw. die Übergewichtung von sicheren im Vergleich zu nur wahrscheinlichen Ergebnissen (Certainty Effect) oder die Isolation einzelner gleicher Komponenten von Alternativen zum Nutzen der Fokussierung auf diejenigen Merkmale, anhand derer sich Alternativen unterscheiden (Isolation Effect).[374] Ähnlich der von BÖCKER vorgeschlagenen Gliederung des Entscheidungsprozesses in eine Vorauswahl– und Entschei-

---

a.a.O., S. 141ff.

369 Vgl. dazu ausführlicher Eisenführ, F., Weber, M., Rationales Entscheiden, a.a.O., S. 327ff.

370 Vgl. Klophaus, R., Prospect-Theorie, in: WiSt, 4. April 1997, S. 195-198; Lehner, J.M., Entscheidungsparadoxien und deren betriebliche Auswirkungen, in: JfB 3/96, S. 142-154 sowie zur Diskussion von Relevanz und Bedeutung der Prospect Theorie Theil, M., Die „prospect"-Theorie als Erklärungsmuster realen Entscheidungsverhaltens, in: JfB 1/97, S. 26-34 und Lehner, J.M., Auf der Suche nach erklärungskräftigen und einfachen Theorien des Entscheidungsverhaltens - Antwort auf Theil, in: JfB 1/97, S. 35-39. Die Frage, inwiefern die Prospect Theorie als Substitut zum Rationalprinzip der Nutzenmaximierung oder aber als ein Versuch zur Bestätigung seiner Gültigkeit betrachtet werden kann, ist bislang umstritten. Vgl. Höser, H., Kontextabhängige Präferenzen, a.a.O., S. 84.

371 Der Referenzpunkt stellt einen Ankerpunkt dar, bei dem weder Gewinne noch Verluste entstehen. Vgl. Herrmann, A., Bauer, H.H., Huber, F., Eine entscheidungstheoretische Interpretation der Nutzenlehre von Wilhem Vershofen, a.a.O., S. 282.

372 Vgl. Kahneman, D., Tversky, A., Prospect Theory, a.a.O., S. 263-291 sowie Tversky, A., Kahneman, D., Advances in Prospect Theory: Cumulative Representation of Uncertainty, in: JoRU, Vol. 5/1992, S. 297-323. Unter Prospects sind in der deutschen Übersetzung „Aussichten" zu verstehen; für die konkrete Fragestellung beschreibt KLOPHAUS sie als „eine spezielle Wahrscheinlichkeitsverteilung über die Ergebnisse". Klophaus, R., Prospect-Theorie, a.a.O., S. 195.

373 Vgl. Kahneman, D., Tversky, A., Prospect Theory, a.a.O., S. 279.

374 Vgl. ebenda, S. 265ff. Diese Effekte können bei der Einkaufsstättenwahl z.B. erklären, dass Konsumenten eine hohe Einkaufsstättentreue aufweisen, um sicherzugehen, die gewünschten Produkte bzw. Marken mit sehr hoher Wahrscheinlichkeit zu erwerben bzw. dass die Entscheidung durch das Angebot einzelner added values durch Einkaufsstätten stark positiv beeinflusst wird.

dungsphase[375] differenziert sich laut Prospect Theorie die Entscheidung in eine Rahmungs- und Bewertungsphase.[376]

Dem unbestrittenen Beitrag, den die Prospect Theorie damit für die Weiterentwicklung der Entscheidungstheorie liefert, stehen bei der Übertragung auf die Problematik der Einkaufsstättenwahl einige Schwierigkeiten entgegen.[377] Sie ergeben sich insbesondere aus den individuellen Transformationen von Alternativen in Prospects und der Lokalisation des Referenzpunktes[378] sowie der eindeutigen Zuordnung von mit dem Einkauf verbundenen Erlebnissen als Gewinn oder Verlust.[379] Für eine tiefergehende Erklärung des Konsumentenverhaltens bei der Wahl von Einkaufsstätten bieten psychosozial orientierte Ansätze, auf die sich die folgenden Ausführungen beziehen, eine weitaus größere Hilfe zum Verständnis von Kauf- und Einkaufsstättenentscheidungen.

---

375 Vgl. Böcker, F., Präferenzforschung als Mittel marktorientierter Unternehmensführung, a.a.O., S. 568.

376 Vgl. Kahneman, D., Tversky, A., Prospect Theory, a.a.O., S. 274ff.; Klophaus, R., Prospect-Theorie, a.a.O., S. 195f. Innerhalb der Rahmungsphase vollzieht der Entscheider eine Reihe gedanklicher Operationen zur Transformation der Alternativenkennzeichen in Prospects und bestimmt den Referenzpunkt.

377 Es lässt sich damit z.B. begründen, dass Konsumenten, die den Besuch einer Einkaufsstätte als Gewinn interpretieren, zukünftig i.S. der Risikovermeidung eine hohe Loyalität gegenüber dieser Einkaufsstätte aufweisen werden. Wird andererseits der Einkauf als Verlust gegenüber dem Referenzpunkt betrachtet, sind Konsumenten bereit, hohe Risiken (z.B. große Entfernungen oder überfüllte Einkaufsstätten) einzugehen. Der im Zusammenhang mit der Prospect Theory diskutierte Framing-Effekt kann bspw. den Einfluss von Referenzpunkten auf die Wahrnehmung des Preis-Leistungs-Verhältnisses erklären. Vgl. Smith, G.E., Nagle, T.T., Frames of Reference and Buyers' Perception of Price and Value, in: CMR, Vol. 38, Nr. 1, Fall 1995, S. 98-116. Interessant scheint darüber hinaus die Überlegung, dass die in den neuen Bundesländern mit dem Wandel der Angebotsstruktur vollzogene erste Verschiebung des Referenzpunktes im Falle der Gewinninterpretation dazu geführt hat, dass Konsumenten in Folge weitere Risiken vermieden haben und einer Einkaufsstätte langfristig treu blieben.

378 Auf diese beiden Problembereiche weisen bereits Kahneman und Tversky als kritische Faktoren bei der Analyse von Entscheidungen hin. Vgl. Kahneman, D., Tversky, A., Prospect Theory, a.a.O., S. 288. Auch Eisenführ und Weber weisen darauf hin, dass die mit der Prospect Theory begründete Forschungsrichtung der deskriptiven Entscheidungstheorie im Hinblick auf ihre Entwicklung und empirische Überprüfung sowie der Übertragung auf ökonomische Fragestellungen noch am Beginn ihrer Entwicklung steht. Vgl. Eisenführ, F., Weber, M., Rationales Entscheiden, a.a.O., S. 325.

379 Bspw. können Konsumenten die beim Einkauf verbrauchte Zeit sowohl als Gewinn als auch als Verlust interpretieren.

3.2212 Begrenztheit des Rationalitätsprinzips aus verhaltenstheoretischer Sicht

Die Unvollständigkeit und Mangelhaftigkeit der Theorie rationaler Entscheidungen zur Erklärung des Entscheidungsverhaltens von Konsumenten führte in der Entscheidungstheorie zur Hinterfragung des Rationalitätsprinzips. SIMON war einer der ersten Autoren, der sich mit dieser Thematik beschäftigte und ein Prinzip der begrenzten Rationalität (Bounded Rationality) aufstellte.[380] Dabei zeigt er auf, dass

- die bei Rationalität erforderliche vollständige Kenntnis und Voraussicht möglicher Konsequenzen nur fragmentarisch vorliegt,
- bei der Bewertung zukünftiger Konsequenzen Werte nur unvollkommen antizipiert werden können und
- bei der Wahl in der Realität nur wenige und nicht wie erforderlich alle möglichen Alternativen gegeneinander abgewogen werden.[381]

Die Akzeptanz begrenzter Rationalität begründet die **verhaltenswissenschaftliche Entscheidungstheorie**. Insbesondere durch die gestiegenen Erkenntnisse in Bezug auf die Informationsverarbeitung und die dabei konstatierte Kapazitätsbeschränkung wurde ersichtlich, dass Individuen nur begrenzt rationale Entscheidungen treffen können und somit nicht uneingeschränkt über die Fähigkeit der Berechnung nutzenmaximierender Alternativen verfügen.[382] Darüber hinaus konnte die Bedeutung der Interaktion zwischen der menschlichen Informationsverarbeitung und seiner Aufgabenumwelt aufgezeigt werden, die der Annahme klar definierter Präferenzen entgegenstand.[383]

Ebenso wie im Wahrnehmungsprozess Ausstrahlungseffekte und Fehlleistungen auftreten, sind innerhalb des Entscheidungsprozesses Verzerrungen zu beobachten, die vorrangig durch Emotionen, verfestigte Vorurteile oder intuitive Schlüsse erklärt werden können.[384] Zusätzlich wirken Gedächtnistäuschungen auf das für

---

380 Vgl. ausführlicher zu diesem Prinzip Simon, H.A., Administrative Behavior, 2. Aufl., New York 1957; Simon, H.A., Models of Man, New York 1957, S. 248, zit. nach Krelle, W., Präferenz- und Entscheidungstheorie, a.a.O., S. 105 sowie Simon, H.A., Homo rationalis, die Vernunft im menschlichen Leben, Frankfurt a.M. 1993.

381 Vgl. Simon, H.A., Administrative Behavior, a.a.O., S. 81, zit. nach Kirsch, W., Die Handhabung von Entscheidungsproblemen, a.a.O., S. 6.

382 Vgl. Bettman, J.R., Luce, M.F., Payne, J.W., Constructive Consumer Choice Processes, a.a.O., S. 187.

383 Vgl. Simon, H.A., Invariants of Human Behavior, in: Annual Review of Psychology, Nr. 41/1990, S. 1-19.

384 Vgl. Kroeber-Riel, W., Konsumentenverhalten, a.a.O., S. 296.

die Entscheidung bewusst zu machende Wissen ein und führen dazu, dass Entscheidungen für Außenstehende nicht nachvollziehbar erscheinen.[385] Unter diesen Bedingungen ist es nicht erstaunlich, dass auch überlegte, „rationale" Urteile an Transparenz verlieren und den Eindruck der Irrationalität erwecken.

Aus diesem Grund sprechen verhaltenstheoretisch orientierte Wissenschaftler verstärkt davon, dass menschliches Entscheidungsverhalten nicht von der formal-mathematischen Logik, sondern einer sog. **Psycho–Logik** gesteuert wird.[386] Unter der Psycho–Logik ist zu verstehen, dass Individuen neben den Regeln der formalen Logik ebenso auf intuitive, subjektive, der formalen Logik widersprechende Formen der Entscheidungsfindung zurückgreifen. KIRSCH beschreibt in diesem Zusammenhang ein subjektives inneres Modell, das anstelle der (objektiven) Realität dem Problemlösungsprozess von Individuen zugrunde liegt und der Erklärung des inneren Suchverhaltens von Menschen dient.[387]

Eine Einsicht, die sich zunehmend in der Theorie des Entscheidungsverhaltens durchsetzt, bezieht sich auf den **konstruktiven Charakter** von Präferenzen. Präferenzen werden demnach i.d.R. erst bei Bedarf konstruiert und liegen nicht im Gedächtnis des Konsumenten zum Abruf bereit.[388] Dieses Vorgehen wird einerseits durch mangelnde kognitive Ressourcen zur Generierung klarer Präferenzrangfolgen für verschiedene Situationen hervorgerufen, andererseits existieren für eine Vielzahl von Entscheidungsproblemen mehrere übergeordnete Ziele, deren Kombination jeweils die Überarbeitung vorhandener Präferenzen notwendig macht.[389] Die Konstruktion von Präferenzen stellt einen Gegensatz zu grundsätzlich gut entwickelten, klaren Wertvorstellungen dar, aus denen geeignete Prä-

---

385 Gedächtnistäuschungen sind typischerweise durch zwei verschiedene Arten induziert: einerseits wird zusätzlich zur zu erinnernden Gedächtnisspur eine weitere, inhaltlich abweichende Spur gesetzt, andererseits sorgt die Einnahme einer bestimmten Perspektive des Individuums (z.B. auf Grund kultureller Hintergründe, sozialer Vorurteile, Rollenverhalten oder erhaltener Zusatzinformationen) für Verzerrungen während der Kodierung. Vgl. Hell, W., Gedächtnistäuschungen, in: Hell, W., Fiedler, K., Gigerenzer, G. (Hrsg.), Kognitive Täuschungen, a.a.O., S. 14f.

386 Vgl. Kroeber-Riel, W., Konsumentenverhalten, a.a.O., S. 296ff.; Kirsch, W., Die Handhabung von Entscheidungsproblemen, a.a.O., S. 46ff.

387 Vgl. Kirsch, W., Die Handhabung von Entscheidungsproblemen, a.a.O., S. 12.

388 Vgl. Slovic, P., The Construction of Preference, in: AmPsych, Vol. 50/1995, S. 364-371; Bettman, J.R., Luce, M.F., Payne, J.W., Constructive Consumer Choice Processes, a.a.O., S. 188. Dieser konstruktive Charakter bezieht sich nicht allein auf Präferenzen, sondern gilt für alle Prozesse des Erinnerns. Vgl. Hell, W., Gedächtnistäuschungen, in: Hell, W., Fiedler, K., Gigerenzer, G. (Hrsg.), Kognitive Täuschungen, a.a.O., S. 16.

389 Vgl. Bettman, J.R., Luce, M.F., Payne, J.W., Constructive Consumer Choice Processes, a.a.O., S. 188.

ferenzen abgeleitet werden können,[390] wobei unumstritten bleibt, dass die Generierung von Präferenzen durch Individuen auf beide Arten erfolgen kann. COUPEY ET AL. gehen davon aus, dass die Konstruktion von Präferenzen wahrscheinlicher und damit der Einfluss sämtlicher Kontextfaktoren größer in Situationen mit geringem Vorwissensstand ist.[391] Untersuchungen, die auf der Annahme des konstruktiven Charakters von Präferenzen basieren, erklären die Varianz von Präferenzen über die Zielgebundenheit, die Komplexitäts- und Kontextabhängigkeit von Entscheidungen sowie individuellen Differenzen des Entscheiders.[392]

Übergeordnete **Ziele** von Entscheidungen können darin bestehen,[393]

- die Genauigkeit der Entscheidung zu erhöhen (z.B. bei teuren mit hohem Involvement aber geringer emotionaler Beteilungung verbundenen Einkäufen),
- die kognitiven Anstrengungen zu minimieren (z.B. bei habitualisierten Käufen mit niedrigem Involvement),
- negative Gefühle bzw. kognitive Dissonanzen nach der Entscheidung zu minimieren (z.B. bei emotional basierten Käufen, die der Selbstbelohnung dienen oder anderweitige Zielkonflikte hervorrufen),
- die Einfachheit der Rechtfertigung der Entscheidung gegenüber sich selbst und Dritten zu maximieren (z.B. bei Käufen, die von anderen als überflüssig betrachtet werden könnten).

Die **Komplexität** von Entscheidungen und damit der Schwierigkeitsgrad der Problemlösung wird in erster Linie vom Antwortmodus, der Anzahl der Alternativen und zu vergleichenden Determinanten, dem Zeitdruck, der gegenseitigen Abhängigkeit von Entscheidungsdeterminanten, der Vollständigkeit und dem Format der Informationen sowie der Vergleichbarkeit der Alternativen beeinflusst.[394] Dass Unterschiede im Antwortmodus zu Differenzen in der Präferenzkonstruktion führen, belegen die Ergebnisse einer Untersuchung von TVERSKY ET AL.[395] Demnach

---

390 Vgl. Coupey, E., Irwin, J.R., Payne, J.W., Product Category Familarity and Preference Construction, a.a.O., S. 459.

391 Vgl. ebenda, S. 460.

392 Vgl. Bettman, J.R., Luce, M.F., Payne, J.W., Constructive Consumer Choice Processes, a.a.O., S. 187-217; Payne, J.W., Bettman, J.R., Johnson, E.J., The Adaptive Decision Maker, Cambridge, 1993.

393 Vgl. Bettman, J.R., Luce, M.F., Payne, J.W., Constructive Consumer Choice Processes, a.a.O., S. 192f.

394 Vgl. Coupey, E., Irwin, J.R., Payne, J.W., Product Category Familarity and Preference Construction, a.a.O., S. 459; Bettman, J.R., Luce, M.F., Payne, J.W., Constructive Consumer Choice Processes, a.a.O., S. 199ff.

395 Vgl. Tversky, A., Shmuel, S., Slovic, P., Contingent Weighting in Judgement and Choice, in: PsychR 3 (July) 1988, S. 371-384.

spielen wichtigere Determinanten bei der Beantwortung im „Choice"–Modus (Abfragen der ersten Präferenz) eine größere Rolle als beim „Matching" (Ähnlichkeitsvergleich der Alternativen bei fehlenden Teilangaben). Darüber hinaus legen die Autoren dar, dass bei „Choices" stärker qualitative, ordinale Informationen in die Schlussfolgerung einbezogen werden, während beim „Matching" vorrangig in quantitativer, kardinaler Weise gefolgert wird.

Der **Entscheidungskontext** bezieht sich gleichsam auf Ziele und Komplexität von Entscheidungen sowie individuelle und situative Besonderheiten.[396] Die eigentliche Bedeutung des Entscheidungskontextes offenbart sich allerdings erst, wenn die Aussagekraft der Unterscheidung in rationales und begrenzt–rationales Entscheidungsverhalten hinterfragt wird. Denn streng genommen ist jeder Versuch der Erklärung begrenzt rationaler Entscheidungen mit Hilfe aggregierter Theorien ein Schritt in Richtung rationaler Entscheidungsansätze. Da jede in der Betrachtung Außenstehender irrationale Entscheidung auf Basis eines bestehenden Konzeptes unter Einbeziehung aller Hintergrundinformationen über persönliche und situative Gegebenheiten als nutzenmaximierend erklärt werden kann, ist die Entscheidung letztlich als rational zu bezeichnen.[397] Die Verfolgung altruistischer Ziele kann als nutzenmaximierend im Hinblick auf die Gesellschaft und somit indirekt für das Individuum als gesellschaftlichen Teilnehmer interpretiert werden.[398] Entscheidungen, die auf Wahrnehmungsverzerrungen beruhen, bleiben aus dem Grund rational, weil das Individuum auf Basis seines falschen Wissensstandes eine für ihn optimale Lösung trifft. Vordergründig nicht–rationale Entscheidungen, die häufig im Zusammenhang mit spontanen Kaufentscheidungen beobachtet werden können, sind im Moment der Entscheidung rational, da häufig aktuelle, im Widerspruch zu langfristigen Zielen stehende, Motive verfolgt werden.[399] Die

---

396 Vgl. Coupey, E., Irwin, J.R., Payne, J.W., Product Category Familarity and Preference Construction, a.a.O., S. 459.

397 Dieser Gedanke findet sich auch in der differenzierten Betrachtung von Dimensionen der Rationalität wieder. Insbesondere mit Hilfe der Dimensionen „Bedeutung von Zielen" und „unterstellter Informationsstand" lässt sich erklären, dass sich Individuen als auch Systeme zielindifferent (i.S. einer formalen Rationalität, bei der lediglich die Zielkonsistenz geprüft wird) und persönlich-situativ (i.S. einer subjektiven Rationalität, die das subjektiv zur Verfügung stehende Wissen als Informationsgrundlage unterstellt) entscheiden. Vgl. Schneider, H., Wirtschaftspolitik zwischen ökonomischer und politischer Rationalität, Münster 1997, S. 31.

398 Vgl. ausführlicher zur Interpretation von sozialen Entscheidungen als logische Folgerungen Schick, F., Making Choices, A Reacastung of Decision Theory, Cambridge 1997, S. 114ff.

399 KRELLE beschreibt diese Situation ähnlich, indem er auf die in einer Gesellschaft vorherrschende und dem Wertewandel unterliegende Moral verweist, die immer noch i.S. einer relativen Richtigkeit der Nutzenfunktion interpretiert werden kann. Vgl. nach Krelle, W., Präferenz- und Entscheidungstheorie, a.a.O., S. 59.

Auseinandersetzung mit der Differenzierung von Entscheidungen in formal–logische und psycho–logische Vorgehensweisen kann daher nur in der Hinsicht zielführend sein, als dass untersucht wird,

- welcher situative Kontext die überwiegende Präsenz einer der beiden Entscheidungsformen unterstützt und
- welche Determinanten für Konsumenten in Abhängigkeit der gegensätzlichen Logik jeweils entscheidungsrelevant sind.

Im Hinblick auf die Einkaufsstättenwahl ist damit zu klären, inwiefern sich die beiden Ansätze rationalen und begrenzt–rationalen Verhaltens grundlegend in unterschiedlichen Präferenzen der Konsumenten widerspiegeln und in welchem Ausmaß unterschiedliche Faktoren auf die Ausprägung dieser Entscheidungsgrundsätze Einfluss ausüben.

3.222 Entscheidungsstrategien

Strategiealternativen bzw. Heuristiken[400] kennzeichnen Vereinfachungsverfahren, die dann zur Anwendung kommen, wenn keine vollständige Informationsbeschaffung und –verarbeitung durch den Konsumenten erfolgt.[401] Dies ist i.d.R. für die Mehrzahl aller Entscheidungsprozesse und somit auch für die vorliegende Untersuchung der Einkaufsstättenwahl anzunehmen.

3.2221 Vereinfachungsstrategien

Eng mit der Analyse von kognitiven Täuschungen und deren Auswirkung auf den Entscheidungsprozess verbunden ist die Beschäftigung mit Urteilsheuristiken, die die begrenzte Informationsverarbeitungskapzität kompensieren oder die Urteils-

---

400 Die Begriffe Entscheidungsstrategie, -heuristik und Verknüpfungsregel werden im folgenden synonym verwendet. Vgl. Herrmann, A., Produktwahlverhalten, a.a.O., S. 203f.; Aschenbrenner, K.M., Komplexes Wahlverhalten, a.a.O., S. 23ff. In Abgrenzung zu Algorithmen, die das Finden einer bzw. der besten Lösung garantieren, ist das Ergebnis bei Heuristiken nicht zwingend eindeutig.

401 Vgl. Höser, H., Kontextabhängige Präferenzen, a.a.O., S. 54. Es soll an dieser Stelle betont werden, dass derartige Heuristiken bereits vielfach in der Vorauswahlphase zum Einsatz kommen, in der aus der Menge der wahrgenommenen Alternativen das Evoked Set generiert wird.

bildung in „suboptimalen“ Situationen vereinfachen.[402] Die wichtigsten **Vereinfachungsstrategien** menschlichen Entscheidungsverhaltens sind nach KAHNEMAN und TVERSKY die Repräsentativitäts– und die Verfügbarkeitsheuristik.[403] Die Repräsentativitätsheuristik basiert auf Ähnlichkeiten zwischen Objekten, so dass zu beurteilende Objekte mit einem Prototyp der Urteilskategorie in Beziehung gesetzt werden.[404] Damit vergleichbar (jedoch auf disaggregierter Ebene) verwendet KROEBER–RIEL zur Darstellung des Schließens von einzelnen Eindrücken auf die gesamte Produktqualität den Begriff der Denkschablonen.[405] Demgegenüber spielt bei der Verfügbarkeitsheuristik nicht das Wissen über Merkmale des zu beurteilenden Objekts, sondern das erwartete Gefühl bei der Durchführung der geforderten Aufgabe eine Rolle und dient der Vereinfachung der Urteilsbildung.[406]

In Parallelität zu den vorgestellten Vereinfachungsstrategien können diese beiden grundsätzlichen Denkansätze, die Entscheidungen einerseits auf das vorhandene Wissen über die Eigenschaften von Objekten, andererseits auf Gefühle gegenüber der mit dem Objekt verbundenen Handlung beziehen, auf das allgemeine Entscheidungsverhalten von Konsumenten bei der Einkaufsstättenwahl übertragen werden.[407] Bezogen auf die Einkaufsstättenwahl sind vereinfachend ausge-

---

402 Vgl. Strack, F., Gonzales, M.H., Wissen und Fühlen: noetische und experimentelle Grundlagen heuristischer Urteilsbildung, in: Hell, W., Fiedler, K., Gigerenzer, G. (Hrsg.), Kognitive Täuschungen, a.a.O., S. 291. Der Begriff der „Suboptimalität“ wird dabei von den Autoren nicht näher erläutert. Es lässt sich vermuten, dass es sich dabei um Situationen handelt, in denen bspw. keine vollständigen Informationene vorliegen.

403 Vgl. Kahneman, D., Tversky, A., Subjective probability: A judgement of representativeness, in: Cognitive Psychology, Nr. 3/1972, S. 430-454 sowie Tversky, A., Kahneman, D., Availability: A heuristic for judging frequency and probability, in Cognitive Psychology, Nr. 4/1973, S. 207-232. EISENFÜHR und WEBER erwähnen andererseits noch die „Anchoring-and-adjustment“-Heuristik. Vgl. Eisenführ, F., Weber, M., Rationales Entscheiden, a.a.O., S. 332. STATT unterscheidet demgegenüber zusätzlich zur Repräsentativitätsheuristik die Einstellungs- und die Erhältlichkeitsheuristik. Vgl. Statt, D.A., Understanding the consumer, a.a.O., S. 228ff. Die Einstellungsheuristik spiegelt den wertenden Einfluss vorhandener Einstellungen auf die Beurteilung wider; demnach werden Ereignisse für wahrscheinlicher gehalten, die der zugrunde liegenden Einstellung entsprechen. Mittels der Erhältlichkeitsheuristik wird die Wirkung abrufbarer Informationen auf den Beurteilungsprozess beschrieben: Ereignisse sind wahrscheinlicher, wenn die beurteilende Person mehr Informationen darüber besitzt, die für die Richtigkeit einer Alternative sprechen. Die Relevanz dieser Heuristiken in Bezug auf das Problem der Einkaufsstättenwahl ist jedoch als gering einzuschätzen, so dass auf die weitere Auseinandersetzung mit diesen Heuristiken verzichtet werden soll.

404 Bei der Einkaufsstättenwahl ließe sich demnach beobachten, dass Personen zur Beurteilung einer Einkaufsstätte auf die Kategorie „Shopping Center“ zurückgreifen und neue Objekte anhand ihrer Ähnlichkeit mit der Vorstellung von Shopping Centern beurteilt werden.

405 Vgl. Kroeber-Riel, W., Konsumentenverhalten, a.a.O., S. 302ff.

406 Vgl. Strack, F., Gonzales, M.H., Wissen und Fühlen, a.a.O., S. 292f.

407 Dieser Gedanke, der sich auf die strukturelle Heterogenität des Entscheidungsprozesses bezieht, hat im Gegensatz zur Präferenzheterogenität in der Literatur des Wahlverhaltens von Indivuduen vergleichsweise geringe Beachtung gefunden. Eine Reihe von Studien beschäftig

drückt einerseits Strategien, die sich auf das Wissen um Ähnlichkeiten zwischen Einkaufsstätten stützen und andererseits emotional basierte Entscheidungsstrategien zu unterscheiden.

3.2222 Wissensbasierte Entscheidungsstrategien

Wissensbasierte Entscheidungsstrategien, zu denen Repräsentativitätsheuristiken zählen, sind in der Entscheidungsliteratur von vorrangigem Interesse. Zu ihnen gehören die Verknüpfungsregeln bzw. Entscheidungsheuristiken, mit denen Bewertungen von Eigenschaftsausprägungen zu einem Gesamturteil verbunden werden. Entscheidungsheuristiken, die das vorhandene Wissen über die Objekte in Präferenzrangfolgen überführen, unterscheiden sich hinsichtlich der folgenden vier Merkmale:[408]

- Menge der verarbeiteten Informationen → extensiv vs. limitiert (z.B. die Informationssammlung über das gesamte Angebot einer Einkaufsstätte vs. die Entscheidung auf Basis einer einzelnen Empfehlung),
- Anzahl der verarbeiteten Informationen im Vergleich zwischen verschiedenen Determinanten oder Alternativen → selektiv vs. konsistent (z.B. würde bei einer selektiven Auswahl nur die am nächsten liegende Einkaufsstätte gewählt, während die konsistente Entscheidung neben der Nähe parallel andere Determinanten über alle Alternativen vergleicht),
- Determinanten oder Alternativen als Entscheidungsbasis (d.h., dass bei der alternativenbasierten Entscheidung eine Einkaufsstätte mit allen Vor– und Nachteilen beurteilt und anschließend mit einer anderen Einkaufsstätte verglichen wird oder dass bei determinantenbasierten Entscheidungen alle Alternativen hinsichtlich der Nähe zum Wohnort und nachfolgend über andere Determinanten bewertet werden),
- Möglichkeit der Kompensation negativer Merkmale durch positive Merkmale[409] (kompensatorisches Vorgehen erlaubt, den Nachteil eines hohen Preisniveaus

---

sich mit den individuellen Unterschieden der Ergebniskomponente Präferenz; vernachlässigt dabei jedoch, dass bereits innerhalb des Präferenzbildungsprozesses Unterschiede in der Verküpfung von Bewertungen auftreten können. Vgl. Kamakura, W.A., Kim, B.-D., Lee, J., Modeling Preference and Structural Heterogeneity in Consumer Choice, in: Marketing Science, Vol. 15, Nr. 2/1996, S. 153. Die Autoren beziehen sich in ihrem Artikel allerdings nur auf die Einseitigkeit der Anwendung von wissensbasierten Heuristiken, die i.d.R. ein kompensatorisches Vorgehen annehmen.

408 Vgl. Bettman, J.R., Luce, M.F., Payne, J.W., Constructive Consumer Choice Processes, a.a.O., S. 189f.

409 Mit kompensatorischem Entscheidungsverhalten beschränken sich die Entscheidungsträger auf eine als relevant erachtete Ebene, die unabhängig von irrelevanten Alternativen betrachtet wird. Nicht-kompenstorisches Verhalten ist demgegenüber als hierarchischer Prozess

einer Einkaufsstätte durch die Vorteile einer besseren Qualität und eines umfangreicheren Service auszugleichen, während bei nicht–kompensatorischen Entscheidungsstrategien kein derartiger Ausgleich möglich ist).

Anhand dieser Unterscheidungsmerkmale lassen sich die bekanntesten Entscheidungsheuristiken folgendermaßen systematisieren:

	Menge der verarbeiteten Informationen	**Selektive vs. konsistente Verarbeitung**	**Determin.– vs. Alternativen-basiert**	**kompensatorisch vs. nicht–kompensatorisch**
Weighted Adding	extensiv	konsistent	Alternativen	kompensatorisch
Equal Weight	extensiv	konsistent	Alternativen	kompensatorisch
Majority of conforming dimensions	extensiv	konsistent	Determinanten	kompensatorisch
Componential context model	variabel	konsistent	variabel	kompensatorisch
Lexikografische Regel	limitiert	variabel	Determinanten	nicht–kompens.
Satisficing (Konjunktiv)	variabel	selektiv	Alternativen	nicht–kompens.
Elimination–by–aspects (Sequentiell)	variabel	variabel	Determinanten	nicht–kompens.
Disjunktive Verknüpfung*	limitiert	selektiv	Determinanten	nicht–kompens.
Dominanzregel*	extensiv	konsistent	Alternativen	nicht–kompens.
Minimax–Regel*	variabel	selektiv	Determinanten	nicht–kompens.
Frequency of good/bad features	variabel	variabel	Alternativen	variabel

* eigene Ergänzungen der Autorin

Tab. 9: Übersicht über Entscheidungsstrategien
(Quelle: in Anlehung an Bettman, J.R., Luce, M.F., Payne, J.W., Constructive Consumer Choice Processes, a.a.O., S. 190ff.)

Verfolgt ein Konsument die Strategie des „Weighted Adding", so fließt die Bedeutung der bewerteten Attribute mit ihrer jeweiligen Wichtigkeit in das Gesamturteil ein. Eine vereinfachende Unterform dieser Strategie ist das „Equal Weight", das für jede Eigenschaftsausprägung eine identische Wichtigkeit annimmt. Demgegenüber werden bei der „Majority of confirming dimensions" nur jeweils zwei Alternativen bezüglich ihrer Attributausprägungen verglichen, wobei die bessere der Alternativen beibehalten und den restlichen Möglichkeiten paarweise gegenübergestellt wird. Das kompensatorische „Componential context model" stellt eine

datsellbar, der bspw. zuerst über die Einkaufsstätte und danach über das Produkt entscheidet und Vor- bzw. Nachteil zwischen den beiden Ebenen nicht ausgleichen kann. Vgl. Kamakura, W.A., Kim, B.-D., Lee, J., Modeling Preference and Structural Heterogeneity in Consumer Choice, a.a.O., S. 153.

Weiterentwicklung bestehender Entscheidungsstrategien in dem Sinne dar, dass es relationale Heuristiken als Spezialfälle integriert.[410] In der deutschen Literatur, die den Vergleich von Entscheidungsheuristiken vorrangig nach diesem – die vier vorgestellten Regeln verbindenden – Kriterium der Kompensation von negativen mit positiven Ausprägungen vornimmt, werden kompensatorische Entscheidungsstrategien nach der Art der Verknüpfung in linear–additive, nicht linear–additive und multiplikative Verfahren differenziert.[411]

Bei der nicht–kompensatorischen lexikografischen Regel wählt der Konsument diejenige Alternative aus, die bzgl. des wichtigsten Attributes die beste Ausprägung aufweist.[412] Für die Strategie des „Satisficing", die im deutschen Sprachgebrauch der konjunktiven Verknüpfungsregel[413] entspricht, spielen kritische Mindestanforderungen eine wichtige Rolle. Konsumenten wählen demnach diejenige Alternative aus, die alle vorgegebenen Standards erfüllt.[414] Das Vorgehen bei der „Elimination–by–aspects"–Regel, vergleichbar mit der sequentiellen Verknüpfung,[415] nutzt Elemente beider bereits vorgestellter Strategien. Hierbei werden schrittweise diejenigen Alternativen eliminiert, die bei den wichtigsten Eigenschaften nicht den Mindestanforderungen genügen. Die disjunktive Verknüpfung als am stärksten vereinfachende Regel sieht vor, diejenige Alternative zu präferieren, die mindestens bei einer Eigenschaft den Mindeststandards gerecht wird.[416] Bei Anwendung der Dominanzregel wird die Alternative gewählt, die im Vergleich zu allen anderen Alternativen in allen Eigenschaften mindestens ebenbürtig und in wenigstens einer Ausprägung überlegen ist.[417] Für die Minimax–Regel betrachtet der Konsument diejenige wichtige Eigenschaft näher, die über alle Alternativen

---

410 Aktuelle Untersuchungen schlagen die Verwendung von Entscheidungsheuristiken vor, die sowohl perzeptionellen als auch relationalen Charakter tragen. Relationales Vorgehen ist bspw. dann gegeben, wenn Konsumenten relative Vor- und Nachteile von Alternativen gegeneinander abwägen. Vgl. hierzu Bettman, J.R., Luce, M.F., Payne, J.W., Constructive Consumer Choice Processes, a.a.O., S. 191f. sowie die dort angegebenen Quellen.

411 Vgl. Schneider, C., Präferenzbildung bei Qualitätsunsicherheit, a.a.O., S. 57f.; Herrmann, A., Produktwahlverhalten, a.a.O., S. 204.

412 Weisen mehrere Alternativen bei der wichtigsten Determinante eine gleich gute Ausprägung auf, greifen die Entscheider auf die jeweils nächstwichtigste Eigenschaft zurück.

413 Vgl. hierzu Gutsche, J., Produktpräferenzanalyse, a.a.O., S. 85f.; Nieschlag, R., et al., Marketing, a.a.O., S. 181f.

414 Ist dies für mehrere Alternativen der Fall, können entweder die erste befriedigende Lösung gewählt oder die Mindestanforderung erhöht werden.

415 Vgl. Herrmann, A., Produktwahlverhalten, a.a.O., S. 207.

416 Vgl. Gutsche, J., Produktpräferenzanalyse, a.a.O., S. 85f.; Nieschlag, R., et al., Marketing, a.a.O., S. 181f.

417 Vgl. Herrmann, A., Produktwahlverhalten, a.a.O., S. 205f.; Nieschlag, R., et al., Marketing, a.a.O., S. 182.

am schlechtesten beurteilt wird und präferiert das Objekt mit der besten Ausprägung.[418] Die Anzahl aller guten und/oder schlechten Ausprägungen entscheidet bei der „Frequency of good/bad features" über die Auswahl einer Alternative.

Welche der vorgestellten Regeln einzeln oder in Kombination miteinander letztlich beim Konsumenten zur Anwendung kommen, hängt einerseits von den übergeordneten Zielen der Entscheidung ab,[419] andererseits spielen der vorliegende Informationsstand (Anzahl und Komplexität relevanter Ausprägungen), die Größe des Evoked Set, das Vertrauen in das eigene Beurteilungsvermögen sowie persönlichkeits– und situationsspezifische Faktoren eine Rolle.[420] Die Ergebnisse der Untersuchung zur Sortimentsvielfalt von HUFFMAN und KAHN, die Einflussfaktoren zur Komplexitätsreduktion bei hoher Vielfalt analysierte, zeigen, dass die determinantenbezogene anstelle der alternativenbezogenen Präsentation von Informationen zu größerer Kundenzufriedenheit mit dem Prozess der Informationssammlung führt.[421] Andererseits präferieren Konsumenten in Situationen geringer Komplexität, d.h. bei kleinem Sortiment, die alternativenbasierte Präsentation von Informationen.[422]

Im Hinblick auf die Einkaufsstättenwahl ließe sich daraus ableiten, dass bei habitualisierten Entscheidungen, die mit geringem Involvement und niedriger Komplexität getroffen werden, Einkaufsstätten einzeln anhand ihrer Vor– und Nachteile bewertet werden; während in komplexen Situationen, d.h. bei limitierten oder extensiven Entscheidungen, im Vorfeld wichtige Determinanten spezifiziert werden, mittels derer Einkaufsstätten miteinander zu vergleichen sind. Unabhängig dieser beiden wissenbasierten Vorgehensweisen von Konsumenten ist es das Ziel der Arbeit, Unterschiede zwischen dem formal–logischen und psycho–logischen Entscheidungsverhalten zu beschreiben, die sich in Bezug auf Entscheidungsstrategien durch wissens– und gefühlsbasierte Heuristiken zum Ausdruck kommen.

3.2223 Gefühlsbasierte Entscheidungsstrategien

Gefühlsbasierte Entscheidungen finden im Gegensatz zu den beschriebenen wissensbasierten Entscheidungsstrategien in der Literatur des Konsumentenver-

---

418 Vgl. Herrmann, A., Produktwahlverhalten, a.a.O., S. 206.

419 Vgl. dazu die Ausführungen in Kap. B 2.322.

420 Vgl. Schneider, C., Präferenzbildung bei Qualitätsunsicherheit, a.a.O., S. 59.

421 Vgl. Huffman, C., Kahn, B.E., Variety for Sale, a.a.O., S. 507.

422 Vgl. ebenda, S. 507.

haltens – mit Ausnahme ihrer Untersuchung als Kontextvariable – nur wenig Aufmerksamkeit.[423] Aus der Sozialpsychologie stammt hingegen die Auseinandersetzung mit Gefühlen als Informationsquelle, deren Ergebnisse auf das Entscheidungsverhalten von Konsumenten übertragen werden können.[424] Nach dem dort beschriebenen „affect–as–information"–Modell bewerten Individuen alternative Ziele, indem sie sich mit der Frage auseinandersetzen, was sie davon gefühlsmäßig halten.[425] Nach der anglo–amerikanischen Übersetzung nennt sich diese Entscheidungsstrategie HDIF–Heuristik (How–do–I–feel–about–it?).[426]

Demnach entscheiden Konsumenten über die Durchführung eines Kaufes auf Basis ihrer mit dieser Vorstellung verbundenen Gefühle. Diese Heuristik scheint insbesondere dann zur Anwendung zu kommen, wenn der Kaufakt nicht durch einen dringenden Bedarf determiniert ist, d.h. ihm kein unmittelbarer Stimulus vorausgeht. Die Kenntnis über ausgehende Lebensmittelvorräte lässt nur einen geringen Spielraum, den ausstehenden Einkauf von Gefühlen abhängig zu machen; demgegenüber muss eine Vielzahl anderer Kaufentscheidungen jedoch als nicht zwingend notwendige Handlung betrachtet werden. PHAM zeigt in seiner Analyse der Bedingungen, unter denen die HDIF–Heuristik zur Anwendung kommt, dass das Vertrauen in Gefühle als Entscheidungsbasis

- vom heuristischen Wert der Gefühle,
- der Repräsentativität bzgl. des Ziels sowie
- von der Einschätzung ihrer Relevanz

abhängig ist.[427] Gefühle beeinflussen die Entscheidung maßgeblich dann, wenn wenige Informationsquellen zur Verfügung stehen oder sehr komplexe Probleme und begrenzte Verarbeitungskapazitäten einer Vereinfachung bedürfen. Wenn die

---

423 Vgl. Pham, M.T., Representativeness, Relevance, and the Use of Feelings in Decision Making, in: JoCR, Vol.25/1998, S. 156.

424 Vgl. Schwarz, N., Feelings as Information: Informational and Motivational Functions of Affective States, in: Higgins, T.E., Sorrentino, R.M. (Eds.), Handbook of Motivation and Cognition, Foundations of Social Behavior, Vol. 2, New York 1990, S. 527-561.

425 Mit der beschriebenen Gefühlsbestimmtheit einzelner Entscheidungen ist jedoch keineswegs davon auszugehen, dass diese Prozesse weniger bewusst als wissensbasierte Entscheidungen ablaufen, da es sich bei der Frage um Raionalität oder Emotionalität nur um unterschiedliche pyschische Funktionen handlt. Vgl. Trommsdorff, V., Konsumentenverhalten, a.a.O., S. 36.

426 Vgl. Schwarz, N., Clore, G.L., How do I Feel about It? The Informative Function of Affective States, in: Fiedler, K., Forgas, J., Affect, Cognition, and Social Behavior, New Evidence and Integrative Attempts, Toronto, 1988, S. 44-62.

427 Vgl. Pham, M.T., Representativeness, Relevance, and the Use of Feelings in Decision Making, a.a.O., S. 144-159.

vorliegenden Gefühle eher einer allgemeinen Laune als dem Entscheidungsobjekt zugeordnet werden, d.h. die Gefühle keinen repräsentativen Zielcharakter aufweisen, verringert sich ihre Wirkung als Entscheidungsinformationsquelle.

Von besonderer Bedeutung in Bezug auf die Einkaufsstättenwahl erweist sich jedoch die Relevanzbeurteilung von Gefühlen, die in engem Zusammenhang zum Kaufmotiv steht, das bereits bei der Wahrnehmungsbetrachtung als eines der zentralen Konstrukte des Kaufentscheidungsprozesses herausgearbeitet werden konnte.[428] In Abhängigkeit des mit dem Kauf verfolgten Zieles gewinnen bzw. verlieren Gefühle an Relevanz. Zur Darstellung und weiteren Analyse dieser Beziehung greift PHAM auf eine von ALDERSON vorgeschlagene Unterscheidung in konsumtive Motive und instrumentelle Motive zurück.[429] Während konsumtive Motive mit dem Kauf eine intrinsische Belohnung verfolgen und damit bereits eine eher gefühlsbasierte Erfahrung in den Mittelpunkt der Handlung stellen (z.B. Kauf eines belletristischen Buches als Lesevergnügen), streben instrumentelle Motive die Verwirklichung extrinsischer Ziele an (z.B. Kauf eines Fachbuches zur Prüfungsvorbereitung).[430] Im Ergebnis der Untersuchungen zeigt sich daher folgerichtig, dass die Verwendung der HDIF–Heuristik stärker bei Vorliegen konsumtiver Motive zur Anwendung kommt.[431]

Die Wirkung von Gefühlen auf die Informationsverarbeitung untersuchten ebenso BABIN ET AL. im Zusammenhang mit Stereotypen des Verkaufspersonals.[432] Dabei wird deutlich, dass Emotionen, die aus der Aktivierung eines Stereotypen–Schemas resultieren, die Verarbeitung von Produktinformationen unterdrücken, so

---

428 Vgl. ebenda, S. 146.

429 Vgl. Alderson, W., Marketing Behavior and Executive Action, Homewood, 1957, zit. nach Pham, M.T., Representativeness, Relevance, and the Use of Feelings in Decision Making, a.a.O., S. 146.

430 Vgl. hierzu auch die Ausführungen in Kap. B 2.41 zu Bedürfnissen bzw. Motiven.

431 Vgl. Pham, M.T., Representativeness, Relevance, and the Use of Feelings in Decision Making, a.a.O., S. 146ff. Laut Ergebnissen der Untersuchung trägt bei konsumptiven Motiven eine positive Stimmung stärker zur Durchführung der Handlung bei, während bei instumentellen Motiven eine negative Gefühlslage die Wahrscheinlichkeit der Handlung steigert. Darüber hinaus konnte ein Zusammenhang zum Stil der Informationsverarbeitung von Personen beobachtet werden. Nach der von CHILDERS, HOUSTON UND HECKLERS entwickelten Skala, die nach der Neigung der Informationsaufnahme in Visualisierer und Verbalisierer unterscheidet, zeigt sich, dass sich i.d.R. Visualisierer bei der Entscheidungsfindung in größerem Maße von Gefühlen beeinflussen lassen.

432 Vgl. Babin, B.J., Boles, J.S., Darden W.R., Salesperson Stereotypes, Consumer Emotions and Their Impact on Information Processing, in: JoAMS, Vol. 23, (Spring) 1995, S. 94-105. Die Unterscheidung der Stereotypen erfolgte anhand einer Charakteristik, die sich auf Auftreten und äußeres Erscheinungsbild (Kleidung, Stimme, etc.) und Interaktionsvariablen (Händeschütteln, Direktheit, Produktbezug, etc.) bezog.

dass die Einschätzung von Konsumenten, einem „typischen" Verkäufer begegnet zu sein, zu einer weniger analytischen Informationsverarbeitung führt. Aus der Interaktion mit einer atypischen Verkäuferpersönlichkeit folgt demgegenüber in Situationen, bei der eine erhöhte Informationsverarbeitung die Entscheidungsfindung verbessert, eine zufriedenstellendere Kundenbeziehung. Bezogen auf die Einkaufsstättenwahl kann daraus abgeleitet werden, dass die Relevanz von Gefühlen bei der Kaufentscheidung in Abhängigkeit der mit einem Produkt verbundenen Informationsverarbeitungsintensität betrachtet werden muss. Während bei komplexen und erklärungsbedürftigen Produkten ein atypischer Verkäufer eine höhere Zufriedenheit generieren kann, sollten Verkäufer einfacher Produkte der typischen Verkaufspersönlichkeit entsprechen.

Die Trennung nach wissens– und gefühlsbasierten Entscheidungsstrategien macht deutlich, dass innerhalb des Kaufverhaltens von Individuen der Grad kognitiver Beteiligung zu großen Unterschieden in den Ergebnissen des Entscheidungsprozesses führen kann. Dabei müssen diese beiden Entscheidungsarten jedoch immer als Extrempunkte eines Kontinuums betrachtet werden; wobei in der Realität unterschiedliche Kombinationen beider Ansätze in Erscheinung treten. Trotz der Tatsache, dass sich der Konsument beim Kauf eines belletristischen Buches von seiner Stimmung leiten lässt, ob und wo er einkaufen geht, kann die Entscheidung zwischen einzelnen Büchern bereits wieder stärker durch sein vorhandenes Wissen geprägt sein. Kann auch vermutet werden, dass bestimmte Produktkategorien stärker intrinsisch konsumtiven oder instrumentellen Motiven unterliegen,[433] oder dass Impulskäufe auf Grund ihres affektiven Charakters generell mittels HDIF–Heuristik gesteuert werden, ist daraus kein Kausalzusammenhang ableitbar, der eindeutig klärt, unter welcher Voraussetzung Entscheidungen auf Basis von Gefühlen bzw. von Wissen getroffen werden.

Es soll im Ergebnis dieser Differenzierung nach rationalen und begrenzt–rationalen Präferenzbildungsregeln für die Einkaufsstättenwahl gefolgert werden, dass der Anteil kognitiver Elemente bei instrumentellen Kaufmotivationen von größerer Bedeutung bei der Entscheidungsfindung ist, als bei konsumtiven Motiven. Entsprechend kann Gefühlen und psycho–logischen Entscheidungsmustern bei konsumtiven Kaufmotiven eine wichtige Rolle zugeschrieben werden. Die Wechselwirkung zwischen Kaufmotiven und der psychografischen Prädisposition lassen darüber hinaus vermuten, dass ebenso in Abhängigkeit des Shopping Value Ent-

---

[433] Vgl. Hirschman, E.C., Holbrook, M.B., Hedonic Consumption, a.a.O., S. 95.

scheidungen auf rationale bzw. begrenzt–rationale Weise getroffen werden können, wobei die stärkere Betonung der Rationalität mit der Nutzenorientierung von Konsumenten korreliert. Diese Zusammenhänge spiegeln sich sowohl in signifikanten Unterschieden von Einkaufsstättenpräferenzen als auch der unterschiedlichen Gewichtung ökonomischer Gegebenheiten in Form von Determinanten der Einkaufsstättenwahl wider.

3.23 Die Erfassung von Präferenzurteilen

Die Bedeutung von Präferenzen im Marketing hat zur Entwicklung einer Vielzahl an Techniken zur Ermittlung und Vorhersage dieses Konstruktes geführt. Die in der anglo–amerikanischen Literatur getroffene Unterscheidung zwischen „Choice, Rating, Ranking, and Matching“[434] widerspiegelt bereits, dass Präferenzen auf sehr unterschiedliche Weise erhoben werden können. Im Zusammenhang mit dem konstruktiven Charakter von Präferenzen wird davon ausgegangen, dass sich bei unterschiedlichen Erhebungsmethoden Präferenzergebnisse umkehren können.[435] Neben einer einfachen Abfrage von Präferenzen entwickelten sich insbesondere in der Verhaltenstheorie eine Reihe von Verfahren zur Ableitung und Analyse von Präferenzen. Gleichwohl TROMMSDORFF ET AL. auf die Ähnlichkeit zwischen dem der Entscheidungstheorie entstammenden Nutzenkonstrukt mit dem verhaltenswissenschaftlichen Pendant der Einstellung hinweist,[436] eignen sich dabei entscheidungstheoretische Ansätze nur begrenzt zur anwendungsorientierten Erfassung von Präferenzen.[437] In der Literatur findet sich die grundlegende Unterscheidung zwischen kompositionellen und dekompositionellen Parametrisierungsverfahren, wobei sich letztere wiederum in im engeren Sinne dekompositionelle sowie quasi–kompositionelle Verfahren aufspalten (vgl. Abb. 16).

---

434 Nowlis, S.M., Simonson, I., Attribute-Task Compatibility as a Determinant of Consumer Preference Reversals, a.a.O., S. 205. Bei der Erhebung von Choices wird ausschließlich die erste Präferenz abgefragt, Rankings geben die Präferenzrangfolge an, Ratings beschreiben die Stärke von Präferenzen, beim Matching lassen sich Präferenzen aus Ähnlichkeitsaussagen zwischen Objekten ableiten.

435 Vgl. Coupey, E., Irwin, J.R., Payne, J.W., Product Category Familarity and Preference Construction, a.a.O., S. 460.

436 Vgl. Trommsdorff, V., Bleicker, U., Hildebrandt, L., Nutzen und Einstellung, a.a.O., S. 269-276. Bei Entscheidungen unter Sicherheit ist der Nutzen der Präferenz aus entscheidungstheoretischer Sicht identisch; andererseits kann die globale Einstellung der Präferenz (unconstrained preference) gleichgesetzt werden.

437 Vgl. Perrey, J., Nutzenorientierte Marktsegmentierung, a.a.O., S. 62f. Zu möglichen Methoden der Nutzenmessung vgl. bspw. Krelle, W., Präferenz- und Entscheidungstheorie, a.a.O., S. 78ff.

	Kompositionelle Verfahren	Quasi-kompositionelle Verfahren	Dekompositionelle Verfahren i.e.S.
Vorgehen	Verknüpfung von Einzelurteilen von Merkmalsausprägung und der Bedeutung der Ausprägung für die Präferenzbildung zu einem Gesamturteil	Ermittlung der Bedeutungsgewichte bekannter Merkmalsausprägungen auf Basis von Globalurteilen	Ableitung der Beiträge einzelner zu bestimmender Eigenschaften aus erhobenen Globalurteilen
Vorteile	• einfache Operationalisierung • einfache Datenerfassung und -auswertung	• hohe Prognosevalidität • Realitätsnähe des Beurteilungsprozesses • hoher Implemetierungsgehalt der Ergebnisse	• Vermeidung der durch Merkmalsvorgaben bedingten subjektiven Verzerrung • Anschaulichkeit der Lösung
Nachteile	• metrisches Skalenniveau • Abgrenzung zur Einstellungsmessung • mangelnde Realitätsnähe	• Restriktionen bzgl. Anzahl und Ausprägung der Merkmale • fehlendes inferenzstatistisches Instrumentarium	• Ungenauigkeit und Unvollständigkeit bei der Bestimmung relevanter Dimensionen • mangelnde Determiniertheit der Lösung
Beispielverfahren	Adequacy-Importance-Modell	Conjoint Analyse	interne und externe MDS

Abb. 16: Parametrisierungsverfahren der Präferenzmessung

Die Vorgehensweise **kompositioneller Verfahren** beruht auf den Erkenntnissen zur mehrdimensionalen Einstellungsmessung.[438] Präferenzen werden dafür als globale Einstellungen beschrieben, so dass der aus Eindruck und Bedeutungsgewicht resultierende Wert ein Maß für die Stärke der Präferenz darstellt. Dem Vorteil der einfachen Erhebung stehen jedoch eine Reihe von Nachteilen entgegen, die nicht zuletzt aus der unzureichenden Abgrenzung zum Einstellungskonstrukt entstehen. Da Präferenzen als relativierte Einstellungen zu verstehen sind, müssen sie jeweils in Bezug zu allen in der tatsächlichen Entscheidungssituation zur Verfügung stehenden Alternativen betrachtet werden, was befragungstechnischen Restriktionen entgegensteht. Gleichzeitig sollten sämtliche im Zusammenhang mit der Einstellungsmessung vorgebrachten Kritikpunkte (z.B. die subjektive Vorgabe von zu beurteilenden Merkmalen) für die Präferenz als dem tatsächlichen Verhalten näher liegendem Konstrukt um so deutlicher zur Ablehnung dieses Vorgehens führen. Weitere offensichtliche Nachteile kompositioneller Verfahren beziehen sich auf die häufig zu beobachtende Nichteinhaltung notwendiger Skalenniveaus (Intervallskala bei Merkmalsausprägungen und Rationalskala bei Bedeutungsgewichtungen) sowie die mangelnde

438 Vgl. Schneider, C., Präferenzbildung bei Qualitätsunsicherheit, a.a.O., S. 62ff.

Realitätsnähe und Eindeutigkeit der Erhebung.[439] Das Beispiel des Adequacy–Importance–Modells, das innerhalb dieser Untersuchung als Einstellungskonstrukt interpretiert wurde,[440] belegt die mangelnde Eignung kompositioneller Verfahren zur Präferenzmessung.

Vielfach werden in der Literatur die Besonderheiten **quasi–kompositioneller Verfahren** über die Beschreibung dekompositioneller Verfahren subsumiert.[441] Dabei geht das Entstehen dieser Methoden darauf zurück, dass die Aufdeckung präferenzdeterminierender Kriterien als vordergründiges Ziel der Dekomposition i.d.R. nicht einzuhalten ist.[442] Der aus den überwiegenden Vorteilen resultierenden Beliebtheit insbesondere der Conjoint Analyse stehen jedoch auch eine Reihe an Nachteilen gegenüber, die sich aus der Begrenzheit von Anzahl und Ausprägung der erhobenen Merkmale, hohen Anspüchen an das Verfahrens–Know–how des Anwenders sowie einem fehlenden inferenzstatistischen Instrumentarium, das keine Ableitung von Konfidenzaussagen oder die Durchführung von statistischen Tests zulässt, ergibt.[443]

Das in Kap. B 3.13 beschriebene Verfahren der MDS stellt ein typisches Beispiel **dekompositioneller Parametrisierung** dar. Zur vertiefenden Diskussion der damit verbundenen Vor– und Nachteile soll daher an die dortigen Ausführungen verwiesen werden. In Abwägung der mit den vorgestellten Verfahren verbundenen Vor– und Nachteile mit den aus der Erhebungssituation resultierenden Anforderung an eine möglichst geringe Befragungskomplexität ist daher eine geteilte Strategie zur Ermittlung von Einkaufsstättenpräferenzen vorzuziehen:

- Das Vorhandensein der über die MDS erhobenen Ähnlichkeitsdaten einer begrenzten Menge an Einkaufsstätten in Verbindung mit der Forderung nach Idealvektoren legt einerseits eine **externe Präferenzanalyse** nahe.

---

439 Vgl. Böcker, F., Präferenzforschung als Mittel marktorientierter Unternehmensführung, a.a.O., S. 561. Weitere Mängel kompositioneller Verfahren finden sich bei Gutsche, J., Produktpräferenzanalyse, a.a.O., S. 76.

440 Vgl. dazu die Ausführungen in Kap. B 1 zur Prüfung der Aussagekraft des Einstellungskonstruktes mittels der Voruntersuchung.

441 Vgl. z.B. Schneider, C., Präferenzbildung bei Qualitätsunsicherheit, a.a.O., S. 64; Perrey, J., Nutzenorientierte Marktsegmentierung, a.a.O., S. 64.

442 Vgl. Böcker, F., Präferenzforschung als Mittel marktorientierter Unternehmensführung, a.a.O., S. 563f. Neben der Conjoint Analyse, die auf physikalisch-chemischen Objekteigenschaften aufbaut, kann die quasi-kompositionelle Präferenzmessung außerdem auf Basis befragter Perzeptionsmerkmale durchgeführt werden.

443 Vgl. Gutsche, J., Produktpräferenzanalyse, a.a.O., S. 131ff; Perrey, J., Nutzenorientierte Marktsegmentierung, a.a.O., S. 65ff.

- Der bei der externen Präferenzanalyse bedingten Restriktion bzgl. der Anzahl der zu vergleichenden Paare soll über die **offene Nennung der Erstpräferenz** von Einkaufsstätten in unterschiedlichen Einkaufssituationen und einer damit verbundenen Abfrage relevanter Kriterien entgegen gewirkt werden. Zusätzlich dazu soll die Präferenzrangreihung vorgegebener Einkaufsstätten bezogen auf unterschiedliche Situationen die Ergebnisse vervollständigen. Die Ermittlung der Kriterien wiederum erfolgt mittels Hybridfrage, die neben den bereits explizit herausgearbeiteten und empirisch bestätigten wichtigen Determinanten der Einkaufsstättenwahl eine zusätzliche Möglichkeit der offenen Ergänzung bietet.

Mit diesem geteilten Vorgehen wird angestrebt, die zu bemängelnden Beschränkungen hinsichtlich der Vorgabe von Merkmalen bzw. von Objekten zu umgehen.

4 Der Besuch von Einkaufsstätten als beobachtbarer Outputfaktor im Prozess der Einkaufsstättenwahl

Die im Ergebnis des vorgestellten Prozesses gebildeten Präferenzen unterliegen den Auswirkungen situativer Variablen, die teilweise antizipiert werden können. Auf Basis vorwegnehmbarer Einflussfaktoren verändern sich Präferenzurteile zu individuellen Kaufabsichtsurteilen, die wiederum durch nicht antizipierbare Einflüsse verändert werden können, so dass die tatsächliche Kaufhandlung bzw. in diesem Fall die Einkaufsstättenwahl davon beeinträchtigt wird.

Der Kauf als beobachtbarer Outputfaktor ist als solcher eine Größe, die in der wissenschaftlichen Auseinandersetzung insbesondere in Zusammenhang mit der Erkenntnisgewinnung über **Kaufgewohnheiten** analysiert wird, die sich wiederum auf unterschiedliche Verhaltensaspekte beziehen können:[444]

- räumlicher Aspekt,
- personeller Aspekt,
- zeitlicher Aspekt,
- sachlicher Aspekt und
- modaler Aspekt.

Die Analyse von Gewohnheiten, die dem räumlichen Aspekt des Kaufverhaltens Rechnung tragen und im Mittelpunkt der vorliegenden Untersuchung stehen, setzt sich mit Daten auseinander, die mit der Wahl des Einkaufsortes verbunden sind, wie bspw. die Einkaufsdistanz oder häufig genutzte Angebotsformen des Handels. Personelle Fragestellungen beziehen sich auf das Einkaufssubjekt, z.B. das für

444 Vgl. Ziehe, N., Einzelhandel und Verkehrspolitik, a.a.O., S. 45f.

den Einkauf verantwortliche Famlienmitglied oder Anzahl und Art der Begleiter. Bezogen auf den zeitlichen Aspekt sind Analysen zur **Häufigkeit**, **Dauer** und zum **Zeitpunkt** des Einkaufs anzuführen. Der sachliche Aspekt orientiert sich an Fragen der mengen–, qualitäts– und wertmäßigen Produktwahl und ermittelt **Einkaufsmengen** oder –beträge. Modal stellt sich dagegen die Frage nach dem für den Einkauf genutzten **Verkehrsmittel**.

Als wichtige Einflussfaktoren auf die **Häufigkeit** des Einkaufs gelten insbesondere soziodemografische Voraussetzungen von Konsumenten wie Haushaltgröße, Alter und Einkommen. Demnach korreliert die Häufigkeit des Einkaufs positiv mit der Anzahl der Mitglieder eines Haushalts und steigendem Alter; Aussagen zum Einkommen sind weniger eindeutig zu treffen.[445] Einige Autoren wie KIM ET AL. weisen allerdings darauf hin, dass nicht alle Konsumenten tatsächlich Kaufgewohnheiten bzgl. ihrer Kaufhäufigkeiten besitzen, sondern nach regelmäßigen Routinekäufern und unregelmäßigen Zufallskäufern unterschieden werden müssen.[446] Zusammenhänge zur Kaufhäufigkeit ergeben sich aber auch in Bezug auf Kaufmotive. Studien belegen, dass funktionale (d.h. instrumentelle)[447] Kaufmotive negativ ($r = -0{,}414$), entspannungsorientierte (konsumtive) Motive positiv ($r = 0{,}341$) mit der Häufigkeit des Einkaufs korrelieren, wobei sich Motive der Schnäppchenjagd wiederum negativ auf die Häufigkeit auswirken.[448]

Als Quotient aus jährlichen Gesamtausgaben und Kaufhäufigkeit lässt sich die erwartete **Kaufmenge** pro Einkauf operationalisieren. Anhand dieses Wertes können Konsumenten in sog. „Large Basket Shopper" und „Small Basket Shopper" unterschieden werden.[449] Large Basket Shopper sind jünger, besitzen ein höheres

---

[445] Vgl. Blaylock, J.R., An Economic Model of Grocerey Shopping Frequency, in: Applied Economics, Vol. 21/1989, S. 843-852; Bawa, K., Gosh, A., A Model of Consumer Grocery Shopping Behavior, Working Paper, 1994 zit. nach Kim, B.-D., Park, K., Studying Patterns of Consumer's Grocery Shopping Trip, in: JoR, Vol. 73 (4) 1997, S. 502; Roy, A., Correlates of Mall Visit Frequency, a.a.O., S. 139-161.

[446] Vgl. Kim, B.-D., Park, K., Studying Patterns of Consumer's Grocery Shopping Trip, a.a.O., S. 501-517 bzw. auch Kahn, B.E., Schmittlein, D.C., Shopping Trip Behavior: An Empirical Investigation, in: Marketing Letters, 1 (December) 1989, S. 55-70; Park, C.W., Iyer, E.S., Smith, D.C., The Effects of Situational Factors on In-Store Grocery Shopping Behavior, a.a.O., S. 422. Während der Kauf von Lebensmitteln stärker ausgeprägten Gewohnheiten unterliegt, sind unregelmäßige Käufe häufiger in anderen Bereichen zu finden. Trotzdem sind beide Gruppen von Käufern beim Lebensmittelkauf anzutreffen: Routinekäufer gehen dabei zumeist seltener einkaufen, geben jedoch pro Kauf einen höheren Betrag aus. Sie sind einkommensstärker, gebildeter und eher beruflich tätig als Zufallskäufer.

[447] Vgl. dazu die Ausführungen des Kap. B 2.41.

[448] Vgl. Roy, A., Correlates of Mall Visit Frequency, a.a.O., S. 139-161.

[449] Vgl. Bell, D.R., Lattin, J.M., Shopping Behavior and Consumer Preference for Store Price Format, a.a.O., S. 66-88. Als Trennkriterium zwischen beiden Gruppen wurden in dieser

Einkommen und eine höhere Haushaltgröße als Small Basket Shopper und bevorzugen Geschäfte mit durchgängig niedrigem Preisniveau gegenüber Läden mit zeitlich begrenzten Sonderpreisaktionen.[450] Die Unterscheidung in die zwei Gruppen setzt allerdings voraus, dass eine geringe durchschnittliche Kaufmenge mit einer hohen Einkaufshäufigkeit einhergehen muss. Bei der zugrunde gelegten Untersuchung von BELL ET AL. korrelieren die beiden Variablen mit einem r von -0,7.[451] Zur Vervollständigung ist daher der Ansatz um die Gruppen der „Avid Shopper" und „Avoid Shopper" zu erweitern (vgl. Abb. 17).[452]

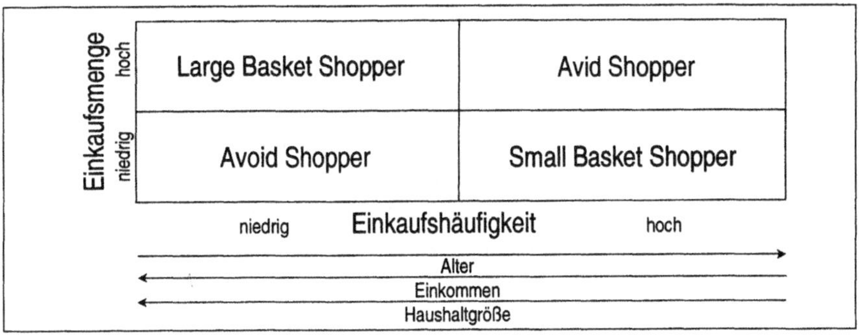

Abb. 17: Zusammenhang zwischen Kauffrequenz und Menge

Eng mit Kaufhäufigkeit und –menge verbunden ist gleichzeitig die **Dauer**,[453] die für den Einkauf benötigt wird. Einerseits ist dabei zu vermuten, dass Small Basket Shopper durchschnittlich ähnlich viel Zeit (aggregiert) mit Einkaufen verbringen wie Large Basket Shopper, da Häufigkeit und Dauer pro Einkauf gegeneinander aufgewogen werden. Andererseits kann argumentiert werden, dass Small Basket Shopper Personen sind, die in der Summe über ein größeres Zeitbudget verfügen, um häufiger einkaufen zu gehen und daher durchschnittlich mehr Zeit mit Einkaufen verbringen als Large Basket Shopper und vice versa. Aus den Ergebnissen einer Studie von MCDONALD geht hervor, dass die Dauer des Einkaufs von

---

Untersuchung $20 als erwartete Kaufmenge pro Einkauf festgelegt. Alle Konsumenten mit einer geringeren Menge sind demnach „Small Basket Shopper".

450 Diese Ergebnisse entsprechen den Erkenntnissen, die im Zusammenhang mit der Kaufhäufigkeit gewonnen werden konnten.

451 Vgl. ebenda, S. 68.

452 Avid entspricht in der dt. Übersetzung Gier bzw. Begierde, Avoid kann im Deutschen als Vermeiden bezeichnet werden.

453 Generell ist im Zusammenhang mit der Dauer von Einkäufen die steigende Tendenz zum One-Stop Shopping zu beobachten. Vgl. zu den Ursachen dieser Entwicklung Messinger, P.R., Narasimhan, C., A Model of Retail Formats Based on Consumers' Economizing on Shopping Time, a.a.O., S. 1-23.

Geschlecht, Familienstand, Haushaltgröße, Beschäftigungsstand und Einkommen abhängig ist.[454] Männer, Verheiratete, Konsumenten mit niedrigerer Haushaltgröße, Beschäftigte und Personen mit höherem Einkommen bringen demnach weniger Zeit mit Einkaufen zu. Diese demografischen Angaben widersprechen allerdings bzgl. der Haushaltgröße der Vermutung, dass Small Basket Shopper generell eine höhere Zeitspanne zum Einkauf nutzen.

Bezogen auf den **Zeitpunkt** des Kaufs beeinflusst weitgehend der Wochentag die Tageszeit, in der am häufigsten der Einkauf erledigt wird. Dies bestätigen Ergebnisse der BAG–Untersuchung zum Kundenverkehr 1996.[455] An Wochentagen steigt die Anzahl der Besucher von Einkaufsstätten bis in die Mittagszeit (ca. 13.00 Uhr) an und nimmt zum frühen Nachmittag ab, um einen zweiten Höhepunkt zwischen 17.00 und 18.00 Uhr zu erreichen. Dagegen zeigt die Besucherfrequenz am Samstag einen unimodalen Verlauf mit einem Gipfel in der Mittagszeit. Grundsätzlich zum Einkauf bevorzugt wird von den meisten Konsumenten der (lange) Samstag, innerhalb der Woche ist der Donnerstag von höchster Bedeutung bei der Kaufentscheidung.

Ebenso sind Abhängigkeiten zwischen präferiertem **Verkehrsmittel** und Wochentag des Einkaufs zu beobachten.[456] Obwohl die Nutzung des PKW über alle Tage hinweg den ÖPNV dominiert, erreicht sie ihren Höhepunkt mit über 50 Prozent am Samstag (gegenüber ca. 40 Prozent in der Woche), während innerhalb der Woche mehr als ein Drittel aller Besucher (gegenüber 29 Prozent am Samtag) öffentliche Verkehrsmittel nutzt. Zwischen 13 und 17 Prozent bewältigen den Einkauf zu Fuß. Interessanter in Bezug auf das gewählte Verkehrsmittel ist allerdings die Ortgröße. Genießt in kleinen Orten mit bis zu 50.000 Einwohnern der PKW absolute Priorität, besuchen Konsumenten in Städten mit 250.000 bis 500.000 Einwohnern die Innenstadt vorrangig mit Bus oder Bahn.

Die Erfassung von Gewohnheiten[457] ermöglicht in sehr guter Weise das Instrument des Panels.[458] Neue Anwendungsmöglichkeiten des Data Mining[459] werden

---

454 Vgl. McDonald, W.J., Time Use in Shopping, a.a.O., S. 345-365.

455 Vgl. hierzu und zu den folgenden Ausführungen BAG (Hrsg.), Der Druck auf den Einzelhandel hält an, Ergebnisse der BAG-Untersuchung Kundenverkehr 1996, Köln 1997, S. 9ff. In diesem Zusammenhang bleibt anzumerken, dass der Zeitpunkt des Einkaufs angebotsbezogen durch die Ladenöffnungszeiten des Handels determiniert wird.

456 Vgl. ebenda, S. 20ff.

457 Die Mehrzahl empirischer Untersuchungen zu Einkaufsgewohnheiten analysiert das Kaufverhalten im Lebensmittelbereich, das durch die hohe Frequenz der Kaufaktionen die umfangreichste Basis zur Ableitung von regelmäßiger Verhaltensweisen liefert.

zukünftig die Datenflut und damit das Wissen über vorhandene Beziehungen mit dem Kauf verbundener Variablen ansteigen lassen und bislang unerkannte Zusammenhänge hybriden Kaufverhaltens, das sich weitgehend der Ableitung von Gewohnheiten entzieht,[460] offenlegen.

5 Divergenzen im präferenztheoretischen Prozess der Einkaufsstättenwahl

Die vorangegangenen Ausführungen haben verdeutlicht, dass Stimuli individuell wahrgenommen und beurteilt werden und wiederum situationsabhängig zu anderen Verhaltensweisen führen können. Der Präferenzbildungsprozess bei Einkaufsstätten variiert demnach zwischen Personen und Situationen. Empirische Untersuchungen auf Basis von Konsumentenurteilen widerspiegeln per se interpersonelle Divergenzen. Unterschiedliche Situationen des Kaufs sind in dem Fall dadurch zu generieren, dass Unterschiede in den Bedürfnissen bzw. Motiven von Konsumenten hinterfragt werden. Dabei wird davon ausgegangen, dass der Einkaufsstättenwahlprozess produktinduziert abläuft.

Innerhalb der Betrachtung des vorgestellten Präferenzbildungsprozesses der Einkaufsstättenwahl werden implizit zwei Annahmen getroffen, die an dieser Stelle auf ihre praktische Relevanz geprüft werden sollen:

- die Annahme des konsistenten Aufbaus der einzelnen Prozessstufen sowie
- die Annahme der statischen Prozessanalyse.

Im Prozess der Einkaufsstättenwahl wurde bereits beschrieben, dass sich die jeweiligen Ergebnisse einzelner Prozessstufen dahingehend unterscheiden können, dass im Prozessverlauf aus den zur Verfügung stehenden Alternativen schrittweise diejenigen selektiert werden, die den Anforderungen des Konsumenten entsprechen (vgl. Abb. 14 – Kap. B 3.21). Dabei wurde vorausgesetzt, dass Präferenzrangfolgen auf Basis der im Evoked Set enthaltenen Alternativen getrof-

---

458 Besonders erwähnenswert sind hierbei Verbraucher- und Handelspanel, die insbesondere durch führende Marktforschungsunternehmen (wie bspw. A.C. Nielsen oder die GfK in Deutschland) durchgeführt werden.

459 Vgl. hierzu z.B. Adriaans, P., Zantinge, D., Data Mining, Harlow 1997.

460 Bereits in der Gegenwart existieren verschiedene Untersuchungen, die wichtige Beiträge zur Analyse der Hybridität des Konsumentenverhaltens liefern. Vgl. bspw. Schmalen, H., Das hybride Kaufverhalten und seine Konsequenzen für den Handel, a.a.O., S. 1221-1240.

fen werden und der Einkauf letztlich in der als erste Präferenz evaluierten Einkaufsstätte erfolgt. Es kann in der Realität jedoch nicht ausgeschlossen werden, dass der Entscheidungsprozess von Individuen nicht anhand dieser formal–logischen Vorgehensweise abläuft, sondern Inkonsistenzen in Form von Divergenzen zwischen den Prozessstufen auftreten. Neben Ursachen, die auf Unterschiede in der Erhebungsmethodik zurückzuführen sind, verursachen restriktive Kauffaktoren und situative Einflüsse Veränderungen zwischen den Prozessergebnissen. Die Existenz derartiger Inkonsistenzen soll in Form intratemporaler Divergenzen analysiert werden.

Die mit dem Präferenzmodell verbundene Statik der Betrachtung kann insofern erweitert werden, als dass der dynamische Vergleich der jeweiligen Prozessstufen in die vorliegende Analyse integriert wird. Diese intertemporalen Veränderungen, die insbesondere auf Seiten der Stimuli aber auch innerhalb des Organismus über die Zeit stattfinden, können dazu führen, dass sich Perzeptionen, Präferenzen und das gezeigte Kaufverhalten über die Zeit verändern. Den Abschluss der Auseinandersetzungen mit dem Präferenzbildungsprozess der Einkaufsstättenwahl soll demnach die Betrachtung nachfolgend dargestellter Divergenzen bilden.

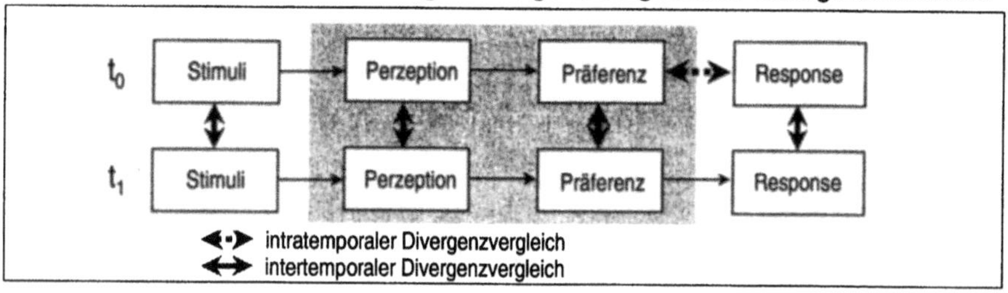

Abb. 18: Untersuchte Divergenzen im Prozess der Einkaufsstättenwahl

Intratemporale Divergenzen fokussieren diejenigen Unterschiede, die bei einer Person bezogen auf eine Kaufsituation innerhalb eines Prozesses auftreten. Um methodische Gründe dieser Divergenzen auszuschließen, können allerdings nur ähnlich erhobene Prozessbestandtteile wie Präferenz und Kaufverhalten miteinander verglichen werden. Intertemporale Divergenzen hingegen vergleichen jeweils einzelne Prozessergebnisse zu verschiedenen Zeitpunkten miteinandern, um festzustellen, inwiefern zeitlich bedingte Änderungen von Stimuli zu Divergenzen zwischen bspw. Wahrnehmungen führen.[461]

[461] Methodisch korrekt müssen zu diesem Zweck die selben Personen mit den selben Frage-

5.1 Intratemporale Divergenzen

Besuchen Konsumenten nicht die von ihnen als erste Präferenz genannte Einkaufsstätte, hat dieses Verhalten seine Ursache grundsätzlich in Variablen des situativen Kontextes (vgl. Kap. B 2.3), wobei in Einzelfällen nicht ausgeschlossen werden kann, dass auf Grund von Verständnisproblemen der Befragte restriktive Kauffaktoren nicht berücksichtigt und seine „Unconstrained Preference“ äußert.

Bei der Betrachtung aus Sicht der besuchten Einkaufsstätte zeigt sich, dass die Entscheidung des Konsumenten nach bedingter und bewusster Loyalität zu differenzieren ist (vgl. Abb. 19). Loyalität ist hierbei nicht im Sinne von Treue, sondern als Zuverlässigkeit zu interpretieren, d.h. dass bedingt loyale Käufer in ihrer Entscheidung unzuverlässig sind und ihren Einkauf in Einkaufsstätten tätigen, die von ihnen nicht präferiert werden. Hierbei stellt sich natürlich die Frage der Ähnlichkeit zur Erstpräferenz bzw. der Zugehörigkeit zum Evoked Set. Bestehen keine großen Ähnlichkeiten (z.B. in der Angebotsstruktur) zur präferierten Einkaufsstätte, so müssen sich Einkaufsstätten vergegenwärtigen, dass diese zufälligen Besucher zukünftig abwandern werden. Dieses Problem stellt sich umso deutlicher, je höher der Anteil bedingt loyaler Kunden im Gegensatz zu bewusst Loyalen ist. Diese Einkaufsstätten unterliegen dem erhöhten Druck, sich den Präferenzen der Konsumenten anzupassen, um langfristig am Markt bestehen zu können.

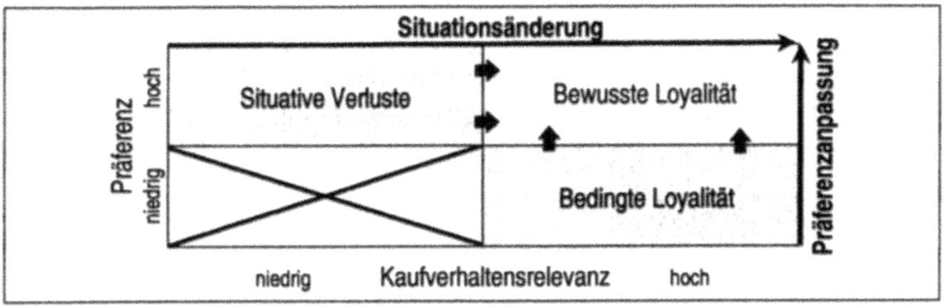

Abb. 19: Intratemporale Divergenzen zwischen Präferenz und Kaufverhalten

In Verbindung mit der bewussten Loyalität kann vermutet werden, dass Konsumenten, bei denen die zuletzt besuchte Einkaufsstätte der präferierten Einkaufs-

stellungen zu zwei verschiedenen Zeitpunkten befragt werden. Unter dem Aspekt der Sicherstellung eines ausreichenden Rücklaufs wurde auf die Voraussetzung der Befragung identischer Personen verzichtet. Die gewählte Methodik entspricht einer sog. Folge-Studie, bei dem zwei äquivalentente Stichproben mit gleichen Auswahlinstrumenten aus der gleichen Grundgesamtheit zu verschiedenen Zeitpunkten ausgewählt werden. Vgl. Friedrichs, J., Methoden empirischer Sozialforschung, 14. Aufl., Opladen 1980, S. 157.

stätte entspricht, in hohem Maße mit dem Einkauf zufrieden[462] waren. Von situativen Verlusten ist hingegen in den Fällen zu sprechen, in denen trotz der vorhandenen Präferenz des Kunden für ein Objekt eine andere Einkaufsstätte besucht wird.

5.2 Intertemporale Divergenzen

Intertemporale Vergleiche zwischen einzelnen Elementen des Präferenzbildungsprozesses sind insbesondere dann von hoher Aussagekraft, wenn sich das Angebot des ökonomischen Umfeldes maßgeblich verändert. Im Gegensatz zu anderen Bedürfnisse auslösenden Faktoren, die von relativ hoher zeitlicher Stabilität sind,[463] unterliegen angebotsbezogene Determinanten der Einkaufsstättenwahl einem permanenten Wandel. Je weitreichender diese Veränderung ist (z.B. die Neueröffnung einer zusätzlichen Einkaufsstätte), desto deutlicher sollte sie sich innerhalb der Ergebnisprofile von Perzeption, Präferenz und Kaufverhalten widerspiegeln.

Ein besonderes wissenschaftliches Interesse wird in diesem Zusammenhang der Analyse von Veränderungen des beobachtbaren Kaufverhaltens zuteil. Das vorrangige Ziel dieser Auseinandersetzung besteht darin, die Einkaufsstättenloyalität von Konsumenten bzw. den Wechsel zu anderen Einkaufsstätten zu erklären. Diese Verhaltensweisen lassen sich auf einem Kontinuum zwischen Mono–Loyalität und Zero–Order abbilden, die die Kategorien der Multi–Loyalität, des Variety–Seeking sowie der hybriden Loyalität beinhalten.[464]

Das **Loyalitätskonstrukt** ist dabei insofern vom einfachen Wiederholkauf zu unterscheiden, als dass Loyalität zusätzlich zur äußerlich beobachtbaren Kauf-

---

[462] Das Konstrukt der Zufriedenheit wird näher im Zusammenhang mit den folgenden Ausführungen zu intertemporalen Divergenzen erläutert.

[463] Änderungen des soziodemografischen Umfeldes sind bspw. nur dann gegeben, wenn sich die Struktur der Stichprobe entscheidend ändert. Der Zeitrahmen für derartige Entwicklungen ist im allgemeinen sehr langfristig angelegt und häufig an Änderungen des Umfeldes (z.B. au politisch-rechtlichem Niveau) gekoppelt.

[464] Vgl. Gierl, H., Marketing, a.a.O., S. 274ff. Mono-loyale Kunden wählen meist oder immer das selbe Objekt, Multi-loyale wechseln zwischen zwei und mehreren präferierten Objekten begrenzter Auswahl, beim Variety-Seeking ändert der Konsument das Objekt auf Grund eines ihm eigenen Interesses am Wechselverhalten an sich, bei hybrid-loyalen Kunden wechsel sich Phasen der Mono-Loyalität mit Variety-Seeking-Abschnitten ab, in der Kategorie Zero Order fehlt jeglicher Ansatz von Loyalität.

wiederholung als notwendiger Bedingung eine positive Einstellung gegenüber dem Objekt als hinreichende Bedingung voraussetzt.[465] In der Realität erfolgt die Erfassung des Kaufverhaltens jedoch nur in Ausnahmefällen in Verbindung mit der Erhebung von Einstellungen. Da aus Sicht des Handels darüber hinaus vorrangig die Tatsache der Wiederholung unabhängig vom Einfluss psychografischer Determinanten eine große Rolle spielt, soll an Stelle von Loyalität das Konstrukt der Kundenbindung in den Mittelpunkt der Betrachtung rücken.

Kundenbindung, die als „Bereitschaft von Kunden zu Folgekäufen bei einem bestimmten Anbieter"[466] definiert werden kann, tritt neben der beschriebenen Loyalität aus psychisch–emotionalen Ursachen in vier weiteren Formen in Erscheinung (vgl. Abb. 20).[467] Gleichfalls emotional basiert ist die soziale Kundenbindung, die im Gegensatz zur psychischen Bindung auf einer positiven Einstellung gegenüber einem Subjekt (z.B. Verkäuferin einer Einkaufsstätte) an Stelle dem Objekt Einkaufsstätte beruht.

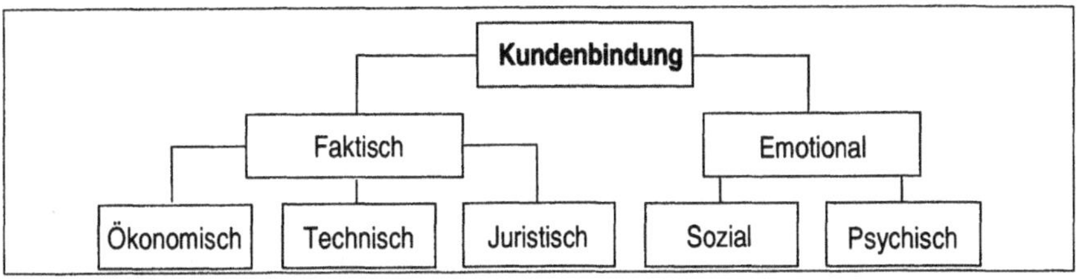

Abb. 20: Erscheinungsformen der Kundenbindung

Die ökonomische Bindung entspricht einer Art der Kundenbindung, die daraus erwächst, dass die Kaufwiederholung mit der Generierung ökonomischer Vorteile (z.B. Rabatte) für den Konsumenten verbunden ist. Die Penetration von Instrumenten zur ökonomischen Bindung bezieht sich bislang allerdings weitgehend auf die Geschäfts– anstelle der Einkaufsstättenebene.[468] Untypisch für die Beeinflus-

---

465 Vgl. Heinemann, M., Einkaufsstättenwahl und Firmentreue des Konsumenten, a.a.O., S. 32f.; Jacoby, J., Kyner, D.B., Brand Loyalty vs. Repeat Purchasing Behavior, in: JoMR, Vol. 10, 2/1973, S. 2f.

466 Diller, Kundenbindung als Marketingziel, in: Marketing ZFP 2/1996, S. 83.

467 Vgl. zu dieser Kategorisierung und den folgenden Ausführungen Bliemel, F., Eggert, A., Kundenbindung - die neue Sollstrategie?, in: Marketing ZFP 1/1998, S. 39; Tomczak, T., Dittrich, S., Erfolgreich Kunden binden, Zürich 1997, S. 14f. Zur Übersicht über andere Möglichkeiten der Differenzierung von Kundenbindung vgl. Diller, H., Kundenbindung als Marketingziel, a.a.O., S. 87.

468 Dazu sind bspw. Kundenkreditkarten von Kaufhausketten oder Kundenclubs zu zählen. Auf der Ebene von Einkaufsstätten sind keine Ansätze öknomischer Kundenbindungsstrategien bekannt.

sung der Einkaufsstättenwahl sind ebenso die technische (die z.B. aus Kompatibilitätsgründen bei Hard- oder Software auftritt) als auch die juristische Bindung (auf Grundlage vertraglicher Vereinbarungen). Basiert die faktische Verbundenheit auf rational erklärbaren Präferenzmustern, spricht die soziale oder psychische Gebundenheit emotionale Entscheidungskriterien an.[469] In Bezug auf die Einkaufsstättenwahl existieren gegenwärtig nur mehr oder weniger zufällig entstandene Formen emotionaler Kundenbindung, Maßnahmen zur faktischen (ökonomischen) Bindung an Einkaufsstätten werden noch vernachlässigt.

Als Antezedensvariablen emotionaler Kundenbindung kann über das Einstellungskonstrukt hinaus ebenso das Involvement, Commitment, Vertrauen sowie die Zufriedenheit des Konsumenten herangezogen werden.[470] Um das Ausmaß zufälliger Kundenbindung, die auf Grund der Wiederholung bedingter Loyalität zu einer Einkaufsstätte entsteht, abschätzen zu können, sollten Informationen zum Wiederkaufverhalten mit diesen Konstrukten verknüpft werden.

Eine besonders wichtige Rolle ist in diesem Zusammenhang der Zufriedenheit zuzusprechen, da sie eine unmittelbar steuerbare Einflussgröße der Kundenbindung beschreibt.[471] Wird von der Annahme eines durch eine Vielzahl vorhandener Studien belegten positiven Zusammenhangs zwischen Zufriedenheit und Loyalität ausgegangen,[472] so ist der Wiederkauf in Verbindung mit einer hohen Zufriedenheit ein Indiz für gelungene Maßnahmen der emotionalen Kundenbindung durch

---

469 Vgl. zur Unterscheidung in Ge- und Verbundenheit Bliemel, F., Eggert, A., Kundenbindung - die neue Sollstrategie?, a.a.O., S. 39.

470 Vgl. Diller, H., Kundenbindung als Marketingziel, a.a.O., S. 87.

471 Vgl. ebenda, S. 90. Zufriedenheit ist im folgenden das „Resultat wahrgenommener Unterschiede zwischen Erwartungen oder Leistungsnormen und der wahrgenommenen Produktqualität oder Leistung eines Produktes" zu verstehen. Vgl. Bailom, F., Hinterhuber, H.H., Matzler, K., Sauerwein, E., Das Kano-Modell der Kundenzufriedenheit, in: Marketing ZFP 2/1996, S. 117. Zufriedenheit i.e.S. liegt demnach dann vor, wenn die erbrachte Leistung die Erwartungen übertrifft; entspricht die Leistung nicht den Erwartungen, führt dies zur Unzufriedenheit. Neuere Ansätze beziehen neben Erwartungen gleichzeitig Wünsche (Desires) in den Prozess der Zufriedenheitsbildung ein. Vgl. Spreng, R.A., MacKenzie, S.B., Olshavsky, R.W., A Reexamination of the Determinants of Consumer Satisfaction, in: JoM, Vol. 60 (July) 1996, S. 15-32.

472 Dies belegen bspw. Untersuchungen von Siefke, A., Zufriedenheit mit Dienstleistungen, ein phasenorientierter Ansatz zur Operationalisierung und Erklärung der Kundenzufriedenheit im Verkehrsbereich auf empirischer Basis, Frankfurt a.M. 1997, S. 192 oder Burmann, C., Konsumentenzufriedenheit als Determinante der Marken- und Händlerloyalität, in Marketing ZFP, 4/1991, S. 249ff. Andere Studien konstatieren hingegen eine sattelförmigen Verlauf des beschriebenen Zusammenhangs. Vgl. Homburg, C., Rudolph, B., Theoretische Perspektiven zur Kundenzufriedenheit, in: Simon, H., Homburg, C. (Hrsg.), Kundenzufriedenheit – Konzepte, Methoden, Erfahrungen, 2. Aufl., Wiesbaden 1997, S. 49.

Einkaufsstätten.[473] Das Deutsche Kundenbarometer[474] als empirisch standardisierte Untersuchung zur Zufriedenheit von Konsumenten kann auf die Einkaufsstättenwahl nur indirekt über die 1996 letztmalig erhobenen Angaben zu Kauf– und Warenhäusern bzw. Lebensmittelmärkten und –geschäften angewandt werden:[475]

Die höchste Globalzufriedenheit bei Kauf– und Warenhäusern erhält demnach „Kaufhalle" mit 2,56[476] bei einer Durchschnittsnote von 2,67, allerdings ist die Wiederkaufabsicht bei „Karstadt" am höchsten. Ähnliche Differenzen zeigen sich auch im Lebensmittelbereich. Während „Globus" die höchste Globalzufriedenheit (2,26) auf sich vereint, besteht die größte Wiederkaufabsicht bei „Aldi". Die zu beobachtenden Widersprüche zwischen Zufriedenheit und Wiederholkaufabsicht verdeutlichen, dass eine Reihe zusätzlicher Faktoren (z.B. Variety–Seeking, situativer Kontext) auf diese Entscheidung einwirken.[477]

Das Konstrukt des Involvement gibt in Verbindung mit dem Kaufverhalten Auskunft darüber, inwiefern die Kundenbindung auf einer emotional unterlegten Hinwendung (Begeisterung) oder aber auf kurzfristigen rationalen Zweckmäßigkeitsüberlegungen basiert.[478] Im Vergleich zur Zufriedenheit konnte jedoch kein eindeutiger Zusammenhang zwischen Involvement und Wiederkaufverhalten dokumentiert werden. Neben situativen Faktoren, die die Höhe des Involvement beeinflussen, hängt der Grad der Aktivierung ebenso von stimulusspezifischen und personenspezifischen Einflussfaktoren ab.[479] Sind stimulusspezifische Faktoren

---

473 HOMBURG und RUDOLPH beschreiben Zufriedenheit auch als eine emotionale Reaktion auf einen kognitiven Vergleichsprozess. Vgl. Homburg, C., Rudolph, B., Theoretische Perspektiven zur Kundenzufriedenheit, a.a.O., S. 33.

474 Vgl. dazu und zu den folgenden Ausführungen Meyer, A., Dornach, F., Jahrbuch der Kundenzufriedenheit in Deutschland 1996, München 1996, S. 90ff.

475 Indirekt spiegeln die Zufriedenheitswerte von Kauf- und Warenhäusern einen Bestandteil der Zufriedenheit mit A-Zentren wider, was aus dem Zusammenhang zwischen Betriebsformen und Einkaufsstättenkategorien abgeleitet werden kann (vgl. Tab. 2, Kap. B 2.11).

476 Die Noten wurden auf einer 5-er Skala gemessen, wobei 1 dem besten und 5 dem schlechtesten Wert entspricht.

477 Bezogen auf relevante Leistungsmerkmale sind Kunden mit der Auswahl und Angebotsvielfalt von Kauf– und Warenhäusern am zufriedensten, am schlechtesten schneidet die fachliche Beratung ab. Besonders negativ sehen Kunden beim Lebensmittelkauf dagegen die Wartezeiten an den Kassen, die Erreichbarkeit wird am besten eingeschätzt.

478 Vgl. Diller, H., Kundenbindung als Marketingziel, a.a.O., S. 87. Involvement ist hierbei als interner Zustand der Aktivierung zu verstehen, der unterschiedliche Wirkungen auf Informationsaufnahme, -verarbeitung und -speicherung ausübt. Vgl. Deimel, K., Grundlagen des Involvement und Anwendung im Marketing, in: Marketing ZFP 3/1989, S. 153.

479 Vgl. Deimel, K., Grundlagen des Involvement und Anwendung im Marketing, a.a.O., S. 154.

insbesondere mit dem Produktinvolvement verknüpft, lassen sich personenspezifische Wirkungen anhand der persönlichen Prädisposition einschätzen.[480]

Bezogen auf die Untersuchung zur Einkaufsstättenwahl hinsichtlich des Kaufentscheidungstyps (vgl. Abb. 9, Kap. B 2.41) dahingehend interpretiert werden, dass extensive Entscheidungen im Gegensatz zu habitualisierten Einkäufen generell mit einem hohen Maß an Involvement verbunden sind. Der Wiederkauf von mit einem extensiven Entscheidungsprozess verbundenen Produkten in den selben Einkaufsstätten impliziert daher eine hohe emotionale Kundenbindung zu dieser Einkaufsstätte. Andererseits ist der Wiederkauf von Convenience Goods als Vertreter habitualisierter Entscheidungen stärker an rationale Nutzenüberlegungen gekoppelt.

Konträr zur Erklärung der Kundenbindung und ihrer Ursachen sind andererseits Überlegungen über die Hintergründe des Wechselverhaltens von Konsumenten anzusiedeln. Ist der Anlass des Wechsels außerhalb situativer Gegebenheiten oder der Unzufriedenheit zu suchen, ist das **Variety–Seeking** der am häufigsten beschriebene Begründungsansatz dieser Verhaltensweise.[481] Hinsichtlich dieser beobachtbaren intertemporalen Divergenz soll jedoch nur erwähnt werden, dass der Wechsel von Einkaufsstätten, der durch die Suche nach Abwechslung oder Neugier bestimmt wird, intrinsisch motiviert und mit Hilfe konsumtiver (d.h. erlebnisorientierter) Kaufmotive zu erklären ist.[482]

6 Zusammenfassende Würdigung der theoretischen Erkenntnisse

Die Zusammenfassung der auf Basis theoretischer Überlegungen gewonnenen Ergebnisse sieht vor, dass in einem Schritt relevante Aussagen zum Erklärungsansatz des Prozesses der Einkaufsstättenwahl systematisch aufbereitet werden.

---

480 Vgl. ebenda, S. 154. Empirische Studien zum Involvement beziehen sich bislang weitgehend auf Messungen des Produktinvolvement. Vgl. Day, E., Stafford, R., Camacho, A., Opportunities for Involvement Research: A Scale-Development Approach, in: JoA, Vol. 24, Nr. 3, Fall 1995, S. 70.

481 Vgl. als allgemeinen Überblick über aktuelle Erkenntnisse zum Variety-Seeking Helmig, B., Variety-seeking-behavior im Konsumgüterbereich, Beeinflussungsmöglichkeiten durch Marketinginstrumente, Wiesbaden 1997.

482 Vgl. Van Trijp, H.C.M., Hoyer, W.D., Inman, J.J., Why Switch? Product Category-Level Explanations for True Variety-Seeking Behavior, in: JoMR, Vol. 33, (August) 1996, S. 281f. Die Autoren unterscheiden in ihren Ausführungen dabei zwischen „wahrem“, intrinsisch motiviertem Variety-Seeking und extrinsisch motiviertem „Variation in behavior“.

Diese Systematisierung bildet den Ausgangspunkt zur Ableitung von Hypothesen, die mit Hilfe eines Bezugsrahmens zur empirischen Untersuchung in konzentrierter Form abgebildet werden können.

6.1 Emotionale und kognitive Elemente der Einkaufsstättenwahl

Aus der zusammenfassenden Betrachtung der aus der Theorie des Kaufverhaltens im allgemeinen sowie der Einkaufsstättenwahl im besonderen abgeleiteten Aussagen lässt sich aus dem Blickwinkel einer Metaebene ein Muster erkennen, das innerhalb des gesamten Präferenzbildungsprozesses der Einkaufsstättenwahl in Erscheinung tritt. Es handelt sich hierbei um die Präsenz sowohl emotionaler als auch kognitiver (rationaler) Elemente, die in ihrer Koexistenz in jedem Bestandteil des Prozesses wiederzufinden sind. Bevor diese beiden Elemente in ihren Ausprägungsformen innerhalb des Präferenzbildungsprozesses näher gekennzeichnet werden, soll eine kurze Beschreibung der Konstrukte „Emotion" und „Kognition" erfolgen.

Die Differenzierung zwischen Emotion und Kognition vergegenwärtigt zwei Elemente eines Kontinuums, die als Extrema in der Realität nicht in Reinform auftreten, sondern i.d.R. parallel existieren und auf eine spezifische interdependente Weise das Verhalten jeweils in mehr oder weniger starkem Maße beeinflussen.[483] Da es sich als ein grundlegendes Problem erweist, diese unterschiedlichen Dimensionen des Verhaltens innerhalb eines Konstruktes zusammenzufassen, soll jedoch trotz der gegenseitigen Abhängigkeit zwischen emotionalen und kognitiven Elementen auf die diskriminierende Beschreibung beider Extrema zurückgegriffen werden.[484]

---

483 Die in der Literatur zu findende strikte Trennung zwischen Emotion und Rationalität geht auf den Umstand zurück, dass traditionell Emotionen mit irrationalem Verhalten verbunden wurde. Weiterführende Überlegungen zeigen jedoch, dass Emotionen und Rationalität nicht unabhängig voneinander betrachtet werden können, da bspw. die Erklärung „irrationalen" Verhaltens mit Hilfe des Emotionskonstruktes logisch nachvollziehbar und damit rational sind. Vgl. De Sousa, R., The Rationality of Emotion, Cambridge 1990 zit. nach O'Shaughnessy, J., Explaining Buyer Behavior, a.a.O., S. 182.

484 Vgl. Coyne, J., Putting Humpty Dumpty back together: Cognition emotion and motivation reconsidered, in: Mitchell, A. (Ed.), ACR Proceedings, Vol. 9, 1982, S. 153-155 zit. nach Derbaix, C., Abeele, P.V., Consumer inferences and consumer preferences, the status of cognition and consciousness in consumer behavior theory, in: Lambkin, M., Foxall, G., Raaij, F.v., Heilbrunn (Eds.), B., European Perspectives on Consumer Behavior, London 1998, S. 200.

Die Einbindung **emotionaler Elemente** in den Erkenntnisgewinn stellt einen Zweig einer Forschungstradition dar, der in der Psychologie bereits durch eine Reihe von Theorien konstituiert wurde,[485] jedoch in der Kaufverhaltensforschung neben der Auseinandersetzung mit kognitiven Bestandteilen des Verhaltens in den Hintergrund gerückt ist. Obwohl die Berücksichtigung von Emotionen als eine kaufverhaltensbestimmende Variable in der theoretischen Auseinandersetzung Eingang gefunden hat[486] und auch gegenwärtig von einer „non-cognitive revolution in modern Consumer Behavior Theory"[487] gesprochen wird, finden sie bislang kaum Beachtung in Totalmodellen des Käuferverhaltens.[488] So vielfältig die aus Psychologie und Philosophie stammende Diskussion emotionaler Thematik auch ist, so schwierig erweist sich eine begriffliche Eingrenzung des für die vorliegende Untersuchung benutzten Konstruktes Emotion. In der umfangreichsten Fassung beschreiben Emotionen automatisch ablaufende mentale Prozesse, die vom Individuum als Gefühle erlebt werden (subjektive Ebene), die sich durch Reaktionen des Nervensystems äußern (physiologische Ebene) und durch entsprechend beobachtbares Verhalten (motorische Ebene) zur Kennzeichnung von Emotionen führt.[489]

Als Gegenpol zur Emotion bilden **kognitive, rationale Elemente** die Basis von Theorien der Kognitionsforschung, die sich innerhalb der Käuferverhaltensforschung vor allem mit Phänomenen der Suche, Organisation, Analyse und Interpretation von Informationen (entsprechend des im Kap. B 3.1 beschriebenen Perzeptionsbegriffs i.w.S.) sowie der Speicherung von Informationen (Erinnerung)

---

485 Zur aktuellen Übersicht über verschiedenartige Emotionstheorien vgl. Strongman, K.T., The Psychology of Emotion, Theories of Emotion in Perspective, 4th ed., Chichester 1996.

486 Als eine der wichtigsten Initiatoren dieser Auseinandersetzung sind HIRSCHMAN und HOLBROOK zu nennen, die mit ihrem Aufsatz von 1982 der mangelnden Integration emotionaler Komponenten in der Marketingforschung durch eine Konzeptionalisierung hedonistischer Elemente des Kaufs entgegenwirkten. Vgl. Hirschman, E.C., Holbrook, M.B., Hedonic Consumption, a.a.O., S. 92-101. Bsp. Ein Bsp. der expliziten Behandlung emotionaler Aspekte des Käuferverhaltens im deutschsprachigen Raum stellt die Untersuchung von FAEHSLER dar. Vgl. Faehsler, B., Emotionale Grundhaltungen als Einflussfaktoren des Käuferverhaltens, Frankfurt a.M. 1986.

487 Derbaix, C., Abeele, P.V., Consumer inferences and consumer preferences, the status of cognition and consciousness in consumer behavior theory, a.a.O., S. 199.

488 Vgl. dazu die Modelle von ENGEL, KOLLAT, BLACKWELL (1978); HOWARD, SHETH (1969) oder AMSTUTZ (1967), die emotionale Komponenten ausschließlich implizit über Konstrukte wie Einstellungen oder Motive integrieren sowie die Ausführungen bei Trommsdorff, V., Konsumentenverhalten, a.a.O., S. 64f.

489 Vgl. Faehsler, B., Emotionale Grundhaltungen als Einflussfaktoren des Käuferverhaltens, a.a.O., S. 11f. sowie die dort angegebenen Quellen.

auseinandersetzen.[490] Die Interpretation von Kognitionen anhand des Konstruktes Wissen weist bereits auf den bewussten Charakter kognitiver Prozesse im Gegensatz zur Automatik eingeschränkt kontrollierbarer emotionaler Prozesse hin. Entsprechend der Klassifikation von Emotionen werden Kognitionen auf der subjektiven Ebene als Verstand erlebt. Auf der physischen und beobachtbaren Ebene können beide Elemente in identischer Weise beschrieben werden.

Wie die Analyse der Einkaufsstättenwahl zeigt, existieren innerhalb des Entscheidungsprozesses eine Reihe von Konstrukten, die neben kognitiven auch emotionale Elemente umfassen (vgl. Abb. 21).

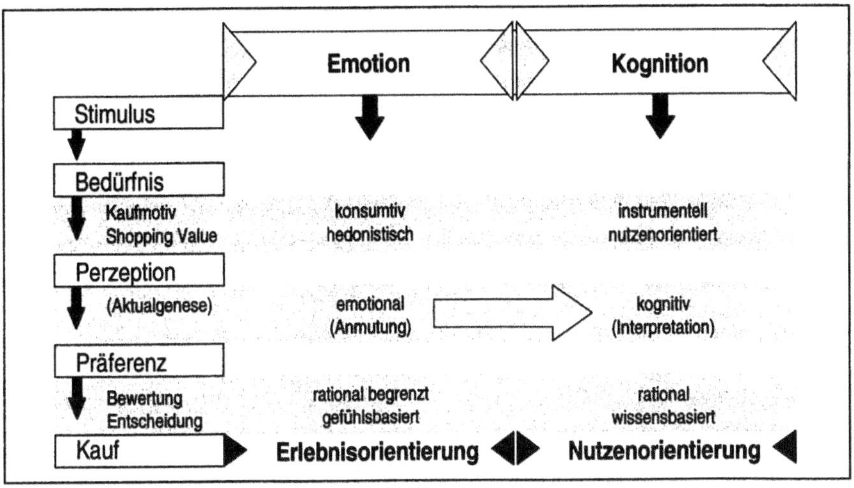

Abb. 21: Grundlegende Elemente des Präferenzbildungsprozesses

So können interne wie externe Stimuli bereits auf der Bedürfnisebene emotional oder kognitiv ausgerichtete Kaufmotive ansprechen, die sich in Bezug auf instrumentelle Motive wiederum durch verschiedene Kaufentscheidungsformen in ihrem kognitiven Aufwand voneinander unterscheiden.[491] Die persönliche Prädisposition zum Einkauf in Form des Shopping Value differenziert wiederum nach hedoni-

---

490 Vgl. zu Kognitionen die Ausführungen in Kap. B 3.1 und die dort aufgeführten Quellen.

491 Zu den von HIRSCHMAN und HOLBROOK herausgearbeiteten vier substantiellen Gebieten der Anwendung emotional orientierten Konsums zählen neben mentalen Konstrukten, der Produktnutzung, individuellen Differenzen auch verschiedene Produktkategorien. Demnach lassen sich nicht nur zu Kaufentscheidungstypen innerhalb der instrumentellen Motivspezifikation korrespondierende Produktkategorien zuordnen, sondern ebenso als Ausdruck konsumtiver Motive. Als Beispiele konsumtiv motivierter Produktkategorien werden die darstellende Kunst oder populäre Kulturereignisse genannt. Vgl. Hirschman, E.C., Holbrook, M.B., Hedonic Consumption, a.a.O., S. 94-99.

stisch orientierten und nutzenorientierten Values, die sich individuell in generalisierten Einstellungen von Konsumenten manifestiert haben.

Trotz der stark kognitiv geprägten Auseinandersetzung mit Perzeptionen lässt sich die als Anmutung bezeichnete erste Phase der Wahrnehmung ihrem Charakter nach als emotionales Element der Perzeption bezeichnen.[492] Innerhalb der theoretischen Auseinandersetzung mit Präferenzen wurden in der Arbeit zwei Phasen der Präferenzbildung herausgearbeitet, die jeweils nach ihrem Charakter als emotionale und kognitive Elemente der Präferenzbildung betrachtet werden können. Die Bewertung von Alternativen als erste Phase kann in ihrer Interpretation als rationale Bewertung und einer entsprechenden wissensbasierten Entscheidung in der zweiten Phase verstanden werden. Werden Alternativen hingegen begrenzt rational bewertet, korrespondiert dieses Vorgehen ebenso wie eine gefühlsbasierte Entscheidungsfindung mit emotionalen Elementen der Präferenzbildung.

Die sich daraus ableitende **Basisthese** stellt bei der Analyse des Einkaufsstättenwahlverhaltens auf die Zusammenhänge von kognitiven und emotionalen Elementen zu präferierten Einkaufsstätten wie folgt ab:

Grundsätzlich lassen sich Präferenzbildungsprozesse nach emotions–dominanten und kognitions–dominanten Prozessen differenzieren. Liegt innerhalb der Konstrukte des Präferenzbildungsprozesses eine Dominanz emotionaler Elemente vor, so bevorzugen Konsumenten bei der Einkaufsstättenwahl erlebnisorienierte Shopping–Konzepte. Eine Dominanz kognitiver Elemente bedingt demgegenüber die Präferenz nutzenorientierter Einkaufsstätten.

Trotz der aufgezeigten Differenzierung muss an dieser Stelle betont werden, dass im Präferenzbildungsprozess der Einkaufsstättenwahl i.d.R. eine Koexistenz zwischen emotionalen und kognitiven Elementen vorliegt, wie sie in Bezug auf die Perzeption bereits durch den Phasencharakter von emotionaler Anmutung und kognitiver Interpretation bedingt ist. Unabhängig davon können Entscheidungsprozesse einen Schwerpunkt hinsichtlich einer der beiden Grundelemente be-

---

492 De Sousa's Definition von Emotionen geht so weit, diese als „a kind of perception – a perception of what values are to govern behavior" zu beschreiben. Vgl. De Sousa, R., The Rationality of Emotion, Cambridge 1990 zit. nach O'Shaughnessy, J., Explaining Buyer Behavior, a.a.O., S. 182.

sitzen, der dadurch zustande kommt, dass stimuli– und bedürfnisbezogene Konstrukte stärker zu einer der beiden Elemente tendieren und in Folge die Art der Ausprägung von Phasen der Präferenzbildung unterschiedlich determinieren. Im Ergebnis dieser beiden unterschiedlichen Typen des Präfenzbildungsprozesses spiegelt sich die Entscheidung von Konsumenten bei der Einkaufsstättenwahl in einer Erlebnis– oder Nutzenorientierung wider, die aus angebotsbezogener Sicht als Ausgangspunkt der Ableitung entsprechender orientierungsgerechter Implikationen dienen kann.

6.2 Bezugsrahmen der Arbeit und Hypothesen

Aus der Hauptthese der Differenzierung zwischen emotionalen und kognitiven Elementen und deren Korrespondenz mit einer erlebnis– bzw. nutzenorientierten Einkaufsstättenwahl lassen sich zwei zu überprüfende Basishypothesen der Arbeit ableiten.

$H_{PräM}$	*Die Präferenz von Einkaufsstätten wird durch unterschiedliche dem Einkauf vorgelagerte Kaufmotive beeinflusst.*
$H_{PräP}$	*Die Präferenz von Einkaufsstätten wird durch unterschiedliche Ausprägungen des Shopping Value von Konsumenten beeinflusst.*

Darüber hinaus sind Zusammenhänge zwischen der Einkaufsstättenwahl und dem ökonomischen wie soziodemografischen Umfeld zu validieren, die die Basishypothesen in ihrem Aussagegehalt zur Erlebnis– und Nutzenorientierung von Einkaufsstätten unterstützen.

$H_{PräÖ}$	*Die Präferenz von Einkaufsstätten wird durch die unterschiedliche Bedeutung ökonomischer Determinanten bei Konsumenten beeinflusst.*
$H_{PräS}$	*Die Präferenz von Einkaufsstätten wird durch die unterschiedlichen Ausprägungsformen soziodemografischer Konstrukte beeinflusst.*

Die mit dem Bezugsrahmen der Arbeit im einzelnen verknüpften Hypothesen sind danach zu unterscheiden, ob sie sich auf die Abbildung des Präferenzbildungsprozesses innerhalb eines Erhebungszeitpunktes (Querschnitt) oder auf den intertemporalen Vergleich der Ergebnisse von zwei Zeitpunkten (Längsschnitt) beziehen. Querschnitthypothesen sind daher im folgenden als QH, Längsschnitthypothesen als LH gekennzeichnet. Der Bezugsrahmen (vgl. Abb. 22) dient als Übersicht über die einzelnen empirisch in Kap. C zu prüfenden Zusammenhänge zwischen den Phasen des Präferenzbildungsprozesses mit den diesen Prozess beeinflussenden Konstrukten.

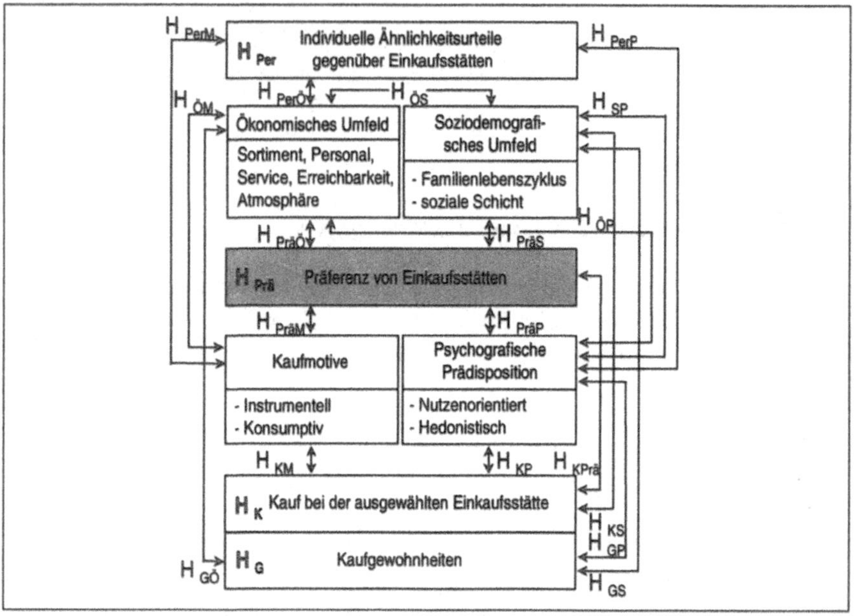

Abb. 22: Bezugsrahmen der Arbeit

Mit Hilfe dieses Bezugsrahmens und den damit verbundenen Hypothesen soll es nachfolgend gelingen, die aus der Theorie abgeleiteten Aussagen über Zusammenhänge der Konstrukte des Einkaufsstättenwahlprozesses zu unterschiedlichen Dimensionen emotionaler und kognitiver Elemente zu belegen. Damit können zwei der vier von HIRSCHMAN ET AL. herausgearbeiteten substantiellen Gebiete der Anwendung emotional orientierten Konsums in den Bezugsrahmen integriert werden.[493] Beziehungen zwischen der grundlegenden Erlebnis– bzw. Nutzenorientierung von Einkaufsstätten und ihrer Kategorisierung werden zum Abschluss der Hypothesenprüfung zusammenfassend auf Basis der Untersuchungsergebnisse bestimmt.

---

[493] Kaufbezogene individuelle Differenzen werden über den Shopping Value erfasst sowie zusätzlich mittels soziodemografischer Daten aufgezeigt. Unterschiedliche Produktkategorien können aus verschiedenen Ausprägungen der Kaufmotivation abgeleitet werden. Vgl. Hirschman, E.C., Holbrook, M.B., Hedonic Consumption, a.a.O., S. 94-99.

C. Empirische Analyse des Einkaufsstättenwahlverhaltens von Konsumenten

Die Überprüfung der Hypothesen zum Prozess der Einkaufsstättenwahl erfolgt auf Basis einer im Oktober 1997 durchgeführten Konsumentenbefragung,[1] die im Abstand von sieben Monaten im Mai 1998 als Folge–Studie wiederholt wurde. Nachfolgend sollen zunächst die Datenbasis und ihre Erhebungsform sowie die zur Datenanalyse herangezogenen statistischen Methoden näher vorgestellt werden, denen einige Bemerkungen zu den Prämissen der Untersuchung folgen.

Die anschließende Analyse der Ergebnisse beginnt mit einer Konkretisierung der den Prozess der Einkaufsstättenwahl auslösenden Stimuli und den damit verbundenen Bedürfnissen. Spiegelbildlich zum Bezugsrahmen der Arbeit werden die herausgearbeiteten Hypothesen nach ihrer temporären Unterscheidung hinsichtlich des Quer– oder Längsschnitts der Untersuchung empirisch überprüft. Dieses Vorgehen stützt sich auf die theoretisch begründete Gliederung der als elementar abgeleiteten Bestandteile des Einkaufsstättenwahlprozesses Perzeption, Präferenz und Kaufverhalten.

1 Untersuchungsdesign

1.1 Datenerhebung und Datenbasis

Die empirische Grundlage zur Prüfung des Bezugsrahmens bildet eine schriftliche Befragung, die im Oktober 1997 (Erhebung I) sowie im Mai 1998 (Erhebung II) an eine aus den Einwohnern der Stadt Leipzig gezogenen Zufallsstichprobe gerichtet wurde.[2] Die Form der schriftlichen Befragung ermöglichte die Umsetzung der Analyse im Rahmen eines vertretbaren personellen und finanziellen Aufwands, da das Ziel der Repräsentativität der Erhebung einen Umfang von mindestens 260 Personen erforderte.[3] Die Auswahl der untersuchten Stichprobe aus der Grund-

---

1 Zur ausführlichen Diskussion der Ergebnisse der ersten Untersuchung vgl. Kreller, P., Empirische Untersuchung zur Einkaufsstättenwahl von Konsumenten am Beispiel der Stadt Leipzig, HHL–Arbeitspapier Nr. 23, Leipzig 1998.

2 Die Zufallsstichprobe wurde mit Hilfe des statistischen Softwareprogrammes SPSS aus den generierten Daten gewonnen, die auf CD–ROM als Telefonbucheintragungen der Bundesrepublik Deutschland vorlagen.

3 Die Stichprobengröße berechnete sich aus einer vorgegebenen Irrtumswahrscheinlichkeit von 5 Prozent und einer Fehlertoleranz von 6 Prozent bei dichotomem Merkmalsvergleich. In Abhängigkeit der Hypothesen ergab sich andererseits eine minimale Stichprobengröße von 100

gesamtheit der Leipziger Bevölkerung erfolgte anhand des Quotierungsmerkmals Bewohner je Stadtbezirk.[4] Stadtbezirke mit einem hohen Bevölkerungsanteil gehen durch diese Methode mit einer stärkeren Gewichtung in das Gesamtergebnis ein.

Zur Erhöhung der Rücklaufquote wurden Incentives in Form von Einkaufsgutscheinen in Höhe von jeweils 100 DM eingesetzt, wobei die erforderlichen Angaben für die Identifikation der Gewinner freiwillig erfolgte. Die erste Erhebung erreichte damit einen Rücklauf von 30 Prozent auf Basis von 1.000 versandten Fragebögen; an der zweiten Erhebung beteiligten sich 20 Prozent der angesprochenen Konsumenten.[5]

Unter den Großstädten der neuen Bundesländer zeichnete sich in der Stadt Leipzig durch die Neuartigkeit der Implementierung von Shopping–Center–Konzepten in Bahnhöfen eine dynamische Entwicklung ab, die es nahelegte, die Erhebung am Beispiel dieser Stadt exemplarisch zu verdeutlichen. Der Zeitpunkt der Befragung wurde so gewählt, dass der Einfluss neuer Agglomerationen auf das Einkaufsstättenwahlverhalten ermittelt werden konnte, indem im Abstand eines halben Jahres nach der Eröffnung des Centers die Erhebung wiederholt wurde. Die erste Erhebung fand einen Monat vor seiner Eröffnung statt.

Der Aufbau des Fragebogens (vgl. dazu auch Anhang V) orientiert sich an den in der Theorie beschriebenen wichtigsten Stufen des Präferenzbildungsprozesses Perzeption, Präferenz und Kaufverhalten. Zum leichten Einstieg in die Thematik der Einkaufsstättenwahl begann die Befragung mit Angaben zu Kaufgewohnheiten, an die sich Statements zur Ermittlung des Shopping Value anschlossen. Nachfolgend wurden die Befragten gebeten, Ähnlichkeiten von jeweils zwei Einkaufsstätten einzuschätzen, die als Basis der Perzeptionsermittlung dienten. Diese Frage, die aus Sicht der Forschung für den Befragten als besonders schwierig eingeschätzt wurde und damit das höchste Potential zum Abbruch der

Personen beim Vergleich von zwei Variablen mit einer maximalen Merkmalsausprägung von fünf bei gleichzeitiger Mindestbelegung von 10 Nennungen pro Zelle. Vgl. z.B. Friedrichs, J. Methoden empirischer Sozialforschung, a.a.O., S. 144ff. Unter Beachtung einer angenommenen Rücklaufquote von 25 Prozent wurden letztlich jeweils 1.000 Fragebögen versandt.

4 Den Angaben zur Bevölkerung liegen die Daten des Statistischen Jahrbuchs der Stadt Leipzig von 1996 zugrunde. Vgl. Stadt Leipzig, Amt für Wahlen und Statistik (Hrsg.), Statistisches Jahrbuch 1996, S. 28f sowie S. 242. Bei der Quotierung nach Stadtbezirken bleiben allerdings Unterschiede in der Kaufkraft zwischen verschiedenen Wohngebieten unberücksichtigt. Um weitere Aussagen über das Ausgabepotential der Bevölkerung im jeweiligen Stadtbezirk zu gewinnen, können bspw. Kaufkraftkennziffern der GfK in die Angaben integriert werden.

5 Nicht verwertbare Fragebögen wurden bereits von der Dateneingabe ausgeschlossen und sind in diesen Angaben unberücksichtigt.

Beantwortung bietet, wurde in den vorderen Teil des Bogens integriert, um das zu Beginn vorliegende größere Involvement bei der Beantwortung der Fragen auszunutzen. Im Anschluss daran folgten jeweils auf verschiedene Produktkategorien bezogene Fragen zum letzten Einkauf sowie zu Präferenzen beim Kauf. Den Abschluss bildeten Fragen zur Soziodemografie der Konsumenten.

Nach Auswertung der rückläufigen Fragebögen, die beim Vergleich der Grundgesamtheit mit der Stichprobe neben der Stadtbezirksquotierung die Verteilung der Leipziger nach Geschlecht und Alter berücksichtigte,[6] zeigt sich die im Anhang I aufgeführte Stichprobenstruktur.

In der Betrachtung des Rücklaufs nach **Stadtbezirken** hebt sich insbesondere der Bezirk West durch seine hohe Überrepräsentanz im Vergleich zur Verteilung innerhalb der Grundgesamtheit ab. Der Bezirk West, der mit 17 Prozent der Leipziger Gesamtbevölkerung am höchsten besiedelt ist, zeichnet sich auf Grund einer starken Plattenbebauung durch eine günstige Mietsituation aus. Anhand von Kreuztabellierungen ist nachweisbar, dass in diesem Teil der Stadt neben dem Bezirk Süd überdurchschnittlich viele ältere Personen bzw. Rentner leben. Dies hat möglicherweise einen Einfluss darauf, dass ein sehr hoher Anteil an Bewohnern mit entsprechend großer Antwortbereitschaft auf schriftliche Befragungen und einem hohen verfügbaren Zeitbudget das Antwortverhalten zu Gunsten dieses Stadtbezirks verzerrt.

Insbesondere der Anteil der jüngeren Bevölkerung (unter 40 Jahre) liegt beim Vergleich der Repräsentanz der Stichprobe in Bezug auf das **Alter** deutlich unter seiner Verteilung in der Grundgesamtheit, wohingegen das Antwortverhalten der über 50–jährigen überdurchschnittlich ist. Das kann zum einen aus dem Umstand erklärt werden, dass ein großer Teil der jüngeren Bevölkerung (bis unter 30 Jahre) noch im Haushalt der Eltern lebt und damit nicht als eigenständige Person im Telefonbuch aufgeführt ist. Zum zweiten ist das Interesse an der Beantwortung von Fragebögen i.d.R. bei Jugendlichen deutlich geringer. Das größere verfügbare Zeitbudget und die Freude über die mögliche Bedeutsamkeit der eigenen Meinungsäußerung älterer Personen wirken sich demgegenüber positiv auf das Antwortverhalten dieser Bevölkerungsschicht aus.

Bei der Verteilung nach **Geschlecht** spielt die Gewinnung der Adressen über

---

6 Die Beschränkung auf diese Kriterien zum Vergleich der Stichprobe mit der Grundgesamtheit ist durch fehlende Möglichkeiten detaillierter Angaben zur Bevölkerung begründet.

Einträge im Telefonbuch eine entscheidende Rolle. Innerhalb von Familien ist es allgemein üblich, den Mann als Ansprechperson im Telefonbuch anzugeben.[7] Dies führte maximal zu einem Verhältnis von 60:40 der befragten Männer im Vergleich zu Frauen in einem Stadtbezirk bei annähernder Gleichverteilung in der Grundgesamtheit. Da angenommen werden kann, dass vielfach der Fragebogen auf Grund des geringen Involvement von Männern für das Thema Einkauf zum Ausfüllen an die Frau weitergeleitet wurde, ist die geringfügige Dominanz männlicher Antworten innerhalb der ersten Erhebung zu vernachlässigen.

Unter Beachtung der Anforderungen, die an die Repräsentanz von Stichproben gestellt wird,[8] kann der gewonnene Datensatz als repräsentativ bezeichnet werden, da er in Bezug auf das für die Einkaufsstättenwahl relevanteste Merkmal der räumlichen Verteilung der befragten Personen über die Stadtbezirke keine systematischen Verzerrungen größeren Ausmaßes aufweist. Die Bedeutung von demografischen Merkmalen wie Alter und Geschlecht bei der Einkaufsstättenwahl ist erst durch die nachfolgenden Auswertungen herauszuarbeiten.

1.2 Methoden der statistischen Auswertung

Die statistische Auswertung der Daten erfolgte mit Hilfe des Softwarepaketes SPSS.[9] Neben Anwendungen der univariaten (wie Häufigkeitsverteilungen und Mittelwertvergleiche), bivariaten Statistik (wie Kreuztabellierungen) und Teststatistiken (χ^2–Test, t–Test, Levene–Test), deren Aussagekraft jeweils mit Bezug auf die jeweilige Fragestellung innerhalb der folgenden Ausführungen erläutert werden soll, sowie der bereits ausführlicher beschriebenen Anwendung der MDS[10]

---

[7] Laut den Ergebnissen einer Studie des Instituts für Marktforschung Leipzig vom Januar 1999 steht der Telefonanschluss von 25 Prozent der Befragten nicht im Telefonbuch, bei 22 Prozent ist der Anschluss auf den Namen der Frau gegenüber 46 Prozent auf den Mann eingetragen. In den verbleibenden 7 Prozent stehen Mann und Frau gemeinsam im Telefonbuch. Die Nichteintragung von Telefonanschlüssen ist vor allem bei 18– bis 29–jährigen Personen stark verbreitet. Vgl. Kecke, A., Jeder Vierte verschweigt seine Nummer, in: LVZ vom 6./7. Februar 1999, S. 8.

[8] Eine Stichprobe gilt dann als repräsentativ für die Grundgesamtheit, „wenn sie in der Verteilung aller interessierenden Merkmale der Gesamtmasse entspricht". Berekoven, L., Eckert, W., Ellenrieder, P., Marktforschung, a.a.O., S. 48.

[9] Zur Anwendung kam dabei die Programmversion SPSS (Statistical Product and Service Solutions) für Windows 7.5.

[10] Vgl. dazu die Ausführungen im Kap. B 3.13.

kam als weitere multivariate Analysemethode die Clusteranalyse zum Einsatz.[11]

Die Anwendung der **Clusteranalyse** empfiehlt sich als ein Instrument zur Segmentierung, die das Ziel der Aggregation homogener Käufer bei möglichst guter Trennung heterogener Gruppen verfolgt. In Abhängigkeit der Größe des Datensatzes ist die Clusterbildung in SPSS auf iterativem[12] (n > 100) und hierarchischem[13] Wege (n ≤ 100) durchführbar. Für die vorliegende Stichprobe kam das iterative Verfahren zur Anwendung. Dabei wird die Datenkomplexität dadurch reduziert, dass Clusterzentren bereits vorgegeben und nicht alle Fälle jeweils paarweise miteinander verglichen werden.[14]

Die anfänglichen Clusterzentren können bei Bekanntheit der Werte selbst vorgegeben werden, andernfalls gelten die Werte der ersten Fälle in Abhängigkeit der gewünschten Clusteranzahl als Ausgangswerte, die im Laufe des Verfahrens iterativ so lange angepasst werden, bis keine Änderung der Zentren mehr stattfindet bzw. die maximale voreingestellte Iterationszahl erreicht ist. Die Anpassung der Clusterzentren erfolgt, indem derjenige Fall ein Zentrum ersetzt, dessen kleinste Distanz zum Zentrum größer ist als die Distanz zwischen den beiden nächsten Clustern. Neben der Notwendigkeit der Vorgabe von Clusterzentren besteht ein weiterer Nachteil der iterativen Clusteranalyse darin, dass die Anzahl der Cluster vorab festgelegt werden muss. Um diese beiden Probleme zu umgehen, empfiehlt es sich, vorab eine hierarchische Analyse an einer Zufallsstichprobe des Datensatzes von n = 100 durchzuführen. Dies führt dazu, dass neben der Information über die optimale Clusteranzahl, die mit Hilfe des Elbow–Krite-

---

11 Neben der Clusteranalyse wurden die beiden Gruppen des Shopping Value ebenfalls über eine Faktorenanalyse verdichtet. Da deren Ergebnisse keinen Erkenntnisgewinn gegenüber der Clusteranalyse aufwiesen, soll an dieser Stelle auf die Darstellung der methodologischen Basis der Faktorenanalyse verzichtet werden.

12 Eine Übersicht über die Clusteranalyse und die Unterscheidung nach Verfahrensalgorithmen findet sich bei Backhaus, K., Erichson, B., Plinke, W., Weiber, R., Multivariate Analysemethoden, a.a.O., S. 260–321. Zum iterativen Vorgehen vgl. Bühl, A., Zöfel, P., SPSS für Windows Version 6.1, a.a.O., S. 460–462; Brosius G., Brosius, F., SPSS Base System und Professional Statistics, a.a.O., S. 893–906.

13 Vgl. zum hierarchischen Vorgehen Bühl, A., Zöfel, P., SPSS für Windows Version 6.1, a.a.O., S. 456–459; Brosius G., Brosius, F., SPSS Base System und Professional Statistics, a.a.O., S. 863–891.

14 Dem Vorteil der Verringerung der benötigten Rechenoperationen steht andererseits die nachlassende Transparenz bei der Zusammenfassung von Fällen zu einer Gruppe gegenüber. Während bei der hierarchischen Clusteranalyse Schritt für Schritt jeweils die beiden Fälle zusammengefügt werden, die sich am ähnlichsten sind, erfolgt auf iterativem Wege die parallele Zuordnung aller Fälle zu den Clusterzentren nach ihrer kleinsten Distanz.

riums[15] ermittelt wird, Clusterzentren als Mittelwerte der Variablen erkannt werden.

Innerhalb der gewählten Stichprobe können verschiedene Verfahren der Clusterbildung angewandt werden. Auf Grund ihrer unterschiedlichen Fusionierungseigenschaften[16] sollte für eine optimale Ergebnisvalidität auf mehrere Verfahren zurückgegriffen werden. In einem ersten Schritt bietet es sich an, mit Hilfe des Single–Linkage–Verfahrens mögliche Ausreißer innerhalb der Stichprobe zu identifizieren und gegebenenfalls zu eliminieren, um in einem zweiten Schritt durch das Ward–Verfahren den Nachteil der Kettenbildung beim Single–Linkage–Verfahren auszugleichen.

Vor der endgültigen Durchführung der Clusteranalyse ist darüber hinaus zu überprüfen, inwiefern die für die Gruppenbildung gewählten Variablen für die erwartete Aussage von Relevanz sind. Daneben sind diejenigen Variablen von der Analyse auszuschließen, die in hohem Maße miteinander korrelieren.[17]

Mit Hilfe der vorgestellten Verfahren zur Klassifizierung von Personen und Variablen soll es gelingen, das mit der Arbeit verfolgte Ziel der Identifikation heterogener Einflussfaktoren auf die Einkaufsstättenwahl zu validieren.

1.3 Prämissen

Vor der Analyse von Daten besteht eine Notwendigkeit wissenschaftlicher Arbeit in der Zusammenfassung von Prämissen, die mit dem jeweiligen Vorgehen verbunden sind und sich auf die Gültigkeit der im folgenden getroffenen Aussagen beziehen. Auf der Suche nach wissenschaftlicher Erkenntnis muss die Empirie als jenes Glied verstanden werden, das die Theorie mit der objektiven Praxis verbindet.[18] Dabei stellt die Wahl der für die empirische Hypothesenprüfung zugrunde gelegten Situation allerdings immer nur einen Ausschnitt der objektiven Realität dar.

---

15 Das Elbow–Kriterium veranschaulicht auf grafische Weise einen Sprung durch starken Anstieg der Fehlerquadratsumme bei weiterer Verringerung der Clusteranzahl, der als Zeichen ausreichender Zusammenfassung der Daten gewertet werden kann. Vgl. Backhaus, K., Erichson, B., Plinke, W., Weiber, R., Multivariate Analysemethoden, a.a.O., S. 307.

16 Vgl. ebenda, S.297–300.

17 Zur Vermeidung des Ausschlusses von Variablen kann andererseits die Faktorenanalyse eingesetzt werden, die hoch korrelierende Merkmale zu unabhängigen Faktoren verdichtet.

18 Vgl. Hahn, E., Historischer Materialismus und marxistische Soziologie, Berlin 1968, S. 163 zit. nach Friedrichs, J., Methoden empirischer Sozialforschung, a.a.O., S. 29.

Die grundsätzliche Prämisse der Arbeit besteht in der Annahme der Ko–Evolution von Handelsangeboten und Konsumentenverhalten bei gleichzeitiger Konstanz der übrigen Rahmenbedingungen (c. p.). Das bedeutet für die Interpretation der Daten, dass Einflüsse der Umwelt, die sich bspw. aus Veränderungen rechtlicher oder natürlicher Rahmenbedingungen ergeben, zu vernachlässigen sind. Unter rechtlichen Einflüssen sind z.B. Änderungen zu Regelungen der Ladenöffnungszeiten zu verstehen; natürliche Einflüsse sind bspw. Wirkungen, die unterschiedliche Jahreszeiten auf die Präferenz offener oder geschlossener Einkaufsstätten ausüben.

Die Beschränkung der empirischen Erhebung auf einen Untersuchungsort zieht die Prämisse nach sich, dass die zu gewinnenden Aussagen durch die spezifischen handels– als auch konsumentenbezogenen Gegebenheiten beeinflusst werden, die eine generelle Verallgemeinerung auf das Problem der Einkaufsstättenwahl behindern. Um entgegen dieser Tatsache möglichst allgemeingültige Kernsätze der Einkaufsstättenwahl ableiten zu können, dienen die folgenden Kapitel 2.11 und 2.12 der Darstellung von Besonderheiten der analysierten Handelsstruktur sowie dem soziodemografischen Umfeld.

Eine weitere Prämisse besteht in der Subjektivität der Zuordnung von Determinanten der Einkaufsstättenwahl als Komponenten zur Generierung eines Grund– bzw. Zusatznutzens, die eine Voraussetzung für die Überprüfung des Hypothesengerüstes darstellt. Die von VERSHOFEN[19] begründete Differenzierung zwischen Grundnutzen, der aus physikalisch–chemisch–technischen Merkmalen resultiert, und Zusatznutzen, der über die zur Funktionsfähigkeit des Produktes notwendigen Merkmale hinausgeht und Erlebnisse und Empfindungen umfasst, liefert keine eindeutigen Merkmale, anhand derer eine Klassifikation von Nutzenarten zu erfolgen hat. Daher ist die nachfolgend dargestellte Systematisierung der Determinanten der Einkaufsstättenwahl subjektiver Art (vgl. Abb. 23). Sie beruht auf dem Kriterium der objektiven Messbarkeit von Determinanten. Bezieht sich die Einschätzung der Determinanten auf das subjektive Empfinden des Konsumenten, wurden diese Kriterien als Zusatznutzen interpretiert.

---

[19] Vgl. Vershofen, W., Die Marktentnahme als Kernstück der Wirtschaftsforschung, a.a.O., S. 81ff. zit. nach Herrmann, A., Bauer, H.H., Huber, F., Eine entscheidungstheoretische Interpretation der Nutzenlehre von Wilhem Vershofen, a.a.O., S. 279.

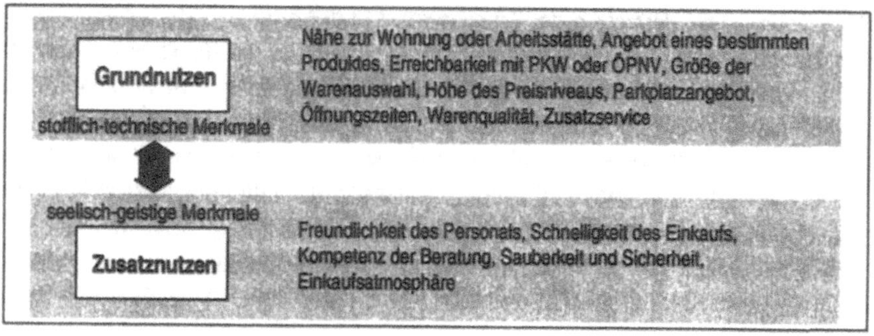

Abb. 23: Nutzenbasierte Systematisierung von Determinanten der Einkaufsstättenwahl

Die Vorstellung dieser Prämissen der Arbeit ermöglicht nun nachfolgend die Analyse und Interpretation der Ergebnisse.

2 Analyse der Ergebnisse

Die Analyse der Ergebnisse gliedert sich in drei Teile. An die Beschreibung der für die Untersuchung charakteristischen Stimuli schließt sich die Überprüfung der Hypothesen an, die sich nach ihrem zeitlichen Bezug in eine Querschnitts– bzw. Längsschnittbetrachtung differenziert.

2.1 Stimulusbeschreibung

Die empirische Beschreibung der dem Prozess der Einkaufsstättenwahl zugrunde liegenden Stimuli stellt mit Ausnahme der Betrachtung des situativen Kontextes die spiegelbildliche Übertragung der im Kapitel B 2 vorgestellten theoretischen Grundlagen dar. Neben dem ökonomischen und soziodemografischen Umfeld, das jeweils handels– und konsumentenbezogene Besonderheiten der Erhebung aufzeigt, spielen Bedürfnisse beeinflussende psychografische Stimuli bzw. die durch sie konkretisierten Motive des Kaufs eine zentrale Rolle bei der Interpretation der Ergebnisse.

2.11 Ökonomisches Umfeld

Im Gegensatz zur theoretisch fundierten Struktur des im Kaptitel B beschriebenen ökonomischen Umfeldes erweist es sich für die praktische Bearbeitung dieses Bereiches als zielführend, die konkret vorliegende ökonomische Situation vorzustellen. Dazu gehört einerseits die generelle wirtschaftliche Situation der Stadt Leipzig und der damit verbundenen wichtigsten Einflussfaktoren, die sich auf die Lage des Einzelhandels auswirken. Andererseits soll im Zusammenhang mit dem ökonomischen Umfeld kurz auf die in der Untersuchung näher analysierten Einkaufsstätten eingegangen werden. Abschließend erfolgt eine kurze Vorstellung einzelner in Leipzig erhobener Studien zur Thematik der Einkaufsstättenwahl.

2.111 Wirtschaftliche Struktur im allgemeinen

Den besten Überblick über die allgemeine Situation der Stadt Leipzig bieten die Ergebnisse des aktuellen Regionenvergleichs 1999,[20] in dem die GfK Nürnberg 440 deutsche Städte und Landkreise auf verschiedene Kennzahlen hin untersucht hat (vgl. Abb. 24). Gehört Leipzig neben Dresden auch zu den führenden Städten der neuen Bundesländer bei der ökonomischen Restrukturierung,[21] so liegen beide im gesamtdeutschen Vergleich weit abgeschlagen von westdeutschen Städten ähnlicher Größenordnung.

---

[20] Die Ausführungen zum Regionenvergleich beziehen sich auf Veröffentlichungen der LVZ. Vgl. Seidler, T., Regionenvergleich: Leipzig nur beim Bauen unter den ersten Zehn, in: LVZ vom 16. Februar 1999, S. 11.

[21] Im internationalen Vergleich mittelfristiger Wachstumsprognosen europäischer Städte und Regionen des britischen Wirtschaftsforschungsinstituts Cambridge Economics (European Regional Prospects) wurde Leipzig vor Dresden die beste Wachstumsperspektive eröffnet. Die Prognose der realen Bruttowertschöpfung von 1994 bis 2000 von über 8 Prozent im Jahresdurchschnitt wurde durch das beteiligte deutsche Ifo–Institut jedoch im Nachhinein um ein bis zwei Prozent abgeschwächt. Im Vergleich zu Dublin, das mit 4 Prozent an dritter Stelle der Wachstumsrangfolge steht, bleibt das Ausmaß der Entwicklung noch immer sehr positiv. Vgl. Koll, R., Nam, C.W., Europäische Großstädte wandeln sich weiter zu internationalen Dienstleistungszentren, in: Ifo Schnelldienst 23/96, S. 14–17 sowie T.Z., Entscheidend ist, wie wir die Chancen nutzen, in: LVZ vom 15. August 1996, S. 13.

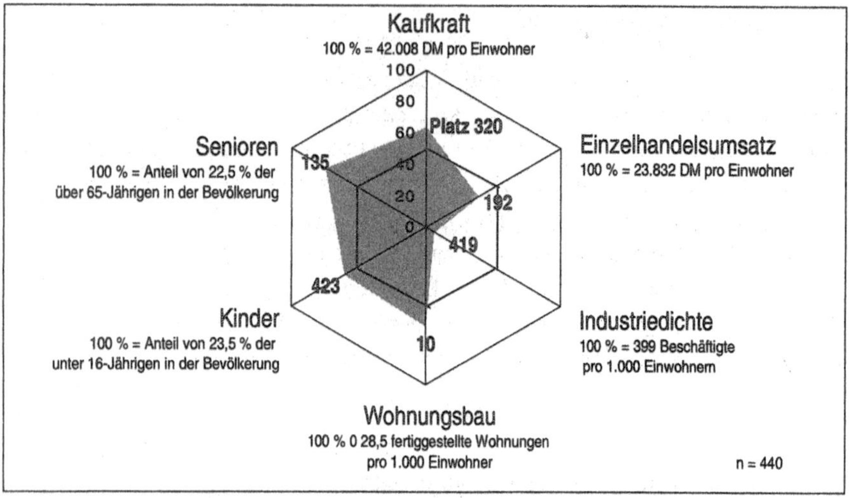

Abb. 24: Stand der Stadt Leipzig im Regionenvergleich Deutschland 1999
(Quelle: GfK, Regionenvergleich Deutschland 1999)

Der einzige vordere Platz, den die Stadt im Wohnungsbau inne hat, ändert unter dem Blickwinkel sinkender Einwohnerzahlen seine Bedeutung ins Gegenteilige.[22] Dass sich diese Tendenz auch in den kommenden Jahren nicht umkehrt, kann aus dem hohen Anteil an Senioren im Vergleich zu Kindern in Leipzig – wo die Stadt auf einem der letzten Plätze liegt – abgeleitet werden. Bei der Beurteilung der wirtschaftlichen Situation fällt besonders negativ die geringe Höhe der Industriedichte auf, die in den vergangenen Jahren nicht durch eine entsprechend gute Durchdringung von Handels- und Dienstleistungsunternehmen ausgewogen werden konnte und zu einem deutlichen Ansteigen der Arbeitslosenrate führte.[23] Die Arbeitslosenquote der Stadt Leipzig zum Quartalsende schwankte 1997 zwischen

[22] Lebten in Leipzig 1987 noch ca. 550.000 Einwohner, schrumpfte die Zahl 1996 auf 457.000. Vgl. Orbeck, M., Trend hält an: Leipziger ziehen weg, in: LVZ vom 11. November 1997, S. 13. Diesem Rückgang der Einwohnerzahlen, der in der Ansiedlungspolitik der Umlandgemeinden sowie die Abwanderung in die alten Bundesländer begründet ist, versucht die Stadt durch eine Gemeindegebietsreform und die damit verbundene Eingemeindung der Umlandgemeinden entgegenzuwirken.

[23] Ca. 100.000 Menschen waren noch 1989 in Leipzig im verarbeitenden Gewerbe beschäftigt; bis 1996 sank diese Zahl auf 31.000 Beschäftigte in Industrie und Handwerk. Im Gegenzug stieg die Anzahl der Arbeitsplätze im Dienstleistungssektor von ca. 70.000 auf 90.000. Vgl. Stadtplanungsamt Leipzig, Stadtentwicklung 1996, unveröffentlichter Entwurf. Die Höhe der Arbeitslosenrate differenziert jeweils nach Stadtteilen: höchste Anteile an Arbeitslosen (9,1 bis 10 Prozent) finden sich in einzelnen Stadtteilen der Bezirke Ost, Alt-West und Südwest; niedrigste Werte (5,1 bis 6 Prozent) weist der Bezirk Mitte auf. Vgl. Rieck, H., Sozialatlas für Leipzig liegt jetzt vor, in: LVZ vom 5. September 1997, S. 15.

16,1 und 17,3 Prozent.[24] Unter diesem Aspekt ist die geringe Kaufkraft der Leipziger Bevölkerung durchaus nachvollziehbar, die allerdings in Bezug auf den Einzelhandelsumsatz mit einer vergleichsweise günstigen Plazierung in der vorderen Hälfte der untersuchten Städte und Regionen gekoppelt ist. Bei genauerer Betrachtung der Werte zeigt sich jedoch, dass Leipzig einerseits im Vergleich hinter anderen sächsischen Großstädten wie Dresden und Chemnitz liegt, andererseits entspricht der in Leipzig erzielte Umsatz des Einzelhandels weniger als 40 Prozent des ersten Platzes. Damit muss die auf den ersten Blick günstige Lage des Leipziger Einzelhandels relativiert werden.

Neben den ungünstigen Verhältnissen, die aus Kennzahlen zur Kaufkraft der Bevölkerung resultieren, ist andererseits auf Seiten des Handels zu vermerken, dass sich die für den Einzelhandel zur Verfügung stehende Verkaufsfläche in den letzten Jahren insgesamt sowie bezogen auf die Einwohnerzahl erheblich erhöht hat. Standen 1993 in Leipzig nur 0,54 qm Verkaufsfläche pro Einwohner im Vergleich zum bundesdeutschen Durchschnitt von ca. 1,00 qm zur Verfügung, ist der Bestand an Flächen bis 1997 auf 1,23 qm angestiegen.[25] Die Dramatik der Situation wird dementsprechend dadurch potenziert, dass die geringe in der Bevölkerung vorhandene Kaufkraft auf überdurchschnittlich viele Einzelhandelsunternehmen verteilt werden muss.

2.112 Wichtigste Einkaufsstätten im Blickpunkt

Bei der Auseinandersetzung mit den für die Einkaufsstättenentscheidung zur Auswahl stehenden Alternativen in der Stadt Leipzig und ihrer Umgebung ist die Notwendigkeit erkennbar, sich auf die für Konsumenten wichtigsten Einkaufsstätten zu konzentrieren. Auf Basis einer Voruntersuchung[26] konnte bei einem Sample von 225 mündlich an drei Einkaufsstandorten befragten Personen eine Spontanbekanntheit (ungestützter Recall) von Einkaufscentern[27] mit über 10 Prozent für:

---

24 Vgl. Landesarbeitsgemeinschaft der Sächsischen Industrie– und Handelskammern (Hrsg.), Handelsatlas für den Freistaat Sachsen, Kammerbezirk Leipzig, Leipzig 1998, S. 29.

25 Vgl. ebenda, S. 31f. Von der Verkaufsfläche von 1,23 qm entfallen 0,78 qm auf den großflächigen Einzelhandel; 0,41 qm sind allein Einkaufszentren zuordenbar.

26 Die Voruntersuchung erfolgte im Rahmen eines vom Lehrstuhl Marketingmanagement der Handelshochschule Leipzig betreuten Praxisprojektes im Wintersemester 1996/97.

27 Aus der spezifischen Situation in Leipzig erklärt sich der Umstand, dass die Frage nach (geplanten) Einkaufscentern für die Ermittlung der wichtigsten Einkaufsstätten ausreicht, da

- den Saalepark in Günthersdorf (31,3%),
- das Paunsdorf–Center im Stadtteil Paunsdorf (23,1%),
- das Allee Center im Stadtteil Grünau (19,3%) und
- das Löwencenter in Burghausen (12,4%)

ermittelt werden. Neben den bekanntesten Vertretern der Kategorie der Shopping Center, die innerhalb wie außerhalb der Leipziger Stadtgrenze angesiedelt sind, wurden in die vorliegende Untersuchung die Innenstadt als A–Zentrum und die Zusammenfassung kleinbetrieblichen Ladeneinzelhandels in der Wohngegend als „wohnnahe Einkaufszone“ bzw. C–Zentrum aufgenommen.

Abbildung 25 zeigt die räumliche Positionierung dieser analysierten Standorte mit Ausnahme der nicht eindeutig lokalisierbaren wohnnahen Einkaufszone. Zusätzlich finden sich in der Ansicht die zwei am häufigsten in der vorliegenden Untersuchung erwähnten Einkaufsstätten Sachsenpark in Seehausen und Globus in Wachau. Weitere von der Stadt Leipzig ausgewiesene Einkaufszentren mit stark lokaler Bedeutung für einzelne Stadtteile sind der Treff Portitz und das Eutritzsch–Center in Nordost, der Moritzhof in Süd, das Süd–West–Zentrum im Südwesten sowie Schönau im Bezirk West.[28]

---

sich innerhalb der Stadt noch keine größeren natürlich gewachsenen Einkaufsstätten herausgebildet haben.

28 Vgl. Landesarbeitsgemeinschaft der Sächsischen Industrie– und Handelskammern (Hrsg.), Handelsatlas für den Freistaat Sachsen, a.a.O., S. 35ff.

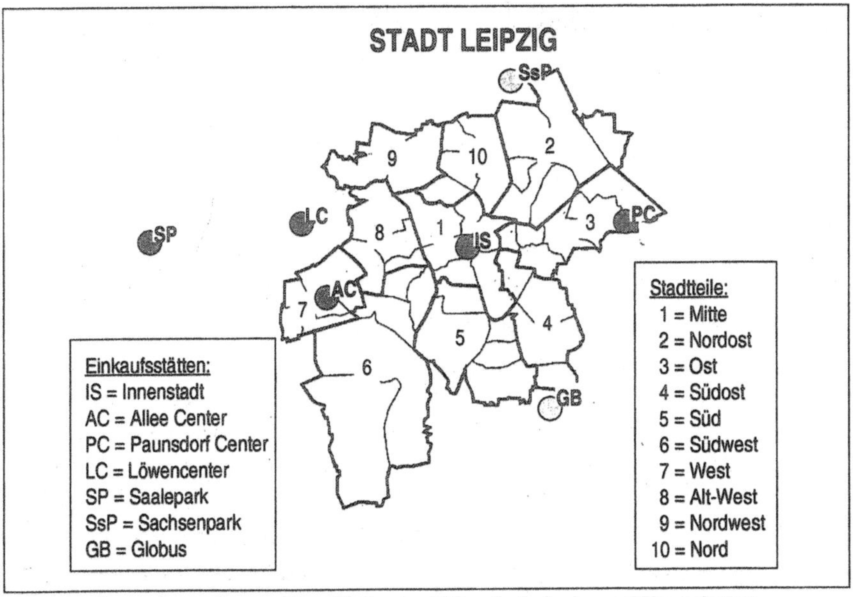

Abb. 25: Lage der untersuchten Einkaufsstätten in Leipzig und Umgebung

Die Kategorisierung der bekanntesten Leipziger Einkaufsstätten in B– bzw. D–Zentren sowie E–Zentren erweist sich insofern als Problem, als dass der periphere Charakter von Standorten nicht in jedem Falle wie beim Saalepark (E–Zentrum) und Allee–Center (B–/D–Zentrum) einfach abzugrenzen ist. Aus diesem Grunde soll im folgenden zwischen einer engen und weiten Interpretation der Zentren unterschieden werden (vgl. Tab. 10).[29] Die enge Sichtweise orientiert sich an den Stadtgrenzen von Leipzig zum Zeitpunkt der Erhebungen,[30] die darüber hinaus der durch die Stadt Leipzig vertretenen Sichtweise entspricht, nach der das stark peripher gelegene Paundsorf Center Stadtteilzentrum ist. Löwencenter und Globus gehören wie vorab der Sachsenpark seit der Gemeindegebietsreform, die an Leipzig angrenzende Gemeinden zum 1. Januar 1999 eingemeindete, inzwischen ebenfalls zu Stadtbezirken der Stadt Leipzig. Für die Ableitung von Aussagen zur Einkaufsstättenwahl wurde mehrheitlich der engen Sichtweise gefolgt.

---

[29] Würde die Kategorisierung stärker unter urbanen Gesichtspunkten erfolgen, d.h. die Einbindung von Einkaufsstätten in besiedelter Gebiete ein notwendiges Merkmal für B– bzw. D–Zentren darstellen, dann wäre das Paunsdorf Center in der engen Sichtweise E–Zentren zuzurechnen, während Globus ebensogut als B–/D–Zentrum interpretiert werden kann.

[30] Ausnahme bildet dabei der Sachsenpark, da die Gemeinde Seehausen zum 1. Juli 1997 in die Stadt Leipzig eingemeindet wurde.

Einkaufsstätte	Stadtbezirk	enge Sichtweise	weite Sichtweise
Innenstadt	1	A–Zentrum	A–Zentrum
Allee Center	7	B–/D–Zentrum	B–/D–Zentrum
Paunsdorf Center	3	B–/D–Zentrum	B–/D–Zentrum
Löwencenter	(8)	E–Zentrum	B–/D–Zentrum
Saalepark	Umland	E–Zentrum	E–Zentrum
Sachsenpark	(10)	E–Zentrum	B–/D–Zentrum
Globus	(4)	E–Zentrum	B–/D–Zentrum

Tab. 10: Kategorisierung der untersuchten Einkaufsstätten

Hinsichtlich der Infrastruktur zeichnet sich die Leipziger **Innenstadt** durch starke Zentralität und gute Abgrenzbarkeit über einen die Innenstadt umgebenden Straßenring aus.[31] Neben einer Reihe der in jeder Großstadt anzutreffenden Kaufhäuser wie Karstadt, Horten, C&A, Hennes & Mauritz oder Peek & Cloppenburg und filialisierten Fachgeschäften wie Leiser, Benetton oder Drospa ist es die Vielzahl historischer Passagen, die Leipzigs Stadtbild prägt.[32] Eine breite Spanne kultureller und gastronomischer Angebote entwickelte sich in den vergangenen Jahren parallel zur Erweiterung der vorhandenen Einzelhandelsflächen.[33]

Das im November 1997 im Leipziger Hauptbahnhof eröffnete Shopping Center **„Promenaden"** stellt in seiner Einbindung in die Infrastruktur des Bahnhofes ein Novum in der Geschichte der Einkaufszentren dar.[34] 30.000 qm Verkaufsfläche in ca. 140 Geschäften auf drei Etagen stehen teilweise bis 22.00 Uhr für den Einkauf offen. Insbesondere die zentrale Lage und problemlose Erreichbarkeit[35] erfüllen neben einer ausgewogenen Mietermischung von Handels– und Dienstleistungsbetrieben wichtige Faktoren der Attraktivität von Einkaufsstätten.

---

31 Das neue Shopping Center im Hauptbahnhof ist zwar außerhalb dieses Ringes, jedoch in unmittelbarer Nähe dazu gelegen.

32 Vgl. Lambertz, W., Renaissance der Einkaufspassagen und Messepaläste, in: DiH 6/96, S. 40f.

33 Eine Übersicht über die Entwicklung der Einzugsgebiete von Innenstadt, Saalepark, Paunsdorf Center und Sachsenpark im Zeitraum von 1993 bis 1995 findet sich bei JÜRGENS. Vgl. Jürgens, U., Einzelhandel in den Neuen Bundesländern – die Konkurrenzsituation zwischen Innenstadt und „Grüner Wiese", a.a.O., S. 230f.

34 Die erfolgreiche Etablierung von Einzelhandelsangeboten im Leipziger Bahnhof ist Ausgangspunkt einer Reihe weiterer Projekte wie bspw. in Berlin, Frankfurt/Oder und Weimar. Vgl. Boschek, H., Modernisierte Bahnhöfe sollen die Innenstädte wiederbeleben, in: Handelsblatt 6.1.98, S. 7.

35 Parallel zu den Zügen des Nah– und Fernverkehrs sowie der Leipziger S–Bahn befindet sich vor dem Bahnhof die Haltestelle aller wichtigsten Straßenbahn– und Buslinien. Die Parkhäuser verfügen über Stellplätze für 1.300 PKW. Vgl. BME (Hrsg.), Der Hauptbahnhof Leipzig, Leipzig 1998.

Entgegen den zu beobachtenden Verbesserungen in der Attraktivitätssteigerung der Leipziger Innenstadt[36] stoßen die Bemühungen in den Stadtbezirken auf geringere Resonanz. Die angestammten **wohnnahen Einkaufszonen**[37] sind unter den Bedingungen zunehmenden Wettbewerbsdrucks die Verlierer im Kampf um Kundenanteile. Zusätzlich zum fehlenden Know–how–Transfer der marktwirtschaftlichen Einzelhandelsproblematik aus den alten Bundesländern, auf den Kaufhäuser und Filialbetriebe zurückgreifen konnten, mussten sich privatisierte Einzelhändler mit extremen Mietpreissteigerungen bzw. Eigentumsunsicherheiten oder mangelnden Parkmöglichkeiten in wenig attraktiven Lagen auseinandersetzen. Dieser Situation waren Händler ohne Koordination und Unterstützung durch administrative Maßnahmen selten gewachsen. Aus diesem Grund verabschiedete die Stadtverwaltung im Jahre 1993 das Konzept der Stadtteilzentren.[38]

Die Umsetzung des Stadtteilzentrenkonzeptes verlief insbesondere in den Stadtbezirken Ost und West sehr erfolgreich, wohingegen andere Bezirke ihrer Funktion der wohnungsnahen Grundversorgung nicht gerecht wurden.[39] Das im Herbst 1994 eröffnete **Paunsdorf Center**[40] im Leipziger Osten zieht mit 80.000 qm Verkaufsfläche, über 7.000 kostenfreien Parkplätzen, einheitlichen Ladenöffnungszeiten bis 20.00 Uhr und guter Verkehrsanbindung als Einkaufsmagnet mehr als die Bewohner des eigenen Stadtbezirks an und tritt somit bereits wieder

---

36 Zur Bündelung und qualitativen Verbesserung innenstadtwirksamer Aktivitäten wurde im Frühjahr 1998 ein Verein City Leipzig Management gegründet, der sich aus Vertretern von Handel, Gastronomie, Banken und Versicherungen, der Immobilienbranche und der Stadtverwaltung zusammensetzt.

37 Als problematisch erwies sich innerhalb der Untersuchung z.T. die Abgrenzung zwischen Stadtteilzentren und der wohnnahen Einkaufszone durch die Befragten. Da in einigen Stadtbezirken nur eine geringe Ansiedlung kleinteiligen Einzelhandels vorhanden war, subsumierten die Bewohner in diesen Fällen die im Wohngebiet vorhandenen Einkaufszentren unter dem Begriff der Einkaufszone.

38 Vgl. Sparschuh, R., Das hartnäckige Ringen um innerstädtische Standorte trägt langsam Früchte, a.a.O., S. 106. Um langfristig eine wohnungsnahe Grundversorgung der Bevölkerung sicherzustellen, wurde die Stadt in Stadtteilzentren und Nahversorgungszentren gegliedert, deren Einzelhandelsflächen an die Bedürfnisse der Bewohner anzupassen waren.

39 Der Nachweis der erfolgreichen Implementierung des Stadtteilzentrenkonzeptes für die Bezirke Ost und West wird an dieser Stelle aus den Ergebnissen der Untersuchung vorweggenommen. Die Probleme innerhalb der Entwicklung der Stadtteile basieren auf Angaben des Stadtplanungsamtes, vgl. Decker, K., Gegen „tote“ Stadtteile: Händler sollen mitreden, in: LVZ vom 31.01.1998, S. 15.

40 Das Paunsdorf Center wird trotz seiner stadtteilversorgenden Funktion von Leipzigs Stadtplanern nicht als Stadtteilzentrum, sondern als Einkaufszentrum bezeichnet. In Orientierung der vorliegenden Arbeit am Katalog E wird diese Unterscheidung jedoch nicht übernommen. Einkaufszentren werden lediglich nach ihrer Lage als Ansiedlung innerhalb oder außerhalb der Stadtgrenze unterschieden. Zur Definition von Einkaufszentren vgl. Ausschuss für Begriffsdefinitionen aus der Handels– und Absatzwirtschaft (Hrsg.), Katalog E, a.a.O., S. 50.

in Konkurrenz zur Innenstadt. Ähnlich attraktiv ist das seit Herbst 1996 bestehende **Allee Center** im Stadtbezirk West mit 30.000 qm Verkaufsfläche. Auch hier trägt eine ausgewogene Mischung aus über 100 Fachgeschäften sowie Gastronomie– und Serviceeinrichtungen zu einem stetigen Kundenstrom bei.

Im Gegensatz zu Einkaufszentren innerhalb des Stadtgebietes sind die beiden Einkaufszentren Löwencenter und Saalepark auf der Grünen Wiese für die Situation des innerstädtischen Leipziger Einzelhandels von besonderer Bedeutung. Der im Jahre 1992 in der Gemeinde Günthersdorf in Sachsen–Anhalt unter Ausnutzung der in der Nachwendezeit vorliegenden Bauplanungsunsicherheit durch unverbindliche Raumordnungsverfahren und fehlende Flächennutzungspläne eröffnete **Saalepark** (126.000 qm) leitete die Abwanderung der Konsumenten aus der Stadt Leipzig ins Umland ein. Das in seiner Eröffnungsphase erreichte Einzugsgebiet von ca. 100 km konnte durch den Bau der Stadtteilzentren zwar verringert werden, die Gewohnheit des Einkaufs im Saalepark zieht jedoch weiterhin Käufer aus Leipzig ab. Seit Sommer 1993 existiert mit dem **Löwencenter** in Burghausen auf halbem Weg zwischen Innenstadt und Saalepark ein zweites Einkaufszentrum außerhalb der Stadtgrenze. Die rund 30.000 qm Verkaufsfläche sind neben einem SB–Warenhaus (7.000 qm) vorrangig mit Discoutern aus dem Bereich Möbel (8.500 qm), Bau– und Garten (6.000 qm) sowie Media (3.200 qm) besetzt. Diese Struktur verdeutlicht die zu beobachtende Orientierung außerstädtischer Einkaufszentren an großflächigen Handelseinrichtungen, die aufgrund ihrer Größe schwerlich im Stadtgebiet – im Vergleich zur Bündelung kleinflächigen Handels in Stadtteilzentren – realisiert werden können.

2.113 Untersuchungen zur Einkaufsstättenwahl in Leipzig

Aus einer Reihe von Untersuchungen,[41] die sich mit dem Einkaufsverhalten der Leipziger Konsumenten beschäftigen, sei an dieser Stelle auf die Ergebnisse von

---

41 Neben Analysen, die bspw. von Immobilienbüros herausgegeben werden, zählt zu einer der ersten Untersuchungen ein Praktikumsbericht des Instituts für Wirtschaftsgeografie der Universität Bonn von 1994, der Gesprächsprotokolle und Kundenbefragungen an 6 Einkaufsstätten beschreibt. Die Aggregation der Aussagen zu Vor– und Nachteilen von Innenstadt bzw. Stadtrand sowie der allgemeinen Bewertung schließt allerdings die Nennungen der Innenstadtbesucher aus, so dass die Ergebnisse ein einseitiges Bild von Nichtbesuchern der Innenstadt zeichnen. Als besonderer Vorteil der Innenstadt wurde in dem Zusammenhang die Ausstattung genannt, für den Stadtrand sprachen dagegen Argumente der Erreichbarkeit, der Auswahl sowie des Preises. Vgl. Institut für Wirtschaftsgeografie der Universität Bonn, Einzelhandelsstandorte im Raum Leipzig, Bonn 1994.

Befragungen des Instituts für Marktforschung (IM) Leipzig sowie die BAG-Untersuchung zum Kundenverkehr in Leipzig hingewiesen. Diese Ergebnisse spiegeln sich in ähnlicher Weise in gesamtdeutschen oder regionalen Analysen wider.[42]

Die Analyse der BAG zum Kundenverkehr[43] in Leipzig verdeutlicht ein Absinken der Kundenfrequenz in der Innenstadt von 1992 zu 1996 um 35 Prozent. Gleichzeitig bleibt festzustellen, dass der Anteil der Konsumenten an den Besuchern der City weiter auf 57 Prozent zurückging, die im Schwerpunkt Waren im Wert bis zu 25 DM kauften. Über zwei Drittel der Innenstadtbesucher waren Einwohner Leipzigs, die mehrheitlich durch Personen im Alter zwischen 26 und 40 Jahren vertreten waren.[44] Allerdings führte die Umsetzung des Stadtteilzentrenkonzeptes ebenso zu Einbußen der E-Zentren. Das am weitesten von Leipzig entfernte – in der Historie der Einkaufsstättenwahl nach 1990 zwar bedeutsamste Shopping Center - Saale Park musste in den vier Jahren einen Besucherrückgang von 40 Prozent verzeichnen.

Eine von der Stadt Leipzig in Auftrag gegebene Analyse der Einkaufsstättenwahl durch das Leipziger Marktforschungsinstitut wurde erstmalig 1996 durchgeführt und im Jahre 1998 wiederholt.[45] Die vom Institut verwendeten Antwortmöglichkeiten konnten an die in dieser Arbeit vorgenommene Kategorisierung von Einkaufsstätten wie folgt angepasst werden (vgl. Tab. 11):[46]

---

42 Vgl. hierzu z.B. Eli, M., Batzer, E., Vögtle, C., Lage und Perspektiven des kleinbetrieblichen Einzelhandels im Freistaat Sachsen, a.a.O., S. 44ff.

43 Vgl. allgemein zum bundesdeutschen Vergleich BAG (Hrgs.), Der Druck auf den Einzelhandel hält an, a.a.O.; zu den folgenden Ausführungen vgl. BAG (Hrsg.), BAG-Untersuchung Kundenverkehr 1996, Sonderauswertung Leipzig, Köln 1997 sowie o.V., Leipzigs City büßt ein Drittel ihrer Kundschaft ein, in: LVZ vom 5. November 1997, S. 1.

44 Im bundesdeutschen Vergleich belegte die Studie der BAG, dass der Anteil der über 50-jährigen Innenstadtbesucher stärker gewachsen ist als ihr Anteil an der Gesamtbevölkerung. Die Ursache dieser Entwicklung sehen die Experten in der zu geringen Orientierung des Innenstadthandels auf junge Kundensegmente, die mit einer vergleichsweise geringen Kaufkraft ausgestattet sind. Vgl. o.V., Jüngere Kunden meiden die Citys, in: SZ vom 17. April 1998, S. 28.

45 Vgl. dazu und zu den folgenden Ausführungen Institut für Marktforschung (Hrgs.), Einkaufen in der Leipziger City, Ergebnisse einer Umfrage in der Stadt Leipzig, Leipzig 1996 sowie Decker, K., Leipziger entdecken ihre Innenstadt wieder, in: LVZ vom 31. Juli 1998, S. 11.

46 Die Angaben in Klammern hinter den Zentren entsprechen jeweils den Bezeichnungen des IM.

	Kategorien des IM	Untersuchung 1996 in Prozent	Untersuchung 1998 in Prozent
A–Zentrum	Leipziger Innenstadt	23	31
B–/C–Zentrum	Geschäfte im Stadtbezirk	11	16
D–Zentrum	Geschäfte in anderen Stadtbezirken	1	1
E–Zentrum	Einkaufszentrum auf der Grünen Wiese	36	41
	andere Stadt	1	0
	ganz unterschiedlich	27	11

Tab. 11: Untersuchungsergebnisse des IM Leipzig zur Einkaufsstättenwahl
(Quelle: in Anlehnung an IM Leipzig)

Auf die Frage, wo Konsumenten ihre Einkäufe tätigen, die nicht unmittelbar den täglichen Bedarf betreffen, gaben 1996 nur 23 Prozent die Innenstadt an; 1998 war es bereits nahezu jeder dritte Befragte. Diese Rückbesinnung auf die Innenstadt geht jedoch nicht unmittelbar zu Lasten von E–Zentren, die ihren Besucheranteil von 36 Prozent im Jahr 1996 auf 41 Prozent in 1998 ausbauten, sondern ist in erster Linie auf den gesunkenen Anteil der Einkaufsstättenwechsler zurückzuführen. Da darüber hinaus unklar bleibt, welche der vorhandenen Shopping Center Leipzigs Konsumenten als Einkaufsstätte auf der grünen Wiese wahrnehmen, sollte die räumliche Verteilung des Einkaufs, die aus dieser Studie hervorgeht, nur vorsichtig interpretiert werden. In der demografischen Zusammensetzung der Innenstadtkunden liegt der Schwerpunkt auf jungen Konsumenten bis 30 Jahre, von denen in der aktuellen Untersuchung 48 Prozent bevorzugt in der City einkaufen.[47] Als wichtigste Gründe bei beiden Erhebungszeitpunkten, die für einen Einkauf in der Innenstadt sprechen, gelten das besondere Flair bzw. die Atmosphäre der Innenstadt sowie die (qualitativ hochwertige) Vielfalt der Geschäfte. Besonders negativ wurden jeweils die fehlenden Parkmöglichkeiten als auch die hohen Preise im Handel empfunden.

Bereits aus diesen beiden vorgestellten Untersuchungen ist ersichtlich, dass Unterschiede in der Fragestellung und Auswertungsschematik erhebliche Differenzen bei der Interpretation der Einkaufsstättenwahl von Konsumenten zulassen. Gleichzeitig führt die fehlende verhaltenstheoretische Basis zu rein deskriptiven Ergebnissen, die nur begrenzt der Ableitung langfristiger Implikationen für den Einzelhandel dienen können. Obwohl Aktivitäten zur Verbesserung des

[47] 1996 gaben nur 40 Prozent der unter 30–jährigen an, in der Innenstadt einzukaufen.

handelsbezogenen Ungleichgewichts zwischen Innenstadt und Grüner Wiese seit längerem Bestandteil städtischer Diskussionen sind,[48] konnten bislang nur marginale Veränderungen auf gezielte, über parallel stattfindende Aktionen zur Attraktivitätsteigerung der Innenstadt hinausgehende Maßnahmen[49] (wie bspw. die Rekonstruktionen innerstädtischer Gebäude, Straßenfeste, der Ausbau gastronomischer Angebote, etc.) zurückgeführt werden.

2.12 Soziodemografische Struktur der Stichprobe

Die Beschreibung des soziodemografischen Umfeldes stützt sich einerseits auf die demografische und sozio–ökonomische Zusammensetzung der Stichprobe, die durch Konstrukte des Familienlebenszyklus sowie der Zugehörigkeit zur sozialen Schicht aggregiert werden können. Andererseits soll in Verbindung mit dem sozialen Umfeld überwiegend auf kulturelle Besonderheiten ostdeutscher Verbraucher, die auf gravierenden Unterschieden zwischen verschiedenen politischen Systemen und einer entsprechenden historischen Entwicklung basieren, eingegangen werden.

Die im folgenden vorgestellten Angaben beziehen sich ausschließlich auf die Ergebnisse der ersten Erhebung, da die Hypothesen zum Querschnitt der Untersuchung die Wirkung der als relativ stabil betrachteten soziodemografischen als auch psychografischen Variablen vernachlässigen.

---

[48] Nachdem 1996 eine Projektgruppe Innenstadt der Stadt Leipzig ihre Arbeit beendete, wurde im Januar 1998 der Verein „City Leipzig Management" gegründet, dem ca. 250 Unternehmen wie die bereits vor Jahren von Händlern gegründeten Citygemeinschaft sowie wichtige Kaufhäuser der Innenstadt, das neue Einkaufszentrum am Hauptbahnhof und eine Reihe weiterer Unternehmen aus verschiedenen Bereichen von Handel, Gastronomie und Dienstleistung angehören. Vgl. Decker, K., Innenstadt bündelt Kräfte, Geld und Ideen gegen die grüne Wiese, in: LVZ vom 29. Januar 1998, S. 14 sowie o.V., Der Riese ist geweckt – jetzt muss er Laufen lernen. in: LVZ vom 26. August 1996, S. 14. Von Seiten der Stadt wird parallel zu diesen Bemühungen ein Ansatz verfolgt, der den Autoverkehr innerhalb der City einschränken und die Straßen und Plätze für Fußgänger attraktiver gestalten soll. Vgl. Müller, T., Autos sollen nach und nach aus der City raus, in: LVZ vom 21. Februar 1997, S. 11.

[49] Als Maßnahmen zur Revitalisierung der Innenstädte durch den Einzelhandel schlägt das Ifo Dresden in seiner Studie neue Kooperations– und Kommunikationsformen sowie die Sensibilisierung der Öffentlichkeit, Stadtplanung und anderer Entscheidungsträger für die Dienstleistungsfunktionalität der City durch die Wirtschaftspolitik vor. Vgl. Eli, M., Batzer, E., Vögtle, C., Lage und Perspektiven des kleinbetrieblichen Einzelhandels im Freistaat Sachsen, a.a.O., S. 132.

2.121 Demografie und Sozio–Ökonomie

Innerhalb der Auswertung soziodemographischer Merkmale spiegelt sich der hohe Anteil älterer Personen in den Angaben zur **Berufsgruppe** wider, bei der sich über ein Drittel der Befragten der Gruppe der Rentner zuordnete. Hierbei spielt der Umstand eine Rolle, dass ein großer Teil der Bevölkerung in den neuen Bundesländern in den Vorruhestand wechselte, nachdem die Umstellung auf die Marktwirtschaft in vielen Bereichen mit gravierenden Personaleinsparungen verbunden war. Der Anteil arbeitsloser Konsumenten an der Erhebung liegt bei 7 Prozent. In der übrigen Verteilung, d.h. unter Ausschluss der Gruppen der Rentner, Hausfrauen und Arbeitslosen, ist ein extrem niedriger Arbeiteranteil von 15 Prozent aller Erwerbstätigen im Vergleich zum gesamtsächsischen Durchschnitt von ca. 40 Prozent[50] auffällig, während der Anteil der Angestellten bei 67 Prozent liegt. Eine mögliche Ursache ist neben der arbeitsmarktpolitischen Situation, die aus der geringen Industriedichte resultiert, die allgemein in Großstädten zu beobachtende Verschiebung der Berufsgruppen zu Gunsten Angestellter.

Die Struktur des höchsten **Ausbildungsabschlusses** der Befragten verdeutlicht mit 35–prozentigem Abschluss einer Hochschule bzw. Fachhochschule und einem Anteil von 44 Prozent einer abgeschlossenen Berufsausbildung bzw. Fachschule[51] ein hohes Bildungsniveau. Demgegenüber ordnete nur jeder Zehnte sein monatliches **Haushaltsnettoeinkommen** in die Klasse über 5.000 DM ein, die Hälfte der Bevölkerung hat monatlich im Haushalt weniger als 3.000 DM zur Verfügung.[52] Diese Angaben stimmen mit dem durchschnittlichen Monatsbruttoverdienst ostdeutscher Arbeitnehmer überein, das 1996 im produzierenden Gewerbe bei 3.712 DM sowie im Handel, Kredit– und Versicherungsgewerbe bei 3.446 DM lag und somit bei einer Ost–West–Verdienstrelation von 73,5 Prozent erstmals seit der politischen Wende zum Stillstand kam.[53]

---

50 Vgl. Sächsisches Staatsministerium für Wirtschaft und Arbeit (Hrsg.), Wirtschaft und Arbeit in Sachsen 1996, a.a.O., S. 11.

51 Fachschulen sind ostdeutsche Bildungseinrichtungen, die ähnlich dem Prinzip der Fachhochschulen keine Hochschulreife voraussetzen. Die Bereiche, in denen Fachschulabschlüsse vergeben wurden, sind in der bundesdeutschen Einteilung jedoch eher zur Berufsausbildung zu zählen.

52 Erwähnenswert sei an dieser Stelle die Tatsache, dass nur 2,7 Prozent der Befragten die als sensibel einzustufende Angabe zum Einkommen verweigerten.

53 Vgl. im Internet: Statistisches Bundesamt (Hrsg.), Mitteilung für die Presse: Ost-West Verdienstrelation im Juli 1997 gegenüber Juli 1996 unverändert in: http://www.statistik-bund.de/presse/deutsch/pm/p7366042.htm vom 11.11.1997.

Ein Viertel der Antworten stammt in der Differenzierung nach **Haushaltsgröße** von Ein–Personen–Haushalten; über 45 Prozent der Befragten leben zu zweit. Nur 11 Prozent aller Antworten sind Haushalten von vier und mehr Personen zurechenbar. Dieses Antwortverhalten, das auf eine geringere Beteiligung von Familien an der Untersuchung schließen lässt, wird ebenfalls in den Angaben zu Kindern im Haushalt deutlich: 70 Prozent der Haushalte sind kinderlos. Von den insgesamt 138 Kindern, die in 91 Haushalten leben, sind 16 Prozent unter 6 Jahre alt. In diesen Werten kommt der Umstand zum Tragen, dass Eltern in der Regel zeitlich sehr stark ausgelastet sind und dadurch grundsätzlich mit einer geringeren Bereitschaft zur Teilnahme an Befragungen zu rechnen ist.

Auf Basis der Variablen Alter, Haushaltgröße und Anzahl der Kinder erfolgte in einem ersten Schritt ohne direkte Anbindung an ein bestehendes Konzept des **Familienlebenszyklus** der Versuch einer Segmentierung der erhobenen Daten mittels der Clusteranalyse. Bei der Interpretation der optimalen Anzahl von drei Segmenten zeigten sich jedoch deutliche Differenzierungsschwächen, so dass nachfolgend aufgeführte Segmente und deren Verteilung in der Stichprobe in Anlehnung an das Konzept von MÜLLER–HAGEDORN gebildet wurden (vgl. Tab. 12):

		Alter		Familienstand		Kinder	
Segment	Segment–größe (in %)	unter 40 Jahre	40 Jahre und älter	allein lebend	Partner–schaft	ohne Kinder	mit Kind(ern)
1	6,3	x		x		x	
2	2,3	x		x			x
3	8,0	x			x	x	
4	11,6	x			x		x
5	36,9		x		x	x	
6	13,0		x		x		x
7	18,6		x	x		x	
8	3,3		x	x			x

Tab. 12: Segmentierung nach Stellung im Familienlebenszyklus

Anhand der berechneten Segmentgröße ist ersichtlich, dass sich insbesondere ältere Paare ohne im Haushalt lebende Kinder an der Befragung beteiligten, die insgesamt über ein Drittel der Befragten stellen. Um sicherzustellen, dass Gruppen in ihrem Umfang ausreichend repräsentiert werden, sollen die Segmente 1 und 3 als niedrige Phase im FLZ bzw. junge Konsumenten (14,3 Prozent); Segmente 2, 4 und 6 und 8 als mittlere FLZ–Phase bzw. Familien (30,2 Prozent) sowie Segment 5 und 7 als hohe Phase im FLZ bzw. ältere Konsumenten (55,5 Prozent) interpretiert werden.

In Bezug auf die **soziale Schichtung** von Konsumenten strebt die Untersuchung die Bildung von Gegenpolen (Unterschicht vs. Oberschicht) an, die Widersprüche zwischen Extrempunkten aufdecken können. Die an der Erhebung in Leipzig beteiligten Konsumenten schließen eine Oberschicht im Sinne der von KOTLER beschriebenen Merkmale gänzlich aus.[54] Daher ist in der Erhebung unter dem oberen Extrem die eigentliche Mittelschicht zu verstehen, die sich aus Angestellten, Beamten und Selbständigen bzw. Freiberuflern mit hohem Haushaltsnettoeinkommen (über 4.000 DM) und Hochschulabschluss zusammensetzt. Die Unterschicht, die sich aus schlecht bezahlten oder von Sozialhilfe lebenden Personen mit geringem Bildungsstand zusammensetzt, wird innerhalb der Stichprobe durch Arbeiter, Rentner, Hausfrauen und Arbeitslose mit geringem Bildungsstand (8. bzw. 10. Klasse als höchsten Abschluss) aus der unteren Einkommensgruppe (Haushaltsnettoeinkommen unter 2.000 DM) dargestellt. Da nach dieser Betrachtungsweise die untere und obere Schicht im Verhältnis 17:83 Mitglieder enthält, wurden in die Unterschicht ebenfalls Personen mit Berufsausbildung aufgenommen. Diese Modifizierung macht die beiden Gruppen zwar gleichgewichtig, beweist jedoch die von MEFFERT beschriebenen nivellierungsbedingten Schwierigkeiten einer eindeutigen Differenzierung.[55]

2.122 Soziale Struktur

Mit dem Begriff der sozialen Struktur sollen im folgenden die Besonderheiten des gesellschaftlichen Umfeldes und der damit verbundenen kulturellen Orientierung näher analysiert werden. Dies ist für das Verständnis des Verbraucherverhaltens insofern von Relevanz, als dass kulturelle Muster des Denkens, Fühlens und Handelns gemäß der Sozialisationshypothese[56] zumeist in der Kindheit durch erlernte Verantwortung in sich wiederholenden Situationen erworben werden. Die damit verbundene Stabilität des Kulturkonstruktes lässt es als sinnvoll erscheinen,

---

54 Zur Oberschicht können in den Vereinigten Staaten nur ca. 3 Prozent der Bevölkerung gezählt werden. Dazu gehört die soziale Elite mit ererbtem Wohlstand oder berühmten Familiennamen bzw. Personen, die durch außergewöhnliche Leistungen zu hohem Einkommen und Wohlstand gelangt sind. Vgl. dazu sowie zu den weiteren Ausführungen Kotler, P., Bliemel, F., Marketing–Management, a.a.O., S. 282f.

55 Vgl. Meffert, H., Marketing, a.a.O., S. 186.

56 Nach der Sozialisationshypothese bilden sich Wertprioritäten aus den Rahmenbedingungen innerhalb der den menschlichen Charakter herausbildenden entscheidenden Jahre. Dem entgegen geht die Knappheitshypothese davon aus, dass Präferenzen und Ziele des Menschen durch sein sozio–ökonomisches Umfeld geprägt werden. Vgl. Inglehart, R., Kultureller Umbruch, Wertewandel in der westlichen Welt, Frankfurt a.M. 1989 zit. nach Macharzina, K., Wolf, J., Wertetypen in den neuen Bundesländern, in: ZfB, 64. Jg., 1994, S. 1243.

vor der Verallgemeinerung von Erkenntnissen der empirischen Studie auf einige **kulturbedingte Eigenheiten** ostdeutscher Konsumenten und deren Auswirkungen auf das Konsumentenverhalten hinzuweisen.[57]

Kultur manifestiert sich in ihren Bestandteilen, die HOFSTEDE mit abnehmender Oberflächlichkeit in Symbole, Helden, Rituale und Werte kategorisiert.[58] Kulturelle Besonderheiten sollen daher vordergründig anhand von Wertorientierungen aufgezeigt werden. Problematisch erweist sich dabei der Umstand, dass einerseits nur wenige Untersuchungen zu Wertemustern ostdeutscher Konsumenten vorliegen,[59] die wiederum einen stark populärwissenschaftlichen Charakter tragen, andererseits erst der Vergleich beider Populationen Hinweise auf größere Differenzen liefern kann. Die in der folgenden Abbildung aufgezeigten Ergebnisse sind wiederum nicht repräsentativ für die gesamte Bevölkerung, da sie sich auf Aussagen Jugendlicher beschränken.

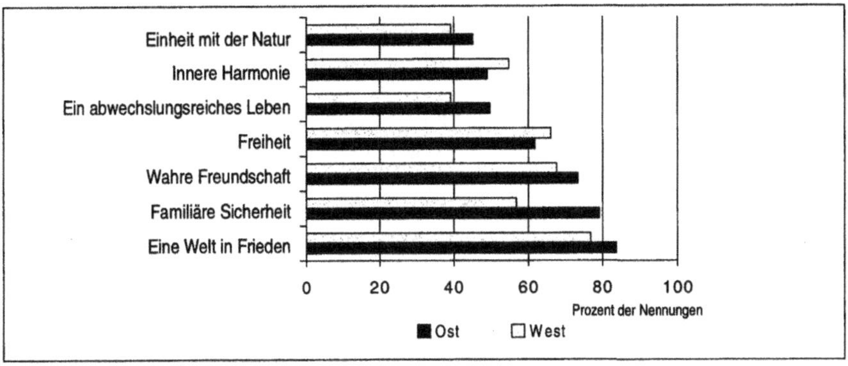

Abb. 26: Wertprioritäten in den alten und neuen Bundesländern 1992
(Quelle: Shell–Jugendstudie 1992, zit. nach Nassua, T., Die Rolle des Einzelhandels bei der Entwicklung des Konsumentenverhaltens in den neuen Bundesländern, a.a.O., S. 132.)

Im Vergleich zu dieser Rangordnung steht nach der Erhebung von MACHARZINA und WOLF von 1991 der Schutz der natürlichen Umwelt gefolgt vom Kampf gegen Verbrechen und dem Wunsch nach einer stabilen Wirtschaft in den neuen

---

57 Bei der kulturellen Differenzierung zwischen den Menschen der alten und neuen Bundesländer wird grundsätzlich davon ausgegangen, dass beide Gruppen Vertreter eines gemeinsamen Kulturraumes sind. Vgl. Nassua, T., Die Rolle des Einzelhandels bei der Entwicklung des Konsumentenverhaltens in den neuen Bundesländern, a.a.O., S. 114 sowie die dort angegebenen Quellen.

58 Vgl. Hofstede, G., Interkulturelle Zusammenarbeit, a.a.O., S. 22ff.

59 Vgl. Macharzina, K., Wolf, J., Wertetypen in den neuen Bundesländern, a.a.O., S. 1243.

Bundesländern an vorderster Stelle der Wertorientierung.[60] KRIBBEN argumentiert dagegen implizit mit einer Konzentration auf Sicherheitsaspekte, die sich in einer sehr starken Anlehnung an die engste Familie äußert.[61]

Werden darüber hinaus Einstellungen als Ausdruck von Wertesystemen zur Verdeutlichung von Unterschieden herangezogen, zeigt sich anhand der Ergebnisse der Verbraucheranalyse, dass ostdeutsche Konsumenten im Vergleich zu westdeutschen Verbrauchern mit einem höheren Maß an Verhaltenskontrolle[62] und einer geringeren Genussorientierung[63] ausgestattet sind.[64] Der geringe Hedonismus wird begleitet von einem starken Materialismus, der sich in hoher Zustimmung zu Aussagen wie „Das Wichtigste am Beruf ist, dass die Kasse stimmt" mit einem Index von 271 gegenüber den Werten der alten Bundesländer im Jahr 1995 äußert. Niedrigere Werte weisen die neuen Bundesländer beim Gesundheits–, Umwelt– und Markenbewusstsein auf. Deutliche Unterschiede zeigen sich darüber hinaus beim Rollenverständnis von Mann und Frau. Ca. die Hälfte der Ostdeutschen ist im Gegensatz zu nur einem Viertel der Westdeutschen der Meinung, dass die Frau nach Möglichkeit einen Beruf ausüben sollte. Dieses Verhältnis zwischen den Geschlechtern führt in Bezug auf Kaufentscheidungen dazu, dass in den neuen Bundesländern größere Anschaffungen stärker im Kreis der Familie getroffen werden.

Neben der kulturell bedingten Charakteristik ostdeutscher Verbraucher zeigt die Reaktion von Individuen auf den mit der politischen Wende verbundenen Veränderungsdruck, dass mit der Transformation nicht automatisch sämtliche Verhaltensmuster an die neue Situation angepasst werden. Die Auswirkungen der mit dem Transformationsprozess verbundenen gesellschaftlichen und ökonomischen

---

60 Vgl. ebenda, S. 1247.

61 Vgl. Kribben, M., Entwicklung des Konsumentenverhaltens in den neuen Bundesländern, a.a.O., S. 88.

62 Dies wird durch einen hohen Anteil an Zustimmungen zu Statements wie „Man muss seine Pflicht unbeirrt tun", die mit einem Index gegenüber Verbrauchern der alten Bundesländer von 150 im Jahr 1992 und 131 im Jahr 1995 belegt sind.

63 Die niedrige Genussorientierung kommt durch eine geringere Zustimmung zu Aussagen wie „Ich kaufe häufig Dinge, die eigentlich nicht notwendig sind, nur um mir eine Freude zu machen" zum Ausdruck.

64 Vgl. dazu und zu den folgenden Ausführungen Nassua, T., Die Rolle des Einzelhandels bei der Entwicklung des Konsumentenverhaltens in den neuen Bundesländern, a.a.O., S. 135ff. Die Verbraucheranalyse ist mit 28.600 Fällen die dominierende Markt–Media–Studie in Deutschland. Gründer– und Trägerverlage sind der Axel Springer Verlag und die Verlagsgruppe Bauer. Bis 1995 wurden Unterschiede zwischen Ost– und Westdeutschen gesondert ausgewiesen. Vgl. zur aktuellen Studie 1998 im Internet: http://www.hbv.de/presseclub/news/1998/august/va.html vom 17.02.1999.

Veränderungen auf das Konsumentenverhalten lassen sich grundlegend in Beharrungstendenzen und Veränderungstendenzen unterscheiden, die jeweils in einzelnen sozialen Gruppen unterschiedlich stark vorherrschen.[65]

Treten Veränderungstendenzen durch eine möglichst schnelle Anpassung an die mit westlichem Konsumverhalten verbundenen Handlungsweisen in Erscheinung, und sind somit für die Differenzierung ost– und westdeutscher Verbraucher nicht von Bedeutung, so bewirkt die Beharrung auf traditionelle Muster einen nicht zu vernachlässigenden Einfluss auf Besonderheiten des Kaufverhaltens. Als wichtiger konsumrelevanter Aspekt wird in diesem Zusammenhang ein sog. „Nutzwert–Fetischismus" hervorgehoben, der die Überbetonung materieller bzw. funktioneller Determinanten[66] im Vergleich zu immateriellen Kriterien beim Kauf bezeichnet.

Die Besonderheiten ostdeutscher Konsumenten spiegeln sich nachweislich in **Unterschieden bei der Einkaufsstätten– bzw. Betriebsformenwahl** wider, die anhand von Auswertungen zur „Typologie der Wünsche" belegt werden können.[67] Beim Einkauf von Lebensmitteln liegt der Schwerpunkt hauptsächlich besuchter Betriebsformen beider Gruppen auf Discount–Geschäften, im Vergleich zum gesamtdeutschen Durchschnitt sind Ostdeutsche dabei jedoch verhältnismäßig stärker vertreten (vgl. Tab. 13). Deutliche Differenzen zeigen sich weiterhin in der Vorliebe der Konsumenten der neuen Bundesländer für Lebensmittelabteilungen in Kauf– und Warenhäusern sowie für Heimdienste. In den alten Bundesländern präferieren Käufer demgegenüber eher Supermärkte und Filialisten. Die erhöhte Präsenz von Waren– und Kaufhäusern in A–Zentren ließe daher den Schluss zu, dass ostdeutsche Konsumenten Lebensmittel stärker in der Innenstadt kaufen als Konsumenten der alten Bundesländer.

---

65 Vgl. zu den Tendenzen und den folgenden Ausführungen Nassua, T., Die Rolle des Einzelhandels bei der Entwicklung des Konsumentenverhaltens in den neuen Bundesländern, a.a.O., S. 117. NASSUA bezieht sich in seiner Interpretation auf die These von GEORG, der davon ausgeht, dass Personen durch den Transformationsprozess in Folge des Orientierungsverlustes und der Überflutung mit symbolischer Mehrdeutigkeit Anpassungsstress empfinden. Dieser Stress wird dadurch überwunden, dass auf frühmoderne Symbolisierungsformen zurückgegriffen wird, neue Symbole schnell und oberflächlich übernommen werden oder auf ursprünglichen Symbole beharrt wird. Vgl. Georg, W., Modernisierung und Lebensstile Jugendlicher in Ost– und Westdeutschland, in: APuZ 26/27 1993, S. 20–28.

66 Siehe auch Grundnutzen in Kap. C 1.3.

67 Die Typologie der Wünsche ist eine von der TdW Intermedia GmbH & Co. KG als Service des BAC Burda Advertising Centers in Auftrage gegebene Studie zu Media– und Konsumdaten, die seit 1974 erhoben werden. Vgl. zur aktuellen Studie TdWI 98/99 im Internet: http://www.tdwi.com vom 14.04.1999.

Einkaufsstätte	Gesamt		Alte BL		Neue BL	
	in Mio.	Index	in Mio.	Index*	in Mio.	Index*
Lebensmittelabteilung der Warenhäuser/Kaufhäuser	2,92	100	1,92	83	1,00	167
Verbrauchermärkte/SB–Warenhäuser	12,87	100	10,34	101	2,53	96
Discount Geschäfte	27,51	100	21,10	96	6,41	114
Supermärkte/Filialisten	14,60	100	12,78	110	1,82	61
Kleinere Lebensmittel–Einzelhandelsgeschäfte	10,95	100	8,50	98	2,45	109
SB–Großhandel	1,28	100	0,99	97	0,29	111
Markthallen/Wochenmarkt, andere	1,14	100	0,90	99	0,24	104
Heimdienste für Tiefkühlkost	1,63	100	1,22	94	0,41	122
Tankstellen	0,41	100	0,32	98	0,09	107
Getränkemärkte	1,29	100	0,99	96	0,30	114

Der Index bezieht sich auf die Gesamtheit der Bewohner Ostdeutschland (12,97 Mio.) bzw. Westdeutschlands (50,53 Mio.).

Tab. 13: Einkaufsstättenpräferenzen für Lebensmittel in den alten und neuen Bundesländern
(Quelle: Typologie der Wünsche 1998/99)

Ältere Auswertungen der Typologie der Wünsche von 1994, die sich mit den wichtigsten ausgewählten Betriebsformen in Bezug auf den Bekleidungskauf auseinandersetzen, verdeutlichen die stärkere Präferenz Ostdeutscher für den Versandhandel sowie für Verbrauchermärkte und SB–Warenhäuser,[68] die im Zusammenhang mit Einkaufsstättenkategorien besonders typisch für E–Zentren sind.

2.13 Bedürfnisbezogene Konstrukte

Die empirische Umsetzung theoretischer Vorüberlegungen zu Konstrukten, die mit dem Bedürfnis in Verbindung stehen, ist das Anliegen der folgenden Kapitel. In Bezug zu Kaufmotiven wird die Transformation der beschriebenen Motivklassen in konkrete Befragungsinhalte dokumentiert. Die Ausführungen zur psychografischen Prädisposition erläutern die Auswahl der Segmente und dokumentieren die Prüfung erster, auf die soziodemografische Zusammensetzung der Gruppen bezogener Hypothesen.

68 Vgl. Nassua, T., Die Rolle des Einzelhandels bei der Entwicklung des Konsumentenverhaltens in den neuen Bundesländern, a.a.O., S. 156.

2.131 Kaufmotive

Bei der Übertragung der im theoretischen Teil der Arbeit herausgearbeiteten Motive auf die empirische Analyse bestanden die wesentlichsten Forderungen in der Einfachheit und Eindeutigkeit der Fragestellung.[69] Da bei der Konzeptualisierung instrumenteller Motive bereits Zusammenhänge zu spezifischen Produktkategorien hergestellt werden konnten, ließen sich diese Kategorien mühelos als Basis der Erhebung verwenden. Fragen, die sich auf den Kauf sowie Präferenzen gegenüber Einkaufsstätten bezogen, differenzierten sich entsprechend jeweils nach Convenience, Shopping und Specialty Goods. Zur weiteren Vereinfachung dienten konkrete Produktvorgaben zu diesen Kategorien. Typischer Vertreter von Convenience Goods sind Waren des täglichen Bedarfs bzw. Lebensmittel; der Kauf von Bekleidung weist charakteristische Merkmale limitierter Entscheidungen auf (Shopping Goods) und zur Analyse der Motivation extensiver Entscheidungen (Specialty Goods) wurden Fragen zum letzten Kauf eines größeren Elektrogerätes bzw. zur besseren Verdeutlichung zu Präferenzen beim Kauf eines Fernsehgerätes gestellt (vgl. Abb. 27). Die Überprüfung, inwiefern die ausgewählten Produktkategorien tatsächlich mit den entsprechenden Kaufentscheidungstypen übereinstimmen, erfolgt anhand der Hypothesen QH_{KM6} bis QH_{KM8}.

Abb. 27: Analysebedingte Transformation der Kaufmotive

[69] Vgl. dazu auch Berekoven, L., Eckert, W., Ellenrieder, P., Marktforschung, a.a.O., S. 97.

QH $_{KM6}$	*Bezieht sich das instrumentelle Motiv des Einkaufs auf Convenience Goods, so geht dem Kauf ein habitualisierter Entscheidungsprozess voraus.*
QH $_{KM7}$	*Bezieht sich das instrumentelle Motiv des Einkaufs auf Shopping Goods, so geht dem Kauf ein limitierter Kaufentscheidungsprozess voraus.*
QH $_{KM8}$	*Bezieht sich das instrumentelle Motiv des Einkaufs auf Specialty Goods, so geht dem Kauf ein extensiver Entscheidungsprozess voraus.*

Die Prüfung dieser Hypothesen erfolgte anhand einer Itembatterie, die den Grund des letzten Einkaufs abfragte. Die Antwortalternativen unterschieden zwischen

- bedarfsbedingtem (in Entsprechung zu limitierten Kaufentscheidungen),
- spontanem (d.h. Impulskauf),
- gewohnheitsmäßigem (d.h. habitualisiertem) und
- mit umfangreicher Informationssuche verbundenem (d.h. extensivem) Kauf.

Aus den Ergebnissen der vorliegenden Untersuchung ist ersichtlich, dass in allen Kategorien der bedarfsbedingte Kauf die häufigsten Nennungen erhält, so dass vermutet werden kann, dass die begriffliche Abgrenzung von Kaufarten mit Hilfe der vorgestellten Bezeichnungen nicht ausreichend gelungen ist.[70] So gaben an zweiter Stelle noch 23,5 Prozent der Befragten an, Lebensmittel gewohnheitsmäßig an diesem Tag einzukaufen. Für den letzten Bekleidungskauf entschieden sich 27,1 Prozent spontan und 21,2 Prozent nach einem extensiven Kaufentscheidungsprozess. In der Kategorie Elektrogeräte erfolgte bei 30 Prozent die Entscheidung auf extensive Art. Aus diesem Grund sollen die Hypothesen mit Ausnahme des Bekleidungskaufs angenommen werden.[71]

---

[70] Die hohe Nennung limitierter Entscheidungen verdeutlicht darüber hinaus zum einen, dass sich eine Abgrenzung zu extensivem oder habitualisiertem Kauf oftmals als schwierig erweist. Darüber hinaus zeigt sie für die Situation in Leipzig, dass der Nachholbedarf bei der Ausstattung mit Bekleidung bzw. Elektrogeräten durch die Konsumenten immer noch als höher im Vergleich zu Verbrauchern der alten Bundesländer angesehen werden muss.

[71] Eine Übersicht über alle Ergebnisse der Hypothesentests findet sich im Anhang IV.

Kaufart \ Produktkategorie	Lebensmittel in Prozent	Bekleidung in Prozent	Elektrogeräte in Prozent
limitiert	67,1	49,0	64,7
spontan	6,7	27,1	3,9
habitualisiert	23,5	2,7	1,4
extensiv	2,7	21,2	30,0

Tab. 14: Häufigkeiten unterschiedlicher Kaufentscheidungsarten

Wesentlich schwieriger gestaltete sich im Vergleich zur Zuordnung instrumenteller Motive die Transformation konsumtiver Motive auf die Gestaltung der Befragungsinhalte, bei der die ihnen eigene Vielschichtigkeit nur zu vieldeutigen Ausschnitten der Motivationsfülle in der Erhebung geführt hätte. Die Lösung dieses Problems erfolgte dadurch, dass der Begriff des Erlebniskaufs als Zusammenfassung sämtlicher konsumtiver Motive verstanden wurde. Diese Interpretation ist insofern gerechtfertigt, als dass konsumtive Motive des Einkaufs in keiner Weise mit Produkten, sondern mit einzelnen mehr oder weniger intensiven Erlebnissen verbunden sind. Parallel zur Analyse präferierter Einkaufsstätten des Erlebniskaufs diente die Thematik des Verbundkaufs als ergänzende und aggregierende Fragestellung instrumenteller Motive.[72]

2.132 Psychografische Prädisposition

Die Segmentierung der Konsumenten nach hedonistischen und nutzenorientierten Shopping Values erfolgte mit Hilfe der methodisch bereits beschriebenen Clusteranalyse. In der vorliegenden Untersuchung konnten zwei Ausreißer innerhalb einer Zufallsstichprobe mit der hierarchischen Clusteranalyse ermittelt und entfernt werden. Im nächsten Schritt wurde die Stichprobe der Analyse auf Basis des Ward–Verfahrens unterzogen, aus deren Ergebnis eine optimale Anzahl von zwei Clustern mit den dazugehörigen Clusterzentren hervorging. Eine Prüfung auf Korrelation zwischen den ausgewählten Variablen ergab keine bivariate Korrelation über 0,75; somit wurden alle Variablen in die endgültige iterative Cluster-

[72] Diese beiden Fragen wurden im Gegensatz zur produktbezogenen Ermittlung von Präferenzen als Hybrid– und nicht als offene Frage gestellt. Damit erhielten die Teilnehmer der Erhebung die Möglichkeit, neben den Vorgaben der wichtigsten Einkaufsstätten eigene Geschäfte oder Einkaufsstätten zu ergänzen.

analyse einbezogen. Nach vier Schritten schloss der Iterationsprozess bei zwei Clustern mit 148 bzw. 138 Personen und folgenden Clusterzentren:[73]

Clusterzentren der endgültigen Lösung

	Cluster 1	Cluster 2
Einkaufen macht mir wirklich Spass.	4,00	2,07
Die Dinge, die ich wirklich brauche, finde ich beim Einkauf sehr selten.	4,92	5,03
Ich bin froh, wenn der Einkauf schnell erledigt werden kann.	1,95	4,18
Ich finde es ärgerlich, wenn ich mehrere Geschäfte aufsuchen muss, bis ich die Dinge gefunden habe, die ich kaufen wollte.	2,19	3,09
Nach dem Einkauf aller notwendigen Dinge gehe ich gern weiter bummeln.	5,28	3,13
Einkaufen ist im Vergleich zu anderen Dingen, die ich in der Zeit tun könnte, sehr angenehm.	5,51	2,76
Ich finde es reizvoll, mich in die Welt neuer Produkte zu stürzen.	5,59	3,49
Einkaufen macht an sich Spass, unabhängig von den Dingen, die ich besorgen muss.	4,75	2,13
Einkaufen macht Spass, weil ich dabei ganz spontan entscheiden kann.	5,28	2,45
Wenn ich einkaufe, fühle ich mich wie ein Jäger auf der Jagd.	6,45	5,30
Wenn ich einkaufe, kann ich alle anderen Probleme vergessen.	6,08	4,59
Ich kaufe nur die Dinge, die mich wirklich interessieren.	3,15	4,17

1 = Stimme absolut zu, 7 = Stimmt auf keinen Fall

Tab. 15: Clusterzentren der Clusteranalyse zum Shopping Value

Die Interpretation der beiden Gruppen stimmt mit den Ergebnissen der Basiserhebung von BABIN ET AL. überein.[74] Cluster 1 stimmt besonders deutlich Statements zu, die die **Nutzenorientierung** des Einkaufs in den Vordergrund rücken. Dieses Segment möchte den Einkauf schnell und zielstrebig erledigen, der Einkauf wird in erster Linie als notwendiger Versorgungsakt wahrgenommen. Das zweite Segment der **erlebnisorientierten Käufer** hingegen betrachtet den Einkauf als angenehme Art der Freizeitgestaltung. Diesen Personen macht es Spaß einkaufen zu gehen und dabei mehrere Geschäfte aufzusuchen. Sie freuen sich über das positive Erlebnis, das ein spontaner Fund eines „Schnäppchens" während des Einkaufes erzeugt, während bei Cluster 1 die erfolglose Suche nach gezielt gesuchten Produkten den während des Einkaufs empfundenen Stress erhöht.

---

73 Der geringe Differenzierungsbeitrag des zweiten Statements mit Werten von 4,92 bzw. 5,03, der anhand eines Mittelwertvergleichs ermittelt wurde, deutet auf eine niedrige Relevanz dieses Statements hin. Bei einer nachfolgenden Clusteranalyse ohne dieses Item konnte jedoch keine Änderung im Aussagegehalt der Daten beobachtet werden. Lediglich eine Person änderte ihre Clusterzugehörigkeit.

74 Vgl. Babin, B.J., Darden, W.R., Griffin, M., Work and/or Fun, a.a.O., S. 644–656 sowie die Ausführungen in Kap. B 2.42.

Parallel zur Clusteranalyse wurde in Anlehnung an die Basisuntersuchung eine Faktorenanalyse über die Einstellungsitems durchgeführt. Mittels des Eigenwertkriteriums von 1 bei Anwendung der Hauptkomponentenanalyse konnten die Variablen zu drei Faktoren zusammengefasst werden, die 57,7 Prozent der Varianz erklärten. Nach Eliminierung des zweiten Statements erhöhte sich der Anteil der erklärten Varianz durch die drei Faktoren auf 61,6 Prozent. Neben der Interpretationsproblematik der gebildeten Faktoren führte eine anschließende Clusteranalyse zu keinem aussagekräftigen Ergebnis, so dass auf die weitere Auswertung auf Basis der Faktorenanalyse verzichtet wurde.

Die zu beobachtenden Differenzen zur Untersuchung von BABIN ET AL., bei der die faktorenanalytische Bearbeitung der Daten nur zwei Faktoren ergab, kann auf verschiedene Ursachen zurückgeführt werden:

- Die Leipziger Befragung nahm nur eine Auswahl der vorliegenden Statements in die Erhebung auf, um die Länge des Fragebogens zu reduzieren.
- Unterschiede können durch die Übersetzung der Items auftreten, die nicht per Rückübersetzung auf ihre exakte Übereinstimmung geprüft wurde.
- Unterschiede sind ebenfalls damit zu begründen, dass Abweichungen in der Grundgesamtheit (Amerika vs. Deutschland), dem Auswahlverfahren (anhand des demographischen Profils einer regionalen Einkaufsstätte vs. Zufallsauswahl bei Telefonbucheintragungen nach Stadtbezirksverteilung), der Skalenstufigkeit (5–stufig vs. 7–stufig) und der Befragungsmethodik (Telefoninterview drei Tage nach Einkauf vs. schriftliche Befragung) vorlagen.

Da durch die Clusteranalyse über die ausgewählten Items innerhalb des befragten Personenkreises zwei Gruppen identifiziert wurden, die den Faktoren der Einstellungswerte in der Basisuntersuchung inhaltlich entsprechen, kann das Ergebnis insgesamt als gute Bestätigung der Studie von BABIN ET AL. betrachtet werden.

Nachdem grundsätzlich die Existenz gegensätzlicher Shopping Values von Konsumenten nachzuweisen war, sollen im folgenden einzelne **Hypothesen zur soziodemografischen Struktur** der beiden Gruppen der Überprüfung unterzogen werden. Auf Grund der stärkeren emotionalen Grundausrichtung der gegenüber dem Einkauf hedonistisch eingestellten Personen, die häufig im Zusammenhang mit geschlechtsspezifischen Besonderheiten diskutiert wird, ist zu vermuten, dass dieser Typ eher durch Frauen vertreten ist. Ein weiterer Zusammenhang kann daraus abgeleitet werden, dass Studien belegen, dass jüngere Konsumenten stärker erlebnis– und genussorientiert sind.[75]

QH $_{SP1}$	*Ist der Shopping Value von Konsumenten hedonistisch orientiert, gehören sie eher dem weiblichen Geschlecht an als nutzenorientierte Konsumenten.*

Die Prüfung dieser Hypothese erfolgte mittels Kreuztabellierung und einem damit verbundenen χ^2–Test.[76] Ein Zusammenhang zwischen dem Geschlecht der Befragten und ihrem Shopping Value ließ sich nicht bestätigen. D.h., dass die psychografische Prädisposition in keiner Beziehung dazu steht, ob der Konsument eine Frau oder ein Mann ist.[77]

QH $_{SP2}$	*Ist der Shopping Value von Konsumenten hedonistisch orientiert, gehören sie eher jüngeren Altersgruppen an als nutzenorientierte Konsumenten.*

Als signifikant ($p < 0{,}05$) kann demgegenüber die Verbindung zwischen Alter und Shopping Value bezeichnet werden. Allerdings sind nutzenorientierte Konsumenten im Verhältnis zur Befragungsgesamtheit bei den jüngeren Altersgruppen überrepräsentiert, Einkaufshedonisten finden sich dagegen besonders häufig in der Gruppe der Rentner. Damit muss diese Hypothese widerlegt werden. Eine Erklärung des Zusammenhangs besteht möglicherweise im Mangel an freier Zeit bei Berufstätigen sowie einer allgemeinen in Verbindung mit der „Erlebnisgeneration" zu beobachtenden Tendenz, nach der der insbesondere von Jugendlichen ersehnte Konsumgenuss zum Konsumstress wird.[78] Mit dem Erlebnisgedanken eng verknüpft ist darüber hinaus das Bestreben, jede Minute im Arbeits– wie im Freizeitbereich effektiv zu nutzen; d.h. unabhängig davon, ob der Einkauf als Pflicht

---

75 Vgl. Opaschowski, H.W., Deutschland 2010: wie wir morgen leben, a.a.O., S. 70ff.

76 Der χ^2–Test (Chi–Quadrat) prüft, inwiefern Zusammenhänge statistisch signifikant sind. Die dem Test zugrunde gelegte Nullhypothese geht davon aus, dass beobachtete und erwartete Häufigkeitsverteilungen übereinstimmen und somit beide Stichproben bzw. Gruppen aus de selben Grundgesamtheit stammen. Vgl. dazu z.B. Berekoven, L., Eckert, W., Ellenrieder, P. Marktforschung, a.a.O., S. 250ff.

77 Keine Signifikanz zeigten weiterhin die Tests zu Abhängigkeiten zwischen dem höchsten Ausbildungsabschluss bzw. dem Haushaltnettoeinkommen der Befragten und dem Shopping Value.

78 Vgl. Opaschowski, H.W., Deutschland 2010, a.a.O., S. 71.

oder Freude betrachtet wird, steht der Nutzenaspekt bei dieser Handlung im Vordergrund.

Bei der Überprüfung weiterer Zusammenhänge zwischen der psychografischen Prädisposition und soziodemografischen Variablen zeigten sich zusätzlich Zusammenhänge zur Berufsgruppe, die durch eine zu geringe Zellbesetzung allerdings nicht signifikant ist. Eine höhere Nutzenorientierung weisen Angestellte auf, wohingegen Rentner stärker im hedonistischen Cluster vertreten sind.

In der Summe verdeutlichen diese ersten Ergebnisse, dass unter dem Begriff des Erlebniskonsums nicht automatisch hedonistische Kaufeinstellungen zu subsumieren sind. Der Spaß am Einkauf ist keineswegs mit stereotypen Aussagen (z.B. zum Geschlecht) zu begründen, sondern stärker auf Grund von Zusammenhängen zum verfügbaren Zeitbudget oder generellen Wertemustern zu vermuten.

2.2 Empirische Validierung der Hypothesen für den Querschnittsvergleich

Nachfolgende Ausführungen dienen der empirischen Überprüfung der theoretisch abgeleiteten Hypothesen der Arbeit, wobei sich die Angaben ausschließlich auf die Ergebnisse der ersten Erhebung beziehen. Die Strukturierung der Analyse orientiert sich an den wichtigsten Abschnitten des Präferenzprozesses in Perzeption, Präferenz und Kauf sowie intratemporale Divergenzen des Prozesses.

2.21 Perzeption der Einkaufsstätten

2.211 Ergebnisse der MDS

Die durchgeführte Untersuchung zur Perzeption von Einkaufsstätten verwendet das in SPSS angebotene Programm ALSCAL für die multidimensionale Skalierung der betrachteten sechs wichtigsten Einkaufsstätten Innenstadt, wohnnahe Einkaufszone, Allee Center, Löwencenter, Paunsdorf Center und Saale Park. Die niedrige Anzahl der Objekte stellt für die Menge der abzubildenden Dimensionen einen Nachteil dar; d.h. konkret, dass ein dreidimensionaler Wahrnehmungsraum nicht dargestellt werden konnte. Damit ist nach dem Kriterium des Datenverdichtungskoeffizienten Q bei der Darstellung von sechs Einkaufsstätten in zwei Dimensionen noch nicht von einer stabilen Lösung zu sprechen.

Die Ähnlichkeitswerte basieren auf aggregierten Mittelwerten, die mit Hilfe des Ratingverfahrens erhoben wurden, wobei die Befragten auf einer 7–stufigen Skala jeweils zwei aller insgesamt einbezogenen Objekte nach ihrer Ähnlichkeit bzw. Unähnlichkeit beurteilten. Da das Ziel der Untersuchung darin bestand, neben der allgemeinen Wahrnehmung der Einkaufsstätten Unterschiede zwischen homogenen Gruppen aufzuzeigen, wurde die Methode der klassischen MDS auf Basis eines ordinalen Skalenniveaus anstelle einer RMDS für die Analyse gewählt. Da die erhobenen Daten bereits Distanzen entsprechen, d.h. sich der kleinste Mittelwert der Ähnlichkeit als geringste Distanz und vice versa interpretieren lässt, entfiel die Entscheidung zur Wahl eines geeigneten Distanzmaßes.[79]

Im Ergebnis der Berechnungen von ALSCAL entstand der in Abb. 28 dargestellte Wahrnehmungsraum. Mit einem Stressmaß von 0,01083 und dem quadrierten Korrelationskoeffizienten RSQ von 0,99955 zeichnet er sich durch eine sehr gute Anpassungsgüte aus.

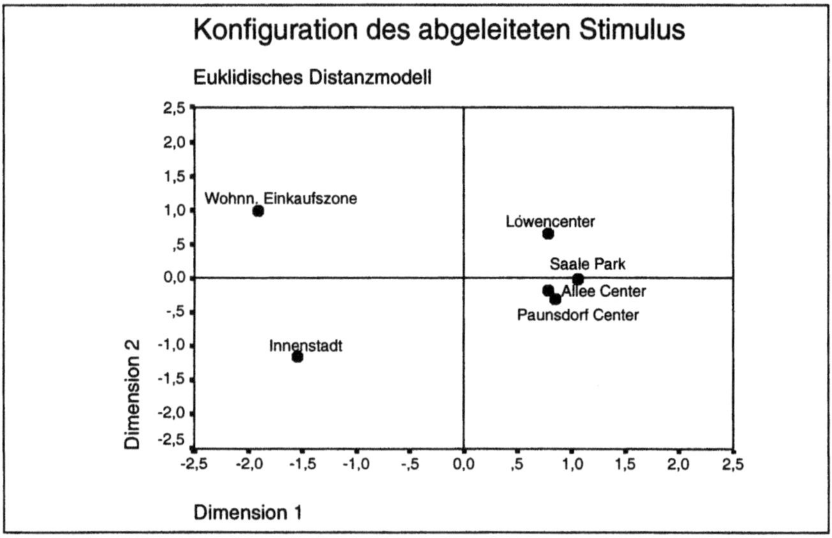

Stress (Kruskals Stress 1) = 0,01083, RSQ = 0,99955

Abb. 28: Wahrnehmungsraum der untersuchten Einkaufsstätten

[79] Das Programm ALSCAL verwendet unter den gegebenen Voraussetzungen automatisch die Euklidische Distanz als Maß der Unähnlichkeit.

Das Problem der **Interpretation der Dimensionen** kann mangels parallel explizit erhobener Eigenschaftsurteile nur subjektiv oder über die Einbeziehung von Präferenzurteilen gelöst werden. In der subjektiven Betrachtung der Dimensionen fällt einerseits die starke horizontale Polarisierung zwischen natürlich gewachsenen Einkaufsstätten wie der wohnnahen Einkaufszone bzw. der Innenstadt und den geplanten Einkaufszentren auf, die sehr wahrscheinlich eine grundlegende Differenzierungsbasis für die Leipziger Bevölkerung bildet. Die der Perzeption zugrunde liegende Dimension wird daher als „Bebauungsentwicklung" bezeichnet, wobei der negative Bereich dem Pol einer natürlichen Ausprägung, der positive Pol der künstlichen Ausprägung entspricht.

In der vertikalen Betrachtung der Dimension zeigt sich die größte Unähnlichkeit zwischen der Innenstadt und der wohnnahen Einkaufszone. Da sich die Innenstadt im Gegensatz zur wohnnahen Einkaufszone durch einen hohen multifunktionalen Agglomerationsgrad i.S. ihres Auftritts als Arbeits–, Wohn–, Handels–, Kultur– und Gastronomiezentrum auszeichnet, soll die Dimension daher als „Funktionalität" bezeichnet werden. Die Einordnung der vier Einkaufscentertypen nach der engeren Sichtweise (vgl. Tab. 10, Kap. C 2.112), bei der Löwencenter und Saalepark mit einer eher geringen Multifunktionalität ausgestattete E–Zentren sind, geht mit dieser Bezeichnung konform. Der negative Bereich kennzeichnet damit die Vielfalt der multifunktionalen Innenstadt im Vergleich zur Einseitigkeit des Angebots in der wohnnahen Einkaufszone.[80]

Die Aussagekraft der gewonnenen Abbildung liegt in der Möglichkeit, unterschiedliche Positionierungen der Einkaufsstätten zu erkennen und Differenzierungslücken aufzuzeigen. Aus der Abbildung wird deutlich, dass Saalepark, Allee Center und Paunsdorf Center wenig differenziert wahrgenommen werden. Das hat bei steigendem Wettbewerbsdruck zur Folge, dass diese Einkaufsstätten gegeneinander substituierbar werden. Die räumliche Lage der beiden Stadtteilzentren schließt die Substitution unter der Annahme einer Entscheidung nach Nähe zum Wohnort bei starker Ähnlichkeit der Objekte auf Basis der für die Perzeption relevanten Kriterien weitgehend aus. Die zu überwindende Distanz für einen Einkauf im Saalepark bei ähnlicher Perzeption des Allee Centers lässt es naheliegend erscheinen, dass Konsumenten das Stadtteilzentrum präferieren.[81] Um

---

[80] Die stärkere Tendenz des Löwencenter in Richtung einer geringen Funktionalität, entspricht den in Kap. C 2.112 vorgestellten tatsächlichen Gegebenheiten.

[81] In den Ausführungen zur BAG–Untersuchung in Kap. C 2.113 wurde bereits deutlich, dass die Attraktivität des Saale Parks für Leipziger deutlich geschwunden ist.

Nischen für eine bessere Marktbearbeitung aufzeigen zu können, bedarf es jedoch einer Analyse der gegebenen Präferenzstrukturen.

2.212 Prüfung der Hypothesen

Nach einer allgemeinen Beschreibung von Ergebnissen der MDS dienen die nachfolgenden Ausführungen der Überprüfung spezifischer Hypothesen. Der Hintergedanke der Hypothesenbildung bestand in der Annahme, dass Perzeptionsunterschiede auf Grund von Unterschieden in der Angebotsstruktur von Einkaufsstätten entstehen. Dabei lassen sich einerseits Differenzen in der absoluten Ähnlichkeit zwischen Objekten aufzeigen (vgl. QH_{Per1} und QH_{Per2}), die sich sowohl über den Mittelwert von Ähnlichkeitsaussagen der verwendeten Ratingskalen als auch über die mit Hilfe der MDS ermittelten Positionierung im Wahrnehmungsraum ableiten lassen. Andererseits treten Unterschiede in der Einheitlichkeit der Wahrnehmung zwischen den Befragten auf (vgl. QH_{Per3} und QH_{Per4}), die anhand der Aussagenvarianz bzw. Streuung belegt werden können. Unterschiede in der Angebotsstruktur von Einkaufsstätten können – bezogen auf die zentrale Problemstellung der Arbeit – mit Hilfe der in Kap. A 2 vorgestellten räumlich-agglomerativen Einkaufsstättenkategorien sowie der darin nicht berücksichtigten Differenzierung nach natürlich gewachsenen und geplanten Einkaufsstätten (Shopping Center) beschrieben werden.

QH_{Per1}	*Einkaufsstätten, die der selben räumlich–agglomerativen Kategorie angehören, werden im Vergleich zu Einkaufsstätten verschiedener Kategorien als ähnlicher wahrgenommen.*

In einem direkten paarweisen Vergleich aller vorgegebenen Einkaufsstätten erzielten Allee Center und Paunsdorf Center die größte Ähnlichkeit, hingegen wurden der Saale Park und die wohnnahe Einkaufszone mit größter Übereinstimmung – angezeigt durch die kleinste Streuung – als extreme Gegensätze wahrgenommen. Dies lässt sich neben der räumlichen Darstellung in Abb. 28, Kap. C 2.211 ebenso mit Hilfe der entsprechenden Mittelwerte belegen (vgl. Tab. 16). Dabei zeigt sich, dass insgesamt drei Cluster im Wahrnehmungsraum identifiziert werden können, wobei ein Cluster das A–Zentrum, ein zweites C–Zentren und das dritte Cluster B– bzw. D– und E–Zentren zusammenfasst. Diese Bündelung ist dem Umstand zuzuschreiben, dass alle untersuchten Einkaufsstätten dieser Kategorisierung Shopping Center darstellen, die von den Befragten als ähnlich empfunden werden. Obwohl innerhalb dieses Clusters der Saalepark eine größere Ähnlichkeit zu B–/D–Zentren aufweist, ist grundlegend zu erkennen, dass Einkaufsstätten einer Kategorisierung sehr ähnlich wahrgenommen werden. Damit kann bestätigt werden, dass zwei Einkaufsstätten, die beide B–Zentren[82] sind, für Konsumenten am ähnlichsten wahrgenommen werden. Im Falle des Vergleichs des Löwencenters mit anderen Vertretern der B–Kategorie ist diese Beziehung allerdings nicht mehr zutreffend, da größere Ähnlichkeiten zwischen Saale Park und den übrigen B–Zentren vorliegen. Durch Ungenauigkeiten der kategorialen Abgrenzung des Löwencenters[83] ist die Tendenz der Aussage damit nicht grundsätzlich widerlegt, so dass die Hypothese angenommen wird.

		IS	wEZ	AC	PC	LC	SP
IS	Mittelwert Streuung	–	A–C	A–B	A–B	A–B	A–E
wEZ	Mittelwert Streuung	4,95 1,95	–	C–B	C–B	C–B	C–E
AC	Mittelwert Streuung	5,44 1,67	5,77 1,43	–	B–B	B–B	B–E
PC	Mittelwert Streuung	5,36 1,87	5,95 1,44	3,03 1,65	–	B–B	B–E
LC	Mittelwert Streuung	5,82 1,45	5,67 1,52	4,03 1,77	3,87 1,79	–	B–E
SP	Mittelwert Streuung	5,73 1,62	6,01 1,76	3,66 1,77	3,09 1,76	3,77 1,73	–

1 = Sind sich vollkommen ähnlich, 7 = Sind sich vollkommen unähnlich

Tab. 16: Ähnlichkeitswerte der untersuchten Einkaufsstätten

QH $_{Per2}$	*Shopping Center werden im Vergleich zu natürlich gewachsenen Einkaufsagglomerationen als ähnlicher wahrgenommen.*

Diese Hypothese wurde bereits in den vorangehenden Ausführungen bestätigt. Höchste Ähnlichkeitsmittelwerte zwischen 3,03 und 4,03 gegenüber Werten über 4,95 für den Vergleich natürlich gewachsener Einkaufsstätten belegen, dass Shopping Center am ähnlichsten wahrgenommen werden.

---

82 Aus Übersichtlichkeitsgründen wird im folgenden auf die Erwähnung, dass B–Zentren ebenso D–Zentren sein können, verzichtet.

83 Vgl. dazu die Ausführungen in Kap. C 2.112 sowie Tab. 10. Wird das Löwencenter in der engeren Fassung als E–Zentrum kategorisiert, zeigt sich, dass es die größte Ähnlichkeit zum Saale Park aufweist, was die Hypothese zusätzlich bekräftigt.

QH $_{Per3}$	*Gehören Einkaufsstätten der selben räumlich–agglomerativen Kategorie an, werden sie durch die Befragten einheitlicher wahrgenommen als Einkaufsstätten unterschiedlicher Kategorien.*

Die Prüfung der Hypothese QH $_{Per3}$ erfolgt mit Hilfe der Streuungsangaben in Tab. 16. Die Streuung der Mittelwerte über alle Befragten ist beim Vergleich von wohnnaher Einkaufszone (C–Zentrum) und Allee Center sowie Einkaufszone und Paunsdorf Center gefolgt vom Vergleich zwischen Innenstadt und Löwencenter am niedrigsten. Die geringste Einheitlichkeit der Wahrnehmung ist bei der Gegenüberstellung von Innenstadt (A–Zentrum) und C–Zentrum zu beobachten. Damit zeigt sich, dass die Beurteilung der C–Zentren gegenüber B–Zentren sehr homogen, gegenüber dem A–Zentrum jedoch sehr heterogen erfolgt. Der Vergleich verschiedener B–Zentren miteinander weist dagegen eine mittlere Streuung der Werte auf. Somit ist die Hypothese abzulehnen.

QH $_{Per4}$	*Die Beurteilung von Shopping Centern erfolgt durch die Befragten einheitlicher als die Beurteilung natürlich gewachsener Einkaufsagglomerationen.*

Bezogen auf Shopping Center, bei denen die Hypothese die jeweilige Ähnlichkeit zwischen den hier untersuchten B– und E–Zentren untersucht, gelten die gleichen Aussagen wie bei der vorausgehenden Hypothesenprüfung. Damit muss Hypothese QH $_{Per4}$ ebenfalls abgelehnt werden. Aus der Synthese der Angaben zu Mittelwert und Streuung der Ähnlichkeit der Objekte kann allerdings abgeleitet werden, dass die Unterschiedlichkeit der Erscheinung von Einkaufsstätten für Konsumenten einheitlicher wahrgenommen wird als ihr gleiches Auftreten.[84] Perzeptionen werden demnach stärker auf Basis von Differenzen als auf Basis von Gemeinsamkeiten generiert.

Hohe Standardabweichungen beim Vergleich verschiedener Einkaufsstättenkategorien sind gleichzeitig ein Indiz dafür, dass die Befragten diese Einkaufsstätten nach sehr unterschiedlichen Kriterien, die jeweils eine andere Einschätzung der Ähnlichkeit zulassen, beurteilen. Es lässt sich grundsätzlich vermuten, dass bei der Perzeption von Einkaufsstätten für den Befragten das Kriterium der Nähe zum Wohnort eine wichtige Rolle spielt.

---

[84] Dies belegen geringste Streuungswerte (1,43 - 1,45) bei sehr hohen Mittelwerten (5,77 - 5,95).

QH **PerÖ**	*Befinden sich Einkaufsstätten verschiedener Kategorien innerhalb des von Befragten bewohnten Stadtbezirkes, werden sie von ihren Bewohnern im Vergleich zu allen Konsumenten homogener zur wohnnahen Einkaufszone wahrgenommen.*

Der Nachweis dieser Hypothese erfolgte über die differenzierte Auswertung der Ähnlichkeitsdaten nach Stadtteilen. Aus dem Vergleich der Angaben aller Konsumenten mit denjenigen, die den Stadtteil der jeweiligen Einkaufsstätte (außer wohnnahe Einkaufszone) bewohnen, ist ersichtlich, ob sich die Einschätzungen der Bewohner an die als einzige immer in räumlicher Nähe angesiedelte Einkaufszone annähert.

Dabei zeigt sich grundsätzlich, dass wohnnahe Einkaufszonen, das Allee Center und der Saalepark relativ homogen eingeschätzt werden (vgl. Anhang II), während insbesondere Innenstadt und Löwencenter durch einzelne Stadtbezirksbeurteilungen ein differenziertes Bild hinterlassen. Der Ausreißer bei der Perzeption der Innenstadt wird durch die Bewohner des Stadtbezirkes Ost hervorgerufen, die die Innenstadt stärker in Richtung der Einkaufszentren positionieren. Die Bewohner des Bezirkes Mitte tendieren in merklich schwächerer Ausprägung ebenfalls in diese Richtung. Der Eindeutigkeit in der Perzeption des Allee Centers schließen sich die Bewohner des Bezirkes West am wenigsten an, die dem Einkaufszentrum eine größere Funktionalität bescheinigen. Die Perzeption des Löwencenters variiert bei sechs von zehn Stadtbezirken in Richtung des Saaleparks. Als Ursache hierfür lässt sich die Ähnlichkeit der Branchenstruktur (Baumarkt, Möbelmarkt) oder die Weitläufigkeit des Geländes vermuten. Umgekehrt tendiert der Saalepark ebenso am stärksten in Richtung des Löwencenters. Das Paunsdorf Center wird ähnlich wie Allee Center oder Saalepark wahrgenommen. Die Anwohner des Bezirkes Ost entsprechen in der Beurteilung ihres Einkaufscenters in etwa der Gesamtwahrnehmung.

Aus dieser stadtbezirksbezogenen Einschätzung wird deutlich, dass die Einkaufsstättenperzeption nicht durch das Kriterium der Nähe zum Wohnort beeinflusst wird, da die Lagepunkte durch die Bewohner der betroffenen Stadtbezirke (Mitte, Ost und West) in keinem Fall zur Annäherung an die definitiv nahe gelegene wohnnahe Einkaufszone tendieren. Damit ist die Hypothese abzulehnen.

Perzeptionen variieren nachweislich in Abhängigkeit von Personen. Dabei spielt die grundlegende Einstellung von Personen gegenüber dem Einkauf eine wichtige Rolle. Perzeptionen unterscheiden sich danach, ob Konsumenten gegenüber dem

Einkauf eine hedonistische oder nutzenorientierte Grundeinstellung besitzen. Da hedonistische Konsumenten größeren Wert auf Vielfältigkeit und Atmosphäre legen, sind für diese Gruppe einheitlich geplante Shopping Center sehr ähnlich.

QH $_{PerP}$	*Konsumenten, die einen hedonistischen Shopping Value aufweisen, nehmen Shopping Center homogener wahr als Konsumenten mit nutzenorientiertem Shopping Value.*

Aus der nachfolgenden Abbildung wird ersichtlich, dass die Gruppe der hedonistischen Konsumenten Shopping Center mit Ausnahme des Löwencenters deutlich homogener wahrnehmen als nutzenorientierte Konsumenten. Nutzenorientierte Käufer differenzieren dementsprechend die wenig heterogenen Angebote von Shopping Centern viel stärker, so dass die unterschiedliche Positionierung von Centern im Hinblick auf diese Gruppe besser gelingt. In Bezug auf die ermittelten Wahrnehmungsdimensionen zeigen sich keine nachweisbaren Tendenzen einzelner Segmente.

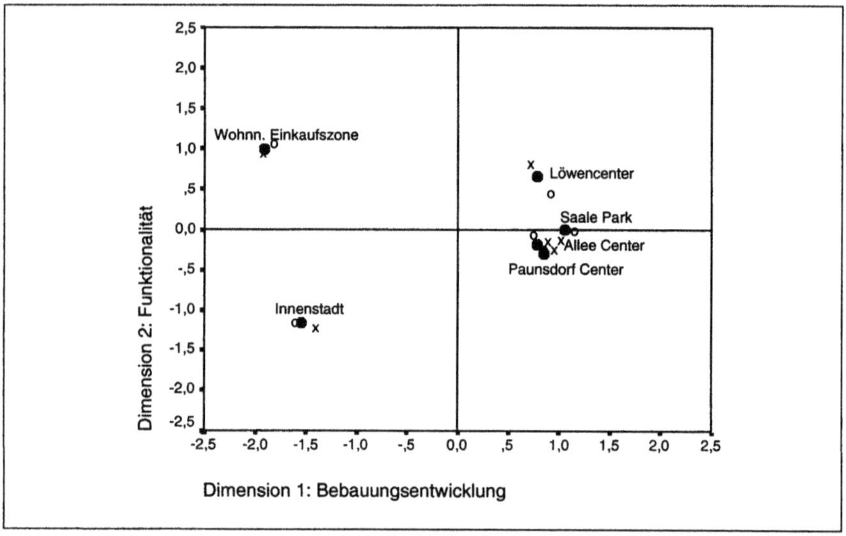

o = nutzenorientierte Konsumenten (Stress = 0,0198, RSQ = 0,99862)
x = hedonistische Konsumenten (Stress = 0,0104, RSQ = 0,99959)

Abb. 29: Differenzierung der Wahrnehmungsräume nach dem Shopping Value

Die abschließende Prüfung von Querschnittshypothesen zur Perzeption von Einkaufsstätten beschäftigt sich mit dem Zusammenhang zwischen wahrgenommenen Ähnlichkeiten von Einkaufsstätten und unterschiedlichen den Kauf auslösenden Bedürfnissen bzw. Motiven, der daraus abzuleiten ist, dass Perzeptionen kontextspezifisch variieren. Dabei ist einerseits nach instrumentellen (Versorgungskauf) und konsumtiven Motiven (Erlebniskauf) sowie andererseits nach mit der Art der Kaufentscheidung verbundenen Produktkategorien (Convenience, Shopping, Specialty Good) zu differenzieren.[85]

QH $_{PerP}$	*Konsumenten, die einen hedonistischen Shopping Value aufweisen, nehmen Shopping Center homogener wahr als Konsumenten mit nutzenorientiertem Shopping Value.*

Zur Prüfung dieser Annahme erwies sich die Verknüpfung von Ähnlichkeitsurteilen mit Präferenzdaten als notwendig.[86] Anhand geäußerter Einkaufsstättenpräferenzen bei instrumentellen (Verbundkauf) bzw. konsumtiven Motiven (Erlebniskauf) konnte die bedürfnisspezifische Eignung von Einkaufsstätten ermittelt werden. In Anwendung des Idealvektor–Modells wurden über eine lineare Regression die Parameter des Präferenzvektors auf Basis der empirischen Präferenzränge ermittelt.[87] Die Position der Vektoren ergibt sich aus den Koordinaten der Regressionsgleichungen unter Beachtung des Vorzeichenwechsels der Koeffizienten, da bei Rangdaten höchste Präferenzen niedrigste Rangwerte erzeugen (vgl. Abb. 30):

- Verbundkauf: $y_k = 3{,}5 + 0{,}616\ x_{1k} - 1{,}772\ x_{2k}$, $(R^2 = 0{,}71,\ p = 0{,}156)$
- Erlebniskauf: $y_k = 3{,}5 - 0{,}205\ x_{1k} - 2{,}247\ x_{2k}$, $(R^2 = 0{,}848,\ p = 0{,}06)$

Trotz des in beiden Fällen hohen Bestimmtheitsmaßes R^2, das den Anteil der erklärten Streuung der abhängigen Variablen beschreibt, liegt nur die Regressionsgleichung für den Erlebniskauf nahe am notwendigen Signifikanzniveau von 5 Prozent. Innerhalb dieser Gleichung ist wiederum nur die Koordinate für x_2, d.h. die Tendenz hinsichtlich der Funktionalität mit $p < 0{,}05$ signifikant.

---

85 Im Zusammenhang mit dem Kauf war vorab zu prüfen, inwiefern der in der Literatur beschriebene Zusammenhang zwischen der Art der Kaufentscheidung und dem Typus von Produktkategorien tatsächlich besteht (vgl. QH $_{KM6}$ - QH $_{KM8}$). Dies konnte mit Ausnahme von Shopping Goods bestätigt werden. Vgl. die Ausführungen in Kap. C 2.131.

86 Vgl. die Ausführungen in Kap. B 3.14.

87 Vgl. Backhaus, K., Multivariate Analysemethoden, a.a.O., S. 474.

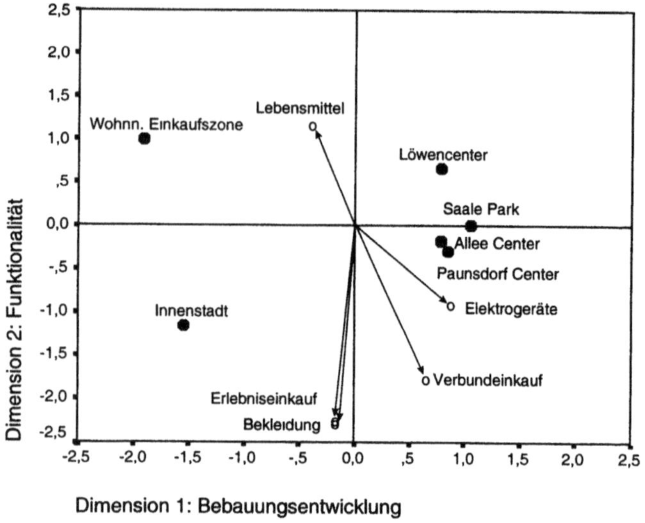

Abb. 30: Verknüpfung von Ähnlichkeits– und Präferenzdaten

Die Grundannahme, nach der sich Einkaufsstätten im Hinblick auf ihre Eignung zur Erfüllung instrumenteller und konsumtiver Motive unterscheiden, trifft insbesondere für die Dimension der Bebauungsentwicklung zu. Konsumenten tendieren stärker zu einer natürlichen Umgebung für Erlebniskäufe, während für Verbundkäufe eher geplante Einkaufsstätten präferiert werden. Bezogen auf die Wahrnehmungsdimension der Funktionalität eignen sich für beide Motivgruppen besser hoch funktionale Einkaufsstätten zum Einkauf. Unter Beachtung der statistischen Kennzahlen kann diese Hypothese allerdings nicht im Sinne signifikanter Unterschiede bestätigt werden.

QH $_{PerM2}$	*Die Perzeption von Einkaufsstätten hinsichtlich ihrer Eignung zur Erfüllung verschiedenartiger instrumenteller Motive unterscheidet sich signifikant voneinander.*

Die Präferenzvektoren unterscheiden sich im Wahrnehmungsraum in Bezug auf verschiedene instrumentelle Kaufmotive, die mit unterschiedlichen Entscheidungstypen bzw. Produkten verbunden sind. Dies zeigen die folgenden Regressionsgleichungen bzw. ihre Einbindung in den Wahrnehmungsraum.

- Lebensmittel: $y_k = 3{,}5 + 0{,}419\ x_{1k} - 1{,}164\ x_{2k}$ ($R^2 = 0{,}313$, $p = 0{,}57$)
- Bekleidung: $y_k = 3{,}5 + 0{,}198\ x_{1k} + 2{,}289\ x_{2k}$ ($R^2 = 0{,}877$, $p = 0{,}043$)
- Elektrogeräte: $y_k = 3{,}5 - 0{,}842\ x_{1k} + 0{,}912\ x_{2k}$ ($R^2 = 0{,}505$, $p = 0{,}348$)

Es bleibt anzumerken, dass nur die Regression der Kategorie Bekleidung ein Signifikanzniveau von unter 5 Prozent aufweist, wobei hinsichtlich der beiden Dimensionen allein der x_2–Koeffizient (Funktionalität) signifikant ist. Aus diesem Grund muss auf eine Interpretation der Dimensionen durch Präferenzurteile verzichtet werden. Unabhängig von dieser Tatsache zeigen die in Abb. 30 eingezeichneten Vektoren deutliche Differenzen in der Präferenzstruktur zwischen den Produktkategorien auf, die allerdings als statistisch nicht signifikant bezeichnet werden müssen. Obwohl damit die Hypothese abzulehnen ist, zeigt die Verschiedenartigkeit in Richtung und Stärke der Präferenzvektoren, dass die Perzeption von Einkaufsstätten für einzelne Produktkategorien von ihrer Eignung zur Motivbefriedigung beeinflusst wird.

Interessant erscheint dagegen ein Vergleich zwischen der Ähnlichkeit von Einkaufsstätten zur Eignung zum Bekleidungs– und Erlebniskauf, da beide Gleichungen in sich und in Bezug auf die Dimension der Funktionalität signifikant sind. Die nahezu identische Position beider Präferenzvektoren verdeutlicht, dass die Eignung von Einkaufsstätten hinsichtlich des Bekleidungs– und Erlebniskaufs sehr ähnlich eingeschätzt wird. Zur bislang zu bemängelnden Konkretisierung des Erlebniskauf–Begriffs gelingt damit insofern ein Beitrag, als dass die Parallelen zum Kauf von Bekleidung deutlich geworden sind.

2.22 Einkaufsstättenpräferenzen

Bereits in der Zusammenführung von Ergebnissen der Einkaufsstättenperzeption mit Präferenzvektoren wird deutlich, dass Konsumenten hinsichtlich der Kategorisierung von Einkaufsstätten verschiedene Zentrenformen präferieren. Für den Verbundkauf bevorzugen die Befragten am stärksten B–Zentren.[88] Zum Erlebniskauf eignet sich hingegen das A–Zentrum gefolgt von B–Zentren am meisten. Am wenigsten eignen sich C–Zentren sowohl für die Erfüllung instrumenteller als auch konsumtiver Motive. Bei der Betrachtung von Einkaufsstättenkategorien in Bezug

---

[88] Angezeigt wird die Rangfolge der Eignung durch das Lot der Einkaufsstättenpositionen auf den Präferenzvektor. Die höchste Präferenz ergibt sich aus der weitesten Entfernung des Lotschnittpunktes zum Koordinatenursprung.

auf unterschiedliche instrumentelle Präferenzvektoren bevorzugen Konsumenten am meisten A–Zentren für den Bekleidungskauf, C–Zentren für die Versorgung mit Lebensmitteln und B–Zentren für den Kauf von Elektrogeräten. Da Präferenzvektoren im Rahmen regressionsanalytischer Anpassungsmaßnahmen entstehen, ist jedoch die daraus abzuleitende Rangfolge nicht zwingend stringent zu den Aussagen der Analyse. Aus diesem Grund sollen im folgenden die mit der Präferenzbildung verbundenen Hypothesen überprüft werden.

Die Validierung der Hypothesen gliedert sich in Anlehnung an die Stimulusbeschreibung in einzelne Kapitel, die sich aus der Perspektive motivationaler, psychografischer und soziodemografischer Besonderheiten mit den Ergebnissen der Präferenzbildung auseinandersetzen. Den Abschluss bildet die ökonomische Perspektive, die speziell die Determinanten der Einkaufsstättenwahl analysiert.

2.221 Motivationsabhängige Besonderheiten

Der Aufbau des folgenden Kapitels orientiert sich an der in Kap. C 2.131 vorgenommenen Transformation von Kaufmotiven nach Produkt– und Themenbezug. Der innerhalb der Hypothesen aufgeführte Bezug zu Produktkategorien (Convenience, Shopping, Specialty Goods) musste in der Untersuchung auf einzelne Beispiele beschränkt werden. Die Bestätigung bzw. Widerlegung der einzelnen Hypothesen zu Präferenzen als auch zum Kauf ist somit ein spezifischer Nachweis, der sich auf die jeweils gewählte Produktkategorie bezieht und nicht automatisch den induktiven Schluss auf alle der Kategorie zuordenbaren Produkte zulässt.

In der allgemeinen Auseinandersetzung mit Präferenzen stellt die Einschätzung der **Eignung von Einkaufsstätten,** ein spezifisches Bedürfnis zu befriedigen, einen wichtigen Punkt für die Beurteilung von Einkaufsstättenpräferenzen dar.[89] Zum Zweck der Ermittlung von produktbezogenen Eignungen wurden die Probanden gebeten, den in dieser Arbeit betrachteten Einkaufsstätten Plätze von 1 bis 6 zuzuordnen, wobei der erste Platz die besten, der sechste Platz die schlechtesten Voraussetzungen für die Erfüllung spezifischer Produktwünsche

---

[89] Da es sich hierbei bereits um eine subjektive Bewertung der sich aus dem Informationsprozess entwickelten Vorstellungen handelt, ist das Konstrukt der Eignung dem Präferenzurteil zuzuordnen.

bedeutete. Die Auswertung macht deutlich, dass Konsumenten Angebotsagglomerationen hinsichtlich ihrer Eignung deutlich unterscheiden (vgl. Tab. 17).

	Convenience Goods (Lebensmittel)		**Shopping Goods** (Bekleidung)		**Specialty Goods** (Elektrogeräte)		**Gesamt**
Einkaufsstätte	∅	Platz	∅	Platz	∅	Platz	∅
Paunsdorf Center	2,70	2.	2,39	2.	2,55	1.	1.
Innenstadt	3,67	5.	1,95	1.	3,33	4.	3.
Allee Center	2,92	3.	3,01	3.	2,83	2.	2.
Saale Park	3,93	6.	3,34	4.	3,67	5.	6.
Löwencenter	3,62	4.	4,69	6.	2,89	3.	5.
Wohnnahe Einkaufszone	2,60	1.	4,42	5.	3,87	6.	4.

Tab. 17: Plazierung von Einkaufsstätten nach produktbezogener Eignung

In Bezug auf den Einkauf von Convenience Goods erscheint die wohnnahe Einkaufszone am besten geeignet. Auffällig ist, dass die Durchschnittsnoten in dieser Kategorie wie auch bei Specialty Goods wenig differenzieren. Mit der insgesamt besten Note über alle Kategorien schnitt die Innenstadt als Einkaufsort von Shopping Goods ab, das Löwencenter hingegen wird für den Kauf von Kleidung als am wenigsten geeignet angesehen. Um einen Fernseher zu kaufen (Specialty Good), wird das Paunsdorf Center als am besten befähigt eingeschätzt, die schlechteste Note erhielt die wohnnahe Einkaufszone.

Im Vergleich dieser Beurteilungen über die Einkaufsstätten hat sich die Innenstadt als Anbieter von Bekleidung am gelungensten profiliert. Die wohnnahe Einkaufszone sollte auch in Zukunft verstärkt auf ihre Eignung zum Lebensmittelverkauf Wert legen und gegebenenfalls ausbauen. Dem Paunsdorf Center kann – gefolgt vom Allee Center – im Vergleich zu den anderen Einkaufszentren mit den besten Noten in allen Bereichen eine sehr gute Abdeckung einer breiten Bedürfnispalette bescheinigt werden. Das Löwencenter sollte seine am stärksten wahrgenommene Kompetenz auf dem Gebiet weißer Ware klarer in den Vordergrund rücken. Defizite zeigen sich einzig beim Saalepark, der sich weder durch eine gelungene Spezialisierung noch durch gute Bewertungen insgesamt profilieren konnte.[90]

---

90 Vgl. dazu die in Kap. C 2.113 beschriebenen Ergebnisse vergleichbarer Untersuchungen, bei denen der Saalepark in den vergangenen vier Jahren einen Besucherrückgang von 40 Prozent aufwies.

2.2211 Themenbezogene Präferenzen

Bevor in den folgenden Kapiteln die Hypothesen hinsichtlich einzelner instrumenteller bzw. produktbezogener Motive genauer untersucht werden, sollen in einem ersten Schritt grundsätzliche auf den Verbund– bzw. Erlebniskauf bezogene Präferenzhypothesen geprüft werden. Für den Erlebniskauf ist es wichtig, dass Einkaufsstätten eine hohe Multifunktionalität aufweisen. Demgegenüber spielt beim Verbundkauf ein hoher handelsbozogener Agglomerationsgrad sowie eine große Zentralität innerhalb des bewohnten Stadtteils eine Rolle.

QH $_{PräM1}$	*Ist das Motiv des Einkaufs eine Form des Erlebniskaufs, präferieren Konsumenten A–Zentren.*

Befragt nach der Wahl einer Einkaufsstätte für den **Erlebniseinkauf** verbanden die meisten Leipziger die Innenstadt mit diesem Kaufmotiv, so dass die Hypothese bestätigt wurde. Mit jeweils ca. 20 Prozent folgten das Allee Center und das Paunsdorf Center. Eisläden und Cafés sowie Einkaufspassagen spielen bei dieser Entscheidung eine besonders wichtige Rolle. Obwohl im Rahmen der erstmals in Kap. B 2.127 beschriebenen Voruntersuchung deutlich wurde, dass die Bedeutung des Wortes Erlebniseinkauf in erster Linie als „gelungene Erfüllung des gehegten Kaufwunsches“ bzw. „der erfolgreiche Kauf eines gesuchten Gegenstandes“ gesehen wird, entspricht die Wahl der Innenstadt als Einkaufsstättenpräferenz der ursprünglichen Bedeutung im Sinne des befriedigenden Vorhandenseins weicher Standortfaktoren (z.B. Einkaufsatmosphäre).

QH $_{PräM2}$	*Ist das Motiv des Einkaufs eine Form des Verbundkaufs, präferieren Konsumenten B–Zentren.*

Auf die Frage, welche Einkaufsstätte sich für einen **Verbundkauf** unterschiedlichster Produktkategorien am besten eignet, wurde das Paunsdorf Center mit 38,6 Prozent aller Nennungen gefolgt vom Allee Center mit 23,1 Prozent am häufigsten genannt. 13,9 Prozent der Befragten präferierten die Innenstadt als Einkaufsstätte zum Verbundkauf. Damit kann die Hypothese angenommen werden. Als Ankerstore[91] für den Verbundkauf wurde mit Multikauf und Kaufland an

---

[91] Unter einem Ankerstore ist ein Geschäft zu verstehen, das innerhalb einer Einkaufsstätte (i.S. der Agglomeration von Geschäften) eine besondere Anziehungskraft auf die Wahl des Einkaufsortes ausübt.

der Spitze nicht die klassische Form des Kaufhauses, sondern die selbstbedienungs- und niedrigpreisorientierte Betriebsform des Verbrauchermarktes in ihrer Eignung zur parallelen Befriedigung verschiedener instrumenteller Motive bevorzugt. Bevorzugte Einkaufsstätten des Verbundkaufs zeichnen sich damit durch ihre verkehrsgünstige Lage, große Angebotsvielfalt und dem Vorhandensein von preisgünstigen Betriebsformen, die mit einem Verzicht auf Beratungsleistungen verbunden sein können, aus.

Interessant erscheint bei der Spezifikation themenbezogener Präferenzen ein Zusammenhang zu den Ergebnissen der Eignung hinsichtlich produktbezogener Präferenzen. Beim Verbundkauf wird diejenige Einkaufsstätte präferiert, die durchschnittlich am geeignetsten für alle Produktkategorien erscheint. In der Summe verläuft die Rangfolge der ersten drei Plätze (über 75 Prozent aller Nennungen) beim Verbundkauf parallel zu der in Tab. 17 dargestellten Gesamtbewertung zur produktbezogenen Eignung von Einkaufsstätten. Präferenzen des Erlebniskaufs weisen wiederum die höchste Ähnlichkeit zur Rangfolge der Eignung bei Shopping Goods auf.

2.2212 Produktbezogene Präferenzen bei Convenience Goods

Unterschiede in den Präferenzstrukturen lassen sich in Abhängigkeit davon beobachten, ob sich das instrumentelle Kaufmotiv auf Convenience, Shopping oder Specialty Goods bezieht. Bei Convenience Goods sind wichtige präferenzbildende Faktoren Erreichbarkeitsvorteile (Nähe zur Wohnung),[92] bei Shopping Goods Auswahlvorteile (Agglomerationsgrad bzw. Multifunktionalität) sowie bei Specialty Goods Transportvorteile, die durch eine hohe Autokundenorientierung gewährleistet werden. Parallel dazu spiegeln sich auch Zusammenhänge zwischen Einkaufsstätten und Betriebsformen in der Präferenzstruktur wider. Konsumenten präferieren in Abhängigkeit der vorgestellten Produktkategorien unterschiedliche Betriebsformen zum Einkauf.[93]

---

92 Vgl. Copeland, M.T., Relation of Consumers' Buying Habits to Marketing Methods, a.a.O., S. 282 zit. nach Depenbrock-Naumann, E.-M., Einzelhandel und Stadtentwicklung, a.a.O., S. 119.

93 Vgl. dazu auch die Ausführungen von KRAFFT und ALBERS im Kap. B 2.11.

QH $_{\text{PräM3}}$	*Bezieht sich das instrumentelle Motiv des Einkaufs auf Convenience Goods, präferieren Konsumenten Einkaufsstätten der C– oder B–Kategorie.*
QH $_{\text{ÖM4}}$	*Bezieht sich das instrumentelle Motiv des Einkaufs auf den Kauf von Convenience Goods, präferieren Konsumenten Verbrauchermärkte.*

Im Gegensatz zur Untersuchung der beiden vorangegangenen Hypothesen gestaltet sich die Beantwortung der Fragen nach einzelnen instrumentellen Motiven – bezogen auf Einkaufsstättenkategorien – weniger eindeutig.[94] Daher soll die Hypothesenprüfung auf zwei verschiedenen Wegen erfolgen. Einerseits spiegelt sich die Präferenzstruktur bereits in der häufigsten Nennung einzelner Geschäfte wider, andererseits dienen Aussagen zur räumlichen Verteilung von Präferenzen innerhalb wie außerhalb der Stadt Leipzig der Ableitung bevorzugter Kategorien. Da die Nennung von Geschäften gleichzeitig Erkenntnisse über bevorzugte Betriebstypen beinhaltet, soll die diesbezügliche Hypothese in die Beantwortung integriert werden.

Die Zusammenfassung der wichtigsten Nennung von Einkaufsstätten zum Lebensmittelkauf in Tab. 18 zeigt bereits, dass B– und C–Zentren von über 26 Prozent der Bevölkerung bevorzugt werden. Interessant ist in dem Zusammenhang ebenso die Tatsache, dass die fünf am häufigsten genannten Präferenzgeschäfte, von der Hälfte der befragten Konsumenten präferiert werden. Da der Anteil der Wohnbevölkerung des Stadtteils Ost, in dem sich Kaufland innerhalb des Paunsdorf Centers befindet, weniger als 14 Prozent beträgt, lässt sich daraus allerdings ableiten, dass Kaufland in diesem Fall ebenso als D–Zentrum von Einwohnern anderer Stadtbezirke genutzt wird. Gleichzeitig sind über 15 Prozent der Befragten (Platz 3 und 6) bereit, zum Kauf von Lebensmitteln Einkaufsstätten auf der Grünen Wiese aufzusuchen. Zur Klärung dieses Sachverhaltes ist daher die räumliche Verteilung präferierter Einkaufsstätten heranzuziehen.

[94] Die Ursache der geringeren Eindeutigkeit ist in der jeweils gewählten Frageform (Hybridfrage bei Verbund– und Erlebniskauf vs. offene Frage bei instrumentellen Kaufmotiven) begründet. Bei der Hybridfrage nutzt die Mehrzahl der Befragten die Vorgaben zur Beantwortung, während bei offenen Fragen eigene Einkaufsstättenbezeichnungen gewählt werden müssen.

Platz	Name des Geschäfts	Präferenz in Prozent	Prozent kumuliert	Kategorie	Betriebsform[95]
1	Kaufland	14,1	14,1	B–/D–Zentrum	SB–Warenhaus
2	Marktfrisch	12,4	26,5	C–Zentrum	Verbrauchermarkt
3	Globus	11,4	37,9	E–Zentrum	SB–Warenhaus
4	Konsum	6,9	44,8	C–Zentrum	Supermarkt, Verbrauchermarkt
5	Multi(kauf)	5,2	50,0	B–/D–Zentrum	SB–Warenhaus
6	Marktkauf	4,8	54,8	E–Zentrum	SB–Warenhaus

Tab. 18: Einkaufsstättenpräferenz für Convenience Goods

Die Überprüfung der Hypothese zu Zusammenhängen zwischen instrumentellen Motiven und Betriebsformen kann ebenfalls anhand der Tabelle 18 vorgenommen werden. Dabei wird deutlich, dass sich die mit den wichtigsten Geschäften verbundenen Betriebsformen durch eine große Sortimentsbreite wie –tiefe auf einer Fläche von mindestens 1.000 qm (Verbrauchermärkte) bzw. 3.000 qm (SB–Warenhäuser) in der überwiegenden Angebotsform der Selbstbedienung auszeichnen. Daher ist es nicht erstaunlich, dass eine Konzentration von Präferenzen auf Großanbieter erfolgt. Die damit verbundene Preisorientierung im Einkauf spiegelt sich ebenfalls darin wider, dass über 15 Prozent der befragten Personen innerhalb der Tabelle nicht aufgeführte Lebensmitteldiscounter (von Aldi bis Spar) als erste Präferenz angeben.[96] Die Hypothese, nach der zum Kauf von Convenience Goods Verbrauchermärkte bevorzugt werden, ist mit diesen Ergebnissen jedoch abzulehnen.

Bei der räumlichen Gegenüberstellung von Stadtbezirken der präferierten Einkaufsstätten mit dem Wohnort der Befragten (vgl. Tab. 19) dienen zwei Kennzahlen der Ableitung von Aussagen zur Hypothesenprüfung. Zum einen zeigt ein sog. **Nettowert** an, wie stark einzelne Stadtbezirke von der Gesamtbevölkerung präferiert werden, d.h. ihr Angebot ebenso für Bewohner anderer Stadtbezirke eine hohe Attraktivität aufweist.[97] Er ergibt sich aus der Differenz der abgefragten Verteilung bei der Frage nach Einkaufspräferenzen und dem zugehörigen Wohnbevölkerungsanteil im jeweiligen Stadtbezirk. Daneben war für die Untersuchung von Interesse, wie hoch der Anteil der Wohnbevölkerung und damit der **Versor-**

---

95 Die Kategorisierung erfolgte anhand des Kataloges E, vgl. Ausschuss für Begriffsdefinitionen aus der Handels- und Absatzwirtschaft (Hrsg.), Katalog E, a.a.O., S. 43–50. Eine eindeutige Zuordnung des Konsums war aufgrund seiner uneinheitlichen Verkaufsflächengröße nicht möglich.

96 Da sich dieser Wert nur über eine Aggregation ergibt, ist er nicht innerhalb der am häufigsten genannten Geschäfte zu finden.

97 Der Wohnbevölkerungsanteil kann sich hierbei durch Differenzen im Antwortverhalten vom Gesamtanteil, der innerhalb der soziodemographischen Verteilung sichtbar ist, unterscheiden.

gungsgrad an denjenigen Konsumenten ist, die ein Geschäft in einem bestimmten Stadtbezirk präferieren, da diese Berechnung die Ausschöpfung der Angebote durch die ansässige Bevölkerung bzw. deren Abwanderung verdeutlicht.

Um die auf Grund der kategorialen Einkaufsstättenzuordnung durch die Gemeindegebietsreform entstandene Problematik zwischen E–Zentren und B–Zentren zu verdeutlichen, sollen darüber hinaus für die Kennzahlen ebenfalls Angaben der weiten Sichtweise der Kategorisierung (vgl. Tab. 10 im Kap. C 2.112) vorgestellt werden.

Stadtbezirk	**Bevölkerungsanteil** in Prozent	**Präferenzverteilung** in Prozent		**Nettowert** in Prozentpunkten		**Anteil Wohnbevölkerung** in Prozent	
		i.e.S.	i.w.S.*	i.e.S.	i.w.S.*	i.e.S.	i.w.S.*
1. Mitte	7,2	5,5	5,5	–1,7	–1,7	57,1	57,1
2. Nordost	11,0	7,9	8,2	–3,1	–2,8	62,5	65,6
3. Ost	11,7	14,9	14,8	3,2	3,1	73,5	73,5
4. Südost	8,6	3,4	14,8	–5,2	6,2	28,0	72,0
5. Süd	12,7	8,9	11,0	–3,8	–1,7	56,8	67,6
6. Südwest	10,0	7,9	7,9	–2,1	–2,1	65,5	65,5
7. West	19,2	18,2	18,6	–1,0	–0,6	87,5	89,3
8. Alt–West	6,2	3,8	5,8	–2,4	–0,4	61,1	72,2
9. Nordwest	4,8	2,7	2,7	–2,1	–2,1	57,1	57,1
10. Nord	8,6	5,8	9,6	–2,8	1,0	60,0	92,0
Umland		21,2	1,0	21,2	1,0		

* Die Werte zeigen die Verteilung bei Zuordnung der peripheren Einkaufscenter zum jeweils anliegenden Stadtbezirk (Sachsenpark → Nord, Löwencenter → Alt–West, Globus → Süd).

Tab. 19: Räumliche Präferenzverteilung für Convenience Goods

Aus der Betrachtung des Nettowertes geht hervor, dass keine größeren Schwankungen zwischen dem Anteil der Einwohner und deren Einkaufspräferenzen vorliegen. Am höchsten ist diese Differenz in Südost, d.h. dass die dortigen Angebote durch weniger Konsumenten präferiert werden als nach dem Bevölkerungsanteil des Bezirks zu erwarten wären. Die Analyse modifizierter Werte der weiteren Sichtweise zeigt deutlich, dass insbesondere der Leipziger Südosten eine starke Magnetwirkung auf die Präferenzen von Konsumenten beim Kauf von Lebensmitteln ausübt. Als Ursache hierfür ist die Attraktivität des SB–Warenhauses Globus anzuführen, die dazu führt, dass ein beträchtlicher Teil der Bevölkerung zum Lebensmittelkauf ins Umland abwandert.

Aus den jeweiligen **Anteilen der ansässigen Wohnbevölkerung**, die Einkaufsstätten in ihrem Stadtbezirk präferieren, geht in der engeren Sicht der kategorialen Zuordnung hervor, dass die Anwohner der Bezirke West und Ost (vgl. auch Abb

31, die der engen Betrachtungsweise folgt) mit ihren Einkaufsmöglichkeiten für Lebensmittel am zufriedensten sind, da deren Präferenzgeschäfte im bewohnten Bezirk liegen. Hingegen suchen 72 Prozent der Bewohner des Bezirkes Südost am liebsten außerhalb des eigenen Bezirks gelegene Einkaufsstätten für ihren Einkauf auf. Fast jeder zweite Einwohner dieses Bezirks bevorzugt eine Einkaufsstätte im Umland von Leipzig. Nach Eingliederung der stadtnahen Einkaufscenter (weite Sicht) nimmt der Norden in seiner Fixierung der Bevölkerung auf den Wohnbezirk deutlich zu, da ein Großteil der Besucher des Sachsenparks im Bezirk Nord wohnen. Ähnliches lässt sich für den Stadtbezirk Südost aussagen, dessen Bewohner in starkem Maße die Einkaufsstätte Globus präferieren. Nach dieser Betrachtungsweise sind es nunmehr die Bezirke Mitte und Nordwest, denen die geringste Bindung ihrer Einwohner an den Wohnsitz zum Lebensmitteleinkauf nachgewiesen werden kann.

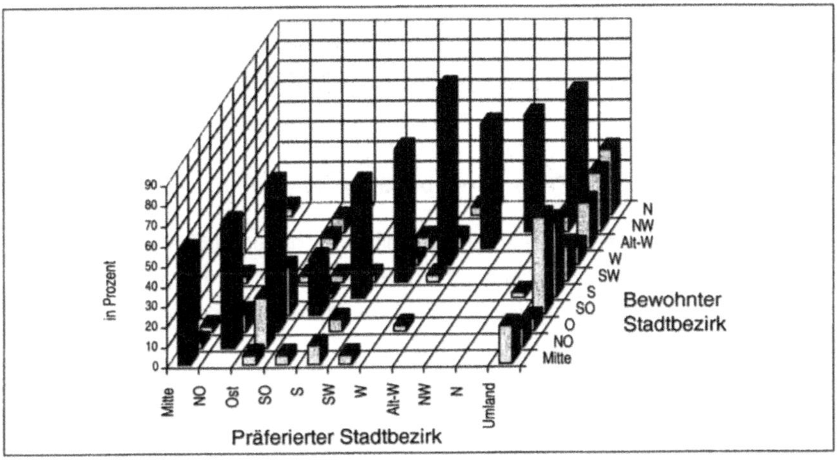

Dunkle Balken entsprechen den Fallen, in denen präferierter und bewohnter Bezirk ubereinstimmt.

Abb. 31: Präferenzverteilung für Convenience Goods nach Stadtbezirken

Trotz dieser Zweischneidigkeit in der Herangehensweise bei der Interpretation des Zahlenmaterials sollte einerseits positiv vermerkt werden, dass der Lebensmittelkauf häufig im bewohnten Stadtbezirk getätigt wird bzw. bei „grenzübergreifenden“ Aktivitäten stadtnahe Einkaufscenter gewählt werden. Andererseits könnte aus der hohen Abwanderung in umlandige Zentren die Schlussfolgerung gezogen werden, dass die Versorgung der Bevölkerung mit Waren des täglichen Bedarfs am Wohnort als noch nicht zufriedenstellend angesehen werden kann. Diese These erfordert jedoch eine genaue Offenlegung der Einzelhandelsstruktur in den verschiedenen Stadtbezirken, um Zusammenhänge zwischen Angebot und

Abwanderung valide zu untermauern. Aus diesem Ergebnis kann in Bezug auf Probleme der Stadtplanung die Schlussfolgerung abgeleitet werden, dass in der Anpassung des Lebensmittelbedarfs insbesondere die Bezirke Mitte und Nordwest unterversorgt sind und damit eine Wanderung der Einwohner in andere Stadtbezirke oder über die Stadtgrenze hinaus provoziert wird. Folgt man hingegen der Argumentation gegen periphere Einkaufszentren, bestände eine Forderung im Ausbau des Lebensmitteleinzelhandels in Südost. In der damit einhergehenden Verschärfung der Konkurrenzsituation liegt aufgrund des habitualisierten Kaufverhaltens bei Convenience Goods[98] die Gefahr nahe, dass der Unterlegene in diesem Kampf innerhalb Leipziger Stadtgrenzen lokalisiert wäre.

Da auch bei engerer Sichtweise mit Ausnahme des Bezirkes Südost mehr als die Hälfte aller Bewohner zum Kauf von Lebensmitteln den eignen Stadtbezirk präferieren, kann die Hypothese $QH_{PräM3}$ bestätigt werden, da B– und C– Zentren durch einen Standort innerhalb des von Konsumenten bewohnten Stadtbezirks gekennzeichnet sind.

2.2213 Produktbezogene Präferenzen bei Shopping Goods

Die Untersuchung der Hypothesen zu Shopping Goods als auch dem folgendem Kapitel zu Specialty Goods bezieht sich auf die entsprechende Argumentation im vorangegangenen Kapitel und stimmt in ihrem Aufbau mit der Validierung von Aussagen zu Convenience Goods überein.

$QH_{PräM4}$	*Bezieht sich das instrumentelle Motiv des Einkaufs auf Shopping Goods, präferieren Konsumenten A–Zentren.*

98 Zur Systematisierung von Kaufentscheidungen vgl. Meffert, H., Marketingforschung, a.a.O., S. 40. 23,5 Prozent der Befragten antworteten auf die Frage nach dem Grund des Lebensmitteleinkaufs, dass sie gewöhnlich immer an diesem Tag zum Einkaufen gehen. Innerhalb dieser habitualisierten Form der Kaufentscheidung ist die Informationssuche für den Einkaufsort so gering, dass davon ausgegangen werden kann, dass in der Regel im selben Geschäft eingekauft wird. Die Mehrheit von zwei Dritteln kauft hingegen bedarfsbedingt ein. Diese der limitierten Kaufentscheidung zuzurechnende Form weist ebenfalls ein geringes Problembewusstsein auf, so dass für die endgültige Entscheidung nur zwischen einem kleinen Kreis an Einkaufsstätten gewählt wird und somit die Einkaufsstättentreue als relativ hoch einzuschätzen ist.

QH ÖM5	*Bezieht sich das instrumentelle Motiv des Einkaufs auf den Kauf von Shopping Goods, präferieren Konsumenten Kaufhäuser oder Fachgeschäfte.*

Im Hinblick auf die Prüfung des Zusammenhangs zwischen Kaufmotiven und der präferierten Zentrenkategorie lassen sich anhand der Angaben in Tabelle 20 keine eindeutigen Aussagen ableiten, da ein Teil der am stärksten präferierten Geschäfte Standorte sowohl in der Innenstadt als auch in einzelnen Stadtbezirken besitzen. In Bezug auf die gewählte Betriebsform wird hingegen deutlich, dass insbesondere Kaufhäuser für den Bekleidungskauf sehr gut geeignet erscheinen. Damit werden für den Kauf von Textilien im Vergleich zum Warenhaus Angebotsformen bevorzugt, die sich durch eine größere Sortimentstiefe auszeichnen und Waren in erster Linie auf dem Wege der Bedienung anbieten. Dies zeigt, dass der Beratungsbedarf bei Bekleidung ein wichtiges Kriterium bei der Wahl zwischen konkurrierenden Einkaufsstätten darstellt. Ein Geschäft, das dieses Angebot von vornherein ausschließt oder seine Kompetenzen nicht klar in diesem Bereich herausstellt, wird aus diesem Grund weniger stark präferiert. Mit 12,4 Prozent an dritter Stelle würde im Falle der Aggregation einzelner Geschäfte die Betriebsform Fachgeschäft stehen. Damit kann die Hypothese insofern bekräftigt werden, als dass über die Hälfte der Konsumenten Kaufhäuser und Fachgeschäfte zum Kauf von Shopping Goods bzw. speziell Bekleidung bevorzugen. Die Form des Warenhauses spielt dabei nur eine untergeordnete Rolle.[99]

[99] Die größte Attraktivität genießt das Bekleidungshaus Peek & Cloppenburg, das in mittleren Preislagen positioniert ist. Jeder vierte Leipziger schätzt dessen Angebot beim Kauf von Bekleidung. Im Vergleich der beiden Standorte Innenstadt und Paunsdorf Center wird deutlich, dass Peek & Cloppenburg mit dem Verhältnis 89:11 als entscheidender Faktor für die hohe Attraktivität der Innenstadt beim Bekleidungskauf betrachtet werden kann. An zweiter und dritter Stelle der Beliebtheit rangieren mit C+A bzw. Adler niedrigpreisige Anbieter, die gemeinsam das nächste Viertel der Leipziger Bevölkerung in ihrer Präferenz abdecken. Bei C+A, das ebenso wie Peek & Cloppenburg an den Standorten Innenstadt und Paunsdorf Center vertreten ist, zeigt sich ein ähnliches Verhältnis im Präferenzgefälle von 75:25 für die Innenstadt. Dagegen bleiben die Präferenzen zwischen den Standorten des Adler–Modemarktes im Nordosten und innerhalb des Allee Centers ausgeglichen. Eine besondere Bedeutung für den Bekleidungskauf erlangt das Paunsdorf Center an vierter Stelle der Präferenzreihenfolge. Da es zum Befragungszeitpunkt neben den beiden beliebtesten Geschäften Peek & Cloppenburg sowie C+A eine Reihe kleinerer Textilanbieter beherbergte, erklärt die Kombination aus Kaufhäusern und Boutiquen die hohe Attraktivität dieser Einkaufsstätte.

Platz	Name des Geschäfts	Präferenz in Prozent	Prozent kumuliert	Kategorie	Betriebsform
1	Peek & Cloppenburg	25,5	25,5	A– bzw. B–/D–Zentrum	Kaufhaus
2	C+A	16,1	41,6	A– bzw. B–/D–Zentrum	Kaufhaus
3	Adler	8,0	49,6	B–/D–Zentrum	Fachmarkt
4	Paunsdorf Center	6,6	56,2	B–/D–Zentrum	Einkaufszentrum
5	Horten	5,5	61,7	A– bzw. B–/D–Zentrum	Warenhaus
6	Karstadt	4,7	66,4	A–Zentrum	Warenhaus

Tab. 20: Einkaufsstättenpräferenz für Shopping Goods

Noch deutlicher ist die Bestätigung der Hypothese QH $_{PräM4}$ anhand der Analyseergebnisse auf Basis der räumlichen Präferenzverteilung nach Stadtbezirken ersichtlich (vgl. Tab. 21). Der **Nettowert** zeigt die Spitzenposition der Innenstadt beim Bekleidungskauf, die nahezu jeder zweite Leipziger präferiert. Die sich hieraus ergebende Positionierungschance kann für ein zielgerichtetes Citymarketing genutzt werden. Die Kaufkraftkonzentration im Stadtbezirk Mitte und damit vorrangig in der Innenstadt zieht Konsumenten aus allen anderen Bezirken ab. Die einzige Ausnahme bildet hierbei der Bezirk Ost.[100] Besonders gering ist demgegenüber die Anziehungskraft der Stadtbezirke Süd als auch West. Trotz zahlreicher im Allee Center angesiedelter Bekleidungsfachgeschäfte gelingt es dem Bezirk West damit nicht, eine den Anteilen seiner Wohnbevölkerung entsprechende Magnetwirkung beim Kauf von Bekleidung auszuüben. Über 10 Prozent der Leipziger präferieren bei weiter Sichtweise eine Einkaufsstätte im nahen und fernen Umland von Leipzig, wobei die Präferenz von Angeboten anderer Städte (fernes Umland) nur innerhalb dieser Produktkategorie deutlich ausgeprägt ist.

---

[100] Die Ursache dieser Entwicklung kann anhand der bereits beschriebenen Resultate klar in der Ansiedlung des Paunsdorf Centers gesehen werden.

Stadtbezirk	Bevölkerungs-anteil in Prozent	Präferenzver-teilung in Prozent		Nettowert in Prozentpunkten		Anteil Wohnbe-völkerung in Prozent	
		i.e.S.	i.w.S.*	i.e.S.	i.w.S.*	i.e.S.	i.w.S.*
1. Mitte	7,4	49,0	51,4	41,6	44,0	76,2	76,2
2. Nordost	11,3	5,2	5,3	–6,1	–6,0	37,5	37,5
3. Ost	11,7	17,8	19,2	6,1	7,8	72,7	75,8
4. Südost	8,5	2,1	2,1	–6,4	–6,4	16,7	16,5
5. Süd	12,8	1,0	1,1	–11,8	–11,7	5,4	5,6
6. Südwest	10,3	1,7	1,8	–8,6	–8,5	10,3	10,3
7. West	18,8	8,7	9,2	–10,1	–9,6	33,3	35,8
8. Alt–West	5,7	0,3	0,7	–5,4	–5,0	6,3	12,5
9. Nordwest	5,3	1,0	1,1	–4,3	–4,2	0,0	0,0
10. Nord	8,2	1,0	0,7	–7,2	–7,5	4,2	4,3
Umland		8,4	3,5	8,4	3,5		
andere Stadt		2,1	2,1	2,1	2,1		

* Die Werte zeigen die Verteilung bei Zuordnung der peripheren Einkaufscenter zum jeweils anliegenden Stadtbezirk (Sachsenpark → Nord, Lowencenter → Alt–West, Globus → Süd).

Tab. 21: Räumliche Präferenzverteilung für Shopping Goods

Die Verhinderung der Abwanderung der eigenen Wohnbevölkerung in andere Stadtbezirke durch Gewährleistung eines hohen **Versorgungsgrades** gelingt analog zu den größten Nettowerten den Bezirken Mitte und Ost am besten (vgl. auch Abb. 32). Unterschiede zwischen einer engen und weiten Sichtweise sind hierbei nur marginal beim Bezirk Alt–West zu beobachten.

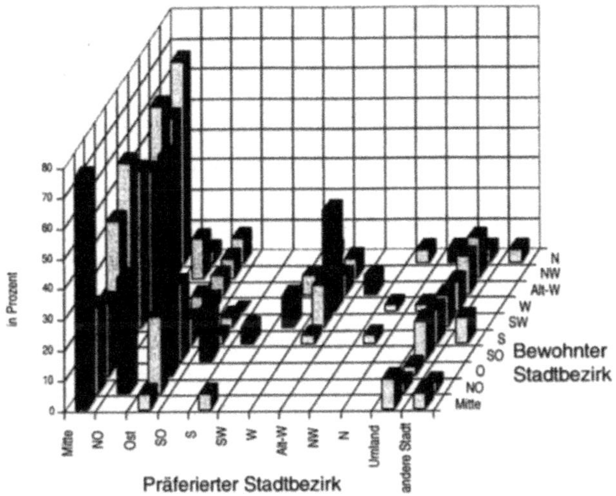

Dunkle Balken entsprechen den Fällen, in denen präferierter und bewohnter Bezirk übereinstimmt.

Abb. 32: Präferenzverteilung für Shopping Goods nach Stadtbezirken

Die Bezirke West und Nordost können mit Hilfe des Allee Centers bzw. dem im Nordosten ansässigen Adler–Modemarkt rund ein Drittel ihrer Einwohner halten. Als gravierend ist demgegenüber die Situation im Leipziger Nordwesten anzusehen, welche die gesamte Wohnbevölkerung zur Abwanderung in andere Stadtbezirke veranlasst. An dieser Stelle sollte jedoch überprüft werden, inwiefern ein umfangreiches Textilienangebot in unmittelbarer Wohnnähe in die Zielsetzung von Stadtplanungsaktivitäten aufgenommen werden muss. Da die Einkaufsatmosphäre als ein wichtiger Faktor für die Einkaufsstättenentscheidung im Bekleidungsbereich identifiziert wurde,[101] sollte vorab überprüft werden, inwiefern die Verbesserung dieser Orientierung in der Innenstadt als zielführender erachtet werden kann.

2.2214 Produktbezogene Präferenzen bei Specialty Goods

Die Analyse bzgl. des für die Produktkategorie Specialty Goods spezifizierten Elektrogerätes wurde dahingehend präzisiert, dass die Präferenzen für den Kauf eines Fernsehers den Gegenstand der Befragung bildeten. Dieser Schritt wurde aufgrund der Vielschichtigkeit des Sammelbegriffs Elektrogeräte gewählt, für die sich eine Aggregation der Daten als wenig aussagekräftig erwiesen hätte. Der Fernseher wurde als typischer Vertreter eines Specialty Goods ausgewählt, dem beim Kauf in der Regel ein intensiver Informationsbeschaffungsprozess vorausgeht. Als Auto– bzw. Bringware spielt der Transport des Gutes bzw. die Servicequalität des Anbieters eine wichtige Rolle.

QH $_{\text{PräM6}}$	*Bezieht sich das instrumentelle Motiv des Einkaufs auf Specialty Goods, präferieren Konsumenten E–Zentren.*
QH $_{\text{ÖM6}}$	*Bezieht sich das instrumentelle Motiv des Einkaufs auf den Kauf von Specialty Goods, präferieren Konsumenten Fachgeschäfte.*

Wie in Tabelle 22 verdeutlicht, beziehen sich die häufigsten Nennungen auf preis- und beratungsintensive Fachgeschäfte sowie Fachmärkte, die zugunsten niedrige Preise auf Beratungs– und sonstige Dienstleistungen weitgehend verzichten. D die Frage nach dem präferierten Geschäft beim Kauf eines Fernsehers in der A

101 Vgl. dazu die folgenden Ausführungen in Kap. C 2.224.

formuliert wurde, dass die Präferenz des zuerst vom Befragten besuchten Geschäfts erhoben wurde, muss der Eindruck eines hohen Qualitätsbewusstseins revidiert werden, da ein Großteil der Bevölkerung in einem ersten Schritt ohne Gegenleistung beim Fachhandel Expertenwissen abfragt, um das Ergebnis der Informationsbeschaffung im zweiten Schritt in diskountorientierten Fachmärkten zu einem niedrigen Preis zu realisieren. In dem an fünfter Stelle genannten Paunsdorf Center ist neben dem Pro Markt auch das Verkaufshaus von Quelle angesiedelt, so dass das Center in der Gesamtwertung beim Fernseherkauf mit 21,4 Prozent gleichauf mit der Nennung für Fachgeschäfte liegt. D.h., dass die Entscheidung beim Einkauf eines Fernsehers von nahezu drei Viertel der Bevölkerung zwischen Paunsdorf Center, Löwencenter (Media Markt) und Allee Center (Saturn) sowie einzelnen Fachgeschäften der Stadtbezirke getroffen wird.

Platz	**Name des Geschäfts**	**Präferenz** in Prozent	**Prozent** kumuliert	**Kategorie**	**Betriebsform**
1	Fachgeschäft	21,4	21,4	nicht spezifizierbar	Fachgeschäft
2	Media Markt	17,4	38,8	E–Zentrum	Fachmarkt
3	Saturn	12,7	51,5	B–/D–Zentrum	Fachmarkt
4	Pro Markt	9,8	61,3	B–/D–Zentrum	Fachmarkt
5	Paunsdorf Center	6,9	68,2	B–/D–Zentrum	Shopping Center
6	Quelle	4,7	72,9	B–/D–Zentrum	stationärer Versandhandel

Tab. 22: Einkaufsstättenpräferenz für Specialty Goods

Im Hinblick auf die Hypothesenprüfung von QH $_{ÖM6}$ kann somit bestätigt werden, dass Konsumenten zum Kauf von Specialty Goods Fachgeschäfte präferieren, wobei die Aussage dahingehend einzuschränken ist, dass die Summe der innerhalb eines Shopping Centers angesiedelten Geschäfte unterschiedlicher Betriebsformen eine gleich starke Präferenz aufweisen.

Bei der Analyse von Präferenzen bzgl. räumlicher Einkaufsstätten–Kategorien zeichnen sich große Differenzen im Zusammenhang mit einer engen oder weiten Betrachtungsweise ab (vgl. Tab. 23). Diese Unterschiede im **Nettowert** zwischen 23 und 3 Prozent zwischen einer Aus– oder Eingliederung peripherer Einkaufszentren sind insbesondere auf die Mediakompetenz des Löwencenters zurückzuführen. In der engen Sicht wird der höchste Nettowert dem Umland zugeordnet, während in der Einbeziehung der drei Center in die Stadt nur noch 3 Prozent der Konsumenten für den Kauf eines Fernsehers Leipzig verlassen würden. Die größte Magnetwirkung geht in diesem Fall analog zum Bekleidungskauf vom Paunsdorf Center aus, das von deutlich mehr als den Bewohnern des eigenen Stadtbezirkes präferiert wird. Den geringsten Nettowert weist in jeder Betrachtungsweise der Bezirk Süd auf, der trotz seines relativ hohen Bevölkerungsanteils nur geringe Präferenzen auf sich vereinigt.

Stadtbezirk	Bevölkerungs-anteil in Prozent	Präferenzver-teilung in Prozent		Nettowert in Prozentpunkten		Anteil Wohnbe-völkerung in Prozent	
		i.e.S.	i.w.S.*	i.e.S.	i.w.S.*	i.e.S.	i.w.S.*
1. Mitte	6,7	12,2	12,2	5,5	5,5	50,0	50,0
2. Nordost	12,2	4,4	4,8	–7,8	–7,4	33,3	33,3
3. Ost	11,1	27,3	27,0	16,2	15,9	76,7	76,7
4. Südost	9,3	2,2	2,6	–7,1	–6,7	16,0	20,0
5. Süd	11,9	1,8	2,2	–10,1	–9,7	15,6	18,8
6. Südwest	9,6	3,0	3,0	–6,6	–6,6	23,1	23,1
7. West	19,6	20,3	20,4	0,7	0,8	77,4	77,4
8. Alt–West	6,3	0,7	19,6	–5,6	13,3	11,8	58,8
9. Nordwest	4,8	0,7	0,7	–4,1	–4,1	15,4	15,4
10. Nord	8,5	3,7	4,1	–4,8	–4,4	21,7	26,1
Umland		23,2	3,0	23,2	3,0		

* Die Werte zeigen die Verteilung bei Zuordnung der peripheren Einkaufscenter zum jeweils anliegenden Stadtbezirk (Sachsenpark → Nord, Löwencenter → Alt–West, Globus → Süd).

Tab. 23: Räumliche Präferenzverteilung für Specialty Goods

Im **Versorgungsgrad** der ansässigen Wohnbevölkerung liegt der Stadtbezirk West vor Ost unabhängig von der Betrachtungsweise an erster Stelle (vgl. Abb. 33). Damit erfüllt West im elektrotechnischen Bereich seine Aufgabe als Stadtteilzentrum durch den hohen Präferenzanteil der Einwohner und einem Nettowert nahe Null vorbildlich, dagegen zieht Ost über seine Bewohner hinaus Kaufkraft aus anderen Bezirken ab und wirkt somit der Handelszentralität der Innenstadt entgegen.[102] Die Warenauswahl in den Kaufhäusern und Elektrofachgeschäften der Innenstadt bevorzugt zwar über die Einwohner des Bezirks Mitte hinaus ein geringer Bevölkerungsteil, damit wird jedoch nur jeder zweite Anwohner in der Innenstadt gehalten. Da die Ansiedlung von Fachmärkten in der City als schwierig erachtet werden muss, sollte dort aufgrund der Präferenz zum Kauf in Fachgeschäften die Kompetenz der Innenstadt mit Angeboten dieser Betriebsform stärker ausgebaut und kommuniziert werden.

---

[102] Der niedrige Wohnbevölkerungsanteil bei enger Sichtweise in Alt–West ist auf die Beliebtheit des Löwencenters zurückzuführen, nach dessen Zuordnung zum Bezirk Alt–West hat der Leipziger Nordwesten den geringsten Versorgungsgrad mit Elektrogeräten.

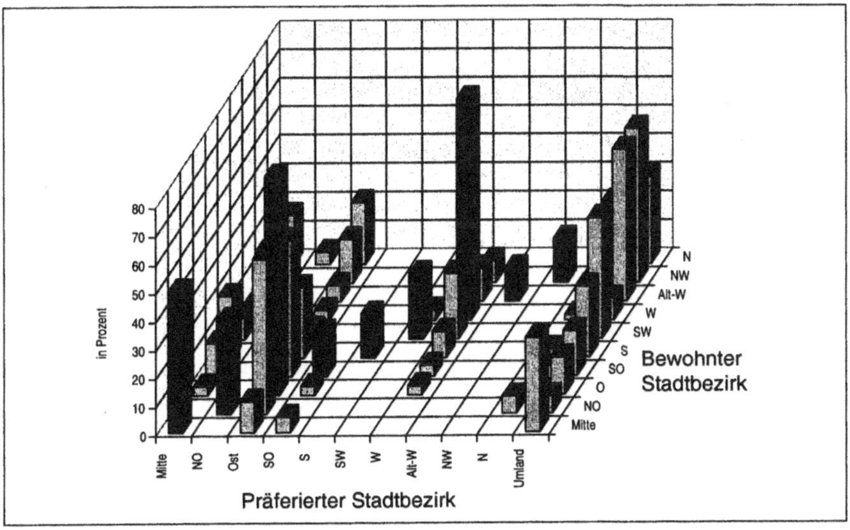

Dunkle Balken entsprechen den Fällen, in denen präferierter und bewohnter Bezirk übereinstimmt.

Abb. 33: Präferenzverteilung für Specialty Goods nach Stadtbezirken

Diese Ausführungen bestätigen bei der hier angenommenen Betrachtungsweise die Hypothese zur Präferenz autokundenorientierter Standorte auf der Grünen Wiese bei Specialty Goods, die in der Arbeit als E–Zentren bezeichnet werden.

2.222 Psychografische Besonderheiten

Die im Zusammenhang mit der Beschreibung der beiden extrahierten Gruppen vorgestellten Hypothesen zum Geschlecht und Alter hedonistischer bzw. nutzenorientierter Konsumenten konnten nicht validiert werden. Die folgenden Hypothesen beziehen sich auf präferierte Einkaufsstätten dieser beiden Gruppen, da zu vermuten ist, dass Präferenzen in Abhängigkeit des Shopping Value als psychografischer Prädisposition von Konsumenten variieren. Hedonismus beim Einkauf korrespondiert in starkem Maße mit den für den Erlebniskauf wichtigen Determinanten, daher präferieren hedonistische Konsumenten Einkaufsstätten mit hoher Multifunktionalität. Für nutzenorientierte Konsumenten ist andererseits ein hoher handelsspezifischer Agglomerationsgrad von Bedeutung.

QH $_{PräP1}$	*Ist der Shopping Value von Konsumenten hedonistisch orientiert, präferieren sie in stärkerem Maße gegenüber nutzenorientierten Konsumenten A–Zentren.*
QH $_{PräP2}$	*Ist der Shopping Value von Konsumenten nutzenorientiert, präferieren sie in stärkerem Maße gegenüber hedonistischen Konsumenten B–, D– oder E–Zentren.*

Die Untersuchung dieser Hypothese orientiert sich aus erhebungstechnischen Gründen an produktbezogenen Präferenzangaben der Befragten. Auf Basis der bereits beschriebenen Kategorisierung nach Convenience, Shopping und Specialty Goods, konnte allein bei Shopping Goods ein signifikanter Zusammenhang (p=0,012) zwischen Einkaufsstättenkategorie und Clusterzugehörigkeit ermittelt werden (vgl. Tab. 24).[103]

		A–Zentrum	B–Zentrum	C–Zentrum	D–Zentrum	E–Zentrum	Gesamt
Cluster 1	% Cluster 1	50,0	14,7	14,0	19,1	2,2	100
(Nutzen–orientierg.)	% EKS	54,8	37,7	73,1	54,2	25,0	51,7
Cluster 2	% Cluster 2	44,1	26,0	5,5	17,3	7,1	100
(Hedonis–mus)	% EKS	45,2	62,3	26,9	45,8	75,0	48,3
Gesamt	% Gesamt	47,1	20,2	9,9	18,3	4,6	100
	% EKS	100	100	100	100	100	100

EKS = Einkaufsstätte

Tab. 24: Psychografische Prädisposition bei unterschiedlichen Standortkategorien

Demnach favorisieren nutzenorientierte Einkäufer des Clusters 1 stärker als Hedonisten C–Zentren, d.h. Nachbarschaftsläden zum Bekleidungskauf, da 73,1 Prozent aller Käufer in Nachbarschaftsläden bei annähernder Gleichverteilung beider Gruppenumfänge diesem Segment zuzuordnen sind.[104] Stärker von nutzenorientierten Konsumenten präferiert werden darüber hinaus A–Zentren und D–Zentren. Demgegenüber bevorzugen hedonistisch geprägte Konsumenten des Clusters 2 überdurchschnittlich Einkaufs– oder Stadtteilzentren des bewohnten Stadtbezirks (d.h. B–Zentren) sowie in der Umgebung von Leipzig (d.h. E–Zen-

[103] Der Prüfung auf signifikante Zusammenhänge erfolgt mit Hilfe des χ^2–Tests.

[104] Diese Angaben bestätigen sich durch die Analyse der Abweichungen vom Gesamtanteil der Konsumenten im jeweiligen Zentrum zu den beiden Gruppen. Im Beispiel stehen 14 Prozent des Clusters 1 einem Durchschnitt von 9,9 Prozent gegenüber, was für eine überdurchschnittliche Repräsentanz dieses Clustern in C–Zentren spricht.

tren). Dies lässt darauf schließen, dass nutzenorientierte Personen vorrangig Geschäfte in Wohnnähe bevorzugen. Offensichtlich entspricht dagegen das Auftreten von Einkaufs– oder Stadtteilzentren im Wohnbezirk bzw. Umland vordergründig den Bedürfnissen, die beim Erlebniseinkauf von Bekleidung erwartet werden. Die Ergebnisse dieser Analyse, die wiederum nur speziell auf den Kauf von Bekleidung zutreffen, führen trotz einer leichten Überrepräsentanz nutzenorientierter Konsumenten in D–Zentren zur Ablehnung sowie in Bezug auf Shopping Goods zur Widerlegung beider Hypothesen.

2.223 Soziodemografische Besonderheiten

Die Prüfung soziodemografischer Besonderheiten bei Einkaufsstättenpräferenzen bezieht sich auf durch Aggregation gewonnene Konstrukte des Familienlebenszyklus und der sozialen Schicht. Darüber hinaus ist die Abhängigkeit der Präferenzen von Mobilitätsaspekten zu untersuchen.

Präferenzen variieren in Abhängigkeit von der Stellung des Konsumenten im **Familienlebenszyklus**, die mit jeweils anderen Präferenzen in Bezug auf wichtige Kriterien der Einkaufsstättenwahl verbunden ist. Aus den Ergebnissen vorhandener Studien[105] lässt sich ableiten, dass insbesondere jüngere Konsumenten in der Innenstadt einkaufen. Mittlere Phasen (Familien mit Kindern) weisen dagegen eine höhere Nutzenorientierung auf und bevorzugen Einkaufsstätten, die sich durch einen hohen Agglomerationsgrad auszeichnen. In hohen Phasen des FLZ wiederum spielt die Nähe zur Wohnung eine große Rolle für die Einkaufsstättenwahl.

QH $_{Präs1}$	*Gehören Konsumenten einer niedrigen Phase des FLZ an, präferieren sie A–Zentren.*
QH $_{Präs2}$	*Gehören Konsumenten mittleren Phasen des FLZ an, präferieren sie B–Zentren, D–Zentren oder E–Zentren.*
QH $_{Präs3}$	*Gehören Konsumenten einer hohen Phase des FLZ an, präferieren sie B– oder C–Zentren.*

[105] Vgl. die Ausführungen in Kap. C 2.113.

Signifikante Zusammenhänge ($p < 0{,}05$) zwischen der Stellung im Familienlebenszyklus und der Präferenz von Einkaufsstätten nach räumlichen Kategorien sind nur für die Kategorie der Elektrogeräte beobachtbar, allerdings weisen diese Aussagen eine zu geringe Zellbesetzung auf. Alle anderen Hypothesen zum FLZ müssen, bedingt durch mangelnde Signifikanz, von vornherein abgelehnt werden. Bei Elektrogeräten zeigt sich, dass Konsumenten, die sich in einer niedrigen Phase des FLZ befinden, A– und D–Zentren präferieren. Konsumenten aus der mittleren Phase neigen zu B–Zentren; in hohen Phasen werden im Verhältnis am stärksten C–Zentren bevorzugt. Aus diesen Aussagen ist zu erkennen, dass sich in den Auswertungen kein grundsätzlicher Widerspruch zu den Hypothesen ergibt. Die Präferenz für A–Zentren von jüngeren Konsumenten trifft darüber hinaus ebenso beim Lebensmittel– wie Bekleidungskauf zu, mittlere Phasen präferieren für beide Produktkategorien B–Zentren, während ältere Konsumenten bei Lebensmitteln C–Zentren und bei Bekleidung E–Zentren bevorzugen. Durch die Beschränkung der Ergebnisse auf einen Produktbereich werden die Hypothesen jedoch wegen fehlenden Zusammenhangs abgelehnt.

Bei der Differenzierung von Einkaufsstätten nach ihrer räumlichen Lage in Standorte innerhalb der Stadt Leipzig und im Umland, ist wiederum nur die Präferenz beim Elektrogerätekauf signifikant ($p < 0{,}01$). Es wird deutlich, dass bei dieser Betrachtungsweise das Umland überdurchschnittlich von jüngeren Konsumenten bevorzugt wird, während Angehörige hoher Phasen des FLZ stärker Einkaufsstätten innerhalb der Stadt für den Kauf von Elektrowaren präferieren.

Präferenzen variieren ebenso in Abhängigkeit der **sozialen Schicht** des Konsumenten. Angehörige der unteren Schicht sind bei der Wahl der Einkaufsstätte preisorientiert und daher weniger in der Innenstadt oder C–Zentren, sondern stärker in Shopping Centern zu finden. Konsumenten, die der oberen Schicht zuzuordnen sind, legen dagegen mehr Wert auf Exklusivität und Einkaufserlebnisse, die mit dem Angebot von A–Zentren korrespondieren.

QH $_{PräS4}$	*Gehören Konsumenten einer unteren Schicht an, präferieren sie Shopping Center (B–, D–, E–Zentren).*
QH $_{PräS6}$	*Gehören Konsumenten der oberen Schicht an, präferieren sie A–Zentren.*

Die beschriebenen Probleme mangelnder Signifikanz und zu geringer Zellbesetzung treten parallel bei der Hypothesenprüfung zu Abhängigkeiten zwischen der sozialen Schicht und Einkaufsstättenpräferenzen auf, so dass wiederum die Hypothesen abgelehnt werden müssen. Unabhängig davon kann die Tendenz aufgezeigt werden, dass Angehörige der unteren Schicht für die Produktkategorie Lebensmittel und Bekleidung B–Zentren, Angehörige der oberen Schicht demgegenüber A–Zentren bevorzugen. Bei Präferenzaussagen im Elektrogerätebereich dreht sich dieser Zusammenhang allerdings um: hier ist es die Unterschicht, die Einkaufsstätten in A–Zentren präferieren, während die obere Schicht B– als auch D–Zentren den Vorzug gibt.

Der Vergleich zwischen Einkaufsstätten des Umlandes und der Stadt belegt ausschließlich für Elektrogeräte einen signifikanten Zusammenhang, der allerdings nicht von den Aussagen der anderen Produktkategorien abweicht. Demnach präferieren die Mitglieder der Unterschicht in allen Fällen Einkaufsstätten innerhalb des Stadtgebietes, wohingegen die Oberschicht eher das Umland bevorzugt. Inwiefern diese Beziehung im Zusammenhang zu **Mobilitätsaspekten** steht, soll daher mit der folgenden Hypothese geklärt werden.

QH $_{Präs6}$	*Präferieren Konsumenten autokundenorientierte Einkaufsstätten (E–Zentren bzw. Umland), steht die Präferenz in signifikantem Zusammenhang zum Besitz eines PKW innerhalb der Familie des Konsumenten.*

Anhand der erhobenen Daten sollte der Einfluss der Mobilität auf die Einkaufsstättenwahl untersucht werden, um herauszuarbeiten, inwiefern der PKW–Besitz[106] zu Einkaufsstättenpräferenzen von Konsumenten beiträgt. Signifikante Zusammenhänge treten in den Kategorien Lebensmittel und Elektrogeräte auf.[107] Während über 95 Prozent der autolosen Personen Lebensmittel ebenso wie Elektrogeräte generell in der Stadt Leipzig einkaufen, wandert jeder vierte Autobesitzer ins Umland ab. In der Differenzierung des Lebensmitteleinkaufs innerhalb des Stadtgebietes liegen bei fehlender Mobilität Nachbarschaftsläden (C–Zentren) mit ca. 75 Prozent aller Nennungen deutlich an erster Stelle. Demgegenüber kauft nur jeder zweite Autofahrer in der Nachbarschaft ein und präferiert als zweite Einkaufsmöglichkeit gleichgewichtet Einkaufs– bzw. Stadtteilzentren unabhängig ihrer

---

[106] Die Beschränkung auf das Auto als Indikator zur Flexibilität der Fortbewegung wurde seiner Unabhängigkeit von der zu transportierenden Menge und den vorherrschenden Witterungsbedingungen wegen gewählt.

[107] Für Präferenzen beim Kauf von Bekleidung, als typische Vertreterin einer Handware betrachtet werden kann, spielt der Besitz eines PKW keine Rolle.

Lage (B– und D–Zentren). Für Elektrogeräte präferieren nahezu die Hälfte der mobilen und ein Drittel der immobilen Käufer Einkaufsstätten außerhalb des eigenen Stadtbezirks. Konsumenten ohne eigenen PKW kaufen Elektrogeräte häufiger in der Innenstadt oder in Nachbarschaftsläden ein als PKW–Besitzer.

Es zeigt sich mit der Bestätigung der Hypothese somit deutlich, dass vorhandene Mobilität einen positiven Einfluss auf die Bereitschaft, größere Distanzen für den Einkauf zurückzulegen, ausübt. Periphere Einkaufsstätten werden in erster Linie von Konsumenten mit PKW bevorzugt, während immobile Personen gezwungen sind, in der näheren Umgebung einzukaufen. Problematisch erscheint daraus speziell für die Innenstadt, dass der Besitz eines PKW in der Regel mit höherer Kaufkraft korreliert, so dass aus diesem Grund ein vermindertes Umsatzpotential aufgrund ihrer schlechten Autokundenorientierung absehbar bleibt.

2.224 Determinanten der Präferenz bei der Einkaufsstättenwahl

Von besonderer Bedeutung für die Ableitung von Implikationen für das Handelsmarketing erweist sich die Frage, auf Grund welcher Faktoren bestimmte Präferenzen zu beobachten sind. Zu ihrer Klärung dienen Hypothesen, die sich auf die Determinanten der Einkaufsstättenwahl beziehen. Konzentriert werden soll sich dabei auf die Abhängigkeit unterschiedlicher Determinantenbedeutung von motivationalen Aspekten, die über die Zusammenhänge zu unterschiedlichen Produktkategorien verdeutlicht werden. Anschließend ist zu prüfen, inwiefern die Bedeutung von Determinanten durch unterschiedliche psychografische und soziodemografische Ausprägungsformen beeinflusst werden.

2.2241 Produktabhängigkeit von Determinanten

Bei der nachfolgenden Prüfung der die Präferenz determinierenden Einflussgrößen in Abhängigkeit der Produktkategorie werden in einem ersten Schritt Einkaufsstätten anhand ihrer kategorialen Zuordnung zu A– bis E–Zentren analysiert. Von ebenso hoher Bedeutung ist der direkte Vergleich von Kriterien und ihrer Einflussstärke auf die Entscheidung, ob die präferierten Einkaufsstätten innerhalb oder außerhalb der Stadt Leipzig angesiedelt sind. Dieses Ziel wird mit Hilfe eines Mittelwertvergleichs über einen t–Test realisiert, der verdeutlicht, ob zu beobachtende Mittelwertunterschiede durch zufällige Schwankungen auftreten oder auf signifikante Unterschiede zwischen den Gruppen (Innenstadt– vs. Umlandpräferenz) zurückzuführen sind.[108] Für die Einkaufsstättenwahl kann generell vermutet werden, dass unabhängig der gewünschten Produktkategorie Kriterien der Angebotsvielfalt (Agglomerationsgrad) sowie der Nähe zum Wohnort (Zentralität) bzw. Erreichbarkeit von besonderer Bedeutung sind.

QH ó	*Die für die Einkaufsstättenwahl wichtigsten Kriterien sind sortimentsbezogene Determinanten und Determinanten der Erreichbarkeit.*

Unabhängig von der Produktkategorie erhielten die Kriterien Größe der Warenauswahl, Nähe zur Wohnung und Erreichbarkeit mit PKW bzw. ÖPNV im Durchschnitt die meisten Nennungen, wobei insbesondere die Angebotsvielfalt einen bedeutenden Beitrag zur Bildung von Präferenzurteilen leistet (vgl. Abb. 34). Mit der Angebotsvielfalt als sortimentsbezogenes Kriterium und den beiden Faktoren der Erreichbarkeit ist die Hypothese QH ó somit zu bestätigen.

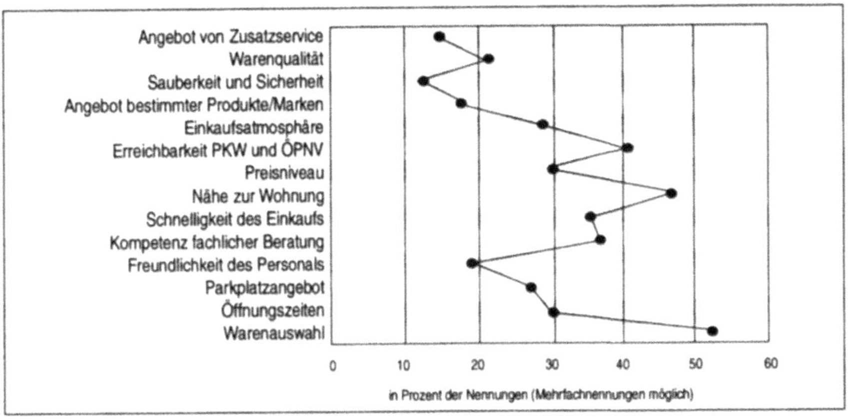

Abb. 34: Determinanten der Einkaufsstättenwahl

Die Wichtigkeit von Determinanten variiert bei der Präferenzbildung in Abhängigkeit des zugrunde liegenden Bedürfnisses. Präferenzentscheidungen für Einkaufsstätten bestehen dabei aus grundnutzenorientierten und zusatznutzenorientierten Komponenten, die jeweils mit unterschiedlichen Arten von Determinanten verknüpft sind. Die unterschiedliche Bedeutung dieser Determinantenarten hängt dabei davon ab, wie hoch der kognitive Aufwand und die emotionale Beteiligung des Konsumenten bei der Entscheidung sind.

---

108 Vgl. dazu z.B. Brosius, G., Brosius, F., SPSS Base System und Professional Statistics, a.a.O., S. 401ff.

$QH_{ÖM1}$	*Bezieht sich das instrumentelle Motiv des Einkaufs auf Convenience Goods, präferieren Konsumenten Einkaufsstätten auf Grund von grundnutzenorientierten Determinanten.*
$QH_{ÖM2}$	*Bezieht sich das instrumentelle Motiv des Einkaufs auf Shopping Goods, präferieren Konsumenten Einkaufsstätten auf Grund von Determinanten, die zusatznutzenorientiert sind.*
$QH_{ÖM3}$	*Bezieht sich das instrumentelle Motiv des Einkaufs auf Specialty Goods, präferieren Konsumenten Einkaufsstätten auf Grund von grundnutzenorientierten Determinanten.*

Zur Frage nach den Faktoren, die für die Vorziehenswürdigkeit der gewählten Geschäfte im Vergleich zu anderen ausschlaggebend ist, spielt innerhalb der Produktkategorie **Lebensmittel** die Nähe zur Wohnung[109] bei 66,6 Prozent der Befragten (vgl. Tab. 25, in der alle erhobenen Kriterien auf Basis ihrer produktübergreifenden Wichtigkeit geordnet sind) gefolgt vom Faktor der schnellen Erledigung des Einkaufs (60,5 Prozent) die größte Rolle. Als relativ wichtige Determinanten wurden weiterhin die Größe der Warenauswahl i.S. der Sortimentstiefe und –breite sowie die gute Erreichbarkeit ermittelt. Service–, Beratungs– und Qualitätsaspekten ist hingegen eine untergeordnete Bedeutung beizumessen. Die Auswahl dieser Faktoren verdeutlicht die bereits bekannte Conveniencelastigkeit des Lebensmittelkaufs. Innerhalb der offenen Möglichkeit eigene Faktoren zu ergänzen, war das Angebot von Ostprodukten am meisten entscheidungsrelevant.

[109] Die Bedeutung der Wohnortnähe spiegelt sich ebenfalls in der erhobenen Entfernung des Geschäfts zum Wohnort wider. Bei über 16 Prozent liegt der präferierte Lebensmitteladen weniger als 250 Meter sowie bei fast jedem Vierten nur 5 Minuten vom der Wohnung entfernt. Im Vergleich dazu sind es bei Bekleidung 1,9 bzw. 3 Prozent und bei Elektrogeräten 6,6 bzw. 8,8 Prozent.

Kriterium	Lebensmittel Platz	Lebensmittel % der Fälle*	Bekleidung Platz	Bekleidung % der Fälle*	Elektrogeräte Platz	Elektrogeräte % der Fälle*
größte Warenauswahl	3.	47,0	1.	55,7	1.	55,2
am nächsten zu meiner Wohnung	1.	66,6	5.	33,0	3.	40,8
am leichtesten zu erreichen (PKW/ÖPNV)	4.	41,9	4.	36,2	3.	40,8
kompetenteste fachliche Beratung	nicht erfragt		6.	29,4	2.	45,1
kann Einkäufe am schnellsten erledigen	2.	60,5	8.	28,4	10.	19,1
kundenfreundlichste Öffnungszeiten	5.	34,1	6.	29,4	6.	29,6
niedrigstes Preisniveau	5.	34,1	11.	20,6	5.	35,4
angenehmste Einkaufsatmosphäre	8.	27,4	2.	46,1	12.	15,5
größtes Parkplatzangebot	7.	31,8	10.	20,9	6.	29,6
beste Warenqualität	11.	14,2	3.	36,5	13.	15,2
freundlichstes Personal	9.	18,2	9.	21,3	10.	19,1
Angebot bestimmter Produkte/Marken	11.	14,2	12.	20,2	9.	20,6
bietet meisten Zusatzservice an	13.	7,8	14.	12,4	8.	24,9
am saubersten und sichersten	10.	16,2	13.	15,2	14.	7,2
Grundnutzen : Zusatznutzen (Σ % der Fälle)	291,7 : 122,3		264,9 : 140,4		292,1 : 106,0	
Grundnutzen : Zusatznutzen (% der Σ)	70	30	65	35	73	27

* Mehrfachantworten möglich
Determinanten, die sich auf den Grundnutzen beziehen, sind grau hinterlegt.

Tab. 25: Differenzierung von Determinanten der Einkaufsstättenwahl nach Produktkategorien

Die Präferenz für Anbieter tiefer und breiter Sortimente spiegelt sich ebenfalls in den Determinanten der Einkaufsstättenwahl bei **Bekleidung** wider, in der 55,7 Prozent der Befragten die Größe der Warenauswahl als wichtigstes Entscheidungskriterium ihrer Präferenzangabe nennen. Der Stellenwert der Einkaufsatmosphäre, der in Untersuchungen zum Erlebniseinkauf herausgearbeitet wurde, ist beim Kauf von Bekleidung am deutlichsten erkennbar. Es erstaunt hingegen, dass immerhin 36 Prozent der Befragten die Erreichbarkeit und ein Drittel die Nähe zur Wohnung als bedeutsam erachten, da Textilien als Handwaren im Vergleich zu Autowaren nicht auf gute Transportmöglichkeiten angewiesen sind. In Folge sind es Aspekte der Warenqualität und der Beratung, die für die Präferenz bestimmter Einkaufsstätten im Bekleidungsbereich als wichtig erachtet werden. Beim Zusatz der offenen Antwortmöglichkeit kann insbesondere die 5–fache Nennung der Gewährung von Rabatten und Sonderangeboten, als Entscheidungsfaktor der Einkaufsstättenwahl hervorgehoben zu werden.

Für eine Präferenz von Fachgeschäften sprechen wiederum die Determinanten der Einkaufsstättenwahl bei **Elektrogeräten**. Das Kriterium des niedrigen Preises wird nur von 35 Prozent der Konsumenten als bedeutsam erachtet und steht somit erst an fünfter Stelle. Der entscheidende Einfluss geht von der Größe der Warenauswahl aus, den mehr als jeder Zweite zum kaufrelevanten Kriterium erhebt. Als Punkt für Fachgeschäfte kann weiterhin die Bedeutung kompetenter fachlicher Beratung gewertet werden, wobei die Interdependenzen zur Frage nach dem ersten Geschäft nicht außer acht gelassen werden dürfen.[110] Beachtenswert ist jedoch die Wichtigkeit der Wohnungsnähe bzw. der Erreichbarkeit. In der genaueren Spezifikation der Ursachen lässt sich finden, dass überdurchschnittlich viele Konsumenten, die Saturn bzw. das Allee Center als Präferenzeinkaufsstätte wählten, diesen Grund angaben. Damit kommt die gelungene Funktionserfüllung dieses Stadtteilzentrums im Mediabereich zum Ausdruck, die demgegenüber das Paunsdorf Center bei Textilien verwirklicht.

Bezogen auf die vorliegenden motivationsspezifischen Hypothesen kann keine grundlegende Differenzierung zwischen grundnutzen– und zusatznutzenbasierten Determinanten der Einkaufsstättenwahl bei den jeweiligen Kategorien konstatiert werden. Somit ist die Hypothese abzulehnen. Allerdings zeigt das prozentuale Verhältnis zwischen beiden Determinantengruppen, dass der Anteil zusatznutzenorientierter Kriterien beim Kauf von Bekleidung im Verhältnis zu allen anderen Produktkategorien am wichtigsten sowie bei Elektrogeräten am unwichtigsten ist.[111] Erwähnenswert ist darüber hinaus ein in allen drei Produktbereichen auftretendes Muster, nach dem die wichtigsten Kriterien auf Merkmalen des Grundnutzens basieren, während an zweiter Stelle zusatznutzengenerierende Determinanten rangieren.

In einem weiteren Schritt der systematischen Analyse der Präferenzstrukturen wurden über einen **Mittelwertvergleich** diejenigen Kriterien identifiziert, die für die Präferenz zwischen dem Einkauf in der Stadt Leipzig und dem Umland signifikant ($p < 0{,}05$) unterschiedlich sind (vgl. Tab. 26). Hier zeigt sich im Vergleich zu Tab. 25, dass in Bezug auf Lebensmittel die in der Gesamtbewertung als weniger wichtig erachteten Kriterien (Parkplatzangebot, Einkaufsatmosphäre, Sauberkeit und Sicherheit) dennoch für die Abwanderung in umlandige Einkaufszentren von Bedeutung sind und für die Attraktivitätssteigerung der Stadt Leipzig als Einkaufsort nicht vernachlässigt werden dürfen. Mit Hilfe der Größe Eta, die den Zusammenhang zwischen abhängiger (ausschlaggebende Determinanten für die

---

110 Die Frage zur Erhebung der Einkaufsdetermianten lautete konkret: „Was ist für Sie der Grund, dass Sie gerade diese Einkaufsstätte für den Kauf des Fernsehers am meisten bevorzugen?" Vgl. Anhang V.

111 Anhand der unterschiedlichen Verteilung von grund– und zusatznutzenorientierten Determinanten in der Fragestellung ist ein Verhältnis von 65 zu 35 als ausgeglichen anzunehmen.

Präferenz) und unabhängiger Variable (Kategorien Stadt vs. Umland) verdeutlicht, lässt sich zeigen, dass die Bedeutung der Wohnungsnähe zum entscheidenden Faktor für eine der Abwanderung entgegen wirkende Entwicklung zu verstehen ist und in diesem Fall für die relativ starke Präferenz innerstädtischer Einkaufsstätten verantwortlich ist.

Faktor	**Mittelwert Stadt**	**Mittelwert Umland**	***Signifikanz***	**Eta**
Nähe zur Wohnung	**0,72**	0,44	*0,000*	0,247
Warenauswahl	0,41	**0,69**	*0,000*	0,230
Parkplatzangebot	0,27	**0,52**	*0,000*	0,216
Sauberkeit und Sicherheit	0,13	**0,27**	*0,008*	0,154
Einkaufsatmosphäre	0,24	**0,40**	*0,010*	0,150
Erreichbarkeit	0,39	**0,56**	*0,012*	0,147

Tab. 26: Mittelwertvergleich Determinanten der Einkaufsstättenwahl (Lebensmittel)

Im Mittelwertvergleich der Determinanten bei der Präferenzentscheidung für Bekleidung unterscheiden sich die Kategorien des Einkaufs in der Stadt Leipzig oder dem Umland nur im Angebot bestimmter Produkte oder Marken in signifikanter Weise. Dieser Zusammenhang ist mit einem Eta von 0,122 zwar gering, trotzdem spricht der deutlich höhere Wert für die Stadt Leipzig für einen Attraktivitätsvorteil, der sich durch eine geplante Ansiedlung eines Designer Outlet Centers in der Innenstadt anstelle auf der Grünen Wiese noch verstärken kann.

Faktor	**Mittelwert Stadt**	**Mittelwert Umland**	***Signifikanz***	**Eta**
niedriges Preisniveau	0,25	**0,67**	*0,000*	0,369
Nähe zur Wohnung	**0,52**	0,09	*0,000*	0,362
Warenauswahl	0,47	**0,83**	*0,000*	0,300
Parkplatzangebot	0,26	**0,46**	*0,002*	0,188

Tab. 27: Mittelwertvergleich Determinanten der Einkaufsstättenwahl (Elektrogeräte)

Beim Mittelwertvergleich der Determinanten über die Kategorie Elektrogeräte, die für die Entscheidung zwischen Stadt und Umland von Relevanz sind, kommt erstmals die Bedeutung niedriger Preise zum Tragen, die im stärksten Zusammenhang zur räumlichen Entscheidung zwischen Stadt und Umland (Eta = 0,369) deutlich wird (vgl. Tab. 27). Da das Preisniveau für das Umland deutlich geringer eingeschätzt wird, ist es einer der ausschlaggebenden Faktoren für den Einkauf außerhalb der Stadtgrenze. Hingegen spricht die Nähe zur Wohnung für den Einkauf in Leipzig, dem jedoch eine größere Warenauswahl und ein besseres Parkplatzangebot im Umland gegenübersteht. Durch die Ansiedlung discountorientierter Fachmärkte innerhalb städtischer Einkaufszentren wurde in den letzten

Jahren für diese Produktkategorie ein Angebot geschaffen, das der Abwanderung auf die Grüne Wiese entgegenwirken kann.

2.2242 Abhängigkeiten zu psychografischen Merkmalen

Vor der Prüfung der spezifischen Zusammenhänge zwischen **psychografischer Prädisposition** und Determinanten der Einkaufsstättenwahl ist in einem ersten Schritt zu klären, ob zwischen beiden Segmenten des Shopping Values offensichtlich Unterschiede bestehen, bevor zu analysieren ist, inwieweit diese Unterschiede als signifikant bezeichnet werden können.

Beim Kauf von Lebensmitteln legen nutzenorientierte Konsumenten des Segmentes 1 stärksten Wert auf die Schnelligkeit des Einkaufs (65,3%), gefolgt von der Nähe zur Wohnung (vgl. Tab. 28). Dabei spielt die Nähe zur Wohnung die wichtigste Rolle (71,7%). Bedeutend unwichtiger sind dabei für das Cluster 1 die kundenfreundlichsten Öffnungszeiten, das niedrigste Preisniveau und Kriterien zu Sauberkeit und Sicherheit. Für Präferenzen der Einkaufsstättenwahl bei Nutzenorientierung spricht damit im Lebensmittelbereich in erster Linie eine schnelle Abwicklung der Kaufgesuche. Einkaufsgenießer hingegen messen dem Gesamtangebot in einem Kontext der Vielzahl von Faktoren eine große Bedeutung bei, in erster Linie jedoch ist Bequemlichkeit beim Einkauf durch Wohnungsnähe erwünscht.

Lebensmittel			**Bekleidung**			**Elektrogeräte**		
Kriterium	% der Fälle*		Kriterium	% der Fälle*		Kriterium	% der Fälle*	
Cluster	1	2	Cluster	1	2	Cluster	1	2
am nächsten zu meiner Wohnung	61,1	**71,7**	größte Warenauswahl	51,8	**59,4**	größte Warenauswahl	54,8	**55,3**
kann Einkäufe am schnellsten erledigen	**65,3**	55,8	angenehmste Einkaufsatmosphäre	43,3	**48,4**	kompetenteste fachliche Beratung	41,5	**46,2**
größte Warenauswahl	**46,5**	46,4	am leichtesten mit Auto oder ÖPNV zu erreichen	34,0	**39,8**	am nächsten zu meiner Wohnung	39,3	**42,4**
am leichtesten mit Auto oder ÖPNV zu erreichen	**43,1**	42,0	beste Warenqualität	32,6	**40,6**	am leichtesten mit Auto oder ÖPNV zu erreichen	**34,8**	**47,0**
kundenfreundlichste Öffnungszeiten	27,8	**40,6**	am nächsten zu meiner Wohnung	**33,3**	32,8	niedrigstes Preisniveau	34,1	**37,9**
niedrigstes Preisniveau	29,9	**36,2**	kompetenteste fachliche Beratung	26,2	**32,0**	größtes Parkplatzangebot	**31,1**	29,5
größtes Parkplatzangebot	31,3	**34,1**	kann Einkäufe am schnellsten erledigen	**32,6**	24,2	kundenfreundlichste Öffnungszeiten	28,1	**30,3**
angenehmste Einkaufsatmosphäre	24,3	**31,2**	kundenfreundlichste Öffnungszeiten	25,5	**32,0**	bietet meisten Zusatzservice	**28,9**	22,7
			am saubersten und sichersten	9,2	**22,7**			

* Mehrfachantworten möglich
Fett gedruckte Angaben heben hervor, für welches Segment das jeweilige Kriterium wichtiger ist.
Signifikante Unterschiede zwischen beiden Gruppen sind grau hinterlegt.

Tab. 28: Determinanten der Einkaufsstättenwahl nach Clusterzugehörigkeit

Ähnlich dem Lebensmittelkauf hebt sich Segment 1 bei der Präferenz von Einkaufsstätten für Bekleidung in der stärkeren Gewichtung der Kriterien Schnelligkeit beim Einkauf und Nähe zur Wohnung mit einer höheren Wertung als Segment 2 ab. Nichtsdestotrotz spielen eine umfangreiche Warenauswahl und die Atmosphäre beim Einkauf auch für diese Gruppe die größte Rolle, insgesamt sind sie gegenüber dem Segment 2 jedoch weniger anspruchsvoll. Die Angehörigen dieses Clusters stellen Faktoren wie Auswahl, Atmosphäre und Qualität in den Vordergrund, was für die Bedingung eines Einkaufsgenusses nachvollziehbar wichtiger ist.

Handelt es sich beim gekauften Produkt um ein Elektrogerät, gewinnt die kompetente fachliche Beratung neben der Warenauswahl für beide Segmente an Bedeutung. Cluster 2 bewertet ebenfalls für diese Produktkategorie nahezu ausnahmslos alle Kriterien bis auf den Wunsch nach Angeboten von Zusatzservice und dem Parkplatzangebot wichtiger als Cluster 1.

In der Summe dieser ersten Betrachtung zeigt sich, dass Konsumenten, die den Einkauf genießen, in der Regel dazu neigen, alle Kriterien als deutlich wichtiger für die Einkaufsstättenwahl einzustufen als nutzenorientierte Konsumenten. Das heißt, dass die Befriedigung der Interessen dieser Gruppe mit einem sehr hohen und komplexen Aufwand einhergehen, während sich bei der gezielten Ansprache des weniger anspruchsvollen Clusters 2 auf einzelne Aspekte fokussiert werden kann.

Bei der Prüfung spezifischer Zusammenhänge zwischen der Wichtigkeit von Determinanten und der psychografischen Prädisposition des Konsumenten ist davon auszugehen, dass der Shopping Value dabei mit der Unterscheidung nach grund– und zusatznutzenorientierten Determinanten korrespondiert.

QH $_{ÖP1}$	*Ist der Shopping Value von Konsumenten nutzenorientiert, spielen grundnutzenorientierte Determinanten für die Präferenzbildung eine verhältnismäßig wichtigere Rolle als zusatznutzenorientierte Determinanten.*
QH $_{ÖP2}$	*Ist der Shopping Value von Konsumenten hedonistisch orientiert, spielen Determinanten, die mit der Generierung von Zusatznutzen verbunden sind, eine verhältnismäßig wichtigere Rolle als grundnutzenorientierte Determinanten.*

Zur Prüfung der entsprechenden Hypothesen wurde wiederum auf den t–Test bei unabhängigen Stichproben zum Vergleich der Mittelwerte beider Gruppen zurückgegriffen. Der Test konnte die Nullhypothese auf Gleichheit der Mittelwerte für die Kriterien Sauberkeit und Sicherheit in Bezug auf Präferenzen in der Produktkategorie Bekleidung ($p < 0{,}01$) sowie kundenfreundlichste Öffnungszeiten und Nähe zur Wohnung bei Lebensmitteln ($p < 0{,}05$) und Erreichbarkeit mit Auto/-ÖPNV bei Elektrogeräten ($p < 0{,}05$) zurückgewiesen werden (vgl. graue Schattierungen in Tab. 28). Der Vergleich mit den Ausführungen zur Systematisierung von Determinanten nach Grund– und Zusatznutzen (vgl. Abb. 23, Kap. C 1.3) offenbart, dass signifikante Unterschiede zwischen den Mittelwerten unabhängig der Produktkategorie jeweils die höhere Gewichtung von Merkmalen durch Angehörige des hedonistischen Clusters bestätigt. Hinsichtlich der nutzenorientierten Zuordnung dieser Determinanten überwiegen allerdings grundnutzenorientierte Faktoren der Einkaufsstättenwahl, so dass in der Summe dieser Ausführungen beide Hypothesen abzulehnen sind.

2.2243 Abhängigkeiten zu soziodemografischen Merkmalen

Die Wichtigkeit von Determinanten variiert entsprechend der bereits beschriebenen Zusammenhänge zur Erlebnis– bzw. Nutzenorientierung sowie der Erreichbarkeit bei der Präferenzbildung in Abhängigkeit der Stellung des Konsumenten im Familienlebenszyklus sowie der Zugehörigkeit zur sozialen Schicht. Die Prüfung der Hypothesen zum **Familienlebenszyklus** verlangt dabei im Gegensatz zu den Ausführungen zur sozialen Schicht die statistische Vorgehensweise der Varianzanalyse (ANOVA), da mehr als zwei Gruppen miteinander verglichen werden müssen. Die Nullhypothese geht dabei analog zum t–Test von der Gleichheit der Gruppenmittelwerte aus.

QH $_{ÖS1}$	*Gehören Konsumenten einer niedrigen Phase des FLZ an, spielen für die Präferenzbildung Determinanten, die mit der Generierung von Zusatznutzen verbunden sind, eine verhältnismäßig wichtigere Rolle als grundnutzenorientierte Determinanten.*
QH $_{ÖS2}$	*Gehören Konsumenten mittleren Phasen des FLZ an, spielen grundnutzenorientierte Determinanten eine verhältnismäßig wichtigere Rolle als zusatznutzenorientierte Determinanten.*

QH $_{ÖS3}$	*Gehören Konsumenten hohen Phasen des FLZ an, spielen Determinanten der Erreichbarkeit die wichtigste Rolle bei der Präferenzbildung.*

Werden die Determinanten der Einkaufsstättenwahl mit den Segmenten des Familienlebenszyklus ins Verhältnis gesetzt, zeigen sich nur bei den Produktkategorien Bekleidung und Elektrogeräte signifikante Unterschiede. Tab. 29 verdeutlicht, dass mit Zunahme der Stellung im FLZ bei Bekleidung das Vorhandensein bestimmter Produkte oder Marken unwichtiger wird. Demgegenüber spielt das Preisniveau als auch die Schnelligkeit des Einkaufs bei Elektrogeräten mit zunehmendem Alter eine geringere Rolle. An Bedeutung nimmt dagegen das Angebot von Zusatzservices sowie der Wunsch nach kompetenter fachlicher Beratung für hohe Phasen des FLZ bei der Generierung von Präferenzen für bestimmte Einkaufsstätten zu.

Produkt-kategorie	Determinante	niedrige Phase*	mittlere Phase*	hohe Phase*	*Signifi-kanz*
Bekleidung	Angebot von bestimmten Produkten oder Marken	**39,0**	26,7	11,6	*0,000*
Elektrogeräte	niedrigstes Preisniveau	**61,5**	43,2	24,0	*0,000*
	bietet meisten Zusatzservice	5,1	**28,4**	28,0	*0,008*
	kompetenteste fachliche Beratung	20,5	44,3	**52,0**	*0,003*
	kann Einkäufe am schnellsten erledigen	**33,3**	12,5	19,3	*0,036*

* in % der Fälle

Tab. 29: Determinanten der Einkaufsstättenwahl nach Stellung im FLZ

Für die zu testenden Hypothesen ergeben sich über die verschiedenen Produktkategorien keine eindeutigen Belege, nach denen Konsumenten in niedrigen Phasen des FLZ zusatznutzenorientiert sind und vice versa. Damit sind die Hypothesen abzulehnen.

QH $_{ÖS4}$	*Gehören Konsumenten einer unteren Schicht an, spielen bei der Präferenzbildung Determinanten eine verhältnismäßig größere Rolle, die sich auf den Grundnutzen beziehen.*
QH $_{ÖS5}$	*Gehören Konsumenten der oberen Schicht an, spielen bei der Präferenzbildung zusatznutzenorientierte Determinanten eine verhältnismäßig größere Rolle als grundnutzenorientierte Determinanten.*

Zur Prüfung der Hypothesen bzgl. der Zugehörigkeit der Befragten zur **sozialen Schicht** kam wiederum der t–Test zur Anwendung. In der Übersicht signifikanter Unterschiede zwischen beiden Gruppen wird deutlich, dass insbesondere die Nähe zur Wohnung unabhängig der Produktkategorie für Angehörige der unteren Schicht von hoher Bedeutung ist (vgl. Tab. 30).[112] Darüber hinaus spielen kundenfreundliche Öffnungszeiten beim Kauf von Kleidung für diese Schicht im Verhältnis zur Oberschicht eine große Rolle. Auch die obere Schicht schätzt beim Lebensmittelkauf Kriterien der Erreichbarkeit als wichtig ein. Sie unterscheidet sich vom Segment der unteren Schicht allerdings dadurch, dass die Größe des Parkplatzangebotes stärkeren Einfluss auf die Präferenz von Einkaufsstätten ausübt. In Bezug auf den Bekleidungskauf tragen zusätzlich Qualitätsaspekte und die Kompetenz fachlicher Beratungsleistungen in größerem Maße zur Entscheidung für einen Standort bei.

Produkt–kategorie	**Determinante**	**untere Schicht***	**obere Schicht***	***Signifi–kanz***
Lebensmittel	am nächsten zu meiner Wohnung	**81,3**	50,0	*0,005*
	größtes Parkplatzangebot	9,4	**29,4**	*0,048*
Bekleidung	am nächsten zu meiner Wohnung	**51,7**	15,2	*0,003*
	beste Warenqualität	3,4	**66,7**	*0,000*
	kundenfreundlichste Öffnungszeiten	**34,5**	12,1	*0,047*
	kompetenteste fachliche Beratung	20,7	**48,5**	*0,019*
Elektrogeräte	am nächsten zu meiner Wohnung	**46,4**	23,3	*0,067*

* in % der Fälle

Tab. 30: Determinanten der Einkaufsstättenwahl nach sozialer Schicht

Anhand dieser Ergebnisse kann allein die Hypothese QH $_{ÖS4}$ bestätigt werden Aussagen zur Oberschicht sind im Hinblick auf die Differenzierung nach Grund- und Zusatznutzen von Einkaufsstätten weniger eindeutig. Die deutliche Orientierung der unteren Schicht auf Einkaufsstätten in Wohnungsnähe, die häufi durch eine geringe Mobilität verursacht wird, ist ein Indiz für die in der Literatu diskutierte Ansicht, dass einkommensschwache Konsumenten mehr zahlen.[113]

---

112 Obwohl das Ergebnis für Elektrogeräte eine Signifikanz von p > 0,05 ausweist und somit i statistischen Sinne streng genommen nicht mehr als signifikant bezeichnet werden kan wurde es in die Tabelle aufgenommen, um die Stringenz der Aussage zu unterstreichen.

113 Vgl. dazu z.B. die Diskussion bei Trommsdorff, V., Konsumentenverhalten, 2. Aufl., Stuttga 1993, S. 201f.

2.23 Einkaufsverhalten

Grundsätzlich kann davon ausgegangen werden, dass die bei der Präferenzbildung besprochenen Zusammenhänge ebenso für das tatsächliche **Kaufverhalten** gelten. Entsprechend können die in Bezug auf Kaufmotive aufgestellten Hypothesen $QH_{PräM3}$ bis $QH_{PräM5}$,[114] auf die psychografische Prädisposition bezogene Hypothesen $QH_{PräP1}$ und $QH_{PräP2}$ sowie auf das soziodemografische Umfeld bezogene Hypothesen $QH_{PräS1}$ bis $QH_{PräS6}$ ohne Änderung der getroffenen Vermutungen auf den Kauf und damit adäquat auf die Hypothesen QH_{KM}, QH_{KP} sowie QH_{KS} übertragen werden. Die Notwendigkeit einer Validierung dieser Zusammenhänge ergibt sich allerdings in Abhängigkeit davon, inwiefern die Präferenz– und Kaufdaten grundlegende Unterschiede aufweisen. Unter Vorwegnahme der Ergebnisse der Analyse intratemporaler Divergenzen im folgenden Kap. C 2.24 ist aus der detaillierten Auseinandersetzung mit dem Kaufverhalten kein weiterer Erkenntnisgewinn zu erwarten. Demgegenüber bezieht sich die Untersuchung von Kaufgewohnheiten auf bislang in der empirischen Arbeit nicht berücksichtigte Fragestellungen des Einkaufsstättenwahlverhaltens.[115] Als wichtigster Parameter ist in dieser Hinsicht neben räumlichen, personellen und modalen Aspekten die von BELL ET AL.[116] vorgenommene Typisierung anhand der eingekauften Menge und der Häufigkeit des Kaufs (Large Basket vs. Small Basket Shopper) zu untersuchen. Unterschiede in den Einkaufsgewohnheiten sind insbesondere durch die Verschiedenartigkeit menschlicher Lebensgewohnheiten bedingt, die sich in soziodemografischen und psychografischen Gegebenheiten widerspiegeln.

In der Differenzierung gewählter Einkaufsformen,[117] die dem **räumlichen Aspekt**

---

114 Die Aussagen zum Erlebnis- bzw. Versorgungskauf wurden nur fiktiv ohne Bezug zu einem real getätigten Kaufakt erhoben und sind aus diesem Grund nur den Präferenzen, nicht aber dem tatsächlichen Kaufverhalten zuzurechnen.

115 Obwohl sich Kaufgewohnheiten auf das Kaufverhalten im Längsschnitt beziehen, ist die konkrete Ableitung von Gewohnheiten erst mit Hilfe von Panelanalysen möglich, die das Kaufverhalten über einen längeren Zeitraum beschreiben. Um das Problem der Langfristigkeit der Untersuchung zu vermeiden, wurden Konsumenten innerhalb eines Fragebogens gebeten, ihre Kaufgewohnheiten anzugeben.

116 Vgl. dazu die Ausführungen zu den Zusammenhängen im Kap. B 4.

117 Die hier gewählte Bezeichnung Einkaufsform ist nicht identisch mit dem handelsüblichen Begriff der Betriebsform. Da nur einzelne Teilaspekte der lt. Katalog E vorgegebenen Betriebsformen in umgangssprachlichen Begriffen im Fragebogen zur Wahl standen, wurde als Sammelbezeichnung die nicht näher zu definierende Einkaufsform eingeführt. Tankstellen sind beispielsweise wie auch Nachbarschaftsläden der Betriebsform Convenience Store zuzuordnen, Bringedienste sind z.B. neben Markthändlern Bestandteil des ambulanten Handels. Die vorgestellten Einkaufsformen verkörpern somit nur eine subjektive Auswahl aus möglichen Betriebsformen.

von Kaufgewohnheiten entspricht, hebt sich die Nennung von Einkaufszentren ab, die von fast 80 Prozent der Leipziger häufig bzw. immer für den Einkauf gewählt werden (vgl. Abb. 35). Demgegenüber gilt die Innenstadt nur bei nahezu jedem Vierten als regelmäßig genutzte Einkaufsform, öfter werden kleine Läden aufgesucht. Die noch vor einigen Jahren vieldiskutierten Auswirkungen von Tankstellen als innovative Convenience Shop–Konzepte auf die Dynamik der Handelsentwicklung können anhand der geringen Bedeutung als unbegründet angesehen werden.[118] Letztlich sind es hingegen 18 Prozent, die häufig per Katalog einkaufen, der dem Conveniencegedanken am stärksten Rechnung trägt.

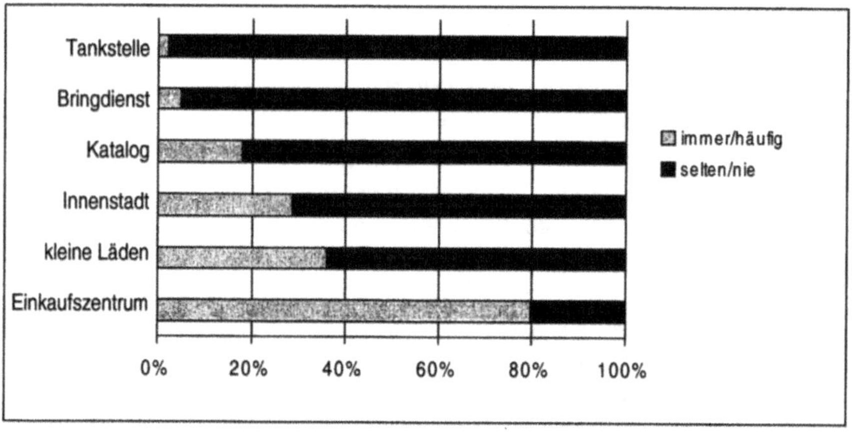

Abb. 35: Kaufhäufigkeiten nach Einkaufsform

Auf die Frage nach dem innerhalb der Familie personell Verantwortlichen **(personeller Aspekt)** für den Einkauf, gab jeweils ein Drittel der Befragten die Frau allein bzw. Mann und Frau gemeinsam oder abwechselnd an. Nach Abzug der Singlehaushalte, erhöht sich der Anteil der gemeinsamen Einkäufe auf 60 Prozent. Dieser Wert widerlegt Vorurteile, die den Einkauf zum Verantwortungsbereich der Frau erklären und fordert zukünftig eine gezielte Ansprache beider Geschlechter.[119] Das Verhältnis, in dem Frauen bzw. Männer in der Familie allein für den Einkauf verantwortlich sind, liegt bei 28:5 Prozent. Dabei kann ein

---

118 Als aktuell interessante Innovation gilt z.B. die angestrebte Verbindung zwischen Einzelhandel und Dienstleistung durch die neue Segmentierungsstrategie der Post AG. Vgl. Hallier, B., Umorientierung: immer unbequem, a.a.O., S. 7.

119 Dem hohen Konfliktpotential, das sich aus unterschiedlichen Einkaufsvorstellungen von Männern und Frauen ergibt, begegnen Planer eines englischen Einkaufszentrums, indem sie sogenannte „boy's toys"–Einrichtungen und Freizeitangebote in das Center integrieren. Vgl. Singer, K., „Männerkindergarten" gegen Einkaufsstress, in: DiH 5/98, S. 66-68.

signifikanter Zusammenhang zum Geschlecht des Befragten konstatiert werden. Ähnliche Nennungen ergeben sich auch auf die Frage nach dem Entscheider über den Einkaufsort, interessanterweise wird jeweils in ca. 30 Prozent der Fälle die Entscheidung gemeinsam getroffen, obwohl nur einer der Partner einkaufen geht. Als eine Ursache könnte einerseits ein Zusammenhang zum gekauften Produkt zu diesem Ergebnis führen (z.B. Specialty Goods); andererseits zeigt dieser Wert, dass die Einkaufsstättenwahl einer Reihe von sozialen Einflüssen unterliegt, die die Präferenzbildung als auch letztlich die Kaufentscheidung betreffen können.

Nach dem **zeitlichen Aspekt** von Kaufgewohnheiten und damit der Einkaufszeit befragt, kauft fast die Hälfte der Leipziger wochentags tagsüber ein, über 40 Prozent kaufen werktags nur abends und am Samstag ein, die restlichen Konsumenten gaben an, keine zeitlichen Gewohnheiten zu haben. In der Gruppe der tagsüber Einkaufenden befinden sich erwartungsgemäß 70 Prozent Rentner. Ein Vergleich mit den durchschnittlichen Umsatzzahlen über Wochentage und Zeiten dürfte die Zeitabhängigkeit des Einkaufs unterstreichen, die sich in der zielgruppengerechten Aktionsplanung des Einzelhandels widerspiegeln muss.

In Bezug auf die Verknüpfung **zeitlicher und sachlicher Aspekte** von Kaufgewohnheiten erwies sich insbesondere die Typisierung von Konsumenten anhand ihrer Kauffrequenz und Menge in Small und Large Basket Shopper im Hinblick auf die mit der Arbeit angestrebten Segmentierung als interessant.[120] Nach den aus der Kombination extremer Ausprägungsformen dieser Variablen gebildeten vier Einkaufstypen zeigt sich für die Leipziger Untersuchung, dass sich die Mehrzahl der Befragten (62,5 Prozent) den sog. Small Basket Shoppern (SBS) zurechnet. Zu Avid Shopper können nur 5,6 Prozent, zu Avoid Shopper 7,6 Prozent gezählt werden. Die verbleibenden 24,3 Prozent sind sog. Large Basket Shopper (LBS).

Die Spezifizierung der beiden Hauptgruppen bestätigt die Ergebnisse einer Studie von BELL ET AL.[121] nach der LBS jüngere Konsumenten mit hohem Einkommen und hoher Haushaltgröße sind und umgekehrt. Der darüber hinaus in der Studie nachgewiesene Zusammenhang zwischen diesen beiden Typen und der Präferenz für bestimmte preisliche Angebotsformen bei der Geschäftswahl, impliziert auf Grund des hohen Anteils von SBS die Vermeidung einer durchgängigen Orientierung auf niedrige Preise zugunsten von Sonderpreisaktionen. Hinsichtlich

---

120 Vgl. Bell, D.R., Lattin, J.M., Shopping Behavior and Consumer Preference for Store Price Format, a.a.O., S. 66-88.

121 Vgl. ebenda, S. 66-88.

psychografischer Merkmale ist zu vermuten, dass Large Basket Shopper weniger Spaß am Einkaufen finden und entsprechend stärker dem nutzenorientierten Segment zuzurechnen sind.

QH_{GP1}	*Gehören Konsumenten der Gruppe der Large Basket Shopper an, besitzen sie eher einen nutzenorientierten Shopping Value.*
QH_{GP2}	*Gehören Konsumenten der Gruppe der Small Basket Shopper an, besitzen sie eher einen hedonistischen Shopping Value.*

Die Prüfung der Hypothesen bestätigte signifikant ($p < 0,01$), dass nutzenorientierte Konsumenten des Clusters 1 überdurchschnittlich durch LBS vertreten sind, während hedonistische Einkaufsgenießer relativ häufig einkaufen gehen und zu SBS zu zählen sind. Damit sind beide Hypothesen anzunehmen.

QH_{GS1}	*Gehören Konsumenten der Gruppe der Small Basket Shopper an, befinden sie sich eher in niedrigen und hohen Phasen des FLZ.*
QH_{GS2}	*Gehören Konsumenten der Gruppe der Large Basket Shopper an, befinden sie sich eher in mittleren Phasen des FLZ.*

Aus dem Vergleich der Lebenszyklusphasen mit der Einkaufstypisierung ist ersichtlich und statistisch signifikant ($p=0,000$), dass niedrige und hohe Phasen überdurchschnittlich häufig SBS zuzurechnen sind. In der mittleren Phase des FLZ gehören Konsumenten zumeist der LBS–Gruppe an. Damit sind die Hypothesen anzunehmen. Ursachen dieser Zusammenhänge lassen sich aus den mit den einzelnen Phasen des FLZ verbundenen Umständen wie verfügbares Zeitbudget oder Haushaltgröße leicht ableiten. Interessant erweist sich darüber hinaus die Einbeziehung der Segmente der Avoid und Avid Shopper. Dabei zeigt sich, dass sich als Avoid Shopper überdurchschnittlich viele Konsumenten in niedrigen Phasen des FLZ bezeichnen, während Avid Shopper ähnlich der LBS am meisten aus Angehörigen der mittleren Phase besteht. Dieses Ergebnis scheint insbesondere im Hinblick auf zukünftige Entwicklungen des Handels von großer Bedeutung, falls auszuschließen ist, dass die Tendenz des seltenen Kaufs kleiner Mengen eine Folge der Abhängigkeit geringer finanzieller Budgets jüngerer Käufer darstellt.

QH $_{GS3}$	*Gehören Konsumenten der Gruppe der Large Basket Shopper an, sind sie eher der oberen sozialen Schicht zugehörig.*
QH $_{GS4}$	*Gehören Konsumenten der Gruppe der Small Basket Shopper an, sind sie eher der niederen sozialen Schicht zugehörig.*

Ebenfalls signifikant (p=0,000) ist der Zusammenhang zwischen dem Einkaufstyp und der Zugehörigkeit zur sozialen Schicht. Demnach kauft die untere Schicht häufig und dabei kleine Mengen ein, während die finanziell unabhängige obere Schicht selten und große Mengen kauft. Folglich sind die Hypothesen anzunehmen. Im Hinblick auf die beiden zusätzlichen Segmente zeigt sich, dass sich überdurchschnittlich viele Angehörige der unteren Schicht Avid bzw. Avoid Shoppern zurechnet.

QH $_{GÖ1}$	*Gehören Konsumenten der Gruppe der Large Basket Shopper an, spielen grundnutzenorientierte Determinanten bei der Präferenzbildung eine verhältnismäßig wichtigere Rolle als zusatznutzenorientierte Determinanten.*
QH $_{GÖ2}$	*Gehören Konsumenten der Gruppe der Small Basket Shopper an, spielen zusatznutzenorientierte Determinanten bei der Präferenzbildung eine verhältnismäßig wichtigere Rolle als grundnutzenorientierte Determinanten.*

Die signifikanten Ergebnisse der Analyse des Zusammenhangs zwischen Determinanten der Einkaufsstättenwahl und der Zuordnung zum Einkaufstyp gibt die folgende Tabelle 31 wider. Dabei zeigt sich, dass SBS kategorienunabhängig die Nähe zur Wohnung für die Einkaufsstättenentscheidung als wichtiger einschätzen als LBS. Von größerer Bedeutung ist für diese Gruppe ebenfalls der Aspekt der Sauberkeit und Sicherheit sowie die Freundlichkeit des Personals. Auffällig erscheint, dass SBS im Gegensatz zu LBS alle Determinanten, die sich auf den Kauf von Bekleidung – einschließlich der Erreichbarkeit mit Auto oder ÖPNV – beziehen, als wichtiger erachten.[122] Relevanter für die Präferenz bestimmter Einkaufsstätten bei LBS ist dagegen die Größe der Warenauswahl, die

122 Dies steht in engem Zusammenhang zum hohen Anspruchsdenken von hedonistischen Konsumenten, die häufige SBS sind.

Erreichbarkeit (Lebensmittel)[123] sowie ein niedriges Preisniveau (Elektrogeräte). Die Unterscheidung nach Grund– und Zusatznutzenorientierung der Determinanten weist nur für LBS einen eindeutigen Zusammenhang zum Grundnutzen auf, so dass nur Hypothese $QH_{GÖ1}$ angenommen werden kann.

Produktkategorie	**Determinante**	**Small Basket Shopper**	**Large Basket Shopper**	***Signifikanz***
Lebensmittel	größte Warenauswahl	41,4	**55,6**	*0,044*
	am nächsten zu meiner Wohnung	**74,2**	48,6	*0,000*
	am leichtesten mit Auto oder ÖPNV zu erreichen	38,2	**52,8**	*0,036*
	freundlichstes Personal	**21,5**	11,1	*0,054*
Bekleidung	am nächsten zu meiner Wohnung	**38,5**	17,6	*0,001*
	am leichtesten mit Auto oder ÖPNV zu erreichen	**40,8**	26,5	*0,031*
	am saubersten und sichersten	**19,0**	7,4	*0,022*
	bietet meisten Zusatzservice an	**16,2**	4,4	*0,012*
	kundenfreundlichste Öffnungszeiten	**33,0**	20,6	*0,049*
Elektrogeräte	größte Warenauswahl	49,4	**66,7**	*0,012*
	am nächsten zu meiner Wohnung	**46,0**	26,1	*0,007*
	niedrigstes Preisniveau	30,5	**43,5**	*0,045*
	am saubersten und sichersten	**8,6**	1,4	*0,046*

Tab. 31: Determinanten der Einkaufsstättenwahl nach Einkaufstyp

Aus den Untersuchungen hinsichtlich des **modalen Aspektes** von Einkaufsgewohnheiten geht hervor, dass der Einkaufsort üblicherweise von zwei Dritteln mi dem PKW erreicht wird, immerhin 60 Prozent kommen zu Fuß, 24 Prozent nutzer den öffentlichen Personennahverkehr (ÖPNV) und 15 Prozent fahren mit den Fahrrad (Mehrfachnennungen waren möglich). In Abhängigkeit vom Besitz eine Autos verändern sich die Relationen zwischen den Fortbewegungsmitteln. Be Personen mit Auto (77 Prozent der Stichprobe) werden die meisten Einkäufe pe Auto erledigt, an zweiter Stelle zu Fuß. Ohne Auto gewinnt der Einkauf per Pede oberste Priorität, danach werden die Angebote des ÖPNV häufig genutzt. Som sollte neben der vordergründigen Argumentation für die Notwendigkeit eine Autokundenorientierung von Einkaufsstätten die Bedeutung der Fußläufigkeit nicl unterschätzt werden. In den Ergebnissen der Sonderauswertung für Leipzig de bereits erwähnten BAG–Untersuchung, die einzig den Einkauf in der Innensta

---

[123] Es zeigt sich, dass das Kriterium der Erreichbarkeit gruppen– und produktkategorienabhäng variiert. Ist es für SBS bei Lebensmitteln als auch bei Bekleidung in etwa gleich wichtig, spi dieser Faktor bei LBS in Bezug auf Bekleidung eine untergeordnete Rolle, während d Erreichbarkeit bei Lebensmitteln ähnlich wichtig wie die Warenauswahl ist.

betrachtet, erreicht jeder Zweite die City mit dem ÖPNV, nur 15 Prozent zu Fuß und 30 Prozent mit dem PKW.[124] Aus diesen Unterschieden geht hervor, dass die Art des benutzten Hauptverkehrsmittels zum Einkauf ebenfalls nach dem Standort von Einkaufsstätten variiert, wobei der Kausalzusammenhang zwischen Einkaufsort und Verkehrsmittel einer detaillierten Analyse unterzogen werden muss.

2.24 Intratemporale Divergenzen

Grundsätzlich können Differenzen zwischen Präferenz– und Kaufstrukturen einerseits auf der Ebene der am stärksten präferierten bzw. besuchten Geschäften analysiert werden; andererseits gibt die räumliche Verteilung nach Stadtbezirken Auskunft über die Einkaufsstättenwahl nach Zentrenkategorien.

Hinsichtlich der am häufigsten besuchten **Geschäfte des letzten Einkaufs** zeigen sich in allen Produktkategorien nur geringfügige Änderungen zur Präferenzstruktur, allerdings ist die prozentuale Verteilung aufgrund der höheren Streuung bei einer größeren Anzahl aufgesuchter Geschäfte geringer. Im Lebensmittelbereich wechselt Marktfrisch vor Kaufland auf den ersten Platz, ein ebensolcher Tausch findet zwischen dem Dritten und Vierten Globus und Konsum statt.[125] Beim Bekleidungskauf ist Horten auf Kosten von Adler und dem Paunsdorf Center der Aufsteiger auf den dritten Rang. Hier gilt wie bei Konsum, dass langfristig Bedarfsanpassungen notwendig werden, um eine höhere Beliebtheit zu erreichen, die über zukünftige Umsatzerfolge entscheiden wird. Die größten Veränderungen zeigen sich bei Elektrogeräten, Gewinner ist hier Quelle, bei dem sich die meisten Leipziger Konsumenten das letzte Elektrogerät gekauft haben und der damit das Fachgeschäft auf Platz 2 verdrängt. Am meisten beim Kauf verliert der Media Markt, der möglicherweise durch seine auswärtige Lage bei Konsumenten eine geringe Attraktivität beim tatsächlichen Kauf gegenüber Präferenzen aufweist.

Auf **räumlicher Ebene** können Unterschiede zwischen den Stadtbezirken zwi-

---

124 Vgl. BAG (Hrsg.), BAG–Untersuchung Kundenverkehr 1996, Sonderauswertung Leipzig, Köln 1997.

125 Damit erscheint insbesondere der Konsum durch höhere tatsächliche Kaufwerte als den angegebenen Präferenzen als Gewinner. Dies könnte seine Ursache in der übernommenen guten flächendeckenden Versorgung durch Konsum–Verkaufsstellen haben, die die Erfüllung des Kriteriums Wohnungsnähe impliziert.

schen Präferenzen und letztem Kauf Aussagen über Ungleichgewichte in der Versorgungsstruktur der einzelnen Stadtbezirke liefern. Für den Einkauf von Lebensmitteln zeigen sich weder beim Nettowert noch beim Anteil der im eigenen Stadtteil einkaufenden Wohnbevölkerung zwischen Präferenz und letztem Einkauf erhebliche Divergenzen (vgl. Tab. 1 im Anhang III). Da der Einkauf von Lebensmitteln unter geringem Involvement stattfindet und stark habitualisiert ist, beeinflussen situative Determinanten die Kaufentscheidung nur in geringem Maß. Beim Kauf bestätigen sich damit die mit der Präferenzentscheidung gewonnenen Rangfolgen.[126]

Wie beim Lebensmittelkauf hebt sich das tatsächliche Kaufverhalten bei Bekleidung nicht wesentlich von der evaluierten Präferenz ab (vgl. Tab. 2 im Anhang III). Den größten Nettogewinn beim Kauf kann der Stadtbezirk West verbuchen, der wie der Bezirk Mitte über 10 Prozent seiner Wohnbevölkerung entgegen ihrer Präferenz zum Kauf in der Wohngegend veranlasst. Die Verluste im Leipziger Süden hingegen verschärfen sich bei der letztlichen Kaufentscheidung. Interessanterweise verkehrt sich die Situation im Umland, entgegen der zu beobachtenden Situation bei Lebensmitteln ins Gegenteil, so dass real mehr Konsumenten im Umland Textilien einkaufen als es ihren Vorlieben entspricht. Darüber hinaus lässt sich beobachten, dass nur 29 Prozent der präferierten und 56 Prozent der tatsächlich besuchten Einkaufsstätten von allen im Umland angegebenen Einkaufsstätten in der Nähe der Stadtgrenze liegen. Demzufolge existiert unter den Bewohnern Leipzigs eine Gruppe, die durch unbefriedigende Bedarfsstrukturen oder langfristig geprägte Gewohnheiten weite Wege auf sich nimmt, um außerhalb Leipzigs einzukaufen. Der Zuwachs beim letzten Einkauf ergibt sich wiederum aus Konsumenten, die in Einkaufszentren an der Stadtgrenze einkaufen. Hierbei spielt möglicherweise der Verbundkauf eine große Rolle, bei dem nach dem Einkauf von Lebensmitteln aufgrund eines für den Käufer interessanten Angebots ebenfalls Ware aus anderen Produktbereichen gekauft wird.

Beim Kauf von Elektrogeräten zeigen sich ähnliche Entwicklungen zur Präferenz wie in den anderen untersuchten Produktkategorien (vgl. Tab. 3 im Anhang III).

---

[126] Anhand der berechneten Nettowerte bleibt hervorzuheben, dass einige Stadtbezirke und insbesondere die Innenstadt auf Kosten des Bezirkes Ost und des Umlandes davon profitieren, dass ein Teil der Wohnbevölkerung trotz gegenteiliger Präferenzstruktur im Wohngebiet einkauft. Hier kommt wiederum die Bedeutung des Convenience–Gedankens beim Lebensmittelkauf zum Tragen. Bei genauer Betrachtung der Umlandwerte stellt sich heraus, dass 88 Prozent beim Kauf und 95 Prozent bei der Beliebtheit auf die drei peripheren Einkaufsstätten zurückzuführen sind. Dabei vereint das Globus–Einkaufszentrum jeweils mehr als die Hälfte der (potentiellen) Besucher auf sich.

Die Innenstadt gewinnt die höchsten Anteile, gefolgt vom Bezirk Ost auf Kosten von West und dem Umland. Beide Zuwächse basieren auf einem größeren Verbleib der Wohnbevölkerung im Wohngebiet, während die Bevölkerung des Bezirks West den letzten Kauf eines Elektrogerätes überwiegend außerhalb tätigte.[127] Die Attraktivität des Umlandes ist beim letzten Kauf zu 60 Prozent auf periphere Einkaufsstätten zurückzuführen, wobei 81 Prozent allein auf das Löwencenter entfallen. Die für das Löwencenter bereits konstatierte Kompetenz auf dem Gebiet von Elektrogeräten kommt demzufolge ebenfalls beim Einkauf zum Tragen. Die Verhinderung der Abwanderung dieser stark preisorientierten Konsumentengruppe erweist sich jedoch insofern als schwierig, da die aus dem geringen Preisniveau implizierten großflächigen Angebotsformen des Handels nur bedingt an innerstädtischen Standorten angesiedelt werden können.

Grundsätzlich existieren beim Vergleich nach Stadtbezirken zwischen präferierten Einkaufsstätten und der eigentlichen Kaufhandlung nur geringfügige Differenzen. Das bedeutet für die Ableitung von Implikationen, dass die räumliche Einkaufsentscheidung nur bedingt über situative Determinanten beeinflusst werden kann. Um einen Wechsel zwischen den Stadtbezirken anzuregen, muss demzufolge primär auf Faktoren eingewirkt werden, die über die Perzeption von Einkaufsstätten Präferenzen beeinflussen.

Bei der Betrachtung der Divergenzen aus Sicht einzelner Einkaufsstätten wurde zwischen **bedingter und bewusster Loyalität** unterschieden.[128] Aufgrund der Erhebung können nur Differenzen zwischen Präferenz und Einkauf bei fünf der sechs näher betrachteten Einkaufsstätten untersucht werden, da sich die wohnnahe Einkaufszone aus den Ergebnissen nicht eindeutig spezifizieren lässt. In Bezug auf intratemporale Konvergenzen und Divergenzen, die zwischen Präferenz und Kaufverhalten auftreten, wird vermutet, dass die Einkaufsstättenloyalität in ihrem bedingten bzw. bewussten Auftreten nach räumlichen Kategorien differiert. Bedingte Loyalität wird dadurch unterstützt, dass sich situative Gegebenheiten (wie die relative Nähe) günstig auf den Besuch einer Einkaufsstätte auswirken. Dieser Kontext ist am stärksten bei Einkaufsstätten gegeben, deren Multifunktionalität des Angebotes als sehr hoch einzuschätzen ist. Ungünstigste situative Gegebenheiten finden sich andererseits bei dezentralen Einkaufsstätten

---

127 Allerdings bleibt an dieser Stelle wiederum anzumerken, dass die Diskrepanz zwischen der Seltenheit des Elektrogerätekaufs verglichen mit der dynamischen Entwicklung der Angebote aktuelle Aussagen erschwert.

128 Vgl. dazu die Ausführungen in Kap. B 5.1.

mit geringem multifunktionalem Agglomerationsgrad (E–Zentren), so dass Konsumenten, die dort einkaufen, diese Einkaufsstätten i.d.R. auch präferieren.

QH $_{KPr\ddot{a}1}$	*Besitzen Einkaufsstätten einen hohen multifunktionalen Agglomerationsgrad (A–Zentren), weisen sie höhere Werte der bedingten Loyalität auf als Einkaufsstätten mit niedrigem Agglomerationsgrad (E–Zentren).*
QH $_{KPr\ddot{a}2}$	*Besitzen Einkaufsstätten einen niedrigen multifunktionalen Agglomerationsgrad (E–Zentren), weisen sie höhere Werte der bewussten Loyalität auf als Einkaufsstätten mit hohem Agglomerationsgrad (A–Zentren).*

Zur Prüfung dieser Hypothesen wurden die relativen Anteile der jeweiligen Gruppen gebildet, in denen die Präferenz für und der Kauf in der untersuchten Einkaufsstätte übereinstimmte (bewusste Loyalität) bzw. die Einkaufsstätte nur als Präferenz (situative Verluste) oder Ort des letzten Einkaufs (bedingte Loyalität) genannt wurde (vgl. Tab. 32). Im übergreifenden Vergleich der Angaben für bewusste Loyalität hat der Lebensmittelbereich durchschnittlich die höchsten Werte, was wiederum den hohen Grad der Habitualisierung für Lebensmittel bestätigt. Die insgesamt schlechte Position des Saale Parks, der sich nur im Bekleidungsbereich vor dem Löwencenter positionieren konnte und in der Struktur seiner Konsumenten mehrheitlich bedingt loyale Käufer auf sich vereint, zeigt die geringe Attraktivität dieser außerperipheren Einkaufsstätte.

			Konvergenz	Divergenz			
			Bewusste Loyalität	Bedingte Loyalität		Situative Verluste	
Untersuchte Einkaufsstätte X	Kat.	n	P(X) → K(X) in Prozent	P(Y) → K(X) in Prozent	Haupt-präferenz P(Y)	P(X) → K(Y) in Prozent	Haupt-einkau f K(Y)
Innenstadt (IS)	L	5	60	40	PC, LC	–	–
	B	106	84	6,5	PC	9,5	AC
	E	26	58	27	AC	15	PC
Paunsdorf Center (PC)	L	26	92	–	–	8	IS, AC
	B	49	75,5	6	IS	18,5	IS
	E	53	66	24,5	LC	9,5	AC, LC
Allee Center (AC)	L	16	87,5	12,5	PC, LC	–	–
	B	21	57	33	IS	10	IS, LC
	E	30	40	20	LC	40	IS, PC
Saale Park (SP)	L	–	–	–	–	–	–
	B	5	40	60	IS	–	–
	E	5	20	80	LC	–	–
Löwencenter (LC)	L	5	60	–	–	40	IS, AC
	B	2	50	50	AC	–	–
	E	36	41,5	17	AC	41,5	PC

P(X) = Präferenz für die Einkaufsstätte X
K(X) = Kauf bei der Einkaufsstätte X
P(X) → K(X) = Anteil derjenigen, die X präferieren und bei X kaufen

L = Lebensmittel
B = Bekleidung
E = Elektrogeräte

Tab. 32: Konvergenz und Divergenz von Präferenz und Einkauf

Die Interpretation der Werte kann für Lebensmittel aufgrund der geringen Stichprobengröße, die bei den untersuchten Einkaufsstätten auftritt, nur vorsichtig erfolgen. Hier zeigt sich erneut, dass Lebensmittel vorrangig in den nicht aufgeführten kleineren Geschäften der wohnnahen Zone erworben werden. Beim Vergleich der Einkaufsstätten schneidet das Paunsdorf Center in der Summe mit einem sehr hohen Anteil bewusst loyaler Käufer und keinen Fällen von bedingter Loyalität sowie der insgesamt höchsten Besucherzahl am besten ab. Dagegen muss die Innenstadt als auch das Allee Center mit Abwanderungen in stärker präferierte Einkaufsstätten rechnen. Bekleidungskäufer bevorzugen in erster Linie die Innenstadt. Auch die Mehrzahl der übrigen Konsumenten, die andere Einkaufsstätten besucht haben, präferieren die Innenstadt. Einzige Ausnahme dabei ist das Löwencenter, dessen bedingt loyale Konsumenten das Allee Center präferieren. Im Elektrobereich dominiert das Paunsdorf Center mit der höchsten bewussten Loyalität, wobei die Abwanderungsgefahr bei den übrigen Einkaufsstätten stärker von Löwencenter bzw. Allee Center ausgeht und eher das Paunsdorf Center durch situative Verluste Konsumenten abzieht, die stärker die Innenstadt, das Allee Center oder das Löwencenter präferieren.

Im Hinblick auf die zu prüfenden Hypothesen zeigt sich, dass das E–Zentrum Saale Park die höchsten Werte bei der bedingten Loyalität auf sich vereint, am seltensten wird – falls eine andere Einkaufsstätte präferiert worden ist – im Paunsdorf Center eingekauft. Im Gegensatz dazu ist die bewusste Loyalität in einem B–Zentrum (Paunsdorf Center) gefolgt vom A–Zentrum am höchsten. Damit sind beide Hypothesen widerlegt und folgerichtig abzulehnen. Eine mögliche Ursache für die hohe bedingte Loyalität zum Saale Park kann in den Kaufgewohnheiten vermutet werden, da dieses Shopping Center die erste in der Umgebung von Leipzig errichtete Einkaufsstätte war, die in ihrer Gesamtheit auf die gewandelten Bedürfnisse der Konsumenten in den neuen Bundesländern einging.

Bei konvergenten Entscheidungen, bei denen die präferierte Einkaufsstätte mit der besuchten Einkaufsstätte übereinstimmt, wurde vermutet, dass dieses Verhalten mit einer hohen Zufriedenheit korrespondiert.

$\mathbf{QH}_{KPrä3}$	*Entspricht die besuchte Einkaufsstätte der präferierten Einkaufsstätte, so sind Konsumenten mit dem getätigten Einkauf zufriedener als bei Divergenz zwischen präferierter und besuchter Einkaufsstätte.*

Zur Überprüfung dieser Hypothese dient die Einführung eines Zufriedenheitsindizes, der sich aus den Zufriedenheitsmittelwerten derjenigen Befragten zusammensetzt, bei denen das zuletzt besuchte Geschäft mit der Präferenzangabe übereinstimmt (vgl. Tab. 33).

	Lebensmittel		**Bekleidung**		**Elektrogeräte**	
	Index	Gesamt	Index	Gesamt	Index	Gesamt
Mittelwert	2,09	2,17	1,79	1,86	1,50	1,81
n in %	65	100	48	100	39	100

Tab. 33: Zufriedenheitsmittelwerte nach Produktkategorien

Grundsätzlich ist im Zusammenhang der Zufriedenheitsanalysen mit Bezug au Konvergenzangaben die Tendenz erkennbar, dass der Anteil der Bevölkerung, be dem das Geschäft des letzten Einkaufs mit der Angabe zu dem am meister präferierten Geschäft übereinstimmt, bei Lebensmitteln mit 65 Prozent an höchsten ist. Demgegenüber kaufen nur 48 Prozent Bekleidung und 39 Prozen Elektrogeräte in dem Geschäft ein, das sie am meisten bevorzugen. Je höhe demnach das Produktinvolvement, desto schwieriger gestaltet sich der Aufba von Geschäftstreue.[129] Da aber in der Regel zum Kauf von Lebensmitteln de

129 Dabei gilt es gleichwohl zu beachten, dass die Werte wegen der Unterschiede im Bezug d

präferierte Stadtbezirk aufgesucht wird, entstehen in erster Linie starke Konkurrenzbeziehungen zwischen den einzelnen Anbietern eines Standortes.

Im Vergleich der Zufriedenheitsindizes mit den durchschnittlichen Werten der gesamten Stichprobe schneidet die Kategorie Elektrogeräte am besten ab.[130] Dabei zeigt sich, dass nur in dieser Kategorie eine deutliche Verbesserung der Zufriedenheitswerte zu beobachten ist. Der vermutete Zusammenhang zwischen Zufriedenheit und Einkaufsstättenwahl, der impliziert, dass eine hohe Zufriedenheit mit einer Einkaufsstätte dazu führt, dass sie stärker präferiert wird, kann jedoch generell bestätigt werden. Jedoch ist das Ausmaß diese Einflusses als relativ gering einzustufen.

2.3 Empirische Validierung der Hypothesen für den Längsschnittvergleich

Das Ziel des Einsatzes einer Folge–Studie als Erhebungsmethodik bestand darin, die durch Veränderungen der Angebotsstruktur folgenden Auswirkungen auf den Präferenzbildungsprozess näher zu untersuchen. Die folgenden Hypothesen, die sich auf Unterschiede zwischen zwei Erhebungszeitpunkten beziehen, sollen ausschließlich zentrale Konstrukte des Präferenzbildungsprozesses in den Fokus ihrer Betrachtungen stellen. Dieses Vorgehen ist dadurch begründet, dass mit Ausnahme des ökonomischen Umfeldes alle weiteren Einflussfaktoren als relativ stabil über den hier gewählten zeitlichen Abstand von sieben Monaten angenommen werden. Damit kann am Beispiel beschrieben werden, ob und in welchem Ausmaß sich Perzeptionen, Präferenzen und Kaufverhalten von Konsumenten innerhalb der Zeitspanne eines halben Jahres durch die Eröffnung eines neuen Centers in der Innenstadt verändern. Der Zeitpunkt der ersten Erhebung wird im folgenden mit t_0, derjenige der zweiten Erhebung mit t_1 bezeichnet.

Fragestellung (letzter Kauf: größeres Elektrogerät vs. Präferenz: Fernseher) mit Vorsicht interpretiert werden müssen. Hinzu kommt, dass die Häufigkeit des Kaufs größerer Elektrogeräte eher niedrig ist, so dass sich im dynamischen Umfeld der letzten Jahre erhebliche Änderungen in der Angebotsstruktur ergeben haben, die die Vergleichbarkeit beeinträchtigen.

130 84 Prozent der Befragten vergaben bei Elektrogeräten auf einer Notenskala von 1 bis 7 die Werte 1 oder 2, die somit als zufriedenen bezeichnet werden können. Beim Bekleidungskauf sind noch 80 Prozent zufrieden, bei Lebensmitteln nur 69 Prozent Zur Thematik der Konsumentenzufriedenheit vgl. z.B. Bruhn, M., Konsumentenzufriedenheit und Beschwerden, Erklärungsansätze und Ergebnisse einer empirischen Untersuchung in ausgewählten Konsumbereichen, Frankfurt a.M. 1982.

2.31 Intertemporale Divergenzen von Perzeptionen

Als Basis des innerhalb des Organismus von Konsumenten ablaufenden Präferenzbildungsprozesses dient die Perzeption zur Darstellung erster grundlegender Divergenzen, die jedoch erst im weiteren Prozessverlauf verhaltenswirksam werden. Generell sind Perzeptionen der räumlichen Kategorien von Einkaufsstätten über den Zeitablauf relativ konstant. Es ist anzunehmen, dass sich die Wahrnehmung der Innenstadt allerdings durch das neu eröffnete Shopping Center, das als Teil des A–Zentrums interpretiert wird, verändert.

LH_{Per1}	*Nach der Eröffnung des Shopping Centers in der Innenstadt wird das A–Zentrum ähnlicher zu denjenigen Einkaufsstätten wahrgenommen, die Shopping Center sind.*
LH_{Per2}	*Die Ähnlichkeitsangaben zum A–Zentrum sind über alle Konsumenten heterogener zum Erhebungszeitpunkt t_1 als in t_0.*

Die Veranschaulichung des Wahrnehmungsraumes in Abb. 36 verdeutlicht die Positionen der untersuchten Einkaufsstätten zu den beiden Erhebungszeitpunkten.[131] Es zeigt sich, dass die Perzeption der beiden B–Zentren (Paunsdorf und Allee Center) als relativ konstant betrachtet werden kann. Kleinere Verschiebungen sind bei den E–Zentren zu beobachten. Demgegenüber bewegte sich die Position der Innenstadt in erheblichem Maße in Richtung dieses Shopping Center–Clusters. Hinsichtlich der mit dem Wahrnehmungsraum verbundenen Dimensionen ist festzustellen, dass in Bezug auf die Bebauungsentwicklung die Innenstadt stärker als geplante Einkaufsstätte sowie in Bezug auf Dimension 2 multifunktionaler wahrgenommen wird. Dies lässt sich aus den mit dem Shopping Center am Hauptbahnhof verbundenen Änderungen erklären und bestätigt die vorerst subjektiv getroffene Beschreibung der Wahrnehmungsdimensionen. Interessant erscheint die Positionsverschiebung der wohnnahen Einkaufszone, die sich vom Feld der übrigen Einkaufsstätten weiter entfernt. Über kausale Zusammenhänge zur Repositionierung der Innenstadt ließen sich an dieser Stelle jedoch nur Vermutungen treffen.

---

131 Die Positionen ergeben sich als Spiegelung der MDS–Ergebnisse der zweiten Erhebung. Zur Verknüpfung der Ähnlichkeitsdaten mit Präferenzangaben vgl. Anhang III - Abb. 1. Dabei zeigt sich insbesondere eine Verschiebung der Vektoren für den Kauf von Elektrogeräten bzw. den Verbundkauf.

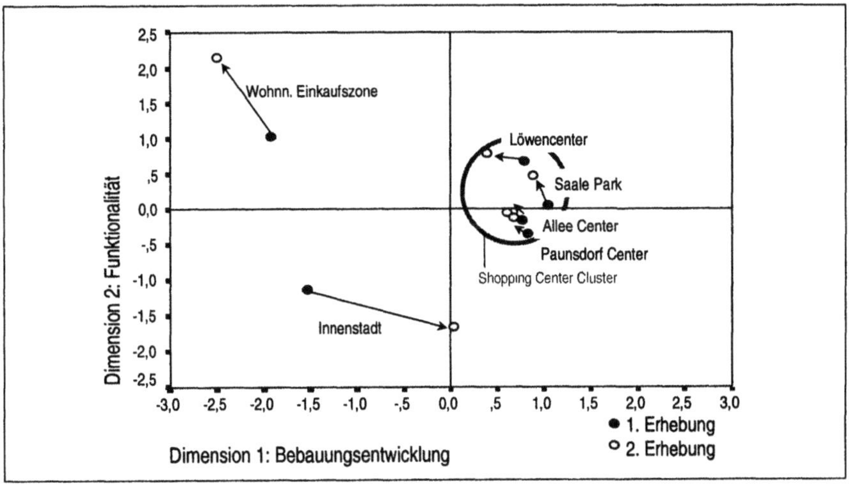

2. Erhebung: Stress (Kruskals Stress 1) = 0,04796, RSQ = 0,99165

Abb. 36: Verschiebung des Wahrnehmungsraums von Einkaufsstätten

Zur statistischen Prüfung der Hypothese LH $_{Per1}$ können über die grafische Darstellung hinaus die Mittelwerte der beiden Untersuchungen verglichen werden (vgl. Tab. 34). Hierbei zeigt sich eine signifikante Verringerung der Mittelwerte der Innenstadt im Vergleich zu sämtlichen Shopping Centern in der zweiten Erhebung; demgegenüber nahm die Ähnlichkeit zur Einkaufszone ab. Im Hinblick auf den in Hypothese LH $_{Per2}$ vermuteten Zusammenhang zwischen Perzeption und Varianz können Standardabweichungen herangezogen werden. Obwohl nicht alle Beziehungen nach dem Levene–Test auf Varianzgleichheit[132] als signifikant ($p < 0,05$) einzustufen sind, zeigt sich doch anhand der Werte, dass die Standardabweichungen in der zweiten Erhebung im Vergleich zu Shopping Centern jeweils höher ist als in der Untersuchung vor Eröffnung des Centers in der Innenstadt. Aus diesem Grund sind beide Hypothesen anzunehmen.

---

132 Vgl. Brosius G., Brosius, F., SPSS Base System und Professional Statistics, a.a.O., S. 409.

Innenstadt im Vergleich zu	Mittelwert		*t–Test*	Standardabweichung		*Levene–Test*
...	1. Erhebg.	2. Erhebg.	*Signifikanz*	1. Erhebg.	2. Erhebg.	*Signifikanz*
Saale Park	5,73	5,24	*0,003*	1,62	1,82	*0,031*
Allee Center	5,44	4,45	*0,000*	1,67	1,98	*0,000*
Löwencenter	5,82	5,33	*0,001*	1,45	1,59	*0,054*
wohnnahe Einkaufsz.	4,96	6,04	*0,000*	1,95	1,37	*0,000*
Paunsdorf Center	5,37	4,42	*0,000*	1,86	1,98	*0,140*

Tab. 34: Vergleich der Perzeption der Innenstadt

Anhand der Ergebnisse zeigt sich, dass Angebotsveränderungen bereits innerhalb kurzer Zeiträume zu Perzeptionsänderungen von Konsumenten führen. Die Verbindung natürlich gewachsener Einkaufsstätten mit geplanten Shopping Centern führt zu einer größeren Heterogenität in der Wahrnehmung, die jedoch mit einer verbesserten Einschätzung der Funktionalität einher geht.

2.32 Intertemporale Divergenzen von Präferenzen

Die folgenden Ausführungen sollen klären, inwiefern die hinsichtlich der Perzeption von Einkaufsstätten zu beobachtenden Veränderungen mit Modifikationen auf Seiten von Präferenzen einher gehen. Da die Innenstadt durch die Einbindung eines Shopping Centers ihre Angebotsstruktur erweitert, ist davon auszugehen, dass dieses Auftreten den **Präferenzen** der Konsumenten entgegenkommt. Negative Auswirkungen auf das Präferenzgefüge, die sich aus dieser Durchmischung ergeben, erreichen nicht die Stärke des positiven Effektes.

Diese Entwicklung lässt sich in ihrem Ausmaß auf die dem Einkauf zugrunde liegenden instrumentellen und konsumtiven Motive ($LH_{PräM1}$, $LH_{PräM2}$) sowie den mit instrumentellen Motiven verbundenen Produktkategorien ($LH_{PräM3}$ bis $LH_{PräM5}$) spezifizieren. Da gegenüber der Innenstadt bereits sehr hohe Präferenzen und ein entsprechendes Kaufverhalten bzgl. des Erlebniskaufs sowie bei Shopping Goods zu beobachten sind, wurde allerdings vermutet, dass das neue Center zu keiner weiteren Attraktivitätssteigerung der Innenstadt führt.

$LH_{PräM1}$	*Ist das Motiv des Einkaufs eine Form des Erlebniskaufs, besitzen Konsumenten zum Zeitpunkt t_1 eine konstante Präferenz für das A-Zentrum wie in t_0.*

LH $_{\text{PräM2}}$	*Ist das Motiv des Einkaufs eine Form des Verbundkaufs, steigt die Präferenz der Konsumenten für das A–Zentrum zum Zeitpunkt t_1 gegenüber t_0.*

Zur Prüfung der Hypothesen dient der direkte Vergleich zwischen den Angaben zur Eignungen der untersuchten Einkaufsstätten für den Verbund– bzw. Erlebniseinkauf. Tab. 35 verdeutlicht, dass die Eignung der Innenstadt ohne das Shopping Center in beiden Fällen in der zweiten Erhebung als geringer eingeschätzt wird. Nach Addition der dem Shopping Center am Hauptbahnhof zugestandenen Prozentwerte schätzen 17,5 Prozent der Befragten das A–Zentrum als beste Einkaufsstätte des Verbund– und 55,2 Prozent des Erlebniskaufes ein.

	Verbundeinkauf		**Erlebniseinkauf**	
	1. Erhebung	2. Erhebung	1. Erhebung	2. Erhebung
Paunsdorf Center	38,6	46,4	19,7	26,6
Innenstadt	13,9	12,9	47,4	39,1
Allee Center	23,1	20,6	20,4	12,0
Saale Park	8,5	6,7	6,6	4,2
wohnnahe Einkaufszone	2,7	2,1	1,4	1,6
Löwencenter	3,4	2,6	0,3	0,0
Promenaden Hauptbahnhof	–	4,6	–	16,1
Sonstiges	9,8	4,1	4,2	0,5

alle Angaben in Prozent

Tab. 35: Vergleich instrumenteller und konsumtiver Einkaufsstätteneignungen

Damit kann die Hypothese zum Verbundkauf nicht aber zum Erlebniskauf bestätigt werden, wobei anzumerken bleibt, dass sich die absolute Reihenfolge der Eignung durch das neue Shopping Center nicht verändert. Darüber hinaus ist ersichtlich, dass die hinzugewonnenen Punkte insbesondere in Bezug auf den Erlebniskauf primär zu Lasten der Innenstadt selbst als auch des Allee Centers und weniger durch die Rückgewinnung von Konsumenten aus E–Zentren erfolgt. Demgegenüber baute das Paunsdorf Center seine vordere Position in beiden Bereichen über die Zeit weiter aus.

LH $_{\text{PräM3}}$	*Bezieht sich das instrumentelle Motiv des Einkaufs auf Convenience Goods, steigt die Präferenz der Konsumenten für das A–Zentrum zum Zeitpunkt t_1 gegenüber t_0.*

Aus den Ergebnissen der räumlichen Präferenzverteilung hinsichtlich der bevorzugten Stadtbezirke zum Kauf von Lebensmitteln geht hervor, dass der Nettowert als Differenz zwischen der Präferenzverteilung und dem jeweiligen Bevölkerungsanteil für die Innenstadt gestiegen ist (vgl. Tab. 36). Allerdings ist das Ausmaß der Verbesserung als sehr gering einzuschätzen und sollte daher nicht zwingend aus der Angebotsveränderung abgeleitet werden. Auf Grund der Wertediffererenz von +2,7 Prozentpunkten zwischen den Erhebungen ist jedoch die Hypothese anzunehmen. Positiv ist jedoch beim Vergleich der Werte zu bemerken, dass der Anteil derjenigen Konsumenten, die das Umland zum Kauf bevorzugen, deutlich gesunken ist.

Stadtbezirk	**Bevölkerungs-anteil** in Prozent		**Präferenzver-teilung** in Prozent		**Nettowert** in Prozentpunkten		**Anteil Wohnbe-völkerung** in Prozent	
	1. Erhebg.	2. Erhebg.	1. Erhebg.	2. Erhebg.	1. Erhebg.	2. Erhebg.	1. Erhebg.	2. Erhebg.
1. Mitte	7,2	8,6	5,5	9,6	–1,7	1,0	57,1	47,4
2. Nordost	11,0	7,5	7,9	9,6	–3,1	2,1	62,5	58,8
3. Ost	11,7	15,1	14,9	15,2	3,2	0,1	73,5	79,3
4. Südost	8,6	5,9	3,4	2,0	–5,2	–3,9	28,0	75,0
5. Süd	12,7	12,9	8,9	8,1	–3,8	–4,8	56,8	87,5
6. Südwest	10,0	8,1	7,9	8,1	–2,1	0,0	65,5	68,8
7. West	19,2	23,1	18,2	19,3	–1,0	–3,8	87,5	94,6
8. Alt–West	6,2	4,8	3,8	2,5	–2,4	–2,3	61,1	60,0
9. Nordwest	4,8	3,2	2,7	3,0	–2,1	–0,2	57,1	100
10. Nord	8,6	10,8	5,8	7,1	–2,8	–3,7	60,0	92,3
Umland			21,2	15,2	21,2	15,2		

Tab. 36: Vergleich der räumlichen Präferenzverteilung für Convenience Goods

Dabei ist die Steigerung des Nettowertes nicht darauf zurückzuführen, dass ein zusätzlicher Anteil der ansässigen Wohnbevölkerung für den Einkauf in der Innenstadt gewonnen werden konnte. Die darüber hinaus sichtbare Verbesserung des Wohnbevölkerungsanteils in allen weiteren Stadtbezirken mit Ausnahme des Bezirks Nordost lässt vermuten, dass die zusätzlichen Präferenzen für die Innenstadt auf Kosten des Umlandes gewonnen werden konnten.

LH $_{PräM4}$	*Bezieht sich das instrumentelle Motiv des Einkaufs auf Shopping Goods, besitzen Konsumenten zum Zeitpunkt t_1 eine konstante Präferenz für das A–Zentrum wie in t_0.*

Die Rückkehr der ins Umland abgewanderten Konsumenten gelang dagegen bei den räumlichen Präferenzen des Bekleidungskaufes nicht (vgl. Tab. 37). Dafür ist eine Verbesserung des Nettowertes um 10 Prozentpunkte zu beobachten, mit dem die Innenstadt ihre Positionierung als bevorzugte Bekleidungseinkaufsstätte festigt und ausbaut. Da sich die Hypothese auf die Konstanz der Werte bezieht, ist sie abzulehnen.

Stadtbezirk	Bevölkerungs-anteil		Präferenzver-teilung		Nettowert		Anteil Wohnbe-völkerung	
	in Prozent		in Prozent		in Prozentpunkten		in Prozent	
	1. Erhebg.	2 Erhebg.	1. Erhebg.	2. Erhebg.	1. Erhebg.	2. Erhebg.	1. Erhebg.	2. Erhebg.
1. Mitte	7,4	8,9	49,0	60,3	41,6	51,4	76,2	86,7
2. Nordost	11,3	8,9	5,2	2,8	–6,1	–6,1	37,5	40,0
3. Ost	11,7	12,4	17,8	16,2	6,1	3,8	72,7	46,2
4. Südost	8,5	5,9	2,1	0,6	–6,4	–5,3	16,7	100*
5. Süd	12,8	13,6	1,0	0,6	–11,8	–13,0	5,4	100*
6. Südwest	10,3	7,7	1,7	0,6	–8,6	–7,1	10,3	100*
7. West	18,8	22,5	8,7	8,4	–10,1	–14,1	33,3	73,3
8. Alt–West	5,7	5,3	0,3	0,6	–5,4	–4,7	6,3	0,0
9. Nordwest	5,3	3,6	1,0	0,0	–4,3	–3,6	0,0	0,0
10. Nord	8,2	11,2	1,0	0,6	–7,2	–10,6	4,2	100*
Umland			8,4	9,5	8,4	9,5		
and. Stadt			2,1		2,1			

* Es handelt sich hierbei jeweils um eine Person.

Tab. 37: Vergleich der räumlichen Präferenzverteilung für Shopping Goods

Die Interpretation der Angaben zur anteiligen Wohnbevölkerung in den einzelnen Stadtbezirken ist auf Grund der starken Präferenz für die Innenstadt und der damit einhergehenden niedrigen Verteilung der Konsumenten in den übrigen Bezirken nicht aussagekräftig. Allein für das A–Zentrum wird deutlich, dass ein größerer Anteil der Ansässigen in der gegenwärtigen Situation im Wohnbezirk gehalten werden kann.[133]

LH $_{\text{PräM5}}$	*Bezieht sich das instrumentelle Motiv des Einkaufs auf Specialty Goods, steigt die Präferenz der Konsumenten für das A–Zentrum zum Zeitpunkt t_1 gegenüber t_0.*

Auch bei der Präferenzverteilung hinsichtlich bevorzugter Einkaufsstätten für Elektrogeräte steigt der Nettowert in der Innenstadt nach der Eröffnung des Shopping Centers. Allerdings kann dadurch die Abwanderung ins Umland nur geringfügig gesenkt werden. Anhand der verringerten Werte in den Bezirken Ost und West (Allee Center und Paundsdorf Center) ist daher zu vermuten, dass der

133 Diese Steigerung des Wohnbevölkerungsanteils ist ebenfalls für den Bezirk West (Allee Center) zu beobachten. Bezirk Ost hingegen, in dem das Paunsdorf Center angesiedelt ist, verliert in der zweiten Erhebung seine ansässige Bevölkerung.

Zugewinn der Innenstadt auf Kosten der Stadtteilzentren erfolgte. Dies bestätigen steigende Anteile von Präferenzen der Wohnbevölkerung für ihren Bezirk mit Ausnahme von Mitte und Ost.

Stadtbezirk	Bevölkerungsanteil in Prozent		Präferenzverteilung in Prozent		Nettowert in Prozentpunkten		Anteil Wohnbevölkerung in Prozent	
	1. Erhebg.	2. Erhebg.	1. Erhebg.	2. Erhebg.	1. Erhebg.	2. Erhebg.	1. Erhebg.	2. Erhebg.
1. Mitte	6,7	8,3	12,2	21,9	5,5	13,6	50,0	16,7
2. Nordost	12,2	8,3	4,4	2,2	–7,8	–6,1	33,3	75,0
3. Ost	11,1	15,4	27,3	23,6	16,2	8,2	76,7	37,5
4. Südost	9,3	5,3	2,2	2,8	–7,1	–2,5	16,0	75,0
5. Süd	11,9	12,4	1,8	2,8	–10,1	–9,6	15,6	100
6. Südwest	9,6	7,1	3,0	2,8	–6,6	–4,3	23,1	100
7. West	19,6	23,1	20,3	15,2	0,7	–7,9	77,4	85,2
8. Alt–West	6,3	4,7	0,7	1,7	–5,6	–3,0	11,8	50,0
9. Nordwest	4,8	3,6	0,7	2,2	–4,1	–1,4	15,4	50,0
10. Nord	8,5	11,8	3,7	3,9	–4,8	–7,9	21,7	85,7
Umland			23,2	21,3	23,2	21,3		

Tab. 38: Vergleich der räumlichen Präferenzverteilung für Specialty Goods

Grundsätzlich lässt sich anhand des Ergebnisvergleichs zwischen den beiden Erhebungen feststellen, dass mit dem neu entstandenen Shopping Center die Innenstadt von einem größeren Anteil an Personen präferiert wird als bei der Erhebung ohne Center. Damit wird deutlich, dass mit Hilfe des Centers die Attraktivität der Innenstadt gesteigert werden konnte. Kritisch bleibt jedoch anzumerken, dass dieser Gewinn an Attraktivität nur im Hinblick auf den Kauf von Lebensmitteln dazu führte, dass ins Umland abgewanderte Konsumenten wieder städtische Einkaufsstätten präferieren. Allerdings erhöhen sich die Nettowerte für die Innenstadt nur um 2,7 Prozentpunkte gegenüber der Verringerung einer Abwanderung ins Umland von 6 Prozentpunkten, so dass der Einfluss des innerstädtischen Shopping-Centers auf diese Entwicklung nicht eindeutig zu belegen ist.

2.33 Intertemporale Divergenzen des Kaufverhaltens

Wie bereits in der ersten Erhebung bestätigt, führen Präferenzen i.d.R. zu einem entsprechenden Kaufverhalten. Diese Erkenntnisse treffen ebenso auf die zweite Erhebung zu. Der Kauf von Lebensmitteln erfolgt von 8 Prozent im Vergleich zu einer Präferenz von 9,6 Prozent in der Innenstadt. Den hohen Präferenzen für Einkaufsstätten des Umlandes (15,2 Prozent) folgen beim Kauf nur noch 13,6 Prozent. Der Anteil der Umlandbesucher geht ebenfalls beim Kauf von Bekleidung zurück. Hier ist es noch mehr als die Hälfte der Bevölkerung, die in der Innenstadt einkauft. Dagegen steigt der Anteil der Konsumenten, die beim Kauf im Vergleich zur Präferenz bei Elektrogeräten ins Umland fahren. Demgegenüber sinken die Werte für die Innenstadt von 21,9 Prozent bei Präferenzen auf 16,4 Prozent beim Kauf.

Die zentrale Lage des neu eröffneten Shopping Centers lässt vermuten, dass die Mehrzahl der Leipziger Bevölkerung im ersten halben Jahr seines Bestehens bereits dieses neue Angebot genutzt hat.

LH $_K$	*Die Mehrheit der Konsumenten hat das neue Shopping Center innerhalb des ersten halben Jahres seit seiner Eröffnung bereits besucht.*

Im Hinblick auf die Kenntnis des neuen Shopping Centers gab über drei Viertel der Bevölkerung an, das Center bereits wenigstens ein Mal besucht zu haben. Damit ist die Hypothese zu bestätigen. Dies zeigt, dass in der Bevölkerung grundsätzlich ein großes Interesse am Angebot neuer Einkaufsmöglichkeiten besteht, wobei im Falle der Promenaden im Hauptbahnhof die Neuartigkeit des Konzeptes zusätzlich zur hohen Besucherquote beitrug.

3 Zusammenfassung empirischer Ergebnisse

In der Zusammenfassung der Ergebnisse aller getesteter Hypothesen kann grundlegend danach unterschieden werden, ob eine Hypothese anzunehmen oder abzulehnen sei. Während eine Annahme als Bestätigung der Hypothese zu interpretieren ist, kann eine Ablehnung auf zwei verschiedene Ursachen zurückgeführt werden. Einerseits sind Hypothesen abzulehnen, wenn sich die untersuchten Zusammenhänge statistisch als nicht signifikant erweisen. Diese Fälle werden nachfolgend mit der Bezeichnung „kein Zusammenhang" aufgeführt. Bestehen andererseits signifikante Beziehungen zwischen den untersuchten Variablen, die jedoch dem in der Hypothese formulierten Zusammenhang entgegenstehen, so ist diese zu widerlegen. Tab. 39 gibt einen Überblick über diesbezügliche Ergebnisse der thematisch geordneten Gebiete aller analysierter Hypothesen.[134]

---

[134] Die genaue Spezifikation aller Hypothesen nach Gebieten in Bezug auf ihre Annahme oder

Gebiet	Anzahl der Hypothesen	davon Bestätigung	Widerlegung	kein Zusammenhg.
Perzeption	8	3	3	2
Kaufmotive	8	7	1	-
Shopping Value	4	-	3	1
Soziodemografie	6	1	-	5
Determinanten	11	2	-	9
Kaufgewohnheiten	11	9	2	-
Intratemporale Divergenzen	3	1	2	-
Intertemporale Divergenzen	8	6	2	-
Gesamt	59	29	13	17

Tab. 39: Zusammenfassung der Ergebnisse der Hypothesentests

Ohne an dieser Stelle erneut auf die Ergebnisse der Hypothesentests im einzelnen eingehen zu wollen, soll jedoch kurz eine kritische Würdigung unzureichender Validierungen in speziellen Gebieten der Untersuchung erfolgen, bevor die eingangs gestellten Basishypothesen abschließend zu prüfen sind. Durch einen Anteil bestätigter Hypothesen unter 50 Prozent zeichnen sich dabei vor allem die Bereiche aus, die Hypothesen zum Shopping Value (ohne Bestätigung), zur Soziodemografie (16 Prozent Bestätigung), zu Determinanten der Einkaufsstättenwahl (18 Prozent), zu intratemporalen Divergenzen (33 Prozent) sowie zur Perzeption (37 Prozent) zusammenfassen.

3.1 Ursachen der Hypothesenablehnung

Die hohe Zahl widerlegter Hypothesen, die sich auf Abhängigkeiten des **Shopping Value** zu gegebenen Variablen stützen, hat seine Ursache in fehlerhaften Vermutungen über Zusammenhänge zwischen der generellen Kauforientierung von Konsumenten zu Einkaufsstättenpräferenzen sowie zu soziodemografischen Charakteristika der beiden ermittelten Cluster. Demnach ist der Shopping Value ein geschlechtsunabhängiges Konstrukt, das entgegen der aufgestellten Hypothese in seiner hedonistischen Ausprägung stärker bei älteren Personen sowie als Nutzenorientierung bei Konsumenten jüngerer Jahrgänge in Erscheinung tritt. In Verbindung zu präferierten Einkaufsstätten bevorzugen Hedonisten B– und E–Zentren, nutzenorientierte Käufer dagegen A–Zentren. Die Fehler der Hypothesenbildung sind dadurch zu erklären, dass die Argumentation auf der zu beobachtenden Erlebnisorientierung junger Leute aufbaut, die wiederum in engen Zusam-

Ablehnung findet sich im Anhang IV.

menhang zur erlebnisorientierten Positionierung von Innenstädten gebracht wurde. Letztlich präferieren zwar junge Konsumenten A–Zentren, diese Beziehungen ist jedoch nicht auf eine mit Innenstädten verknüpfte Eignung zur Erfüllung hedonistischer Ansprüche verbunden. Demnach stellen sich für die weitere Behandlung der Thematik zwei Fragen:

1. Mit welchen Merkmalsausprägungen ist die durch andere Studien nachgewiesene Erlebnisorientierung von Jugendlichen verbunden? Muss grundlegend zwischen einer Erlebnisorientierung im Freizeitbereich und einer hedonistischen Orientierung im Kaufverhalten von Konsumgütern unterschieden werden, so dass vor einer Generalisierung einzelner Tendenzen innerhalb der Wertorientierung von Individuen zwingend zu warnen ist?

2. Inwiefern entspricht die von der Innenstadt angestrebte Positionierung hinsichtlich einer erlebnisorientierten Einkaufsstätte zum einen den ihr zur Verfügung stehenden Voraussetzungen? Zum anderen ist zu ermitteln, welche Kriterien von Konsumenten generell für die Erfüllung erlebnisorientierter Ansprüche als wichtig erachtet werden.

Hinweise zur Beantwortung der zweiten Frage können aus der Analyse der Hypothesen gewonnen werden, die sich speziell mit den **Determinanten der Einkaufsstättenwahl** auseinandersetzen. Die hohe Anzahl an Hypothesen, für die in Bezug auf die Determinanten keine Zusammenhänge nachgewiesen werden konnten, lässt vermuten, dass die der Argumentation zugrunde liegende Differenzierung von grund– und zusatznutzenorientierten Determinanten für die Erklärung der Nutzen– bzw. Erlebnisorientierung von Einkaufsstätten unzureichend ist.[135] Es bleibt allerdings anzumerken, dass sich die Untersuchungen ausschließlich auf Unterschiede innerhalb instrumenteller und damit kognitiv verankerter Kaufmotive bezog. Es zeigt sich zwar, dass die der Erfüllung von Zusatznutzen zugeordneten ökonomischen Determinanten über alle untersuchten Bereiche hinweg entsprechend ihres begrifflichen Terminus bei der Nutzengenerierung nur von untergeordneter Bedeutung sind. Der größere Stellenwert zusatznutzenorientierter Determinanten bei Bekleidung, der anhand des prozentualen Verhältnisses zwischen beiden Determinantengruppen nachgewiesen werden kann (vgl. Tab. 25, Kap. C 2.2241), belegt jedoch die Tendenz der höheren Gewichtung zusatz-

---

[135] Die darüber hinaus zu beobachtende generelle Überbetonung nutzenorientierter Determinanten kann aus dem Zusammenhang zu dem in Kap. C 2.122 beschriebenen „Nutzwert–Fetischismus“ ostdeutscher Konsumenten resultieren.

nutzenorientierter Determinanten bei Kaufmotiven mit einem niedrigeren Anteil kognitiver Elemente bei der Entscheidungsfindung.[136]

Die Analyse von Zusammenhängen zwischen Determinanten der Präferenzbildung und gegebenen Einkaufsstätten, die ebenfalls einem in der zweiten Frage angesprochenen Problem entspricht, ist auf Grund zu geringer Zellbesetzung in einzelnen Produktkategorien der übrigen Einkaufsstätten nur über die Innenstadt, das Allee Center und das Paunsdorf Center möglich.[137] Dabei wird deutlich, dass beide Shopping Center über alle Produktkategorien deutlich höhere Werte für grundnutzenorientierte Determinanten aufweisen als die Innenstadt (vgl. Tab. 40). Der in der Innenstadt generierte hohe Zusatznutzen für den Kauf von Lebensmitteln erweist sich in der näheren Betrachtung nicht direkt als Vorteil, da für diese Produktkategorie zusatznutzenorientierte Kriterien als weniger bedeutsam erachtet werden als bei Bekleidung. Für diese Kategorie dominiert wie bei Elektrogeräten im Zusatznutzenbereich das Allee Center. In den summierten Nennungen über alle Kategorien erhält das Paunsdorf Center die besten Werte in Bezug auf die Erfüllung grundnutzenorientierter Determinanten; das Allee Center liegt bei der Generierung von Zusatznutzen an erster Stelle. Lediglich im Verhältnis dieser beiden Nutzenorientierungen zueinander kann in der Innenstadt im Vergleich zu den anderen Einkaufsstätten ein etwas höherer Anteil zusatznutzengenerierender Determinanten beobachtet werden.

	Lebensmittel*		**Bekleidung***		**Elektrogeräte***		**Gesamt****	
Einkaufsstätte	GN	ZN	GN	ZN	GN	ZN	GN : ZN	
Innenstadt	227,4	145,5	219,6	112,4	231,0	82,6	67	33
Paunsdorf Center	419,2	103,8	313,7	134,1	328,6	94,6	76	24
Allee Center	280,0	95,0	357,2	176,2	400,1	147,5	71	29

GN = grundnutzengenerierende Determinanten, ZN = zusatznutzengenerierende Determinanten
* Die Werte in den Zellen der Produktkategorien geben jeweils die Summe der Prozentangaben über alle Fälle an.
** Die Angaben zu Gesamt verdeutlichen das prozentuale Verhältnis der Gesamtsumme über alle Produktkategorien.

Tab. 40: Differenzierung von Determinanten der Einkaufsstättenwahl nach Einkaufsstätten

---

136 Vgl. dazu die Ausführungen in Kap. B 2.41. Das Kontinuum zwischen Emotion und Kognition i Bezug auf Kaufmotive ließe sich demnach innerhalb instrumenteller Motive dahingehen präzisieren, dass Shopping Goods den höchsten Anteil emotionaler Elemente gefolgt vo Convenience Goods beinhalten. Specialty Goods wie Elektrogeräte sind demgegenüber eh kognitiv geprägt.

137 Die Differenzierung von Determinanten der Einkaufsstättenwahl beim Löwencenter konnte n für Elektrogeräte erfolgen. Hier zeigen sich die niedrigsten Werte für zusatznutzenorientier Determinanten im Vergleich zu den anderen Einkaufsstätten, sowie mittlere Werte für de Grundnutzen. Damit sind im Löwencenter grundnutzenorientierte Determinanten im Verglei zu zusatznutzenorientierten Determinanten übergewichtet.

Mit Hilfe dieser Ergebnisse ist zu erkennen, dass die von der Innenstadt angestrebte Erlebnisorientierung über die Erfüllung zusatznutzenorientierter Determinanten nicht ausreichend verwirklicht worden ist, sondern in besserem Maße den Angeboten der untersuchten Shopping Center entspricht. Eine zusätzliche Schwäche bei der Befriedigung des Grundnutzens von Konsumenten in der City führt dazu, dass die Attraktivität der Innenstadt im Gegensatz zu Allee und Paunsdorf Center generell als gering einzustufen ist.

Die hohe Zahl an Hypothesen, für die in Bezug auf die **soziodemografischen Konstrukte** Familienlebenszyklus und soziale Schicht keine Zusammenhänge nachgewiesen werden konnten, hat ihre Ursache in einer mangelnden Signifikanz der Ergebnisse sowie einer zu geringen Zellbesetzung innerhalb der Kreuztabellierungen.

Die Widerlegung von Hypothesen zu **intratemporalen Divergenzen**, die Zusammenhänge zwischen bedingter und bewusster Loyalität und Einkaufsstätten–Kategorien aufdecken sollten, begründet sich durch eine fälschliche Vermutung, nach der ein hoher multifunktionaler Agglomerationsgrad von Einkaufsstätten stärker mit einer bedingten, situationsgegebenen Loyalität sowie ein niedriger Agglomerationsgrad stärker mit einer bewussten Loyalität einhergeht. Es zeigte sich in der Untersuchung im Gegensatz, dass der Einkauf in A– und B–Zentren häufig mit den Präferenzangaben übereinstimmt und Käufer aus E–Zentren i.d.R. andere Einkaufsstätten bevorzugen. Dies kann als ein bewusster Prozess der Reorientierung auf innerstädtische Einkaufsstandorte verstanden werden.

3.2 Validierung der Basishypothesen

Nach der Auseinandersetzung mit möglichen Ursachen geringer Validierungen von Hypothesen einzelner Bereiche soll abschließend geprüft werden, inwiefern die der Empirie zugrunde liegenden **Basishypothesen** erfüllt wurden, die Zusammenhänge zwischen der Präferenz von Einkaufsstätten zu den einen Kauf auslösenden Bedürfnissen bzw. Kaufmotiven, zu psychografischen und soziodemografischen Prädispositionen der Konsumenten sowie zu den ökonomischen Gegebenheiten von Einkaufsstätten analysieren.

$H_{PräM}$	*Die Präferenz von Einkaufsstätten wird durch unterschiedliche dem Einkauf vorgelagerte Kaufmotive beeinflusst.*

H $_{PräP}$	*Die Präferenz von Einkaufsstätten wird durch unterschiedliche Ausprägungen des Shopping Value von Konsumenten beeinflusst.*
H $_{PräÖ}$	*Die Präferenz von Einkaufsstätten wird durch die unterschiedliche Bedeutung ökonomischer Determinanten bei Konsumenten beeinflusst.*
H $_{PräS}$	*Die Präferenz von Einkaufsstätten wird durch die unterschiedlichen Ausprägungsformen soziodemografischer Konstrukte beeinflusst.*

Bedingt durch die hohe Anzahl an Hypothesen zur Soziodemografie, für die keine Zusammenhänge nachgewiesen werden konnten, ist die Basishypothese H $_{PräS}$ als einzige abzulehnen. In Bezug auf Kaufmotive, den Shopping Value sowie die Bedeutung ökonomischer Determinanten konnten hingegen eindeutige Zusammenhänge zur Präferenz bestimmter Einkaufsstätten aufgezeigt werden (vgl. Abb. 37).

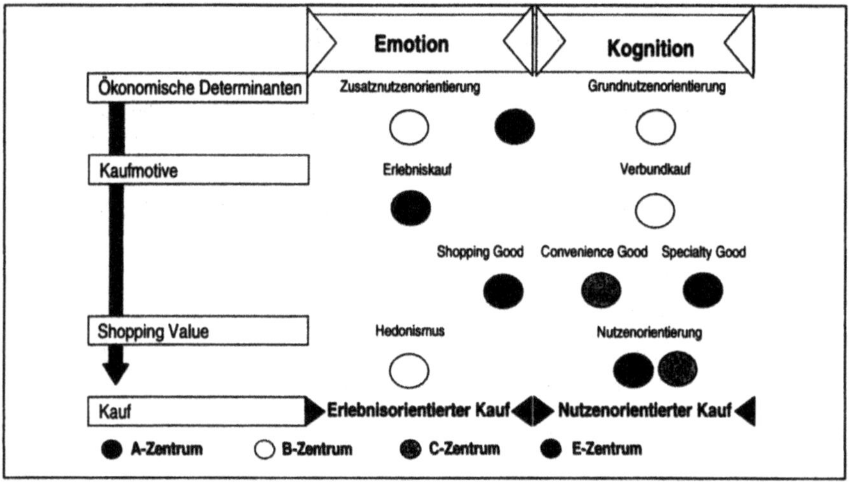

Abb. 37: Polarisierung von Einkaufsstätten nach Elementen des Präferenzbildungsprozesses

Hinsichtlich ökonomischer Determinanten wird deutlich, dass B–Zentren sowohl grundnutzen– als auch zusatznutzenorientierten Ansprüchen an Einkaufsstätten gerecht werden, A–Zentren hingegen weisen weder in die eine noch andere

Orientierungsrichtung starke Ausprägungen auf.[138] Bei der Unterscheidung zwischen Erlebnis– und Verbundkauf als emotionale und kognitive Dimensionen von Bedürfnissen wird dagegen deutlich, dass sich A–Zentren sehr gut zur Befriedigung konsumtiver Kaufmotive eignen, während B–Zentren besser instrumentelle Motive befriedigen. In der weiteren Differenzierung instrumenteller Motive zeigt sich darüber hinaus, dass der Kauf von Shopping Goods ähnliche Präferenzen von A–Zentren aufweist, wie der Erlebniskauf.[139] Für die Befriedigung von Bedürfnissen, die sich auf Convenience Goods beziehen, eignen sich C–Zentren am besten. Zum kognitiv anspruchvollsten Kauf von Specialty Goods, der eine extensive Kaufentscheidung darstellt, werden von Konsumenten E–Zentren präferiert.

---

138 Dabei weist das A–Zentrum jedoch eine relativ leichte Tendenz zur stärkeren Bedeutung zusatznutzengenerierender Determinanten auf (vgl. Tab. 40, Kap. C 3.1). Gleichzeitig bleibt zu betonen, dass auf Grund der Datenbasis die übrigen Einkaufsstätten-Kategorien (C– bis E–Zentrum) nicht in Bezug auf ihre Profilierung hinsichtlich emotionaler oder kognitiver Elemente des Präferenzbildungsprozesses untersucht werden konnten.

139 Shopping Goods besitzen innerhalb instrumenteller Motive den höchsten Anteil emotionaler Entscheidungsaspekte gegenüber der stark kognitiv gesteuerten Kaufhandlung bei Specialty Goods.

D Zusammenfassung und Ausblick

1 Zusammenfassung und Würdigung der Untersuchungsergebnisse

Ausgangspunkt der vorliegenden Arbeit war die im Einzelhandel zu beobachtende Entwicklung, nach der Konsumenten zur Befriedigung ihrer Bedürfnisse verstärkt peripher gelegene Einkaufsstätten in ihre Entscheidung einbeziehen und damit innerstädtische Angebote des Handels als auch die allgemeine Attraktivität von Innenstädten gefährden. Angesichts der zu beobachtenden Diskrepanz zwischen einer konzeptionell proklamierten Kundenorientierung des Handels auf der einen Seite sowie einer mangelnden Auseinandersetzung mit den Ursachen des Erfolgs suburbaner Handelsstandorte andererseits, bestand das generelle Ziel der Arbeit darin, einen Beitrag zur Erfassung und Erklärung des Einkaufsstättenwahlverhaltens von Konsumenten zu liefern.

Im Rahmen der **definitorischen Konkretisierung** des Einkaufsstättenbegriffs erfolgte zunächst eine Abgrenzung gegenüber bekannten Klassifikationen von Einkaufsstätten. Ausgangspunkt bildete hierbei die Definition, nach der sämtliche Organisationen, bei denen durch Konsumenten Produkte oder Dienstleistungen zur Befriedigung ihrer Bedürfnisse erworben werden können, als Einkaufsstätte zu bezeichnen sind. In den Fokus der Kategorisierung von Einkaufsstätten gelangten dabei aus Gründen der Komplexitätsreduktion ausschließlich Angebotsagglomerationen, so dass auf die Besonderheiten der Geschäftswahl als disggregierteste Form der Einkaufsstättenwahl nicht eingegangen wurde. In Abhängigkeit der Problemstellung wurden Einkaufsstätten demnach anhand ihrer räumlichen Zentralität (innerhalb der Stadt sowie innerhalb eines Stadtteils) sowie des Agglomerationsgrades (in Bezug auf den Handel sowie in Bezug auf Aspekte der Multifunktionalität) in A– bis E–Zentren unterschieden.[1]

Zur **theoretischen Fundierung** der Erklärung des Einkaufsstättenwahlverhaltens von Konsumenten wurden verschiedene Ansätze der Kaufverhaltensforschung gegenübergestellt. Als besonders zielführend erwies sich dabei das von BÖCKER vorgestellte Präferenzmodell der Kaufentscheidung, das im Hinblick auf Beson-

[1] A–Zentren sind Innenstädte, B–Zentren Stadtteilzentren, als C–Zentrum wird die wohnnahe Einkaufszone bezeichnet, D–Zentren sind innerörtliche, nicht im bewohnten Stadtteil des Befragten befindliche Einkaufszentren, die außerhalb des bewohnten Stadtteils angesiedelt sind und E–Zentren sind Shopping Center auf der Grünen Wiese. In der Zusammenfassung der Ergebnisse bleibt jedoch festzustellen, dass die Einführung der Kategorie der D–Zentren bei der Erklärung der Einkaufsstättenwahl nur von untergeordneter Relevanz ist.

derheiten der Einkaufsstättenwahl einer Anpassung unterzogen wurde. Mit Hilfe dieses modifizierten Modells konnten einzelne Prozessdimensionen der Präferenzbildung detailliert auf ihren theoretischen Aussagegehalt zur Einkaufsstättenwahl analysiert sowie mittels einer empirischen Untersuchung validiert werden. Eine Besonderheit der Arbeit liegt demnach in der Herausstellung der Bedeutung des Präferenzmodells zur Erklärung des Kaufverhaltens im allgemeinen resp. der Einkaufsstättenwahl im besonderen sowie der damit verbundenen Spezifikation wichtiger Determinanten der Einkaufsstättenwahl. Die sich aus der Analyse abzeichnende Differenzierung nach emotionalen und kognitiven Elementen des Präferenzbildungsprozesses konnte anschließend durch empirische Befunde bestätigt werden.

Bei der **Würdigung der Untersuchungsergebnisse** wird im Zusammenhang mit auslösenden Stimuli im Prozess der Einkaufsstättenwahl deutlich, dass die von Konsumenten als besonders wichtig erachtete ökonomische Determinante der Angebotsvielfalt ein betriebsformenspezifisches Gestaltungskriterium darstellt. Die Möglichkeiten der bewussten Ausformung betriebsformenspezifischer Determinanten sind i.d.R. jedoch für diejenigen Einkaufsstätten begrenzt, die keiner einheitlichen Leitung unterliegen wie dies bei Shopping Centern der Fall ist. Kriterien der Erreichbarkeit, die darüber hinaus eine grundlegende Rolle bei der Einkaufsstättenwahl einnehmen, sind hingegen als einkaufsstättenspezifischer Faktor von einzelnen Vertretern des Einzelhandels bei ihrer Standortentscheidung zu beeinflussen. Generell ist in Bezug auf die Bedeutung ökonomischer Determinanten zu beobachten, dass diese im Hinblick auf die mit dem Kauf verbundenen Motive resp. der damit verknüpften Produktkategorien sowie der psychografischen Prädispositionen der Verbraucher variieren.

Die Untersuchung des Einflusses soziodemografischer Umfeldvariablen, die über die Konstrukte des Familienlebenszyklus und der sozialen Schicht konkretisiert wurden, ergab keine signifikanten Zusammenhänge. Lediglich der Besitz eines PKW wirkte sich positiv auf die Bereitschaft, zum Einkauf größere Distanzen zurückzulegen, aus. Dieses Ergebnis bestätigt die zunehmende Erkenntnis, dass die der klassischen Segmentierung häufig zugrunde gelegten, einfach zu erhebenden soziodemografischen Kriterien wenig Aussagekraft für die Ableitung von Zusammenhängen zum Kaufverhalten besitzen.

Eine Systematisierung situativer Kontextfaktoren zeigte, dass insbesondere längerfristige Rahmenbedingungen, die häufig ebenfalls unter situativen Einflüssen subsumiert werden, bereits innerhalb der aufgenommenen Stimulusvariablen in den Untersuchungsrahmen integriert sind. Einzelne situative Einflüsse hingegen, die auf die kurzfristige Entscheidungssituation Bezug nehmen, wurden auf Grund ihrer Vielgestaltigkeit und der sich daraus ergebenden geringen Aussagekraft im Gesamtzusammenhang nicht in die Untersuchung aufgenommen. Die aggregierten Auswirkungen situativer Einflüsse auf den Entscheidungsprozess der Einkaufsstättenwahl können demgegenüber als Ursache zu beobachtender intratemporaler Divergenzen zwischen Präferenzangaben und besuchten Einkaufsstätten herangezogen werden.

Die durch Stimuli ausgelösten Bedürfnisse führen in Verbindung mit entsprechenden Motiven nach dem Bewusstwerden einer Präferenzrangfolge zur Kaufhandlung. Dabei steht die psychografische Prädisposition von Konsumenten, die als generalisierte Einstellung gegenüber dem Kauf auch als Shopping Value bezeichnet wird, in Wechselwirkung zu Bedürfnissen und beeinflusst den Prozess der Präferenzbildung nur indirekt. Aus der Systematisierung von möglichen den Einkaufsstättenwahlprozess einleitenden Motiven wurde in der Arbeit zwischen konsumtiven und instrumentellen Motiven differenziert. Während instrumentelle Motive mit konkreten Produktbedürfnissen verbunden sind, für die zur Untersuchung exemplarisch typische Vertreter von Convenience Goods, Shopping Goods und Specialty Goods ausgewählt wurden, beziehen sich konsumtive Motive auf die Erfüllung personaler oder sozialer Bedürfnisse. Die Analyse dieser Kategorie von Motiven bezog sich auf Fragen zum Erlebniskauf. Im Hinblick auf den Shopping Value konnten in der Erhebung mittels Clusteranalyse die beiden Segmente der nutzenorientierten sowie der hedonistischen Konsumenten identifiziert werden. Zusammenhänge, die sich aus der Auswertung der Untersuchungsergebnisse hinsichtlich der Kaufmotivation und psychografischen Prädisposition zur Einkaufsstättenwahl ergeben, werden im folgenden Kapitel in Verbindung mit spezifischen Konzepten des Handelsmarketing von Einkaufsstätten erläutert.

Die Analyse der Perzeption von Einkaufsstätten ergab, dass die Unterscheidung von Einkaufsstätten im allgemeinen auf der Basis der beiden Dimensionen „Bebauungsentwicklung" sowie „Funktionalität" erfolgt. Diese Einsicht in die Ergebnisse des Perzeptionsbildungsprozesses ermöglichte die Methode der Multidimensionalen Skalierung, für deren Anwendung Ähnlichkeitsdaten über eine Auswahl wichtiger Einkaufsstätten erhoben wurden. Empfanden die Befragten sämtliche untersuchten Shopping Center (B–, D– und E–Zentrum) als relativ homogen und positionierten diese im Raum bei mittlerer Funktionalität und bei geplanter im Gegensatz zu natürlicher Bebauung, wies die Einkaufsstätte Innenstadt (A-Zentrum) eine hohe Funktionalität gegenüber der geringen Funktionalität von wohnnahen Einkaufszonen (C–Zentrum) auf. Beide Zentren sind im Hinblick auf die Bebauungsentwicklung entgegen Shopping Centern als natürliche Einkaufsstätten im Wahrnehmungsraum von Konsumenten positioniert.

Bei der Verknüpfung der dem Wahrnehmungsraum zugrunde liegenden Ähnlichkeitsdaten mit Angaben zur Präferenz von Einkaufsstätten in Abhängigkeit der den Kauf auslösenden Motive wurde deutlich, dass das C–Zentrum als besonders gut geeignet für den Kauf von Lebensmitteln (Convenience Goods) wahrgenommen wird. Das A–Zentrum Innenstadt hingegen eignet sich am besten zum Bekleidungs– als auch zum Erlebniskauf. Shopping Center wiederum liegen am nächsten zu Präferenzvektoren des Elektrogeräte– sowie des Verbundkaufs.

Der Kernprozess der Präferenzbildung, dem die Vorauswahl eines Evoked Set vorausgeht, lässt sich in die beiden chronologisch ablaufenden Stufen „Bewertung von Alternativen“ und „Strategien der Entscheidung“ aufteilen. Im Zusammenhang mit der Bewertung konnten nutzentheoretische und verhaltenswissenschaftlich begründete Ansätze der Entscheidungstheorie gegenübergestellt werden, die einerseits von der Rationalität und Logik von Entscheidungen ausgehen, andererseits die Begrenztheit des Rationalitätsprinzips und eine sog. Psycho–Logik postulieren. Bei der Diskussion von Entscheidungsstrategien stand die Vorstellung von wissensbasierten und gefühlsbasierten Entscheidungsstrategien im Fokus der theoretischen Auseinandersetzung.

In Bezug auf den sich der Präferenzbildung anschliessenden Besuch von Einkaufsstätten wurden insbesondere Kaufgewohnheiten in den Mittelpunkt der Betrachtung gestellt. Innerhalb dieser sich räumlich, personell, zeitlich, sachlich und modal differenzierenden Aktivitäten bildet die Verknüpfung von Angaben zur Kaufhäufigkeit und –menge eine interessante Informationsquelle für die Analyse der Einkaufsstättenwahl. Demnach lässt sich die Mehrzahl der Konsumenten hinsichtlich dieser beiden Kriterien in Large Basket Shopper (niedrige Frequenz, hohe Menge) und Small Basket Shopper (hohe Frequenz, niedrige Menge) unterscheiden. Large Basket Shopper finden sich im Gegensatz zu Small Basket Shoppern in unteren Altersklassen, verfügen über ein höheres Einkommen und gehören stärker großen Haushalten an. Hinsichtlich ihres Shopping Value sind sie eher dem nutzenorientierten Cluster zuzuordnen und legen bei der Entscheidung der Einkaufsstättenwahl größeren Wert auf die Erfüllung grundnutzenorientierter Determinanten.

Die Untersuchung von Inkongruenzen im Prozess der Einkaufsstättenwahl gliederte sich in intra– und intertemporale Divergenzen. Sind unter intratemporalen

Divergenzen die innerhalb eines Entscheidungsprozesses zu beobachtenden Unterschiede zwischen den einzelnen Teilprozessen (Stimuli ≠ Ergebnis der Perzeption, Perzeption ≠ Präferenz, etc.) zu verstehen, basieren intertemporale Divergenzen auf Unterschieden im zeitlichen Ablauf, die über den Vergleich der Untersuchungsergebnisse zwischen zwei oder mehreren Zeitpunkten ermittelt werden können.

Im Hinblick auf die Notwendigkeit der einen validen Vergleich bedingenden identischen Datenerhebungsmethode bezog sich der intratemporale Vergleich lediglich auf Differenzen zwischen Angaben zu Einkaufsstättenpräferenzen und den tatsächlich besuchten Standorten. Bei Konvergenz der Ergebnisse konnte abgeleitet werden, dass die Loyalität gegenüber der besuchten Einkaufsstätte als bewusste Entscheidung zu werten ist. Erfolgt der Kauf hingegen bei einer anderen als der präferierten Einkaufsstätte, wurde von sog. situativen Verlusten gesprochen, deren Ursache im Einfluss situativer Gegebenheiten zu finden ist. Gegenüber derjenigen Einkaufsstätte, die zwar besucht, aber nicht präferiert wird, ist der Konsument daher nur bedingt loyal. Eine hohe bewusste Loyalität war insbesondere bei innerstädtischen Zentren zu beobachten, wohingegen gegenüber E–Zentren eine stärkere bedingte Loyalität empfunden wird. D.h., dass Konsumenten, die auf der Grünen Wiese einkaufen, diese Einkaufsstätte i.d.R. nicht präferieren, sondern den Standort auf Grund situativer Umstände oder Kaufgewohnheiten auswählen. Bei der Überprüfung von Zusammenhängen zwischen intratemporalen Divergenzen und der Zufriedenheit der Verbraucher war deutlich erkennbar, dass Konvergenzen mit einer größeren Zufriedenheit einhergingen.

Vor dem Hintergrund gravierender Veränderungen in der Einkaufsstättenstruktur im untersuchten Kontext der Stadt Leipzig, die sich aus der Eröffnung eines Shopping Centers in der Innenstadt ergab, zeigten die Ergebnisse des intertemporalen Vergleichs gleichfalls Divergenzen innerhalb der einzelnen Stufen des Präferenzbildungsprozesses. Die Perzeption der Innenstadt näherte sich der Gruppe der Shopping Center an, parallel dazu stieg die Differenzierung der wohnnahen Einkaufszone von den übrigen Einkaufsstätten. Im Hinblick auf Präferenzen gegenüber Einkaufsstätten zeigte sich, dass mit der Verbesserung des Angebots im A–Zentrum die Präferenz für diesen Standort in allen untersuchten Motivationsklassen anstieg und dies zu entsprechenden Veränderungen im Kaufverhalten führte.

Als **besondere Erkenntnis der Arbeit**, die aus der systematischen Aufbereitung der theoretischen Auseinandersetzung mit der Thematik abgeleitet und anschließend empirisch bestätigt werden konnte, erweist sich die Differenzierung nach emotionalen und kognitiven Bestandteilen des Entscheidungsprozesses der Einkaufsstättenwahl. Demnach finden sich sowohl kognitive als auch emotionale Elemente innerhalb der den Entscheidungsprozess auslösenden Bedürfnisse, im Perzeptionsbildungsprozess sowie bei der Bewertung von Alternativen als auch der konkreten Präferenzentscheidung. In logischer Konsequenz dieser Tatsache kann daher zwischen einer emotional bedingten Erlebnisorientierung und einer kognitiv ausgelösten Nutzenorientierung beim Einkauf unterschieden werden. Auf Basis der Untersuchungsergebnisse lassen sich die verschiedenen Einkaufsstättenkategorien innerhalb des Kontinuums zwischen Emotion und Kognition positionieren (vgl. Abb. 37, Kap. C 3.2). Eine weitere Aggregation dieser Daten hinsichtlich der beiden Elemente bzw. Dimensionen des Kaufentscheidungsprozesses, die Kategorien von Einkaufsstätten in den Mittelpunkt der Betrachtung rücken, wurde in der folgenden Abbildung vorgenommen.[2]

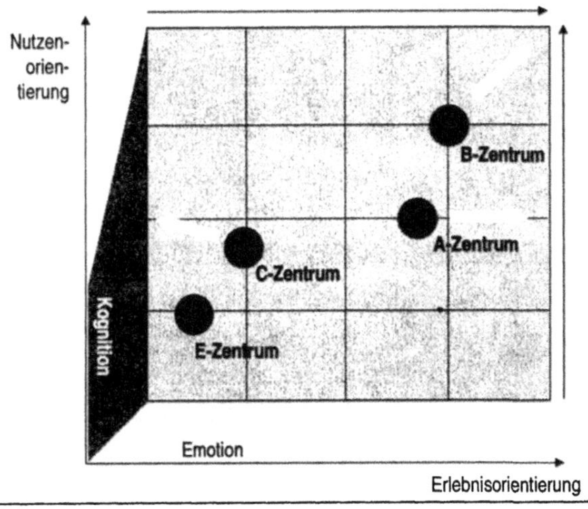

Abb. 38: Positionierung von Einkaufsstätten im Nutzen–Erlebnis–Raum

---

[2] Die Positionierung der Einkaufsstätten erfolgte auf Basis der Angaben in Abb. 37, Kap. C 3.2. Die Höhe der Ausprägung in den beiden Dimensionen des Raums ergab sich aus der eindeutigen Belegung durch Präferenzen in Bezug auf die Elemente Emotion und Kognition, wobei das Maximum von vier Belegungen (ökonomische Determinanten, Kaufmotive generell und spezifisch für instrumentelle Motive sowie Shopping Value) von keiner Einkaufsstätte erreicht wurde. Die Richtung der Postitionierung wurde aus den jeweiligen Tendenzen zur Erfüllung emotionaler oder kognitiver Präferenzelemente abgeleitet.

Dieses Vorgehen, das auf der Idee von Produkt–Positionierungsmodellen beruht, ermöglicht die Präsentation von mit Hilfe des Präferenzmodells verdichteten Informationen im metrischen Raum zur Markterfassung.[3] Anhand der dargestellten Positionen der untersuchten Einkaufsstätten wird deutlich, dass insbesondere B–Zentren in sehr starkem Maße sowohl hinsichtlich emotionaler als auch kognitiver Elemente im Präferenzgefüge der Verbraucher positioniert sind, demgegenüber werden E–Zentren generell wenig und mit Tendenz zu einer besseren Erfüllung nutzenorientierter Ansprüche bevorzugt.[4] A– und C–Zentren weisen mittlere Präferenzhöhen auf, sind allerdings im Gegensatz zueinander stärker zur Befriedigung einer Erlebnis– oder Nutzendominanz bei Entscheidungen zur Einkaufsstättenwahl geeignet.

Parallel zu der hier abgebildeten Positionierung von Einkaufsstätten–Kategorien wird neben der Markterfassung das Ziel der Marktbearbeitung verfolgt, die wiederum als absatzpolitische Strategie einerseits die Anpassung der betrachteten Objekte an die Bedürfnisse der Konsumenten, andererseits die planmäßige Beeinflussung von Konsumentenbedürfnissen mittels kommunikativer Maßnahmen an die vorhandenen Möglichkeiten anstrebt.[5] Mit Blick auf die Ist–Position der Einkaufsstätten im Nutzen–Erlebnis–Raum können für einzelne Einkaufsstättenkategorien mögliche Anpassungsstrategien an die Konsumentenbedürfnisse diskutiert werden.[6] Hierbei ist grundsätzlich zwischen einer einseitigen Orientierung auf

---

3 Vgl. zu Begriff und Vorgehen der Positionierung allgemein z.B. Ries, A., Trout, J., Positioning: The battle for your mind, New York 1986; Myers, J.H., Segmentation and positioning for strategic marketing decisions, Chicago 1996 oder Trommsdorff, V., Positionierung, in: Tietz, B., Köhler, R., Zentes, J., Handwörterbuch des Marketing, 2. Aufl., Stuttgart 1995, S. 2005-2068. Zur Positionierung im Handel vgl. Trommsdorff, V., (Hrsg.), Handelsforschung 1996/97. Positionierung des Handels, Wiesbaden 1996. Speziell zu Produkt-Positionierungsmodellen vgl. Mazanec, J., Wiegele, O. Zum praktischen Einsatz von Positionierungsmodellen in der Produktpolitik, in: Köhler, R., Zimmermann, H.-J. (Hrsg.), Entscheidungshilfen im Marketing, Stuttgart 1997, S. 46-60.

4 Es ist an dieser Stelle darauf hinzuweisen, dass die Positionierung im Nutzen-Erlebnis-Raum in keinem Zusammenhang zur Darstellung von Einkaufsstätten im Wahrnehmungsraum der Konsumenten steht (vgl. Abb. 28, Kap. C 2.211), die eine grundlegende Ähnlichkeit zwischen B– und E–Zentren impliziert. Positionierungsräume beziehen sich i.d.R. jeweils auf die für die Beurteilung als relevant ausgewählten Konstrukte wie Ähnlichkeiten oder Präferenzen. Im vorliegenden Fall wurden demgegenüber die Ergebnisse verschiedener Analysen auf Basis übergeordneter Elemente miteinander verknüpft.

5 Vgl. hierzu auch Theis, H.-J., Einkaufsstätten-Positionierung, Grundlage der strategischen Marketingplanung, Wiesbaden 1992, S. 30f.

6 Gleichwohl JÜRGENS in seiner Arbeit nachweist, dass sich Innenstädte und Peripherie weitestgehend sowohl in morphologischer als auch organisatorischer Form (City- vs. Center-Manager) angleichen, beruht der Ansatz der durch Positionierung angestrebten Differenzierung auf Konstrukten des Käuferverhaltens. Diese Unterscheidung erklärt, dass Konsumenten bei ähnlichen Stimuli verschiedenartige Präferenzreaktionen aufweisen können. Vgl. Jürgens U., Einzelhandel in den Neuen Bundesländern – die Konkurrenzsituation zwischen Innenstadt

Erlebnis– resp. Nutzenaspekte im Handelsmarketing sowie einer hybriden Ausrichtung auf sowohl emotionale als auch kognitive Elemente im Sinne einer „Outpacing–Strategie“[7] zu unterscheiden. Aus dem Vergleich zwischen der Ist–Position und möglichen Soll–Positionen von Einkaufsstätten sind auf Basis der gewonnenen Erkenntnisse der Arbeit heraus Implikationen abzuleiten, die für eine gezielte Verfolgung der strategischen Ausrichtung der Marketingaktivitäten zu empfehlen sind.

2 Implikationen für das Handelsmarketing

Die Interpretation der Anwendung eines **nutzendominierten Handelsmarketing** soll am Beispiel von C–Zentren im Nutzen–Erlebnis–Raum erfolgen. Wie in Abb. 38 ersichtlich, wird die wohnnahe Einkaufszone bereits deutlich höher von Konsumenten in Richtung der Nutzenorientierung präferiert als E–Zentren. Demgegenüber tendieren A–Zentren zu einer Erlebnisorientierung. Aus diesem Grund wird es für eine erfolgreiche Positionierung von C–Zentren im Sinne der Differenzierung von Einkaufsstätten als zielführend erachtet, Marketingaktivitäten stärker auf Nutzenaspekte des Einkaufs auszurichten.

In Bezug auf Determinanten der Einkaufsstättenwahl ist beim nutzendominierten Handelsmarketing insbesondere auf die Gewährleistung von Kriterien zu achten, die sich auf stofflich–technische Merkmale des Grundnutzens beziehen.[8] In Abhängigkeit der generellen Wichtigkeit dieser Determinanten ist auf eine große Warenauswahl, die Nähe zur Wohnung sowie die gute Erreichbarkeit mit PKW oder öffentlichen Verkehrsmitteln und auf kundenfreundliche Ladenöffnungszeiten zu achten. Bis auf die Ladenöffnungszeiten sind alle wichtigen Determinanten einkaufsstättenspezifisch, so dass sie eine Möglichkeit der gezielten Beeinflussung durch Instrumente der Stadtplanung (insbesondere hinsichtlich der Beratung von Einzelhändlern in Bezug auf Standort- und Betriebstypenentscheidungen bei Neuansiedlungen) darstellen.

Konsumenten, die gezielter mit einem nutzendominierten Handelsmarketing anzusprechen sind, gehören i.d.R. dem Segment der gleichnamigen nutzenorientier-

---

und „Grüner Wiese“, a.a.O., S. 310ff.

Vgl. Gilbert, X., Strebel, P.J., Outpacing Strategies, in: IMEDE Perspectives for Managers, Nr. 2/Sept. 1985.

Zu konkreten Ausgestaltungsoptionen der ökonomischen Determinanten vgl. die Ausführungen in Kap. B 2.12.

ten Käuferschicht an. Dieses Segment möchte den Einkauf schnell und zielstrebig erledigen und empfindet keine Freude daran, mehrere Geschäfte aufzusuchen, um das gesuchte Produkt auszuwählen.

Hinsichtlich der mit den unterschiedlichen Kaufmotiven im Zusammenhang stehenden Produktpalette ist ersichtlich, dass nutzenorienierten Käufen prinzipiell instrumentelle Motive anstelle sozialer oder personaler Ziele zugrunde liegen, so dass der Einkauf durch einen bestimmten Produktwunsch determiniert ist. Daraus kann einerseits ein Verbundkauf mehrerer Produktkategorien resultieren, der die Bedeutung der Angebotsvielfalt als wichtiges Kriterium der Einkaufsstättenwahl betont; andererseits sind Konsumenten beim speziellen Kauf von Convenience oder Specialty Goods[9] besonders auf die Nähe zur Wohnung bzw. die generelle Erreichbarkeit angewiesen.

Konkret ist daraus für C–Zentren abzuleiten, dass sie sich

1. ihrer Funktion entsprechend auf eine umfangreiche Nahversorgung der Bevölkerung mit Waren des täglichen Bedarfs und einer damit verbundenen Gewährleistung einer hohen Sortimentstiefe sowie

2. auf das komplementäre Angebot weiterer Warengruppen zur Abdeckung von Bedürfnissen, die im Verbund gekauft werden (Gewährleistung einer hohen Sortimentsbreite), ausrichten sollten.

Bei der Umsetzung dieser beiden Ziele ist zur Betonung von Determinanten der Einkaufsstättenwahl die Substitution einzelner Kriterien, die nachträglich nicht mehr von den jeweiligen Akteuren zu beeinflussen sind (z.B. die Erreichbarkeit mit PKW bei bereits getroffener Standortentscheidung) durch in der Wichtigkeit nachgelagerte Faktoren (wie kundenfreundliche Öffnungszeiten) möglich. Gleichzeitig sollte auf die unterschiedliche Bedeutung von Determinanten bei verschiedenen Kaufmotiven Rücksicht genommen werden. Spielt bei Convenience Goods die Nähe zur Wohnung gefolgt von dem Wunsch nach einer schnellen Erledigung des Einkaufs und einer großen Warenauswahl die wichtigste Rolle bei der Einkaufsstättenwahl, stellen bei Specialty Goods eine umfangreiche Warenauswahl sowie die kompetente fachliche Beratung entscheidende Vorteile im Konkurrenzkampf um den Kunden dar.

---

9 Ausgehend von der zu beobachtenden Präferenzstruktur bei Specialty Goods erscheint es aus Sicht von C–Zentren nicht ratsam, in offensive Konkurrenz zu E–Zentren auf der Grünen Wiese zu treten, die die mit diesen Gütern verbundenen Anforderungen bislang sehr gut erfüllen.

Vor allem im Hinblick auf die Präferenz von C–Zentren durch ältere Konsumenten sollte sich das Erscheinungsbild von nutzenorientierten Einkaufsstätten an die Bedürfnisse dieser Bevölkerungsschicht wenden. Darüber hinaus zeigt sich, dass Konsumenten mit einem nutzenorientierten Shopping Value bei Convenience Goods vor allem auf die Schnelligkeit des Einkaufs achten, so dass generell alle Determinanten, die auf eine bequeme Erledigung des Kaufs abzielen, als Voraussetzung für eine erfolgreiche Positionierung von Einkaufsstätten im Sinne eines nutzendominierten Handelsmarketing betrachtet werden können.

Im Gegensatz zu C–Zentren bedarf es dem A–Zentrum Innenstadt einer stärkeren Positionierung hinsichtlich emotionaler Elemente des Präferenzbildungsprozesses (vgl. Abb. 38), um sich dadurch klar gegenüber B–Zentren abzugrenzen. Ansätze zur Umsetzung eines **erlebnisdomierten Handelsmarketing**[10] sollen daher beispielhaft für das A–Zentrum vorgestellt werden.

Wichtige Determinanten bei der emotionalen Kundenansprache sind neben der fachlichen Kompetenz der Beratung die Schnelligkeit des Einkaufs, die angenehme Einkaufsatmosphäre sowie die Freundlichkeit des Personals.[11] Fachkompetenz als auch Beratung stellen geschäftsspezifische Determinanten dar, die nur über die Personalauswahl einzelner Handelsunternehmen beeinflusst werden können. Allerdings wirken personalrechtliche Verpflichtungen großer und filialisierter Handelsunternehmen, die für A–Zentren sehr typisch sind (vgl. Tab. 2, Kap. B 2.11) der Entscheidungsflexibilität entgegen.[12] Als Ansatzpunkt für eine gezielte Ausrichtung des Handelsmarketing von Einkaufsstätten auf erlebnis-

---

[10] Der Begriff des erlebnisdominierten Handelsmarketing wird synonym zu den von anderen Autoren benutzten Begriffen des „erlebnisbetonten Handelsmarketing" (z.B. GROPPEL) oder der „Erlebnisorientierung im Einzelhandel" (z.B. AHLERT/SCHRÖDER) verwendet. Vgl. auch zu den Inhalten Gröppel, A., Erlebnisbetontes Handelsmarketing, in: Forschungsstelle für den Handel Berlin (FfH) e.V., Handelsforschung 1990, Wiesbaden 1990, S. 121-137; Ahlert, D., Schröder, H., ‚Erlebnisorientierung' im stationären Einzelhandel, eine Aufgabe des evolutionären Handelsmanagements, in: Marketing ZFP, H. 4/1990, S. 221-229.

[11] In einer Untersuchung von ZIEHE wurde dagegen deutlich, dass insbesondere Kriterien wie Abwechslung (anregende Farbgestaltung, originelle Schaufensterdekoration) und Serviceleistungen die Einstellung von Konsumenten gegenüber dem Einkaufserlebnis beeinflussen. Vgl. Ziehe, N., Hoch im Kurs der Kunden, in: BAG Handelsmagazin 1-2/1998, S. 27-29.

[12] Diese Verpflichtungen beziehen sich vor allem auf die Übernahme von Arbeitskräften, die bei der Privatisierung des ostdeutschen Handels von der Erwerbern gewährleistet werden musste. Vgl. Sparschuh, R., Das hartnäckige Ringen um innerstädtische Handelsstandorte trägt langsam Früchte, a.a.O., S. 97. Im Ergebnis dieses Prozesses sehen sich vor allem Kauf– und Warenhäuser mit dem Problem der Qualifikation eines in der Planwirtschaft wenig kundenfreundlich ausgebildeten Personals konfrontiert.

orientierte Aspekte eignet sich somit in erster Linie der Aufbau einer emotional–erlebnisbetonten Einkaufsatmosphäre.[13]

Mit erlebnisdominierten Handelskonzepten können vor allem hedonistisch orientierte Käufer angesprochen werden.[14] Diesen Personen macht Einkaufen Spaß, sie gehen gern Bummeln und sehen den Einkauf als eine angenehme Art der Freizeitgestaltung an. Diese Einstellung geht konform mit hohen Ansprüchen an zusatznutzengenerierende Determinanten, so dass die Schaffung einer angenehmen Einkaufsatmosphäre insbesondere dem Wohl dieser Zielgruppe dient und sie zur Verlängerung ihres Einkaufs anhält. In Bezug auf das Alter der Konsumenten kann keine klare Aussage getroffen werden, da einerseits hedonistische Käufer eher einen hohen Stand im FLZ erreicht haben, andererseits bislang jüngere Konsumenten die Innenstadt präferieren.

In Ergänzung dieser Ergebnisse sind die den Kauf auslösenden Motive konsumtiver Natur oder als instrumentelle Motive vor allem auf Produkte begründet, die die Eigenschaften von Shopping Goods besitzen. Auch hierbei zeigt sich entsprechend die hohe Gewichtung von Erlebnisaspekten beim Kauf.

Für die Positionierung des A–Zentrums als erlebnisorientierte Einkaufsstätte bedeutet dies, dass weiterhin auf die Emotionalisierung dieses Standortes besonderer Wert zu legen ist. Dabei ist vor allem auf eine generell hohe Multifunktionalität, die handelsspezifische Förderung erlebnisbezogener Betriebstypen und –formen sowie die Organisation gemeinsamer Aktionen von Akteuren der Innenstadt zu achten.

Vor dem Hintergrund einer zunehmenden Wettbewerbsintensität erweist es sich als notwendig, den Aspekt der Mehrdimensionalität in die Positionierung von Einkaufsstätten aufzunehmen. In der strategischen Planung werden daher alternativ Ansätze diskutiert, die den Fokus einer Dimension überwinden.[15] In Anlehnung an diese Überlegungen beruht das **hybride Konzept des Handelsmarketing** sowohl auf Elementen der Nutzen– als auch der Erlebnisorientierung. Diese Dimensionserweiterung wird bereits anhand des Wahrnehmungsraumes von Konsumenten

---

[13] Vgl. hierzu die Ausführungen in Kap. B 2.125.

[14] Siehe dazu auch die Ergebnisse einer Studie von DILLER. Vgl. Diller, H., Zielgruppen für den Erlebnishandel, eine empirische Studie, in: Forschungsstelle für den Handel Berlin (FfH) e.V., Handelsforschung 1990, Wiesbaden 1990, S. 139-156.

[15] Vgl. dazu die Überlegungen zur Outpacing–Strategie bei Meffert, H., Marketing-Management, a.a.O., S. 117.

deutlich (vgl. Abb. 28, Kap. C 2.211), innerhalb dessen sich A– und C–Zentren nur hinsichtlich der Funktionalität unterscheiden, die Integration von B–Zentren dagegen eine Erweiterung um die Dimension der Bebauungsentwicklung notwendig werden lässt.

Das hybride Konzept soll am Beispiel der Positionierung von B–Zentren vorgestellt werden. Dabei ist in Bezug auf B–Zentren anzumerken, dass sämtliche hier vorgestellten Einkaufsstätten dieser Kategorie Shopping Center darstellen, die eine Verknüpfung von emotionalen und kognitiven Elementen der Präferenzbildung bereits zu einem großen Teil erfolgreich etabliert haben.[16] Analog zur Outpacing–Strategie konnte beim Auftritt von Shopping–Centern ebenso beobachtet werden, dass nach einer anfänglichen Orientierung auf Nutzenaspekte anschließend stärker der Erlebnischarakter in den Vordergrund der Konsumentenansprache gestellt wurde.

In Bezug auf die Gewichtung von Determinanten der Einkaufsstättenwahl konnte insbesondere für das Paunsdorf Center festgestellt werden, dass sich Konsumenten sowohl in sehr hohem Maße auf Grund von grundnutzengenerierenden, aber ebenso stark auf Grund von zusatznutzengenerierenden Faktoren für den Besuch dieser Einkaufsstätte entscheiden. D.h. für die Positionierungsentscheidung, dass keine ausschließliche, quantifizierbare Fokussierung auf emotionale oder kognitive Kriterien stattfinden sollte, sondern Einkaufsstätten bei der Verfolgung des hybriden Konzeptes sich gleichzeitig über eine qualitativ hochwertige Ausprägung sowohl grund– als auch zusatznutzengenerierender Determinanten profilieren müssen. Um im Wettbewerbsumfeld langfristig gegenüber eindimensional positionierten Einkaufsstätten bestehen zu können, müssen B–Zentren entsprechend auf die Erfüllung einer Vielzahl von Anforderungskriterien an idealtypische Einkaufsstätten achten. Da dieses Vorgehen eine hohe Gefahr der Oberflächlichkeit in sich birgt, erscheint es als besonders wichtig, dass hohe qualitative Ansprüche an die Umsetzung der Kriterien gelegt werden.

Mit hybriden Konzepten sollen letztlich sowohl nutzenorientierte als auch hedonistische Konsumenten für den Einkauf in einer Einkaufsstätte gewonnen werden. Derzeit präferieren allerdings vor allem Kunden mit einem hedonistischen Shop-

---

16 Natürlich gewachsene Stadtteilzentren, die bislang in Leipzig keine vergleichbare Bedeutung erlangt haben wie die ausgewiesenen Center, sollten sich an diesen Beispielen orientieren, um langfristig in gleichem Maße und zum gegenseitigen Vorteil von Handel und Konsument die Bedürfnisse der Anwohner zufriedenstellend erfüllen zu können.

ping Value B–Zentren, so dass in der zukünftigen Konsumentenansprache stärker auf die Bedürfnisse nutzenorientierter Konsumenten Wert zu legen ist. Diese Forderung kann in erster Linie durch die Integration und anschließende Kommunikation von Vorteilen spezieller Betriebsformen erfüllt werden. So eignen sich vor allem Fach- oder Verbrauchermärkte sowie Kauf- oder Warenhäuser, die bislang nur bedingt typisch für B–Zentren sind (vgl. Tab. 2, Kap. B 2.11), für einen schnellen, bequemen Einkauf.

Gegenwärtig präferieren Konsumenten B–Zentren vordergründig auf Grund instrumenteller Kaufmotive und in diesem Zusammenhang speziell beim Ziel des Verbundkaufs. Hinsichtlich des Erlebniseinkaufs zeigte sich jedoch, dass B–Zentren in der Rangfolge direkt hinter der ersten Präferenzentscheidung Innenstadt liegen. Da es sich bei diesen Einkaufsstätten um eine Kategorie mit mehreren Einkaufsstätten an verschiedenen Standorten innerhalb der untersuchten Stadt – im Gegensatz zum A–Zentrum mit einem Standort – handelt, kann trotzdem generell davon ausgegangen werden, dass sich B–Zentren bereits gut als Einkaufsstätte des Erlebniseinkaufs positioniert haben. In Verbindung mit der Frage nach konkreten Produkten wird deutlich, dass bei Convenience Goods in der Summe zwar C–Zentren stärker präferiert werden, allerdings die größte absolute Präferenz von 14 Prozent aller Befragten bei einem innerhalb von B–Zentren ansässigen Geschäft liegt. Die Kaufhäuser Peek & Cloppenburg sowie C+A, die höchste Präferenzwerte bei Shopping Goods aufweisen, besitzen zwar auch eine Filiale in B–Zentren, doch bevorzugen Konsumenten eindeutig die Innenstadt bei der Entscheidung zwischen beiden Standorten. Insbesondere in Bezug auf diese Produktkategorie ergibt sich anhand der gegenwärtigen Situation ein hoher Bedarf an einer stärkeren Orientierung auf emotionale Elemente, andererseits sind in diesem Bereich hohe Eintrittsbarrieren zu überwinden, da sich das A–Zentrum bereits sehr deutlich als erlebnisorientierte Einkaufsstätte positioniert hat. Bei Specialty Goods hingegen folgen auf die größte absolute Präferenz gegenüber Fachgeschäften und den im E–Zentrum angesiedelten Media-Markt Geschäfte, die in B–Zentren angesiedelt sind. Darüber hinaus kann die Betriebsform des Fachgeschäfts, die sich sehr gut für den Verkauf von Specialty Goods eignet, als typisch für B-Zentren angesehen werden.

Zusammenfassend lässt sich daraus für die weitere Positionierung von B–Zentren bei der Verfolgung hybrider Konzepte des Handelsmarketing ableiten, dass die mit dieser Strategie verbundenen Anforderungen weitgehend erfüllt werden. Generell als auch am Beispiel von B–Zentren erscheint es besonders empfehlenswert über die Erfüllung der Konsumentenansprüche an Einkaufsstätten (konkret Deter minanten) die angestrebte Position im Nutzen–Erlebnis–Raum durch entsprechende Maßnahmen zu erreichen, da diese Kriterien eindeutig definiert werden können. Darüber hinaus besitzen sie das größte Beeinflussungspotential, das durch Einkaufsstätten selbst gesteuert werden kann.

3 Ausblick auf künftige Entwicklungen im Einzelhandel

In Kap. A 1 wurden bereits die steigende Integration von Produzent und Konsument in Entscheidungsprozesse des Handels, die Internationalisierung von Handelsunternehmen, zunehmende Handelskonzentrationen sowie die Etablierung neuer Betriebstypen als Ursachen einer zunehmenden Wettbewerbsdynamik im Handel vorgestellt. Von besonderer Bedeutung im Hinblick auf die Entwicklung von Einzelhandelsstandorten erweist sich in diesem Zusammenhang einerseits die Errichtung von Factory Outlet Centern (FOC), andererseits die Angebote des electronic Shopping und dabei insbesondere des E-Commerce, die im folgenden näher vorgestellt und auf ihre mögliche Positionierung im Nutzen-Erlebnis-Raum analysiert werden sollen.

FOC's gelten von Seiten des Handels als neue Bedrohung des traditionellen Einzelhandelsgeschäfts sowie der gewachsenen Innenstadtstrukturen.[17] Erste Center, in denen mehrere Hersteller in Shopping Center-ähnlichen Outlets mit einer Gesamtverkaufsfläche von über 3.000 qm den Verkauf ihrer Fabrikware betreiben, wurden ursprünglich in den USA errichtet.[18] Ausgehend von der amerikanischen Definition wird ein Zusammenschluß von Factory Outlets (dt.: Fabrikverkaufseinrichtungen) dann als FOC bezeichnet,

- wenn die Gesamtverkaufsfläche 50.000 square feet (ca. 4.650 qm) übersteigt,
- mindestens fünf Markenartikelhersteller Geschäfte zum direkten Fabrikverkauf besitzen oder unterhalten und
- das Zentrum zudem zu 50 bis 75 Prozent aus Factory Outlets besteht.[19]

---

17 Vgl. Ruda, W., Factory Outlet Center: Moderner Einkauf, in: management berater, Nr. 7/1998, S. 25.

18 Vgl. Vogels, P.-H., Will, J., Raumordnerische und städtebauliche Auswirkungen von Factory-Outlet-Center, Basel 1999, S. 12.

19 Vgl. Hahn, B., Prudemat, P., Factory Outlet Centers in den USA – Der Reiz läßt nach, in: Marketing Journal Nr. 3/1998, S. 174.

Bestand das Ziel der Errichtung von Factory Outlets traditionell darin, fehlerhafte und überschüssige Ware zu stark reduzierten Preisen an Mitarbeiter zu verkaufen,[20] kommt eine Studie von Value Retail News aus dem Jahre 1993 zu dem Ergebnis, dass 37 Prozent der Waren in FOC's zur gleichen Zeit auch in Fachgeschäften angeboten wurden, 32 Prozent der Waren Restposten und Auslaufmodelle und 18 Prozent Güter der 2. Wahl waren sowie 12 Prozent direkt für den Verkauf in FOC's produziert wurden.[21] Diese Entwicklung, nach der FOC's als „permanenter Sonderverkauf mit Rabatten",[22] die dem normalen Einzelhandel verwehrt sind, eingeschätzt werden, hat auf Seiten des Handels zu enormen Protesten geführt, die mit der Etablierung dieser Center „den Untergang der innerstädtischen Einzelhandelslandschaft, die Zerstörung der flächendeckenden Nahversorgung, einen Kauftourismus mit Umweltschäden und den Verlust von Ausbildungskräften"[23] befürchten. Darüber hinaus bestehen für FOC's in Deutschland insbesondere rechtliche Probleme, so dass der in den USA zu beobachtende Boom[24] durch planungs- und bauordnungsrechtliche Vorgaben sowie das strenge deutsche Wettbewerbsrecht behindert wird.[25] Von den ca. 30 bislang in Deutschland geplanten FOC's kann daher nur die Verwirklichung von vier Projekten als relativ sicher angesehen werden.[26]

Dabei bieten FOC's sowohl aus Sicht der Konsumenten, der Hersteller aber auch des Handels eine Reihe von Vorteilen. Kann sich der Einzelhandel gegenüber FOC's durch vollständige und aktuelle Sortimente sowie Beratungs- und Service-

---

20 Vgl. Pudemat, P., Abnehmende Kunden–Akzeptanz und steigende Monotonie, a.a.O., S. 55.

21 Vgl. Avins, M., The Truth About Outlet Shopping, in: Working Woman, Nr. 7/1994 1994, S. 79.

22 Kahlweit, C., „Handelskrieg" um ein Einkaufszentrum neuer Art, in: SZ vom 19.6.1997, S. 9.

23 Kauntz, E., „Wenn wir uns nicht verändern, werden wir verändert", in: FAZ vom 16.7.1997 S. 14.

24 Die Anzahl der FOC's ist in den USA von 25 im Jahre 1981 auf 329 in 1997 angestiegen. Vgl. Pudemat, P., Abnehmende Kunden–Akzeptanz und steigende Monotonie, in: BAG Handelsmagazin 3-4/1998, S. 56.

25 Dies ist insbesondere § 11 Abs. III der BauNVO, nach der FOC's als großflächige Einzelhandelsbetriebe nur in Kerngebieten und in für sie festgesetzten Sondergebieten errichtet werde[n] dürfen. Vgl. Schmitz-Temming, K., Wettbewerbsrecht contra Factory Outlet Center – Fang[]schuss oder untauglicher Versuch?, in: Wettbewerb in Recht und Praxis, Nr. 7-8/1998, S. 68[] Darüber hinaus verbleiben eine Reihe von wettbewerbsrechtlichen Problemen, die di[e] Geschäftstätigkeit von FOC's einschränken können.

26 Vgl. im Internet: GMA, FOC's in Deutschland, in: http://www.business-channel.de/bch/impu[l]se/index.html vom 20.06.1999. Die Projekte mit sehr hoher Realisierungschance sind [] Villingen-Schwenningen (Baden-Württemberg – 6.500 qm), Ingolstadt (Bayern – 9840 qm[)] Eichstädt (Brandenburg – 20.000 qm) und Raisdorf (Schleswig-Holstein – 13.000 qm). Da[s] kürzlich eröffnete Designer Outlet Center in der Leipziger Innenstadt kämpft derzeit noch m[it] erheblichen Leerständen. Vgl. dazu auch Lausberg, I., Factory Outlet Center: In Deutschlan[d] zu Tode geplant?, in: DiH 7/99, S. 8f.

angebote profilieren, dienen die Center gleichzeitig dazu, sog. graue Märkte auszudünnen und damit die Marke zu schützen.[27] Hersteller nutzen diese Vertriebsform insbesondere für den Abverkauf von Überproduktionen und Testkollektionen und verbessern dadurch die Marktnähe; darüber hinaus erhöhen FOC–Verkäufe die Liquidität der Herstellers und reduzieren die hohe Kapitalbindung und die Finanzierungskosten.[28] Vor allem aber profitiert der Konsument von der Möglichkeit, Markenware zu einem sehr günstigen Preis zu erwerben.

In der gegenwärtigen Situation, in der der Handel in FOC's jedoch ausschließlich eine Gefahr sieht, die seine Macht gegenüber dem Hersteller unterminieren könnte, und daher eine Reihe von Anstrengungen unternimmt, um die Etablierung dieser Vertriebsform zu unterbinden,[29] ist das Konzept der FOC's lediglich als eine - wenn auch bedeutende - Alternative der zukünftigen Entwicklung von Einkaufsstättenangeboten zu betrachten. Denn FOC's können als „konsequenteste Verbindung von Diskountprinzip und Erlebniseinkauf"[30] gesehen werden. Damit sind FOC's nicht eindeutig den skizzierten Orientierungen auf Nutzen– oder Erlebnisaspekte zuzuordnen, sondern bedienen sowohl emotionale als auch kognitive Anforderungen der Konsumenten an den Einkauf. Das Angebot an hochwertigen Marken sowie das verbesserte Verkaufsambiente neuerer FOC's mit zusätzlichen Angeboten für die ganze Familie sprechen für die Erlebnisorientierung, wohingegen erhebliche Preisnachlässe von durchschnittlich 30 Prozent im Vergleich zum Fachhandel[31] und die untergeordnete Rolle der Kundenberatung der Nutzenorientierung dienlich sind. Durch die derzeitige Fokussierung des angebotenen Sortiments von FOC's auf Bekleidung (ca. 50 Prozent) mit einem Schwerpunkt auf Damenoberbekleidung, das durch weitere Shopping Goods ergänzt wird,[32] tendiert diese Einkaufsstätte innerhalb einer angenommenen Positionierung im Nutzen–Erlebnis–Raum etwas stärker in die Erlebnisrichtung

---

27 Vgl. Ruda, W., Factory Outlet Center, a.a.O., S. 27.

28 Vgl. ebenda, S. 27.

29 Die Demonstration von 1.500 Einzelhändlern in Sohren (Hunsrück) gegen die Entstehung eines FOC's erwies sich insofern als erfolgreich, als dass die Pläne derzeit auf Eis gelegt wurden. Vgl. Pitroff, R., Factory-Outlet-Center kaum zu stoppen, in: DiH, 3/1998, S. 67. Erstmals wurde sogar die Ansiedlung eines FOC's durch Parlamentsbeschluss in einer Kommune abgelehnt. Vgl. Wolf, F., Es ist nicht alles Gold, was glänzt, in: BAG Handelsmagazin 5-6/1999, S. 23.

30 Vogels, P.-H., Will, J., Raumordnerische und städtebauliche Auswirkungen von Factory-Outlet-Center, a.a.O., S. 134.

31 Vgl. Pittroff, R., Factory-Outlet-Center kaum zu stoppen, a.a.O., S. 65.

32 Vgl. Hahn, B., Prudemat, P., Factory Outlet Centers in den USA – Der Reiz läßt nach, a.a.O., S. 176 oder Wolf, F., Es ist nicht alles Gold, was glänzt, a.a.O., S. 21, der konkret von „innenstadtrelevanten" Sortimenten der FOC's spricht.

(vgl. Abb. 39). In dem sich aus dieser Konstellation ergebenden Szenario wird schnell deutlich, dass sich hieraus in klarer Weise eine starke Konkurrenz von Seiten der FOC's gegenüber den hybrid positionierten B–Zentren einerseits sowie gegenüber der erlebnisorientierten Innenstadt andererseits abzeichnet.

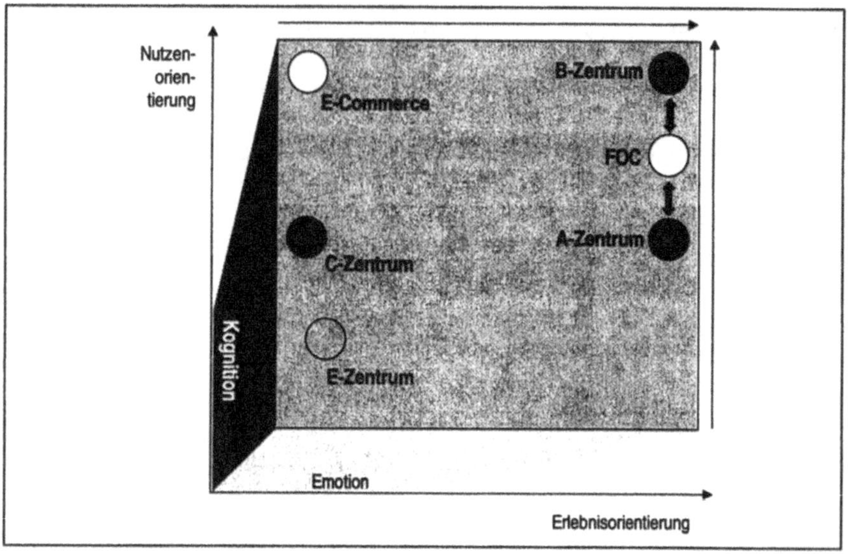

Abb. 39: Zukünftige Positionierungsmöglichkeiten von Einkaufsstätten im Nutzen–Erlebnis–Raum

Die zweite wichtige Entwicklung, die weitreichende Folgen auf die zukünftige Gestaltung der Handelslandschaft auszuüben vermag, ist die unter dem Begriff des **electronic Shopping** bekannte Virtualisierung des Kaufaktes, die zur Umgehung oder Ausschaltung der in der Wertschöpfungskette zwischen Hersteller und Endkunde vor– oder nachgelagerten Unternehmen führen kann.[33] Electronic Shopping lässt sich nach Art der zugrunde gelegten Informationstechnologie nach Tele–Shopping, Offline–Shopping und Online–Shopping unterscheiden.

Von Tele–Shopping kann in den Fällen gesprochen werden, wenn die Anbahnung des Kaufs über den Fernseher erfolgt. Dies ist einerseits über interaktives Fern-

---

[33] Diese Ausschaltung der traditionellen Absatzmittler wird auch als Disintermediation bezeichnet. Vgl. z.B. Schoder, D., Strauss, R., Welchering, P., Electronic Commerce Enquête 1997/98 – Empirische Studie zum betriebswirtschaftlichen Nutzen von Electronic Commerce für Unternehmen im deutschsprachigen Raum, Executive Research Report, Stuttgart 1998, S. 13. Weitere Formen der Disintermediation sind neben dem Electronic Commerce der Filialverkauf durch den Hersteller sowie der persönliche Verkauf.

sehen möglich, bei dem das klassische TV um einen Rückkanal zum Sender erweitert wird;[34] andererseits ist unter Tele–Shopping ebenso die Initiierung des Kaufs über herkömmliche Fernsehangebote zu verstehen, bei denen der endgültige Kaufabschluss über andere Medien (Telefon, Fax) getätigt wird. Unter Offline–Shopping sind diejenigen Kaufhandlungen zusammengefasst, die mittels PC–gestützter Multimedia–Plattform über CD–ROM's oder spezielle Abspielgeräte über CD–I–Systeme oder DVD–ROM ausgelöst werden. Die Bestellung der Waren erfolgt vielfach über andere Medien. Online–Shopping, das ebenso unter dem Begriff des **E–Commerce** bekannt ist, umfasst zumindest die Initiierung als auch Bestellung von Produkten unter Verwendung von Online–Verbindungen wie dem Internet.[35] Sämtliche dieser Formen des electronic Shopping sind jedoch nicht nur von Seiten der Hersteller unter Umgehung des Handels denkbar, sondern können ebensogut von Handelsseite angeboten werden.[36]

Unabhängig vom Initiator dieser Angebote bleibt jedoch die Tatsache unumstösslich, dass electronic Shopping neue Möglichkeiten des Einkaufs bietet, die in wachsender Konkurrenz zu den traditionellen Einkaufsstätten stehen werden. Als förderlich für diese Entwicklung erweisen sich Umstände, die neben den sich permanent verbessernden informationstechnologischen Voraussetzungen[37] vor allem in den aktuellen Trends des Käuferverhaltens liegen.[38] Darüber hinaus weist

---

34 Vgl. hierzu und zu den folgenden Ausführungen Hensmann, J., Meffert, H., Wagner, P.-O., Marketing mit multimedialen Kommunikationstechnologien – Einsatzfelder und Entwicklungsperspektiven, Arbeitspapier Nr. 101 der Wissenschaftlichen Gesellschaft für Marketing und Unternehmensführung e.V., Münster 1996, S. 10ff.

35 Der Begriff des E-Commerce wird bislang noch nicht einheitlich definiert. Im gemeinen Sprachgebrauch ist darunter der Handel über das Internet subsumiert, in einer engeren als der hier verwendeten Fassung beinhaltet E–Commerce neben der online durchgeführten Informationssuche und Bestellung ebenso die Erfassung der Bezahlungsmittel (d.h. die finanzielle Transaktion) sowie die Weiterleitung der Daten an externe Systeme zu ihrer weiteren Verarbeitung. Vgl. Baumann, M., Kistner, A.C., e-Business: erfolgreich mit den neuen Medien, Vaterstetten 1999, S. 397f.

36 In Bezug auf das Online–Shopping können z.B. Verbraucher einerseits ihre Produkte direkt beim Hersteller ordern; andererseits werden sog. elektronische Shopping–Malls, die Angebote verschiedener Hersteller zusammenfassen, nicht nur vom Handel sondern auch von weiteren Netzteilnehmern als Dienstleistungsofferte begründet.

37 Auf Grund der steigenden Anzahl an Internet-Anschlüssen und der damit einhergehenden Bereitschaft zum Online-Kauf gehen aktuelle Studien davon aus, dass der elektronische Handel von gegenwärtig 1 Mrd. US$ auf 300 Mrd. US$ im Jahr 2000 anwachsen wird. Vgl. Baumann, M., Kistner, A.C., e-Business, a.a.O., S. 396. Andere Studien sprechen von einem 1998 bereits getätigten Umsatz von 7,1 bzw. 8 Mrd. US$. Vgl. Kolberg, B., Digitaler Kaufrausch, in: Retail Technology 1/1999, S. 10.

38 Das von POPCORN beschriebene Phänomen des „Cocooning", mit dem ein Rückzug der Menschen in die private Lebenssphäre beschrieben wird, sorgt für eine wachsende Bereitschaft zum Home–Shopping. Vgl. Popcorn, F., Der Popcorn-Report: Trends für die Zukunft, 4. Aufl., München 1992, S. 39. Trotz einer zunehmenden verfügbaren Freizeit kommt eine Studie des

der gegenwärtig zu beobachtende Anteil von 18 Prozent der Bevölkerung, die häufig per Katalog einkaufen (vgl. Abb. 35, Kap. C 2.23), darauf hin, dass bereits ein hohes Potential für diese bequeme Form des Einkaufs existiert.

Überlegungen über die mögliche Position der neuen Online–Einkaufsstätte E–Commerce im Nutzen–Erlebnis–Raum orientieren sich vordergründig an den bislang deutlich gewordenen Beschränkungen auf Produkte, „die nicht emotional sensorisch belegt sind."[39] Die Vorteile, die Online–Shopping gegenüber dem traditionellen Einkauf bietet, beziehen sich parallel dazu auf grundnutzenorientierte Determinanten wie insbesondere Erreichbarkeitsfaktoren.[40] Es lässt sich darüber hinaus vermuten, dass Internet–Käufer weniger stark mit einem hedonistischen Shopping Value ausgestattet sind, und Einkaufen nicht als angenehme Art der Freizeitgestaltung empfinden. Damit wird deutlich, dass sich E–Commerce sehr stark auf kognitive Elemente der Präferenzbildung stützt (vgl. Position im Nutzen–Erlebnis–Raum). Bei einer eindeutigen Abgrenzung gegenüber C–Zentren und der Fokussierung auf die Nutzenorientierung des Einkaufs kann daher auf Grund des ausgearbeiteten Präferenzraumes der Einkaufsstättenwahl von einer erfolgreichen Etablierung des Online–Shopping ausgegangen werden.

BAT–Freizeitforschungsinstituts zu dem Ergebnis, dass das Zeitbudget ebenso kostbar wie das Geldbudget wird und damit das Gefühl der Zeitknappheit zunimmt. Dies bedeutet insbesondere für den Versorgungskonsum (d.h. Convenience Goods), dass Konsumenten bemüht sind, diese Notwendigkeit „möglichst schnell, problemlos und auf dem kürzesten Wege" zu erledigen, was vor allem mit Hilfe des E–Commerce erfüllt werden könnte. Vgl. Opaschowski, H.W., Deutschland 2010, a.a.O., S. 67 und 73. Die im Hinblick auf die soziodemografische Entwicklung vornehmlich diskutierte Alterung der Bevölkerung und der daraus zu erwartende Gegentrend zu einer steigenden E–Commerce–Nutzung erweist sich in seinem Ausmaß als weniger bedeutend und förderlich, da bei einer weiteren Durchdringung der Internet–Nutzung insbesondere auch die geburtenstarken Jahrgänge (1995 bis 1970) erreicht werden. Vgl. Schneider, U., Bevölkerungsentwicklung und Konsumgüternachfrage in der Bundesrepublik, in: Marketing ZFP H. 4, IV. Quartal 1990, S. 273. Die gleichzeitig zu beobachtende Zunahme der Singlehaushalte führt dazu, dass die Anzahl der Kaufakte generell zunimmt. Gekoppelt mit der beschriebenen „Unlust" der Bevölkerung am Versorgungskonsum bietet diese Tendenz ein enormes Potential für eine Zunahme des E–Commerce. Vgl. Bühler, T., City-Center, a.a.O., S 55ff.

39 Baumann, M., Kistner, A.C., e-Business, a.a.O., S. 397.

40 Die Determinante Schnelligkeit als zusatznutzengenerierendes Merkmal des Einkaufs, die häufig mit dem Online–Shopping verbunden wird, kann gegenwärtig – durch die hohen Ladezeiten des Internet bedingt – noch nicht realisiert werden.

4 Implikationen für die weitere Forschung

Angesichts des mit der Arbeit verfolgten Ziels der Erfassung und Erklärung des Einkaufsstättenwahlverhaltens erwies es sich als notwendig, den Fokus der Betrachtung auf einzelne Problembereiche zu beschränken. Aus diesem Grund sowie aus der Auseinandersetzung mit den Ergebnissen der vorliegenden Arbeit heraus ergeben sich eine Reihe von Implikationen für weiterführende konzeptionelle und empirische Forschungsarbeiten:

- Ausgehend von dem Untersuchungsgegenstand „Einkaufsstättenwahl" erscheint es wünschenswert, eine **Vergleichbarkeit** der ermittelten Ergebnisse mit dem Kaufverhalten im allgemeinen und einzelnem mit der Einkaufsstättenwahl korrespondierenden Fragestellungen im besonderen herzustellen. Dabei ist zum einen zu analysieren, inwieweit der skizzierte Präferenzbildungsprozess in der Gesamtheit der ihn beeinflussenden Konstrukte auf die Kaufentscheidung von Individuen oder Gruppen bzw. auf die Geschäfts–, Produkt–/Marken– oder Betriebstypenwahl übertragen werden kann. Darauf aufbauend ist zum anderen der Frage nachzugehen, ob sich die in der Untersuchung deutlich gewordene Differenzierung zwischen emotionalen und kognitiven Elementen des Präferenzbildungsprozesses in weiteren Modellen bzw. ihren konstituierenden Konstrukten wiederfinden lässt.

- Neben der Transformation des Untersuchungsgegenstandes auf übergeordnete und angrenzende Problemstellungen stellt die **Vertiefung** einzelner in der Arbeit angesprochener Bereiche, die keinen direkten Bezug zur Einkaufsstättenwahl aufweisen, einen weiteren Ansatzpunkt künftiger Analysen dar. Dabei wäre bspw. der in Kap. C 2.24 zu beobachtende Zusammenhang zwischen Produktinvolvement (niedrig), Kundenbindung (hoch) und Zufriedenheit (niedrig) zu prüfen, der anhand theoretischer Auseinandersetzungen nicht eindeutig abgeleitet werden kann.

- Bezogen auf die **theoretisch–konzeptionelle Basis** der Arbeit existiert eine Reihe von Ansätzen, die Raum für weiterführende wissenschaftliche Auseinandersetzungen bietet. Hinsichtlich der den Einkaufsstättenwahlprozess auslösenden Stimuli können einerseits die Interdependenzen zwischen Einkaufsstättenwahl und der Geschäfts–, Produkt–/Marken– oder Betriebstypenwahl untersucht werden. Andererseits liefert die Differenzierung nach instrumentellen und konsumtiven Kaufmotiven oder die Segmentierung von Konsumenten anhand ihres Shopping Value eine mögliche Grundlage zur weiteren Erklärung des Kaufverhaltens. Die bislang von Seiten der Kaufverhaltensforschung nur begrenzt Beachtung findende Perzeption als Ausgangspunkt von Entscheidungen könnte verstärkt in Modelle aufgenommen und operationalisiert werden. Gleichzeitig kann der hohen Bedeutung von Präferenzen für das Kaufverhalten ein neuer Aspekt hinzugefügt werden, indem zum einen die Trennung zwischen emotionalen und kognitiven Elementen bei der Ableitung von Präferenzurteilen näher untersucht wird. Zum anderen verlangt die Einbindung von Emotionen nach einer tiefergehenden Analyse dieses Konstruktes und seiner Auswirkungen bei Entscheidungen. Vor allem die Kennzeichnung von Small und Large Basket Shoppern stellt in Bezug auf Kaufgewohnheiten eine weitere Form zur Segmentierung von Konsumenten dar, die sich am beobachtbaren Verhalten anstelle nachweislich weniger aussagekräftiger soziodemografischer Kriterien orientiert.

- Im Hinblick auf die der Arbeit zugrunde liegende **empirische Basis** bleibt die Notwendigkeit bestehen, dass zu einer Verallgemeinerung der getroffenen Aussagen über die Dimensionen des Wahrnehmungsraumes von Konsumenten bzgl. bestehender Einkaufsstättenkategorien, die ermittelten Zusammenhänge von ökonomischen Determinanten, Kaufmotiven und dem psychografischen Merkmal des Shopping Value zur Präferenz besuchter Einkaufsstätten die Replizierung der Untersuchung bzw. einzelner ihrer Teilbereiche in anderen Städten erforderlich ist. Ausgehend von der Spezifika urbaner Strukturen bleibt zu vermuten, dass eine weitere Validierung vor allem vor dem Hintergrund der Handelsprobleme größerer Städte in den neuen Bundesländern sinnvoll erscheint.

- Bei der für die Validierung der Hypothesen angewandten **Methodik** stellt ir erster Linie der Einsatz der Multidimensionalen Skalierung als Möglichkeit de Operationalisierung von Perzeptionen ein Gebiet dar, das in der praktischer Anwendung trotz seiner hohen Anschaulichkeit noch wenig Eingang findet.

- Schließlich erweisen sich die vorliegenden Erkenntnisse als wertlos, wenn e nicht gelingt, sie in entsprechenden **Maßnahmen** von Seiten des Handels z verankern. Die in der Arbeit sehr allgemein angesprochenen Implikationen fü nutzendominierte, erlebnisdominierte und hybride Konzepte des Handelsmar keting müssen inhaltlich weitergehend vertieft und empirisch bestätigt werder um sie einer breiten Basis verständlich nahezubringen und um sie als Basis z nutzen, mit deren Hilfe zukünftigen Herausforderungen im Handel in effiziente Weise begegnet werden kann.

Literaturverzeichnis

Adriaans, P., Zantinge, D., Data Mining, Harlow 1997.

Agergard, E., Olsen, P., Allpass, J., Die Beziehung zwischen Einzelhandel und städtischer Raumstruktur: Die Theorie der Zentralbewegung, in: Heinritz, G. (Hrsg.), Standorte und Einzugsbereiche tertiärer Einrichtungen: Beiträge zu einer Geographie des tertiären Sektors, Darmstadt 1985, S. 55-85.

Ahlert, D., Schröder, H., ‚Erlebnisorientierung' im stationären Einzelhandel, eine Aufgabe des evolutionären Handelsmanagements, in: Marketing ZFP, H. 4/1990, S. 221-229.

Ajzen, I., Fishbein, M., Belief, Attitude, Intention, and Behavior: An Introduction to Theory and Research, Reading 1975.

Ajzen, I., From Intentions to Actions: A Theory of Planned Behavior, in: J. Kuhl, J., Beckman, J. (Hrsg.), Action control: From Cognition to Behavior, Berlin 1985, S. 11-39.

Alderson, W., Marketing Behavior and Executive Action, Homewood, 1957.

Apel, D., Lehmbrock, M., Stadtverträgliche Verkehrsplanung, Chancen zur Steuerung des Autoverkehrs durch Parkraumkonzepte und –bewirtschaftung, Berlin 1990.

Aschenbrenner, K.M., Komplexes Wahlverhalten, Entscheidungen zwischen multiattributiven Alternativen, in: Hartmann, K.D., Koeppler, K. (Hrsg.), Fortschritte der Marktpsychologie, Bd. 1, Frankfurt a.M., 1977, S. 21-52.

Ausschuss für Begriffsdefinitionen aus der Handels– und Absatzwirtschaft (Hrsg.), Katalog E, Begriffsdefinitionen aus der Handels– und Absatzwirtschaft, 4. Ausgabe, Köln 1995.

Avins, M., The Truth About Outlet Shopping, in: Working Woman, Nr. 7/1994 1994, S. 79-80.

Axelrod, J.N., Attitude Measures that Predict Purchase, in: JoAR 8, 1 (1968), S. 3-17.

Babin, B.J., Darden, W.R., Griffin, M., Work and/or Fun: Measuring Hedonic and Utilitarian Shopping Value, in: Journal of Consumer Research, Vol. 20, March 1994, S. 644-656.

Babin, B.J., Boles, J.S., Darden W.R., Salesperson Stereotypes, Consumer Emotions, and Their Impact on Information Processing, in: JoAMS, Vol. 23, (Spring) 1995, S. 94-105.

Babin, B.J., Darden, W.R., Good and Bad Shopping Vibes: Spending and Patronage Satisfaction, in: JBR Vol. 35 (3) March 1996, S. 201-206.

Backhaus, K., Erichson, B., Plinke, W., Weiber, R., Multivariate Analysemethoden – eine anwendungsorientierte Einführung, 7. Aufl., Berlin 1994.

BAG (Hrgs.), Der Druck auf den Einzelhandel hält an, Ergebnisse der BAG–Untersuchung Kundenverkehr 1996, Köln 1997.

BAG (Hrsg.), BAG–Untersuchung Kundenverkehr 1996, Sonderauswertung Leipzig, Köln 1997.

Bailom, F., Hinterhuber, H.H., Matzler, K., Sauerwein, E., Das Kano-Modell der Kundenzufriedenheit, in: Marketing ZFP 2/1996, S. 117-126.

Balderjahn, I., Marktreaktionen von Konsumenten: ein theoretisch–methodisches Konzept zur Analyse der Wirkung marketingpolitischer Instrumente, Berlin 1993.

Bänsch, A., Käuferverhalten, 7. Aufl., München 1996.

Bass, F.M., Talarzcyk, W.W., An Attitude Model for the Study of Brand Preferences, in: JoMR 1972, S. 93-96.

Batra, R., Ahtola, O.T., Measuring the Hedonic and Utilitarian Sources of Consumer Attitudes, Marketing Letters, 2/1991, S. 159-170.

Baumann, M., Kistner, A.C., e-Business: erfolgreich mit den neuen Medien, Vaterstetten 1999.

Baumgartner, R., Ladenerneuerung (Store modernization), St. Gallen 1981.

Baumol, W., Ide, E., Variety in retailing, in: Bass, F.M. (Ed.), Mathematical models and methods in marketing, Homewood, 1961, S. 128-138.

Bawa, K., Gosh, A., A Model of Consumer Grocery Shopping Behavior, Working Paper, 1994.

Bearden, W.O., Determinant Attributes of Store Partonage: Downtown Versus Outlaying Shopping Centers, in: JoR, Vol. 53, 2/1977, S. 15-22.

Beck, G., Neue Strategien für Stadtplanung und Wirtschaftsförderung zur Einzelhandelsentwicklung, in: Maier, J. (Hrsg.), Arbeitsmaterialien zur Raumordnung und Raumplanung, H. 144, Bayreuth 1995.

Beck, R.H., Der Konsument zwischen Shopping-Center und innerstädtischem Geschäftszentrum, Ein Vergleich zwischen Einkaufszentrum Glatt und Züricher Bahnhofstraße, Zürich 1978.

Beckmann, K. J., Städte sind die Zukunft der Menschheit – Wie gehen wir mit dieser Zukunft um? – Habitat II in der Realisierung, Vortrag im Rahmen der Jahrestagung Urbanicom 1997, in: Stadt und Handel in Kooperation – brauchen wir Innenstadt-Konzepte?, XX. Urbanicom-Studientagung, Schwerin 1997, S. 22-60.

Beckwirth, N.E., Lehmann, D.R., The Importance of Halo-Effects in Multi-Attribute Attitude Models, in: JoMR, Vol. 12 (1975), S. 265-275.

Beeskow, W., Finck, G., Ein empfängerorientierter Ansatz zur Bestimmung der Versorgungsqualität – dargestellt für den Bereich der Waren des täglichen Bedarfs, Mannheim 1979.

Behrens, G., Konsumentenverhalten: Entwicklung, Abhängigkeiten, Möglichkeiten, 2. Aufl., Heidelberg 1991.

Belk, R.W., An Explanantory Assessment of Situational Effects in Buyer Behavior, in: JoMR, 5/1974, S. 156-163.

Belk, R.W., Entwicklung produktspezifischer Klassifikationen von Verbrauchssituationen, in: Meffert, H., Steffenhagen, H., Freter, H., (Hrsg.), Konsumentenverhalten und Information, Wiesbaden 1979, S. 333-351.

Belk, R.W., Situational Variables and Consumer Behavior, in: JoCR, 4/1975, S. 157-164.

Bell, D.R., Lattin, J.M., Shopping Behavior and Consumer Preference for Store Price Format: Why „Large Basket" Shoppers Prefer EDLP, in: MS, Vol. 17, Nr. 1, 1998, S. 66-88.

Bellenger, D.N., Robertson, D.H., Greenberg, B.A., Shopping Center Patronage Motives, JoR 53 (Summer) 1977, S. 29-38.

Bender D. (Hrsg.), Vahlens Kompendium der Wirtschaftstheorie und Wirtschaftspolitik, München 1995.

Benkenstein, M., Bastian, A., Ansätze zur Profilierung von Einkaufszentren, Konzeptionelle Grundlagen und empirische Analysen, in: Forschungsstelle für den Handel Berlin (FfH) e.V., Trommsdorff, V. (Hrsg.), Handelsforschung 1997/98. Kundenorientierung im Handel, Wiesbaden 1997, S. 209-231.

Berekoven, L., Eckert, W., Ellenrieder, P., Marktforschung, methodische Grundlagen und praktische Anwendung, 6. Aufl., Wiesbaden 1993.

Berekoven, L., Erfolgreiches Einzelhandelsmarketing, 2. Aufl., München 1995.

Berndt, R., Strukturmodelle des Käuferverhaltens, in: Der Betriebswirt 1/92, S. 24-29.

Bertelsmann Universal Lexikon Fremdwörter, Gütersloh 1990.

Bettman, J.R., Luce, M.F., Payne, J.W., Constructive Consumer Choice Processes, in: JoCR, Vol. 25, Dec. 1998, S. 187-217.

Beyfuss, J., Zwischen Borke und Stamm, in: BAG Handelsmagazin 1-2/98, S. 10-11.

Bitz, M., Entscheidungstheorie, München 1981.

Blaylock, J.R., An Economic Model of Grocerey Shopping Frequency, in: Applied Economics, Vol. 21/1989, S. 843-852.

Bliemel, F., Eggert, A., Kundenbindung - die neue Sollstrategie?, in: Marketing ZFP 1/1998, S. 37-46.

Bloch, P.H., Ridgway, N.M., Dawson, S.A., The Shopping Mall as Consumer Habitat, in: JoR, Vol. 70, Nr.1/1994, S. 23-42.

BME (Hrsg.), Der Hauptbahnhof Leipzig, Leipzig 1998.

Böcker, F., Präferenzforschung als Mittel marktorientierter Unternehmensführung, in: zfbf 38, H. 7/8 (1986), S. 543-574.

Böcker, F., Brink, M., Images und Präferenzen für Einkaufszentren und einzelne Einzelhandelsgeschäfte im Wechselspiel, in: Forschungsstelle für den Handel Berlin (FfH) e.V., Trommsdorff, V. (Hrsg.), Handelsforschung 1987, Heidelberg 1987, S. 161-179.

Boots, B., South, R., Modeling Retail Trade Areas using higher–order, multiplicatively weighted Voroni Diagrams, in: JoR, Vol. 73 (4), S. 519-536.

Bosch, D., Premieren auf dem Prüfstand, in: BAG Handelsmagazin 11-12/97, S. 14-17.

Boschek, H., Modernisierte Bahnhöfe sollen die Innenstädte wiederbeleben, in: Handelsblatt, 06.01.98, S. 7.

Bost, E., Ladenatmosphäre und Konsumentenverhalten, Heidelberg 1987.

Brauer, W., Die Betriebsform im stationären Einzelhandel als Marke, München 1997.

Brisoux, J.E., Laroche, M., A Proposed Consumer Strategy of Simplification for Categorizing Brands, in: Summey, J.D., Taylor, R.D. (Eds.), Evolving Marketing Tought for 1980, Proceedings of the Annual Meeting of the Southern Marketing Association, Carbandale 1980, S. 112-114.

Brosius, G., Brosius, F., SPSS Base System und Professional Statistics, Bonn 1995.

Brunswik, E., The conceptual framework of psychology, in: IEoUS, 1952, S. 674-696.

Bühl, A., Zöfel, P., SPSS für Windows Version 6.1: Praxisorientierte Einführung in die moderne Datenanalyse, 2. Aufl., Bonn 1995.

Bühler, T., City-Center: Erfolgsfaktoren innerstädtischer Einkaufszentren, Wiesbaden 1991.

Burda Advertising Center (Hrsg.), Typologie der Wünsche Intermedia 98/99, in: Internet unter Adresse: http://www.tdwi.com vom 14.04.1999.

Burmann, C., Konsumentenzufriedenheit als Determinante der Marken– und Händlerloyalität, in Marketing ZFP, 4/1991, S. 249-258.

Burmann, C., Fläche und Personalintensität als Erfolgsfaktoren im Einzelhandel, Wiesbaden 1995.

Burns, D.J., Warren, H.B., Need for Uniqueness: Shopping Mall Preference and Choice Activity, in: IJoRDM, Vol. 23 (12) 1995, S. 4-12.

Busse von Colbe, W., Hammann, P., Lassmann, G., Betriebswirtschaftstheorie, 4. Aufl., Bd. 2, Absatztheorie, Berlin 1992.

Caroll, J.D., Chang, J.-J., Analysis of Individual Differences in Multidimensional Scaling Via an N-Way Generalization of „Eckardt-Young" Decomposition, in: Psychometrika, Vol. 35, 1970, S. 283-319.

Carroll, J.D., Green, P.E., Psychometric Methods in Marketing Research: Part II, Multidimensional Scaling, in: JoMR, Vol. 34 (May 1997), S. 193-204.

Carsky, M.L., Dickinson, R., Smith, M.F., Toward Consumer Efficiency: A Model for Improved Buymanship, in: JoCA, Vol. 29, Nr. 2/1995, S. 442-459.

Christaller, W., Die zentralen Orte in Süddeutschland. Eine ökonomisch-geographische Untersuchung der Gesetzmäßigkeit der Verbreitung und Entwicklung der Siedlungen mit städtischen Funktionen, Jena 1993.

Converse, P.D., New Laws of Retail Gravitation, in: JoM, Vol. 14 (1949), S. 379-390.

Coombs, C.H., Psychological Scaling Without a Unit of Measurement, in: Psychological Review, Nr. 57, 1950, S. 148-158.

Copeland, M.T., Relation of Consumers' Buying Habits to Marketing Methods, in: HBR April 1923, S. 282-289.

Corporate Intelligence on Retailing (Ed.), Retailing in Europe 1995 und IMF, International Financial Statistics Yearbook 1995.

Corsten, H., Meier, B., Konsumentenverhalten in unterschiedlichen Kaufsituationen: Entwurf eines Modells auf verhaltenswissenschaftlicher Grundlage, in: JAVF 2/1982, S. 112-136.

Corstjens, M.L., Gautschi, D.A., Formal Choice Models in Marketing, a.a.O., S. 19-56.

Coupey, E., Irwin, J.R., Payne, J.W., Product Category Familarity and Preference Construction, in: JoCR, Vol. 24, March 1998, S. 459-468.

Coyne, J., Putting Humpty Dumpty back together: Cognition emotion and motivation reconsidered, in: Mitchell, A. (Ed.), ACR Proceedings, Vol. 9 1982, S. 153-155.

Crain, R., „Shopper-tainment" solves a craving, in: Advertising Age, Februar 12 1996, S. 19.

Creditreform (Hrsg.), Wirtschaftslage Handel, Neuss 1997 und 1998.

Dahl, D., Volkswirtschaftslehre, 6. Aufl., 1988.

Dahlhoff, H.-D., Ungeplantes und impulsives Kaufverhalten, in: Meffert, H. Steffenhagen, H., Freter, H. (Hrsg.), Konsumentenverhalten und Information, Wiesbaden 1979, S. 311-331.

Darden, W.R., Perreault, W.D., Identifying Interurban Shoppers: Multiproduct Purchase Patterns and Segmenting Profiles, in: JoMR, Vol. 17, February 1976, S. 51-60.

Day, E., Stafford, R., Camacho, A., Opportunities for Involvement Research: A Scale-Development Approach, in: JoA, Vol. 24, Nr. 3, Fall 1995, S. 69-75.

De Sousa, R., The Rationality of Emotion, Cambridge 1990.

Decker, K., Innenstadt bündelt Kräfte, Geld und Ideen gegen die grüne Wiese, in: LVZ vom 29.01.1998, S. 14.

Decker, K., Gegen „tote" Stadtteile: Händler sollen mitreden, in: LVZ vom 31.1.1998, S. 15.

Decker, K., Leipziger entdecken ihre Innenstadt wieder, in: LVZ vom 31.07.1998, S. 11.

Deimel, K., Grundlagen des Involvement und Anwendung im Marketing, in: Marketing ZFP 3/1989, S. 153-161.

Dellaert, B.G.C., Arentze, T.A., Bierlaire, M., et al., Investigating Consumers' Tendency to Combine Multiple Purposes and Destinations, in: JoMR, Vol. 35, May 1998, S. 177-188.

Depenbrock-Naumann, E.-M., Einzelhandel und Stadtentwicklung, Eine Marketing-Konzeption für den City-Einzelhandel zur Förderung der Urbanität, München 1982.

Derbaix, C., Abeele, P.V., Consumer inferences and consumer preferences, the status of cognition and consciousness in consumer behavior theory, in: Lambkin, M., Foxall, G., Raaij, F.v., Heilbrunn (Eds.), B., European Perspectives on Consumer Behavior, London 1998, S. 199-220.

DeSarbo, W.S., Young, M.R., Rangaswamy, A., A Parametric Multidimensional Unfolding Procedure for Incomplete Nonmetric Preference/Choice Set Data in Marketing Research, in: JoMR, Vol. 34, November 1997, S. 499-516.

Diller, H., Das Preisinteresse von Konsumenten in: ZfbF, 34. Jg., H. 4 (1982), S. 315-334.

Diller, H., Zielgruppen für den Erlebnishandel, eine empirische Studie, in: Forschungsstelle für den Handel Berlin (FfH) e.V., Handelsforschung 1990, Wiesbaden 1990, S. 139-156.

Diller, H., Kundenbindung als Marketingziel, in: Marketing ZFP 2/1996, S. 81-93.

Diller, H., Goerdt, T., Geis, G., Marken- und Einkaufsstättentreue bei Konsumgütern, Empirische Analyse anhand von Haushaltpaneldaten, Arbeitspapier Nr. 58 des Lehrstuhls für Marketing der Universität Erlangen-Nürnberg, 1997.

Dinter, H., Versorgungslücken in einem Oberzentrum? Eine vergleichende Untersuchung zwischen der Versorgung mit Gütern des täglichen Bedarfs aus der Sicht der Verbraucher und der Angebotsstruktur des Lebensmittel-Einzelhandels am Beispiel der Stadt Nürnberg, Frankfurt a.M. 1996.

Donahue, D., Power Shift, in: Stores, May 1994, S. 45.

Donovan, R.J., Rossiter, J.R., Store Atmosphere: An Environmental Psychology Approach, JoR, 58/1982, S. 34-57.

Drosten, M., Mit Handelsmarken zum Global Player, in: Absatzwirtschaft 5/96, S. 20-21.

Eisenführ, F., Weber, M., Rationales Entscheiden, 2. Aufl., Berlin 1994.

Eli, M., Batzer, E., Vögtle, C., Lage und Perspektiven des kleinbetrieblichen Einzelhandels im Freistaat Sachsen, Ifo Dresden–Studien, Nr. 8, Dresden 1996.

Engel, J.F., Blackwell, R.D., Miniard, P.W., Consumer Behavior, 8th ed., Forth Worth 1995.

Engel, J.F., Kollat, D.T., Blackwell, R.D., Consumer Behavior, New York 1968.

Esch, F.-R., Thelen, E., Zum Suchverhalten von Kunden in Läden – theoretische Grundlagen und empirische Ergebnisse, in: Der Markt, 36. Jg., 3+4/1997, S. 112-125.

European Retail Round Table (ERRT) (Hrsg.), Mehr Wohlstand in Europa, eine Analyse des europäischen Handels, 1996.

Evans, K.R., Christiansen, T., Dill, J.D., The Impact of Social Influence and Role Expectations on Shopping Center Patronage Intentions, in: JoAMS, Vol. 24, Nr. 3/1996, S. 208-218.

Eymann, A., Consumers' Spatial Choice Behavior, Heidelberg 1995.

Faehsler, B., Emotionale Grundhaltungen als Einflussfaktoren des Käuferverhaltens, Frankfurt a.M. 1986.

Falk, B.R., Methodische Ansätze und empirische Ergebnisse der Kundenforschung in Einkaufszentren (shopping-center) unter besonderer Berücksichtigung der Beobachtungsmethode, Berlin 1975.

Fassnacht, M., Management von Dienstleistungen im Einzelhandel, Management Know-how Reihe des Zentrums für Marktorientierte Unternehmensführung (ZMU), Koblenz 1997.

Fernie, J., The coming of the fourth wave: new forms of retail out-of-town development, in: IJoRDM, Vol. 23, No. 1/95, S. 4-11.

Feyerabend, P., Wider den Methodenzwang, Frankfurt a.M. 1986.

Fickel, F.W., Die ökonometrische Methode zur Marktgebietsabgrenzung von Einkaufszentren, in: JAVF 3/1979, S. 204-225.

Field, C., Trouble in store? in: Esomar Newsbrief, Vol. 5, Number 8, Sept. 1997, S. 31.

Fishbein, M., An Investigation of the Relationships between Beliefs about an Object and the Attitude toward That Object, in: HR 16/1963, S. 233-240.

Franke, J., Kühlmann, T.M., Psychologie für Wirtschaftswissenschaftler, Landsberg/Lech 1990.

Franzen, H. (im Gespräch), Selbst gut betuchte Bürger schauen aufs Geld, in: Handelsblatt vom 15.01.1997, S. 13.

Freter, H., Marktsegmentierung, Stuttgart 1983.

Friedrichs, J., Methoden empirischer Sozialforschung, 14. Aufl., Opladen 1980.

Froböse, M., Mikrogeografische Segmentierung von Einzelhandelsmärkten, Wiesbaden 1995.

Gasser, T.P., Das Shopping Center in Nordamerika – Einkaufszentren in Europa, Bern 1960.

Gebauer, E., Hohe Eigendynamik von Fachmärkten und Shopping-Centern, in: DiH 7/96, S. 8-12.

Gebauer, E., Rückkehr in die City, in: DiH 8/96, S. 16-21.

Georg, W., Modernisierung und Lebensstile Jugendlicher in Ost– und Westdeutschland, in: APuZ 26/27 1993, S. 20–28.

GfK Nürnberg (Hrsg.), Spezialausgabe „Konsumtrends": Dem Verbraucher auf der Spur, quantitative und qualitative Konsumtrends, JAVF 3/1995.

Ghose, S., Visually Representing Consumer Perceptions, Issues and Managerial Insights, in: EJoM, Vol. 28, Nr. 10, 1994, S. 5-18.

Ghosh, A., The Value of a Mall and Other Insights from a Revised Central Place Model, in: JoR, Vol. 62 (1), Spring 1986, S. 79-97.

Gierl, H., Marketing, Stuttgart 1995.

Gilbert, X., Strebel, P.J., Outpacing Strategies, in: IMEDE Perspectives for Managers, Nr. 2/Sept. 1985.

GMA (Hrsg.), FOC's in Deutschland, in: Internet unter Adresse: http://www.business-channel.de/bch/impulse/index.html vom 20.06.1999.

Gormsen, N., Was tut die Stadt für die Stärkung des innerstädtischen Handels?, in: Innenstadt trotz Grüner Wiese? Chancen des Handels an städtebaulich integrierten Standorten, XVIII. Urbanicom-Studientagung, Leipzig 1995, S. 41-72.

Groner, B., Vom quantitativen zum qualitativen Wachstum? in: DiH 1/96, S. 40-41.

Groner, B., Innenstadt-Center im Aufwind in: DiH 3/99, S. 7.

Gröppel, A., Erlebnisbetontes Handelsmarketing, in: Forschungsstelle für den Handel Berlin (FfH) e.V., Handelsforschung 1990, Wiesbaden 1990, S. 121-137.

Grunert, K.G., Informationsverarbeitungsprozesse bei der Kaufentscheidung: ein gedächtnispsychologischer Ansatz. Frankfurt a.M. 1982.

Grunert, K.G., Research in consumer behavior: beyond attitudes and decision-making, European research: marketing, opinion, advertising, 16 (1988), No. 5, S. 172-183.

Grunert, K.G., Kognitive Strukturen in der Konsumforschung: Entwicklung und Erprobung eines Verfahrens zur offenen Erhebung assoziativer Netzwerke, Heidelberg 1990.

Guratzsch, D., Dilemma der Großprojekte, in: Die Welt, 25.9.1996, S. WR 10.

Gutsche, J., Produktpräferenzanalyse, ein modelltheoretisches und methodisches Konzept zur Marktsimulation mittels Präferenzerfassungsmodellen Berlin 1995.

Hahn, B., Prudemat, P., Factory Outlet Centers in den USA – Der Reiz läßt nach, in: Marketing Journal Nr. 3/1998, S. 174-177.

Hahn, E., Historischer Materialismus und marxistische Soziologie, Berlin 1968.

Hallier, B., Umorientierung: immer unbequem, in: DiH 7/98, S. 6-7.

Hansen, J. (im Interview), Deutliche Unterschiede, in: W&V Special, 41/94, S. 42.

Hansen, U., Absatz- und Beschaffungsmarketing des Einzelhandels, 2. Aufl., Göttingen 1990.

Harich, K., Preis und Kaufentscheidung, Entwicklung eines theoretischen Modells zur Erklärung und Vorhersage von Kaufentscheidungen unter besonderer Berücksichtigung des Preises, Bonn 1985.

Harlam, B.A., Lodish, L.M., Modeling Consumers' Choices of Multiple Items, in: JoMR, Vol. 32, Nov. 1995, S. 404-418.

Hartung, J., Elpelt, B., Multivariate Statistik: Lehr- und Handbuch der angewandten Statistik, 5. Aufl., München 1995.

Hauptverband des Deutschen Einzelhandels (HDE) (Hrgs.), 50. Arbeitsbericht 1997, Köln 1998.

Hauser, J.R., Koppelman, F.S., Alternative Perceptual Mapping Techniques: Relative Accuracy and Usefulness, in: JoMR, Vol. 16, November 1979, S. 495-506.

Hauser, J.R., Wernerfelt, B., An Evaluation Cost Model of Consideration Sets, in: JoCR, Nr. 16, March 1990, S. 393-408.

Hauser, R., Koob, F., Lehmeier, P.J., Wie man die Attraktivität von Einkaufsstätten misst, in: BAG-Nachrichten, 28. Jg., Nr. 3 (1988), S. 24-27.

Hayek, F. A., The use of knowledge in society, in: American Economic Review, Vol. 35, Nr. 4/1945, S. 519-530.

HDE (Hrsg.), HDE-Chefsache Juni 1997, Nr. 6, in: Internet unter Adresse: http://www.einzelhandel.de/hde05.htm vom 06.07.1999.

HDE (Hrsg.), Ladenschluß-Umfrage Oktober 1997, in: Internet unter Adresse: http://www.einzelhandel.de/stichwort/LADENUDV.htm vom 20.04.1998.

Heinemann, G., Betriebstypenprofilierung und Erlebnishandel, Wiesbaden 1989.

Heinemann, M., Einkaufsstättenwahl und Firmentreue des Konsumenten, Wiesbaden 1976.

Heinrich Bauer Verlag (Hrsg.), Verbraucheranalyse 1998, in: Internet unter Adresse: http://www.hbv.de/presseclub/news/1998/august/va.html vom 17.02.1999.

Hell, W., Fiedler, K., Gigerenzer, G. (Hrsg.), Kognitive Täuschungen, Fehl-Leistungen und Mechanismen des Urteilens, Denkens und Erinnerns, Heidelberg 1993.

Hell, W., Gedächtnistäuschungen, in: Hell, W., Fiedler, K., Gigerenzer, G. (Hrsg.), Kognitive Täuschungen, Fehl-Leistungen und Mechanismen des Urteilens, Denkens und Erinnerns, Heidelberg 1993, S.13-38.

Hensmann, J., Meffert, H., Wagner, P.-O., Marketing mit multimedialen Kommunikationstechnologien – Einsatzfelder und Entwicklungsperspektiven, Arbeitspapier Nr. 101 der Wissenschaftlichen Gesellschaft für Marketing und Unternehmensführung e.V., Münster 1996.

Herrmann, A., Produktwahlverhalten: Erläuterung und Weiterentwicklung von Modellen zur Analyse des Produktwahlverhaltens aus marketingtheoretischer Sicht, Stuttgart 1991.

Herrmann, A., Gutsche, J., Situative Einflüsse bei Kaufentscheidungen, in: Marketing ZFP, H. 2, II. Quartal 1993, S. 95-101.

Herrmann, A., Bauer, H.H., Huber, F., Eine entscheidungstheoretische Interpretation der Nutzenlehre von Wilhem Vershofen, in: WiSt, H. 6, Juni 1997, S. 279-283.

Hirschman, E.C., Holbrook, M.B., Hedonic Consumption: Emerging Concepts Methods, and Propositions, JoM 46/1982, S. 92-101.

Hofstede, G., Interkulturelle Zusammenarbeit, Wiesbaden 1993.

Homburg, C., Giering, A., Konzeptualisierung und Operationalisierung komplexe Konstrukte, in: Marketing ZFP, H. 1, 1. Quartal 1996, S. 5-23.

Homburg, C., Rudolph, B., Theoretische Perspektiven zur Kundenzufriedenhei in: Simon, H., Homburg, C. (Hrsg.), Kundenzufriedenheit – Konzepte Methoden, Erfahrungen, 2. Aufl., Wiesbaden 1997, S. 31-51.

Höser, H., Kontextabhängige Präferenzen, die Relativität von Präferenzurteile und ihre Bedeutung für Kaufentscheidungen von Konsumenten, Frank furt a.M., 1998.

Hubel, W., Der Einfluss der Familienmitglieder auf gemeinsame Kaufentscheidungen, Berlin 1986.

Huff, D.L., Defining and Estimating a Trading Area, in: JoM, Vol. 28 (1964), S. 34-38.

Huffman, C., Kahn, B.E., Variety for Sale: Mass Customization or Mass Confusion? in: JoR Vol. 74 (4), 1998, S. 491-513.

Inglehart, R., Kultureller Umbruch, Wertewandel in der westlichen Welt, Frankfurt a.M. 1989.

Institut für Marktforschung (Hrgs.), Einkaufen in der Leipziger City, Ergebnisse einer Umfrage in der Stadt Leipzig, Leipzig 1996.

Institut für Wirtschaftsgeografie der Universität Bonn, Einzelhandelsstandorte im Raum Leipzig, Bonn 1994.

Jacobs, S., City-Marketing, in: Marketing ZFP, 13. Jg., 2/1991, S. 121-126.

Jacoby, J., Kyner, D.B., Brand Loyalty vs. Repeat Purchasing Behavior, in: JoMR, Vol. 10, 2/1973, S. 1-9.

Jaeck, H.-J., Konsum- und Absatzprognose, Berlin 1978.

Junkernheinrich, M., Lammers, K., Innenstadt oder „Grüne Wiese"? – Standortkonkurrenz in ostdeutschen Stadtregionen, Arbeitspapier des IWH Nr. 53, Halle 1996.

Jürgens, U., Einzelhandel in den Neuen Bundesländern – die Konkurrenzsituation zwischen Innenstadt und „Grüner Wiese", dargestellt anhand der Entwicklungen in Leipzig, Rostock und Cottbus, Kiel 1998.

Kaas, K.P., Gegenmantel, R., Ökonomische Determinanten der Macht auf dem Lebensmittelmarkt, in: ZfB, 65. Jg., Nr. 8 (1995), S. 888-904.

Kagermeier, A., Versorgungsorientierung und Einkaufsattraktivität, Empirische Untersuchungen zum Konsumentenverhalten im Umland von Passau, Passau 1991.

Kahlweit, C., „Handelskrieg" um ein Einkaufszentrum neuer Art, in: SZ vom 19.06.1997, S. 9.

Kahn, B.E., Schmittlein, D.C., Shopping Trip Behavior: An Empirical Investigation, in: Marketing Letters, 1 (December) 1989, S. 55-70.

Kahneman, D., Tversky, A., Subjective probability: A judgement of representativeness, in: Cognitive Psychology, Nr. 3/1972, S. 430-454.

Kahneman, D., Attention and Effort, Englewood Cliffs, 1973.

Kahneman, D., Tversky, A., Prospect Theory: An Analysis of Decision under Risk, in: Econometrica, Vol. 47, March 1979, Nr. 2, S. 263-291.

Kalka, R., Marketingerfolgsfaktoren im Einzelhandel, Wiesbaden 1996.

Kalka, R., Wenig Ziele, die den Kunden berücksichtigen, in: Absatzwirtschaft 10/96, S. 82-85.

Kamakura, W.A., Kim, B.-D., Lee, J., Modeling Prefernce and Structural Heterogenity in Consumer Choice, in: Marketing Science, Vol. 15, Nr. 2/1996, S. 152-172.

Katona, G., Psychological Analysis of Economic Behavior, New York 1951.

Kauntz, E., „Wenn wir uns nicht verändern, werden wir verändert", in: FAZ vom 16.07.1997, S. 14.

Kecke, A., Jeder Vierte verschweigt seine Nummer, in: LVZ vom 6./7.02.1999, S. 8.

Kemper's (Hrsg.), Kemper's City-Makler, in: Internet unter Adresse: http://www.kempers.de vom 04.12.1998.

Kim, B.-D., Park, K., Studying Patterns of Consumer's Grocery Shopping Trip, in: JoR, Vol. 73 (4) 1997, S. 501-517.

Kirchgeorg, M., Zielgruppenmarketing, in: Thexis, Nr. 3/1995, S. 20-26.

Kirchner, J., Beziehungskrise ohne Personal, in: Absatzwirtschaft Sondernummer Oktober 1996, S. 194-197.

Kirsch, W., Die Handhabung von Entscheidungsproblemen, Einführung in die Theorie der Entscheidungsprozesse, 4. Aufl., München 1994.

Klein, K.E., Potential for retail location: theoretical estimation and empirical evidence, in: Heinritz, G. (Ed.), The Attraction of Retail Locations, Kallmünz/Regensburg 1991, S. 91-110.

Klingbeil, D., Aktionsräume im Verdichtungsraum - Zeitpotentiale und ihre räumliche Nutzung, in: Münchner Geographische Hefte, Nr. 41, Kallmünz/-Regensburg 1978.

Klophaus, R., Prospect-Theorie, in: WiSt, 4. April 1997, S. 195-198.

Klose, W., Ökonomische Analyse von Entscheidungsanomalien, Frankfurt, 1994.

Koch, T., Externe Effekte bei der Ermittlung der Haushaltsnachfrage, Mitläufer-, Snob– und Veblen–Effekt in der mikroökonomischen Theorie, in: WiSt 20 (1991), S. 133-136.

Kolberg, B., Digitaler Kaufrausch, in: Retail Technology 1/1999, S. 10-12.

Koll, R., Nam, C.W., Europäische Großstädte wandeln sich weiter zu internationalen Dienstleistungszentren, in: Ifo Schnelldienst 23/96, S. 14–17.

Koppelmann, U., Produktmarketing, Entscheidungsgrundlage für Produktmanager, 4. Aufl., Heidelberg 1993.

Kotler, P., Atmospherics as a Marketing Tool, JoR, 49/1973, S. 48-64.

Kotler, P., Bliemel, F., Marketing–Management: Analyse, Planung, Umsetzung und Steuerung, 8. Aufl., Stuttgart 1995.

Krafft, M., Albers, S., Verbund von Produkt- und Betriebsformenwahl beim Einkaufen in der City, in Subzentren und auf der „grünen Wiese", in: Forschungsstelle für den Handel Berlin (FfH) e.V., Trommsdorff, V. (Hrsg.), Handelsforschung 1996/97. Positionierung des Handels, Wiesbaden 1996, S. 125-143.

Krelle, W., Präferenz- und Entscheidungstheorie, Tübingen 1968.

Kreller, P., Empirische Untersuchung zur Einkaufsstättenwahl von Konsumenten am Beispiel der Stadt Leipzig, HHL–Arbeitspapier Nr. 23, Leipzig 1998.

Kribben, M., Entwicklung des Konsumentenverhaltens in den neuen Bundesländern. Ein entscheidungsorientierter Ansatz im Lichte des Bernoulli-Kriteriums, Frankfurt a.M. 1992.

Kroeber-Riel, W., Konsumentenverhalten, 5. Aufl., München 1992.

Kroeber-Riel, W., Bildkommunikation: Imagerystrategien für die Werbung, 2. Aufl., München 1996.

Kruskal, J.B., Nonmetric Multidimensional Scaling: A Numerical Method, in: Psychometrika, Vol. 29, 1964, S. 115-129.

Kruskal, J.B., Shepard, R.N., A Nonmetric Variety of Linear Factor Analysis, in: Psychometrika, Vol. 39, 1974, S. 123-157.

Kulke, E., Veränderungen in der Standortstruktur des Einzelhandels: untersucht am Beispiel Niedersachsens, Münster 1992.

Kullmann, P., Ladengestaltung als Instrument des Einzelhandelsmarketing, Marburg 1996.

Kuss, A., Information und Kaufentscheidung, Methoden und Ergebnisse empirischer Konsumentenforschung, Berlin 1987.

Lambertz, W., Renaissance der Einkaufspassagen und Messepaläste, in: DiH 6/96, S. 40-47.

Landesarbeitsgemeinschaft der Sächsischen Industrie– und Handelskammern (Hrsg.), Handelsatlas für den Freistaat Sachsen, Kammerbezirk Leipzig, Leipzig 1998.

Lange, S., Wachstumstheorie zentralörtlicher Systeme: eine Analyse der räumlichen Verteilung von Geschäftszentren, Münster 1973.

Lausberg, I., Factory Outlet Center: In Deutschland zu Tode geplant?, in: DiH 7/99, S. 8-9.

Laux, H., Entscheidungstheorie, 4. Aufl., Berlin 1998.

Leclerc, F., Schmitt, B., Dubé, L., Waiting time and Decision Making: Is Time like Money? in: JoCR, Vol. 22, June 1995, S. 110-119.

Lehner, J.M., Entscheidungsparadoxien und deren betriebliche Auswirkungen, in: JfB 3/96, S. 142-154.

Lehner, J.M., Auf der Suche nach erklärungskräftigen und einfachen Theorien des Entscheidungsverhaltens – Antwort auf Theil, in: JfB 1/97, S. 35-39.

Leibenstein, H. (1950): Bandwagon, Snob, and Veblen Effects in the Theory of Consumers' Demand, in: Quarterly Journal of Economics 64 (1950), S. 183-207.

Leitherer, E., Betriebliche Marktlehre, 3. Aufl., Stuttgart 1989.

Leo, A., Kmart zieht in die City, in: Horizont 42/1996 vom 18.10.1996, S. 34.

Lichtenstein, S., Slovic, P., Reversals of Preference Between Bids and Choices in Gambling Decisions, in: JoEP, July 1971, S. 46-55.

Lilien, G.L., Kotler, P., Moorthy, K.S., Marketing Models, Englewood Cliffs 1992.

Lindquist, J.D., Meaning of Image, in: JoR, 1974, 50 (4), S. 29-38.

Linkert, K., Konjunkturelle Entwicklung im Einzelhandel, in: Statistisches Bundesamt (Hrsg.), Wirtschaft und Statistik 3/1995, S. 231-233.

Löffler, G., Marktgebiet und Einzugsbereich – mathematisch-statistische Modellansätze zu ihrer Abgrenzung, in: Heinritz, G. (Hrgs.), Die Analyse von Standorten und Einzugsbereichen. Methodische Grundfragen der geografischen Handelsforschung, Passau 1999, S. 45-63.

Macharzina, K., Wolf, J., Wertetypen in den neuen Bundesländern, in: ZfB, 64. Jg., 1994, S. 1241-1259.

Machina, M.J., Choice Under Uncertainty: Problems Solved and Unsolved, in: Economic Perspectives, Vol. 1, Nr. 1/1987, (Summer), S. 121-154.

Markus, H., Zajonc, R.B., The Cognitive Perspective in Social Psychology, in: Lindzey, G., Aronson, E. (Eds.), Handbook of Social Psychology, Vol. 1, 3. Aufl., Hillsdale 1985, S. 138-230.

Martin, M., Mikrogeografische Marktsegmentierung, Ein Ansatz zur Segmentidentifikation und zur integrierten Ziel gruppenbearbeitung, in: Marketing ZFP, H. 3/1993, S. 164-180.

Martineau, P., The Personality of the Retail Store, in: HBR, Vol. 36 (1958), No. 1, S. 47-55.

Maslow, A.H., A Theory of Motivation, in: PsychR Vol. 50/1943, S. 370-396.

Mathes, H.D., Produktentscheidung in komplexen Kaufsituationen, München 1978.

Mauder U., Innenstadt-Handel geht die Luft aus, in: LVZ, 6./7.9.1997, S. 5.

Mazanec, J., Wiegele, O., Zum praktischen Einsatz von Positionierungsmodellen in der Produktpolitik, in: Köhler, R., Zimmermann, H.-J. (Hrsg.), Entscheidungshilfen im Marketing, Stuttgart 1997, S. 46-60.

McDonald, W., Time Use in Shopping: The Role of Personal Characteristics, in: JoR, Vol. 50, Nr. 4/1994, S. 345-365.

McGee, V.C., Multidimensional Scaling of N Sets of Similarity Measures: A Nonmetric Individual Differences Approach, in: Multivariate Behavioral Research, Vol. 3, 1968, S. 233-248.

Meffert, H., Marketing, in: Management-Enzyklopädie, Bd. 4, München 1971, S. 392.

Meffert, H., Dahlhoff, H.-D., Kollektive Kaufentscheidungsprozesse von Konsumenten, in: Handelsforschung heute, Festschrift zum 50jährigen Bestehen der Forschungsstelle für den Handel, Berlin 1979, S. 193-205.

Meffert, H., Die Beurteilung und Nutzung von Informationsquellen beim Kauf von Konsumgütern, Empirische Ergebnisse und Prüfung ausgewählter Hypothesen, in: Meffert, H., Steffenhagen, H., Freter, H. (Hrsg.), Konsumentenverhalten und Information, Wiesbaden 1979, S. 39-65.

Meffert, H., Marketingforschung und Käuferverhalten, 2. Aufl., Wiesbaden 1992.

Meffert, H., Marketing-Management, Analyse - Strategie - Implementierung, Wiesbaden 1994.

Meffert, H., Burmann, C., Polarisierung des Käuferverhaltens, in: BAG-Handelsmagazin 12/96, S. 44-48.

Meffert, H., Bolz, J., Internationales Marketing-Management, 3. Aufl., Stuttgart 1997.

Meffert, H., Marketing, Grundlagen marktorientierter Unternehmensführung: Konzepte - Instrumente - Praxisbeispiele, 8. Aufl., Wiesbaden 1998.

Messinger, P.R., Narasimhan, C., A Model of Retail Formats Based on Consumers' Economizing on Shopping Time, in: MS, Vol. 16, Nr. 1/1997, S. 1-23.

Meyer, A., Dornach, F., Jahrbuch der Kundenzufriedenheit in Deutschland 1996, München 1996.

Meyer, P.W., Mattmüller, R., Ein Ansatz zur Systematik des Handels, in: Trommsdorff, V. (Hrsg.), Handelsforschung 1987, Heidelberg 1987.

Milde, U., Fusionswelle im Handel killt Kleine, in: LVZ vom 10.3.1998, S. 5.

Miller C., Rediscovering the inner City, in: Marketing News, Jan. 17, 1994, S. 1-2.

Miller, G.A., The Magical Number Seven Plus or Minus Two: Some Limits on ou Capacity for Processing Information, in: PsychR, Bd. 63 (1956) S. 81-97.

Miller, N.J., Kean, R.C., Factors Contributing to Inshopping Behavior in Rura Trade Areas: Implcations for Local Retailers, in: JoSBM, Vol. 35, N 2/1997, S. 80-94.

Monheim, R., The Importance of Accessibility for downtown Retail and its Perception by Retailers and Customers, in: Heinritz, G. (Ed.), The Attraction of Retail Locations, Kallmünz/Regensburg 1991, S. 19-46.

Monhemius, K.C., Umweltbewusstes Kaufverhalten von Konsumenten, ein Beitrag zur Operationalisierung, Erklärung und Typologie des Verhaltens in der Kaufsituation, Frankfurt a.M., 1992.

Müller, S., Beeskow, W., Einkaufsstättenimage und Einkaufsstättenwahl, in: JAVF 4/82, S. 400-427.

Müller, T., Autos sollen nach und nach aus der City raus, in: LVZ vom 21.02.1997, S. 11.

Müller-Hagedorn, L., Bevorzugte Betriebsformen des Einzelhandels und das Lebenszykluskonzepz, in: ZfbF, 30. Jg. (1978), S. 106-124.

Müller-Hagedorn, L., Die Erklärung von Käuferverhalten mit Hilfe des Lebenszykluskonzeptes, in: WiSt 11/84, S. 561-569.

Müller-Hagedorn, L., Handelsmarketing, 2. Aufl., Stuttgart 1993.

Müller-Hagedorn, L., Schuckel, M., Die Prognose des Umsatzes neuer Einkaufszentren mit Hilfe des Modells von Huff – Theorie und Fallbeispiel, in: WISU 6/95, S. 514-518 und 7/95, S. 597-604.

Müller-Hagedorn, L. (Hrgs.), Mitteilungen des Instituts für Handelsforschung an der Universität zu Köln, Jg. 47, Nr. 11, November 1995.

Müller-Hagedorn, L., Der Handel, Stuttgart 1998.

Myers, J., Shocker, A., The Nature of Product-Related Attributes, in: Research in Marketing, Vol. 5 (1981), S. 211-236.

Myers, J.H., Segmentation and positioning for strategic marketing decisions, Chicago 1996.

Nassua, T., Die Rolle des Einzelhandels bei der Entwicklung des Konsumentenverhaltens in den neuen Bundesländern, Frankfurt a.M. 1998.

Nieschlag, R., Die Dynamik der Betriebsformen im Handel, Essen 1954.

Noltze, K., Die Perspektiven des Systems der Zentralen Orte – das wirksamste marktkonforme Mittel zur Förderung der Attraktivität der städtebaulich integrierten Handelszentren, in: Innenstadt trotz grüner Wiese? Chancen des Handels an städtebaulich integrierten Standorten, XVIII. Urbanicom–Studientagung, Leipzig 1995, S. 73-92.

Nowlis, S.M., Simonson, I., Attribute-Task Compatibility as a Determinant of Consumer Preference Reversals, in: JoMR, Vol. 34, May 1997, S. 205-218.

O.V., Immer mehr Einkaufszentren in Europa, in: FAZ, 08.12.95, S. 49.

O.V., Tankstellen als Einkaufsmekka, in: Horizont 24/96, S. 18.

O.V., Markentankstellen droht Ruin durch Einkaufszentren, in LVZ, 26.06.1996, S. 1.

O.V., Der Riese ist geweckt – jetzt muss er Laufen lernen. in: LVZ vom 26.08.1996, S. 14.

O.V., Die Stadtzentren beleben, aber die Einkaufsparks nicht verteufeln, in: FAZ, 15.11.1996, S. 18.

O.V. „Wenn wir uns nicht verändern, werden wir verändert“, in FAZ v. 16.07.1997, S. 14.

O.V., Schweriner Resümee in sechs Thesen, in: Stadt und Handel in Kooperation – brauchen wir Innenstadt-Konzepte?, XX. Urbanicom-Studientagung, Schwerin 1997, S. 5-6.

O.V., Leipzigs City büßt ein Drittel ihrer Kundschaft ein, in: LVZ vom 05.11.1997, S. 1.

O.V., Jüngere Kunden meiden die Citys, in: SZ vom 17.11.1998, S. 28.

O'Kelly, M., A Model of Demand for Retail Facilities Incorporating Multistop, Multipurpose Trips, in: Geographical Analysis, 13 (1981), S. 134-148.

O'Shaughnessy, J., Explaining Buyer Behavior, Central Concepts and Philosophy of Science Issues, Oxford, 1992.

Oehme, W., Handelsmarketing, 2. Aufl., München 1992.

Opaschowski, H.W., Deutschland 2010: wie wir morgen leben, Voraussagen der Wissenschaft zur Zukunft unserer Gesellschaft, Hamburg 1997.

Orbeck, M., Trend hält an: Leipziger ziehen weg, in: LVZ vom 11.11.1997, S. 13.

Park, C.W., Iyer, E.S., Smith, D.C., The Effects of Situational Factors on In-Store Grocery Shopping Behavior: The Role of Store Environment and Time Available for Shopping, in: JoCR, Vol. 15, March 1989, S. 422-433.

Parker, A.J., Consumer Attitudes to the Retail Environment: A Case Study of the City Centre, in: Heinritz, G. (Ed.), The Attraction of Retail Locations, Kallmünz/Regensburg 1991, S. 155-172.

Pauluhn, B., Auf dem Weg zum Supermarkt? In: Absatzwirtschaft 2/97, S. 14-16.

Payne, J.W., Bettman, J.R., Johnson, E.J., The Adaptive Decision Maker, Cambridge, 1993.

Pellengahr, H., (im Gespräch), Plus im Handel nach mehrjähriger Durststrecke, in: LVZ vom 26.07.1999, S. 5.

Pelzer, K., Irridation, in: Arnold, W., Eysenck, H.J., Meili, R: (Hrsg.), Lexikon der Psychologie, 6. Aufl., Freiburg 1988, S. 232-245.

Pepels, W., Käuferverhalten und Marktforschung, eine praxisorientierte Einführung, Stuttgart 1995.

Perrey, J., Nutzenorientierte Marktsegmentierung, ein integrativer Ansatz zum Zielgruppenmarketing im Verkehsdienstleistungsbereich, Wiesbaden 1998.

Pham, M.T., Representativeness, Relevance, and the Use of Feelings in Decision Making, in: JoCR, Vol.25/1998, S. 144-159.

Pitroff, R., 1994 weiteres Rekordjahr für Shopping-Center, in: DiH 5/95, S. 2-10.

Pitroff, R., Factory-Outlet-Center kaum zu stoppen, in: DiH, 3/1998, S. 64-69.

Pitroff, R., Innenstadt-Center im Aufwind, DiH, 5/98, S. 60-64.

Pogrell, H. v., Lebenslust und Langeweile, in: BAG Handelsmagazin 3-4/98, S. 10-12.

Popcorn, F., Der Popcorn-Report: Trends für die Zukunft, 4. Aufl., München 1992.

Porter, M., The competitive Advantage of the Inner City, in: HBR, May-June 1995, S. 55-71.

Porter, M.E., Blaxill, M., Inner Cities are the next Retailing Frontier, in: The Wall Street Journal, Monday, Nov. 24, 1997, in: Internet unter Adresse: http://www.dobbscapital.com/manager.htm vom 13.09.1998.

Potucek, V., Strukturelle Problematik von Zugangsbarrieren in lokalen Einzelhandelsmärkten, in: Trommsdorff, V. (Hrsg.), Handelsforschung 1987, Heidelberg 1987, S. 139-159.

Pratt, R., Convenience and habit guide shoppers, in: Retail World, Vol. 47, Nr. 18/1994, S. 14.

Pudemat, P., Abnehmende Kunden–Akzeptanz und steigende Monotonie, in: BAG Handelsmagazin 3-4/1998, S. 55-58.

Putrevu, S., Ratchford, B.T., A Model of Search Behavior with an Application to Grocery Shopping, in: JoR, Vol. 73 (4), 1997, S. 463-486.

Raffel, C.B., Vague Notions, New Techniques Shed Light on Repressed Motives, in: MR Vol. 8, Nr. 6, Summer 1996, S. 21-23.

Rao, T.R., Consumer's Purchase Decision Process: Stochastic Models, in: JoMR, Vol. VI, August 1969, S. 321-329.

Reilly, W.J., The Law of Retail Gravitation, New York, 1931.

Reynolds, F.D., Darden, W.R., Intermarket Patronage: A Psychographic Study of Consumer Outshoppers, in: JoM, October 1972, S. 50-54.

Reynolds, T., Gutman, J., Laddering Theory, Method, Analysis, and Interpretation, in: JoAR 28, January (1988), S. 11-31.

Rieck, H., Sozialatlas für Leipzig liegt jetzt vor, in: LVZ vom 05.09.1997, S. 15.

Ries, A., Trout, J., Positioning: The battle for your mind, New York 1986.

Rokeach, M., The Nature of Human Values, New York, 1973.

Roy, A., Correlates of Mall Visit Frequency, in: JoR, Vol. 70, 2/1994, S. 139-161.

Ruda, W., Factory Outlet Center: Moderner Einkauf, in: management berater, Nr. 7/1998, S. 25-28.

Ruhfus, R., Kaufentscheidungen von Familien, Ansätze zur Analyse des kollektiven Entscheidungsverhaltens im privaten Haushalt, Wiesbaden 1976.

Rust, R.T., Donthu, N., Capturing Geographically Localized Misspecification Error in Retail Store Choice Models, in: JoMR, Vol. 32, Feb. 1995, S. 103-110.

Sächsisches Staatsministerium für Wirtschaft und Arbeit (Hrsg.), Wirtschaft und Arbeit in Sachsen 1996, Dresden 1996.

Sander, F., Funktionale Struktur, Erlebensganzheit und Gestalt, in: Archiv für die gesamte Psychologie, 85. Jg./1932, S. 237-260.

Schechter, L., A Normative Conception of Value, Progressive Grocer, Executive Report, 1984, S. 12-14.

Schick, F., Making Choices, A Reacastung of Decision Theory, Cambridge 1997.

Schierenbeck, H., Grundzüge der Betriebswirtschaftslehre, 12. Aufl., Giessen 1996.

Schiffman, H.R., Sensation and Perception: An integrated Approach, 4th ed., New York 1996.

Schmalen, H., Das hybride Kaufverhalten und seine Konsequenzen für den Handel, in: ZfB 10/1994, S. 1221-1240.

Schmalen, H., Wandel im Handel - Ist der Käufer Opfer oder Täter?, in: WiSt H. 8, August 1997, S. 405-411.

Schmelzer, G., Vorzeichenwechsel, in: Der Handel 10/96, S. 28.

Schmitz, C.A., Kölzer, B., Einkaufsverhalten im Handel, Ansätze zu einer kundenorientierten Handelsmarketingplanung, München 1996.

Schmitz-Temming, K., Wettbewerbsrecht contra Factory Outlet Center – Fangschuss oder untauglicher Versuch?, in: Wettbewerb in Recht und Praxis, Nr. 7-8/1998, S. 680-682.

Schneider, C., Präferenzbildung bei Qualitätsunsicherheit, das Beispiel Wein, Berlin 1997.

Schneider, H., Wirtschaftspolitik zwischen ökonomischer und politischer Rationalität, Münster 1997.

Schneider, U., Bevölkerungsentwicklung und Konsumgüternachfrage in der Bundesrepublik, in: Marketing ZFP H. 4, IV. Quartal 1990, S. 272-278.

Schoder, D., Strauss, R., Welchering, P., Electronic Commerce Enquête 1997/98 – Empirische Studie zum betriebswirtschaftlichen Nutzen von Electronic Commerce für Unternehmen im deutschsprachigen Raum, Executive Research Report, Stuttgart 1998.

Schwarz, N., Clore, G.L., How do I Feel about It? The Informative Function of Affective States, in: Fiedler, K., Forgas, J., Affect, Cognition, and Social Behavior, New Evidence and Integrative Attempts, Toronto, 1988, S. 44-62.

Schwarz, N., Feelings as Information: Informational and Motivational Functions of Affective States, in: Higgins, T.E., Sorrentino, R.M. (Eds.), Handbook of Motivation and Cognition, Foundations of Social Behavior, Vol. 2, New York 1990, S. 527-561.

Seidler, T., Regionenvergleich: Leipzig nur beim Bauen unter den ersten Zehn, in: LVZ vom 16.02.1999, S. 11.

Shepard, R.N., The Analysis of Proximities: Multidimensional Sclaing with an unknown Distance Function, Part I and II, in: Psychometrika, Vol. 27, 1962, S. 125-139 sowie S. 219-246.

Shim, S., Eastlick, M.A., The Hierarchical Influence of Personal Values on Mall Shopping Attitude and Behavior, in: JoR, Vol. 74 (1), 1998, S. 139-160.

Siefke, A., Zufriedenheit mit Dienstleistungen, ein phasenorientierter Ansatz zur Operationalisierung und Erklärung der Kundenzufriedenheit im Verkehrsbereich auf empirischer Basis, Frankfurt a.M. 1997.

Simon, H.A., Administrative Behavior, 2. Aufl., New York 1957.

Simon, H.A., Models of Man, New York 1957.

Simon, H.A., Invariants of Human Behavior, in: Annual Review of Psychology, Nr. 41/1990, S. 1-19.

Simon, H.A., Homo rationalis, die Vernunft im menschlichen Leben, Frankfurt a.M. 1993.

Singer, K., „Männerkindergarten" gegen Einkaufsstress, in: DiH 5/98, S. 66-68.

Sirohi, N., McLaughlin, E.W., Wittink, D.R., A Model of Consumer Perceptions and Store Intentions for a Supermarket Retailer, in: JoR Vol. 74 (2) 1998 S. 223-245.

Slovic, P., Manipulating the Attractiveness of a Gamble Without Changing its Expected Value, in: JoEP, January 1969, S. 139-145.

Slovic, P., The Construction of Preference, in: AmPsych, Vol. 50/1995 S. 364-371.

Smith, G.E., Nagle, T.T., Frames of Reference and Buyers' Perception of Price and Value, in: CMR, Vol. 38, Nr. 1, Fall 1995, S. 98-116.

Solomon, B., Power Centers: The new face of Retailing, in: Management Review April 1993, S. 50-53.

Spangenberg, E.R., Crowley, A.E., Henderson, P.W., Improving the Store Environment: Do Olfactory Cues Affect Evaluations and Behaviors?, in: JoM, Vol. 60, April 1996, S. 67-80.

Spannagel, R., Entwicklung der Verkaufsflächen im Einzelhandel, in: ifo Studien zu Handels- und Dienstleistungsfragen Nr. 47, München 1995.

Sparschuh, R., Das hartnäckige Ringen um innerstädtische Handelsstandorte trägt langsam Früchte, in: Innenstadt trotz Grüner Wiese? Chancen des Handels an städtebaulich integrierten Standorten, XVIII. Urbanicom-Studientagung, Leipzig 1995, S. 94-118.

Sparschuh, R., Lebendige Stadtzentren, unveröffentlichtes Manuskript, Leipzig 1996.

Speth, G., Innerstädtische Standortprobleme von Einzelhandelsbetrieben: Situationsanalyse und wirtschaftspolitischer Handlungsbedarf, Mainz 1994.

Spinner, H., Max Weber, Carl Schmitt, Bert Brecht als Wegweiser zum ganzen Rationalismus der Doppelvernunft. Über die beiden äußersten Möglichkeiten, sich in einer irrationalen Welt rational zu orientieren, in: Merkur 11(1986), S. 923-935.

Spreng, R.A., MacKenzie, S.B., Olshavsky, R.W., A Reexamination of the Determinants of Consumer Satisfaction, in: JoM, Vol. 60 (July) 1996, S. 15-32.

Stadt Leipzig, Amt für Wahlen und Statistik (Hrsg.), Statistisches Jahrbuch 1996.

Stadtplanungsamt Leipzig, Stadtentwicklung 1996, unveröffentlichter Entwurf.

Statistisches Bundesamt (Hrsg.), Ost-West-Verdienstrelation im Juli 1997 gegenüber Juli 1996 unverändert, in: Internet unter Adresse: http://www.statistik–bund.de/presse/deutsch/pm/p7366042.htm vom 11.11.1997.

Statt, D.A., Understanding the consumer, a psychological approach, Houndmills 1997.

Staudte, W., Der Tag wird kommen, in: Der Handel 6/96, S. 24-25.

Steenkamp, J.-B. E.M., Van Trijp, H.C.M., Ten Berge, J.M.F., Perceptual Mapping Based on Idiosyncratic Sets of Attributes, in: JoMR, Vol. 31, February 1994, S. 15-27.

Stegmüller, B., Internationale Marktsegmentierung als Grundlage für internationale Marketing-Konzeptionen, Bergisch-Gladbach, 1995.

Stegmüller, B., Hempel, P., Empirischer Vergleich unterschiedlicher Marktsegmentierungsansätze über die Segmentpopulationen, in: Marketing ZFP, H. 1, 1. Quartal 1996, S. 25-31.

Stippel, P., Brauchen wir die Preisbindung?, in: Absatzwirtschaft 7/97, S. 18-19.

Strack, F., Gonzales, M.H., Wissen und Fühlen: noetische und experimentelle Grundlagen heuristischer Urteilsbildung, in: Hell, W., Fiedler, K., Gigerenzer, G. (Hrsg.), Kognitive Täuschungen, a.a.O., S. 291-315.

Strohhschneider, S. (Hrsg.), Denken in Deutschland: vergleichende Untersuchungen in Ost und West, Bern, 1996.

Strongman, K.T., The Psychology of Emotion, Theories of Emotion in Perspective, 4th ed., Chichester 1996.

T.Z., Entscheidend ist, wie wir die Chancen nutzen, in: LVZ vom 15.08.1996, S. 13.

Takane, Y., Young, F.W., de Leeuw, J., Nonmetric Individual Differences Multidimensional Scaling: An Alternating Least Squares Method with Optimal Scaling Features, in: Psychometrika, Vol. 42, 1977, S. 7-67.

Tanguay, G.A., Vallée, L., Lanoie, P., Shopping Hours and Price Levels in the Retailing Industry: A Theoretical and Empirical Analysis, in: EI, Vol. 33/1995, S. 516-524.

Tauber, E.M., Why do People shop? in: Marketing Management, Fall 1995, Vol. 4, No. 2, S. 58-60.

Theil, M., Die „prospect“-Theorie als Erklärungsmuster realen Entscheidungsverhaltens, in: JfB 1/97, S. 26-34

Theis, H.-J., Einkaufsstätten-Positionierung, Grundlage der strategischen Marketingplanung, Wiesbaden 1992.

Thelen, E.M., Woodside, A.G., Ein gedächtnispsychologischer Ansatz zur Erklärung des Geschäftswahlverhaltens des Konsumenten, in: Forschungsstelle für den Handel Berlin (FfH) e.V., Trommsdorff, V. (Hrsg.), Handelsforschung 1996/97. Positionierung des Handels, Wiesbaden 1996, S. 339-355.

Thomas, L., Der Einfluss von Kindern auf Produktpräferenzen ihrer Mütter, Berlin 1983.

Thompson, J.R., Characteristics and Behavior of Outshopping Consumers, in: JoR, Vol. 47, Nr. 1/1971, S. 70-80.

Thünen, J.H. v., Der isolierte Staat in Beziehung auf Landwirtschaft und Nationalökonomie, Aalen 1990, Neudruck der Ausgabe letzter Hand, 5. Aufl., Rostock 1842.

Tietz, B., Warum die City und die grüne Wiese nicht ohneeinander existieren können, in: Marketing ZFP, H. 2, II. Qu. 1989, S. 77-85.

Tietz, B., Rothhaar, P., City-Studie, Marktbearbeitung und Management für die Stadt, Landsberg/Lech 1991.

Tietz, B., Einzelhandelsperspektiven für die Bundesrepublik Deutschland bis zum Jahr 2010, Frankfurt a.M. 1992.

Tietz, B., Der Handelsbetrieb, 2. Aufl., München 1993.

Tolman, E.C., Purposive Behavior in Animals and Men, New York 1967.

Tomczak, T., Dittrich, S., Erfolgreich Kunden binden, Zürich 1997.

Topritzhofer, E., Absatzwirtschaftliche Modelle des Kaufentscheidungsprozesses unter besonderer Berücksichtigung des Markenwahlaspektes, Wien 1974.

Tostmann, T.M., Konsument und Kaufentscheidung, Untersuchung zur praktischen Brauchbarkeit von Kaufprozessmodellen, Bielefeld 1982.

Trommsdorff, V., Die Messung von Produktimages für das Marketing, Köln 1975.

Trommsdorff, V., Bleicker, U., Hildebrandt, L., Nutzen und Einstellung, in: WiSt, H. 6, Juni 1980, S. 269-276.

Trommsdorff, V., Konsumentenverhalten, 2. Aufl., Stuttgart 1993.

Trommsdorff, V., Positionierung, in: Tietz, B., Köhler, R., Zentes, J., Handwörterbuch des Marketing, 2. Aufl., Stuttgart 1995, S. 2005-2068.

Trommsdorff, V., (Hrsg.), Handelsforschung 1996/97. Positionierung des Handels, Wiesbaden 1996.

Trommsdorff, V., Konsumentenverhalten, 3. Aufl., Stuttgart 1998.

Tversky, A., Kahneman, D., Availability: A heuristic for judging frequency and probability, in Cognitive Psychology, Nr. 4/1973, S. 207-232.

Tversky, A., Shmuel, S., Slovic, P., Contingent Weighting in Judgement and Choice, in: PsychR 3 (July) 1988, S. 371-384.

Tversky, A., Kahneman, D., Advances in Prospect Theory: Cumulative Representation of Uncertainty, in: JoRU, Vol. 5/1992, S. 297-323.

Van Trijp, H.C.M., Hoyer, W.D., Inman, J.J., Why Switch? Product Category-Level Explanations for True Variety-Seeking Behavior, in: JoMR, Vol. 33, (August) 1996, S. 281-292.

Vershofen, W., Die Marktentnahme als Kernstück der Wirtschaftsforschung, Berlin 1959.

Vogels, P.-H., Will, J., Raumordnerische und städtebauliche Auswirkungen von Factory-Outlet-Center, Basel 1999.

Wakefield, K.L., Baker, J., Excitement at the Mall: Determinants and Effects an Shopping Response, in: JoR, Vol. 70 (4), 1998, S. 515-539.

Weber, A., Über den Standort der Industrien, 1.Teil: Reine Theorie des Standorts, 2. Aufl., Tübingen 1922.

Wedel, M., DeSarbo, W.S., An Exponential-Family Multidimensional Scaling Mixture Methology, in: JoBaES, Vol. 14, Nr. 4, Oktober 1996, S. 447-459.

Weiber, R., Was ist Marketing? Ein informationsökonomischer Erklärungsansatz, Arbeitspapier zur Marketingtheorie Nr. 1, Universität Trier 1993.

Weiber, R., Adler, J., Informationsökonomisch begründete Typologisierung von Kaufprozessen, in: ZfbF, H. 1/1995, S. 43-65.

Weinberg, P., Das Entscheidungsverhalten der Konsumenten, Paderborn 1981.

Weinberg, H., Wertewandel im Spiegel der Konsumklima-Forschung, in: Szallies, R., Wiswede, G., Wertewandel und Konsum: Fakten, Perspektiven und Szenarien für Markt und Marketing, Landsberg/Lech 1990, S. 61-85.

Weinberg, P., Konsumentenforschung; Erklärungsansätze und aktuelle Trends, in: Marketing ZFP, H. 3, 1991, S. 186-190.

Wirtz, B.W., Technologie-Innovationen, Marketingstrategien und Preismanagement im Handel, in: Thexis 4/95, S. 46-51.

Wiswede, G., Soziologie des Verbraucherverhaltens, Stuttgart 1972.

Wolf, F., Es ist nicht alles Gold, was glänzt, in: BAG Handelsmagazin 5-6/1999 S. 20-23.

Woodside, A.G., Trappey, R.J. III, Findung out why customers shop your store and buy your Brand. Automatic cognitive Processing Models of primary Choice, in: JoAR, Nov./Dec. 1992, S. 59-78.

Young, F.W., Harris, D.F., Multidimensional Scaling Examples, in: Noruschis, M.J., SPSS Professional Statistics 7.5, Chicago 1997, S. 113-170.

Young, G., Householder, A.S., Discussion of a Set of Point Terms of their Mutual Distances, in: Psychometrika, Vol. 3, 1938, S. 19-22.

Zeithaml, V., Consumer Perceptions of Price, Quality, and Value: A Means-End Modell and Synthesis of Evidence, in: JoM, Vol. 52 (1988), S. 2-22.

Zeithaml, V.A., Bitner, M.J., Services Marketing, New York 1996.

Zentes, J., Swoboda, B. (Hrsg.), Globales Handelsmanagement: Voraussetzungen, Strategien, Beispiele, Frankfurt a.M. 1998.

Ziehe, N., Einzelhandel und Verkehrspolitik, Eine empirische Analyse der Bedeutung von Erreichbarkeit und Attraktivität für die Zentrenwahl der Verbraucher, Stuttgart 1998.

Ziehe, N., Hoch im Kurs der Kunden, in: BAG Handelsmagazin 1-2/1998, S. 27-29.

Anhang

Anhang III: Unterstützende Darstellungen zum Vergleich zwischen Präferenz– und Kaufdaten

Anhang IV: Zusammenfassung der Hypothesentests

Stadtbezirk	Grundgesamtheit absolut	Grundgesamtheit in Prozent	Erhebung I in Prozent	Erhebung II in Prozent	Abweichung in Prozentpunkten
1. Mitte	43.455	9,4	7,3	8,5	- 2,1 / - 0,9
2. Nordost	50.677	11,0	11,0	8,0	0,0 / - 3,0
3. Ost	60.037	13,0	11,7	14,9	- 1,3 / + 1,9
4. Südost	36.764	8,0	8,3	5,9	+ 0,3 / -2,1
5. Süd	54.235	11,8	13,0	13,3	+ 1,2 / + 1,5
6. Südwest	39.424	8,6	10,0	8,0	+ 1,4 / - 0,6
7. West	78.346	17,0	19,0	22,9	+ 2,0 / + 5,9
8. Alt- West	30.779	6,7	6,0	4,8	- 0,7 / - 1,9
9. Nordwest	19.264	4,2	5,0	3,2	+ 0,8 / - 1,0
10. Nord	47.290	10,3	8,7	10,6	- 1,6 / + 0,3
Gesamt	463.443*	100,0	100,0	100,0	

* Differenzen zwischen der Gesamtsumme und der Summe der Stadtbezirke sind darauf zurückzuführen, dass einige Einwohner keinem Stadtbezirk zugeordnet werden können.

Tab. I-1: Repräsentativität der Stichprobe nach Stadtbezirken

Alter	Grundgesamtheit absolut	Grundgesamtheit in Prozent	Erhebung I in Prozent	Erhebung II in Prozent	Abweichung in Prozentpunkten
unter 20 Jahren	86.888	-	-	-	-
20-29 Jahre	59.271	15,4	10,3	8,2	-5,1 / -7,2
30-39 Jahre	76.705	20,0	17,9	12,3	-2,1 / -7,7
40-49 Jahre	65.805	17,1	16,3	23,1	-0,8 / + 6,0
50-59 Jahre	70.360	18,3	21,3	28,7	+3,0 / +10,4
über 60 Jahre	112.380	29,2	34,2	27,7	+5,0 / -1,5
Gesamt	471.409*	(384.521)**	100,0	100,0	

* Unterschiede zwischen den Summen der Leipziger Gesamtbevölkerung werden im Statistischen Jahrbuch nicht erläutert.
** Da die Erhebung Personen im Alter unter 20 Jahren nicht berücksichtigt, wurden deren Anteile von der Grundgesamtheit ausgeschlossen.

Tab. I-2: Repräsentativität der Stichprobe nach Alter

Geschlecht	Grundgesamtheit absolut	Grundgesamtheit in Prozent	Erhebung I in Prozent	Erhebung II in Prozent	Abweichung in Prozentpunkten
männlich	220.374	47,6	49,2	47,4	+1,6 / -0,2
weiblich	243.069	52,4	50,8	52,6	-1,6 / + 0,2
Gesamt	463.443	100,0	100,0	100,0	

Tab.I-3: Repräsentativität der Stichprobe nach Geschlecht

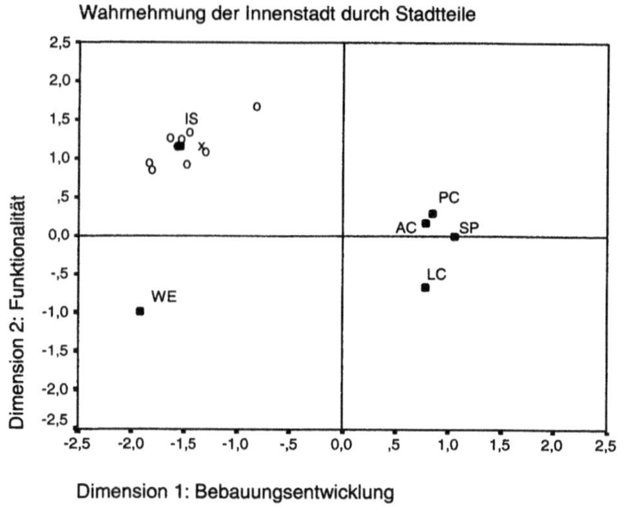

Abb. II-1: Perzeption der Innenstadt durch Leipziger Stadtbezirke
x = Lagepunkt der Bewohner des Stadtbezirks Mitte (eigene Wahrnehmung)
o = Lagepunkte der anderen Stadtbezirke

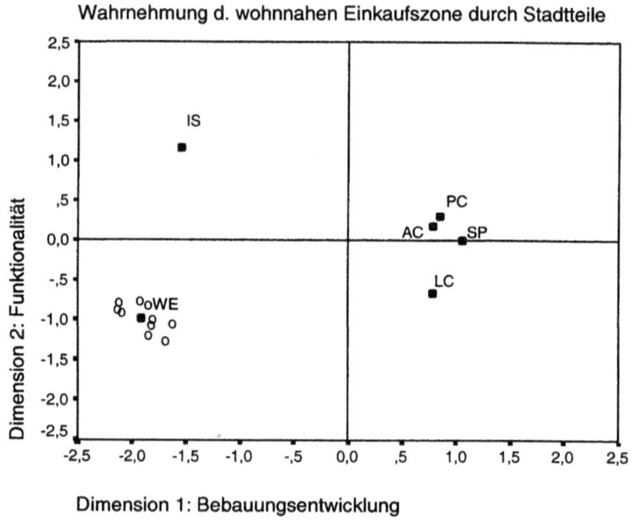

Abb. II-2: Perzeption der Ladengemeinschaft durch Leipziger Stadtbezirke

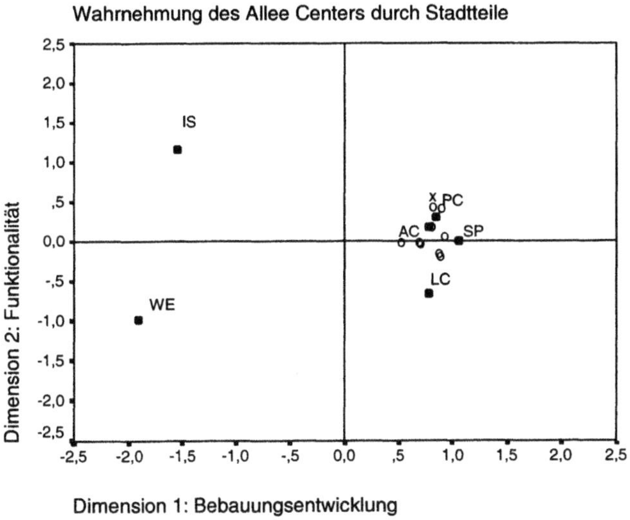

Abb. II-3: Perzeption des Allee Centers durch Leipziger Stadtbezirke
x = Lagepunkt der Bewohner des Stadtbezirks West (eigene Wahrnehmung)
o = Lagepunkte der anderen Stadtbezirke

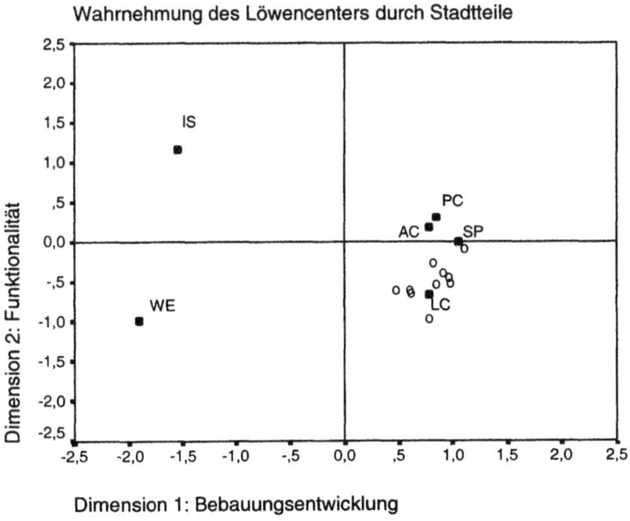

Abb. II-4: Perzeption des Löwencenters durch Leipziger Stadtbezirke

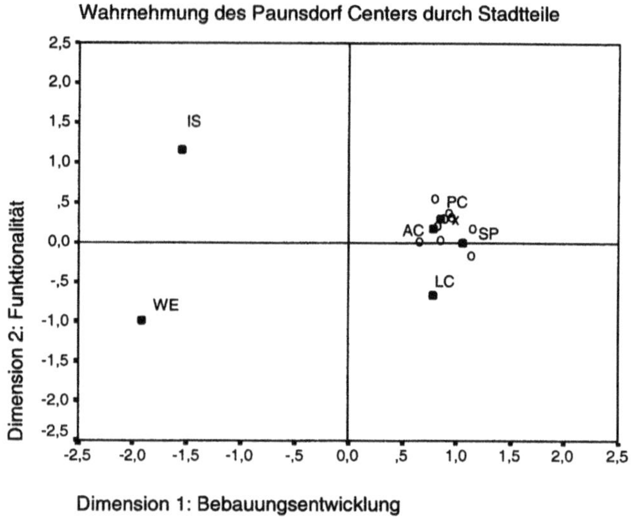

Abb. II-5: Perzeption des Paunsdorf Centers durch Leipziger Stadtbezirke
x = Lagepunkt der Bewohner des Stadtbezirks Ost (eigene Wahrnehmung)
o = Lagepunkte der anderen Stadtbezirke

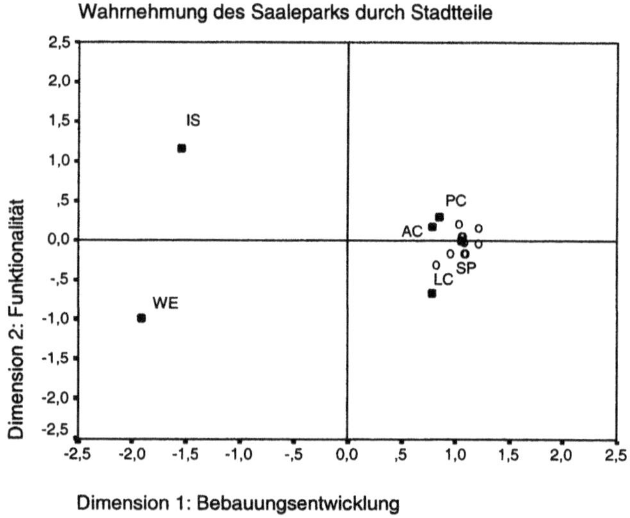

Abb. II-6: Perzeption des Saaleparks durch Leipziger Stadtbezirke

Stadtbezirk	Stichprobengröße Min./Max.*	Stresswert	RSQ
Mitte	19/21	,03575	,99551
Nordost	28/31	,03290	,99637
Ost	32/33	,04438	,99272
Südost	22/24	,01901	,99850
Süd	34/37	,01487	,99929
Südwest	29/30	,02780	,99704
West	52/54	,00601	,99982
Alt-West	17/18	,02044	,99830
Nordwest	12/14	,03047	,99702
Nord	23/26	,04061	,99338

* Unterschiede in der Stichprobengröße resultieren aus fehlenden Angaben der Befragten bei einzelnen Ähnlichkeitsangaben

Tab. II-1: Stichprobengröße und Anpassungsgüte der MDS bei Differenzierung nach Stadtbezirken

Stadtbezirk	Bevölkerungs-anteil		Präferenz-/ Kaufverteilung		Nettowert		Anteil Wohn-bevölkerung	
	in Prozent		in Prozent		in Prozentpunkten		in Prozent	
	Präf.	Kauf	Präf.	Kauf	Präf.	Kauf	Präf.	Kauf
1. Mitte	7,2	7,4	5,5	8,8	-1,7	1,4	57,1	77,3
2. NO	11,0	10,8	7,9	7,1	-3,1	-3,7	62,5	59,4
3. Ost	11,7	11,8	14,9	13,1	3,2	1,3	73,5	77,1
4. Südost	8,6	8,4	3,4	4,0	-5,2	-4,4	28,0	32,0
5. Süd	12,7	12,8	8,9	8,8	-3,8	-4,0	56,8	57,9
6. Südwest	10,0	10,1	7,9	8,8	-2,1	-1,3	65,5	76,7
7. West	19,2	18,6	18,2	17,5	-1,0	-1,1	87,5	87,3
8. Alt-West	6,2	6,1	3,8	3,7	-2,4	-2,4	61,1	61,1
9. Nordwest	4,8	5,1	2,7	2,7	-2,1	-2,4	57,1	53,3
10. Nord	8,6	8,8	5,8	8,1	-2,8	-0,7	60,0	76,9
Umland			21,2	17,5	21,2	17,5		

Tab. III-1: Räumliche Präferenz- und Kaufverteilung bei Convenience Goods

Stadtbezirk	Bevölkerungs-anteil		Präferenz-/ Kaufverteilung		Nettowert		Anteil Wohn-bevölkerung	
	in Prozent		in Prozent		in Prozentpunkten		in Prozent	
	Präf.	Kauf	Präf.	Kauf	Präf.	Kauf	Präf.	Kauf
1. Mitte	7,4	3,9	49,0	46,1	41,6	42,2	76,2	88,9
2. NO	11,3	13,1	5,2	4,3	-6,1	-8,8	37,5	23,3
3. Ost	11,7	14,8	17,8	20,9	6,1	6,1	72,7	67,6
4. Südost	8,5	10,9	2,1	1,3	-6,4	-9,6	16,7	8,0
5. Süd	12,8	16,2	1,0	1,3	-11,8	-14,9	5,4	5,4
6. Südwest	10,3	12,2	1,7	1,3	-8,6	-10,9	10,3	7,1
7. West	18,8	11,8	8,7	9,1	-10,1	-2,7	33,3	44,4
8. Alt-West	5,7	4,4	0,3	0,4	-5,4	-4,0	6,3	10,0
9. Nordwest	5,3	3,9	1,0	0,4	-4,3	-3,5	0,0	0,0
10. Nord	8,2	8,7	1,0	1,3	-7,2	-7,4	4,2	0,0
Umland			8,4	10,9	8,4	10,9		
andere Stadt			2,1	2,6	2,1	2,6		

Tab. III-2: Räumliche Präferenz- und Kaufverteilung bei Shopping Goods

Stadtbezirk	Bevölkerungs-anteil		Präferenz-/ Kaufverteilung		Nettowert		Anteil Wohn-bevölkerung	
	in Prozent		in Prozent		in Prozentpunkten		in Prozent	
	Präf.	Kauf	Präf.	Kauf	Präf.	Kauf	Präf.	Kauf
1. Mitte	6,7	4,7	12,2	18,1	5,5	13,4	50,0	60,0
2. NO	12,2	14,5	4,4	4,7	-7,8	-9,8	33,3	29,0
3. Ost	11,1	13,6	27,3	32,6	16,2	19,0	76,7	82,8
4. Südost	9,3	11,2	2,2	2,3	-7,1	-8,9	16,0	16,7
5. Süd	11,9	15,0	1,8	1,4	-10,1	-13,6	15,6	9,4
6. Südwest	9,6	11,2	3,0	4,2	-6,6	-7,0	23,1	29,2
7. West	19,6	12,6	20,3	10,7	0,7	-1,9	77,4	51,9
8. Alt-West	6,3	5,1	0,7	0,0	-5,6	-5,1	11,8	0,0
9. Nordwest	4,8	4,2	0,7	0,0	-4,1	-3,3	15,4	22,2
10. Nord	8,5	7,9	3,7	3,3	-4,8	-4,6	21,7	11,8
Umland			23,2	20,9	23,2	20,9		

Tab. III-3: Räumliche Präferenz- und Kaufverteilung bei Specialty Goods

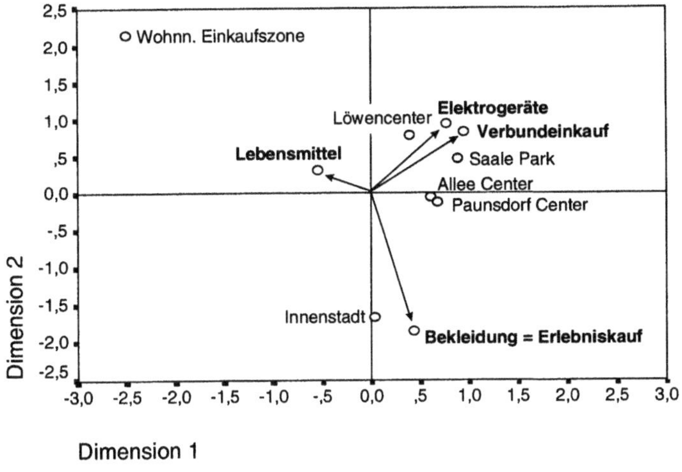

Abb. III-1: Verknüpfung von Ähnlichkeits– und Präferenzdaten (2. Erhebung)

Hypothese	Aussage	Prüfung
QH $_{Per1}$	Einkaufsstätten, die der selben räumlich–agglomerativen Kategorie angehören, werden im Vergleich zu Einkaufsstätten verschiedener Kategorien als ähnlicher wahrgenommen.	+
QH $_{Per2}$	Shopping Center werden im Vergleich zu natürlich gewachsenen Einkaufsagglomerationen als ähnlicher wahrgenommen.	+
QH $_{Per3}$	Gehören Einkaufsstätten der selben räumlich–agglomerativen Kategorie an, werden sie durch die Befragten einheitlicher wahrgenommen als Einkaufsstätten unterschiedlicher Kategorien.	–
QH $_{Per4}$	Die Beurteilung von Shopping Centern erfolgt durch die Befragten einheitlicher als die Beurteilung natürlich gewachsener Einkaufsagglomerationen.	–
QH $_{PerÖ}$	Befinden sich Einkaufsstätten verschiedener Kategorien innerhalb des von Befragten bewohnten Stadtbezirkes, werden sie von ihren Bewohnern im Vergleich zu allen Konsumenten homogener zur wohnnahen Einkaufszone wahrgenommen.	–
QH $_{PerP}$	Konsumenten, die einen hedonistischen Shopping Value aufweisen, nehmen Shopping Center homogener wahr als Konsumenten mit nutzenorientiertem Shopping Value.	+
QH $_{PerM1}$	Die Perzeption von Einkaufsstätten hinsichtlich ihrer Eignung zur Erfüllung instrumenteller Motive unterscheidet sich signifikant von ihrer Eignung zur Erfüllung konsumtiver Motive.	k.Z.
QH $_{PerM2}$	Die Perzeption von Einkaufsstätten hinsichtlich ihrer Eignung zur Erfüllung verschiedenartiger instrumenteller Motive unterscheidet sich signifikant voneinander.	k.Z.

k.Z. = kein Zusammenhang, + = Bestätigung der Hypothese, – = Widerlegung der Hypothese

Tab. IV-1: Zusammenfassung getesteter Hypothesen zur Perzeption

Hypothese	Aussage	Prüfung
QH $_{PräM1}$	Ist das Motiv des Einkaufs eine Form des Erlebniskaufs, präferieren Konsumenten A–Zentren.	+
QH $_{PräM2}$	Ist das Motiv des Einkaufs eine Form des Verbundkaufs, präferieren Konsumenten B–Zentren.	+
QH $_{PräM3}$	Bezieht sich das instrumentelle Motiv des Einkaufs auf Convenience Goods, präferieren Konsumenten Einkaufsstätten der C– oder B–Kategorie.	+
QH $_{PräM4}$	Bezieht sich das instrumentelle Motiv des Einkaufs auf Shopping Goods, präferieren Konsumenten A–Zentren.	+
QH $_{PräM5}$	Bezieht sich das instrumentelle Motiv des Einkaufs auf Specialty Goods, präferieren Konsumenten E–Zentren.	+
QH $_{ÖM4}$	Bezieht sich das instrumentelle Motiv des Einkaufs auf den Kauf von Convenience Goods, präferieren Konsumenten Verbrauchermärkte.	–
QH $_{ÖM5}$	Bezieht sich das instrumentelle Motiv des Einkaufs auf den Kauf von Shopping Goods, präferieren Konsumenten Kaufhäuser oder Fachgeschäfte.	+
QH $_{ÖM6}$	Bezieht sich das instrumentelle Motiv des Einkaufs auf den Kauf von Specialty Goods, präferieren Konsumenten Fachgeschäfte.	+

k.Z. = kein Zusammenhang, + = Bestätigung der Hypothese, – = Widerlegung der Hypothese

Tab. IV-2: Zusammenfassung getesteter Hypothesen zu motivationalen Besonderheiten bei Präferenzen

Hypothese	Aussage	Prüfung
QH $_{SP1}$	Ist der Shopping Value von Konsumenten hedonistisch orientiert, gehören sie eher dem weiblichen Geschlecht an als nutzenorientierte Konsumenten.	k.Z.
QH $_{SP2}$	Ist der Shopping Value von Konsumenten hedonistisch orientiert, gehören sie eher jüngeren Altersgruppen an als nutzenorientierte Konsumenten.	–
QH $_{PräP1}$	Ist der Shopping Value von Konsumenten hedonistisch orientiert, präferieren sie in stärkerem Maße gegenüber nutzenorientierten Konsumenten A–Zentren.	–
QH $_{PräP2}$	Ist der Shopping Value von Konsumenten nutzenorientiert, präferieren sie in stärkerem Maße gegenüber hedonistischen Konsumenten B–, D– oder E–Zentren.	–

k.Z. = kein Zusammenhang, + = Bestätigung der Hypothese, – = Widerlegung der Hypothese

Tab. IV-3: Zusammenfassung getesteter Hypothesen zu psychografischen Besonderheiten bei Präferenzen

Hypothese	Aussage	Prüfung
QH $_{PräS1}$	Gehören Konsumenten einer niedrigen Phase des FLZ an, präferieren sie A–Zentren.	k.Z.
QH $_{PräS2}$	Gehören Konsumenten mittleren Phasen des FLZ an, präferieren sie B–Zentren, D–Zentren oder E–Zentren.	k.Z.
QH $_{PräS3}$	Gehören Konsumenten einer hohen Phase des FLZ an, präferieren sie B– oder C–Zentren.	k.Z.
QH $_{PräS4}$	Gehören Konsumenten einer unteren Schicht an, präferieren sie Shopping Center (B–, D–, E–Zentren).	k.Z.
QH $_{PräS5}$	Gehören Konsumenten der oberen Schicht an, präferieren sie A–Zentren.	k.Z.
QH $_{PräS6}$	Präferieren Konsumenten autokundenorientierte Einkaufsstätten (E–Zentren bzw. Umland), steht die Präferenz in signifikantem Zusammenhang zum Besitz eines PKW innerhalb der Familie des Konsumenten.	+

k.Z. = kein Zusammenhang, + = Bestätigung der Hypothese, – = Widerlegung der Hypothese

Tab. IV-4: Zusammenfassung getesteter Hypothesen zu soziodemografischen Besonderheiten bei Präferenzen

Hypothese	Aussage	Prüfung
QH $_{Ö}$	Die für die Einkaufsstättenwahl wichtigsten Kriterien sind sortimentsbezogene Determinanten und Determinanten der Erreichbarkeit.	+
QH $_{ÖM1}$	Bezieht sich das instrumentelle Motiv des Einkaufs auf Convenience Goods, präferieren Konsumenten Einkaufsstätten auf Grund von grundnutzenorientierten Determinanten.	k.Z.
QH $_{ÖM2}$	Bezieht sich das instrumentelle Motiv des Einkaufs auf Shopping Goods, präferieren Konsumenten Einkaufsstätten auf Grund von Determinanten, die zusatznutzenorientiert sind.	k.Z.
QH $_{ÖM3}$	Bezieht sich das instrumentelle Motiv des Einkaufs auf Specialty Goods, präferieren Konsumenten Einkaufsstätten auf Grund von grundnutzenorientierten Determinanten.	k.Z.
QH $_{ÖP1}$	Ist der Shopping Value von Konsumenten nutzenorientiert, spielen grundnutzenorientierte Determinanten für die Präferenzbildung eine verhältnismäßig wichtigere Rolle als zusatznutzenorientierte Determinanten.	k.Z.
QH $_{ÖP2}$	Ist der Shopping Value von Konsumenten hedonistisch orientiert, spielen Determinanten, die mit der Generierung von Zusatznutzen verbunden sind, eine verhältnismäßig wichtigere Rolle als grundnutzenorientierte Determinanten.	k.Z.
QH $_{ÖS1}$	Gehören Konsumenten einer niedrigen Phase des FLZ an, spielen für die Präferenzbildung Determinanten, die mit der Generierung von Zusatznutzen verbunden sind, eine verhältnismäßig wichtigere Rolle als grundnutzenorientierte Determinanten.	k.Z.
QH $_{ÖS2}$	Gehören Konsumenten mittleren Phasen des FLZ an, spielen grundnutzenorientierte Determinanten eine verhältnismäßig wichtigere Rolle als zusatznutzenorientierte Determinanten.	k.Z.
QH $_{ÖS3}$	Gehören Konsumenten hohen Phasen des FLZ an, spielen Determinanten der Erreichbarkeit die wichtigste Rolle bei der Präferenzbildung.	k.Z.
QH $_{ÖS4}$	Gehören Konsumenten einer unteren Schicht an, spielen bei der Präferenzbildung Determinanten eine verhältnismäßig größere Rolle, die sich auf den Grundnutzen beziehen.	+
QH $_{ÖS5}$	Gehören Konsumenten der oberen Schicht an, spielen bei der Präferenzbildung zusatznutzenorientierte Determinanten eine verhältnismäßig größere Rolle als grundnutzenorientierte Determinanten.	k.Z.

k.Z = kein Zusammenhang, + = Bestätigung der Hypothese, – = Widerlegung der Hypothese

Tab. IV-5: Zusammenfassung getesteter Hypothesen zu Determinanten der Einkaufsstättenwahl

Hypothese	Aussage	Prüfung
QH $_{KM6}$	Bezieht sich das instrumentelle Motiv des Einkaufs auf Convenience Goods, so geht dem Kauf ein habitualisierter Entscheidungsprozess voraus.	+
QH $_{KM7}$	Bezieht sich das instrumentelle Motiv des Einkaufs auf Shopping Goods, so geht dem Kauf ein limitierter Kaufentscheidungsprozess voraus.	–
QH $_{KM8}$	Bezieht sich das instrumentelle Motiv des Einkaufs auf Specialty Goods, so geht dem Kauf ein extensiver Entscheidungsprozess voraus.	+
QH $_{GP1}$	Gehören Konsumenten der Gruppe der Large Basket Shopper an, besitzen sie eher einen nutzenorientierten Shopping Value.	+
QH $_{GP2}$	Gehören Konsumenten der Gruppe der Small Basket Shopper an, besitzen sie eher einen hedonistischen Shopping Value.	+
QH $_{GS1}$	Gehören Konsumenten der Gruppe der Small Basket Shopper an, befinden sie sich eher in niedrigen und hohen Phasen des FLZ.	+
QH $_{GS2}$	Gehören Konsumenten der Gruppe der Large Basket Shopper an, befinden sie sich eher in mittleren Phasen des FLZ.	+
QH $_{GS3}$	Gehören Konsumenten der Gruppe der Large Basket Shopper an, sind sie eher der oberen sozialen Schicht zugehörig.	+
QH $_{GS4}$	Gehören Konsumenten der Gruppe der Small Basket Shopper an, sind sie eher der niederen sozialen Schicht zugehörig.	+
QH $_{GÖ1}$	Gehören Konsumenten der Gruppe der Large Basket Shopper an, spielen grundnutzenorientierte Determinanten bei der Präferenzbildung eine verhältnismäßig wichtigere Rolle als zusatznutzenorientierte Determinanten.	+
QH $_{GÖ2}$	Gehören Konsumenten der Gruppe der Small Basket Shopper an, spielen zusatznutzenorientierte Determinanten bei der Präferenzbildung eine verhältnismäßig wichtigere Rolle als grundnutzenorientierte Determinanten.	–

k.Z. = kein Zusammenhang, + = Bestätigung der Hypothese, – = Widerlegung der Hypothese

Tab. IV-6: Zusammenfassung getesteter Hypothesen zu Kaufgewohnheiten

Hypothese	Aussage	Prüfung
QH $_{KPrä1}$	Besitzen Einkaufsstätten einen hohen multifunktionalen Agglomerationsgrad (A–Zentren), weisen sie höhere Werte der bedingten Loyalität auf als Einkaufsstätten mit niedrigem Agglomerationsgrad (E–Zentren).	–
QH $_{KPrä2}$	Besitzen Einkaufsstätten einen niedrigen multifunktionalen Agglomerationsgrad (E–Zentren), weisen sie höhere Werte der bewussten Loyalität auf als Einkaufsstätten mit hohem Agglomerationsgrad (A–Zentren).	–
QH $_{KPrä3}$	Entspricht die besuchte Einkaufsstätte der präferierten Einkaufsstätte, so sind Konsumenten mit dem getätigten Einkauf zufriedener als bei Divergenz zwischen präferierter und besuchter Einkaufsstätte.	+

k.Z. = kein Zusammenhang, + = Bestätigung der Hypothese, – = Widerlegung der Hypothese

Tab. IV-7: Zusammenfassung getesteter Hypothesen zu intratemporalen Divergenzen

Hypothese	Aussage	Prüfung
LH $_{Per1}$	Nach der Eröffnung des Shopping Centers in der Innenstadt wird das A–Zentrum ähnlicher zu denjenigen Einkaufsstätten wahrgenommen, die Shopping Center sind.	+
LH $_{Per2}$	Die Ähnlichkeitsangaben zum A–Zentrum sind über alle Konsumenten heterogener zum Erhebungszeitpunkt t_1 als in t_0.	+
LH $_{PräM1}$	Ist das Motiv des Einkaufs eine Form des Erlebniskaufs, besitzen Konsumenten zum Zeitpunkt t_1 eine konstante Präferenz für das A–Zentrum wie in t_0.	–
LH $_{PräM2}$	Ist das Motiv des Einkaufs eine Form des Verbundkaufs, steigt die Präferenz der Konsumenten für das A–Zentrum zum Zeitpunkt t_1 gegenüber t_0.	+
LH $_{PräM3}$	Bezieht sich das instrumentelle Motiv des Einkaufs auf Convenience Goods, steigt die Präferenz der Konsumenten für das A–Zentrum zum Zeitpunkt t_1 gegenüber t_0.	+
LH $_{PräM4}$	Bezieht sich das instrumentelle Motiv des Einkaufs auf Shopping Goods, besitzen Konsumenten zum Zeitpunkt t_1 eine konstante Präferenz für das A–Zentrum wie in t_0.	–
LH $_{PräM5}$	Bezieht sich das instrumentelle Motiv des Einkaufs auf Specialty Goods, steigt die Präferenz der Konsumenten für das A–Zentrum zum Zeitpunkt t_1 gegenüber t_0.	+
LH $_K$	Die Mehrheit der Konsumenten hat das neue Shopping Center innerhalb des ersten halben Jahres seit seiner Eröffnung bereits besucht.	+

k.Z. = kein Zusammenhang, + = Bestätigung der Hypothese, – = Widerlegung der Hypothese

Tab. IV-8: Zusammenfassung getesteter Längsschnitthypothesen

Handelshochschule Leipzig (HHL)

Befragung zur Einkaufsstättenwahl

Leipzig Graduate School of Management

Bevor Sie sich den einzelnen Frage zuwenden, möchten wir noch eine Bitte an Sie richten: Lesen Sie sich bitte die Fragen aufmerksam und vollständig durch, kreuzen Sie die für Sie zutreffende Antwort an. Manchmal ist es auch möglich, mehrere Antworten anzukreuzen, wie beispielsweise bei Frage 5. In diesen Fällen finden Sie hinter der betreffenden Frage den Vermerk „Mehrere Antworten möglich".

Einige Fragen konfrontieren Sie mit einer Skala von 1 bis 7, was dem System von Schulnoten nachempfunden ist. Eine 1 bedeutet immer eine positive Antwort, d.h. Sie stimmen vorgegebenen Aussagen absolut zu oder sind sehr zufrieden; die 7 entspricht dem Gegenteil.

Wir versichern Ihnen, daß Ihre Angaben von uns absolut vertraulich behandelt werden. Wenn Sie an der Verlosung der drei Einkaufsgutscheine im Wert von jeweils 100 DM teilnehmen möchten, würden wir Sie bitten, uns die beiliegende Antwortkarte mit Ihrer Adresse zu versehen und uns gemeinsam mit dem Fragebogen zuzusenden, damit wir Sie im Falle Ihres Gewinns auch erreichen können. Ihre Karte wird bei Posteingang vom Fragebogen getrennt, so daß die Datenauswertung anonymisiert erfolgt. Sollte darüber hinaus während der Beantwortung noch die eine oder andere Frage auftauchen, sind wir Ihnen dabei gern behilflich (Tel.: 9851682).

Zu Beginn möchten wir Ihnen einige Fragen zu Ihren Einkaufsgewohnheiten stellen.

1. Zu welcher Zeit gehen Sie meistens einkaufen?

1 wochentags tagsüber
2 samstags
3 wochentags abends
4 keine Gewohnheiten

2. Wie oft nutzen Sie die nachfolgend angegebenen Formen des Einkaufs?

	immer	häufig	selten	nie
Einkauf per Katalog	❐	❐	❐	❐
Einkauf an der Tankstelle	❐	❐	❐	❐
Einkauf in Einkaufszentren	❐	❐	❐	❐
Einkauf in der Innenstadt	❐	❐	❐	❐
Einkauf in kleinen Läden im Wohngebiet	❐	❐	❐	❐
Einkauf per Bringedienst (z.B. Bofrost)	❐	❐	❐	❐

3. Wenn Sie an Häufigkeit und Menge Ihrer Einkäufe denken, zu welchem Typ gehören Sie dann am ehesten?

1 Ich kaufe sehr häufig und große Mengen ein.
2 Ich kaufe häufig, dafür aber kleine Mengen ein.
3 Ich kaufe selten, dafür aber große Mengen ein.
4 Ich kaufe selten und kleine Mengen ein.

4. Wer kauft innerhalb Ihrer Familie meistens für den Haushalt ein?

1 Frau allein	4 Mann allein
2 Frau und Mann gemeinsam	5 Frau und Mann abwechselnd
3 Kind/Kinder	6 gesamte Familie

5. Wie erreichen Sie gewöhnlich den Einkaufsort? (mehrere Antworten mögl.)

1 PKW	3 öffentlicher Nahverkehr
2 zu Fuß	4 Fahrrad

6. Von welchem Ort aus gehen Sie meistens einkaufen?

1 Wohnung — 3 Arbeitsplatz

2 von anderen Aktivitäten aus (Behördengang, Sport, Besuch von Freunden, etc.)

7. Wenn Sie mit Ihrer Familie bzw. Ihrem Partner einkaufen gehen, wer entscheidet meistens, in welcher Einkaufsstätte die Einkäufe erledigt werden?

1 Frau allein	4 Mann allein
2 Frau und Mann gemeinsam	5 Frau und Mann abwechselnd
3 Kind/Kinder	6 gesamte Familie

m folgenden Teil der Befragung geht es darum, Ihre grundsätzliche Einstellung :um Einkaufen zu erfahren.

. Nachfolgend finden Sie einige allgemeine Sätze, die sich auf das Einkaufen beziehen. Stimmen Sie folgenden Aussagen zu oder lehnen Sie sie ab?
(Kreuzen Sie bitte einen Wert zwischen 1 und 7 an. 1 bedeutet: Ich stimme der Aussage absolut zu, 4 = Ich kann mich nicht entscheiden, 7 = Ich stimme der Aussage auf keinen Fall zu)

	1 (stimme absolut zu)	2	3	4	5	6	7 (stimmt auf keinen Fall)
inkaufen macht mir wirklich Spaß.	❐	❐	❐	❐	❐	❐	❐
achdem ich alle notwendigen Dinge ingekauft habe, gehe ich gern weiter ummeln.	❐	❐	❐	❐	❐	❐	❐
n Vergleich zu anderen Dingen, mit denen h mich in der Zeit des Einkaufens hätte eschäftigen können, ist Einkaufen sehr ıgenehm.	❐	❐	❐	❐	❐	❐	❐

	stimme absolut zu 1	2	3	4	5	6	stimmt auf keinen Fall 7
Ich finde es reizvoll, mich in die Welt neuer Produkte zu stürzen.	❑	❑	❑	❑	❑	❑	❑
Mir macht Einkaufen an sich Spaß, unabhängig von den Dingen, die ich besorgen muß.	❑	❑	❑	❑	❑	❑	❑
Einkaufen macht mir Spaß, weil ich dabei ganz spontan entscheiden kann.	❑	❑	❑	❑	❑	❑	❑
Wenn ich einkaufe, fühle ich mich wie ein Jäger auf der Jagd.	❑	❑	❑	❑	❑	❑	❑
Wenn ich einkaufe, kann ich alle anderen Probleme vergessen.	❑	❑	❑	❑	❑	❑	❑
Ich kaufe nur die Dinge ein, die ich mir vorgenommen habe.	❑	❑	❑	❑	❑	❑	❑
Die Dinge, die ich wirklich brauche, finde ich beim Einkauf sehr selten.	❑	❑	❑	❑	❑	❑	❑
Ich bin froh, wenn der Einkauf schnell erledigt werden kann.	❑	❑	❑	❑	❑	❑	❑
Ich finde es ärgerlich, wenn ich mehrere Geschäfte aufsuchen muß, bis ich die Dinge gefunden habe, die ich kaufen wollte.	❑	❑	❑	❑	❑	❑	❑

Der dritte Teil des Fragebogens beschäftigt sich damit, welche Vorstellung Sie von unterschiedlichen Leipziger Einkaufsstätten haben. Unter Einkaufsstätten können hierbei Einkaufszentren wie auch einzelne Geschäfte verstanden werden.

9. **Wir möchten Sie bitten, anzugeben wie ähnlich oder unähnlich Sie jeweils 2 verschiedene Einkaufsstätten empfinden.** Nach welchen Kriterien Sie dabei vorgehen, ist ganz Ihnen überlassen. Es spielt keine Rolle, ob Sie bisher schon in den Einkaufsstätten eingekauft haben oder nicht, wichtig ist allein die Vorstellung, die Sie von der Einkaufsstätte haben. Als Beispiel sollen Sie im ersten Vergleich angeben, ob Sie meinen, daß die Innenstadt und der Saale Park vollkommen ähnlich oder vollkommen unähnlich bzw. eine Abstufung zwischen diesen Extremen sind und diesen Wert ankreuzen.

	Sind sich vollkommen ähnlich 1	2	3	4	5	6	Sind si vollkomm unähnli 7
Innenstadt im Gegensatz zum Saale Park	❑	❑	❑	❑	❑	❑	❑
Innenstadt im Gegensatz zum Allee Center	❑	❑	❑	❑	❑	❑	❑
Innenstadt im Gegensatz zum Löwencenter	❑	❑	❑	❑	❑	❑	❑
Innenstadt im Gegensatz zur Ladengemeinschaft in der Wohngegend	❑	❑	❑	❑	❑	❑	❑
Innenstadt im Gegensatz zum Paunsdorf Center	❑	❑	❑	❑	❑	❑	❑

	Sind sich vollkommen ähnlich 1	2	3	4	5	6	Sind sich vollkommen unähnlich 7
Allee Center im Gegensatz zum Saale Park	❒	❒	❒	❒	❒	❒	❒
Allee Center im Gegensatz zum Löwencenter	❒	❒	❒	❒	❒	❒	❒
Allee Center im Gegensatz zur Ladengemeinschaft in der Wohngegend	❒	❒	❒	❒	❒	❒	❒
Allee Center im Gegensatz zum Paunsdorf Center	❒	❒	❒	❒	❒	❒	❒
Saale Park im Gegensatz zum Löwencenter	❒	❒	❒	❒	❒	❒	❒
Saale Park im Gegensatz zur Ladengemeinschaft in der Wohngegend	❒	❒	❒	❒	❒	❒	❒
Saale Park im Gegensatz zum Paunsdorf Center	❒	❒	❒	❒	❒	❒	❒
Löwencenter im Gegensatz zur Ladengemeinschaft in der Wohngegend	❒	❒	❒	❒	❒	❒	❒
Löwencenter im Gegensatz zum Paunsdorf Center	❒	❒	❒	❒	❒	❒	❒
Ladengemeinschaft in der Wohngegend im Gegensatz zum Paunsdorf Center	❒	❒	❒	❒	❒	❒	❒

Die folgenden Fragen beziehen sich auf Ihren letzten Einkauf von verschiedenen Produktgruppen in Leipzig bzw. der Umgebung von Leipzig.

Erinnern Sie sich bitte zuerst an Ihren letzten Lebensmitteleinkauf.

10. Was war der konkrete Grund aus dem Sie einkaufen gegangen sind?

1 Ich hatte nur noch wenige Lebensmittel zu Hause und mußte aus diesem Grund einkaufen gehen.
2 Ich war gerade unterwegs, als mir einfiel, daß ich noch ein paar Lebensmittel besorgen könnte.
3 Ich gehe gewöhnlich immer an diesem Tag zum Einkaufen.
4 Ich wollte ein bestimmtes Produkt kaufen und habe mir lange überlegt, wann und wohin ich einkaufen gehe.

11a. In welchem Laden haben Sie Lebensmittel eingekauft?

....

11b. In welchem Stadtteil liegt dieses Geschäft?

....

12. Wie zufrieden waren Sie mit dem Einkauf? Kreuzen Sie bitte einen Wert zwischen 1und 7 an.

sehr zufrieden 1	2	3	4	5	6	überhaupt nicht zufrieden 7	Kann mich nicht erinnern
❒	❒	❒	❒	❒	❒	❒	❒

Erinnern Sie sich jetzt bitte an Ihren letzten Kauf von Bekleidung.

13. Was war der konkrete Grund aus dem Sie einkaufen gegangen sind?

1 Ich benötigte ein neues Kleidungsstück und mußte aus diesem Grund einkaufen gehen.
2 Ich war einfach beim Bummeln, dabei fand ich zufällig das Bekleidungsstück.
3 Ich kaufe regelmäßig Kleidung ein.
4 Ich wollte ein bestimmtes Kleidungsstück kaufen und habe mir lange überlegt, wann und wohin ich einkaufen gehe.

14a. In welchem Laden haben Sie Lebensmittel eingekauft?

....

14b. In welchem Stadtteil liegt dieses Geschäft?

....

15. Wie zufrieden waren Sie mit dem Einkauf? Kreuzen Sie bitte einen Wert zwischen 1und 7 an.

sehr zufrieden 1	2	3	4	5	6	überhaupt nicht zufrieden 7	Kann mich nicht erinnern
❒	❒	❒	❒	❒	❒	❒	❒

Erinnern Sie sich nun bitte noch an Ihren letzten Kauf eines größeren Elektrogerätes (z.B. Fernseher, Kühlschrank, Mikrowelle, etc.).

16. Was war der konkrete Grund aus dem Sie einkaufen gegangen sind?

1 Ich benötigte ein bestimmtes Elektrogerät und mußte aus diesem Grund einkaufen gehen.
2 Ich war gerade unterwegs, als mir einfiel, daß ich noch versuchen könnte, nach Elektrogeräten zu schauen, dabei fand ich gleich das Gewünschte.
3 Ich gehe regelmäßig in dem Laden einkaufen, dabei fand ich das Gerät.
4 Ich wollte ein ganz bestimmtes Elektrogerät kaufen und habe mir lange überlegt, wann und wohin ich einkaufen gehe.

17a. In welchem Laden haben Sie Lebensmittel eingekauft?

....

17b. In welchem Stadtteil liegt dieses Geschäft?

....

18. Wie zufrieden waren Sie mit dem Einkauf? Kreuzen Sie bitte einen Wert zwischen 1und 7 an.

sehr zufrieden 1	2	3	4	5	6	überhaupt nicht zufrieden 7	Kann mich nicht erinnern
❒	❒	❒	❒	❒	❒	❒	❒

Im vorletzten Teil der Befragung geht es um den <u>Vorzug</u>, den Sie Einkaufsstätten gegenüber anderen geben, wenn Sie verschiedene Produktgruppen kaufen möchten.

19a. In <u>welchem Laden</u> kaufen Sie am liebsten Lebensmittel ein?

....

19b. In <u>welchem Stadtteil</u> liegt dieses Geschäft?

....

20. Wie weit ist das Geschäft von Ihrer Wohnung entfernt? Schätzen Sie die Entfernung bitte jeweils in <u>Metern</u> wie auch in <u>Minuten</u> ein.

1	weniger als 250 Meter	1	bis zu 5 Minuten
2	250 Meter bis 1 km	2	5 bis 10 Minuten
3	1 km 5 km	3	10 Minuten bis ½ Stunde
4	über 5 km	4	über ½ Stunde

21. Was ist für Sie der Grund, daß Sie gerade diese Einkaufsstätte für <u>Lebensmittel</u> am meisten bevorzugen? (mehrere Antworten möglich)

Die Einkaufsstätte ...

1 hat die größte Warenauswahl.
2 liegt am nächsten zu meiner Wohnung bzw. zu meiner Arbeitsstätte.
3 hat das niedrigste Preisniveau.
4 ist am leichtesten mit dem Auto bzw. öffentlichen Verkehrsmitteln erreichbar.
5 hat die angenehmste Einkaufsatmosphäre.
6 bietet ein bestimmtes Produkt bzw. eine bestimmte Marke an.
7 ist am saubersten und sichersten.
8 hat die beste Warenqualität.
9 bietet den meisten Zusatzservice an.
10 hat die kundenfreundlichsten Öffnungszeiten.
11 hat das größte Parkplatzangebot.
12 hat das freundlichste Personal.
13 In der Einkaufsstätte kann ich meine Einkäufe am schnellsten erledigen.
14 anderer Grund (bitte angeben): ....

22. Wir möchten Sie nun bitten, die folgenden 6 Einkaufsstätten zu plazieren. Der erste Platz bedeutet, daß die Einkaufsstätte sich am besten für den Lebensmitteleinkauf eignet, der 6. Platz, daß sie für den Einkauf von Lebensmitteln am schlechtesten geeignet ist. Vorab kreuzen Sie bitte an, welche der Einkaufsstätten Ihnen bekannt sind und welche Sie bereits besucht haben. Einkaufsstätten, die Sie nicht kennen, müssen Sie nicht mit in die Plazierung aufnehmen.

	bekannt	bereits besucht	Platz
Paunsdorf Center	❐	❐	.....
Innenstadt	❐	❐	.....
Allee Center Grünau	❐	❐	.....
Saale Park Günthersdorf	❐	❐	.....
Löwencenter Rückmarsdorf	❐	❐	.....
kleine Läden in meiner Wohngegend	❐	❐	.....

23a. In welchem Laden kaufen Sie am liebsten Bekleidung ein?

....

23b. In welchem Stadtteil liegt dieses Geschäft?

....

24. Wie groß denken Sie ist die Entfernung vom Geschäft zu Ihrer Wohnung? Schätzen Sie die Entfernung bitte jeweils in Metern wie auch in Minuten ein.

1	weniger als 250 Meter	1	bis zu 5 Minuten
2	250 Meter bis 1 km	2	5 bis 10 Minuten
3	1 km 5 km	3	10 Minuten bis ½ Stunde
4	über 5 km	4	über ½ Stunde

25. Was ist für Sie der Grund, daß Sie gerade diese Einkaufsstätte für Bekleidung am meisten bevorzugen? (mehrere Antworten möglich)

Die Einkaufsstätte ...

1 hat die größte Warenauswahl.
2 liegt am nächsten zu meiner Wohnung bzw. zu meiner Arbeitsstätte.
3 hat das niedrigste Preisniveau.
4 ist am leichtesten mit dem Auto bzw. öffentlichen Verkehrsmitteln erreichbar.
5 hat die angenehmste Einkaufsatmosphäre.
6 bietet ein bestimmtes Produkt bzw. eine bestimmte Marke an.
7 ist am saubersten und sichersten.
8 hat die beste Warenqualität.
9 bietet den meisten Zusatzservice an.
10 hat die kundenfreundlichsten Öffnungszeiten.
11 hat das größte Parkplatzangebot.
12 hat das freundlichste Personal.
13 bietet die kompetenteste fachliche Beratung.
14 In der Einkaufsstätte kann ich meine Einkäufe am schnellsten erledigen.
15 anderer Grund (bitte angeben): ....

26. Auch hier sollen Sie genau wie in Frage 22 die folgenden 6 Einkaufsstätten in eine Rangreihe bringen, bei der der erste Platz bedeutet, daß die Einkaufsstätte sich am besten für den Kauf von Bekleidung eignet, der 6. Platz, daß sie für den Kauf von Bekleidung am schlechtesten geeignet ist.

	bekannt	bereits besucht	Platz
Paunsdorf Center	❒	❒	.....
Innenstadt	❒	❒	.....
Allee Center Grünau	❒	❒	.....
Saale Park Günthersdorf	❒	❒	.....
Löwencenter Rückmarsdorf	❒	❒	.....
kleine Läden in meiner Wohngegend	❒	❒	.....

7a. In welchen Laden würden Sie zuerst gehen, wenn Sie sich einen neuen Fernseher kaufen möchten?

....

7b. In welchem Stadtteil liegt dieses Geschäft?

....

28. Wie groß denken Sie ist die Entfernung vom Geschäft zu Ihrer Wohnung? Schätzen Sie die Entfernung bitte jeweils in Metern wie auch in Minuten ein.

1	weniger als 250 Meter	1	bis zu 5 Minuten
2	250 Meter bis 1 km	2	5 bis 10 Minuten
3	1 km 5 km	3	10 Minuten bis ½ Stunde
4	über 5 km	4	über ½ Stunde

29. Was ist für Sie der Grund, daß Sie gerade diese Einkaufsstätte für den Kauf des Fernsehers am meisten bevorzugen? (mehrere Antworten möglich)

Die Einkaufsstätte ...

1	hat die größte Warenauswahl.
2	liegt am nächsten zu meiner Wohnung bzw. zu meiner Arbeitsstätte.
3	hat das niedrigste Preisniveau.
4	ist am leichtesten mit dem Auto bzw. öffentlichen Verkehrsmitteln erreichbar.
5	hat die angenehmste Einkaufsatmosphäre.
6	bietet ein bestimmtes Produkt bzw. eine bestimmte Marke an.
7	ist am saubersten und sichersten.
8	hat die beste Warenqualität.
9	bietet den meisten Zusatzservice an.
10	hat die kundenfreundlichsten Öffnungszeiten.
11	hat das größte Parkplatzangebot.
12	hat das freundlichste Personal.
13	bietet die kompetenteste fachliche Beratung.
14	In der Einkaufsstätte kann ich meine Einkäufe am schnellsten erledigen.
15	anderer Grund (bitte angeben): ....

30. Auch hier sollen Sie die 6 Einkaufsstätten in eine Rangreihe bringen, bei der der erste Platz bedeutet, daß die Einkaufsstätte sich am besten für den Kauf des Fernsehers eignet, der 6. Platz, daß die Einkaufsstätte für den Kauf eines Fernsehers am schlechtesten geeignet ist.

	bekannt	bereits besucht	Platz
Paunsdorf Center	❐	❐	.....
Innenstadt	❐	❐	.....
Allee Center Grünau	❐	❐	.....
Saale Park Günthersdorf	❐	❐	.....
Löwencenter Rückmarsdorf	❐	❐	.....
kleine Läden in meiner Wohngegend	❐	❐	.....

31a. Stellen Sie sich vor, Sie haben einen Großeinkauf zu erledigen, bei dem Sie neben Lebensmitteln auch eine Reihe anderer Dinge wie Schuhe und Geschenke einkaufen müssen. Welche Einkaufsstätte halten Sie dafür aus den angegebenen Möglichkeiten am geeignetsten?

[1] Paunsdorf Center
[2] Innenstadt
[3] Allee Center Grünau
[4] Saale Park Günthersdorf
[5] kleine Läden in meiner Wohngegend
[6] Löwencenter Rückmarsdorf
[7] andere: ....

31b. Spielen bei dieser Entscheidung bestimmte Geschäfte innerhalb dieser Einkaufsstätte für Sie eine Rolle und falls ja, welche?

....

32a. Stellen Sie sich nun noch vor, Sie möchten einkaufen gehen, weil Sie etwas erleben und unter Menschen sein wollen. Welche Einkaufsstätte wählen Sie aus den angegebenen Möglichkeiten?

[1] Paunsdorf Center
[2] Innenstadt
[3] Allee Center Grünau
[4] Saale Park Günthersdorf
[5] kleine Läden in meiner Wohngegend
[6] Löwencenter Rückmarsdorf
[7] andere: ....

32b. Spielen bei dieser Entscheidung bestimmte Geschäfte innerhalb dieser Einkaufsstätte für Sie eine Rolle und falls ja, welche?

....

33. Sie haben sicher bereits davon gehört, daß im November das Einkaufszentrum am Hauptbahnhof eröffnet wird. Wie sicher sind Sie sich, daß Sie diese neue Einkaufsstätte wenigstens ein Mal besuchen werden?

[1] Ich gehe auf jeden Fall dorthin.
[2] Ich weiß noch nicht.
[3] Ich gehe auf keinen Fall dorthin.
[4] Ich habe noch nichts vom Einkaufszentrum am Hauptbahnhof gehört.

Zum Schluss möchten wir Ihnen noch einige Fragen zu Ihrer Person stellen.

34. Sie sind [1] männlich [2] weiblich

35. Wie alt sind Sie?

[1] unter 19 Jahre
[2] 20-29 Jahre
[3] 30-39 Jahre
[4] 40-49 Jahre
[5] 50-59 Jahre
[6] über 60 Jahre

36. Welche abgeschlossene Ausbildung haben Sie?

1 8. bzw. 10. Klasse
2 Abitur
3 Meister
4 Berufsausbildung/Fachschule
5 Hochschule/FH

37. In welche Berufsgruppe ordnen Sie sich momentan ein?

1 Schüler/Student
2 Soldat/Zivildienstleist.
3 Selbständig/Freiberuf
4 Arbeiter
5 Beamter
6 Rentner
7 Angestellter
8 Hausfrau
9 ohne Beschäftigung

38a. Wie viele Personen leben in Ihrem Haushalt?
Tragen Sie in die freien Felder bitte die Anzahl ein. ....

38b. Wie viele Kinder leben in Ihrem Haushalt? ....

38c. Wie viele davon sind jünger als 6 Jahre? ....

39. Wie lange leben Sie schon in Leipzig?

1 länger als 5 Jahre
2 zwischen einem und 5 Jahren
3 weniger als 1 Jahr

40. In welchem Stadtteil von Leipzig leben Sie?
Sie können hier Stadtteil, Straße oder Postleitzahl nennen.

....

41. Falls Sie in Leipzig arbeiten, in welchem Stadtteil sind Sie überwiegend beschäftigt? Sie können hier Stadtteil, Straße oder Postleitzahl nennen.

....

42. Besitzen Sie bzw. Ihre Familie ein Auto? 1 Ja 2 Nein

43. In welche Klasse ordnen Sie das monatliche Nettoeinkommen Ihres Haushaltes ein?

1 unter 1000 DM
2 1000 - 1999 DM
3 2000 - 2999 DM
4 3000 - 3999 DM
5 4000 - 4999 DM
6 5000 DM und mehr

GPSR Compliance

The European Union's (EU) General Product Safety Regulation (GPSR) is a set of rules that requires consumer products to be safe and our obligations to ensure this.

If you have any concerns about our products, you can contact us on ProductSafety@springernature.com

In case Publisher is established outside the EU, the EU authorized representative is:

Springer Nature Customer Service Center GmbH
Europaplatz 3
69115 Heidelberg, Germany

Batch number: 10815962

Printed by Printforce, the Netherlands